Neubearbeitung von Lutz Hoepner

Inhaltsverzeichnis – *Índice*

Auflage:	*5.*	*4.*	*3.*	*2.*	*1.*	*Letzte Zahlen*
Jahr:	*1998*	*97*	*96*	*95*	*94*	*maßgeblich*

Druck: Druckhaus Langenscheidt, Berlin-Schöneberg
Printed in Germany · ISBN 3-468-18272-4

Nützliche Hinweise – *Indicações úteis*

1. Die Tilde (~, bei Wechsel von Groß- zu Kleinschreibung oder umgekehrt 2) ersetzt entweder das ganze Stichwort oder den vor dem senkrechten Strich (|) stehenden Teil davon,
z. B. **colar ... ~inho** = colar ... colarinho
sieg|en ... 2er = siegen ... Sieger

Die Tilde ersetzt in Anwendungsbeispielen das unmittelbar vorhergehende Stichwort, das selbst bereits mit einer Tilde gebildet sein kann,
z. B. **Mangel ... 2n ... ~ *an*** = Mangel ... mangeln an

2. Das grammatische Geschlecht ist bei Übersetzungen nur dann angegeben, wenn es nicht mit dem des Stichwortes übereinstimmt.

Die Bezeichnung *su* (= *substantivo*) bei portugiesischen Wörtern bedeutet, daß das betreffende Wort sowohl männlich als auch weiblich gebraucht wird,
z. B. **sósia** *su* Doppelgänger(in) = o sósia Doppelgänger *m*
a sósia Doppelgängerin *f*

3. Bei adjektivisch deklinierten Substantiven des Typs Abgeordnete(r), Reisende(r), werden sowohl die starke als auch die schwache Form angegeben,
z. B. **Abgeordnete(r)** *m* = (ein) Abgeordneter, (der) Abgeordnete

4. Unterschiede in der portugiesischen und brasilianischen Rechtschreibung werden wie folgt angegeben:
z. B. **a(c)to** = *port* acto, *bras* ato
ó(p)timo = *port* óptimo, *bras* ótimo
ideia (-é-) = *port* ideia, *bras* idéia

Aus Platzgründen wird auf die Abweichungen in der Akzentsetzung (z. B. qilômetro, gêmeos) und den Gebrauch des Tremas (z. B. agüentar) im Brasilianischen nicht eingegangen.

Abkürzungen – *Abreviaturas*

a auch, também
Abk Abkürzung, abreviatura
a/c, a.c. *etwas*, alguma coisa
ac, *acc Akkusativ*, acusativo
adj Adjektiv, adjectivo
adv Adverb, advérbio
Agr Landwirtschaft, agricultura
alg. *jemand*, alguém
allg allgemein, significado geral
Anat Anatomie, anatomia
Arch Architektur, arquitectura
art Artikel, artigo
Bgb Bergbau, minas
Bot Botanik, botânica
bras brasilianisch, brasileiro
Chem Chemie, química
cj Konjunktion, conjunção
dat Dativ, dativo
ea *einander*, um ao otro
El Elektrizität, electricidade
e-m einem, a um
engl englisch, inglês
e-r einer, a uma, de uma
Esb Eisenbahn, caminho de ferro
et, et. *etwas*, alguma coisa
etc und so weiter, et cétera
f weiblich, feminino
F *familiär*, familiar
fig figürlich, *bildlich*, em sentido figurado
Fin Finanzwesen, finanças
Flgw Flugwesen, aviação
Fot Fotografie, fotografia
f/pl weibliche Mehrzahl, feminino plural
fr, *franz französisch*, francês
gen Genitiv, genitivo
Geogr Geographie, geografia
Geol Geologie, geologia
Gram Grammatik, gramática
h *haben*, ter
Hdl Handel, comércio
inf Infinitiv, infinitivo
Inform Informatik, informática
interj Interjektion (*Ausruf*), interjeição
j, *j-m*, *j-n jemand*(*em*, *-en*) (a) alguém
jur juristisch, jurídico
Kfz Kraftfahrzeug, automóvel
Kochk Kochkunst, arte culinária
l *lassen*, deixar, mandar, fazer
Lit Literatur, literatura
m männlich, masculino
m *machen*, fazer
Mal Malerei, pintura
Mar Schiffahrt, navegação
Math Mathematik, matemática
Med Medizin, medicina
Mil Militär, exército
m/pl männliche Mehrzahl, masculino plural
Mus Musik, música
n sächlich, neutro
n/pl sächliche Mehrzahl, neutro plural
od oder, ou
pej pejorativ, pejorativo
Phys Physik, física

pl Plural, plural
Pol Politik, política
port portugiesisch, português
Postw Postwesen, correios
pron Pronomen, pronome
prp Präposition, preposição
Psych Psychologie, psicologia
rel relativ, relativo
Rel Religion, religião
s siehe, veja
sg Singular, singular
sn, *sn sein*, ser, estar
su Substantiv (*m* und *f*), substantivo (*m* e *f*)
subj Konjunktiv, subjuntivo
Tech Technik, técnica
Tel Telefon, telefone
Thea Theater, teatro
TV Fernsehen, televisão
Typ Typographie, tipografia
u und, e
u. a. und anderes, e outras coisas
Uni Universität, universidade
usw und so weiter, et cétera
V *vulgär*, indecente
v/i intransitives Verb, verbo intransitivo
v/t transitives Verb, verbo transitivo
w *werden*, ser, ficar, tornar-se
z. B. zum Beispiel, por exemplo
Zo Zoologie, zoologia
zs(-), Zs- *zusammen*(-), *Zusammen-* juntos
Zssg(*n*) *Zusammensetzung* (*-en*), palavra(s) composta(s)

Die Aussprache des Portugiesischen

A pronúncia do português

Vokale (**Selbstlaute**)

a	betont:	(*l**a**do, arm**á**rio*) meist offen wie in W**a**de	[a]
		(*f**a**ma*) auch geschlossen, etwas dumpf	[ɑ]
	unbetont:	(*cas**a**, famíli**a***) geschlossen, dumpf ähnlich ä in l**ä**stig	[ɑ]
		(***à**quele, açúc**a**r*) offen in einigen Fällen	[a]
e	betont:	(*f**é**rias, **e**sta*) offen wie in **e**cht oder	[ɛ]
		(*b**e**ber, s**e**mola*) geschlossen wie in M**ee**r	[e]
	unbetont:	(*sed**e**, r**e**ceb**e**r*) fast tonlos wie in Mitt**e**	[ə]
		(***e**star, **e**xacto*) im Anlaut fast i wie bei **i**n	[i]
i		(*f**i**ta, c**i**dade*) geschlossen wie in V**ie**h	[i]
o	betont:	(***o**bra, gl**ó**ria*) meist offen wie in W**o**nne	[ɔ]
		(*av**ô**, s**o**lto*) geschlossen wie in **O**fen	[o]
	unbetont:	(*pur**o**, t**o**mar*) wie u in **u**nd	[u]
u		(*t**u**do, b**u**raco*) halblang wie in d**u**	[u]

Alle Vokale können auch nasaliert werden und zwar dann, wenn sie eine Tilde (~) tragen (*maç**ã***) oder wenn sie vor m oder n derselben Silbe stehen (*c**a**nto, t**e**mpo, fim, h**o**nra, com**u**m*). Sie werden dabei geschlossen gesprochen, die Nasalierung ähnelt der deutschen in lang, eng, Ding, Gong und jung. [ã] [ẽ] [ĩ] [õ] [ũ]

Diphthonge (**Doppellaute**)

Bei den Doppellauten **ai, ei, éi, oi, ói, ui, au, eu, éu, iu** behalten die Vokale ihren Lautwert bei, also wird z. B. eu nicht wie deutsch oi in Heu, sondern e-u ausgesprochen. Der Laut ou wird meist nur noch als geschlossenes o gesprochen. Diphthonge wie **ãe, ão** und **õe** können auch nasaliert werden.

Konsonanten (Mitlaute) im Unterschied zum Deutschen

c	(*cão, saco, declarar*) vor a, o, u und Konsonanten: wie k	[k]
	(*acento, cimeira*) vor e und i: wie scharfes s in Me**ss**er	[s]
	(*direcção, tecto*) vor c, ç und t: meist tonlos	–
ç	(*caça, moço*) nur vor a, o und u: wie scharfes s	[s]
ch	(*chegar, achar*): wie sch	
g	(*alguma, golo, digno*) vor a, o, u und Konsonaten: wie in **G**old	[g]
	(*geada, energia*) vor e und i: wie in Gara**g**e	[ʒ]
gu	(*guerra, guia*) vor e und i wie g; (*guarda*) stummes u vor a wie gw	[g] [gw]
h	(*há, hoje*) stumm	–
j	(*jovem, queijo*) wie in **J**ournal	[ʒ]
lh	(*olho, filho*) wie lj	–
nh	(*vinho, senhora*) wie nj	[ɲ]
qu	(*quando, quota*) vor a und o: wie kw	[kw]
	(*queixa, quilo*) vor e und i: wie k (in Ausnahmen kw)	[k]
r	(*terminar, fraco*) einfach gerolltes r	[r]
	(*rosa, torre*) mehrfach gerolltes r	[R]
s	(*urso, sumo*) am Wort- und Silbenanfang wie scharfes s	[s]
	(*casa*) im Inlaut zwischen Vokalen wie weiches s in lei**s**e	[z]
	(*mas, pasta*) am Wortende oder vor stimmlosen Konsonanten wie sch	[ʃ]
	(*desde, Lisboa*) vor stimmhaften Konsonanten wie in **G**enie	[ʒ]
x	(*xadrez, enxada*) am Wort- und Silbenanfang und bei ex vor stimmlosen Konsonanten (*texto, experiência*) wie sch	[ʃ]
	(*exame, exemplo*) bei ex vor Vokal wie weiches s, zwischen zwei Vokalen (*paixão*) wie sch oder (*máximo*) wie scharfes s oder (*fixo, táxi*) wie ks	[z] [ʃ] [s] [ks]

z	(*z*anga, *faz*er) am Wort- und Silbenanfang wie weiches s	[z]
	(*pa*z, *di*z) am Wortende wie sch	[ʃ]

Betonung

Wörter, die auf einen Vokal enden, werden auf der vorletzten Silbe betont (*reforma, cidade, porto*), die auf einen Konsonanten (mit Ausnahme von -am, -em, -as, -es, -os) endenden dagegen auf der letzten Silbe (*girassol, algum, meter*). Ausnahmen werden durch einen Akzent gekennzeichnet (*âncora, até, médico, fácil, também, atrás*).
Wörter, die auf einen nasalierten Vokal oder auf einen Diphthong enden, werden auf der letzten Silbe betont (*amanhã, avião*; aber: *órgão*).

Besonderheiten der brasilianischen Aussprache

Die Aussprache in Brasilien hat verschiedene regionale Varianten. Die wesentlichsten Unterschiede zur portugiesischen Aussprache bestehen darin, daß die unbetonten Vokale deutlicher gesprochen werden, wobei das offene a und das geschlossene e und o dominieren. Betonte Vokale vor n und m werden nicht offen, sondern geschlossen gesprochen, was im Schriftbild durch einen acento circunflexo (ê) statt eines acento agudo (é) verdeutlicht wird. Das r am Wortende kann unhörbar sein; d und t vor i und unbetontem e können auch zu [tʃ] und [dʒ] werden. Am Wortende und vor stimmlosen Konsonanten werden s und z zu [s], vor stimmhaften Konsonanten zu [z].

Bsp.:	pena	dire(c)tor	desde	mesmo	ónibus/ônibus
port	['penɑ]	[dirɛ'tor]	['deʒdə]	['meʒmu]	['ɔnibuʃ]
bras	['pena]	[dire'to(ʀ)]	['dezdʒi]	['mezmu]	['onibus]

Portugiesisch-Deutsches Wörterverzeichnis

A

a 1. *art/f* die (der, das); **2.** *pron/f* (*Objekt*) sie (ihn, es); Sie; **3.** *prp* an, bei, in, zu, nach, um, gegen, auf
à = *prp* **a** + *art/f* **a**
aba *f* Rand *m*; Hutkrempe
abacate *m* Avocado *f*
abacaxi [abaka'ʃi] *m bras* (süße) Ananas *f*; F Käse
abad|e *m* Abt; **~ia** *f* Abtei
abafa|do schwül; *fig* niedergeschlagen; **~dor** *m* Kaffeewärmer; *Mus* Schalldämpfer; **~r** ersticken; (*Ton*) dämpfen; (*Skandal*) totschweigen
abaixo [ɑ'bajʃu] unter, unten; hinunter, herunter; **~ de** unterhalb von
abalar erschüttern (*a fig*)
abalo *m* Erschütterung *f*
abalro|amento *m* Zusammenstoß; **~ar** rammen
abanar fächeln; wedeln; (*Kopf*) schütteln
abandon|ar verlassen; **~o** *m* Verlassen *n*, Aufgabe *f*; Verlassenheit *f*
abarcar enthalten, umfassen
abarrotar vollstopfen
abast|ado wohlhabend; **~ecer** versorgen; **~ecimento** *m* Versorgung *f*
abat|er niederschlagen; (*Bauwerk*) einreißen; (*Vieh*) schlachten; (*Preis*) herabsetzen; **~ido** niedergeschlagen, abgespannt; **~imento** *m* Rabatt
abaular wölben
abcesso *m* Abszeß
abdica|ção *f* Abdankung; Verzicht *m*; **~r** abdanken; verzichten (**de** auf)
abdómen *m* Unterleib
abeirar-se de sich nähern (*dat*)
abelha *f* Biene
abençoar segnen
abert|a *f* (*Wetter*) Aufheiterung; **~o** offen; *fig* offenherzig, frei; **~ura** *f* Öffnung; Eröffnung; Ouvertüre
abeto *m* (Weiß-)Tanne *f*
abismo *m* Abgrund, Tiefe *f*
abje(c)to niederträchtig
abnega|ção *f* Selbstlosigkeit; **~do** selbstlos
abóbada *f* Gewölbe *n*
abóbora *f* Kürbis *m*; F (*Kopf*) Kürbis *m*, Rübe
abol|ição *f* Abschaffung; **~ir** abschaffen
abominável abscheulich
abon|ar bürgen für; vorstrekken; **~o** *m* Bürgschaft *f*; Vor-

schuß; ~ ***de família*** Kindergeld *n*
abordar *v/i Mar* anlegen; *v/t j-n* ansprechen; (*Frage*) anschneiden
aborrec|er langweilen; ärgern; **~ido** langweilig; ärgerlich
abort|ar eine Fehlgeburt h; abtreiben; (*Vorhaben*) scheitern; **~o** *m* Fehlgeburt *f*; Abtreibung *f*; ~ ***provocado*** Abtreibung *f*
abotoar zuknöpfen
abraç|adeira *f Tech* Schelle; **~ar** umarmen; **~o** *m* Umarmung *f*; **~s!** (*Briefschluß*) Ich umarme Dich (Euch)!
abrandar abschwächen; (*Fahrt*) verlangsamen; *v/i* nachlassen
abranger *fig* umfassen
abrasa|dor sengend; **~r** versengen
abre-latas *m* Dosenöffner
abrevia|r abkürzen; **~tura** *f* Abkürzung
abrig|ado geschützt; **~ar** Zuflucht gewähren; **~-se** Zuflucht suchen; **~o** *m* Schutz; ~ ***antiaéreo*** Luftschutzbunker
Abril *m* April
abrir öffnen, aufmachen
abrunho *m* Zwetsch(g)e *f*
abrupto steil; plötzlich
absolut|amente *adv* durchaus; **~!** *bras* ganz und gar nicht!; ~ ***nada*** gar nichts; **~o** absolut
absolv|er freisprechen; **~ição** *f* Freispruch *m*; Absolution
absorver aufsaugen; absorbieren; **~-se em** sich vertiefen in
abst|enção *f* Enthaltung; **~er: ~-se de** sich enthalten (*gen*); **~inência** *f* Enthaltsamkeit
abstra(c)|ção *f* Abstraktion; **~to** abstrakt
abstraindo: ~ ***de*** abgesehen von
absurdo 1. unsinnig; sinnlos; **2.** *m* Unsinn
abund|ância *f* Überfluß *m*; **~ante** reichlich; **~ar** reichlich vorhanden sein
abusar de mißbrauchen
abuso *m* Mißbrauch
abutre *m* Geier
acaba|do fertig; **~mento** *m* Abschluß, Fertigstellung *f*; Ausführung *f* (*z.B. Kfz*); **~r** *v/t* beenden; *v/i* enden; zu Ende sein; aufhören; ~ ***bem/mal*** gut/böse ausgehen; ~ ***de fazer a/c*** gerade et. getan haben; ~ ***por fazer a/c*** schließlich et. tun
acabrunha|do niedergeschlagen; **~r** bedrücken
acácia *f* Akazie
academia *f* Akademie
açaime *m* Maulkorb
acalentar erwärmen; (*Hoffnung*) hegen
acalmar beruhigen
açambarcar hamstern

acampa|mento *m* Zeltlager *n*; Campingplatz; **~r** zelten; ein Lager aufschlagen
acanha|do beengt; eng; schüchtern; **~r: ~-se** sich genieren
ação *bras s* **acção**
acariciar streicheln
acaso *m* Zufall; ***por ~*** zufällig
acautelar-se sich vorsehen
a(c)ção *f* Tat; Wirkung; Aktie; *jur* Verfahren *n*
a(c)cionador *m* **de disquetes** Diskettenlaufwerk *n*
a(c)ciona|mento *m Tech* Antrieb; **~r** in Betrieb setzen; antreiben
a(c)cionista *su* Aktionär(in)
aceder einverstanden sein (**a** mit)
aceit|ar an-, aufnehmen; **~ável** akzeptabel; **~o** willkommen
acelera|dor *m Kfz* Gaspedal *n*; *Film* Zeitraffer; **~r** beschleunigen
acenar winken
acende|dor *m* Anzünder; **~r** anzünden; anschalten
aceno *m* Nicken *n*
acent|o *m* Akzent; **~uar** betonen
acepção *f* Sinn *m*, Bedeutung
acepipe *m* Leckerbissen; **~s** *pl* Vorspeise *f*
acerca de über, in bezug auf
acercar-se de sich nähern (*dat*)
acertar treffen; (*Uhr*) stellen
aceso: estar ~ (*Feuer*, *Licht*) brennen
acess|ível zugänglich; **~o** *m* Zutritt; *Kfz* Zufahrt *f*; *Psych* Anfall
acessório *m* Zubehör *n*; *adj* zusätzlich
acha|do *m* Fund; Fundsache *f*; **~r** finden; meinen; **~r-se** sich befinden
achatar plattdrücken
acident|ado hügelig; uneben; **~al** zufällig; **~e** *m* Zufall; Unfall; ***~ de viação*** Verkehrsunfall
ácido 1. *m Chem* Säure *f*; **2.** *adj* sauer
acima herauf; nach oben; ***~ de*** über, auf
acion... *bras s* **accion...**
aclama|ção *f* Beifall *m*; **~r** zujubeln; zustimmen
aclarar erhellen, er-, aufklären
aclimatar akklimatisieren
aço *m* Stahl
acocorar-se sich hinhocken
acolá da, dort
acolchoar wattieren, steppen; polstern
acolh|edor gastlich, gemütlich; **~er** aufnehmen; **~-se** sich flüchten; **~imento** *m* Aufnahme *f*; Zuflucht *f*
acometer angreifen; befallen (*Krankheit*)
acompanha|mento *m* Begleitung *f*; **~r** begleiten
aconchegado gemütlich
aconselhar (be)raten

acontec|er geschehen; **~imento** *m* Ereignis *n*
acoplamento *m* (*Anhänger*) Kupplung *f*
açor *m* Habicht
açorda *f port Kochk* Brotsuppe
acordar *v/t* wecken; vereinbaren; *v/i* aufwachen
acordeão *m* Ziehharmonika *f*
acordo *m* Vertrag; Einverständnis *n*; Vereinbarung *f*; ***de ~*** einverstanden; ***de ~ com*** in Übereinstimmung mit
acostar anlegen; **~-se a** sich lehnen an
acostumar gewöhnen; **~-se a** sich gewöhnen an
acotovelar (an)stoßen (*mit dem Ellenbogen*)
açougu|e *m* Schlachthaus *n*; *bras* Fleischerei *f*; **~eiro** *m bras* Fleischer
acre herb
acredita|do angesehen, glaubwürdig; **~r** akkreditieren; glauben (***em*** an)
acrescentar hinzufügen
acréscimo *m* Zuwachs, Steigerung *f*
acroba|cia *f* Akrobatik; **~ta** *su* Akrobat(in *f*) *m*
acta *f* Protokoll *n*
a(c)tiv|ar aktivieren; in Gang bringen; **~idade** *f* Tätigkeit; **~o** aktiv, wirksam; berufstätig
a(c)to *m* Tat *f*
a(c)t|or *m* Schauspieler; **~riz** *f* Schauspielerin
a(c)tuação *f* Betätigung; Wirkung
a(c)tual gegenwärtig, aktuell; **~idade** *f* Gegenwart; Aktualität; **~idades** *f/pl* Neuigkeiten
a(c)tuar (ein)wirken
açúcar *m* Zucker
açucareiro *m* Zuckerdose *f*
açude *m* Wehr *n*
acudir zu Hilfe eilen
acumula|dor *m* Akkumulator; **~r** anhäufen; speichern
acusa|ção *f* Anklage, Beschuldigung; **~do** *m* Angeklagte(r); **~r** anklagen, beschuldigen; (*Empfang*) bestätigen
acústica *f* Akustik
adapt|ação [ɑdaptɑ'sɐ̃w] *f* Anpassung; (*Filme u.a.*) Bearbeitung; **~ador** *m Tech* Adapter; **~ar** um-, be-arbeiten; anpassen (**a** an); **~ável** anpassungsfähig, verwendbar
adega *f* Weinkeller *m*
adepto [ɑ'dɛptu] *m Pol*, *Sport* Anhänger
adequado angemessen; zweckmäßig
adereço *m* Schmuck; **~s** *m/pl* Requisiten *pl*
ader|ência *f* Haftung(svermögen *n*); **~ente 1.** *su* Anhänger(in); **2.** *adj* haftend; **~ir a** haften an; *fig* sich anschließen an

adesão *f* Beitritt(serklärung *f*) *m*
adesivo *m* Heftpflaster *n*
adestrar unterweisen, trainieren; (*Tier*) dressieren
adeus *m* Abschied *m*; **~!** auf Wiedersehen!
adiamento *m* Aufschub
adianta|do fortgeschritten; **~mento** *m* Vorschuß; **~r** *v/t* vorwärtstreiben, beschleunigen; (*Geld*) vorschießen; *v/i* (*Uhr*) vorgehen
adiante vorwärts, weiter
adiar vertagen; auf-, verschieben
adicionar addieren, hinzufügen
adido *m* Attaché
aditamento *m* Zusatz, Ergänzung *f*
aditivo *m* Additiv *n*, Zusatz
adivinha *f* Rätsel *n*; **~r** voraussagen; erraten
adjacente angrenzend
adjudicar zuerkennen
adjunto 1. *m* (Stell)Vertreter; **2.** *adj* an-, bei-gefügt; Hilfs...
administra|ção *f* Verwaltung; **~dor** *m* Verwalter; **~r** verwalten
admira|ção *f* Bewunderung; Verwunderung; **~r** bewundern; ***~-se*** sich wundern (***de, com*** über)
admirável bewundernswert
admiss|ão *f* Aufnahme; Zulassung; *Tech* Zuführung; **~ível** annehmbar
admitir zulassen; zugeben
adoçar (ver)süßen; ***~ a pílula*** die bittere Pille versüßen
adoecer erkranken
adoentado: ***estar ~*** kränkeln
adolesc|ência *f* Jugend; **~ente 1.** *adj* jugendlich, **2.** *su* Jugendliche *m, f*
ado(p)|ção *f* Adoption; **~tar** adoptieren; (*Idee*) sich zu eigen machen
adorar anbeten
adormecer einschlafen
adorn|ar schmücken; **~o** *m* Schmuck; Zierde *f*
adquirir erwerben
aduaneiro 1. *adj* Zoll...; **2.** *m* Zollbeamte(r)
adub|ar düngen; **~o** *m* Düngemittel *n*
adula|ção *f* Schmeichelei; **~dor** *m* Schmeichler; **~r** schmeicheln
adultério *m* Ehebruch
adulto 1. *adj* erwachsen; **2.** *m* Erwachsene(r)
advento *m fig* Herannahen *n*; Advent
advers|ão *f* Gegnerschaft; **~ário** *m* Gegner; **~o** widrig
advert|ência *f* Hinweis *m*; Warnung; **~ir** warnen, aufmerksam machen
advogado *m* Rechtsanwalt
aére|o Luft...; ***por via ~a*** mit Luftpost
aero|moça *f bras* Stewardeß; **~náutica** *f* Luftfahrt; **~nave** *f* Luftschiff *n*; **~porto** *m* Flughafen; **~ssol** *m* Spray
afã *m* Eifer, Mühe *f*

afabilidade *f* Freundlichkeit
afag|ar liebkosen, streicheln; **~o** *m* Liebkosung *f*
afamado berühmt
afasta|do abgelegen; entfernt; **~mento** *m* Entfernung *f*; **~r** entfernen
afável freundlich, nett
afazeres *m/pl* Pflichten *f/pl*
afe(c)t|ado betroffen; befallen; *fig* affektiert, gekünstelt; **~ar** betreffen; beeinflussen; *Med* befallen; **~ivo** liebevoll, Gefühls...
afeição *f* Zuneigung
aferir eichen
aferrolhar verriegeln
afiançar bürgen; versichern
afiar schärfen; spitzen
aficionado *m* Liebhaber, Fan
afilhado *m* Patenkind *n*
afim verwandt
afinação *f* Verfeinerung; *Tech* Feineinstellung; *Mus* Stimmen *n*
afinal endlich, schließlich
afinar verfeinern; genau einstellen; *Mus* stimmen
afirma|ção *f* Behauptung; Versicherung; **~r** behaupten; bestätigen; **~tiva** *f* Zusage
afivelar an-, fest-schnallen
afixar [ɑfiˈksar] ankleben; befestigen
afli|ção *f* Kummer *m*; **~gir** bekümmern; aufregen
aflu|ência *f* Andrang *m*; **~ente** *m* Nebenfluß; **~ir** *fig* herbeiströmen; **~xo** [ɑˈfluksu] *m* (*Wohnort*) Zuzug *m*; **~ *às urnas*** *Pol* Urnengang
afogar ersticken; ertränken; **~-se** ertrinken
afoitar-se wagen
afortunado glücklich
africano 1. *adj* afrikanisch; **2.** *m* Afrikaner
afronta *f* Beleidigung
afrouxar [ɑfroˈʃar] nachlassen; lockern
afugentar verjagen, verscheuchen
afundar versenken; **~-se** versinken
agachar-se sich ducken; *bras* **~ *a*** anfangen zu
agarrar packen, fassen; **~-se** sich klammern (***a*** an)
agasalhar beherbergen; warm anziehen
agasalho *m* Unterschlupf; (freundliche) Aufnahme *f*; warme Kleidung *f*
agência *f* Agentur; **~ *de viagens*** Reisebüro *n*; **~ *funerária*** Beerdigungsinstitut *n*; **~ *noticiosa*** Nachrichtenagentur
agenda *f* Terminkalender *m*; **~ *de bolso*** Taschenkalender *m*
agente *m* Agent; Vertreter; Wirkstoff *m*; **~ *marítimo*** Schiffsmakler
ágil flink, agil
agilidade *f* Behendigkeit
agir handeln
agita|ção *f* Auf-, Er-regung; Aufruhr *m*, Unruhe; **~r** be-

wegen; aufregen; (*Flüssigkeit*) schwenken; schütteln
aglomera|ção *f* Ansammlung, Anhäufung; **~do** *m* Ballungsgebiet *n*; **~r** ansammeln, anhäufen
agoni|a *f* Agonie; F Übelkeit; **~zar** im Sterben liegen
agora jetzt, nun; **~ *mesmo*** soeben; ***por ~*** vorläufig
Agosto *m* August
agrad|ar gefallen, zusagen; **~ável** angenehm
agradec|er danken; **~ido** dankbar; ***estar ~*** (sehr) dankbar sn; **~imento** *m* Dank
agrado *m* Gefallen *n*
agraf|o *m* Heftklammer *f*; **~ar** klammern, zusammenheften
agrav|amento *m* Verschlechterung *f*; **~ante** *f od m* erschwerender Umstand *m*; (*Person*) Belastungszeuge *m*; **~ar** erschweren; verschlechtern; **~-se** (*Lage*) sich zuspitzen; **~o** *m* Beleidigung *f*; *jur* Berufung *f*
agre|dir angreifen; **~ssão** *f* Aggression, Angriff *m*; **~ssivo** aggressiv; **~ssor** *m* Angreifer
agreste wild, rauh
agrião *m* Brunnenkresse *f*
agrícola landwirtschaftlich
agricul|tor *m* Landwirt; **~tura** *f* Landwirtschaft
agrupa|mento *m* Gruppierung *f*; Gruppe *f*; **~r** gruppieren
água *f* Wasser *n*; **~ *potável*** Trinkwasser *n*; **~s** *f/pl* Gewässer *pl*; **~ *residuais*** Abwasser *n*; ***pescar em ~ turvas*** im trüben fischen
aguaceiro *m* Schauer
água-de-colónia *f* Kölnischwasser *n*
aguardar ab-, er-warten
aguardente *m* Branntwein
aguarela *f* Aquarell *n*
águas-furtadas *f/pl* Mansardenwohnung *f*
aguçar schleifen; spitzen
agud|eza *f* Schärfe; Scharfsinn *m*; **~o** **1.** *adj* spitz; scharf; **2.** *m Mus* hoher Ton
aguentar [ɑgwẽ'tar] aushalten; er-, ver-tragen
águia *f* Adler *m*
aguilhão *m* Stachel
agulha *f* Nadel; *Esb* Weiche; ***procurar ~s em palheiro*** die Nadel im Heuhaufen suchen
aí **1.** da, dort; **2.** *m* Faultier *n*
aidético *m* Aidskranke(r)
ainda noch; **~ *assim*** trotzdem; **~ *por cima!*** auch das noch!; **~ *que*** wenn auch (+ *subj*)
ajeitar zurechtlegen; F (*Angelegenheit*) richten
ajuda *f* Hilfe, Unterstützung; **~s *de custo*** Spesen *pl*; **~nte** *m* Gehilfe; **~r** helfen, unterstützen
ajuiza|do vernünftig; **~r** (be-)

urteilen; Vernunft annehmen
ajuntamento *m* Menschenauflauf
ajust|ado passend; **~ar** justieren; einstellen; **~ *contas*** abrechnen; **~e** *m* Abmachung *f*; ***salário*** *m* ***por* ~** Akkordlohn
ala *f* Flügel *m*; ***abrir* ~s** Spalier bilden
alagar überschwemmen
alameda *f* Allee
álamo *m* Espe *f*
alargar erweitern, verbreitern; (*Einfluß*) ausdehnen
alarido *m* Geschrei *n*
alarm|ante alarmierend; **~ar** alarmieren; **~e** *m* Alarm
alastrar(-se) sich ausbreiten
alavanca *f* Hebel *m*
alberg|ar beherbergen; **~ue** *m* Herberge *f*; Asyl *n*
álbum *m* Album *n*; ***duplo* ~** Doppelalbum
alcachofra *f* Artischocke
alcançar erreichen
alcance *m* Reichweite *f*; Sicht-, Hör-, Trag-weite *f*; ***ao* ~ *de*** erreichbar, zugänglich; ***fora do* ~** außer Reichweite
alcantilado steil
alcaparra *f* Kaper
alcateia *f* (*Tiere*) Rudel *n*
alcatifa *f* Teppichboden *m*; **~r** mit Teppich(boden) auslegen
alcatrão *m* Teer
alcatroar asphaltieren
álcool *m* Alkohol; **~ *desnaturado*** (Brenn-)Spiritus
alcoolismo *m* Trunksucht *f*
alcorão *m* Koran
alcunha *f* Spitzname *m*
ald|eão *m* Dörfler; **~eia** *f* Dorf *n*
alecrim *m* Rosmarin
alegar (*Argument*, *Beweis*) anführen
alegr|ar (er)freuen; **~-se** sich freuen (***com*** über); **~e** froh, lustig, munter; angeheitert; **~ia** *f* Freude
aleijado *m* Krüppel
além da drüben; **~ *de*** außer; jenseits von; **~ *disso*** außerdem
Alemanha *f* Deutschland *n*
alem|ão 1. *adj* deutsch; **2.** *m*, **~ã** *f* Deutsche(r)
além-mar 1. *adv* in *od* nach Übersee; **2.** *m* Übersee *ohne art*
alento *m* Mut; Kraft *f*
alergia *f* Allergie *f*
alerta wachsam; **~!** Alarm!; ***tocar* ~** Alarm schlagen
aletria *f* Fadennudeln *f/pl*
alfabeto *m* Alphabet *n*
alface *f* Kopfsalat *m*
alfaiat|aria *f* Schneiderei; **~e** *m* Schneider
alfândega *f* Zollamt *n*
alfandegário Zoll...; ***direitos*** *m/pl* **~s** Zoll *m* (*Gebühr*)
alfarrabista *m* Antiquar; Antiquariat *n*
alfazema *f Bot* Lavendel *m*
alfinete *m* Stecknadel *f*

algaravia *f* Kauderwelsch *n*
algarismo *m* Ziffer *f*
algazarra *f* Radau *m*
algema *f* Handschelle; **~r** Handschellen anlegen
algibeira *f* Tasche (*in Kleidung*)
algo etwas
algodão *m* Baumwolle *f*; **~ *em rama*** Watte *f*
algoz *m* Henker
alguém jemand
alguidar *m* Schüssel *f*
algum, -a irgendeine(r, s)
algures irgendwo
alh|eamento *m* Entfremdung *f*; Geistesabwesenheit *f*; **~eio** fremd
alh|eira *f* Knoblauchwurst; **~o** *m* Knoblauch
ali da, dort
alia|do *m* Verbündete(r); **~nça** *f* Bündnis *n*; Trauring *m*; **~r** verbinden; **~*-se*** sich verbünden
aliás übrigens
alicate *m* (Draht-)Zange *f*; **~ *de unhas*** Nagelzange *f*
alicerce *m* Fundament *n*; ***lançar os ~s de*** den Grundstein legen für (*a fig*)
aliciar verlocken
alienar veräußern; entfremden
aligeirar erleichtern; lindern
aliment|ação *f* Ernährung; **~ar** ernähren; **~ício: *géneros*** *m/pl* **~*s*** Nahrungsmittel *n/pl*; **~o** *m* Nahrung *f*, Nahrungsmittel *n*; **~*s*** *m/pl* Alimente *n/pl*
alínea *f* Absatz *m*
alinha|mento *m* Ausrichtung *f*; Trassierung *f*; **~r** ausrichten; in gerader Reihe anordnen
alisar glätten
alistar-se eintreten, sich einschreiben
aliviar erleichtern; entlasten
alívio *m* Erleichterung *f*
alma *f* Seele; Gemüt *n*; ***descobrir a ~ a alg.*** j-m sein Herz ausschütten
almirante *m* Admiral
almoç|ar zu Mittag essen; **~o** *m* Mittagessen *n*; ***pequeno ~*** Frühstück *n*
almofada *f* Kissen *n*; **~ *termica*** Heizkissen *n*
almofariz *m* Mörser
almôndega *f* Klops *m*, Klößchen *n*
alô! *bras* Hallo!
alocução *f* Ansprache
aloja|mento *m* Unterkunft *f*; **~r** unterbringen; aufnehmen
alongado länglich
alperc(h)e *m* Aprikose *f*
alpinis|mo *m* Bergsteigen *n*; **~ta** *su* Bergsteiger(in)
alta *f* (*Preis u.a.*) Erhöhung; *Hdl* Hausse; ***dar*** (***ter***) **~** (*Krankenhaus*) entlassen (w); **~mente** höchst
altar *m* Altar
alter|ação *f* Veränderung; **~ar** umstellen; (ver)ändern; **~nação** *f* Abwechslung; **~nar** abwechseln; **~nativa** *f* Alternative; **~nativo** alternativ

altifalante *m* Lautsprecher
altitude *f* Höhe
altiv|ez *f* Hochmut *m*; **~o** hochmütig
alto 1. *adj* hoch (*a Ton*); groß; laut; **2.** *m* Höhe *f*; Halt, Rast *f*; **3. ~!** Halt!
altruísmo *m* Selbstlosigkeit *f*
altura *f* Höhe; Größe; Zeitpunkt *m*; ***nesta*** **~** im Augenblick
alucinação *f* Halluzination
aludir a anspielen auf; andeuten
alug|ar (ver)mieten; **~uel** *m od* **~uer** *m* Miete *f*; Vermietung *f*; ***~uer de automóveis*** Autoverleih
aluir erschüttern; zsbrechen
alumínio *m* Aluminium *n*
aluno *m* Schüler
alusão *f* Anspielung
alvará *m* Konzession *f*; ***~ profissional*** Gewerbeerlaubnis *f*
alvejar zielen auf
alvenaria *f* Mauerwerk *n*
alvíssaras *f/pl* Finderlohn *m*
alvitr|ar vorschlagen, meinen; **~e** *m* Vorschlag
alvo 1. *adj* weiß, rein; **2.** *m* Ziel(scheibe *f*) *n*; **~rada** *f* Morgendämmerung; **~roço** *m* Aufregung *f*; Aufruhr
ama *f* Amme; Herrin
amabilidade *f* Liebenswürdigkeit
amaciador *m* Weichspüler
amador *m* Liebhaber; Amateur
amadurecer reifen
âmago *m* Kern, Wesen *n*
amalandrar-se frech werden
amaldiçoar verfluchen
amálgama *m* Durcheinander *n*; Amalgam *n*
amamentar säugen, nähren
amanh|ã morgen; ***depois de ~*** übermorgen; **~ecer 1.** *v/i* Tag werden; **2.** *m* Tagesanbruch
amansar zähmen
amante 1. *su* Geliebte(r), Liebhaber(in); **2.** *adj* liebend
amar lieben, liebhaben
amarel|ado gelblich; **~ecer** vergilben; **~o** gelb
amarg|ar bitter schmecken; (bitter) büßen; **~o** bitter; **~ura** *f* Bitterkeit; **~urar** verbittern
amarra *f* Trosse; **~r** vertäuen; festbinden
amarrotar zerknittern
ama-seca *f* Kinderfrau
amassar kneten; mischen; (zer)quetschen
amável liebenswürdig
âmbar *m* Bernstein
ambição *f* Ehrgeiz *m*
ambici|onar erstreben; **~oso** ehrgeizig
ambiente *m* Atmosphäre *f*; Stimmung *f*; Umwelt *f*; ***pro-te(c)ção ao (meio)*** **~** Umweltschutz *m*
ambíguo zweideutig
âmbito *m* Umkreis; Rahmen
ambos, -as beide; ***ambos os dois*** alle beide; ***ambas as amigas*** beide Freundinnen

ambul|ância *f* Krankenwagen *m*; *Esb* Postwagen *m*; **~ante** ambulant
ameaça *f* Drohung; **~dor** drohend; **~r** drohen
amealhar (zs-)sparen; F feilschen
amedrontar verängstigen
amêijoa *f* Miesmuschel
ameix|a [ɑ'mejʃɑ] *f* Pflaume; **~oeira** [ɑmej'ʃwejrɑ] *f* Pflaumenbaum *m*
amêndoa *f* Mandel
amendo|eira *f* Mandelbaum *m*; **~im** *m* Erdnuß *f*
ameno lieblich, mild
americano 1. *adj* amerikanisch; **2.** *m* Amerikaner
amestrar dressieren
amianto *m* Asbest
amido *m* Stärke(mehl *n*) *f*
amieiro *m* Erle *f*
amigável freundschaftlich
amígdala *f Anat* Mandel
amig|o 1. *m* Freund; **2.** *adj* freundschaftlich; **ser ~ de** ein Freund sein von; **~uismo** *m* Vetternwirtschaft *f*
amimar verwöhnen
amiúde *adv* häufig, oft
amizade *f* Freundschaft
amnésia *f* Gedächtnisschwund *m*
a(m)nistia *f* Amnestie
amo *m* Besitzer, Herr; (*Tierhalter*) Herrchen *n*; **~lar** schleifen; *bras* auf die Nerven fallen; **~lecer** aufweichen; **~lgar** verbeulen
amontoar (an)häufen
amor *m* Liebe *f*; Liebling (*Anrede*); **por ~ de** aus Liebe zu; **fazer ~** sich lieben (*körperlich*)
amora *f* Brombeere
amordaçar knebeln
amornar anwärmen
amor|oso liebevoll; liebenswürdig; **~-perfeito** *m Bot* Stiefmütterchen *n*
amortece|dor *m* Stoß- *od* Schwingungsdämpfer; **~ de som** Schalldämpfer; **~r** abschwächen
amortiza|ção *f* Tilgung; **~r** tilgen
amostra *f* Muster *n*
amotina|ção *f* Meuterei; Aufstand *m*; **~r** aufwiegeln; **~-se** meutern
ampar|ar schützen; stützen; **~o** *m* Schutz; Hilfe *f*
amperagem *f* Stromstärke
amplia|ção *f* Vergrößerung; Erweiterung; **~r** vergrößern; erweitern
amplifica|dor *m* (*Radio*) Verstärker; **~r** verstärken
ampl|itude *f* Weite, Umfang *m*; Amplitude; **~o** weit; geräumig; umfassend
ampulheta *f* Sanduhr
amurada *f Mar* Reling
anais *m/pl* Jahrbücher *n/pl*; Annalen *pl*
analfabet|ismo *m* Analphabetentum *n*; **~o** *m* Analphabet
analgésico *m* schmerzstillende(s) Mittel *n*

analisar analysieren
análise *f* Analyse
analista *su* Analytiker(in)
análogo analog
ananás *m* Ananas *f*
anão *m* Zwerg
anatomia *f* Anatomie
anca *f* Hüfte
anchova *f* Sardelle
ancião **1.** *m* Greis; **2.** *adj* (ur)alt
ancinho *m* Harke *f*, Rechen
âncora *f* Anker *m*
ancoradouro *m* Reede *f*
ancorar ankern
andaime *m* Baugerüst *n*
anda|mento *m* (Fort-)Gang; Verlauf; **~r 1.** *v/i* gehen; fahren; laufen; fliegen; **2.** *m* Stockwerk *n*; Etagenwohnung *f*; Gang
andas *f/pl* Stelzen
andebol *m* Handball; **~ista** *su* Handballer(in)
andorinha *f* Schwalbe; *bras* Möbelwagen *m*
anedota *f* Anekdote; Witz *m*
anel *m* Ring; Locke *f*
anemia *f* Blutarmut
anestesia *f* Narkose; **~r** betäuben
anexa|ção [ɑnɛksɑ'sɑ̃w] *f* Annexion; **~r** annektieren; beifügen
anexo [ɑ'nɛksu] **1.** *m* Anhang; Anbau; Ergänzungsband; **2.** *adj* bei-, an-liegend; angeschlossen
anfitrião *m* Gastgeber
angariar werben; beschaffen; (*Geld*) auftreiben
angular eckig, wink(e)lig
ângulo *m* Winkel
angústia *f* Angst
angustiante bedrückend; beängstigend
animação *f* Belebung; Stimmung; **~ *doida*** Übermut *m*
animal **1.** *m* Tier *n*; *bras a* Pferd *n*; F Rindvieh *n*; **~ *doméstico*** Haustier *n*; **2.** *adj* tierisch
animar beleben; aufmuntern
ânimo *m* Mut; Geist; Gemüt *n*
aninhar-se sich (nieder-) hocken
aniquila|mento *m* Vernichtung *f*; **~r** vernichten
aniversário *m* Jahrestag; Geburtstag
anjo *m* Engel
ano *m* Jahr *n*; **♀ *Novo*** Neujahr *n*; **~s *de serviço*** Dienstjahre; ***fazer* ~s** Geburtstag haben; ***faz 15* ~s** er wird 15 Jahre alt; ***quantos* ~s *tem?*** wie alt sind Sie?; ***ter dez* ~s** zehn Jahre alt sein
anoitecer Nacht werden
anónim|o anonym; ***sociedade f* ~a** Aktiengesellschaft
anormal ungewöhnlich
anota|ção *f* Anmerkung, Vermerk *m*; **~r** vermerken, notieren
ânsia *f* Angst; Sehnsucht
ansi|ar (por) brennen (auf); sich sehnen (nach); **~edade** *f* Angst; **~oso** ängstlich; ge-

spannt; ***estar ~ (por)*** begierig sn (auf); sich freuen (auf)

Antár(c)tica *f* Antarktis

ante vor; angesichts; **~braço** *m* Unterarm; **~câmara** *f* Vorzimmer *n*

anteced|ente 1. *m* Präzedenzfall; ***~penal*** Vorstrafe *f*; ***~s*** *pl* Vorgeschichte *f*; **~er** vorher-, voraus-gehen; **2.** *adj* vorhergehend

antecessor *m* Vorgänger

antecipar vorwegnehmen; ***~-se*** zuvorkommen; vorgreifen

antemão: *de ~* im voraus

antena *f* Antenne; Fühler *m*; ***~ dirigida*** Richtantenne; ***~ parabólica*** Parabolantenne

anteontem vorgestern

antepassado *m* Vorfahr

anterior vorhergehend

antes: *~ de* vor; ***~ que*** bevor; *adv* vorher; eher, früher; ***quanto ~*** so bald wie möglich

antever vorhersehen

anti|aéreo Luftschutz...; **~biótico** *m* Antibiotikum *n*; **~ciclone** *m* (*Wetter*) Hoch *n*; **~concepcional** *bras m, f* **~conceptivo** *m* Empfängnisverhütungsmittel *n*; **~constitucional** verfassungswidrig; **~corpo** *m* Antikörper; **~corrosivo** *m* Rostschutzmittel *n*; **~democrático** undemokratisch

antídoto *m* Gegengift *n*; Gegenmittel *n*

antig|amente früher; **~o** alt, altertümlich; ehemalig; früher; **~uidade** [ɑ̃tigwi'dadə] *f* Altertum *n*; **~s** *f/pl* Antiquitäten

anti|patia *f* Abneigung; **~pático** unsympathisch

anti|quado veraltet; **~quário** *m* Antiquitätengeschäft *n*; (*Person*) Antiquitätenhändler; (*Bücher*) Antiquar

anti-sísmico erdbebensicher

antropófago *m* Menschenfresser

anual jährlich

anu(al)idade *f* Jahresbeitrag *m*

anuário *m* Jahrbuch *n*

anuir einwilligen

anular annullieren; rückgängig machen; stornieren

anunciar ankündigen; ansagen; annoncieren

anúncio *m* Anzeige *f*; Inserat *n*; ***pôr um ~*** inserieren

ânus *m* After

anzol *m* Angelhaken; ***morder o ~*** *fig* in die Falle gehen

ao = *prp* **a** + *art/m* **o**

aonde wohin

aorta *f* Hauptschlagader

apagar (aus)löschen; (*Licht*) ausschalten

apaixona|do [ɑpɑjʃu'nadu] verliebt; leidenschaftlich; **~r-se** sich verlieben (***por*** in)

apalpar (ab-, be)tasten

apanha|dor *m* Kehrblech *n*; **~r** aufheben; (er-)greifen, fassen; fangen; *j-n* einholen; (*Zug usw*) (rechtzeitig) errei-

chen; (*Krankheit*) bekommen
aparador *m* Anrichte *f*
aparafusar ein-, anschrauben
apara-lápis *m* Bleistiftanspitzer
aparato *m* Aufwand; (*Polizei usw*) Aufgebot *n*
aparec|er erscheinen; offenbar w; **~imento** *m* Erscheinung *f*
aparelh|agem *f* (**de som**) Stereoanlage; **~ar** (aus)rüsten; (*Pferde*) anschirren; **~o** *m* Apparat
aparência *f* (An-)Schein *m*
aparent|ar vortäuschen; scheinen; **~e** anscheinend, scheinbar; Schein...
aparição *f* Erscheinung
aparta|do *m* Postfach *n*; **~mento** *m* Appartement *n*; Wohnung *f*; Trennung *f*; **~r** trennen, aussondern
aparte *m* Zwischenbemerkung *f*
apatia *f* Teilnahmslosigkeit; Gleichgültigkeit
apátrida *su* Staatenlose(r)
apavorar erschrecken
apaziguar beruhigen
apea|deiro *m* *Esb* Haltepunkt; **~r-se** ab-, aus-steigen
apedrejar mit Steinen bewerfen
apego *m* Anhänglichkeit *f*
apel|ação *f* Berufung; **~ar** appellieren; Berufung einlegen (**de** gegen); **~idar** nennen; **~ido** *m* Nachname, Familienname; **~o** *m* Appell; Aufruf
apenas nur; erst
apêndice *m* Anhang; *Med* Blinddarm
apendicite *f* Blinddarmentzündung
aperceber wahrnehmen; **~-se de** (be)merken
aperfeiçoa|mento *m* Vervollkommnung *f*; Fortbildung *f*; **~r** vervollkommnen; vollenden; verbessern
aperta|do eng (*a fig*); **~r** zs-drängen; drücken, pressen; zuknöpfen; enger m; **~ os cintos** *Flgw, Kfz* sich anschnallen
aperto *m* Druck; Gedränge *n*; Bedrängnis *f*; **~ de mãos** Händedruck
apesar: ~ de trotz; **~ disso** trotzdem
apetecer: apetece-me ich habe Lust zu (*od* auf)
apetite *m* Appetit
apetrecha|mento *m* Ausrüstung *f*; **~r** ausrüsten
apicultura *f* Bienenzucht
apinhado überfüllt
apit|ar pfeifen; **~o** *m* Pfeife *f*; Pfiff
apl|ainar hobeln; **~anar** ebnen
aplau|dir Beifall klatschen; mit Beifall aufnehmen; **~so** *m* Beifall
aplica|ção *f* An-, Verwendung, Gebrauch *m*; Fleiß *m*;

~do fleißig; aufmerksam; **~r** an-, ver-wenden; an-, auf-legen
apoderar-se de sich bemächtigen (*gen*); Besitz ergreifen von
apodrecer verderben, verfaulen; verwesen
apogeu *m* Höhepunkt
apoi|ado! jawohl! richtig!; **~a-pé** *m* Fußstütze *f* (*Motorrad*); **~ar** (unter)stützen; **~o** *m* Stütze *f*; Unterstützung *f*
apólice *f* Versicherungsschein *m*
apologi|a *f* Rechtfertigungs-rede, -schrift; **~sta** *su* Verteidiger(in), Verfechter(in)
aponta|mento *m* Notiz *f*; **~r** notieren; (hin)weisen auf, zeigen; zielen (***para*** auf)
apoplexia [ɑpuplɛ'ksiɑ] *f* (Gehirn-)Schlag *m*
apoquenta|do besorgt; **~r** Sorgen machen
após nach, hinter
aposenta|ção *f* Pensionierung; **~doria** *f bras* Ruhestand *m*; Rente; **~r** pensionieren; (*Gast*) beherbergen
aposento *m* Zimmer *n*
após-guerra *m* Nachkriegszeit *f*
aposta *f* Wette; **~r** wetten
aprazar (*Termin, Zeitpnkt*) festlegen
aprazível angenehm
aprecia|ção *f* Beurteilung; Wertschätzung; **~dor** *m* Liebhaber, Kenner; **~r** beurteilen
apreciável wesentlich, beträchtlich
apreço *m* Wertschätzung *f*
apreen|der (er)greifen; begreifen; **~sivo** besorgt
apregoar bekanntmachen
aprend|er lernen; **~iz** *m* Lehrling; Auszubildende(r); **~izagem** *f* Lehre; Lehrzeit
apresenta|ção *f* Aufmachung; Vorstellung; **~dor** *m* Ansager; **~r** vorstellen; (*Film*) vorführen; darstellen; (*Antrag*) einreichen; (*Vorschlag*) unterbreiten; (*Kandidaten*) präsentieren; **~se** sich vorstellen; sich melden; erscheinen
apressa|do eilig; **~r** beschleunigen; antreiben
aprisionar gefangennehmen
aprofundar vertiefen
aprontar fertigmachen
apropria|do geeignet; zweckmäßig; **~r-se de** sich aneignen
aprova|ção *f* Billigung; Genehmigung; **~do** (*Prüfung*) bestanden; **~r** billigen, genehmigen; (*Schüler*) bestehen lassen
aproveit|amento *m* Nutzung *f*; Gebrauch; **~ar** benutzen; verwerten; nutzbar machen; (*Gelegenheit*) wahrnehmen
aprovisionar (*mit Proviant*) versorgen
aproxima|ção [ɑprɔsimɑ-

'sɐ̃w] *f* Annäherung; **~damente** ungefähr; **~r-se de** sich annähern (*dat*); **~tivo** annähernd
apt|idão [apti'dɐ̃w] *f* Eignung; Fähigkeit; **~o** fähig; tauglich
apupar auspfeifen
apurar klären; erkunden; verfeinern; vervollkommnen
apuros *m/pl* Schwierigkeiten *f/pl*
aquário *m* Aquarium *n*; Wassermann
aquec|edor *m* Heizkörper; Warmwasserbereiter; **~** ***de imersão*** Tauchsieder; **~er** erwärmen; erhitzen; heizen; *fig* anstacheln, heiß m; **~imento** *m* (**central**) (Zentral-)Heizung *f*; **~** ***a gás*** Gasheizung *f*
aquele, -a jene(r)
àquele, -a = *pron* **aquele, -a** + *prp* **a**
aquém diesseits
aqui hier
aquilo jenes
aquisi|ção *f* Anschaffung; **~tivo:** ***poder*** *m* **~** Kaufkraft *f*
aquoso wäßrig
ar *m* Luft *f*; Mine *f*, Aussehen *n*; **~** ***condicionado*** Klimaanlage *f*; ***falta*** *f* ***de*** **~** Atemnot; ***ao*** **~** ***livre*** im Freien; ***ir pelos*** **~*es*** in die Luft fliegen
árabe 1. *adj* arabisch; **2.** *su* Araber(in)
arado *m* Pflug
arame *m* Draht; **~** ***farpado*** Stacheldraht
aranha *f* Spinne
arar pflügen
arbitr|ar schiedsrichtern; entscheiden; **~ariedade** *f* Willkür; **~ário** willkürlich
árbitro *m* Schiedsrichter
arb|orizar aufforsten; mit Bäumen bepflanzen; **~usto** *m* Strauch
arca *f* Truhe, Kasten *m*
arcaico altertümlich
arcebispo *m* Erzbischof
archote *m* Fackel *f*
arco *m* Bogen (*a Torbogen*); Reifen; Ring
arde|nte feurig; **~r** brennen, glühen
ardil *m* List *f*; Kniff
ardina *m* Zeitungsjunge
ardor *m* Glut *f*, Hitze *f*, Feuer(eifer *m*) *n*; Brennen *n*
ardósia *f* Schiefer *m*
árduo hart; mühsam
área *f* Gelände *n*; Fläche(ninhalt *m*); Gegend; **~** ***de cultivo*** *Agr* Anbaufläche; **~** ***de descanso*** *Kfz* Rastplatz *m*; **~** ***de serviço*** (Groß-)Tankstelle
areal *m* Areal *n*; Sandboden
areia *f* Sand *m*
areja|do luftig; **~r** lüften
arenoso sandig; Sand...
arenque *m* Hering; **~** ***defumado*** Bückling
aresta *f* Kante; Grat *m*
arfar keuchen; (*Herz*) klopfen

argamassa *f* Mörtel *m*
argila *f* Ton *m* (*Erde*)
argola *f* Ring *m*
argúcia *f* Spitzfindigkeit
argument|ar argumentieren; **~o** *m* Grund; Argument *n*; *Thea* Handlung *f*
ária *f* Arie; Lied *n*
aridez *f* Trockenheit; Dürre
árido trocken, dürr
arma *f* Waffe, Gewehr *n*; **~s** *pl* Wappen *n*; ***~s nucleares*** Kernwaffen *pl*
armação *f* Gestell *n*; Rahmen *m*
armada *f* (Kriegs-)Flotte
arma|dilha *f* Falle; **~dor** *m* Reeder; **~mento** *m* Rüstung *f*; Bewaffnung *f*; **~r** bewaffnen; ausrüsten; (*Geschäft*) einrichten, ausstatten
armário *m* (Wand-)Schrank; ***~ embutido*** Einbauschrank
armaz|ém *m* Warenhaus *n*; Lager *n*; *bras* Lebensmittelgeschäft *n*; **~enagem** *f* (Ein-)Lagerung; *Inform* Speicherung; **~enar** lagern; *Inform* speichern
arminho *m* Hermelin
armistício *m* Waffenstillstand
aro *m* Reif, Ring
arom|a *m* Duft; **~ático** würzig
arque|ado gebogen; bogenförmig; **~jar** keuchen
arquite(c)t|o *m* Architekt; **~ura** *f* Architektur
arquiv|ar archivieren; *Inform* speichern; **~o** *m* Archiv *n*; *Inform* Speicher
arrabalde *m* Vorort
arraial *m* Lager *n*; Rummelplatz; *bras* Siedlung *f*
arrancar 1. *v/t* aus-, los-reißen; *fig* entlocken; **2.** *v/i Kfz* anfahren; (*Motor*) anspringen; *Flgw* starten
arranh|a-céus *m* Wolkenkratzer; **~ão** *m* Kratzer, Schramme *f*; **~ar** kratzen, schrammen; radebrechen
arranjar (an)ordnen; (auf-, ein)räumen; besorgen, auftreiben; in Ordnung bringen; **~-se** sich zurechtfinden; ***isso arranja-se!*** F das geht schon in Ordnung!
arranque *m* Ruck; Start; F Aufbruch; ***motor*** *m* ***de ~*** *Kfz* Anlasser
arrasar (ein)ebnen; dem Erdboden gleichmachen; randvoll füllen; *fig* niederschmettern
arrastar ziehen, schleppen; **~-se** kriechen; *fig* sich dahinschleppen
arrecadação *f* Abstellraum *m*
arredonda|do rundlich; **~r** (ab)runden; *Math* auf-, ab-runden
arredores *m/pl* Umgebung *f*
arrefec|edor *m* Kühler; **~er** abkühlen; kalt w; **~imento** *m* Abkühlung *f*
arrematar versteigern; ersteigern

arremessar werfen, schleudern; **~-se** sich stürzen (**a** auf)
arrenda|dor *m* Vermieter; **~mento** *m* Verpachtung *f*; Vermietung *f*; **~r** (ver)pachten; (ver-)mieten; **~tário** *m* Mieter, Pächter
arrepend|er-se de bereuen; **~imento** *m* Reue *f*
arrepi|ar-se erschau(d)ern; Gänsehaut bekommen; **~o** *m* Schau(d)er
arribação *f*: ***ave f de ~*** Zugvogel *m*
arrisca|do gewagt, riskant; **~r** wagen, riskieren
arrogância *f* Anmaßung
arroj|ado kühn, wagemutig; **~o** *m* Verwegenheit *f*
arrombar einbrechen; zertrümmern
arrotar aufstoßen; V rülpsen
arroz *m* Reis
arruela *f* Unterlegscheibe
arruinar ruinieren; **~-se** verfallen
arruma|ção *f* Ordnung; Unterbringung; **~deira** *f bras* Zimmermädchen *n*; Putzfrau; *Thea* Platzanweiserin; **~dor** *m* Platzanweiser; **~r** ordnen; verstauen; aufräumen; *Kfz* einparken
arte *f* Kunst; ***~s mecânicas*** *pl* Handwerk *n*; ***♀ Nova*** Jugendstil *m*
artéria *f* Schlagader; Hauptstraße
artesanato *m* Volkskunst *f*
articula|ção *f* Gelenk *n*; Scharnier *n*; **~do** zs-klappbar; Klapp...; **~r** gliedern; (*Worte*) aussprechen
artífice *m* Handwerker
artif|icial künstlich; gekünstelt; **~ício** *m* Kunstgriff; ***fogo*** *m* ***de ~*** Feuerwerk *n*
artigo *m* Artikel; ***~ de fundo*** (*Zeitung*) Leitartikel, Grundsatzartikel
artista *su* Künstler(in); Handwerker(in)
árvore *f* Baum *m*; ***~ de folha caduca*** Laubbaum *m*
as *pl* von **a**
ás *m* As *n*
asa *f* Flügel *m*; Henkel *m*
asbesto *m* Asbest
ascen|der aufsteigen; **♀são** *f* Christi Himmelfahrt; **~sor** *m* Aufzug; Lift
asfalto *m* Asphalt
asfixiar [ɑʃfi'ksjar] ersticken
asiático 1. *adj* asiatisch **2.** *m* Asiat
asilo *m* Asyl *n*; Heim *n*
asma *f* Asthma *n*
asn|eira *f* Dummheit; Eselei; **~o** *m* Esel
aspecto *m* Aspekt; Hinsicht *f*; Aussehen; ***ter bom ~*** gut aussehen
áspero rauh; hart
aspira|dor *m* Staubsauger; **~r** einatmen; saugen; ***~ a*** streben nach
assalariado *m* Lohnempfänger

assalt|ar überfallen; einbrechen in; **~o** *m* Überfall
assar braten, rösten
assass|inar ermorden; **~ínio** *m* Mord; **~ino** *m* Mörder
asseado sauber
assegurar ver-, zu-sichern
assembleia *f* Versammlung
assemelhar-se a ähneln (*dat*)
assent|ar (auf)stellen; beschließen; (*schriftlich*) festhalten; **~e:** ***ficar ~*** vereinbart sn; **~o** *m* Sitz(platz)
assíduo beflissen, emsig
assim *adv* so, also; ***~ que*** sobald (*subj*)
assimilar aufnehmen; assimilieren
assina|lar (kenn)zeichnen; bezeichnen; hervorheben; **~nte** *m* Abonnent; **~r** unterschreiben; abonnieren; **~tura** *f* Unterschrift; Abonnement *n*
assist|ência *f* (Bei-)Hilfe; Beistand *m*; Fürsorge; Publikum *n*; *bras* Krankentransportwagen *m*; *bras* (*Klinik*) Ambulanz; ***~ social*** Sozialhilfe; **~ente** *su* Assistent(in); ***~ social*** Sozialhelfer(in); **~ir** beistehen (***a alg.*** j-m); teilnehmen (**a** an)
assoalhada *f* Wohnraum *m*, Zimmer *n*
assoar-se sich schneuzen
assobi|ar pfeifen; **~o** *m* Pfiff
associa|ção *f* Vereinigung; Verein *m*; **~r** verbinden verknüpfen
assombr|ar verblüffen; **~o** *m* Verblüffung *f*
assumir an-, über-nehmen
Assunção *f* Mariä Himmelfahrt
assunto *m* Thema *n*; Angelegenheit *f*; Gegenstand
assusta|diço schreckhaft; **~r-se** erschrecken
astro *m* Stern; **~nauta** *m* Astronaut; **~nomia** *f* Astronomie
astúcia *f* List
at... *bras s* **act...**
ataca|do: ***comércio m por ~*** Großhandel; **~dor** *m* Schnürsenkel; **~r** angreifen
atalho *m* Abkürzung *f* (*Weg*)
ataque *m* Angriff; *Med* Anfall
atar an-, zu-binden
até bis; selbst; ***~ já!*** bis bald!
atemorizar einschüchtern
aten|ção *f* Aufmerksamkeit; ***chamar a ~ de alg. para*** j-n auf (*ac*) aufmerksam m; ***prestar ~*** aufpassen; **~ciosamente** (*Briefschluß*) hochachtungsvoll; **~cioso** aufmerksam; höflich; **~dedor** *m*: ***~ de chamadas*** Anrufbeantworter; **~der** beachten, berücksichtigen; (*Tel, Kunden*) bedienen
atentado *m* Attentat *n*
atento aufmerksam
atenuar abschwächen; mildern

aterr(iss)a|gem *f bras Flgw* Landung; **~ forçada** Notlandung; **~r** landen
atesta|do *m* Bescheinigung *f*, Attest *n*; **~r** bescheinigen
ateu *m* Atheist
atiçar schüren
atingir erreichen; *fig* betreffen; (*Ziel*) treffen
atira|dor *m* Schütze; **~r** werfen; schießen (**a** *od* **sobre** auf); **~-se** sich stützen
atitude *f* Haltung
Atlântico *m* Atlantik
atlas *m* Atlas
atlet|a *su* (Leicht-)Athlet(in); **~ismo** *m* Leichtathletik *f*
atmosfera *f* Atmosphäre
atolar-se steckenbleiben; sich festfahren (*a fig*)
átomo *m* Atom *n*
atónito verblüfft; sprachlos
atormentar quälen; schmerzen
atracar anlegen, festmachen
atra|(c)ção *f* Anziehung(skraft); Attraktion; **~ente** attraktiv
atraiçoar verraten
atrapalhar verwirren
atrás hinten, zurück; **~ de** hinter; (*zeitlich, räumlich*) nach
atras|ado verspätet, rückständig; **~ar** aufhalten; verzögern; (*Uhr*) zurückstellen; **~-se** sich verspäten; **~o** *m* Verspätung *f*; Rückstand; Verzug
através de (quer) durch
atravessar überqueren; fahren (*od* gehen) durch; (*Krise u. a.*) durchmachen; (*Pläne*) durchkreuzen
atrela|do *m* Anhänger; **~gem** *f* (Anhänger-)Kupplung
atrev|er-se a es wagen zu; **~ido** frech
atribu|ir zuschreiben; zuteilen; **~to** *m* Eigenschaft *f*
átrio *m* Eingangshalle *f*
atrito *m* Reibung *f*; **~s** *pl* Reibereien *f*/*pl*; **sem ~s** reibungslos
atrocidade *f* Greuel *m*
atropelar überfahren
atum *m* Thunfisch
audácia *f* Kühnheit
audi|ção *f* Aufführung; Anhörung; (*Fähigkeit*) Hören *n*; **~ência** *f* Audienz, Empfang *m*; Gerichtssitzung; **~tório** *m* Zuhörerschaft *f*; Hörsaal
auge *m* Höhepunkt
aula *f* (Lehr-)Stunde; **~s** *pl* Unterricht *m*
aument|ar vergrößern, erhöhen; *v/i* zunehmen; wachsen; (*Preise*) steigen; **~o** *m* Anstieg; Erhöhung *f*
aurora *f* Morgenröte
auscultador *m Tel* Hörer; Kopfhörer
ausência *f* Abwesenheit; Mangel *m*
ausent|ar-se sich entfernen; verreisen; **~e** abwesend
auster|idade *f* Strenge; *Pol* Sparkurs *m*; **~o** streng

australiano 1. *adj* australisch; **2.** *m* Australier
Áustria *f* Österreich *n*
austríaco 1. *adj* österreichisch; **2.** *m* Österreicher
autêntico echt; glaubwürdig
auto... *in Zssgn su* Selbst...
auto *m* Urkunde *f*; Akte *f*
auto|-caravana *f* Caravan *m*, Wohnmobil *n*; **~carro** *m* (Auto-)Bus; **~clismo** *m* Spülung *f* (*Klosett*); **~colante** *m* Sticker *m*; **~determinação** *f* Selbstbestimmung; **~dida(c)ta** *m* Autodidakt; **~-escola** *f bras* Fahrschule; **~-estrada** *f* Autobahn
autógrafo *m* Autogramm *n*
automático selbsttätig
auto|motora *f* = **~motriz** *f bras* Triebwagen *m*; **~móvel** *m* Kraftfahrzeug *n*; Auto *n*; **~nomia** *f* Autonomie; *El* Netzunabhängigkeit; *Flgw*, *Kfz* Reichweite; **~peça** *f bras* Ersatzteil *n*
autor *m* Urheber, Verfasser; Täter; ***direitos*** *m/pl* ***de ~*** Copyright *n*
auto-rádio *m* Autoradio *n*
autori|dade *f* Ansehen *n*; Behörde; Autorität; **~zação** *f* Genehmigung; **~zar** ermächtigen; genehmigen
auxiliar [awsi'ljar] helfen; *adj* Hilfs...
auxílio [aw'silju] *m* Hilfe *f*; Unterstützung *f*
avalancha *f* Lawine
avaliar (ab-, ein)schätzen; veranschlagen
avança|do fortgeschritten; **~r 1.** *v/t* vorwärtsbringen; (*Uhr*) vorstellen; **2.** *v/i* vordringen; vorankommen
avante vorwärts (*a interj*)
avar|ento geizig; **~eza** *f* Geiz *m*; **~ia** *f* Schaden *m*; Panne; Havarie; **~iado** defekt, entzwei
ave *f* Vogel *m*
aveia *f* Hafer *m*
avelã *f* Haselnuß
avença *f* Pauschale
avenida *f* Allee
avental *m* Schürze *f* (*a Kfz*)
aventura *f* Abenteuer *n*
averigua|ção *f* Untersuchung, Feststellung; **~r** ermitteln; (nach)prüfen
avesso 1. *m* Rückseite *f*; **2.** *adj* umgekehrt; verkehrt
avestruz *m*, *f* (*Vogel*) Strauß *m*
avia|ção *f* Luftfahrt; **~dor** *m* Flieger, Pilot
avião *m* Flugzeug *n*; ***~ a jacto*** Düsenflugzeug *n*
aviar (*Auftrag*) erledigen; abfertigen
aviário 1. *m* Geflügelfarm *f*; **2.** *adj* Geflügel... *in Zssgn*
avicultura *f* Geflügelzucht
avidez *f* Gier (***de, por*** nach)
ávido gierig
aviltar entwürdigen; ***~-se*** sich erniedrigen
avioneta *f* Kleinflugzeug *n*
avis|ar warnen; benachrich-

tigen; **~o** *m* Mitteilung *f*; Warnung *f*
avistar erblicken; **~-se** sich treffen
avô *m* Großvater; **~s** *pl* Großeltern *pl*
avó *f* Großmutter
avolumar-se anwachsen; anschwellen
à-vontade *m* Lässigkeit *f*
avultado beträchtlich; umfangreich
axila *f* [ɑ'ksilɑ] Achsel *f*
azáfama *f* Hetze; Hast
azar *m* Unglück *n*; Zufall; F Pech *n*; ***jogo** m **de** ~* Glücksspiel *n*; **~ado** *m bras* Pechvogel
azedo sauer
azeit|e *m* Olivenöl *n*; **~ona** *f* Olive
azenha *f* Wassermühle
azia *f* Sodbrennen *n*
azul blau
azulejo *m* Fliese *f*; (*Ofen*) Kachel *f*

B

bacalh|au *m* Stockfisch; **~ *fresco*** Kabeljau; **~oada** *f* Stockfisch(gericht *n*) *m*
bacana *bras* toll; prima
baci|a *f* Becken *n*; **~o** *m* Nachttopf
baço 1. *m* Milz *f*; **2.** *adj* trüb, matt
bactéria *f* [bɑk'tɛrjɑ] Bakterie
badalada *f* Glockenschlag *m*
badejo *m* Dorsch
bafo *m* Hauch
baga *f* Beere; **~ço** *m* Tresterschnaps
bagag|eiro: *~ de tejadilho* Dachgepäckträger; **~em** *f* Gepäck *n*; ***~ de mão*** Handgepäck *n*
bagatela *f* Kleinigkeit
bago *m* Beere *f*
baía *f* Bucht
baiano aus Bahia
bail|ar tanzen; **~ado** *m* Ballett *n*; **~arina** *f* Ballettänzerin; Ballerina; **~e** *m* Ball, Tanz
bairr|ismo *m* Lokalpatriotismus; **~o** *m* Stadtviertel *n*; ***~ económico*** Siedlung *f*
baixa ['bajʃɑ] *f* Rückgang *m*; (*Stadt*) City; (*Preis*) Senkung; Baisse; ***dar ~*** (*ins Krankenhaus*) eingeliefert w; *Mil* beurlaubt w
baixa-mar *f* Ebbe
baixar [baj'ʃar] herab-, herunter-nehmen, -setzen, -lassen; senken; herunterklappen; **~-se** sich bücken
baixio [baj'ʃiw] *m* Sandbank *f*, Untiefe *f*; Klippe *f*
baixo ['bajʃu] **1.** *adj* niedrig; tief; klein; billig; leise; **2.** *m* Baß
bala *f* Kugel; *bras* Bonbon *n*
balanç|a *f* Waage; ***~ comercial*** Handelsbilanz; **~ar 1.**

v/t abwägen; ausgleichen; **2.** *v/i* schaukeln; **~o** *m* Bilanz *f*, Inventur *f*; (*Sport*) Anlauf
balão *m* (Luft-)Ballon
balaustrada *f* Geländer *n*
balbuciar stammeln
balbúrdia *f* Stimmengewirr *n*
balcão *m* Balkon; Ladentisch; Theke *f*; *Thea* Rang
balde *m* Eimer
baldio *m* Ödland *n*
balear *bras* schießen auf
baleia *f* Wal *m*, F Walfisch *m*
baliza *f* *Mar* (Signal-)Tonne; Verkehrszeichen; (Grenz-) Pfahl *m*; (*Sport*) Tor *n*
baloiç|ar schaukeln; **~o** *m* Schaukel *f*
balsa *f* Fähre
báltico: ***Mar*** *m* ♀ Ostsee *f*
baluarte *m* Bollwerk *n*
bambo schlaff, locker; **~lear** schlenkern
bambu *m* Bambus
banana *f* Banane
banca *f* (Arbeits-)Tisch *m*; Bank(wesen *n*); (*Glücksspiel*) Spieltisch *m*; (*Küche*) Spültisch *m*; **~da** *f* Bankreihe; **~r** *bras*: ***~ o chefe*** den Chef spielen
bancarrota *f* Bankrott *m*
banco *m* Bank *f*; Bankwesen *n*; (Sand-)Bank *f*, Untiefe *f*; ***~ de dados*** Datenbank *f*; ***~ traseiro*** *Kfz* Rückbank *f*
banda *f* Seite; Ufer *n*; (Musik-)Kapelle; ***~ desenhada*** Comics *pl*
bandeira *f* Fahne, Flagge
bandeja *f* Tablett *n*
bandido *m* Bandit
bando *m* Bande *f*; (*Tiere, Menschen*) Schar *f*
bandolim *m* Mandoline *f*
banh|a *f* Schmalz *n*; **~ar** baden; **~eira** *f* Badewanne; **~eiro** *m bras* Badezimmer *n*; **~ista** *su* Badegast; **~o** *m* Bad *n*; ***tomar ~*** baden, ein Bad nehmen; **~o-maria** *m* Wasserbad *n*; **~os** *m/pl* Heiratsaufgebot *n*
banir verbannen
banqueiro *m* Bankier
ba(p)t|ismo *m*, **~izado** *m* Taufe *f*; **~izar** taufen
baque *m* Aufprall
barafunda *f* Wirrwarr *m*
baralh|ar mischen; durchea-bringen; **~o** *m* (*Spiel n*) Karten *pl*
barão *m* Baron, Freiherr
barata *f* Küchenschabe
barato billig
barba *f* Bart *m*; ***fazer a ~*** (sich) rasieren
barbaridade *f* Barbarei; Ungeheuerlichkeit
barbatana *f* Flosse
barb|ear(-se) (sich) rasieren; **~eiro** *m* Friseur
barca *f* Barke, Kahn *m*; **~ça** *f* Barkasse
barco *m* Boot *n*; ***~ a vela*** Segelboot *n*; ***~ desmontável*** Faltboot *n*; ***~ pneumático*** Schlauchboot *n*
barómetro *m* Barometer *n*
barlavento *m* Luv *f*

barra *f* (Eisen-) Stange; (Gold-) Barren *m*; (*Seife usw*) Stück *n*; Mole; **~ (*de*) *combustível*** (Kern-)Brennstab *m*; **~ *fixa*** Reck *n*; **~ca** *f* Baracke; Strandzelt *n*; **~gem** *f* Staudamm *m*; Talsperre; **~nco** *m* Schlucht *f*; **~r** versperren; (*mit Lehm*) verputzen; (*Brot*) (be)streichen
barreira *f* Schranke; Sperre; **~ *de segurança*** Leitplanke
barrete *m* Mütze *f*
barrig|a *f* Bauch *m*; **~ *da perna*** Wade; **~udo** *m* Fettwanst
barril *m* Faß *n*
barro *m* Lehm; Ton
barulh|ento laut; **~o** *m* Lärm, Krach
base *f* Grundlage; Sockel *m*; Fundament *n*; Basis *f*; Stützpunkt *m*; ***não ter ~*** unbegründet sn; **~ar** (be)gründen; **~*-se em*** sich berufen auf; beruhen auf
básico Grund...; grundlegend
basquetebol *m* Basketball
bast|ante genug, ziemlich; **~ão** *m* Stab; **~ar** genügen, reichen
bastidores *m/pl* Kulissen *f/pl*
basto dicht; dick; zahlreich
bata *f* Kittel *m*
batalha *f* Schlacht; **~r** kämpfen
batata *f* Kartoffel; **~*s fritas*** Bratkartoffeln *pl*
bate|deira *f*: **~ (*elé[c]trica*)** (*Haushalt*) Rührgerät *n*, Mixer *m*; **~dor** *m* Schneebesen; Schläger
bate-papo *m bras* Schwatz
bater schlagen (*a fig Gegner*); (*Autos*) zusammenstoßen; klopfen; (*Schreibmaschine*) schreiben; **~ *os dentes*** mit den Zähnen klappern; **~ *palmas*** Beifall klatschen
bateria *f* Batterie; *Mus* Schlagzeug *n*; **~ *recarregável*** aufladbare Batterie
batida *f* Treibjagd; Razzia
baton *fr m* Lippenstift
batota *f* Mogelei (*beim Spiel*)
baú *m* Truhe *f*; Koffer
baunilha *f* Vanille
bauxite [baw'ksitə] *f* Bauxit *m*
bávaro 1. *adj* bayrisch; **2.** *m* Bayer
Baviera *f* Bayern *n*
bazófia *f* Prahlerei
beato selig; bigott
bebé, *bras* **bebê** *m* Säugling
bebedeira *f* Rausch *m*
bêbedo betrunken
beb|edoiro *m* Tränke *f*; **~er** trinken; saufen; **~ida** *f* Getränk *n*
beco *m* Gasse *f*; **~ *sem saída*** Sackgasse *f*
beiço *m* (Unter-)Lippe *f*
beij|ar küssen; **~inhos** *m/pl* (*vertraulicher Briefschluß*) Küßchen *n*(*/pl*); **~o** *m* Kuß
beira *f* Rand *m*; Ufer *n*; **~da** *f bras* Umgebung; *bras* F bißchen *n*

beira-mar *f* Küste; ***à ~*** an der Küste, am Meer
belas-artes *f/pl* bildende Künste
beleza *f* Schönheit
belga 1. *adj* belgisch; **2.** *su* Belgier(in)
Bélgica *f* Belgien *n*
beliche *m* Koje *f*; Doppelstockbett *n*
bélico kriegerisch; Kriegs...
beliscar kneifen, zwicken
belo schön
bel-prazer *m* Gutdünken *n*
bem 1. *adv* gut, wohl; **2.** *m* das Gute *n*; Wohl *n*; **~-criado** wohlerzogen; **~-disposto** gutgelaunt; **~-estar** *m* Wohlergehen *n*; Wohlstand; **~-vindo** willkommen; **~-visto** gern gesehen; beliebt
bênção *f* Segen *m*
benef|iciar Vorteil (*od* Nutzen) h (**de** von); **~ício** *m* Wohltat *f*; Nutzen
benevolência *f* Wohlwollen *n*
benfeitor *m* Wohltäter
bengala *f* Stock *m*
benigno gütig; mild; gutartig
bens (*pl von* **bem** *m*) Vermögen *n*; Habe *f*, Besitz *m*; Güter *pl*; ***~ móveis*** bewegliche Habe *f*
benzer segnen, weihen; ***~-se*** sich bekreuzigen; *fig* staunen
berbequim *m* (Drill-)Bohrer; ***~ elé(c)trico*** elektrische Handbohrmaschine *f*
berço *m* Wiege *f*
berbigão *m* Herzmuschel *f*
beringela *f* Aubergine
berma *f* Seitenstreifen *m*; Berme
berr|ante grell, schreiend; **~ar** brüllen; **~aria** *f* Gebrüll *n*; **~o** *m* Schrei; ***o último ~*** der letzte Schrei
best|a *f* Lasttier *n*; *bras* F Dummkopf *m*; **~eira** *f bras* Dummheit
bestial viehisch; F toll; prima
besunt|ão *m* F Dreckskerl; **~ar** be-, ein-schmieren
betão *m port* Beton
beterraba *f* (Zucker-)Rübe
betoneira *f* Betonmischer *m*
bétula *f* Birke
betume *m* Bitumen *n*; Kitt
bexig|a [bəˈʃigɑ] *f* (Harn-)Blase; **~as** *f/pl* Blattern; ***~ loucas*** Windpocken
bezerro *m* Kalb *n*
biberão *m* (Saug-)Flasche *f*
Bíblia *f* Bibel
biblioteca *f* Bibliothek
bica *f* (*Kaffee*) Espresso *m*
bicha *f* Wurm *m*; *fig* Schlange; F Schwule(r) *m*; ***~ solitária*** Bandwurm *m*; ***fazer ~*** Schlange stehen
bicho *m allg* F Tier *n*; Wurm; Made *f*
bicicleta *f* Fahrrad *n*; ***ir*** (*od* ***andar***) ***de ~*** radfahren
bic|o *m* Schnabel; Spitze *f*; ***em ~s dos pés*** auf Zehenspitzen; ***cala o ~!*** F halt' den Schnabel!; **~udo** spitz, F heikel

bidão *m* Kanister
bidé *m* Bidet *n*
bienal zweijährig
bifana *f port Kochk* (kleines) Schnitzel *n* mit Brot
bife *m* Steak *n*; **~ *bem/mal passado*** durchgebratenes/halb durchgebratenes Steak; ***~ e ovo a cavalo*** Hamburger Schnitzel *n*
bifurca|ção *f* Gabelung; Abzweigung; **~r-se** sich gabeln
bigode *m* Schnurrbart
bigorna *f* Amboß *m*
bijutaria *f* (Mode-)Schmuck *m*
bilhão *bras s* **bilião**
bilhar *m* Billard *n*
bilhet|e *m* Eintrittskarte *f*; Fahrkarte *f*; Zettel; (*Lotterie*) Los *n*; ***~ de identidade*** Personalausweis; **~eira** *f* Fahrkartenschalter *m*; Kino-, Theater-kasse; **~e-postal** *m* Postkarte *f*; **~eria** *f bras s* **bilheteira**
bilião *m* Billion; *bras* Milliarde *f*
bilingue [biˈlĩgwə] zweisprachig
bílis *f* Galle
binóculo *m* Fernglas *n*
bio|degradável biologisch abbaubar; **~lógico** biologisch
biombo *m* spanische Wand *f*
biótopo *m* Biotop *m*, *n*
bípede *m* Zweifüßler
biqueira *f* (Schuh-)Spitze; Wasserspeier *m*
bis da capo
bis|avô *m* Urgroßvater; **~avó** *f* Urgroßmutter, **~bilhotar** *fig* klatschen; herumschnüffeln; **~coito** *m* Keks; **~naga** *f* Tube
bispo *m* Bischof
bissexto [biˈsɛʃtu]: ***ano m ~*** Schaltjahr *n*
bitola *f* Maß(stab *m*) *n*; Norm *f*; *Esb* Spurweite
blasfemar lästern, fluchen
blasfémia *f* Lästerung
blefe *m* Bluff
blinda|do Panzer...; **~gem** *f* Panzerung; *Tech* Verkleidung
bloco *m* Block; ***~ de notas*** *Inform* Notebook-Computer
bloqu|ear blockieren; sperren; abriegeln; **~eio** *m* Blockade *f*
blus|a *f* Bluse; **~ão** *m* Jacke *f*
boa *adj/f von* **bom** gut; ***estar numa ~*** F gut drauf sn
boas-festas *f/pl*: ***dar as ~*** ein frohes Fest wünschen
boas-vindas: *dar as ~* willkommen heißen
boate *f* Tanz(lokal *n*) *m*
boato *m* Gerücht *n*
bob|ina *f* Spule; **~o** *m* Narr, Dummkopf
boca *f* Mund *m*; Öffnung
bocad|inho *m* Stückchen *n*; ***um ~*** ein bißchen; **~o** *m* Bissen; ***um ~*** ein bißchen; ***há ~*** vor kurzem
bocal *m* Stutzen; Düse *f*

bocejar gähnen
bochecha *f* Backe
bodas *f/pl* Hochzeit(sfest *n*) *f*; **~ de prata** (*etc*) silberne (*usw*) Hochzeit *f*
bode *m* Ziegenbock; **~ expiatório** Sündenbock
bodega *f* Kneipe, Schenke
bofetada *f* Ohrfeige
boi *m* Ochse
bóia *f* Boje; Rettungsring *m*
boina *f* Baskenmütze
bola *f* Ball *m*; Kugel; (Seifen-)Blase; **ora ~s!** F (*Verärgerung*) von wegen!
bolacha *f* Keks *m*
boleia *f* Mitfahrgelegenheit; **ir de ~, viajar à ~** per Anhalter fahren
boletim *m* Bericht; Vordruck; **~ meteorológico** Wetterbericht
bolha *f* Blase (*a Haut*)
boliche *m* Bowling *n*
bolo *m* Kuchen; Torte *f*
bolor *m* Schimmel (*Pilz*)
bolota *f Anat* Eichel
bols|a *f* (Geld-)Beutel *m*; Börse; **~ (de estudos)** Stipendium *n*; **~eiro** *m* Stipendiat; Schatzmeister; **~ista** *m* Börsianer; Stipendiat; **~o** *m* Tasche *f*
bom gut(herzig); schön
bomb|a *f* **1.** Bombe; **2.** Pumpe; **~ de gasolina** Tankstelle; **~ardear** bombardieren; **~ardeiro** *m* Bomber; **~azina** *f* Kord *m*; **~eiro** *m* Feuerwehrmann; *bras a* Klempner; **~s** *m/pl* Feuerwehr *f*
bombom *m* Praline *f*
bombordo *m* Backbord *n*
bonacheir|ão *adj/m*, **~ona** *adj/f* gutmütig
bonança *f* ruhiges Wetter *n*
bond|ade *f* Güte; **~oso** gütig
bonde *m bras* Straßenbahn *f*
boné *m* (Schirm-)Mütze *f*
boneca *f* Puppe
bonito hübsch, schön
boquiaberto verdutzt, baff
boquilha *f* Zigarren-, Zigaretten-spitze
borboleta *f* Schmetterling *m*; *bras* Drehkreuz *n*
borbulha *f* Bläschen *n*; Pickel *m*; **~r** brodeln, sprudeln
borda *f* Rand *m*, Saum *m*; Borte; Kante; Ufer *n*
bordado *m* Stickerei *f*
bordo *m* Bord; Rand; **a ~** an Bord
borla *f*: **de ~** unentgeltlich, umsonst
borrach|a *f* Gummi *n*, *m*; Radiergummi *m*; **~eira** *f* Saufgelage *n*; **~o** F besoffen
borr|ão *m* (Tinten-)Klecks; Skizze *f*; **~ar** beschmieren
borrasca *f* Unwetter *n*
borrifa|dor *m* Rasensprenger; **~r** benetzen, sprengen, anfeuchten
bosque *m* Wald; Hain
bota *f* Stiefel *m*; **~ alta** Schaftstiefel *m*
botânica *f* Botanik
botão *m* Knopf (*Klingel*, *Bekleidung*); Knauf; Knospe *f*

botar *bras* setzen; stellen; legen; anziehen; ~ ***fora*** wegwerfen
bote *m* Boot *n*
botequim *m* Schenke *f*
botija *f* Kruke; Wärm-, Gas-flasche
box|ador [bɔksɑ'dor] *m* Boxer; **~e** ['bɔksə] *m* Boxen *n*
braç|adeira *f Tech* Schelle; **~o** *m* Arm; Armlehne *f*; Arbeitskraft *f*
brad|ar schreien; ***de ~ aos céus*** himmelschreiend; **~o** *m* Geschrei *n*; ***dar ~*** Aufsehen erregen
braguilha *f* Hosenschlitz *m*
branc|o weiß; **~ura** *f* Weiß *n*
brando mild, weich, sanft
bras|a *f* (Holz-, Kohlen-)Glut; ***em ~*** glühend; **~ão** *m* Wappen *n*
Brasil *m* Brasilien *n*; **≈eiro 1.** *adj* brasilianisch; **2.** *m* Brasilianer
brav|io wild; rauh; **~o** tapfer; wild; **~ura** *f* Tapferkeit, Mut *m*
brecar *bras* bremsen
brecha *f* Bresche; Riß *m*; Lücke
breu *m* Teer, Pech *n*; ***escuro como ~*** pechschwarz; stockfinster
brev|e kurz; **~et** *m* Flugzeugführerschein; **~idade** *f* Kürze
bricol|agem *f* Heimwerken *n*; **~eur** *fr m* Heimwerker
brida *f* Zügel *m*; ***a toda a ~*** *fig* so schnell wie möglich
briga *f* Schlägerei; **~r** raufen; streiten
brigad|a *f* Brigade; **~eiro** *m* Brigadegeneral
brilh|ante 1. *m* Brillant; **2.** *adj* glänzend; **~ar** glänzen, funkeln; **~o** *m* Glanz; Schimmer
brinca|deira *f* Scherz *m*; Spielerei; **~lhão 1.** lustig; verspielt; **2.** *m* Spaßvogel; **~r** spielen; scherzen
brinco *m* Ohrring
brind|ar schenken; (*trinken auf*) anstoßen; **~e** *m* Toast, Trinkspruch; Geschenk *n*
brinquedo *m* Spielzeug *n*
brio *m* Ehrgefühl *n*; Schneid; **~so** schneidig
briquete *m* Brikett *n*
brisa *f* Brise
britânico britisch
britar zerkleinern, zerstoßen
broca *f* Bohrer *m*; **~r** (*Zahnarzt*) bohren
broch|ar broschieren; **~ura** *f* Broschüre
brócolos *m/pl* Brokkoli *pl*
broma *f bras* Scherz *m*
bronca *f* F Stunk *m*, Zoff *m*
bronze *m* Bronze *f*; **~ar** bronzieren; **~-se** braun werden; sich bräunen
brotar keimen; sprießen; knospen; zum Vorschein kommen
broxa ['brɔʃɑ] *f* Streichbürste
bruços *m/pl* Brustschwimmen *n*; ***de ~*** *fig* auf der Nase (*liegend*)

brum|a *f* Nebel *m*; **~oso** nebelig; diesig
brusco plötzlich; schroff
brut|al brutal; **~alidade** *f* Brutalität; **~o** grob; roh
brux|a ['bruʃɑ] *f* Hexe; **~aria** [bruʃɑ'riɑ] *f* Hexerei
bucha *f* Pfropf(en) *m*; *Tech* Buchse; (*Speise*) Happen *m*
bueiro *m* Gully
búfalo *m* Büffel
bufar fauchen; schnauben
bufete *m* Büfett *n*
bugigangas *f*/*pl* Kleinkram *m*
buldôzer *m* Planierraupe *f*
bule *m* (Tee-)Kanne *f*
bulevar *m* Boulevard
bulha *f* Streit *m*; **~r** sich zanken
buraco *m* Loch *n*; ***~ de ozónio*** Ozonloch *n*
burg|omestre *m* Bürgermeister; **~uês** *m* Bürger; Bourgeois; **~uesia** *f* Bürgertum *n*; Bourgeoisie
burl|a *f* Betrug *m*; **~ar** betrügen; **~esco** lächerlich; grotesk
burocra|cia *f* Bürokratie; **~ta** *su* Bürokrat
burr|ice *f* Dummheit; **~o 1.** *m* Esel; *Tech* Bock, Ständer; **2.** *adj* dumm
busc|a *f* Suche; Durchsuchung; ***em ~ de*** auf der Suche nach; **~ar** suchen; ***ir ~*** holen
busílis *m* F Knackpunkt
bússola *f* Kompaß *m*
busto *m* Büste *f*
butes (*interj*) F Wahnsinn!, Tierisch!
buzina *f* Hupe; **~r** hupen
búzio *m* Tritonshorn *n*
byte *m* *Inform* Byte *n*

C

cá hier; hierher
cabaça *f* Flaschenkürbis *m*; **~s** *f*/*pl* Zucchini *pl*
cabana *f* Hütte
cabaz *m* (Weiden-)Korb (*mit Henkel*); ***~ de preços*** (*Statistik*) Warenkorb
cabeça *f* Kopf *m*; **~lho** *m* Schlagzeile *f*; **~-rapada** *m* Skinhead
cabeceira *f* Kopfende *n*; ***mesa f de ~*** Nachttisch *m*
cabecilha *m* Anführer
cabeço *m* Gipfel, Hügel
cabeçudo dickköpfig; stur
cabedal *m* Leder *n*
cabel|eira *f* Haare *n*/*pl*; Perücke; **~eireiro** *m* (Damen-)Friseur; **~o** *m* Haar *n*
caber passen; Platz h; ***~ a alg fazer alc*** j-m zukommen etw zu tun
cabide *m* Kleider-bügel, -ständer
cabin|a, ~e *f* Kabine; *Tel* Zelle
cabisbaixo *fig* niedergeschla-

gen; ***andar ~*** den Kopf hängen lassen
cabo *m* Ende *n*; Stiel; Kap *n*; Kabel *n*; Tau *n*; ***ao ~ de*** (*zeitlich*) am Ende von, nach Ablauf von; ***dar ~ de*** vernichten
caboclo *bras m* Mischling (*von Weißen und Indianern*)
cabotagem *f* Küstenschifffahrt
cabr|a *f* Ziege; **~a-cega** *f* Blindekuh; **~ito** *m Kochk* Ziege *f*
cabular die Schule schwänzen
caça 1. *f* Jagd; Wild *n*; **2.** *m Flgw* Düsenjäger *m*; **~dor** *m* Jäger; **~r** jagen; *fig* ergattern; erwischen
cacatua *f* Kakadu *m*
cacau *m* Kakao
cacete 1. *m* Knüppel; lange(s) Weißbrot *n*; **2.** *adj bras* F langweilig; lästig
cachaça *f bras* Zuckerrohrschnaps *m*
cachecol *m* Halstuch *n*
cachimbo *m* (Tabaks-)Pfeife *f*
cacho *m* Traube *f*
cachop|a *f port* Mädchen *n*; **~o** *m* Junge
cachorro *m* junge(r) Hund; **~-quente** *m bras* Hot dog *n u m*
caco *m* Scherbe *f*
cacto *m* Kaktus
caçula *su bras* Jüngste(r, s) *m/f/n*; Nesthäkchen *n*
cada jeder, jede, jedes; ***~ vez*** jedesmal
cadastr|ado vorbestraft; **~o** *m* Grundbuch *n*; Personalakten *f/pl*; Verbrecheralbum *n*
cadáver *m* Leiche *f*
cad|eado *m* Vorhängeschloß *n*; **~eia** *f* Kette; Gefängnis *n*; **~eira** *f* Stuhl *m*; (Lehr-)Fach *n*; ***~ de balouço*** Schaukelstuhl *m*; ***~ teleférica*** Sessellift *m*
cadela *f* Hündin
cadência *f* Kadenz; Takt *m*
cadern|eta *f* Notizbuch *n*; Sparbuch *n*; (*Schule*) Klassenbuch *n*; **~o** *m* Heft *n*
caduco verfallen, ungültig
caf|é *m* Kaffee; Café *n*; ***~ solúvel*** löslicher Kaffee; ***~ da manhã*** *bras* Frühstück *n*; **~eteira** *f* Kaffeekanne; **~ezinho** *m bras* Kaffee
cágado *m* Süßwasserschildkröte *f*
cagar V scheißen; ***~ em alc*** *fig* auf et scheißen; **~ola** *su* V Angsthase *m*, Hosenscheißer *m*
caiar kalken, tünchen
cãibra *f* (Muskel-)Krampf *m*
caipira *m bras* Hinterwäldler
cair (hin-, um-)fallen; stürzen; sinken; ***~ bem/mal*** *fig* gut/schlecht ankommen; ***~ bem a alg*** j-m gut stehen
cais *m* Kai; *Esb* Bahnsteig
caix|a ['kajʃɑ] **1.** *f* Schachtel; (*groß*) Kasten *m*; Kasse; ~

acústica Musikbox; **~ de velocidades** *Kfz* Schaltgetriebe *n*; **~ económica** Sparkasse; **~ postal** Postfach *n*; **2.** *m* Kassierer; **~ automático** Geldautomat *m*; **~ão** [kaj'ʃɑ̃w] *m* Sarg; **~ote** [kaj'ʃɔtə] *m* Kiste *f*; **~ do lixo** Mülltonne *f*
cal *f* Kalk *m*
cala|fetar abdichten; **~frio** *m* Schauder
calão *m* Argot *n u m*
calar verschweigen; zum Schweigen bringen; **~-se** schweigen; **cala-te!** Halt' den Mund!
calça *f* Hose; **~ de ganga** Jeans *pl*
calça|da *f* (*gepflasterte*) (Land-)Straße; *bras* Bürgersteig *m*; **~deira** *f* Schuhanzieher *m*; **~do** *m* Schuhe *m/pl*
calcanhar *m* Ferse *f*
calção *m* kurze Hosen *f/pl*; Bermudas *pl*; **~ de banho** Badehose *f*
calcar treten, stampfen
calçar (*Schuhe, Strümpfe, Handschuhe*) anziehen; tragen; *v/i* (*Kleidung*) sitzen
calcário *m* Kalk(stein)
calcetar pflastern
calcificar-se verkalken
calcinhas *f/pl* (Damen-)Slip *m*
calcula|dora *f* **de bolso** Taschenrechner *m*; **~r** (be)rechnen; *fig* kalkulieren
cálculo *m* (Be-)Rechnung *f*; Rechnen *n*; *Med* Stein
calda *f* Sirup *m*
caldas *f/pl* Thermalbad *n*
caldeira *f* Kessel *m*; **~da** *f* *port* Eintopf *m*
caldo *m* (Feisch-)Brühe *f*; **~ verde** Kohlsuppe *f* (*aus grünen Blättern*)
calefa(c)ção *f* Heizung
calendário *m* Kalender
calhar passen; sich zufällig ereignen; **como ~** wie es sich ergibt; **quando ~** wenn es sich ergibt; **se ~** vielleicht
calibre *m* Kaliber *n*
cálice *m* Kelch; Glas *n*
calm|a *f* Ruhe, Stille; **~ante** *m* Beruhigungsmittel *n*; **~o** ruhig, still
calo *m* Hühnerauge *n*; Hornhaut *f*
calor *m* Hitze *f*, Wärme *f*; **está ~** es ist heiß
caloria *f* Kalorie
calor|ífero *m* (Öl-,Elektro-)Heizkörper; **~oso** warm; herzlich
calúnia *f* Verleumdung
caluniar verleumden
calv|a *f* Glatze; **~o** kahl(köpfig)
cama *f* Bett *n*; Lager *n*; **~ dupla** Doppelbett *n*; **estar de ~** das Bett hüten
camada *f* Schicht, Lage; Überzug *m*; Film *m*; **~ de ozónio** Ozonschicht
camaleão *m* Chamäleon *n* (*a fig*)
câmara *f* Kammer; Kamera;

(*Reifen*) Schlauch *m*; (*Administration*) Rathaus *n*
camarada *m* Kamerad; Genosse; **~gem** *f* Kameradschaft
camarão *m* Krabbe *f*
camarote *m* *Thea* Loge *f*; *Mar* Kabine *f*; Kajüte *f*
cambaio: ***ser ~*** X-Beine haben
cambalear torkeln
cambalhota *f* Purzelbaum *m*
cambiar wechseln, umtauschen
câmbio *m* Umtausch, (Geld-)Wechsel; (Börsen-) Kurs; ***letra f de ~*** Wechsel *m*
camelo *m* Kamel *n*
camião, *bras* **caminhão** *m* Lastwagen
caminh|ar gehen; wandern; laufen; **~o** *m* Weg; **~o-de--ferro** *m* Eisenbahn *f*
caminhonete *bras f*, **camioneta** *f* (kleiner) Bus *m*; Lieferwagen *m*; (*Intercity*) Linienbus *m*
camionista *su* LKW-Fahrer(in)
camisa *f* Hemd *n*; ***~ de dormir*** Nachthemd *n*
camisa-de-vénus *f* (*Kondom*) F Pariser *n*
camiset|a *f bras* Unterhemd *n*; **~e** *f* Polohemd *n*; T-Shirt *n*
camisola *f* Pullover *m*; ***~ interior*** Unterhemd *n*; ***~ de molton*** Sweatshirt *n*
camomila *f* Kamille
campa|inha *f* Glocke; (Tür)Klingel; **~nário** *m* Glockenturm
campanha *f* Feldzug *m*; Kampagne; ***~ eleitoral*** Wahlkampf *m*
campe|ão *m* Meister; **~onato** *m* Meisterschaft *f*
campismo *m* Camping *n*; ***fazer ~*** campen
campo *m* Feld *n*, Acker; Land *n*; *fig* (Arbeits-)Gebiet *n*; ***~ desportivo*** Sportplatz
camponês *m* Bauer
camuflar tarnen
camurça *f* Gemse; Wildleder *n*
cana *f* Schilf *n*, Rohr *n*; ***~ de açúcar*** Zuckerrohr *n*
canal *m* Kanal; **~ização** *f* (Wasser-, Gas-)Leitung; **~izador** *m* Klempner
canapé *m* Sofa *n*
canário *m* Kanarienvogel
canastra *f* (*flacher*) Korb *m*
canção *f* Lied *n*
cancela *f* Schranke; (*Garten*) Tor *n*, Pforte
cancelar absagen; (*Konto*) sperren
canc|eroso krebskrank; **~ioneiro** *m* Liederbuch *n*; **~ro** *m* *Med* Krebs
candeeiro *m* Lampe *f*
candong|a *f* Schmuggel *m*; Schwarzmarkt *m*; **~ueiro** *m* Schmuggler; Schwarzmarkthändler
caneca *f* Humpen *m*, Seidel *m*; (*Kaffee*) Kännchen *n*; (*kleiner*) Krug *m*

canela *f* Zimt *m*; Schienbein *n*; Spule
caneta(-tinteiro) *f* Füller *m*
cangaceiro *m bras* Straßenräuber, Bandit
cânhamo *m* Hanf
canh|ão *m* Geschütz *n*; Kanone *f*; **~oto** *m* Linkshänder; *bras* Scheck-, Quittungs-abschnitt
canivete *m* Taschenmesser *n*
canja *f* Hühnersuppe
cano *m* Rohr *n*, Röhre *f*; (Gewehr-)Lauf; (*Stiefel*) Schaft
canoa *f* Kanu *n*
cansa|ço *m* Erschöpfung *f*; **~do** erschöpft; ermüdet; **~r** ermüden; anstrengen; **~-se a fazer a/c** sich mühen, et zu tun
cantar singen; krähen
cântaro *m* (Ton-)Krug; ***chove a ~s*** es gießt wie aus Eimern
cant|arolar trällern; **~eiro** *m* Beet *n*
cantiga *f* Lied *n*
cantina *f* Kantine; (*Uni*) Mensa
cant|o *m* **1.** Gesang; **2.** Ecke *f*, Kante *f*; Winkel; Eckball; **~or** *m* Sänger
cão *m* Hund; ***~ de água*** Pudel; **~-polícia** *m* Polizeihund
caos *m* Chaos *n*
caótico chaotisch
capa *f* Mantel *m*; Hülle; (Buch-)Umschlag *m*
capacete *m* (Stahl-, Schutz-, Sturz-)Helm; (*Klima*) Dunstglocke *f*
capacho *m* Fußmatte *f*
capacidade *f* Kapazität; Inhalt *m*; Leistung; Fähigkeit; ***~ de armazenamento*** *Inform* Speicherkapazität
capar kastrieren
capaz fähig, geeignet; ***ser ~ de*** können
capel|a *f* Kapelle; **~ão** *m* Kaplan; **~ista** *m* Kurzwarenhändler
capilar Haar...; haarfein
capim *m bras* Gras *n*
capital **1.** *m* Kapital *n*; **2.** *f* Hauptstadt; **3.** *adj* hauptsächlich, wesentlich; ***pena f ~*** Todesstrafe; **~ismo** *m* Kapitalismus
capitão *m* Hauptmann; Kapitän
capitular kapitulieren
capítulo *m* Kapitel *n*
capoeira *f* Hühnerstall *m*; Federvieh *n*
capota *f Kfz* Verdeck *n*
capotar sich überschlagen
capricho *m* Laune *f*; **~so** launisch; eigensinnig
capricórnio *m* Steinbock (*a Astrologie*)
cápsula *f* Kapsel; Kronkorken *m*
capt|ar ab-, auf-fangen; (*Sender*) empfangen; (*Daten*) erfassen; *fig* für sich gewinnen; **~ura** *f* Festnahme; **~urar** festnehmen
cáqui *m* Khaki *m u n*

cara 1. *f* Gesicht *n*; Miene; **2.** *m bras* F Typ, Kerl; ***à má ~*** gewaltsam; *bras* ***de meia ~*** gratis
carabina *f* Karabiner *m*
caraças *m/pl port* F: ***do ~*** toll, super
caracol *m* Schnecke *f*; Locke *f*; ***~ comum*** Weinbergschnecke *f*; ***escada*** *f* ***de ~*** Wendeltreppe
car|ácter *m* Charakter; **~acteres** *m/pl* Schrift(zeichen *n/pl*) *f*; **~acterística** *f* Merkmal *n*; **~acterizar** kennzeichnen; *Thea* schminken
caramujo *m* Seeschnecke *f*
caramanchão *m* Laube *f*
caráter *etc bras* s **carácter** *usw*
caranguejo *m* Krebs
caravana *f* Karawane; Kolonne
carbura|dor *m* Vergaser; **~nte** *m* Treibstoff
carcaça *f port* (kleines) Weißbrot *n*
cárcere *m* Kerker
carcinoma *m* Karzinom *n*
carcoma *f* Holzwurm *m*
cardápio *m bras* Speisekarte *f*
carde|al 1. *m* Kardinal; **2.** *adj* Haupt...; ***pontos*** *m/pl* **~ais** Himmelsrichtungen *f/pl*
cardíaco 1. *m* Herzkranke(r) **2.** *adj* Herz...
cardo *m* Distel *f*
cardume *m* Schwarm (*Fische*)
careca 1. *f* Glatze; **2.** *adj* kahl(köpfig)
car|ecer: ~ de mangeln an; **~ência** *f* Mangel *m*; *Hdl* Karenzzeit
car|estia *f* Teuerung; **~eta** *f* Grimasse
carg|a *f* Last, Bürde; Fracht; Ladung; **~o** *m* Amt *n*; **~ueiro** *m* Frachtschiff *n*
caricatura *f* Karikatur
carícia *f* Liebkosung
caridade *f* Wohltätigkeit; Mildtätigkeit
cárie *f* Karies
caril *m* Curry
carimb|ar stempeln; **~o** *m* Stempel
carinh|o *m* Zuneigung *f*; **~oso** zärtlich, liebevoll
carioca 1. *m* (verdünnter) Kaffee; **2.** *adj* aus Rio de Janeiro
carnaval *m* Fasching
carn|e *f* Fleisch *n*; ***~ de vaca*** Rindfleisch *n*; ***~ picada*** Hackfleisch *n*; **~eiro** *m* Hammel; Widder; **~ificina** *f* Blutbad *n*; **~ívoro** fleischfressend; **~udo** fleischig
caro teuer; *fig* lieb, wert
caroço *m* (Frucht-)Kern, Stein
carola *m* F Freak, Fan
carona *f bras s* **boleia**
carótida *f* Halsschlagader
carpa *f* Karpfen *m*
carpete *f* Teppich *m*
carpinteiro *m* Zimmermann
carrada *f* Wagenladung

carrancudo finster, übellaunig
carrasco *m* Henker
carrear (*Lasten*) fahren, transportieren
carrega|do schwer beladen; **~dor** *m* Gepäckträger; **~r** be-, ver-laden; tragen; belasten; (*Knopf*, *Hebel*) drükken
carreira *f* Weg *m*; Rennen *n*; (Verkehrs-)Linie; Linienbus *m*; *fig* Laufbahn; Karriere
carreta *f* Karren *m*
carriça *f* Zaunkönig *m*
carril *m* Schiene *f*
carr|inha *f* kleiner Lieferwagen *m*; **~ipana** *f* F (*Auto*) Chaise; (klapperiger) Bus *m*; **~o** *m* Karren; Wagen; Pkw; **~ de aluguer** Mietauto *n*; **~ usado** Gebrauchtwagen *m*; **~oçaria** *f* Karosserie; **~o-casa** *m* Caravan, Wohnmobil *n*; **~o-patrulha** *m* Streifenwagen; **~uagem** *f* *Esb* Waggon *m*; Wagen *m*
cart|a *f* Brief *m*, Schreiben *n*; Spielkarte; **~ de condução** Führerschein *m*; **~ão** *m* Pappe *f*; Karton; **~ credifone** Telefonkarte *f*; **~ crédito** Kreditkarte *f*; **~ de visita** Besuchskarte *f*; **~-postal** *m bras* Ansichtskarte *f*; **~az** *m* Plakat *n*; **~eira** *f* Hand-, Brief-tasche; Pult *n*; *bras* Ausweis *m*; **~eirista** *m* Taschendieb; **~eiro** *m* Briefträger; **~ilagem** *f* Knorpel *m*
cartório *m* Notariat *n*; Archiv *n*
cartucho *m* Schachtel *f*, Pakkung *f*; Röhrchen *n*
caruma *f* (*Nadelbaum*) Nadeln *f/pl*
carvalho *m* Eiche *f*
carvão *m* Kohle *f*; **~ vegetal** Holzkohle *f*
casa *f* Haus *n*; (*Zuhause*) Wohnung; Firma; (*Spielbrett*) Feld *n*; Knopfloch *n*; **~ arrendada** Miet(s)haus *n*; **~ de banho** *port* Bad(ezimmer) *n*; **~ de penhores** Pfandhaus *n*; **estar de ~ e pucarinha** in wilder Ehe leben
casac|a *f* Frack *m*; **~o** *m* Mantel; Jacke *f*; **~ em cabedal** Lederjacke *f*
cas|ado verheiratet; **~al** *m* (Ehe-)Paar *n*; Hof, Gut *n*; **~amento** *m* Heirat *f*, Hochzeit *f*; Trauung *f*; **~ar** heiraten; trauen
casc|a *f* Schale; Rinde; **~alho** *m* Kies; **~ata** *f* Wasserfall *m*; **~avel: cobra** *f* **~** Klapperschlange; **~o** *m* (*Schiff*) Rumpf; Huf
caso 1. *m* (Vor-)Fall; Sache *f*; **em todo o ~** in jedem Fall; **2.** *cj* falls (*subj*)
caspa *f* Kopfschuppen *pl*
cassete 1. *f* Kassette; **2.** *m* *bras* Kassettenrecorder
casta *f* Art; Kaste; Rasse
castanh|a *f* Kastanie; **~eiro** *m* Kastanienbaum; **~o 1.** *adj*

(kastanien)braun; **2.** *m* Kastanienholz *n*
castelhano 1. *adj* kastilisch; spanisch; **2.** *m* Kastilier; (*Sprache*) Spanisch(e) *n*
castelo *m* Burg *f*; Schloß *n*
castiço rein; rassig
castig|ar (be)strafen; **~o** *m* Strafe *f*, Züchtigung *f*
castor *m* Biber
castrar kastrieren
casual zufällig; **~idade** *f* Zufall *m*
catalisador *m* Katalysator
catana *f* Haumesser *n*, Machete
catálogo *m* Katalog
catarata *f* Wasserfall *m*; graue(r) Star *m*
catarro *m* Katarrh, Erkältung *f*
catástrofe *f* Katastrophe
cata-vento *m* Wetterfahne *f*
cátedra *f* Katheder *n*; Lehrstuhl *m*
catedral *f* Kathedrale
catedrático *m* ordentliche(r) Professor
categ|oria *f* Kategorie; Rang *m*; ***ter ~*** Klasse haben; **~órico** bestimmt
cativ|ar fesseln (*a fig*); **~eiro** *m* Gefangenschaft *f*; **~o** *m* Gefangene(r)
católico katholisch
caução *f* Kaution
caucho *m* Kautschuk
caud|a *f* Schwanz *m*; **~al** *m* (*Fluß*) Strom; **~aloso** wasserreich; reißend; **~ilho** *m* Führer, Caudillo
caule *m* Stengel; Halm
caus|a *f* Ursache; Grund *m*; (Rechts-)Sache, Prozeß *m*; ***por ~ de*** wegen; **~ador** *m* Verursacher; **~ar** verursachen; hervorbringen
cáustico ätzend; beißend
cautel|a *f* Vorsicht; Los *n*; **~eiro** *m* Losverkäufer; **~oso** vorsichtig
caval|eiro *m* Reiter; **~gar** reiten; **~itas** *f/pl*: ***às ~*** huckepack; **~o** *m* Pferd *n*; Pferdestärke *f* (PS); (*Schach*) Springer; **~-marinho** *m* Seepferdchen *n*; Flußpferd *n*
cavalheiro *m* Kavalier; Herr
cav|ar (um-, aus-)graben; (aus)höhlen; **~e** *f* Keller *m*; **~eira** *f* Totenkopf *m*; **~erna** *f* Höhle; **~idade** *f* Höhlung
cear zu Nacht essen
cebola *f* Zwiebel
ceder abtreten; nachgeben; überlassen
cedo früh; bald
cedro *m* Zeder *f*
cédula *f* Zettel *m*, Schein *m*
ceg|ar erblinden; (ver-)blenden; **~o** blind; **~onha** *f* Storch *m*; **~ueira** *f* Blindheit; Verblendung
ceia *f* Abendessen *n*
ceifar mähen
celebr|ação *f* Feier; Abschluß *m*; **~ar** feiern; (*Messe*) lesen; (*Vertrag*) abschließen
cela *f* Zelle

célebre berühmt
celebridade *f* Berühmtheit
celeiro *m* Speicher; Scheune *f*
celest|e, ~ial himmlisch; Himmels...
celibato *m* Zölibat *n*
célula *f* Zelle (*a Phys*); **~-ovo** *f* Eizelle
cemitério *m* Friedhof
cen|a *f* Szene; Schauplatz *m*; **~ário** *m* Bühnenbild *n*; Szenario *n*
cenoura *f* Möhre, Mohrrübe
censo *m* Volkszählung *f*
censura *f* Zensur; Tadel *m*; **~r** zensieren; tadeln
centavo *m* 1/100 Escudo (*port Münze*)
centeio *m* Roggen
centelha *f* Funke(n) *m*
centen|a *f* Hundert *n*; **~ário** *m* Hundertjahrfeier *f*
cent|ésimo 1. *adj* hundertste; **2.** *m* Hundertstel *n*; **~ígrado:** ***grau*** *m* **~** Grad Celsius; **~ímetro** *m* Zentimeter; **~o** hundert; **~opeia** *f* Tausendfüßler *m*
centr|al 1. *adj* zentral; Haupt...; **2.** *f* Zentrale; Kraftwerk *n*; **~ *nuclear*** Kernkraftwerk *n*; **~ifugadora** *f*: **~ *de roupa*** Wäscheschleuder; **~ifugar** schleudern; **~o** *m* Zentrum *n*, Mittelpunkt; **~ *de processamento de dados*** *Inform* Rechenzentrum *n*
cêntuplo hundertfach
cepo *m* Klotz; Stumpf
cepticismo *m* Skepsis *f*
céptico 1. *adj* skeptisch; **2.** *m* Skeptiker
cera *f* Wachs *n*
cerâmica *f* Keramik; **~ *sanitária*** Sanitärkeramik
cerca 1. *f* Zaun *m*; Einfriedigung; **2.** *adv* ungefähr; **3.** *prp* **~ *de*** nahe; ungefähr, etwa
cerc|anias *f/pl* Umland *n*, Umgebung *f*; **~ar** einzäunen; umgeben; **~o** *m* Einfriedung *f*; Belagerung *f*
cereais *m/pl* Getreide *n*
cerebral Gehirn...
cérebro *m* Gehirn *n*
cerej|a *f* Kirsche; **~eira** *f* Kirschbaum *m*
cerimónia *f* Feier; Zeremonie; *fig* Förmlichkeit; Umstände *m/pl*
ceroulas *f/pl* lange Unterhose *f*
cerrar (ver-, ein)schließen; (*Fäuste*) ballen; (*Zähne*) zs-beißen
certame *m* (*öffentlich, sportlich*) Wettbewerb
cert|eiro (treff)sicher; zutreffend; **~eza** *f* Gewißheit; **~idão** *f* Urkunde; **~ificado** *m* Bescheinigung *f*, Zeugnis *n*; **~ificar** bescheinigen; versichern; **~-se** sich vergewissern; **~o** gewiß; sicher; genau; ***está ~!*** ist in Ordnung!; ***dar* ~** zutreffen
cerveja *f* Bier *n*; **~ *choca*** schales Bier *n*; **~ria** *f* Brauerei; Bierstube

cervo *m* Hirsch
cessar aufhören; einstellen; ***sem ~*** unaufhörlich
cest|a *f*, **~o** *m* Korb *m*
céu *m* Himmel; ***~ da boca*** Gaumen
cevada *f* Gerste
chá *m* Tee
chacina *f* Blutbad *n*
chaga *f* (offene) Wunde
chagar F auf den Geist gehen
chalé *m* Villa *f*
chaleira *f* Wasserkessel *m*
chama *f* Flamme
cham|ada *f* (An-)Ruf *m*; Appell *m*; Verweis *m*; ***~ interurbana*** *Tel* Ferngespräch *n*; **~ar** (an)rufen; **~-se** heißen
chamejar flammen, auflodern
chaminé *f* Schornstein *m*
champanhe *m* Sekt
champô *m* Shampoo *n*
chamuscar (an-, ver)sengen
chanceler *m* Kanzler
chantagem *f* Erpressung
chantilly *m fr* Schlagsahne *f*
chão 1. *m* (Erd-, Fuß-, Heimat-)Boden; **2.** *adj* eben, flach
chap|a *f* Platte; Blech *n*; Schild *n*; *bras* (*Auto*) Nummernschild *n*; **~éu** *m* Hut; **~inhar** planschen
charada *f* (Silben-)Rätsel *n*
char|ão *m* Glanzlack; **~co** *m* Sumpf; **~cutaria** *f* Fleischerei; Delikatessengeschäft *n*; **~latão** *m* Quacksalber; Scharlatan; **~neca** *f* Heide; **~neira** *f* Scharnier *n*; **~rua** *f* Pflug *m*; **~uto** *m* Zigarre *f*
chassi *m* Fahrgestell *n*
chato flach, platt; langweilig; F blöd
chave *f* Schlüssel *m*; ***~ de fenda*** Schraubenzieher *m*; ***~ de ignição*** Zündschlüssel *m*
chávena *f* Tasse
checo 1. *adj* tschechisch; ***República*** *f* ***Checa*** Tschechische Republik; **2.** *m* Tscheche; Tschechische *n*
chef|e *m* Chef; **~ia** *f* Führung, Leitung; **~iar** führen; leiten, vorstehen
cheg|ada *f* Ankunft; **~ar** ankommen (***a*** in); genug sein; reichen; ***~ a desoras*** zur Unzeit kommen; **~-se** sich nähern
chei|a *f* Überschwemmung; **~o** voll
cheir|ar riechen, duften; ***~ mal*** stinken; **~o** *m* Geruch, Duft
cheque *m* Scheck; ***~ careca*** ungedeckter Scheck; ***~ de viagem*** Reisescheck; ***pagar em ~*** mit Scheck bezahlen
chiar quietschen
chicha *f* F Spickzettel *m*
chiclete *m* Kaugummi
chicória *f* Chicorée *m*
chicot|ada *f* Peitschenhieb *m*; **~e** *m* Peitsche *f*; **~ear** peitschen
chifre *m* Horn *n*; **~s** *pl* Geweih *n*
chilr|ear zwitschern; **~(ei)o** *m* Gezwitscher *n*

chinel|a *f*, **~o** *m* Hausschuh *m*; Pantoffel *m*
chinês 1. *adj* chinesisch; **2.** *m* Chinese
chique schick
chispa *f* Funke(n) *m*; **~r** Funken sprühen
chispe *m Kochk* Eisbein *n*
chocalh|ar läuten, bimmeln; schütteln; **~o** *m* Kuhglocke *f*
choc|ante schockierend; **~ar** ausbrüten; (zs-)prallen; schockieren
choco 1. *m* Tintenfisch; **2.** *adj* fad(e); (*Wasser*) abgestanden; (*Ei*) bebrütet
chocolate *m* Schokolade *f*; ***barra*** *f*, *bras* ***tablete*** *m* ***de ~*** Tafel *f* Schokolade
chofre: ***de ~*** plötzlich, unversehens
chope *m bras* (Glas) Bier *n*
choque *m* Zs-stoß; Schock; Schlag
chorão *m* Trauerweide *f*
chor|ar (be)weinen; klagen; ***~ baba e ranho*** F Rotz und Wasser heulen; **~o** *m* Weinen *n*
choupana *f* (Stroh-)Hütte
choupo *m* Pappel *f*
chouriço *m* Wurst *f*
chover regnen
chuchar (*Kind*) saugen, lutschen
chucrute *m* Sauerkraut *n*
chui *m* F (*Polizist*) Bulle
chulo 1. *adj* ordinär; **2.** *m* V Lude
chumb|ar löten; plombieren; F (*Schule*) sitzenbleiben; (*im Examen*) durchfallen (lassen); **~o** *m* Blei *n*; (*Zahn*) Plombe *f*; ***sem ~*** (*Benzin*) bleifrei
chup|adela *f* (*Zigarette*) Zug *m*; **~ar** lutschen; saugen; **~eta** *f* Schnuller *m*
churrasco *m* Spießbraten
chut|ar (*Fußball*) schießen; **~o** *m* (*Fußball*) Schuß
chuv|a *f* Regen *m*; ***~ ácida*** saurer Regen *m*; **~eiro** *m* Dusche *f*; **~iscar** nieseln; **~isco** *m* Sprühregen; **~oso** regnerisch
ciática *f* Ischias *m*
cicatriz *f* Narbe; **~ar** vernarben
cicl|ismo *m* Radsport; **~ista** *su* Radfahrer(in); **~o** *m* Zyklus
cidad|ão *m* Bürger; **~e** *f* Stadt; ***~-dormitório*** *f* Schlafstadt; ***~-satélite*** *f* Satellitenstadt
ciência *f* Wissenschaft; **~s** *f/pl* (**naturais**) Naturwissenschaften
ciente: ***estar ~ de*** wissen von, kennen
cientificar benachrichtigen, mitteilen
cient|ífico wissenschaftlich; **~ista** *su* Wissenschaftler(in)
cifr|a *f* Ziffer; Chiffre; **~ão** *m* Escudozeichen *n*
cigano *m* Zigeuner
cigarra *f* Zikade
cigarr|eira *f* Zigarettenetui

n; **~ilha** *f* Zigarillo *m*; **~o** *m* Zigarette *f*
cilada *f* Hinterhalt *m*; Falle
cilindr|ada *f* Hubraum *m*; **~ar** walzen; F *fig* zur Schnecke machen; **~o** *m* Zylinder; Walze *f*
cima: *em ~ de* auf; ***para ~*** nach oben; ***por ~*** oberhalb
cimbalino *m in Porto*: Espresso (*Kaffee*)
cimeira *f* Gipfeltreffen *n*
ciment|ar zementieren; **~o** *m* Zement; ***~ armado*** Stahlbeton
cimo *m* Gipfel; First
cinema *m* Kino *n*
cínico zynisch
cint|a *f* Hüfthalter *m*; Taille; Band *n*; (*Zeitung*) Streifband *n*; **~o** *m* Gurt; Gürtel; ***~ de segurança*** Sicherheitsgurt; ***apertar os ~s*** *Flgw* sich anschnallen; **~ura** *f* Taille
cinz|a *f* Asche; **~eiro** *m* Aschenbecher
cinzel *m* Meißel; **~ar** meißeln
cinzento grau
cipreste *m* Zypresse *f*
circo *m* Zirkus
circuito *m* (Um-)Kreis; Rundfahrt *f*; Stromkreis
circ|ulação *f* Umlauf *m*; Kreislauf *m*; Verkehr *m*; **~ular 1.** umlaufen; verkehren; **2.** *adj* Rund..., Kreis...; **3.** *f* Rundschreiben *n*
círculo *m* (*Verein*) Zirkel; Kreis
circunst|ância *f* Umstand *m*; **~anciado** umständlich; ausführlich
cirurgi|a *f* Chirurgie; **~ão** *m* Chirurg
cismar grübeln; *bras* mißtrauen; sich nicht vertragen (***com*** mit)
cisne *m* Schwan
cistite *f* Blasenentzündung
cit|ação *f* Zitat *n*; Vorladung; **~adino** städtisch; **~ar** zitieren; vorladen
citrinos *m/pl* Zitrusfrüchte *f/pl*
ciúme(s) *m*(*/pl*) Eifersucht *f*
ciumento eifersüchtig
cívico (staats)bürgerlich
civil 1. *adj* bürgerlich; zivil; **2.** *m* Zivilist
civismo *m* Bürgersinn
clam|ar schreien, rufen; **~or** *m* Geschrei *n*
clandestin|idade *f* Untergrund *m*; **~o** heimlich; (*Passagier*) blind
clara *f*: ***~ de ovo*** Eiweiß *n*; **~bóia** *f* Oberlicht *n*
clarão *m* Feuerschein; (Explosions-)Blitz
clar|eira *f* Lichtung; **~eza** *f* Klarheit; **~idade** *f* Helligkeit; Licht *n*; **~o** hell; klar; deutlich
class|e *f* Klasse; (*VHS*) Kurs *m*; ***~ média*** Mittelstand *m*; **~ificação** *f* Klassifikation; Bewertung; Benotung; Einordnung; Einstufung; **~ificado** *m* Annonce *f*; **~ificador** *m* Aktenordner

claustro *m* Kloster *n*
cláusula *f* Klausel
clavícula *f* Schlüsselbein *n*
clem|ência *f* Milde; **~ente** mild; **~entina** *f* Clementine
clérigo *m* Geistliche(r)
client|e *m* Kunde; Klient; Patient; **~ela** *f* Kundschaft; Patienten *m/pl*
clima *m* Klima *n*
clínica *f* Klinik; ***médico m de ~ geral*** praktische(r) Arzt
clipe *m* Heftklammer *f*; Videoclip
clube *m* Klub
coa(c)ção *f* Nötigung; Zwang *m*
coador *m* Durchschlag; (Tee-)Sieb *n*
coagir nötigen; zwingen
co|agular zum Gerinnen bringen; gerinnen; **~águlo** *m* Gerinnsel *n*
coar (durch)seihen
cobaia *f* Meerschweinchen *n*; *fig* Versuchstier *n*
cobard|e 1. *m* Feigling; **2.** *adj* feig; **~ia** *f* Feigheit
cobert|a *f* Deck *n*; (Bett-)Decke; **~o** bedeckt; **~or** *m* Wolldecke *f*; **~ura** *f* Decke; *Fin* Deckung
cobiça *f* Habgier
coboiada *f* (*Film*) Western *m*
cobra *f* Schlange
cobr|ador *m* (*Gebühren, Fahrgeld*) Kassierer; **~ança** *f* Eintreibung; Kassierung; **à ~** per Nachnahme; **~ar** (*Gebühren*) erheben; (ein)kassieren; **~e** *m* Kupfer *n*; **~ir** (be-, ver-, zu-) decken
cocaína *f* Kokain *n*
coçar kratzen
cócegas *f/pl* Kitzel *m*; ***ter ~*** kitzlig sn; ***fazer ~*** kitzeln
coch|e *m* Kutsche *f*; **~ichar** flüstern, tuscheln
coco *m* Kokosnuß *f*
cocó *m* (*infantil*: *Stuhlgang*) Aa *n*
côdea *f* Rinde; Kruste
código *m* Gesetzbuch *n*; Kode; ***em ~*** chiffriert; ***≗ Civil*** Bürgerliches Gesetzbuch *n*; ***≗ Comercial*** Handelsgesetzbuch *n*; ***~ de barras*** Balkenkode *m*; ***~ de máquinas*** *Inform* Maschinenkode *m*; ***≗ Penal*** Strafgesetzbuch *n*; ***≗ da Estrada*** Straßenverkehrsordnung *f*
coelho *m* Kaninchen *n*
coe|rente zs-hängend; **~são** *f* Kohäsion; Zs-halt *m*
coexistência [koiziʃ'tẽsjɑ] *f* Koexistenz
cofr|agem *f* (Ver-)Schalung; **~e** *m* Tresor; Geldschrank
cognome *m* Beiname
cogumelo *m* Pilz
coincid|ência *f* Zs-treffen *n*; Zufall *m*; **~ir** zs-treffen; übereinstimmen
coisa *f* Sache; Ding *n*; ***~ alguma*** nichts; ***alguma ~*** etwas
coiso *m port* F (*Person*) Dingsda *m*
coitado arm, unglücklich
coito *m* Beischlaf

cola *f* Leim *m*; Klebstoff *m*
colabor|ação *f* Mitarbeit; **~ador** *m* Mitarbeiter; **~ar** mitarbeiten
colapso *m* Zs-bruch
colar 1. kleben; **2.** *m* Halsband *n*; -kette *f*; **~inho** *m* Kragen
colch|a *f* Tagesdecke; **~ão** *m* Matratze *f*; **~ete** *m* Haken *m* und Öse *f*; **~ *de pressão*** Druckknopf *m*; **~onete** *m* Schlafmatte *f* (*der Camper*)
cole(c)|ção *f* Sammlung; **~cionador** *m* Sammler; **~cionar** sammeln; **~tividade** *f* Gesamtheit; Gemeinschaft
colega *m* Kollege; Kommilitone
colégio *m* (Privat-)Schule *f*; **~ *infantil*** (privater) Kindergarten
cólera *f* Zorn *m*; Wut; Cholera
colérico (jäh)zornig
colesterol *m* Cholesterin *n*
colete *m* Weste *f*; **~ *de salvação*** Rettungsweste *f*
colet... *bras s* **colect...**
colh|eita *f* Ernte; **~er 1.** ernten; pflücken; **2.** *f* Löffel *m*; **~ *de sopa*** Suppenlöffel *m*
colidir zs-stoßen, kollidieren
coligação *f* Koalition, Bündnis *n*
colina *f* Hügel *m*
colisão *f* Zusammenstoß *m*
collant *m fr* Strumpfhose *f*
colmeia *f* Bienenkorb *m*
colmo *m* Halm; (Dach-)Stroh *n*
colo *m* Hals; ***ao* ~** auf dem Schoß
coloc|ação *f* (Auf-)Stellung; Anlage; (*Job*) Stelle; **~ar** stellen; setzen; (an)legen
colónia *f* Kolonie
colon|ial kolonial; **~izar** besiedeln; **~o** *m* Siedler
coloquial umgangssprachlich
colóquio *m* Gespräch *n*
color|ido *m* Farbgebung *f*; **~ir** färben; kolorieren
coluna *f* Säule; *Typ* Spalte; Kolonne; Musikbox; (*Mensch*) Wirbelsäule
com mit; bei
comand|ante *m* Befehlshaber; Kommandant; **~ar** kommandieren; **~ita** *f* Kommanditgesellschaft; **~o** *m* Kommando *n*; Befehl (*a Inform*); *El* Steuerung *f*; **~ *remoto*** Fernsteuerung *f*
comarca *f* Bezirk *m*; ***tribunal* *m de* ~** Amtsgericht *n*
combat|e *m* Kampf, Gefecht *n*; **~ente** *m* Kämpfer; **~er** (be)kämpfen; streiten (***por*** für)
combin|ação *f* Zs-stellung; Abmachung; Unterrock *m*; **~ar** zs-stellen; abmachen
comboio *m* (Eisenbahn-)Zug; Konvoi; **~ *de alta velocidade*** Hochgeschwindigkeitszug
combust|ão *f* Verbrennung;

~ível 1. *adj* brennbar; **2.** *m* Treibstoff; Brennstoff; **~** ***nuclear*** (***enriquecido***) (angereicherter) Kernbrennstoff; **~or** *m bras* Straßenlaterne *f*
com|eçar anfangen, beginnen; **~eço** *m* Anfang, Beginn; **~édia** *f* Lustspiel *n*, Komödie
comemora|ção *f* Gedächtnisfeier; **~r** feiern, begehen
coment|ar erläutern; kritisieren; **~ário** *m* Kommentar; Anmerkung *f*
comer essen; (*Tier*) fressen
comerci|al kaufmännisch; Handels...; **~ante** *m* Kaufmann; **~ar** handeln; **~ário** *bras m* kaufmännische(r) Angestellte(r)
comércio *m* Handel; **~** ***externo*** Außenhandel
comestível eßbar
cometer (*Fehler*) begehen
comichão *f* Juckreiz *m*
comício *m* Versammlung *f*; *Pol* Veranstaltung *f*
cómico 1. *m* Komiker; **2.** *adj* komisch
comida *f* Essen *n*; Speise
comigo mit (bei, zu) mir
comilão *m* Vielfraß
cominho *m* Kümmel
comiss|ão *f* Auftrag *m*; Kommission; Provision; **~ário** *m* Kommissar; *bras* Steward
como wie; als; da, weil
comoção *f* Erschütterung; Rührung
cómoda *f* Kommode
comodidade *f* Bequemlichkeit; Annehmlichkeit
comodista selbstsüchtig
cómodo bequem; angenehm
comove|nte rührend; ergreifend; **~r** bewegen; ergreifen
compaixão [kõpaj'ʃɐ̃w] *f* Mitleid *n*, Erbarmen *n*
companh|eiro *m* Kamerad; (Lebens-)Gefährte; **~ia** *f* Gesellschaft; Begleitung; Kompanie; **~** ***de seguros*** Versicherungsgesellschaft; **~** ***construtora*** Baufirma
compar|ação *f* Vergleich *m*; **~ar** vergleichen; **~ável** vergleichbar
comparecer erscheinen
compartimento *m* Raum; Abteil *n*
compasso *m* Zirkel; *Mus* Takt
compat|ibilidade *f* Vereinbarkeit; **~ível** vereinbar, kompatibel
compatriota *m* Landsmann
compêndio *m* Lehrbuch *n*; Abriß
compens|ação *f* Ausgleich *m*; Entschädigung; **~ar** ausgleichen
compet|ência *f* Zuständigkeit; Befugnis; **~ente** zuständig; befugt; **~ição** *f* Wettbewerb *m*; Konkurrenz; **~idor** *m* Konkurrent;

~ir obliegen; wetteifern; konkurrieren
compila|ção *f* Zs-stellung; **~r** zs-stellen
complet|ar ergänzen, vervollständigen; vollenden; **~o** vollständig; besetzt
complexo [kõ'plɛksu] *m* Komplex
complicar komplizieren
componente *f* Komponente
compor zs-setzen, -stellen; verfassen; komponieren
comporta *f* Schleuse; **~mento** *m* Benehmen *n*; **~r** (um)fassen; **~-se** sich benehmen
composi|ção *f* Zs-setzung; Anordnung; *Lit* Aufsatz *m*; Komposition; **~tor** *m* Komponist; Setzer
composto 1. *adj* F satt, zufrieden; **2.** *m* Mischung *f*; Verbindung *f*
compota *f* Marmelade
compra *f* (Ein-)Kauf *m*; ***fazer ~s*** Einkäufe machen; **~diço** käuflich; **~dor** *m* Käufer; **~r** (ein-)kaufen
compreen|der verstehen; (um)fassen; **~são** *f* Verständnis *n*; **~sível** verständlich; **~sivo** verständnisvoll
compri|do lang; **~mento** *m* Länge *f*
comprimi|do *m* Tablette *f*; **~r** komprimieren; zs-drücken
comprom|eter-se sich verpflichten (**a** zu); sich blamieren; **~isso** *m* Verpflichtung *f*; Verabredung *f*; Kompromiß; **~s** *m/pl* Verbindlichkeiten *f/pl*
comprovar beweisen; bestätigen; nachprüfen
computador *m* Computer; ***~ portátil*** Laptop; ***assistido em ~*** computergestützt
comum allgemein; gemeinsam
comuna *f* Gemeinde
comunhão *f* Kommunion; Abendmahl *n*; ***~ de bens*** Gütergemeinschaft
comunic|abilidade *f* Aufgeschlossenheit; **~ação** *f* Mitteilung; Verbindung; ***~ social*** Medien *pl*; **~ado** *m* Kommuniqué *n*; **~ar** mitteilen; verbunden sein; **~ativo** mitteilsam
comuni|dade *f* Gemeinschaft; ***♀ Económica Europeia*** (***C.E.E.***) Europäische Gemeinschaft (EG); ***♀ de Estados Independentes*** (***C.E.I.***) Gemeinschaft Unabhängiger Staaten (GUS); **~smo** *m* Kommunismus; **~sta** *su* Kommunist(in)
comut|ador *m* (Um-)Schalter; **~ar** umschalten; (*Strafe*) umwandeln
côncavo konkav; hohl
conce|ber (er)denken; (*Plan*) entwerfen; **~der** zugestehen
conc|eito *m* Konzept *n*; Begriff; Auffassung *f*; **~elho** *m* Gemeinde *f*; (*Verwaltungseinheit*) Kreis

concentrar konzentrieren
concepção *f* Empfängnis; Konzeption; Anschauung
concerto *m* Konzert *n*
concess|ão *f* Bewilligung; Konzession; **~ionário** *m Hdl* Konzessionär
concha *f* Muschelschale; *Kochk* Kelle
conciliar versöhnen; vereinigen
conciso kurz; knapp
conclu|ir (be-)enden; (*Vertrag*) abschließen; (schluß-) folgern; **~são** *f* Vollendung; Schluß(folgerung *f*) *m*
concordar übereinstimmen; einverstanden sein
concorr|ência *f* Zulauf *m*; Andrang *m*; Konkurrenz; **~ente** *su* Bewerber(in); Konkurrent(in); Teilnehmer(in); **~er a** sich bewerben um; teilnehmen an; **~ido** stark besucht
concret|izar veranschaulichen; verwirklichen; **~o 1.** *adj* fest; konkret; **2.** *m bras* Beton
concurso *m* Wettbewerb; Preisausschreiben *n*; Quiz *n*; Ausschreibung *f*
conde *m* Graf
condecor|ação *f* Auszeichnung; Orden *m*; **~ar** auszeichnen; e-n Orden verleihen
conden|ação *f* Verurteilung; **~ar** verurteilen; verdammen; **~ável** strafbar; verwerflich
condensa|dor *m* Kondensator; **~r** kondensieren
condescende|nte nachgiebig; **~r** einwilligen
condição *f* Bedingung; Lage; (*gesellschaftlich*) Stand *m*; ***nestas condições*** *pl* unter diesen Umständen
condiciona|l bedingt; Bedingungs...; **~lismo** *m* Bedingungsgefüge *n*; **~r** regeln; (*Wirtschaft*) lenken; beschränken
condi|mento *m* Gewürz *n*; **~zer** zs-passen; übereinstimmen
condolência *f* Beileid *n*
condução *f* Führung; (*Fahrzeug*)Lenkung; Transport *m*
condu|ta *f* (*Wasser*) Leitung; Geleit *n*; Verhalten *n*; **~tividade** *f* Leitfähigkeit; **~to** *m* Rinne *f*; *Kochk* Beilage *f*; (*Brot*) Belag; **~tor** *m* (*Fahrzeug*) Führer; Schaffner; *Phys* Leiter; **~zir** führen; leiten; lenken
cone *m* Kegel; Eiswaffel *f*
confeccionar anfertigen, herstellen
confeitaria *f* Konditorei
confer|ência *f* Besprechung; Vortrag *m*; Konferenz; **~encista** *su* Referent(in)
confess|ar gestehen; bekennen; **~(-se)** beichten; **~o** geständig
confi|ança *f* Vertrauen *n*; **~ar** anvertrauen; vertrauen (***em***

auf); **~dencial** vertraulich; **~dente** *su* Vertraute(r)
confirm|ação *f* Bestätigung; Firmung; **~ar** bestätigen
confiscar konfiszieren, beschlagnahmen
confissão *f* Beichte; Geständnis *n*
conflito *m* Konflikt
confluente *m* Zs-fluß
conform|ar in Einklang bringen; **~-se com** sich abfinden mit; **~e 1.** gemäß, entsprechend; **2.** je nachdem; je nachdem, ob; in dem Maße, wie; **~idade** *f* Übereinstimmung
confort|ável bequem; gemütlich; **~o** *m* Stärkung *f*; Trost; Komfort
confront|ar gegenüberstellen; **~o** *m* Vergleich; Konfrontation *f*
confu|ndir verwechseln; verwirren; **~são** *f* Verwirrung; Verwechslung; **~so** verwirrt
congela|dor *m* Gefrierschrank; Gefrierfach *n*; **~r** gefrieren; tiefkühlen; einfrieren; (*Konto*) sperren
congénito angeboren
congest|ão *f* Blutandrang *m*; **~ionamento** *m* Verkehrsstockung *f*, Stau
congratular beglückwünschen; **~-se** sich freuen (**com** über)
congress|ista *m* Kongreßteilnehmer; **~o** *m* Kongreß
conhaque *m* Kognak
conhec|edor *m* Kenner; **~er** kennen, kennenlernen; **~ido** *m* Bekannte(r); **~imento** *m* Kenntnis *f*; Bekanntschaft *f*
coníferas *f/pl* Nadelhölzer *n/pl*
conjugado *m bras* Appartement *n*
cônjuge *m* Ehegatte
conjunto 1. verbunden; **2.** *m* Ganze(s) *n*; Satz (*zs-gehöriger Teile*); (*Personen*) Team *n*, Gruppe *f*; **em ~** zusammen, gemeinsam
conjuntura *f* Konjunktur
con(n)osco mit (bei, zu) uns
conquist|a *f* Eroberung; Errungenschaft; **~ador** *m* Eroberer; Frauenheld; **~ar** erobern; erringen
consagra|do anerkannt; bedeutend; **~r** (ein)weihen; widmen
consci|ência *f* Gewissen *n*; Bewußtsein *n*; **~encioso** gewissenhaft; **~ente** (selbst-)bewußt
conse|cutivo auf-ea-folgend; **~guinte: por ~** folglich; **~guir** erlangen; erreichen; können
conselheiro *m* Rat(geber)
conselho *m* Rat(schlag)
consenti|mento *m* Einwilligung *f*; Zustimmung *f*; **~r** gestatten; zulassen
consequência *f* Konsequenz; Folge(-rung); **em ~ de** auf Grund (*gen*)
consert|ar reparieren; **~o** *m*

Reparatur *f*; ***ter ~*** reparabel sn
conserva *f* Konserve; **~ção** *f* Erhaltung; Konservierung; **~dor** erhaltend; konservativ; **~r** erhalten, (auf)bewahren; konservieren; **~tória** *f* Kataster-, Standes-amt *n*
consider|ação *f* Betrachtung; Rücksicht; Hochachtung; Ansehen *n*; **~ado** angesehen; **~ar** (be)achten; berücksichtigen; **~ável** beträchtlich
consigo mit (bei, zu) sich; (*Anrede*) mit (bei, zu) Ihnen
consist|ência *f* Bestand *m*; Festigkeit; **~ente** fest; beständig; **~ir em** bestehen aus (in)
consoada *f* Weihnachtsessen *n*
consoante je nach, gemäß
consolar trösten
consolid|ação *f* Sicherung, Festigung; Konsolidierung; **~ar** sichern, festigen
consolo *m* Trost
consórcio *m* Interessengemeinschaft *f*; Konzern
conspir|ação *f* Verschwörung; **~ador** *m* Verschwörer
constância *f* Beständigkeit
consta|nte 1. *adj* beständig; unveränderlich; **2.** *f* Konstante; **~r** verlauten; ***~ de*** bestehen aus
constatar konstatieren
constelação *f* Sternbild *n*; Konstellation
constip|ação *f* Erkältung, Schnupfen *m*; **~ar-se** sich erkälten
constitu|cional verfassungsmäßig; Verfassungs...; **~ição** *f* Gründung; Zs-setzung; Aufbau *m*; Verfassung; **~inte 1.** *f* verfassunggebende Versammlung; **2.** *m* Mandant; **~ir** bilden; (be)gründen
constru|ção *f* Bau *m*; Gebäude *n*; ***~ civil*** Bauwesen *n*; **~ir** bauen; **~tor** *m* Konstrukteur; Baumeister
consulado *m* Konsulat *n*
consult|a *f* Befragung; Anfrage; Sprechstunde(n); ***~ marcada*** (*Arzt*) Termin *m*; **~ar** zu Rate ziehen; konsultieren; nachschlagen in; **~ório** *m* Sprechzimmer *n*, Praxis *f*
consum|idor *m* Verbraucher; **~ir** verbrauchen; **~o** *m* Konsum, Verbrauch; *Hdl* Absatz
conta *f* Rechnung; Konto *n*; Rechenschaft; ***~ corrente*** Girokonto *n*; ***fazer as ~s*** abrechnen; ***tomar em ~*** berücksichtigen; ***por ~ própria*** auf eigene Rechnung
contabili|dade *f* Buchhaltung; Buchführung; **~sta** *su* Buchhalter(in)
conta(c)t|ar sich in Verbindung setzen mit; **~o** *m* Berührung *f*; Kontakt; Verbindung *f*

contador *m* Zähler; *bras* Buchhalter
cont|agiar *Med* anstecken; **~ágio** *m Med* Ansteckung *f*; **~agioso** ansteckend
conta|nto que (*subj*) sofern; **~quilómetros** *m* Kilometerzähler; **~r** (er)zählen; rechnen; **~ com** rechnen mit (*od* auf)
contato *bras s* **contacto**
contemplação *f* Betrachtung; Kontemplation
contemporâneo 1. *adj* zeitgenössisch; **2.** *m* Zeitgenosse
contenda *f* Streit *m*
content|amento *m* Freude *f*; Befriedigung *f*; **~ar** zufriedenstellen; **~e** zufrieden; froh
contentor *m* Container; **~ de lixo** Müllcontainer
conter enthalten, fassen; **~se** sich zurückhalten
contest|ar bestreiten; *jur* bestätigen; **~ável** anfechtbar
conteúdo *m* Inhalt; Gehalt
contigo mit (bei, zu) dir
contíguo Neben...; angrenzend
continent|al kontinental; **~e** *m* Kontinent
continua|ção *f* Fortsetzung; Folge; **~r** fortsetzen; fortfahren; **~ a** (**fazer** *etc*) weiter(machen *usw*)
contínuo 1. *adj* stetig; ununterbrochen; fortwährend; **2.** *m* Büro-, Schulgehilfe
conto *m* Erzählung *f*; Märchen *n*; **~** (**de réis**) 1000 Escudos
contorno *m* Umriß; Kontur *f*
contra gegen; gegenüber
contra... *in Zssgn* Gegen...; Wider...
contraband|ista *m* Schmuggler; **~o** *m* Schmuggel; Schmuggelware *f*
contra|(c)ção *f* Zs-ziehung; **~ceptivo** *m* Verhütungsmittel *n*; **~dição** *f* Widerspruch *m*; **~dizer** widersprechen; **~ir** zs-ziehen, (*Krankheit*) sich zuziehen; (*Schulden*) machen; (*Vertrag*) (ab-) schließen; **~medida** *f* Gegenmaßnahme; **~partida** *f* Gegenstück *n*; **em ~** andererseits; **~pelo** *m*: **a ~** gegen den Strich; **~peso** *m* Gegengewicht *n*; **~placado** *m* Sperrholz *n*; **~por** entgegenstellen
contrari|ar widersprechen; widerstreben; **~edade** *f* Widrigkeit; Unannehmlichkeit
contrário 1. *adj* entgegengesetzt; widrig; **2.** *m* Gegenteil *n*; **pelo ~** im Gegenteil
contraste *m* Kontrast; ***líquido** m* **de ~** Kontrastmittel *n*
contra|tar (Kauf-)Vertrag abschließen; (*Arbeitnehmer*) einstellen; **~tempo** *m* Zwischenfall; (zeitraubender) Vorfall; **~to** *m* Vertrag; **~ a prazo** Zeitvertrag
contraveneno *m* Gegengift *n*
contribu|ição *f* Beitrag *m*;

Steuer; **~inte** *m* Steuerzahler; **~ir** beitragen (***para*** zu)
control|ar kontrollieren; (*Maschine*) steuern; **~e** *bras m*, **~o** *m* Kontrolle *f*; Aufsicht *f*; *El* Steuerung *f*; Steuervorrichtung *f*; ***~e remoto, ~o à distância*** Fernbedienung *f*
contr|ovérsia *f* Auseinandersetzung; **~overso** umstritten
contudo jedoch; dennoch
contusão *f* Quetschung
convalesc|ença *f* Genesung; **~er** genesen
conven|ção *f* Übereinkunft; Abkommen *n*; **~cer** überzeugen; **~cional** vertragsmäßig; konventionell; herkömmlich
conveniente angebracht; angemessen; vorteilhaft
convénio *m* Abkommen *n*
convento *m* Kloster *n*
convergente übereinstimmend
convers|a *f*, **~ação** *f* Unterhaltung; Besprechung; Gespräch *n*; ***meter ~a*** ein Gespräch anknüpfen; **~ão** *f* Umwandlung; **~ar** sich unterhalten (***sobre*** über)
converter umwandeln; bekehren
convés *m* Deck *n*
convexo [kõ'wɛksu] konvex, gewölbt
convic|ção *f* Überzeugung; **~to** überzeugt; überführt
convida|do *m* Gast; **~r** einladen; auffordern (***a*** zu)
convincente überzeugend
convir übereinkommen; passen; zuträglich sn; ***convém*** es empfiehlt sich
conv|ite *m* Einladung *f*; **~ívio** *m* Gesellsigkeit *f*, Beisammensein *n*; Umgang; **~ocar** einberufen; **~osco** mit (bei, zu) euch
convulsão *f* Zuckung; Krampf *m*
cooper|ação *f* Zs-arbeit; **~ar** zs-arbeiten; **~ativa** *f* Genossenschaft
coorden|ação *f* Koordination; **~ar** koordinieren; bei-, zu-ordnen
copa *f* Anrichte; Baumkrone; **~s** *pl* (*Spielkarten*) Herz *n*
cópia *f* Kopie; Abzug *m*; Abschrift; **~ *pirata*** Raubkopie
copi|adora *f* Copy-Shop *m*; **~ar** abschreiben; kopieren; **~oso** reichlich; zahlreich
copo *m* Glas *n*; Becher; ***ser um bom ~*** trinkfest sn; **~-d'água** *m* (*Mahlzeit*) Imbiß
cópula *f* Beischlaf *m*
coque *m* Koks
coqueiro *m* Kokospalme *f*
coqueluche *f* Keuchhusten *m*
coquetel *m* Cocktail
cor 1. *f* Farbe; **2.** *m*: ***de ~*** auswendig
cora|ção *m* Herz *n*; **~do** (*Wangen*) rot; (*Wäsche*) gebleicht; knusp(e)rig; **~gem** *f* Mut *m*; **~joso** mutig; **~l** *m*

Koralle *f*; Chor(al); **~nte** *m* Farbstoff; **~r** erröten, färben; bleichen
corç|a *f* Ricke; F Hirschkuh; **~o** *m* Rehbock
cord|a *f* Leine; Strick *m*; Saite; ***dar ~ a*** (*Uhr*) aufziehen; **~ão** *m* Schnur *f*; *Mil* Absperrung *f*; **~eiro** *m* Lamm *n*; *Kochk* Lammbraten; **~el** *m* Bindfaden; Schnur *f*; **~ial** herzlich; **~ilheira** *f* Gebirgskette
córnea *f* (*Auge*) Hornhaut
corn|eta *f* Horn *n*; ***~ de sinais*** Signalhorn *n*; **~ija** *f* Gesims *n*; **~o** *m* Horn *n*; F (*Ehemann*) Gehörnte(r); ***pôr ~s a*** F Hörner aufsetzen
coro *m* Chor
coro|a *f* Krone; Kranz *m*; **~ação** *f* Krönung; **~ar** krönen; **~nel** *m* Oberst
corpo *m* Körper, Leib; *fig* Körperschaft *f*; Korps *n*; ***♀ de Deus*** Fronleichnam
corp|oração *f* Innung; Verband *m*; Körperschaft; **~oral, ~óreo** körperlich; **~ulento** beleibt; dick
corre(c)|ção *f* Korrektur; Verweis *m*; Korrektheit; **~to** korrekt; zuverlässig
corredor *m* Rennfahrer; Läufer; Korridor; Gang
correia *f* Riemen *m*; Treibriemen *m*
correio *m* Post *f*; Postamt *n*; Briefträger; ***~ aéreo*** Luftpost *f*; ***~ pneumático*** Rohrpost *f*; ***na volta do ~*** postwendend
correlação *f* Wechselbeziehung
corre|nte 1. *f* Strömung; Strom *m* (*a El*); (Luft-)Zug *m*; ***~ alternada*** Wechselstrom *m*; ***~ contínua*** Gleichstrom *m*; **2.** *adj* laufend; fließend; üblich; gängig; gebräuchlich; **~nteza** *f* Häuserzeile; **~r** (ver)laufen; rennen; fließen
correspond|ência *f* Briefwechsel *m*; Entsprechung; *Esb* Anschluß *m*; Umsteigemöglichkeit; **~ente 1.** *su* Korrespondent(in); **2.** *adj* entsprechend; **~er** entsprechen; erwidern
corret|agem *f* Maklergebühr; **~or** *m* Makler
corrida *f* Rennen *n*; Lauf *m*; Stierkampf *m*; *Hdl* Andrang *m*; ***~ aos armamentos*** Wettrüsten *n*
corrido abgedroschen
corrigir verbessern, korrigieren
corrimão *m* (Treppen-)Geländer *n*
corroer an-, zer-fressen
corr|omper verderben; bestechen; **~osão** *f* Verwitterung; Korrosion; **~upção** *f* Bestechung; Korruption
cort|ador *m*: ***~ de relva*** Rasenmäher; **~ar** (ab-, aus-, be-, durch-, zu-)schneiden; streichen; (ab)sperren; un-

terbrechen; **~e** *m* (Quer-) Schnitt; Unterbrechung *f*; Kürzung *f*; Einstellung *f*; Sperre *f*
cort|e *f* Hof(staat) *m*; **~ejo** *m* (Fest-)Zug; **~ês** höflich; **~esia** *f* Höflichkeit
cortiça *f* Kork *m*; Rinde
cortina *f* Gardine; **~**, **~do** *m* Vorhang *m*
cor|uja *f* Eule; **~vo** *m* Rabe
coser nähen
costa *f* Küste; Ufer *n*; (Ab-)Hang *m*; **~s** *f/pl* Rükken *m*; (Rücken-)Lehne *f*
costela *f* Rippe
costeleta *f* Kotelett *n*
costum|ar (**fazer**) gewöhnlich (tun); **~e** *m* Gewohnheit *f*; Sitte *f*; *bras* Kostüm *n*; Anzug; ***do ~*** üblich
costur|a *f* Naht; **~ar** nähen, schneidern; **~eira** *f* Näherin
cota *f* Anteil *m*; Rate; Quote; (Mitglieds-)Beitrag *m*; Aktenzeichen *n*
cotação *f* (Börsen-)Notierung; Kurs *m*
cotovelo *m* Ellbogen
cotovia *f* Lerche
couraça *f* Panzer(ung) *m*
couro *m* Leder *n*
couve *f* Kohl *m*; ***~ de Bruxelas*** Rosenkohl, ***~-flor*** Blumenkohl *m*
cova *f* Grube; Grab *n*; (*Straße*) Schlagloch *n*
covil *m* Höhle *f*, Bau
coxa ['koʃɑ] *f* (Ober-)Schenkel *m*
coxear [ku'ʃjar] hinken
coz|er kochen; backen; **~ido** *m port* Fleischgericht *n*
cozinh|a *f* Küche; **~ar** kochen; **~eiro** *m* Koch
crachá *m* Plakette *f*; Teilnehmerausweis
crânio *m* Schädel
crav|ar (an)nageln; fassen; (*Augen*) heften (***em*** auf); F schnorren; **~inho** *m* (Gewürz-)Nelke *f*; **~o** *m* Nelke *f*; Nagel
creche *f* Kinderkrippe
creditar gutschreiben
crédito *m* Vertrauen *n*; Kredit; Guthaben *n*; Ansehen *n*; **~s** *m/pl* Außenstände
credor *m* Gläubiger
creme *m* Rahm, Sahne *f*; Creme *f*
cren|ça *f* Glaube *m*; **~te** *su* Gläubige(r)
crepitar knistern
crepúsculo *m* Dämmerung *f*
crer glauben (***em*** an)
cresce|nte **1.** *adj* zunehmend **2.** *f* Flut; **~r** (an)wachsen; zunehmen
crespo kraus; rauh
criação *f* Schöpfung; Errichtung; Erziehung
criad|a *f* Zimmer-, Dienstmädchen *n*; **~o 1.** *adj*: ***mal ~*** ungezogen; **2.** *m*: **~** (***de mesa***) Kellner; **~or** *m* Schöpfer; Erfinder; Züchter
criança *f* Kind *n*; ***~ de peito*** Säugling *m*
cria|r erzeugen; (er)schaffen;

aufziehen; **~tivo** kreativ; **~tura** *f* Geschöpf *n*
crim|e *m* Verbrechen *n*; **~inoso 1.** *adj* verbrecherisch; strafbar; **2.** *m* Verbrecher
crina *f* Mähne; Roßhaar *n*
crise *f* Krise
cristal *m* Kristall(glas *n*)
crist|ão 1. *adj* christlich; **2.** *m*, **~ã** *f* Christ(in)
crítica *f* Kritik
criticar kritisieren
crítico 1. *m* Kritiker **2.** *adj* kritisch
crivo *m* Sieb *n*
crocodilo *m* Krokodil *n*
crónico chronisch
crosta *f* Kruste
cru roh; rauh; hart
crucial *fig* entscheidend
cruel grausam; **~dade** *f* Grausamkeit
cruz *f* Kreuz *n*; ***~es ou cunhos*** (*Münze*) Kopf oder Zahl; **~amento** *m* (Straßen-) Kreuzung *f*; **~ar** (durch-) kreuzen
cu *m* V Arsch; ***cair de ~*** (*vor Schreck*) sich auf den Hintern setzen; **~ada** *f* F Hosenboden *m*
cúbico Kubik...
cubo *m* Würfel
cuco *m* Kuckuck
cuecas *f/pl* (Herren-)Slip *m*
cueiro *m* Windel *f*
cuid|ado *m* Sorgfalt *f*; Sorge *f*; Vorsicht *f*; ***~!*** Vorsicht!; **~adoso** vorsichtig; sorgfältig; **~ar** (be-, ver)sorgen; pflegen; denken
cujo dessen
culp|a *f* Schuld; **~ado 1.** *adj* schuldig; **2.** *m* Schuldige(r); **~ar** beschuldigen
cult|ivar anbauen; (*Boden*) bearbeiten; pflegen; kultivieren; **~ivo** *m Agr* Anbau; **~o 1.** *adj* gebildet; gepflegt; **2.** *m* Gottesdienst; Verehrung *f*, Kult; **~ura** *f* Kultur, Bildung
cume *m* Gipfel
cúmplice *m* Komplize
cumpriment|ar (be)grüßen; **~o** *m* Gruß
cumprir ausführen; erfüllen; (*Wort*) halten
cúmulo *m* Haufe(n); Gipfel
cunha *f* Keil *m*; F gute Beziehung; **à ~** zum Brechen voll; **~do** *m* Schwager; **~r** prägen
cúpula *f* Kuppel
cura 1. *m* Pfarrer; **2.** *f* Heilung; Kur; **~ndeiro** *m* Quacksalber; **~r** kurieren; behandeln; gesund machen
curios|idade *f* Neugier; Kuriosität; **~o** neugierig; merkwürdig
curso *m* Lauf; Kurs(us); Studium *n*; ***tirar um ~ de pós-graduação*** einen Fortbildungskurs belegen
curta-metragem *f* Kurzfilm *m*
curt|ir gerben; F genießen; **~o** kurz; knapp; **~o-circuito** *m* Kurzschluß
curv|a *f* Kurve; Bogen *m*;

~ar krümmen, biegen; beugen; **~-se** sich bücken; **~o** krumm
cusp|ir spucken; **~o** *m* Speichel; Spucke *f*
cust|a *f*: ***à ~ de*** zu Lasten von; mit Hilfe von; **~ar** kosten; schwerfallen; **~ear** die Kosten tragen; **~o** *m* Kosten *pl*; ***~ de vida*** Lebenshaltungskosten *pl*; **a ~** mit Mühe
custoso *fig* mühselig
cutelo *m* Hackmesser *n*

D

da = *prp* **de** + *art/f* **a**
dádiva *f* Gabe; Geschenk *n*
dado *m* Würfel; **~s** *m/pl* Angaben *f/pl*; Daten *pl*
dador *m* Spender; Geber
daí *adv* von dort, daher
dali *adv* von dort, daher
daltónico farbenblind
dama *f* Dame
damasco *m* Aprikose *f*; Damast
danado wütend; schlimm
dança|a *f* Tanz *m*; **~ar** tanzen
dan|ificar (be)schädigen; **~inho** schädlich; **~o** *m* Schaden; Verlust; ***~ material*** Sachschaden
dantes *adv* einst, früher
daquele = **de** + **aquele**
daqui = **de** + **aqui** von hier; ab jetzt
dar (er)geben; schenken; bringen; ***~-se*** vor sich gehen, sich ereignen; ***~ que falar*** Anlaß zu Gerede geben
dardo *m* Speer
data *f* Datum *n*; **~do** veraltet; überholt; **~r** datieren; herrühren (**de** von)
de *prp* von, aus, mit
debaixo [də'bajʃu] unten; ***~ de*** unter
debate *m* Debatte *f*; ***~ a mesa redonda*** Rund-Tisch-Gespräch *n*;Talkshow *f*; **~r** erörtern; debattieren
débil schwach; schwächlich
debilidade *f* Hinfälligkeit
debitar *Hdl* belasten (mit)
débito *m* Schuld *f*; Soll *n*
deboche *m* Laster *n*
debulha|dora *f* Dreschmaschine; **~r** dreschen
debuxo [də'buʃu] *m* Skizze *f*, Entwurf
década *f* Jahrzehnt *n*
deca|dência *f* Verfall *m*, Niedergang *m*; **~ir** verfallen; nachlassen; sinken
dec|ência *f* Anstand *m*; **~ente** anständig; **~epção** *f* Enttäuschung; **~epcionar** enttäuschen
decerto *adv* gewiß
dec|idido energisch; entschlossen; **~idir** entscheiden; beschließen; **~ifrar** entziffern; lösen
décimo *m* Zehntel *n*; Zehnte(r)

decis|ão *f* Entscheidung; Entschluß *m*; **~ivo** entscheidend, ausschlaggebend
declar|ação *f* Erklärung; *jur* Aussage; **~ar** erklären; verzollen; *jur* aussagen; **~-se** sich äußern; zutage treten
declin|ação *f* Neigung; Senkung; **~ar** sich neigen; zurückgehen; zu Ende gehen; zurückweisen
declínio *m* Niedergang; Verfall
decompo|r zerlegen; zersetzen; **~sição** *f* Zersetzung
decor|ação *f* Dekoration; **~ador** *m* Dekorateur; Bühnenbildner; **~ar** (aus-) schmücken, dekorieren; auswendig lernen
decorrer verlaufen; verstreichen
decote *m* Dekolleté *n*
decrescer abnehmen
decret|ar verordnen; **~o** *m* Erlaß
decurso *m* Verlauf; Dauer *f*
dedic|ação *f* Hingabe; **~ar** widmen; **~atória** *f* (*schriftlich*) Widmung
dedo *m* Finger; **~ do pé** Zehe *f*
dedu|ção *f* Folgerung; Abzug *m*; **~zir** folgern; abziehen
defeit|o *m* Fehler; Mangel; **~uoso** fehlerhaft; mangelhaft; schadhaft
defen|der (be)schützen, verteidigen; untersagen; **~siva** *f* Defensive; **~sor** *m* Verteidiger
deferência *f* Ehrerbietung
defes|a *f* Verteidigung; ***legítima* ~** Notwehr; **~o** *m* Schonzeit *f*
défice *m* Defizit *n*
defici|ência *f* Mangel *m*; **~ente 1.** *adj* mangelhaft; unzureichend; **2.** *m*: ***~ físico*** Körperbehinderte(r)
deficitário defizitär
defin|ição *f* Definition; *TV*, *Inform* Auflösung; **~ir** bestimmen; definieren; **~itivo** endgültig
deflagr|ação *f* Explosion; Ausbruch *m*; **~ar** explodieren; *fig* entbrennen
deform|ação *f* Entstellung; Verformung; **~ar** entstellen; **~idade** *f* Verunstaltung; Deformation
defraudar unterschlagen; veruntreuen
defronte (de) gegenüber; vor
defumar (aus)räuchern
defunto verstorben
degelo *m* Tauwetter *n*
degeneração *f* Entartung; Degeneration
degrada|ção *f* Degradierung; Erniedrigung; ***~ de florestas*** Waldsterben *n*; **~r** degradieren; erniedrigen
degrau *m* Stufe *f*; Grad
degredo *m* Verbannung *f*
deitar werfen; legen; (ein-, aus-)gießen; (*Schuld*) zuschieben; ***~ fora*** wegwerfen; **~-se** sich hinlegen; schlafen gehen

deixar [dej'ʃar] (hinter-, ver-, zurück-)lassen; aufgeben; **~ *de fazer*** unterlassen, nicht mehr tun
dela = *prp* **de** + *pron* **ela**
dele = *prp* **de** + *pron* **ele**
deleg|ação *f* Abordnung; Zweigstelle; **~acia** *f bras* Polizeiwache; **~ado** *m* Beauftragte(r); *jur* Staatsanwalt; *bras* Polizeikommissar; **~ar** abordnen; beauftragen
delgado dünn, schlank
deliberar beschließen; beraten (***sobre*** über)
delicad|eza *f* Zartheit; Empfindlichkeit; Höflichkeit; **~o** delikat (*a fig*); zart; empfindlich; höflich
delícia *f* Wonne; Entzücken *n*
delicioso köstlich; entzückend
delimitar abgrenzen
delinquente *m* Täter
delirar phantasieren; *fig* schwärmen
delírio *m* Wahnsinn, Delirium *n*; *fig* Schwärmerei *f*
delito *m* Delikt *n*
demais: *os* ~ die übrigen, die restlichen
demanda *f* Klage; *bras* Bedarf *m*; *Hdl* Nachfrage
demasia *f* Übermaß *n*; **~do** zuviel; übermäßig; überflüssig
demente geisteskrank
demi|ssão *f* Rücktritt *m*; Entlassung; **~tir** entlassen; ***~-se*** zurücktreten
democr|acia *f* Demokratie; **~ata** *su* Demokrat(in); **~ático** demokratisch
demolir zerstören; abreißen
demónio *m* Dämon, Teufel
demonstr|ar beweisen; darlegen; demonstrieren; **~ativo** demonstrativ; **~ável** nachweislich
demora *f* Verzögerung; Verzug *m*; Aufenthalt *m*; **~do** langwierig; **~r** aufhalten; verzögern; *v/i* lange dauern
demover entfernen; *j-n* abbringen (***de*** von)
denomina|ção *f* Bezeichnung; **~r** (be-, er)nennen
denotar bezeichnen; (an-)zeigen; erkennen lassen
dens|idade *f* Dichte, Dichtigkeit; **~o** dicht; dick
dent|ada *f* Biß *m*; **~adura** *f* Gebiß *n*; **~e** *m* Zahn; Zacken; (*Knoblauch*) Zehe *f*; ***lavar os ~s*** die Zähne putzen; **~ista** *su* Zahnarzt, -ärztin
dentro drinnen; **~ *de*** innerhalb (von)
denúncia *f jur* Anzeige; Denunziation; Ankündigung
denunciar anzeigen; enthüllen; ankündigen
departamento *m* Abteilung *f*
depenar rupfen
depend|ência *f* Abhängigkeit; Nebengebäude *n*; **~ente** abhängig; **~er** abhängen, abhängig sein; ***depende!*** das kommt darauf an!

depila|r enthaaren; **~tório** *m* Enthaarungsmittel *n*
deplorar beklagen
deplorável beklagenswert
depoimento *m* (Zeugen-)-Aussage *f*; Bericht
depois *adv* danach, nachher, dann; **~ *de*** nach(dem); **~ *que*** nachdem
depor nieder-, hinter-legen; absetzen; *jur* aussagen
depositar hinterlegen; einzahlen
depósito *m* Bodensatz; Depot *n*; Reservoir *n*; Behälter; *Fin* Einlage *f*; *Hdl* Lager *n* *Kfz* Tank; (*Flasche*) Pfand *n*; ***encher o ~*** *Kfz* tanken
depreciar entwerten; *Hdl* abschreiben; *fig* herabsetzen; verachten
depreender schlußfolgern
depressa schnell, rasch
depr|essão *f* Senkung; Depression; Tief *n*; **~imir** demütigen; niederdrücken
depurar reinigen; säubern
deputado *m* Abgeordnete(r)
deriva|ção *f* Ableitung; Abzweigung; **~r** ableiten, herleiten; abzweigen
dermatologista *m* Hautarzt
derradeiro letzt
derramar vergießen; verschütten
derrapar ins Schleudern kommen
derreter schmelzen; *fig* verzehren
derrocada *f* Einsturz *m*
derrota *f* Niederlage; *Mar* Kurs *m*; **~r** schlagen
derrube *m* (*Bäume*) Einschlag; *Pol* Sturz; Rücktritt
desabafar freimachen; sich aussprechen
desaba|mento *m* Einsturz; **~r** einstürzen; zs-brechen
desab|itado unbewohnt; **~ituar** abgewöhnen; **~rigado** obdachlos; offen(liegend)
desacelerar abbremsen; verlangsamen
desa|conselhar nicht empfehlen; **~costumar** abgewöhnen; **~creditar(-se)** in Mißkredit bringen (geraten)
desaf|iar herausfordern; trotzen; **~inar** verstimmen (*a fig*); **~io** *m* Herausforderung *f*; Wettkampf; ***ao ~*** um die Wette
desagrad|ar mißfallen; **~ável** unangenehm; **~o** *m* Mißfallen *n*
desagregação *f* Trennung; Zerfall *m*
desaguar entwässern; münden
desaire *m* Mißgeschick *n*
desajeitado ungeschickt
desalent|ar entmutigen; **~o** *m* Mutlosigkeit *f*
desalinho *m* Unordnung *f*; Verwirrung *f*
desalmado herzlos
desalojar ausquartieren
desamolgar *Kfz* ausbeulen
desampar|ado verlassen,

hilflos; **~o** *m* Schutzlosigkeit *f*; Hilflosigkeit *f*
desanima|do mutlos; **~r** entmutigen
desanuviamento *m Pol* Entspannung *f*
desa|parafusar abschrauben; **~parecer** verschwinden; **~parecido** vermißt; **~percebido** unvorbereitet; **~pertar** losmachen; lokkern; **~pontado** enttäuscht; **~provar** mißbilligen; **~proveitado** ungenutzt
desarmar *v/t* entwaffnen; abmontieren; aus-ea-nehmen; *v/i* abrüsten
desarmonia *f* Disharmonie; Reibereien *f/pl*
desarranjo *m* Unordnung *f*; Störung *f*
desarrumado unordentlich; unaufgeräumt
desassossego *m* Unruhe *f*
desastr|ado unglücklich; tolpatschig; **~e** *m* Unfall, Unglück *n*
desat|ar aufknoten; lösen; **~ a** (*plötzlich*) beginnen zu; **~arraxar** [dəzatɑʀɑ'ʃar] aufschrauben
desatento unaufmerksam; unbedacht; zerstreut
desavença *f* Zwist *m*
desavergonhado schamlos
desbarat|ar verschwenden; **~o:** *ao* **~** zu Schleuderpreisen
desb|astar ausholzen; lichten; abhobeln; **~otar** (aus-) bleichen; **~ravar** urbar m
descabido unangebracht
descalço barfuß
descans|ado ruhig; **~ar** ausruhen; **~o** *m* Ruhe *f*; Erholung *f*; (*Telefon*) Gabel *f*
descapotável *Kfz* mit Schiebedach
descarado unverschämt
descarg|a *f* Entladung; **~o** *m* Entlastung *f*
descarregar ab-, aus-, entladen; löschen
descarrilar entgleisen
descartável Wegwerf...; Einweg...
descascar (ab)schälen; enthülsen
descend|ência *f* Abstammung; Nachkommenschaft; **~ente 1.** *m* Nachkomme; **2.** *adj* abstammend; absteigend; **~er** abstammen (**de** von); herabführen
desc|er herab-, hinuntersteigen; -gehen, -fahren; sinken; fallen; ab-, aus-steigen; **~ida** *f* Gefälle *n*; Senkung
desclassificar disqualifizieren
descob|erta *f* Entdeckung; **~ridor** *m* Entdecker; **~rir** entdecken; aufdecken
descodificador *m* Dekorder
descola|gem *f* Start *m*; **~r** abheben; (von-ea) lösen
descompor in Unordnung bringen; *fig* abkanzeln
desconexo [dəʒku'nɛksu] zshanglos
desconfi|ado mißtrauisch;

~ança *f* Mißtrauen *n*; **~ar** vermuten; **~** ***de*** mißtrauen
descongelar auftauen; enteisen
desconhec|er nicht kennen; **~ido** unbekannt
descontar abziehen
descontente unzufrieden
desconto *m* Diskont; Rabatt; Abzug
descorado farblos; blaß
descoser auftrennen
descrédito *m* Mißkredit
descr|ever beschreiben, schildern; **~ição** *f* Beschreibung; **~itivo** beschreibend
descuid|ado nachlässig; sorglos; fahrlässig; **~ar (de)** vernachlässigen, außer acht lassen; **~o** *m* Unachtsamkeit *f*; Nachlässigkeit *f*
desculpa *f* Entschuldigung; Ausrede; ***pedir ~s a*** um Entschuldigung bitten; **~r** entschuldigen
descurar vernachlässigen
desde seit, von ... an; **~** ***que*** sofern; (*zeitlich*) seit(dem)
desdém *m* Verachtung *f*
desdenhar verachten; verschmähen
desdita *f* Unglück *n*
desdobrar ausbreiten, entfalten
desej|ar wünschen; **~ável** wünschenswert; **~o** *m* Wunsch; **~oso** begierig
desembaraç|ar befreien; (*Hindernis*) beseitigen; **~o** *m* Leichtigkeit *f*; Geschick *n*
desembarcar aussteigen; ausladen
desembargo *m* Freigabe *f*
desembarque *m* Landung *f*; (*Waren*) Löschung *f*; *Flgw* Auschecken *n*
desem|bocar münden; **~bolsar** vergüten; **~brulhar** auspacken; **~pacotar** auspakken; **~penhar** einlösen; (*Amt*) ausüben; **~pregado** **1.** *adj* arbeitslos; **2.** *m* Arbeitslose(r); **~prego** *m* Arbeitslosigkeit *f*
desencadear auslösen
desencaminhar irreführen; unterschlagen
desencontra|do entgegengesetzt; **~r-se** verfehlen; nicht zs-stimmen
desencorajar entmutigen
desenferrujar entrosten
desenfreado zügellos; hemmungslos
desengan|ar enttäuschen; *j-m* Illusionen nehmen; **~o** *m* Enttäuschung *f*
desen|gatar aus-haken; -klinken, -kuppeln; **~gonçado** wackelig; ausgeleiert
desenh|ador *m* Zeichner; Designer; **~ar** zeichnen; **~o** *m* Zeichnung *f*; Design *n*; **~** ***industrial*** Industriedesign *n*
desenlace *m* Lösung *f*; Ausweg
desen|rolar abwickeln, aufrollen; **~terrar** ausgraben; **~torpecer:** **~** ***as pernas*** sich

die Beine vertreten; **~tupir** eine Verstopfung beheben
desenvolv|er entwickeln; darlegen; entfalten; **~imento** *m* Entwicklung *f*
desequilíbrio *m* Unausgeglichenheit *f*; Mißverhältnis *n*
deser|ção *f* Fahnenflucht; **~dar** enterben
deserto 1. *m* Wüste *f*; **2.** *adj* wüst, öde; unbewohnt
desesper|ado hoffnungslos; **~ar** verzweifeln; **~o** *m* Verzweiflung *f*
desestabilização *f* Destabilisierung
desfavorável ungünstig
desfazer auseinandernehmen; zer-reiben; -stückeln, -stören; (*Koffer*) auspacken; **~-se** sich auflösen; **~-se de** loswerden
desfecho *m* (*Ende*) Ausgang
desfeita *f* Beleidigung
desfigurar entstellen
desfil|adeiro *m* (Eng-)Paß (*a fig*); **~ar** vorbeimarschieren; **~e** *m* Umzug; Parade *f*
desfruta|dor *m* Genießer; **~r** den Nutzen haben von; **~ de** genießen
desgast|ar verschleißen; abnutzen; **~e** *m* Verschleiß; Abnutzung *f*
desgostar verärgern
desgosto *m* Kummer
desgovern|ado verschwenderisch; **~o** *m* Verschwendung *f*; Mißwirtschaft *f*
desgraça *f* Unglück *n*; **~do 1.** *adj* unglücklich; **2.** *m* F Unglücksrabe
designa|ção *f* Bezeichnung; **~r** bezeichnen; ernennen
desigualdade *f* Ungleichheit; Unebenheit
desilu|dir enttäuschen; **~são** *f* Enttäuschung
desimpedir von Hindernissen befreien; räumen; freilegen
desinfe(c)|ção *f* Desinfektion; **~tador** *m* Desinfektionsapparat; **~tante** *m* Desinfektionsmittel *n*
desintegração *f* Zertrümmerung; Zerfall *m*
desinteress|ado uneigennützig; uninteressiert; **~e** *m* Gleichgültigkeit *f*; Uneigennützigkeit *f*
desintoxicação [dəzĩtɔksika'sɐ̃w] *f* Entgiftung; Entziehung
desist|ência *f* Verzicht *m*; Aufgabe; **~ir** verzichten; aufgeben
desleal treulos; unredlich; **~dade** *f* Treulosigkeit
desleixado [dəʒlej'ʃadu] nachlässig; fahrlässig
desligar lösen; ab-schalten, -stellen; *Tel* auflegen; *fig* entbinden
deslizar ab-, aus-gleiten
desloca|ção *f* Reise; Verlegung; **~r** ver-legen; -setzen; verrenken; **~-se** reisen
desmai|ado schwach; ohnmächtig; (*Farbe*) blaß; **~ar**

ohnmächtig werden; *Kfz* (*Motor*) verrecken; **~o** *m* Ohnmacht *f*
desmanchar auseinandernehmen; auflösen; F abtreiben
desmascarar entlarven
desmazelo *m* Nachlässigkeit *f*; Schlamperei *f*
desmedido über-, un-mäßig
desmenti|do *m* Dementi *n*; **~r** dementieren; in Abrede stellen
desmont|ar abbauen; **~ável** zerlegbar
desmoralizado entmutigt; demoralisiert
desmorona|mento *m* Einsturz; Zs-bruch; **~r** abreißen; **~-se** einstürzen; zerfallen
desnatar entrahmen
desnaturado unmenschlich; abartig
desnecessário unnötig; überflüssig
desnível *m* Höhen-, Niveau-unterschied; Gefälle *n*
desnorteado orientierungslos; *fig* verwirrt
desnublado wolkenlos
desnuclearizado kernwaffenfrei
desnudar entblößen
desobed|iência *f* Ungehorsam *m*; **~iente** ungehorsam
desobstruir räumen; freilegen
desocupa|ção *f* Räumung; **~do** (arbeits)frei; beschäftigungslos; (*Haus*) leerstehend; **~r** räumen, leeren
desodor(iz)ante *m* Deodorant *n*
desolado trostlos; untröstlich
desonest|idade *f* Unehrlichkeit; **~o** unehrlich
desonrar entehren; schänden
desord|eiro 1. *m* Unruhestifter; **2.** *adj* aufrührerisch; **~em** *f* Unordnung; Unruhe
desorganização *f* Zerrüttung; Durcheinander *n*
desorientação *f* Ziellosigkeit; Verwirrung
despach|ar erledigen; abfertigen; absenden; **~-se** sich beeilen; **~o** *m* Abfertigung *f*; Ausfertigung *f*; Erlaß
despedaçar zerstückeln, zerschlagen; zerreißen
despedi|da *f* Abschied *m*; **~mento** *m* Entlassung *f*; **~ em massa** Massenentlassung *f*; **~r** verabschieden; entlassen
despegar (ab-, los)lösen
despejar ausgießen, entleeren; räumen
despenha|deiro *m* Abhang; **~r(-se)** (ab)stürzen
despensa *f* Speisekammer
despercebido unbeachtet; unbemerkt
desperd|içar verschwenden, vergeuden; **~ício** *m* Verschwendung *f*; **~s** *m/pl* Abfall
desperta|dor *m* Wecker; **~r** wecken

despesa *f* Ausgabe; **~s** *pl* Kosten
despi|do nackt; kahl; **~r** entkleiden, ausziehen
despistar irreführen; **~-se** vom Weg abkommen
desport|ista *su* Sportler(in); **~ivo** sportlich; **~o** *m* Sport
despovoar entvölkern
desprender lösen
despreocupação *f* Sorglosigkeit
desprevenido unvorbereitet
desprez|ar verachten; verschmähen; **~ível** verächtlich; **~o** *m* Verachtung *f*
despromover herab-stufen, -setzen
despropositado unbeabsichtigt; ungelegen; deplaziert
desregrado ungeregelt; regellos
desrespeito *m* Respektlosigkeit *f*
desta|car hervorheben; auszeichnen; entsenden; **~que** *m*: ***de ~*** herausragend
destemido kühn
desterr|ar verbannen; ausweisen; **~o** *m* Verbannung *f*
destin|ar bestimmen; **~atário** *m* Empfänger; **~o** *m* Schicksal *n*; Bestimmungsort
destreinado aus der Übung
destreza *f* Geschicklichkeit
destroç|ar zertrümmern; vernichten; **~os** *pl* Trümmer
destrui|ção *f* Zerstörung; **~r** zerstören; vernichten
desumano unmenschlich
desunhar-se F sich nach der Decke strecken; sich sputen
desunião *f* Uneinigkeit
desuso *m*: ***cair em ~*** außer Gebrauch kommen
desvairado überspannt
desvaloriza|ção *f* Ab-, Entwertung; **~r** ab-, ent-werten
desvanta|gem *f* Nachteil *m*; **~joso** nachteilig
desvendar aufdecken
desventura *f* Unglück *n*
desvi|ar ablenken; entfernen; abwenden; umleiten; **~o** *m* Umleitung *f*; Verlagerung *f*; Umweg; Unterschlagung *f*
detalhe *m* Einzelheit *f*
dete(c)t|ar nachweisen; enthüllen; **~ive** *m* Detektiv; **~or** *m* Detektor
dete|nção *f* Festnahme; Haft; **~ntor** *m* (*Titel usw*) Inhaber; **~r** auf-, zurückhalten; festnehmen; **~-se** stehenbleiben
detergente *m* Waschmittel *n*; ***~ em pó*** Waschpulver *n*; ***~ líquido*** Flüssigwaschmittel *n*
deteriorar beschädigen; verderben
determina|ção *f* Bestimmung; Beschluß *m*; Entschlossenheit; **~r** bestimmen; entscheiden; beschließen
detest|ar verabscheuen; **~ável** abscheulich
detona|ção *f* Knall *m*; **~dor** *m* Zünder

detrás hinten; **~ de** hinter
Deus *m* Gott
devagar langsam
devasta|ção *f* Verwüstung; **~r** verwüsten; verheeren
deve *m* Soll *n*; **~ e haver** Soll und Haben; **~dor** *m* Schuldner; **~r 1.** schulden; verdanken; sollen; müssen; **2.** *m* Pflicht *f*
devido: ~ a infolge
devoção *f* Andacht; Frömmigkeit; Hingabe
devol|ução *f* Rückgabe; **~ver** zurück-geben, -erstatten; -schicken
devorar verschlingen
Dezembro *m* Dezember
dia *m* Tag; **um ~ destes** in nächster Zeit; **~-a-~** *m* Alltag
diab|etes *f* Diabetes *m*; **~ético** zuckerkrank
diabo *m* Teufel
diabólico teuflisch
diafragma *m* Blende *f*; Zwerchfell *n*
diagnóstico *m* Diagnose *f*
diale(c)to *m* Mundart *f*
diálise *f* Dialyse
diálogo *m* Dialog
diamante *m* Diamant
diâmetro *m* Durchmesser
diant|e vorn; vor; angesichts; **~ de** vor, gegenüber; **~eiro** vorder; Vorder...
diária *f* Tageslohn *m*; Tageseinnahme; (*Spesen*) Tagessatz *m*; (*Hotel*) Übernachtungspreis *m*
diário 1. *adj* täglich; **2.** *m* (Tages-)Zeitung *f*; Tagebuch *n*
diarreia (**-é-**) *f* Durchfall *m*
dicionário *m* Wörterbuch *n*
dieta *f* Diät; Landtag *m*; **~ zero** Nulldiät; **fazer ~** Diät halten
difama|ção *f* Verleumdung; **~nte** ehrenrührig; **~r** verleumden
diferen|ça *f* Unterschied *m*; **~çar** unterscheiden; differenzieren; **~ças** *pl fig* Differenzen; **~cial** *Kfz* Differential *n*; **~te** verschieden; anders
diferir abweichen; sich unterscheiden
difícil schwierig; schwer
dificuldade *f* Schwierigkeit
dificultar erschweren
difteria *f* Diphterie
difu|ndir verbreiten; senden; **~são** *f* Aus-, Ver-breitung
dig|erir verdauen; **~estão** *f* Verdauung; **~ital** digital; **~nidade** *f* Würde; **~no** würdig
digressão *f* Ausflug *m*
dilata|ção *f* Erweiterung;: Ausdehnung; **~r** (aus-)dehnen, erweitern
dilema *m* Dilemma *n*
diligência *f* Eifer *m*; **~s** *pl* Schritte *m/pl*; Ermittlungen
diligenciar sich bemühen
diligente eifrig; flink
diluir auflösen; verdünnen
dilúvio *m* Sintflut *f*
dimensão *f* Ausdehnung; Ausmaß *n*; Dimension

diminu|ição *f* Verminderung; Subtraktion; **~ir** verkleinern, vermindern; abschwächen; subtrahieren; **~to** winzig
Dinamarca *f* Dänemark *n*
dinamarquês 1. *adj* dänisch; **2.** *m* Däne
dinamite *m* Dynamit *n*
dinheir|ão *m* Unsumme *f*; **~o** *m* Geld *n*; **~ *trocado*** Kleingeld *n*; **a ~** in bar
dioxina [diɔ'ksinɑ] *f* Dioxin *n*
diploma *m* Diplom *n*; Urkunde *f*; Zeugnis *n*; **~ta** *su* Diplomat(in)
dique *m* Deich, Damm
dire(c)|ção *f* Leitung, Führung; Richtung; Anschrift; Direktion; **~tivo** leitend; **~to** gerade; durchgehend; **~tor** *m* Direktor
direita *f* rechte Hand; *Pol* Rechte; **à ~** rechts
direito 1. gerade; *fig* aufrecht; **2.** *m* Recht(swissenschaft *f*) *n*; **~ a** (An-)Recht auf; **a ~** (schnur)gerade; **~s** *pl* Zoll *m*; **~s *humanos*** Menschenrechte *pl*
diret... *bras s* **direct...**
dirig|ente *m* Leiter; (An-)Führer; **~ir** leiten; führen; lenken; richten; **~-se** sich begeben (***para*** nach); sich wenden (***a*** an); **~ível** *m* Luftschiff *n*
discar *Tel* wählen
disciplina *f* Disziplin; **~r** Straf...
discípulo *m* Schüler; Jünger
disco *m* Scheibe *f*; Schallplatte *f*; **~ *compacto*** Compact Disc *f*; **~ *rígido*** *Inform* Festplatte *f*
discord|ância *f* Meinungsverschiedenheit; **~ar** nicht übereinstimmen; abweichen
discoteca *f* Diskothek
discr|eto zurückhaltend; verschwiegen; **~ição** *f* Zurückhaltung, Takt *m*; Verschwiegenheit; **à ~** nach Belieben
discurs|ar e-n Vortrag halten; reden; **~o** *m* Rede *f*
discu|ssão *f* Diskussion; **~tir** besprechen, diskutieren
disfar|çado hinterhältig; falsch; **~çar** verdecken; verhehlen; verstellen; **~ce** *m* Verstellung *f*; Verkleidung *f*
disforme unförmig; mißgestaltet
disparar abschießen; *Fot* schießen
disparate *m* Unsinn, Quatsch
dispendioso kostspielig
dispensa *f* Erlaß *m*; Erlaubnis; Befreiung; **~r** erlassen; befreien
dispensário *m* (*wohltätige*) ärztliche Einrichtung *f*
dispers|ar zerstreuen; **~o** zerstreut; verstreut
dispo|nível verfügbar; frei; **~r** verfügen; aufstellen; (an-)ordnen; entwerfen; **~sição** *f* Verfügung; Anordnung; Stimmung; **~sitivo** *m* Vorrichtung *f*; **~sto** bereit, fertig

disput|a *f* Streit *m*; Kampf *m*; **~ar** streiten; streitig machen; kämpfen (um); **~ável** strittig
disquete *f*, *bras m* Diskette *f*
dissabor *m* Verdruß; Unannehmlichkeit *f*
disserta|ção *f* Abhandlung; Doktorarbeit; **~r** sprechen (***sobre*** über)
diss|olução *f* (Auf-)Lösung; **~olúvel** (auf)lösbar; **~olver** (auf)lösen; *fig* zersetzen; **~onância** *f* Mißklang *m*; Dissonanz
dist|ância *f* Entfernung; Abstand *m*; Zwischenraum *m*; **~anciar** entfernen; **~ante** entfernt; weit
distensão *f* Dehnung; Zerrung
distin|ção *f* Unterscheidung; Auszeichnung; Vornehmheit; **~guir** unterscheiden; auszeichnen; wahrnehmen; **~tivo** *m* Kennzeichen *n*; Abzeichen *n*; **~to** verschieden; herausragend; vornehm; deutlich
distra|ído zerstreut; vergnügt; **~ir** zerstreuen; ablenken
distribui|ção *f* Ein-, Ver-teilung; Briefzustellung; *Hdl* Vertrieb *m*; **~dor** *m* Briefträger; **~ *autorizado*** autorisierter Fachhändler; **~dora** *f*: **~ *automática*** (Fahrschein-, Zigaretten-)Automat *m*; **~r** aus-, ver-, zu-,ab-, ein-teilen
distrito *m* Bezirk
distúrbio *m* Störung *f*; Unruhe *f*
dita|do *m* Diktat *n*; Sprichwort *n*; **~dura** *f* Diktatur; **~r** diktieren
diurno Tages...
divã *m* Couch *f*
divagar abschweifen
divergência *f* Abweichung; Meinungsverschiedenheit
diver|são *f* Ablenkung; Zerstreuung; **~so** verschieden, mannigfaltig; **~tido** lustig, amüsant; **~timento** *m* Vergnügen *n*; Unterhaltung *f*; **~tir** belustigen; unterhalten; **~-se** Spaß haben
dívida *f* Schuld; **~ *externa*** Auslandsschuld
dividir (ab-, ein-, zer-)teilen
divin|dade *f* Gottheit; **~o** göttlich
divisa *f* Devise; **~s** *pl Fin* Devisen
divisão *f* (Ab-, Ein-)Teilung; Zimmer *n*
divorciar(-se) (sich) scheiden (lassen)
divórcio *m* Scheidung *f*
divulga|ção *f* Verbreitung; **~r** bekanntmachen, verbreiten
dizer sagen, sprechen; **~ *com*** passen zu; ***diga!*** *Tel* hallo!; ***por assim*** **~** sozusagen
do = *prp* **de** + *art/m* (*od pron*) **o**
dó *m* Schmerz; Mitleid *n*
doa|dor *m* Spender; **~r** spenden, schenken

dobr|a *f* Falte; Knick *m*; **~adiça** *f* Scharnier *n*; **~adiço** (zusammen)klappbar; **~ar** falten; biegen; (*Film*) synchronisieren; **~o** *m* Doppelte(s) *n*
doca *f* Dock *n*
doçaria *f* Süßwaren *f/pl*
doce 1. *adj* süß; sanft; **2.** *m* Süßspeise *f*; Konfitüre *f*
dócil fügsam, gelehrig
documento *m* Urkunde *f*; Beleg; **~s** *pl* (Ausweis-)Papiere *n/pl*; Unterlagen *f/pl*
doen|ça *f* Krankheit; **~te 1.** *adj* krank; **2.** *m* Patient; **~tio** krankhaft
doer schmerzen, weh tun;
dói-dói *m* (*Kindersprache*) Wehweh *n*
doido verrückt; wahnsinnig
dólar *m* Dollar
doloroso schmerzhaft
dom *m* Gabe *f*; Begabung *f*
domar zähmen; bändigen
doméstico häuslich; Haus...
domiciliado wohnhaft
domicílio *m* Wohnsitz
domina|nte (vor)herrschend; **~r** be-, vor-herrschen
domingo *m* Sonntag
domínio *m* Herrschaft *f*; Gebiet *n*; Besitzung *f*
dona *f*: **~** + *Vorname* = *höfliche Anrede*; **~ de casa** Hausfrau
donativo *m* Schenkung *f*; Spende *f*
donde woher; wodurch
dono *m* Eigentümer, Besitzer; Herr; **~ da casa** Hausherr
dopa|gem *f* Doping *n*; **~r** dopen
dor *f* Schmerz *m*
dorm|ente *m* Eisenbahnschwelle *f*; **~ida** *f* Übernachtung; **~inhoco** *m* Langschläfer; **~ir** schlafen; **~itório** *m* Schlafsaal; *bras* Schlafzimmer *n*
dorso *m* Rücken
dos|ar dosieren; **~e** *f* Dosis; (*Essen*) Portion
dot|ação *f* Ausstattung; Stiftung; **~ar** ausstatten, stiften; **~e** *m* Mitgift *f*; Schenkung *f*; *fig* Gabe *f*
dourar vergolden
dout|o gelehrt; **~or** *m* Doktor; **~oramento** *m* Promotion *f*; Habilitation *f*
doutrin|a *f* Lehre
draga *f* (Naß-) Bagger *m*; **~r** ausbaggern
drágea *bras f*, **drageia** *f* Dragee *n*
dram|a *m* Drama *n*; **~ático** dramatisch
drenar entwässern
droga *f* Droge; **~do** *m* Drogenabhängige(r); **~ria** *f* Drogerie
duch|a *bras f*, **~e** *m* Dusche *f*
duelo *m* Zweikampf
duende *m* Kobold
duna *f* Düne
duplica|do *m*, Duplikat *n*; **~r** verdoppeln
duplo doppelt; **~-álbum** *m* Doppelalbum *n*
duque *m* Herzog

dur|ação *f* Dauer; Haltbarkeit; **~ante** während; **~ar** (an-)dauern; sich halten; **~ável** haltbar
dur|eza *f* Härte; **~o** hart; mühsam; rauh, streng
dúvida *f* Zweifel *m*; Bedenken *n*
duvid|ar zweifeln; **~oso** zweifelhaft; bedenklich
dúzia *f* Dutzend *n*; ***meia*** **~** ein halbes Dutzend

E

e und
ébano *m* Ebenholz *n*
ebulição *f*: ***ponto*** *m* ***de*** **~** Siedepunkt
eclesiástico 1. *adj* geistlich; **2.** *m* Geistliche(r)
eclipse *m* Finsternis *f*
eco *m* Echo *n*; **~ar** (wider-)hallen
ecol|ogia *f* Ökologie; **~ógico** ökologisch
economia *f* Sparsamkeit; Wirtschaft(lichkeit); **~** ***de mercado*** Marktwirtschaft; **~s** *f/pl* Ersparnisse
econ|ómico sparsam; wirtschaftlich; Wirtschafts...; **~omista** *m* Volkswirt; **~omizar** (ein)sparen
ecrã, écran *m* Bildschirm; Leinwand *f*
eczema *m* Hautausschlag
edição *f* Ausgabe; Auflage
edifi|cação *f* Erbauung; **~car** (er)bauen
edifício *m* Gebäude *n*, Bau; **~-garagem** *bras m* Parkhaus *n*
edital *m* Bekanntmachung *f*
edit|ar herausgeben; **~or** *m* Herausgeber; Verleger; **~ora** *f* Verlag *m*; **~orial** *m* Leitartikel
edredão *m* Steppdecke *f*
educa|ção *f* Erziehung; **~r** erziehen
efectiv|ar verwirklichen; durchführen; **~idade** *f* Wirksamkeit; Tatsächlichkeit; **~o** wirksam; tatsächlich
efectuar ausführen; **~-se** stattfinden
efeito *m* Wirkung *f*; Ergebnis *n*; **~** ***estufa*** Treibhauseffekt; ***com*** **~** wirklich; ***fazer*** **~** (*Medikament*) wirken
efeminado weibisch; F schwul
efet... *bras s* **efect...**
efic|ácia *f* Wirksamkeit; Wirkung, Erfolg *m*; **~az** wirksam; tatkräftig, erfolgreich; wirkungsvoll
efici|ência *f* Effizienz, Wirksamkeit; **~ente** effizient, wirksam
efusão *f* (*Med*, *fig*) Erguß *m*
egípcio 1. *adj* ägyptisch; **2.** *m* Ägypter
Egi(p)to *m* Ägypten *n*
egoísta *m* Egoist
égua *f* Stute

eis hier ist (sind)
eixo ['ejʃu] *m* Achse *f*; *Tech* Welle *f*
ela sie
elabor|ação *f* Ausarbeitung; **~ar** ausarbeiten; anfertigen
elástico 1. *adj* elastisch; **2.** *m* Gummiband *n*
ele er
electrici|dade *f* Elektrizität; **~sta** *m* Elektriker
eléctr|ico 1. *adj* elektrisch; **2.** *m port* Straßenbahn *f*; **~odo** *m* Elektrode *f*
electr|odoméstico *m* (*elektrisches*) Haushaltgerät *n*; **~ónica** *f* Elektronik; **~ónico** elektronisch; **~oíman** *m* Elektromagnet
elefante *m* Elefant
elegância *f* Eleganz
eleger wählen
elei|ção *f* Wahl; **~to** er-ge-wählt; **~tor** *m* Wähler
element|ar elementar; **~o** *m* Element *n*
eletrô... *bras s* **electró...**
elev|ação *f* Erhebung; Erhöhung; **~ador** *m* Aufzug; Fahrstuhl; **~ar** erheben; erhöhen
elimina|ção *f* Beseitigung; **~do: *ficar* ~** ausscheiden; **~r** beseitigen; **~tória** *f* Ausscheidungswettkampf *m*
elo *m* (Binde-)Glied *n*
elogi|ar loben, preisen; **~o** *m* Lob *n*, Lobrede *f*
eloqu|ência *f* Beredsamkeit; **~ente** beredt
elucidar aufklären; erklären, erläutern
em in, an, auf; **~ *casa*** zu Hause
emagrec|er abmagern; **~imento** *m* Abmagerung *f*
emancipa|ção *f* Emanzipation; **~r** mündigsprechen; emanzipieren
embaciar trüben; beschlagen
embaixa|da *f* Botschaft; **~dor** *m* Botschafter; **~triz** *f* Botschafterin
embala|gem *f* Verpackung; **~r** verpacken
embaraç|ar in Verlegenheit bringen; (be)hindern; **~o** *m* Hindernis *n*; Verlegenheit *f*
embarca|ção *f* Schiff *n*; **~r** (sich) einschiffen; abreisen
embarg|ar hindern; **~o** *m* Beschlagnahme *f*; Hindernis *n*; *jur* Einspruch
embarque *m* Einschiffung *f*; *Flgw* Einchecken *n*; ***sala f de* ~** Abflughalle
embate *m* Zs-stoß; **~r** (zs-) prallen
embeb|edar-se sich betrinken; **~ido** durchdrungen (***de*** von)
embelezar verschönern
emblema *m* Sinnbild *n*; Abzeichen *n*
êmbolo *m* Kolben
embolsar (*Schulden*) bezahlen; (*finanziell*) entschädigen
embora obgleich *subj*; ***ir-se* ~** weggehen, aufbrechen
emboscada *f* Hinterhalt *m*

embraia|gem *f Kfz* Kupplung; **~r** kuppeln
embranquecer weiß werden
embriag|ar-se sich betrinken; **~uez** *f* Trunkenheit; Rausch *m*
embrião *m* Embryo
embromação *f bras* Schwindel *m*
embrulh|ada *f* Verwirrung; **~ar** einwickeln; verwirren; **~o** *m* Paket *n*; ***papel*** *m* ***de ~*** Packpapier *n*
embutido *m* Intarsienarbeit *f*
emendar aus-, ver-bessern; berichtigen
ementa *f* Speisekarte
emerg|ência *f* Ernstfall *m*; Not(stand *m*); Dringlichkeit; ***estado*** *m* ***de ~*** Ausnahmezustand; Notstand; **~ir** auftauchen; hervortreten
emigra|ção *f* Auswanderung; **~nte** *m* Auswanderer; Gastarbeiter; **~r** auswandern
eminente herausragend
emiss|ão *f* Ausstrahlung; Sendung; Emission; **~ões** *pl*: ***~ nocivas*** Schadstoffemission *f*; **~ora** *f* Sendestation, Sender *m*
emitir senden; ausstrahlen; in Umlauf bringen
emoção *f* Erregung
emocionante ergreifend
emoldurar einrahmen
empacotar (ein)packen
empad|a *f* Pastete; **~ão** *m Kochk* Auflauf
empalidecer erblassen
empanque *m Tech* Dichtung *f*
empata|do unentschieden; **~r** unentschieden spielen; festlegen; aufhalten
empedrado *m* Straßenpflaster *n*
empenh|ar verpfänden; verpflichten; **~-se** sich bemühen (**em** um); sich hoch verschulden; **~o** *m* Verpfändung *f*; Interesse *n*; Eifer
empestar verpesten
empilha|deira *f* Gabelstapler *m*; **~r** aufstapeln
empobrec|er verarmen; arm machen; **~imento** *m* Verarmung *f*
empolgar hin-, mit-reißen
empório *m bras* Lebensmittelgeschäft *n*
empossar (*in ein Amt*) einsetzen; **~-se** Besitz ergreifen
empreend|er unternehmen; **~imento** *m* Unternehmung *f*
emprega|da *f* Hausgehilfin; **~do** *m* Angestellte(r); ***~ de mesa*** Kellner; **~dor** *m bras* Arbeitgeber; **~r** anstellen, beschäftigen; gebrauchen; benutzen; **~-se** eine Stelle annehmen
emprego *m* Anstellung *f*, Stelle *f*; Gebrauch; ***pleno ~*** Vollbeschäftigung *f*
empreit|ada *f* Akkordarbeit; **~eiro** *m* Bauunternehmer
empres|a *f* Unternehmen *n*; **~arial** Unternehmer..., Unternehmens...; **~ário** *m* Unternehmer; Impresario

emprestar (aus-, ver-) leihen; ***pedir emprestado*** ausleihen (***a*** bei)

empréstimo *m* Anleihe *f*; Darlehen *n*

empurr|ão *m* Stoß; **~ar** stoßen

emudecer verstummen

enamorar-se sich verlieben

encabeçar anführen, leiten

encadea|mento *m* Verkettung *f*; Verknüpfung *f*; **~r** an-, ver-ketten; verknüpfen

encaderna|ção *f* Einband *m*; Buchbinderei; **~dor** *m* Buchbinder; **~r** (ein)binden

encaix|ar [ẽkaj'ʃar] einpacken; einfügen, -passen; einstecken; **~-se** sich einnisten; **~e** *m* Einpassung *f*; **~ilhar** einrahmen; **~otar** in Kisten (ver)packen

encalhar stranden

encaminhar *j-m* den Weg zeigen; in die Wege leiten

encanar kanalisieren; ***água f encanada*** Leitungswasser *n*

encant|ador bezaubernd; **~ar** bezaubern; **~o** *m* Zauber; Reiz; Entzücken *n*

encapotar verhüllen

encapuzado *m* Vermummte(r)

encar|ar betrachten; ins Auge fassen; (*Gefahr*) entgegentreten; **~cerar** einkerkern; **~ecer** verteuern; anpreisen; **~ecidamente** inständig

encargo *m* Auftrag; Belastung *f*; **~s** *pl* ***sociais*** Sozialabgaben

encarnado rot

encarrega|do **1.** *adj* zuständig; **2.** *m* Beauftragte(r); **~r** beauftragen; **~-se de** *et* übernehmen

encenação *f* Inszenierung

encerar (ein)wachsen

encerra|mento *m* Schließung *f*; Abschluß; **~r** ab-, ein-, ver-schließen; enthalten; ***encerrado para férias*** wegen Urlaub geschlossen

encetar beginnen; anknüpfen

encharcar durchnässen

ench|ente *f* Flut; Hochwasser *n*; Andrang *m*; **~er** füllen; steigen; **~ido** *m* Wurst *f*

enchova *f* Anchovis

enciclopédia *f* Lexikon *n*

encob|erto bedeckt; versteckt; **~rir** verbergen; verdecken

encolher einlaufen; (*die Achseln*) zucken; **~-se** sich drücken

encomenda *f* Bestellung; **~ *postal*** Paket *n*; **~r** bestellen

encontr|ão *m* Zs-stoß; **~ar** treffen, finden; **~o** *m* Begegnung *f*; Treffen *n*

encorajar ermutigen

encorpado dick, beleibt

encost|a *f* Hang *m*; **~ar** stützen, lehnen; **~-se** sich anlehnen (***a*** an); **~o** *m* Stütze *f*, Lehne *f*

encrespado kraus

encruzilhada *f* Kreuzweg *m*

encurtar (ab-, ver-)kürzen

endereç|ar adressieren; **~o** *m* Anschrift *f*
endireitar aufrichten; in Ordnung bringen
endívia *f* Endivie
endividado verschuldet
endoidecer verrückt machen (*od* werden)
endoss|ar indossieren; **~ável**: ***não ~*** nicht übertragbar
endurec|er ab-, ver-härten; **~imento** *m* Verhärtung *f*
energia *f* Energie; Tatkraft; ***~ nuclear*** Kernenergie; ***~ solar*** Sonnenenergie
enervar aufregen
enevoado neblig
enfad|ar ärgern; langweilen; **~o** *m* Ärger; Langeweile *f*; **~onho** langweilig
enfarte *m* Infarkt
ênfase *f* Nachdruck *m*
enfático nachdrücklich
enfeitar (aus-)schmücken
enfeite *m* Schmuck, Zierat
enferm|aria *f* Krankenstation; **~eira** *f* Krankenschwester; ***~-assistente*** *f* Sprechstundenhilfe; **~eiro** *m* Krankenpfleger; **~idade** *f* Krankheit; **~o** krank
enferrujado rostig, verrostet
enfezado schmächtig
enfiar einfädeln; aufreihen
enfim endlich
enforcar erhängen
enfraquecer schwächen; schwach werden
enfrentar entgegentreten; die Stirn bieten
enfurecer wütend machen; **~-se** wütend w
engajar anwerben
engan|ar betrügen, täuschen; **~-se** sich irren; **~o** *m* Betrug; Irrtum
engarrafa|mento *m* Verkehrsstau; **~r** abfüllen
engasgar-se sich verschlucken
engat|ar kuppeln; einhaken; (*Gang*) einlegen; F (*mit e-r Frau*) anbändeln; (*Kunden*) übers Ohr hauen; **~e** *m* Kupplung *f*; F Eroberung *f* (*e-r Frau*); ***viver no ~*** F auf den Strich gehen
engenh|aria *f* Ingenieurwissenschaft; **~eiro** *m* Ingenieur; **~o** *m* Geschick *n*; Talent *n*; Apparat; **~oso** sinnreich; erfinderisch
englobar umfassen; einbeziehen
engodo *m* Köder
engolir (hinunter)schlucken
engomar (*Wäsche*) bügeln
engonço *m* Türangel *f*
engordar mästen; *v/i* dick w, zunehmen
engraçado witzig, lustig
engrandec|er vergrößern; erhöhen; **~imento** *m* Vergrößerung *f*; Aufstieg
engraxa|dor [ẽgrɑʃɑ'dor] *m* Schuhputzer; **~r** Schuhe putzen; **~te** *m bras* Schuhputzer
engrena|gem *f* Getriebe *n*; Räderwerk *n*; **~r** (*Räderwerk*) ineinandergreifen; *Kfz* (*Gang*) einlegen

engrossar verstärken
enguia *f* Aal *m*
enigma *m* Rätsel *n*
enjeita|do *m* Findelkind *n*; **~r** verstoßen; aussetzen
enjo|ado: ***estou ~*** mir ist übel; **~ar** Übelkeit verursachen; seekrank werden; **~o** *m* Übelkeit *f*
enla|çar umschlingen; **~ce** *m* Verbindung *f*
enlameado verschlammt
enlouquecer verrückt w
enojar anwidern
enorme ungeheuer; enorm
enquanto 1. *cj* während; solange; **~ *que*** wo(hin)gegen; **2.** *adv* ***por ~*** vorläufig
enraivecer wütend w
enraizar Wurzeln schlagen (*a fig*)
enredo *m* Verwicklung *f*; Intrige *f*
enriquecer reich w
enrodilhar (um-, ein-) wikkeln
enrolar ein-, auf-, zs-rollen
enroscar-se sich winden
enrouquecer heiser w
enrugar runzeln
ensaboa|dela *f* F Einsteiger-Kurs *m*; **~r** einseifen
ensai|ar ausprobieren; einüben; **~o** *m* Probe *f*; Versuch; Essay
ensanguentado blutbefleckt
ensejo *m* Gelegenheit *f*
ensin|ar lehren, unterrichten; **~o** *m* Unterricht; Bildungswesen *n*
ensopa|do *m* (*Art*) Gulasch; **~r** einweichen; eintunken; durchnässen
ensurdecedor ohrenbetäubend
entabular beginnen; anknüpfen
entalar (ein)klemmen; schienen
entanto: ***no ~*** jedoch
então damals; dann; **~!** also!; dann wollen wir mal!
entardecer Abend werden
entead|a *f* Stieftochter; **~o** *m* Stiefsohn
entend|er verstehen; meinen; **~ido** sachverständig; informiert; **~imento** *m* Verständnis *n*; Einsicht *f*; *Pol* Verständigung *f*
enterr|ar beerdigen; ein-, ver-graben; **~o** *m* Beerdigung *f*; **~o-dos-ossos** *bras m* Resteessen *n*
entidade *f* Körperschaft; Wesen *n*; Persönlichkeit
entoação *f* Intonation; Tonfall *m*
entontecer schwindlig werden (*od* machen)
entornar aus-, vergießen
entorpec|er lähmen; *v/i* erlahmen; (*Arm*, *Bein*) einschlafen; **~imento** *m* Lähmung *f*; Erstarrung *f*
entortar (ver)biegen
entr|ada *f* Eingang *m*; Eintritt *m*; Zutritt *m*; Anzahlung; *Kochk* Vorspeise; *Inform* Eingabe; ***~ em vigor***

Inkrafttreten *n*; **~ar** eintreten, hineingehen; einfahren
entranhar-se (ein-)dringen (*a fig*)
entrave *m* Hindernis *n*
entre zwischen; unter; **~ *outras coisas*** unter anderem
entreab|erto (*Tür*) angelehnt; **~rir** ein wenig öffnen
entrega *f* Übergabe; Lieferung; **~dor** *m* Zeitungsausträger; **~r** übergeben; aushändigen; ausliefern
entretanto unterdessen
entrete|nimento *m* Unterhaltung *f*; **~r** auf-, unterhalten
entrever undeutlich sehen; ahnen
entrevista *f* Interview *n*; Unterredung; (*Behörde*) Termin *m*; **~r** interviewen
entristecer traurig m (*od* w)
entroncamento *m* Knotenpunkt
entulho *m* Schutt; Sperrmüll
entupi|mento *m* (*Rohr*) Verstopfung *f*; **~r** verstopfen
entusiasm|ar begeistern; **~o** *m* Begeisterung *f*
enumera|ção *f* Aufzählung; **~r** aufzählen
enunciado *m* Aussage *f*; Satz
envasilha|do: ~ *sob vácuo* vakuumverpackt; **~r** (*in Behälter, Fässer*) abfüllen
envelhecer altern
envelope *m* Kuvert *n*, Briefumschlag
envenena|mento *m* Vergiftung *f*; **~r** vergiften
envergonha|do schüchtern; schamhaft; **~r** beschämen; **~-se** sich genieren; sich schämen
envernizar lackieren
envia|do *m* Gesandte(r); **~r** senden; schicken
envidraçar verglasen
enviuvar verwitwen
envoltório *m* Umhüllung *f*
envolver (ein)wickeln; *fig* umfassen; verwickeln
enxada [ẽ'ʃadɑ] *f* Hacke
enxaguar [ẽʃɑ'gwar] abspülen
enxame [ẽ'ʃɑmə] *m* (Bienen-) Schwarm
enxaqueca *f* [ẽʃɑ'kekɑ] Migräne
enxergar [ẽʃər'gar] betrachten, beurteilen
enxofre [ẽ'ʃofrə] *m* Schwefel
enxotar [ẽʃu'tar] verscheuchen
enxovalhar [ẽʃuwɑ'ʎar] beschmutzen; beschimpfen
enxugar [ẽʃu'gar] (ab)trocknen
epidemia *f* Seuche
epílogo *m* Nachwort *n*; Schluß
episcopal bischöflich
episódio *m* Episode *f*; *TV* Folge *f*, Fortsetzung *f*
época *f* Epoche
epopeia *f* Epos *n*
equador *m* Äquator
Equador *m* Ekuador
equalizador *m* Equalizer
equatoriano 1. *adj* ekuadorianisch; **2.** *m* Ekuadorianer

equil|ibrar ins Gleichgewicht bringen; ausgleichen; (*Reifen*) auswuchten; **~íbrio** *m* Gleichgewicht *n*; Ausgeglichenheit *f*

equip|a *f* Mannschaft; Gruppe; **~amento** *m* Ausrüstung *f*; **~arar** gleichstellen; **~e** *f bras s* **~a**

equitação *f* Reit-kunst; -sport *m*

equitativo gerecht, billig

equival|ência *f* Gleichwertigkeit; **~ente 1.** *adj* gleichwertig; **2.** *m* Gegenwert; **~er** entsprechen

equivocar täuschen; verwechseln

equívoco 1. *adj* mehrdeutig; **2.** *m* Verwechslung *f*, Mißverständnis *n*

era *f* Zeitalter *n*

erário *m* Staatskasse *f*

ere(c)to aufrecht

ergonomia *f* Ergonomie

erguer auf-, er-richten

eriçar sträuben

erigir auf-, er-richten

eros|ão *f* Ätzung; Erosion; **~ivo** ätzend, (zer)fressend

erótico erotisch

err|ado falsch; ***estar*** **~** sich irren; **~ar** (umher)irren; verfehlen; **~o** *m* Irrtum, Fehler; ***salvo*** **~** wenn ich nicht irre

erudito gelehrt

erupção *f* Ausbruch *m*; *Med* (Haut-)Ausschlag *m*

erva *f* Kraut *n*; Gras *n*; **~ *daninha*** Unkraut *n*

ervilha *f* Erbse

esbanjar vergeuden

esbarrar zs-prallen

esbelto schlank; elegant

esboç|ar skizzieren; andeuten; **~o** *m* Skizze *f*; Andeutung *f*

esborrachar zerquetschen

escabeche *m* Marinade *f*

escad|a *f* Treppe; Leiter; **~ *rolante*** Rolltreppe *f*; **~ote** *m* Steh-, Tritt-leiter *f*

escafonado blitzsauber

escal|a *f* Maß(stab *m*); Skala; Reihe(nfolge); Tonleiter; ***em grande*** **~** in großem Ausmaß; ***fazer*** **~** anlaufen; zwischenlanden; **~ão** *m* Stufe *f*, Rang

escald|ão *m* Sonnenbrand; **~ar** (ab-, ver-)brühen; (ver)sengen

escalonar staffeln, abstufen

escalope *m Kochk* Schnitzel *n*

escama *f* Schuppe

escandalizar Anstoß erregen

escândalo *m* Skandal

Escandinávia *f* Skandinavien *n*

escandinavo 1. *adj* skandinavisch **2.** *m* Skandinavier

escangalhar kaputtmachen

escap|adela *f* Seitensprung *m*; Eskapade; **~ar** entwischen, entrinnen; **~e** *m* Leck *n*; Auspuff(rohr *n*); **~ulir-se** entwischen

escara *f* Schorf *m*

escaravelho *m* Käfer
escarlat|e scharlachrot; **~ina** *f* Scharlach *m*
escárnio *m* Spott, Hohn
escass|ez *f* Knappheit; Mangel *m*; **~o** spärlich; knapp
escava|ção *f* Ausschachtung; **~deira** *f*, **~dor** *m* Bagger *m*; **~r** ausschachten; ausbaggern
esclarec|er (er)klären; **~imento** *m* Aufklärung *f*; Erklärung *f*
escoar(-se) abfließen; *Hdl* Absatz finden
escocês 1. *adj* schottisch; **2.** *m* Schotte
Escócia *f* Schottland *n*
escola *f* Schule; **~ *primária*** Grundschule; **~r** Schul...
escolh|a *f* Wahl; **~er** (aus-, er-)wählen; **~o** *m* Klippe *f*
escolta *f* Geleit *n*; **~r** eskortieren
escombros *m/pl* Trümmer *pl*, Schutt *m*
esconder verstecken, verbergen; **~ijo** *m* Versteck *n*
escondidas *f/pl* Versteckspiel *n*; **às ~** heimlich
escorar stützen
escória *f* Schlacke; *fig* Abschaum *m*; Pack *n*
escorreg|adela *f* Ausrutscher *m*; **~adio** schlüpfrig, glatt; **~ão** *m* Rutsche *f*; **~ar** (ab-, aus-)rutschen
escorrer ausfließen; (ab-)tropfen; abgießen
escova *f* Bürste; **~ *de dentes*** Zahnbürste; **~r** bürsten
escrav|atura *f* Sklavenhandel *m*; **~ *branca*** Mädchenhandel *m*; **~idão** *f* Sklaverei; **~o** *m* Sklave
escrever schreiben
escrit|a *f* Schrift; Buchführung; **~o** *m* Schriftstück *n*; **~or** *m* Schriftsteller; **~ório** *m* Büro *n*, Kontor *n*; Arbeitszimmer *n*; **~ura** *f* Urkunde; **~uração** *f* Buchführung; **~urar** Buch führen
escrivão *m* (*Person*) Sekretär
escrúpulo *m* Skrupel
escrutínio *m* Wahl(auszählung) *f*
escudo *m* Schild; *port Währung*: Escudo
escul|tor *m* Bildhauer; **~tura** *f* Skulptur, Plastik
escur|as: às ~ im Dunkeln; **~ecer** verdunkeln; **~idão** *f* Finsternis; **~o** dunkel; finster
escusar verzeihen; unnötig sn; **~ *de*** nicht brauchen; vermeiden
escutar zu-, an-hören; lauschen, horchen
esfarrapar zerfetzen
esfera *f* Kugel; Sphäre
esferográfica *f* Kugelschreiber *m*
esfolar (ab-, auf-)scheuern; *fig j-n* schröpfen, prellen
esfomeado ausgehungert
esforç|ar-se sich anstrengen (***por*** [um] zu); **~o** *m* Anstrengung *f*

esfreg|ão *m* (Scheuer-)Lappen; **~ar** scheuern; (ab)reiben
esgaravatar duchwühlen; stochern in
esgot|ado verbraucht; erschöpft; ausverkauft; **~ar** entleeren; *fig* erschöpfen; verbrauchen; ausverkaufen; **~o** *m* Abfluß(rohr *n*)
esgrimir fechten
esguich|ar aus-, ver-spritzen; **~o** *m* Spritzer
esguio schlank
eslavo slawisch
eslovaco 1. *adj* slowakisch; **2.** *m* Slowake *m*; Slowakische *n*
esmaga|dor überwältigend; vernichtend; **~r** (zer)quetschen
esmalte *m* Email *n*
esmola *f* Almosen *n*
esmorecer entmutigen; schwächen; *v/i* ermatten
esófago (*bras* **-sô-**) *m* Speiseröhre *f*
espaç|ar Abstand lassen zwischen; seltener werden lassen; **~o** *m* Raum; Zeitraum; Weltraum; **~oso** geräumig
espada *f* Schwert *n*, Degen *m*; **~s** *pl* (*Spielkarte*) Pik *n*
espádua *f* Schulter
espaldar *m* Lehne *f*; Rückwand *f*, -seite *f*
espalhar (ver-, zer-)streuen; verbreiten
espalmar auswalzen
espanador *m* Staubwedel
espancar durchprügeln
Espanha *f* Spanien *n*
espanhol 1. *adj* spanisch; **2.** *m* Spanier
espant|alho *m* Vogelscheuche *f*; **~ar** verscheuchen; erschrecken; verblüffen; **~-se** sich wundern; scheuen (*Pferd*); **~o** *m* Schrecken; Verblüffung *f*; **~oso** erstaunlich
espargo *m* Spargel
esparguete *m* Spaghetti *pl*
espasmo *m* Krampf
espátula *f* Spachtel *n*
espavorir erschrecken
especial besonder; Sonder...; **~idade** *f* Spezialität; Fach *n*; **~ista** *su* Fachmann, -frau; Facharzt, -ärztin; **~izar-se** sich spezialisieren
especiaria *f* Gewürz *n*
espécie *f* Art; Sorte
especificar spezifizieren
espe(c)t|áculo *m* Vorstellung *f*; **~aculoso** aufsehenerregend; **~ador** *m* Zuschauer
espectro *m* Gespenst *n*
especula|ção *f* Spekulation; **~dor** *m* Spekulant; **~r** spekulieren
espelhar (wider)spiegeln
espelho *m* Spiegel
espera *f*: ***estar à ~ de*** warten auf; **~nça** *f* Hoffnung; **~r** (er)warten; (er)hoffen
esperto schlau; klug
espess|o dick, dicht; **~ura** *f* Dicke, Dichtigkeit

espet|ada *f* Schaschlik *m/n*; **~ar** aufspießen; **~-se** sich stechen; F hereinfallen; **~o** *m* (Brat-)Spieß
espezinhar zertrampeln, zertreten
espião *m* Spion
espiga *f* Ähre
espinafre *m* Spinat
espingarda *f* Gewehr *n*
espinh|a *f* Gräte; Pickel *m*; **~** (***dorsal***) Rückgrat *n*; **~o** *m* Dorn; Stachel; **~oso** dornig; stachelig
espionagem *f* Spionage
espiral *f* Spirale
esp|írito *m* Geist; Witz; Sinn; **~iritual** geistig; **~irituoso** geistreich; (*alkoholisch*) geistig
espirrar niesen
esplanada *f* Straßencafé *n*
espl|êndido ausgezeichnet; **~endor** *m* Glanz; Pracht *f*
espoliar (aus)plündern
espólio *m* Nachlaß
esponja *f* Schwarm *m*
espont|aneidade *f* Spontaneität; **~âneo** wildwachsend; freiwillig; spontan
esporádico sporadisch
esporte *m bras* Sport
espos|a *f* Gattin; **~o** *m* Gatte
espreguiça|deira *f* Liegestuhl *m*; **~r-se** sich rekeln
espreitar (be)lauern, beobachten
espremer auspressen
espum|a *f* Schaum *m*; **~ *de borracha*** Schaumgummi *m*; **~ante 1.** *adj* schäumend; **2.** *m* Sekt; **~ar** schäumen; **~oso** schaumig
esquadr|a *f* Geschwader *n*; (Polizei-)Wache; **~ilha** *f Mar* Flottille; *Flgw* Staffel; **~o** *m* Winkelmesser
esquartejar zerstückeln
esquec|er, ~er-se de vergessen; **~imento** *m* Vergeßlichkeit *f*; Versehen *n*
esqueleto *m* Gerippe *n*, Skelett *n*
esquema *m* Schema *n*
esquentador *m* Heizlüfter; Durchlauferhitzer
esquerd|a *f* Linke; ***à* ~** links; **~o** link
esqui *m* Ski; ***fazer* ~** Ski laufen; **~ador** *m* Skiläufer
esquilo *m* Eichhörnchen *n*
esquina *f* Ecke; ***à* ~** an der Ecke
esquisito sonderbar; komisch; wählerisch
esquiv|ar-se sich drücken; **~o** scheu; spröde
ess|e, ~a dieser, diese, dieses; ***essa é boa!*** das ist ja allerhand!
essência *f* Wesen *n*; Sinn *m*; Essenz
essencial 1. *adj* wesentlich; **2.** *m* Hauptsache *f*
estabelec|er (be)gründen; auf-, her-stellen; festsetzen; errichten; **~-se** sich niederlassen; **~imento** *m* Festsetzung *f*; Er-, Einrichtung *f*; Geschäft *n*; Niederlassung *f*

estabili|dade *f* Stabilität; **~zar** stabilisieren
estábulo *m* Stall
estaca *f* Pfahl *m*; **~da** *f* Lattenzaun *m*; Einfriedung
estação *f* Jahreszeit; Saison; Bahnhof *m*; Station; *bras* Fernsprechamt *n*; ***alta ~*** Hochsaison *f*; ***~ de serviço*** Tankstelle; Servicestation; ***~ dos correios*** Postamt *n*
estac|ar (ab)stützen; *fig* stocken; stutzen; **~ionamento** *m* Parken *n*; Parkplatz; **~ionar** parken; stationieren; stagnieren; **~ionário** unverändert; stationär
estad|a *f*, **~ia** *f* Aufenthalt *m*
estádio *m* Stadion *n*
estad|ista *m* Staatsmann; **~o** *m* Stand, Zustand, Lage *f*; **℘o** *m* Staat; ***~ civil*** Familienstand; ***~ de emergência*** Ausnahmezustand; ***℘s pl Unidos da América (EUA)*** Vereinigte Staaten *pl* von Amerika (USA); **~ual** *bras* Staats...
estafeta *f* Staffellauf *m*; *bras m* Telegrammbote
estagi|ar ein Praktikum absolvieren; **~ário** *m* Praktikant; Volontär
estágio *m* Referendarzeit *f*; Praktikum *n*; Volontariat *n*; (*Rakete*) Stufe *f*
estagna|ção *f* Stillstand *m*; **~r-se** stocken
estaladiço knusperig
estalagem *f* kleine(s) Hotel *n*
estalar platzen; zerspringen; *fig* ausbrechen
estaleiro *m* Werft *f*
estampa *f* Abbildung; Stich *m*; **~do** *m* (bedruckter) Stoff; **~r** drucken, (ein)prägen
estampido *m* Knall
estaminé *m* (*kleines*) Lebensmittelgeschäft *n*; Kneipe *f*
estancar stauen; abdichten
estância *f* Aufenthalt(sort) *m*; Erholungsort *m*
estandardizar standardisieren
estanho *m* Zinn *n*
estanque (wasser)dicht
estante *f* Regal *n*
estar sein, sich befinden; stecken; sitzen; liegen; ***~ a fazer*** gerade et. tun; ***~ frito*** F angeschmiert sn; ***~ para*** im Begriff sn zu; ***~ por fazer*** noch zu tun sn
estatal staatlich
estático fest; statisch
estatística *f* Statistik
estatizar *bras* verstaatlichen
estátua *f* Statue
estatura *f* Gestalt; Größe
estatuto *m* Satzung *f*
estável beständig; stabil
este *m* Osten
est|e, ~a dieser, diese, dieses
estei|o *m* Stütze *f*; **~ra** *f* Matte; *fig* Weg *m*, Spur
estender ausbreiten, ausstrecken; (*Wäsche*) aufhängen; **~se** sich erstrecken; **~ete** *m* Patzer, Schnitzer

estenogra|far stenographieren; **~fia** *f* Kurzschrift
estepe *f* Steppe
esterco *m* Mist, Dünger
estereofonia *f* Stereophonie
estéril unfruchtbar; keimfrei
esterili|dade *f* Unfruchtbarkeit; **~zação** *f* Sterilisierung; **~zar** sterilisieren; entkeimen
estétic|a *f* Ästhetik; **~o** ästhetisch
estibordo *m* Steuerbord *n*
esticar straffen, spannen; F abkratzen
estilhaç|ar zersplittern; **~o** *m* Splitter
estilo *m* Stil
estima|ção *f* (Wert-)Schätzung; **de ~** Lieblings...; **~r** schätzen, achten; **~tiva** *f* Schätzung
estimula|nte *m* Reizmittel *n*; **~r** anregen, reizen
estímulo *m* Anreiz; Antrieb; Ansporn
estipular (*vertraglich*) festlegen, -schreiben
estirador *m* Reißbrett *n*
estof|ar polstern; überziehen; **~o** *m* Überzugstoff; Polster *n*
estoirar knallen; bersten, platzen; F umkommen (*vor Hunger, Durst*)
estojo *m* Etui *n*
estômago *m* Magen
estontear betäuben; *fig* verwirren
estoque *m* Lagerbestand, Vorrat
estore *m* Rolladen, Jalousie *f*
estorninho *m Zo* Star
estorv|ar stören, hindern; **~o** *m* Störung *f*, Hindernis *n*
estrábico: ser ~ schielen
estrad|a *f* (Land-)Straße; **~ de ferro** *bras* Eisenbahn; **~ nacional** Nationalstraße; **~o** *m* Podium *n*; Podest *n*
estrag|ar verderben; **~o** *m* Schaden; Verlust
estrangeiro 1. *adj* ausländisch; **2.** *m* Ausländer; Ausland *n*
estrangula|mento *m* Drosselung *f*; Engpaß; **~r** (er-)drosseln
estranh|ar seltsam finden; **~o** fremd; seltsam
estratégia *f* Strategie
estr|ear einweihen; uraufführen; **~eia** (**-éi-**) *f* Einweihung; Uraufführung
estreit|ar vertiefen; enger m (*od* w); **~o 1.** *adj* eng, schmal; **2.** *m* Meerenge *f*; Engpaß
estrela *f* Stern *m*; Star *m*; **~do: ovo** *m* **~** Spiegelei *n*
estremecer erschüttern; zs-zucken; schaudern
estribo *m* Steigbügel; Trittbrett *n*
estrito streng; strikt
estrofe *f* Strophe
estrondo *m* Krach; Knall; **~so** aufsehenerregend
estrume *m* Dünger
estrutura *f* Struktur; **~r** strukturieren
est|udante *m* Schüler; Stu-

dent; **~udar** studieren; lernen; **~údio** *m* Atelier *n*; Senderaum; Studio *n*; **~udioso** fleißig; lernbegierig; **~udo** *m* Studium *n*
estufa *f* Ofen *m*; Treibhaus *n*; **~r** trocknen; *Kochk* (*im Ofen*) dünsten
estupefaciente *m* Rauschgift *n*
estupefa(c)to verblüfft
estupendo fabelhaft
estupidez *f* Dummheit; Blödsinn *m*
estúpido dumm; blödsinnig
esvaziar (aus)leeren
esvoaçar flattern
etapa *f* Etappe
etern|idade *f* Ewigkeit; **~izar** verewigen; **~o** ewig
ética *f* Ethik
etíope 1. *adj* äthiopisch; **2.** *m* Äthiopier
etiqueta *f* Etikette; Etikett *n*
etnografia *f* Völkerkunde
eu ich
eucalipto *m* Eukalyptus
europeu 1. *adj* europäisch; **2.** *m* Europäer
evacua|ção *f* Evakuierung; *Med* Entleerung, Stuhlgang *m*; **~r** evakuieren; *Med* (*Darm*) entleeren
evadir-se entweichen; ausbrechen
Evangelho *m* Evangelium *n*
evapora|ção *f* Verdunstung; **~r** ausdünsten; **~-se** verdunsten; *fig* verschwinden
evas|ão *f* Flucht; Ausbruch *m*; **~iva** *f* Ausflucht, Ausrede
eventual etwaig; eventuell; **~idade** *f* Möglichkeit; Eventualität
evidência *f* Evidenz
eviden|ciar beweisen; **~-se** sich zeigen; **~te** einleuchtend
evitar (ver)meiden
evo|car hervor-, wach-rufen; **~lução** *f* Entwicklung
exa(c)t|idão [izati'dɑ̃w] *f* Genauigkeit; **~o** [i'zatu] genau; richtig
exag|erar [izɑʒə'rar] übertreiben; **~ero** [izɑ'ʒeru] *m* Übertreibung *f*
exalta|do [izal'tadu] exaltiert; überspannt; **~r** [izal'tar] erregen; hervorheben; begeistern
exam|e [i'zɑmə] *m* Prüfung *f*; *Med* Untersuchung *f*; *jur* Vernehmung *f*; **~ de admissão** Aufnahmeprüfung *f*; **~inar** [izɑmi'nar] prüfen; untersuchen; beobachten
exasperar [izɑʃpə'rar] zur Verzweiflung bringen
exat... *bras s* **exact...**
exaust|ivo [izawʃ'tivu] erschöpfend; ausführlich; **~o** [i'zawʃtu] erschöpft
exceç... *bras s* **excepç...**
excec... *bras s* **excepc...**
excede|nte [ejʃsə'dẽtə] **1.** *adj* überschüssig; **2.** *m* Überschuß; **~r** [ejʃsə'der] übersteigen; **~-se** sich übernehmen; mit *et* zu weit gehen

Excelência [ejʃsə'lẽsjɑ] *f*: *Vossa* ~ Sie
excelent|e [ejʃsə'lẽtə] ausgezeichnet; vortrefflich; *≈íssimo Senhor*: Sehr geehrter Herr!
excêntrico [ejʃ'sẽtriku] überspannt
exce(p)|ção [ejʃsɛ'sɑ̃w] *f* Ausnahme; **~cionalmente** [ejʃsɛsjunal'mẽtə] ausnahmsweise; **~to** [ejʃ'sɛtu] außer; **~tuar** [ejʃsɛ'twar] ausnehmen, ausschließen
excess|ivo [ejʃsɛ'siwu] übermäßig; **~o** [ejʃ'sɛsu] *m* Überschuß; Ausschweifung *f*; Exzeß; *~ de velocidade* Geschwindigkeitsüberschreitung *f*; *em ~* übermäßig, zuviel
excet... *bras s* **except...**
excita|ção [ejʃsitɑ'sɑ̃w] *f* Erregung; Reizung; **~nte** [ejʃsi'tɑ̃tə] **1.** *adj* (auf)reizend; **2.** *m* Reizmittel *n*; **~r** [ejʃsi'tar] erregen; reizen
exclama|ção [ejʃklɑmɑ'sɑ̃w] *f* Ausruf *m*; **~r** [ejʃklɑ'mar] ausrufen
exclu|ir [ejʃ'klwir] ausschließen; **~são** [ejʃklu'zɑ̃w] *f* Ausschluß *m*; **~sivo** [ejʃklu'ziwu] ausschließlich
excremento [ejʃkrə'mẽtu] *m* Kot
excursão [ejʃkur'sɑ̃w] *f* Ausflug *m*
execu|ção [izəku'sɑ̃w] *f* Ausführung; Durchführung; Ausübung; *jur* Vollstreckung; **~tar** [izəku'tar] ausführen; **~tor** *m*: *~ judicial* Gerichtsvollzieher
exempl|ar [izẽ'plar] **1.** *adj* musterhaft; **2.** *m* Exemplar *n*; **~ificar** [izẽplifi'kar] veranschaulichen; **~o** [i'zẽplu] *m* Beispiel *n*; Vorbild *n*
exéquias [i'zɛkjɑʃ] *f/pl* Trauerfeier *f*
exerc|er [izər'ser] innehaben; ausüben; **~ício** [izər'sisju] *m* Übung *f*; **~itar** [izərsi'tar] üben; drillen
exército [i'zɛrsitu] *m* Heer *n*
exibi|ção [izəbi'sɑ̃w] *f* Vorlage; Vorführung; **~r** [izə'bir] vor-zeigen, -führen
exig|ência [izə'ʒẽsjɑ] *f* Forderung; Anspruch *m*; **~ente** [izə'ʒẽtə] anspruchsvoll; **~ir** [izə'ʒir] (er)fordern
exila|do [izi'ladu] *m* Exilant; **~r** [izi'lar] verbannen
exílio [ə'zilju] *m* Exil *n*
exist|ência [iziʃ'tẽsjɑ] *f* Dasein *n*; Existenz; **~ente** [iziʃ'tẽtə] vorhanden; vorrätig; **~ir** [iziʃ'tir] bestehen; vorhanden sn; existieren
êxito ['ezitu] *m* Ausgang; Erfolg
êxodo ['ezudu] *m* Exodus
exorbitante [izurbi'tɑ̃tə] übermäßig
exótico [i'zɔtiku] exotisch
expan|dir [ejʃpɑ̃'dir] ausdehnen; **~são** [ejʃpɑ̃'sɑ̃w] *f* Ausdehnung; Expansion; **~sivo**

[ejʃpɑ̃'sivu] *fig* mitteilsam; offenherzig
expatria|do [ejʃpɑ'trjadu] *m* Vertriebene(r); **~r** [ejʃpɑ'trjar] ausweisen
expectativa [ejʃpɛtɑ'tiwɑ] *f* Erwartung
expedi|ção [ejʃpədi'sɑ̃w] *f* Versand *m*; Abfertigung; Expedition; **~ente** [ejʃpə'djẽtə] *m* Ausweg; Routinearbeit *f*; *Hdl* Schriftverkehr; (***horas*** *f*/*pl* ***de***) **~** Geschäftsstunden *f*/*pl*; **~r** [ejʃpə'dir] abfertigen; absenden
expensas [ejʃ'pẽsɑʃ] *f*/*pl* Kosten
experi|ência [ejʃpə'rjẽsjɑ] *f* Erfahrung; Experiment *n*; Erlebnis *n*; ***à*** **~** auf Probe; **~ente** [ejʃpə'rjẽtə] erfahren; **~mentar** [ejʃpərimẽ'tar] ausprobieren; erproben
expet... *bras s* **expect...**
expira|ção [ejʃpirɑ'sɑ̃w] *f* Ausatmung; **~r** [ejʃpi'rar] (aus)atmen; verscheiden; (*Frist*) ablaufen
explica|ção [ejʃplikɑ'sɑ̃w] *f* Erklärung; **~ções** [ejʃplikɑ'sõjʃ] *f*/*pl* Nachhilfeunterricht *m*; **~r** [ejʃpli'kar] erklären
explícito [ejʃ'plisitu] ausdrücklich; klar; deutlich
explodir [ejʃplu'dir] explodieren
explora|ção [ejʃplurɑ'sɑ̃w] *f* Erforschung; Ausbeutung; **~dor** [ejʃplurɑ'dor] *m* Forscher; Ausbeuter; **~r** [ejʃplu'rar] erforschen; betreiben; bewirtschaften; ausbeuten
explo|são [ejʃplu'zɑ̃w] *f* Explosion; **~sivo** [ejʃplu'ziwu] *m* Sprengstoff
expor [ejʃ'por] ausstellen; darlegen
exporta|ção [ejʃpurtɑ'sɑ̃w] *f* Export *m*, Ausfuhr; **~dor** [ejʃpurta'dor] *m* Exporteur; **~dora** [ejʃpurtɑ'dorɑ] *f* Exportunternehmen *n*; **~r** [ejʃpur'tar] exportieren, ausführen
exposi|ção [ejʃpuzi'sɑ̃w] *f* Ausstellung; Darlegung; **~tor** [ejʃpuzi'tor] *m* Aussteller
express|ão [ejʃprə'sɑ̃w] *f* Ausdruck *m*; **~ivo** [ejʃprə'siwu] ausdrucksvoll; nachdrücklich; **~o** [ejʃ'prɛsu] **1.** *adj* ausdrücklich; **2.** *m* Schnellzug; Eilbote
exprimir [ejʃprə'mir] ausdrücken
expropria|ção [ejʃpruprjɑ'sɑ̃w] *f* Enteignung; **~r** [ejʃpru'prjar] enteignen
expuls|ão [ejʃpul'sɑ̃w] *f* Vertreibung; **~ar** [ejʃpul'sar] vertreiben; ausstoßen
êxtase ['ejʃtɑzə] *m* Ekstase *f*
extens|ão [ejʃtẽ'sɑ̃w] *f* Ausdehnung; Dauer; Länge; *Tel* Apparat(nummer *f*) *m*; **~o** [ejʃ'tẽsu] weit(läufig); lang; umfangreich
extenuar [ejʃtə'nwar] schwächen

exterior [ejʃtə'rjor] **1.** *adj* äußer(lich); **2.** *m* Äußere(s) *n*; Ausland *n*; **~ização** [ejʃtərjuriza'sɐ̃w] *f* Äußerung; **~izar** [ejʃtərjuri'zar] äußern
exterm|inador [ejʃtərmina'dor] *m* Kammerjäger; **~inar** [ejʃtərmi'nar] ausrotten; **~ínio** [ejʃtər'minju] *m* Ausrottung *f*
externo [ejʃ'tɛrnu] äußer(lich); Außen...
extin|ção [ejʃtĩ'sɐ̃w] *f* Löschung; Abschaffung; Ausrottung; Aussterben *n*; **~guir** [ejʃtĩ'gir] löschen; ausrotten; auflösen; **~tor** [ejʃtĩ'tor] *m* Feuerlöscher
extra(c)|ção [ejʃtra'sɐ̃w] *f* Herausziehen *n*; Ziehung; **~to** [ejʃ'tratu] *m* Auszug; Extrakt
extradi|ção [ejʃtradi'sɐ̃w] *f* Auslieferung; **~tar** [ejʃtradi'tar] ausliefern
extrair [ejʃtra'ir] heraus-, aus-ziehen; (*Erze*) gewinnen
extra|ordinário [ejʃtraurdi'narju] außerordentlich, ungewöhnlich; **~parlamentar** [ejʃtraparlamẽ'tar] außerparlamentarisch
extraterrestre [ejʃtratə'ʀɛʃtrə] außerirdisch
extrato *bras s* **extracto**
extravag|ância [ejʃtrawa'gɐ̃sja] *f* Extravaganz; **~ante** [ejʃtrawa'gɐ̃tə] extravagant
extrem|idade [ejʃtrəmi'dadə] *f* äußerste(s) Ende *n*; **~s** *pl* Gliedmaßen; **~ista** [ejʃtrə'miʃta] *su* Extremist(in); **~o** [ejʃ'tremu] **1.** *adj* letzt, äußerst; extrem; **2.** *m* Ende *n*; Extrem *n*
extrínseco [ejʃ'trĩsəku] äußerlich
exuberante [izubə'rɐ̃tə] üppig
exumar [izu'mar] exhumieren

F

fábrica *f* Fabrik
fabric|ante *m* Fabrikant; **~ar** herstellen; **~o** *m* Herstellung *f*; Fabrikat *n*
fábula *f* Fabel
fabuloso fabelhaft
faca *f* Messer *n*; **~da** *f* Messerstich *m*
façanha *f* Heldentat
face *f* Gesicht *n*; Wange; ***fazer* ~ *a*** die Stirn bieten; **~ta** *f* Seite; Facette
fachada *f* Fassade
facho *m* Fackel *f*; F (*Faschist*) Fascho
fácil leicht
facili|dade *f* Leichtigkeit; Erleichterung; **~tar** erleichtern; beschaffen
fa(c)to ['faktu] *m* Tatsache *f*; ***de* ~** wirklich, wahrhaftig
fa(c)tor *m* Faktor
fa(c)tura *f* Rechnung; **~r** be-

rechnen; Rechnung ausstellen (über)
facul|dade *f* Fähigkeit; Befugnis; Fakultät; **~s** *pl* **mentais** Geistesgaben *pl*; **~tar** ermächtigen; verschaffen; **~tativo** freiwillig; wahlfrei
fada *f* Fee
fadiga *f* Anstrengung
fad|ista *m* Fadosänger; F Halunke; Zuhälter; **~o** *m* Schicksal *n*; Fado (*port Volkslied*)
faia *f* Buche
faiança *f* Steingut *n*
faina *f* Arbeit
faisão *m* Fasan
faísca *f* Funke(n) *m*; Blitzstrahl *m*
faixa ['fajʃɑ] *f* Band *n*; Binde; (Land-)Streifen *m*; Spur; Fahrbahn; **~ oposta** Gegenfahrbahn
fala *f* Sprache, Rede; **~dor 1.** *adj* gesprächig; **2.** *m* Schwätzer; **~r** reden, sprechen
falcão *m* Falke
falec|er sterben; **~imento** *m* Tod
falência *f* Konkurs *m*
falésia *f* Steilküste
falha *f* Fehler *m*; Mangel *m*; (technisches) Versagen *n*; **~r** fehlschlagen; versagen; verfehlen
falir Konkurs machen
fals|idade *f* Falschheit; **~ificação** *f* Fälschung; **~ificar** fälschen; **~o** falsch
falta *f* Mangel *m*; Fehler *m*; Fehlen *n*; **~r** fehlen; mangeln an; abwesend sn
fama *f* Ruf *m*; Ruhm *m*
família *f* Familie
familiar Familien...; vertraut; **~idade** *f* Vertraulichkeit; **~izar(-se)** vertraut machen (*od* w)
famoso berühmt
fanático fanatisch
fanfarrão *m* Angeber
fantasia *f* Phantasie
fantasma *m* Gespenst *n*
fantástico phantastisch
fantoche *m* Marionette *f* (*a Pol*)
faqu|eiro *m* Besteckkasten; **~ista** *m* Messerstecher
fard|a *f* Uniform; **~o** *m* Ballen; Bündel *n*; Ladung *f*
far|ejar schnüffeln; wittern; **~inge** *f* Schlund *m*, Rachen *m*; **~inha** *f* Mehl *n*
farmacêutico *m* Apotheker
farmácia *f* Apotheke
faro *m* Spürsinn
farol *m* Leuchtturm; Scheinwerfer; **~ete** *m*, **~im** *m* Begrenzungsleuchte *f*
farrapo *m* Fetzen, Lumpen
farsa *f* Farce
fart|ar (über)sättigen; **~-se de** genug h von; **~o** satt; voll; üppig; ***estar ~ de*** die Nase voll h von; **~ura** *f* Sättigung; Überfluß *m*
fascina|ção *f* Faszination; **~r** faszinieren
fascismo *m* Faschismus
fase *f* Phase

fastio *m* Überdruß; Appetitlosigkeit *f*
fatal verhängnisvoll; tödlich; **~idade** *f* Verhängnis *n*
fatia *f* Schnitte, Scheibe
fatiga|nte mühsam; beschwerlich; **~r** ermüden; (über)anstrengen
fato *m* Anzug; Kleidung *f*; **~ *de banho*** Badeanzug; **~ *de treino*** Trainingsanzug; **~-macaco** *m* Monteuranzug
fat|o, ~ura... *bras s* **fact|o, ~ura...**
faust|o *m* Prunk; **~(u)oso** prunkvoll, prächtig
fava *f* Pferdebohne
favela *f bras* Slum *m*
favor *m* Gunst *f*; Gefallen; ***por ~, (se) faz ~, faça ~*** (*höflich*) bitte; **~ável** günstig; **~ecer** begünstigen; **~ito** *m* Favorit
fazend|a *f* Stoff *m*; Ware; Landgut *n*; *bras* Plantage; Finanzwesen *n*; **~eiro** *m* Farmer
fazer machen; tun; **~ *bem*** guttun; **~ *com que*** (*subj*) bewirken, daß; ***faz 30 anos*** er wird 30 Jahre alt
fé *f* Glaube(n) *m*, Treue; ***fazer ~*** bezeugen
fealdade *f* Häßlichkeit
febra *f* (*schieres*) (Steak-) Fleisch *n*
febr|e *f* Fieber *n*; **~ *dos fenos*** Heuschnupfen *m*; **~il** fiebrig; fieberhaft
fechadura *f* (Tür-)Schloß *n*
fech|ar zumachen, schließen; (*Vertrag*) abschließen; **~ *à chave*** zuschließen; **~o** *m* Riegel; Verschluß; *fig* Schluß; **~ *ecler*** Reißverschluß; **~ *centralizado* (*das portas*)** *Kfz* Zentralverriegelung *f*
fecund|ar befruchten; **~idade** *f* Fruchtbarkeit; **~o** fruchtbar
feder stinken
federa|ção *f* Bund *m*; **~l** Bundes...
fedor *m* Gestank
feição *f* Form, Gestalt; Gesichtszug *m*
feij|ão *m* Bohne *f*; **~ *verde*** grüne Bohne; **~oada** *f* Bohnengericht *n*
feio häßlich
feira *f* Messe; (Jahr-) Markt *m*; **~ *da ladra*** Flohmarkt *m*
feiti|ceiro *m* Zauberer; **~ço** *m* Zauber
feit|io *m* Form *f*, Gestalt *f*; Art *f*; **~o** *m* Tat *f*; **~or** *m* Pächter
feixe ['fejʃə] *m* Bündel *n*
fel *m* Galle *f*
felici|dade *f* Glück *n*; **~tação** *f* Glückwunsch *m*; **~tar** gratulieren
feliz(mente) glücklich(erweise)
felp|a *f*; **~o** *m* Samt *m*; Plüsch *m*; ***camisola f de felpa*** Samtpullover *m*; ***toalha f de felpa*** Frotteehandtuch *n*; **~udo** wollig; haarig; samten

feltro *m* Filz
fêmea *f* Weibchen *n*
femini|no weiblich; **~smo** *m* Feminismus; **~sta 1.** *adj* feministisch **2.** *f* Feministin
fend|a *f* Spalte; Riß *m*; **~er** spalten; aufschlitzen
feno *m* Heu *n*
fenómeno *m* Phänomen *n*
fera *f* Raubtier *n*
féria *f* Tage-, Wochen-lohn *m*; **~s** *pl* Ferien *pl*; Urlaub *m*; **~ *de formação*** Bildungsurlaub; ***passar as* ~** den Urlaub verbringen; ***tirar* ~** Urlaub nehmen
feriado *m* Feiertag
feri|da *f* Wunde; **~mento** *m* Verwundung *f*; **~r** verwunden
ferment|ação *f* Gärung; **~ar** gären; **~o** *m* Hefe *f*; Backpulver *n*
feroz wild
ferradura *f* Hufeisen *n*
ferra|gens *f/pl* Eisenwaren *pl*; **~menta** *f* Werkzeug *n*
ferrão *m* Stachel
ferreiro *m* Schmied
férreo eisern; Eisen...
ferr|o *m* Eisen *n*; **~ (*de engomar*)** Bügeleisen *n*; ***passar a* ~** bügeln; **~olho** *m* Riegel; **~o-velho** *m* Schrott; Schrotthändler; **~oviário 1.** *adj* Eisenbahn...; **2.** *m* Eisenbahner; **~ugem** *f* Rost *m*; **~ugento** rostig
fértil fruchtbar
fertilidade *f* Fruchtbarkeit
ferver kochen, sieden
fervor *m* Glut *f*; Eifer; Inbrunst *f*; **~oso** glühend, inbrünstig; eifrig
fest|a *f* Fest *n*; Feier; **~ejar** feiern; **~ival** *m* Festival *n*; **~ividade** *f* Festlichkeit; **~ivo** festlich; Fest...
feto *m* Farnkraut *n*; Fetus
Fevereiro *m* Februar
fiado: *comprar* ~ (*Einkauf*) anschreiben l; **~r** *m* Bürge
fiambre *m* gekochte(r) Schinken
fia|nça *f* Kaution; Bürgschaft; **~r** spinnen; borgen; **~*-se em*** (sich an)vertrauen
fibr|a *f* Fiber, Faser; **~ocimento** *m* Asbestzement; **~oso** faserig
ficar bleiben; übrig-, zurück-bleiben; liegen, sein; stehen; werden; **~ *bem a alg*** j-m gut stehen; **~ *com*** behalten; **~ *por fazer*** noch zu tun sn
ficção *f* Fiktion; **~ *científica*** Science-fiction
fich|a *f* (Spiel-)Marke; Karteikarte; *El* Stecker *m*; **~ar** *bras* registrieren; **~ário** *m* *bras* = **~eiro** *m* Kartei(kasten *m*) *f*, *Inform* Datei *f*
fi(c)tício angeblich
fidalgo 1. *m* Edelmann; **2.** *adj* ad(e)lig; edel
fidedigno glaubwürdig
fid|elidade *f* Treue; **~ucial** *f* Treuhandanstalt
fiel 1. *adj* treu; zuverlässig;

2. *m*: **fiéis** *pl Rel* die Gläubigen
figa *f* Talisman *m*
fígado *m* Leber *f*
fig|o *m* Feige *f*; **~ueira** *f* Feigenbaum *m*
figur|a *f* Gestalt; Figur; Abbildung; **~ *de proa*** Galionsfigur; **~ante** *m* Statist; **~ar** darstellen; (sich) vorstellen; gehören (***entre*** zu); **~ino** *m* Modezeichnung *f*; Modeheft *n*
fil|a *f* Reihe; ***em ~ indiana*** im Gänsemarsch; ***fazer ~*** *bras* Schlange stehen; **~eira** *f* Reihe
filete *m* Filet *n*
filh|a *f* Tochter; **~o** *m* Sohn; Kind *n*; **~s** *pl* Kinder *n/pl*; **~ote** *m* (*Tier*) Junge(s) *n*
filia|ção *f* Abstammung; Mitgliedschaft; **~l** *f* Zweigstelle; Filiale; **~r-se** ein-, bei-treten
Filipinas *f/pl* Philippinen *pl*
film|agem *f* Verfilmung; **~ar** (ver)filmen; **~e** *m* Film; ***~ policial*** Kriminalfilm
filtr|ar filtrieren; **~-se** durchsickern; **~o** *m* Filter
fim *m* Ende *n*, Schluß; Zweck; Ziel *n*; ***a ~ de*** um ... zu; **~-de-semana** *m* Wochenende *n*
finado *m* Verstorbene(r)
final 1. schließlich; End...; Schluß...; 2. *m* Ende *n*; 3. *f* Endspiel *n*; Finale *n*; **~idade** *f* Zweck *m*
finan|ças *f/pl* Finanzen; Staatskasse *f*; **~ciamento** *m* Finanzierung; **~ciar** finanzieren
fingi|do falsch; heuchlerisch; **~r** vorgeben; vortäuschen
Finlândia *f* Finnland *n*
finlandês 1. *adj* finnisch; 2. *m* Finne
fino 1. *m* Biertulpe *f*; 2. *adj* fein; dünn; schlau
finta *f* Finte
fio *m* Faden; Garn *n*; Schnur *f*; Draht; ***a ~*** ununterbrochen
firme fest; sicher; **~za** *f* Festigkeit; Standhaftigkeit; Beständigkeit
fisc|al *m* Kontrollbeamte(r); **~alização** *f* Kontrolle; Aufsicht; **~alizar** über-wachen; -prüfen; **~o** *m* Fiskus
físic|a *f* Physik; **~o** 1. *m* Physiker; 2. *adj* physisch; physikalisch
fisio|nomia *f* Gesichtsausdruck *m*; **~terapia** *f* Physiotherapie
fissão *f* Spaltung; Kernspaltung
fístula *f* Fistel
fita *f* Band *n*; Streifen *m*; Film *m*; (*Drucker*, *Schreibmaschine*) Farbband *n*; ***~ adesiva*** Klebeband *n*; ***~ isoladora*** Isolierband *n*; **~-*cola*** *f* (***transparente***) (durchsichtiges) Klebeband *n*; ***não fazer ~s*** F keinen Blödsinn m
fit|ar ansehen; **~o** *m* Ziel *n*

fitício *bras s* **fictício**
fivela *f* Schnalle
fixa|dor [fiksɑ'dor] *m* Haarfestiger; **~r** [fi'ksar] befestigen; festsetzen; anstarren; fixieren; (*im Gedächtnis*) behalten; **~-se** sich niederlassen
fixe ['fiʃə] F toll, super
fixo ['fiksu] fest; bestimmt; beständig; echt
flagrante offenkundig; unbestreitbar; ***em ~ (delito)*** auf frischer Tat
flanar flanieren
flange *m* Flansch
flash *m* Blitzlicht *n*
flauta *f* Flöte
flecha *f* Pfeil *m*
flexível [flɛ'ksivɛl] flexibel, biegsam
flipar F ausflippen
floco *m* Flocke *f*; ***~s** pl* ***de aveia*** Haferflocken *pl*; ***~s** pl* ***de cereais*** Cornflakes *pl*
flor *f* Blume, Blüte; **~a** *f* Flora; **~eado** Verzierung *f*; **~esta** *f* Wald *m*; **~estal** Forst...; **~ir** (auf)blühen; **~ista** *su* Blumenhändler(in)
flu|ente flüssig; fließend; **~ir** fließen; entspringen
fluminense 1. *adj* aus dem Staat Rio de Janeiro; **2.** *su* Einwohner(in) von Rio
flúor *m* Fluor *n*
flutua|ção *f* Schwanken *n*; Schwankung; Fluktuation; **~dor** *m Tech* Schwimmer; **~r** schwanken; treiben; schwimmen
fluvial *adj* Fluß...; ***porto** n* **~** Binnenhafen
fluxo ['fluksu] *m* Flut *f*; *Med* Fluß
foca *f* Seehund *m*
focalizar *bras* = **focar** (scharf) einstellen; *fig* behandeln, anschneiden
focinho *m* (*Tier*) Maul *n*, Schnauze *f*
foco *m* Brennpunkt; (*Ursache*) Herd
foder V (*Beischlaf*) bumsen
fofo weich; locker
fogão *m* Herd; ***~ de sala*** Kamin
fogareiro *m* Kocher
fog|o *m* Feuer *n*; *fig* Herd; ***~ posto*** Brandstiftung *f*; **~oso** feurig; **~ueira** *f* (Lager-) Feuer *n*; **~uetão** *m* Rakete *f*; **~uete** *m* (Feuerwerks-)Rakete *f*; *bras* Rakete *f*
foic|e *f* Sense; **~inha** *f* Sichel
folclore *m* Folklore *f*
fole *m* Blasebalg; Gebläse *n*
fôlego *m* Atem; Atmung *f*
folga *f* Ruhepause; Muße; *Tech* Spiel *n*; *fig* Spielraum *m*; ***dia** m* ***de ~*** Schließtag *m*; ***estar de ~*** (dienst)frei haben; **~r** sich vergnügen; sich erholen; sich freuen (über)
folh|a *f* Blatt *n*; (*dünnes*) Blech *n*; Folie; ***~ de cálculo*** *Inform* Tabellenkalkulationsprogramm *n*; ***árvore** f* ***de ~ caduca*** Laubbaum *m*; **~ado** *m* Blätterteig; **~agem** *f* Laub *n*; **~ear** durchblättern;

~etim *m* Feuilleton *n*; *TV* Serie *f*; **~eto** *m* Flugblatt *n*; Broschüre *f*; **~ *informativo*** Informationsbroschüre *f*
fome *f* Hunger *m*
foment|ar fördern; ankurbeln; **~o** *m* Förderung *f*; Ankurbelung *f*
fonte *f* Quelle; Brunnen *m*
fora draußen; auswärts; außer(halb); *prp* abgesehen von, außer; **~ *de serviço*** außer Betrieb; **~-de-jogo** *m* (*Fußball*) Abseits *n*
forca *f* Galgen *m*
forç|a *f* Kraft; Macht; Gewalt; **~s** *pl* ***armadas*** Streitkräfte; **~ar** (er)zwingen; hineinzwängen; aufbrechen; **~osamente** notgedrungen; **~oso** zwingend
forja|dor *m* Schmied; **~r** schmieden; *fig* aushecken
forma *f* Form; Gestalt; Art und Weise
forma|ção *f* Bildung; Entstehung; Formation; **~l** förmlich; ausdrücklich; **~lidade** *f* Formalität; **~r** formen; (aus)bilden; aufstellen; **~*-se*** entstehen; seinen (Studien-) Abschluß m; **~tar** *Inform* formatieren; **~to** *m* Format *n*; **~tura** *f* (akademische) Abschlußprüfung; Abschluß *m*
formidável phantastisch
formig|a *f* Ameise; **~ueiro** *m* Ameisenhaufen; Kribbeln *n*; Gewimmel *n*
formos|o schön; **~ura** *f* Schönheit
fórmula *f* Formel; **~ *de sangue*** Blutbild *n*
formular formulieren, zum Ausdruck bringen
formulário *m* Vordruck; **~ *contínuo*** *Inform* Endlospapier
fornec|edor *m* Lieferant; **~er** liefern, versorgen; **~imento** *m* Lieferung *f*, Versorgung *f*
forno *m* Backofen; **~ *de microondas*** Mikrowellenherd
forr|agem *f* (Vieh-)Futter *n*; **~ar** füttern (*Vieh u. Textilien*); verkleiden, verschalen; auslegen; überziehen; **~o** *m* Futter *n*; Verkleidung *f*, Verschalung *f*
fort|alecer stärken; befestigen; **~alecimento** *m* Stärkung *f*; **~aleza** *f* Stärke; Festung; **~e** stark; kräftig; **~ificar** (ver)stärken
fortuna *f* Glück *n*; Vermögen *n*; Schicksal *n*
fosco matt; ***vidro*** *m* **~** Milchglas *n*
fósforo *m* Phosphor; Streichholz *n*
foss|a *f* Graben *m*; *Kfz* Grube; *Med* Höhle; **~o** *m* Graben
foto *f* Foto *n*; **~cópia** *f* Fotokopie; **~copiadora** *f* Fotokopiergerät *n*; **~copiar** fotokopieren; **~grafar** fotografieren, aufnehmen; **~grafia** *f* Fotografie; **~gráfico:**

máquina *f* **-a** Fotoapparat *m*
fotó|grafo *m* Fotograf; **~metro** *m* Belichtungsmesser
foz *f* (Fluß-)Mündung
fracass|ar scheitern; **~o** *m* Fehlschlag
fra(c)|ção *f* (Bruch-)Teil *m*; Bruch *m*; **~cionar** zerteilen; zersplittern
fraco 1. *adj* schwach, dünn; **2.** *m* Schwäche *f*
fra(c)tura *f* Bruch *m* (*a Med*)
fragata *f* Fregatte
frágil zerbrechlich; schwach
fragilidade *f* Zerbrechlichkeit; Schwäche
fragment|ar zerstückeln; **~o** *m* Bruchstück *n*
fragor *m* Getöse *n*
fralda *f* Windel; Zipfel *m*
framboesa *f* Himbeere
França *f* Frankreich *n*
francês 1. *adj* französisch; **2.** *m* Franzose; Französisch(e) *n*
franco 1. *m* (*Währung*) Franc; Franken; **2.** *adj* frei(mütig); offen(-herzig); *in Zssgn* französisch
frango *m* Hähnchen *n*
franja *f* Franse
franqu|ear frankieren; **~eza** *f* Freimut *m*; Offenheit; **~ia** *f* Porto *n*
franzir kräuseln; runzeln
fraqueza *f* Schwäche
frasco *m* Fläschchen *n*; Glas *n* (*verschließbar*)
frase *f* Satz *m*; ***~ feita*** Redensart
fratern|al brüderlich; **~idade** *f* Brüderlichkeit
fratur|a, ~ar *bras s* **fractur|a, ~ar**
fraude *f* Betrug *m*; Unterschlagung
frea|da *bras f* Bremsung; **~r** *bras* bremsen
fregu|ês *m* Kunde; (Stamm-) Gast; **~esia** *f* Kundschaft; Gemeinde
freio *m* Bremse *f*; Zügel; ***~ de tambor*** *Kfz* Trommelbremse *f*
freixo ['frejʃu] *m* Esche *f*
fren|esi(m) *m* Raserei *f*; Tobsucht *f*; **~ético** rasend, frenetisch
frente *f* Vorderseite; Front (*a Mil*); ***à ~*** vorn; ***em ~ de*** gegenüber; (*lokal*) vor; ***fazer ~ a alg.*** *od* ***a/c*** j-m *od* et die Stirn bieten; ***levar à ~*** voranbringen; ***sempre em ~*** immer geradeaus
frequ|ência [frə'kwẽsjɑ] *f* Häufigkeit; Frequenz; Zulauf *m*; (regelmäßiger) Besuch *m* (*z.B. Schule*); **~entador** *m* Besucher; **~entar** (regelmäßig) besuchen; **~ente** häufig
fresco frisch, kühl
frescura *f* Frische, Kühle
fresta *f* Spalt *m*; Lücke
fret|amento *m* Charterung *f*; **~ar** chartern; mieten; **~e** *m* Charter; Fracht *f*; *fig* Reinfall
fric|ção [frik'sɑ̃w] *f* Reibung;

~cionar [friksju'nar] (ein-) reiben
frigideira *f* Bratpfanne
frígido kalt, eisig; frigid
frigorífico 1. *adj* Kühl...; **2.** *m* Kühlschrank; Kühlhaus *n*
fincha *f* Spalte
frio 1. *adj* kalt; **2.** *m* Kälte *f*; Frost
frisar hervorheben; frisieren; kräuseln
frita|deira *f* Friteuse; **~r** braten; fritieren
frívolo leichtfertig; frivol
frontal Stirn...; frontal
frontão *m* Giebel
front|e *f* Stirn; Vorderseite; **~eira** *f* Grenze; **~eiriço** Grenz...
frota *f* Flotte
frouxo ['froʃu] schlaff; schlapp; matt
frugal einfach, frugal
frustra|do vergeblich; **~r** täuschen, vereiteln; frustrieren; **~-se** scheitern
frut|a *f* Frucht, Obst *n*; **~aria** *f* Gemüseladen *m*; **~ífero** fruchttragend; nützlich; **~o** *m* Frucht *f* (*a fig*); Erzeugnis *n*; Ergebnis *n*; Nutzen; **~ose** *f* Fruchtzucker *m*; **~uoso** nützlich, fruchtbringend
fug|a *f* Flucht; Ausströmen *n*; Leck *n*; **~az** flüchtig
fugi|r (ent)fliehen; **~tivo 1.** *m* Flüchtling; **2.** *adj* flüchtig
fulano *m* F (*Person*) Dingsda
fulgor *m* Glanz, Schimmer
fulgurar glänzen; leuchten
fuligem *f* Ruß *m*
fum|aça *f* Rauch(wolke) *m*; **~ador** (*bras* **~ante**) *m* Raucher; **~ar** rauchen; **~egar** dampfen; qualmen; rauchen; **~igar** ausräuchern; **~o** *m* Rauch, Dunst; Qualm; Dampf
fun|ção *f* Funktion; Amt *n*; Aufgabe; Zweck *m*; **~cionamento** *m* Funktionieren *n*, Betrieb; **~cionar** funktionieren, **não ~** außer Betrieb sn; **~cionário** *m* Beamte(r); *Pol* Funktionär; **~ público de categoria** Beamte(r) des gehobenen Dienstes
funda|ção *f* Gründung, Stiftung; **~dor** *m* Gründer
fundament|al Haupt..., Grund...; **~ar** begründen; **~o** *m* Fundament *n*; Grundlage *f*; **não ter ~** der Grundlage entbehren
fundar gründen
fundear vor Anker gehen
fundi|ção *f* Guß *m*; Gießerei; **~r** schmelzen; gießen; **~-se** schmelzen; (*Sicherung*) durchbrennen
fundo 1. *adj* tief; **2.** *m* Boden; Tiefe *f*; Grund; **artigo** *m* **de ~** Leitartikel; **~s** *pl* Fonds *m*; Vermögen *n*; **~s** *pl* **públicos** Staatspapiere *n/pl*
fúnebre traurig, düster; Leichen..., Trauer...
funeral *m* Begräbnis *n*
fungicida *m* Fungizid *n*

fungo *m* *Bot* Schwamm; Pilz(gewächs *n*)
funicular *m* (Stand-)Seilbahn *f*
funil *m* Trichter; **~eiro** *m* Klempner
furacão *m* Orkan
fur|ador *m* Locher; **~ar** lochen; (durch)bohren
fura-vidas *m* F Nassauer
furgoneta *f* Lieferwagen *m*
fúria *f* Wut
furioso wütend, rasend
furo *m* Loch *n*; Öffnung *f*
furor *m* Wut *f*, Raserei *f*
furt|ar stehlen; **~o** *m* Diebstahl
fus|ão *f* Fusion; Verschmelzung; **~elagem** *f* Flugzeugrumpf *m*; **~ível** *m* *El* Sicherung *f*
futebol *m* Fußball(spiel *n*); **~ista** *m* Fußballspieler
fútil belanglos, nichtig
futuro 1. *adj* (zu)künftig; **2.** *m* Zukunft *f*
fuzil *m* Gewehr *n*

G

gabardine *f* Regenmantel *m*
gabarola *m* Angeber
gabinete *m* (Arbeits-)Zimmer *n*; Kabinett *n*; **~ de provas** Anprobekabine *f*
gadanha *f* Sense
gado *m* Vieh(herde *f*) *n*
gafanhoto *m* Heuschrecke *f*
gafe *f* F Schnitzer *m*
gag|o: ser ~ stottern; **~uejar** stottern, stammeln
gaiola *f* Käfig *m*
gaita *f* Mundharmonika; F (*unbestimmte Sache*) Ding(s-da) *n*; **~ de foles** Dudelsack *m*
gaivota *f* Möwe
gaj|a *f* F Weib(sbild *n*) *n*; **~o** *m* F Typ, Kerl
galão *m* Milchkaffee (*im Glas*)
galego 1. *m* Galicier; **2.** *adj* galicisch; F ordinär
galeria *f* Galerie; Stollen *m*
galgar überschreiten; überspringen
galgo *m* Windhund
galheteiro *m* Öl- und Essigständer
galho *m* Zweig; Schößling
galinh|a *f* Henne; **~eiro** *m* Hühnerstall; *Thea* F Galerie *f*
galo *m* Hahn; **~ de briga** *fig* Kampfhahn; **missa f do ~** Mitternachtsmette
galop|ar galoppieren; **~e** *m* Galopp
gama *f* Palette, Skala
gana *f* Verlangen *n*
ganância *f* Gewinnsucht
gancho *m* Haken; Haarnadel *f*
ganga *f* Baumwollstoff *m*, Jeansstoff *m*; **calças f/pl de ~** Jeans *pl*
gangrena *f* *Med* Brand *m*; *fig* Sittenverfall *m*

ganh|a-pão *m* Broterwerb; **~ar** verdienen; gewinnen; **~o** *m* Gewinn
ganir heulen; winseln
ganso *m* (*Gattung*) Gans *f*; Gänserich
garagem *f* Garage
garant|ia *f* Bürgschaft; Garantie; **~ir** verbürgen
garçom *m bras* Kellner
gare *f* Bahnsteig *m*
garfo *m* Gabel *f* (*a Fahrrad*)
gargalhada *f* Gelächter *n*
gargalo *m* Flaschenhals
garganta *f* Kehle; Hals *m*; Schlucht
gargarejar gurgeln
garimp|eiro *m bras* Gold-, Diamantensucher; **~o** *bras m* (*Gold, Diamanten*) Mine *f*
garoa *f bras* Nieselregen *m*
garot|a *f bras* Mädchen *n*; **~o** *m* Junge; *port* F Milchkaffee
garra *f* Kralle, Klaue
garraf|a *f* Flasche; **~ *térmica*** Thermoskanne; **~ão** *m* (*große*) Korbflasche *f*
garrido munter; farbenfroh; bunt
gás *m* Gas *n*; ***com ~*** (*Getränk*) mit Kohlensäure; ***~ de escape*** Auspuffgas; Abgas; ***~ natural*** Erdgas
gaseificar mit Gas versetzen
gasolina 1. *f* Benzin *n*; ***meter*** (*bras* ***botar***) **~** tanken; **2.** *m* Motorboot *n*
gasosa *f* Brause(limonade)
gast|ador *m* Verschwender; **~ar** verbrauchen; (*Geld*) ausgeben; (*Material*) abnutzen; **~o** *m* Ausgabe *f*; Verbrauch; Abnutzung *f*; Verschleiß; **~s** *pl* Unkosten
gástrico Magen...
gata *f* Katze; ***~ borralheira*** F Aschenputtel *n*; ***andar de ~s*** auf allen vieren kriechen
gatafunh|ar kritzeln; **~os** *m/pl* Gekritzel *n*
gatilho *m* (*Waffe*) Abzugshahn
gato *m* (*Gattung*) Katze *f*; Kater; *Tech* Klammer *f*
gatuno *m* Gauner
gaveta *f* Schublade
gazela *f* Gazelle
gazeta *f* Zeitung; ***fazer ~*** (*Unterricht*) schwänzen
gazua *f* Dietrich *m*
geada *f* Reif *m*; Frost *m*
gear reifen; frieren
gela|deira *f bras* Kühlschrank *m*; **~do 1.** *adj* eisig, eiskalt; gefroren; ***bem ~*** F (*Getränk*) schön kühl; **2.** *m* (Speise-)Eis *n*; **~r** (ge-)frieren
gelatina *f* Gelatine; ***~ explosiva*** Plastiksprengstoff *m*
geleia *f* Gelee *n*; Sülze
geleira *f* Gletscher *m*; Eismaschine
gélido eisig
gelo *m* Eis *n*
gelosia *f* (Fenster-)Gitter *n*
gema *f* Keim; *fig* Kern *m*; **~** (***de ovo***) Eidotter *m*; ***de ~*** F echt, astrein
gémeos *m/pl* Zwillinge
gem|er wimmern; stöhnen;

ächzen; **~ido** *m* Ächzen *n*; Wimmern *n*; **~inado** Doppel...
generali|dade *f* Allgemeinheit; Gesamtheit; **~zar** verallgemeinern; verbreiten
género *m* Gattung *f*; Art *f*; **~s** *pl* Waren *f/pl*; **~s alimentícios** Lebensmittel *n/pl*
generos|idade *f* Freigebigkeit; **~o** großmütig; freigebig
gengibre *m* Ingwer
gengiva *f* Zahnfleisch *n*
génio *m* Geist; Genie *n*
genital: *órgãos* *m/pl* ***genitais*** Genitalien *pl*
genro *m* Schwiegersohn
gente *f* Leute *pl*; ***a ~*** F man, wir; ***a ~ nova*** die jungen Leute
gentil höflich, liebenswürdig; **~eza** *f* Höflichkeit; Liebenswürdigkeit
genuíno echt
geração *f* Generation; Zeugung
gerador *m Tech* Generator
geral allgemein; ***em ~*** im allgemeinen
gerar (er)zeugen; *Inform* generieren
ger|ência *f* Geschäftsführung; **~enciar** leiten; verwalten (*a Inform*); **~ente** *su* Geschäftsführer(in); **~ir** leiten
germ|e *m* Keim; **~inar** keimen; sich entwickeln
gesso *m* Gips
gestão *m* Verwaltung *f*
gesto *m* Geste *f*; (Hand-)Bewegung *f*
giesta *f* Ginster *m*
gigante 1. *adj* riesig; **2.** *m* Riese; **~sco** riesenhaft; riesig
gilete *f* Rasierapparat *m*
ginásio *m* Turnhalle *f*; *bras* Gymnasium *n*
ginástica *f* Gymnastik, Turnen *n*; ***fazer ~*** turnen
ginecologi|a *f* Gynäkologie; **~sta** *su* Frauenarzt, -ärztin
ginj|a *f* Sauerkirsche; **~inha** *f* Kirschlikör *m*
gira-discos *m* Plattenspieler
girafa *f* Giraffe
girar sich drehen, kreisen; *v/t* drehen
girassol *m* Sonnenblume *f*
giratório Dreh..., Kreis...
giro 1. *adj* F nett, süß; **2.** *m* Umlauf, Drehung *f*
giz *m* Kreide *f*
glândula *f* Drüse
glob|al global, weltweit; **~o** *m* Globus; Kugel *f*
glória *f* Ruhm *m*
glorioso ruhmreich
glutão *m* Vielfraß
goela *f* Schlund *m*
goiaba *f* Guave
gol|a *f* Kragen *m*; **~e** *m* Schluck; **~fe** *m* (*Sport*) Golf; **~finho** *m* Delphin, Tümmler; **~fo** *m* Meerbusen; **~o** *m* Tor *n*; Schluck
golpe *m* Schlag; Hieb; ***~ de Estado*** Staatsstreich; **~ar** Schläge *od* Hiebe austeilen
goma *f* Gummi *n*; Klebstoff

m; Stärke; **~ de mascar** Kaugummi *m*
gôndola *f* Gondel
gord|o 1. *m* Dicke(r); **2.** *adj* dick; fett; fettig; **~ura** *f* Fett *n*; **~uroso** fettig; ölig
gorjeta *f* Trinkgeld *n*
gorr|a *f*, **~o** *m* Mütze *f*, Kappe *f*
gost|ar: **~ (de)** gern haben; gefallen; mögen; **~o** *m* Geschmack; Gefallen *n*; Freude *f*; Lust *f*; ***com muito ~*** sehr gern; ***mau ~*** schlechter Geschmack; **~oso** schmackhaft; angenehm
gota *f* Tropfen *m*; *Med* Gicht
gotejar tröpfeln, tropfen
gótico gotisch
govern|ador *m* Gouverneur; **~amental** Regierungs...; **~anta** *f* Haushälterin; Erzieherin; **~ante** *m* Machthaber; **~ar** regieren; leiten; **~o** *m* Regierung *f*; Verwaltung *f*; Herrschaft *f*
gozar: **~ *de*** genießen
gozo *m* Genuß
Grã-Bretanha *f* Großbritannien *n*
gra|ça *f* Gnade; Anmut; *fig* Witz *m*; ***de ~*** umsonst, kostenlos; ***~s a*** dank (*gen*); **~cejar** scherzen
grácil zart, graziös
gracios|idade *f* Liebreiz *m*, Anmut; **~o** anmutig; reizend
grade *f* Gitter *n*; (*Getränke*) Kasten *m*
gradua|ção *f* Gradeinteilung; Rang *m*; Abstufung; Alkoholgehalt *m*; **~l** stufenweise; allmählich; **~r** ab-, ein-stufen; graduieren
gráfico *m* graphische Darstellung *f*, Grafik *f*
gralha *f* Krähe; *Typ* Druckfehler *m*; F Plappermaul *n*
grama *m* Gramm *n*
gramado *m bras* Rasen; Fußballplatz
gramar F toll finden
gramática *f* Grammatik
grampo *m* Krampe *f*; Klammer *f*
granada *f* Granate
grand|e groß; **~eza** *f* Größe; **~ioso** großartig
granel *m* Kornboden; ***a ~*** (*Waren*) lose
granito *m* Granit
granizo *m* Hagel
granjear bebauen; *fig* erwerben
granulado *m* Granulat *n*
grão *m* Korn *n*; (Obst-)Kern; (Kaffee-)Bohne *f*; **~-de-bico** *m* Kichererbse *f*
grassar um sich greifen
gratidão *f* Dankbarkeit
gratifica|ção *f* Vergütung; **~r** belohnen; vergüten
gratinado *m Kochk* Auflauf
grato angenehm; dankbar
gratuito unentgeltlich
grau *m* Grad; Stufe *f*; ***~ centígrado*** Grad Celsius; ***em alto ~*** in hohem Maße
grav|ação *f* (Ton-)Aufnahme; **~ador** *m* Aufnahmege-

rät *n*; **~ cassete** Kassettenrekorder; **~ar** aufnehmen; eingravieren; **~ata** *f* Krawatte; **~e** schwer(wiegend); ernst; (*Ton*) tief
grávida schwanger
gravid|ade *f* Schwere; Ernst *m*; Schwerkraft; **~ez** *f* Schwangerschaft
gravura *f* (Kupfer-)Stich *m*; (Holz-)Schnitt *m*; Illustration
graxa ['graʃɑ] *f* Schuhkrem; Fett *n*
Grécia *f* Griechenland *n*
grego 1. *adj* griechisch; **2.** *m* Grieche
grelar sprossen; keimen
grelha *f* Rost *m*; Grill *m a Kfz*; **~dor** *m* Grill; **~r** rösten; grillen
grémio *m* Körperschaft *f*; Verein *m*
greta *f* Spalte, Riß *m*
gretar(-se) rissig werden
grev|e *f* Streik *m*; ***furar a ~*** den Streik brechen; **~ista** *m* Streikende(r)
grilo *m* Grille *f*
grinalda *f* Kranz *m*
grip|ado grippekrank; (*Motor*) fest(gefahren); **~e** *f* Grippe
grisalho (*Haar*) grau
grit|ar schreien; **~aria** *f* Geschrei *n*; **~o** *m* Schrei
groselha *f* Johannisbeere
grosseiro grob; roh
gross|o dick; groß; stark; F blau; **a ~** en gros; **~ura** *f* Dikke, Stärke
grou *m* Kranich
grua *f* Kran *m*
grude *m* (Holz-)Leim
grunhir grunzen
grupo *m* Gruppe *f*
gruta *f* Grotte, Höhle
guarda 1. *f* Wache; Schutz *m*; **2.** *m* Wächter; Schutzmann; **~-chuva** *m* Regenschirm; **~-costas** *m* Leibwächter; **~-fato** *m* Kleiderschrank; **~-lama** *m* Kotflügel; **~-livros** *m* Buchhalter; **~napo** *m* Serviette *f*; **~-no(c)turno** *m* Nachtwächter; **~r** bewachen; (auf)bewahren; (zurück)behalten; **~-redes** *m* Torwart; **~-roupa** *m* Kleiderschrank; Garderobe *f*; **~-sol** *m* Sonnenschirm
guarida *f fig* Schlupfwinkel *m*
guarn|ecer ausrüsten; (aus)schmücken; **~ição** *f* Garnison; Verzierung; *Kochk* Garnitur; *Tech* Manschette
guerr|a *f* Krieg *m*; **~ *civil*** Bürgerkrieg *m*; **~eiro 1.** *adj* kriegerisch; **2.** *m* Krieger; **~ilha** *f* Partisanenkrieg *m*; **~ilheiro** *m* Guerilla, Freischärler
guia 1. *f* Führung; (Begleit-)Schein *m*; **2.** *m* Reiseleiter; (*Buch*) Reiseführer; Handbuch *n*; Kursbuch *n*; **~dor** *m* (*Fahrrad*) Lenker; **~r** führen; lenken; fahren; **~-se** sich richten (***por*** nach)
guich|é, *bras* **~ê** *m* Schalter
guinada *f* Wende; Kursabweichung

guinchar kreischen
guinda|r aufwinden, heben; **~ste** *m* Kran; Winde *f*
guisado *m* Gulasch; Ragout *n*
guitarra *f* (*portugiesische*) Gitarre
gula *f* Gefräßigkeit
gulo|dice *f* Leckerbissen *m*; **~so** naschhaft; gefräßig
gume *m* (Messer-)Schneide *f*

H

há (*s* **haver**) es gibt; **~ *2 anos*** seit (*od* vor) 2 Jahren
hábil geschickt, gewandt
habilid|ade *f* Geschicklichkeit; **~oso** geschickt
habilita|ção *f* Befähigung; Berechtigung; **~r** befähigen; berechtigen
habit|ação *f* Wohnung; **~ante** *m* Ein-, Be-wohner; **~ar** (be)wohnen; **~ável** bewohnbar
hábito *m* Gewohnheit *f*
habitua|l gewöhnlich; **~r** gewöhnen; ***~-se*** sich gewöhnen (***a*** an)
hálito *m* Hauch; Atem; ***mau ~*** Mundgeruch
hangar *m* Halle *f*, Hangar
hardware *m* *Inform* Hardware *f*
harmoni|a *f* Harmonie; **~oso** harmonisch; **~zar** in Einklang bringen (stehen)
harpa *f* Harfe
hasta *f* **pública** öffentliche Versteigerung
haste *f* Schaft *m*; Stengel *m*; Stange; ***a meia ~*** auf halbmast; **~ar** hissen
haver 1. (*Hilfsverb*) haben; ***há*** es gibt; ***~ de*** werden; sollen; müssen; **2.** *m*: ***~es*** *pl* Habe *f*; Vermögen *n*
hax|e ['aʃə] *m* F Hasch *n*; **~ixe** [a'ʃiʃə] *m* Haschisch *n od m*
hebraico hebräisch
hectare *m* Hektar *n od m*
hélice *f* Spirale; Propeller *m*; Schiffsschraube
helicóptero *m* Hubschrauber
hemorr|agia *f* Blutung; Bluterguß *m*; **~óidas** *f/pl* Hämorrhoiden
hepatite *f* Hepatitis
hera *f* Efeu *m*
herança *f* Erbe *n*, Erbschaft; *Med* Vererbung
herbicida *m* Unkrautvernichtungsmittel *n*
herd|ade *f* Landgut *n*; **~ar** erben; **~eiro** *m* Erbe
heredit|ariedade *f* Erblichkeit; Vererbung; **~ário** erblich
here|ge 1. *su* Ketzer(in); **2.** *adj* ketzerisch; **~sia** *f* Ketzerei
hermético luftdicht
her|ói *m* Held; **~óico** heldenhaft; **~oína** *f* Heldin; Heroin *n*; **~oísmo** *m* Heldenmut

hesita|ção *f* Zögern *n*; **~r** schwanken; zögern
heterogéneo verschieden (-artig)
heterossexual [ɛtərusɛ'kswal] heterosexuell
hidr|áulico hydraulisch; **~avião** *m* Wasserflugzeug *n*; **~elétrica** *f bras* Wasserkraftwerk *n*; **~ocarboneto** *m* Kohlenwasserstoff; **~ogénio** *m* Wasserstoff
hiena *f* Hyäne
hier|arquia *f* Hierarchie; **~árquico** hierarchisch
higi|ene *f* Hygiene; **~énico** hygienisch
hino *m* Hymne *f*
hiper... *in Zssgn* Über...; hyper
hipermercado *m* Großmarkt
hipismo *m* Reitsport
hipócrita 1. *adj* heuchlerisch; **2.** *su* Heuchler(in)
hipódromo *m* Rennbahn *f*
hipopótamo *m* Nilpferd *n*
hipoteca *f* Hypothek; **~r** verpfänden
hipótese *f* Hypothese; Annahme; Möglichkeit; ***não ter ~s*** keine Chance h
hipotético mutmaßlich
hist|ória *f* Geschichte; **~oriador** *m* Geschichtsschreiber; Historiker; **~órico** geschichtlich, historisch
hoje heute; ***~ em dia*** heutzutage
Holanda *f* Holland *n*
holandês 1. *adj* holländisch; **2.** *m* Holländer
holofote *m* (*starker*) Scheinwerfer
homem *m* Mensch; Mann
homenage|m *f* Ehrung, Huldigung; **~ar** ehren
homicídio *m* Totschlag
homogéneo gleichartig
homólogo *m* Amtskollege
homossexual [ɔmɔsɛ'kswal] **1.** *adj* homosexuell; **2.** *m* Homosexuelle(r)
honest|idade *f* Ehrbarkeit, Ehrlichkeit; **~o** anständig, ehrlich
honorário 1. ehrenamtlich; **2. ~s** *m/pl* Honorar *n*
honra *f* Ehre; **~do** ehrenhaft; anständig; **~r** ehren; **~-se** stolz sn (**de** auf)
honroso ehrenvoll
hor|a *f* Stunde; (Uhr-)Zeit; ***meia ~*** eine halbe Stunde; ***quarto de ~*** eine Viertelstunde; ***~ de ponta*** Rush-hour; ***~ marcada*** (*Behörde*, *Arzt*) Termin *m*; ***chegar a ~s*** zur (rechten) Zeit kommen; ***a que ~s?*** um wieviel Uhr?; ***às 4 ~s*** um 4 Uhr; ***dar ~s*** schlagen (*Uhr*); (*Magen*) knurren; **~ário 1.** *adj* Stunden...; ***sinal m ~*** Zeitzeichen *n*; **2.** *m* Stundenplan; Fahrplan; Öffnungszeiten *pl*
horizont|al waagerecht; **~e** *m* Horizont; *fig* Weite *f*, Raum; Aussicht *f*
hormona *f* Hormon *n*
horr|endo *a fig* fürchterlich; **~ível** schrecklich, grauen-

haft; **~or** *m* Entsetzen *n*; Greuel; Abscheu; **~oroso** entsetzlich

hort|a *f* Gemüsegarten *m*; **~aliça** *f* Gemüse *n*; **~elã-pimenta** *f* Pfefferminze; **~icultura** *f* Gartenbau *m*; **~o** *m* Gärtnerei *f*; *fig* Hort

hospedar|-se sich einquartieren, absteigen; **~ia** *f* Gasthof *m*

hóspede *m* Gast

hospedeir|a *f* Hosteß; **~ *de bordo*** Stewardeß; **~o** *m* Gastwirt

hospital *m* Krankenhaus *n*; **~eiro** gastfreundlich; **~idade** *f* Gastfreundschaft; **~izado: *ser* (*estar*) ~** ins Krankenhaus eingeliefert w (*od* sn)

hóstia *f* Hostie; Oblate

hostil feindlich, feindselig; **~idade** *f* Feindseligkeit

hotel *m* Hotel *n*

hulha *f* Steinkohle

human|idade *f* Menschheit; Menschlichkeit; **~o** menschlich

humedecer anfeuchten

humidade *f* Feuchtigkeit

húmido feucht

humilde demütig; bescheiden

humilha|ção *f* Demütigung; **~nte** erniedrigend; **~r** demütigen

humor *m* Laune *f*; Humor; ***mau* ~** schlechte Laune; **~ista** *su* Humorist(in)

húngaro 1. *adj* ungarisch; **2.** *m* Ungar

Hungria *f* Ungarn *n*

I

ianque *m* Yankee

iate *m* Jacht *f*

ibérico iberisch

içar hissen; aufwinden

icterícia *f* Gelbsucht

ida *f* Gang *m*; (An-)Reise, Hinfahrt; ***bilhete m de ~ e volta*** Rückfahrkarte *f*

idade *f* Alter *n*; Zeitalter *n*; ***terceira ~*** die Alten *pl*; (Lebens-)Alter *n*

ideal 1. *m* Ideal *n*; **2.** *adj* ideal

ideia (-é-) *f* Idee; Begriff *m*; Einfall *m*; ***fazer ~ de*** *a/c* sich *et* vorstellen können; ***não fazer ~*** keine Ahnung h

idêntico identisch

identi|dade *f* Identität; ***bilhete m de ~*** Personalausweis *m*; **~ficação** *f* Identifizierung; **~ficar** identifizieren

idílico idyllisch

idioma *m* Sprache *f*

idiota 1. *su* Idiot(in); **2.** *adj* idiotisch, schwachsinnig

idóneo geeignet, tauglich

idoso alt, betagt; **~s** *m/pl* Senioren; ***lar m de ~*** Seniorenheim *n*

ignição *f* Zündung; ***chave f de ~*** Zündschlüssel *m*

ignor|ância *f* Unwissenheit;

~ante unwissend; **~ar** nicht wissen; ignorieren
igreja *f* Kirche
igual gleich; **~ar** gleichmachen; aus-, an-gleichen; **~dade** *f* Gleichheit; **~ *de direitos*** Gleichberechtigung; **~mente** gleichfalls; gleichermaßen
iguaria *f* Leckerbissen *m*
ileg|al illegal; **~ítimo** unrechtmäßig; (*Kind*) unehelich; **~ível** unleserlich
ileso unverletzt; heil
ilha *f* Insel
ilharga *f* Seite; Flanke
ilícito unerlaubt
ilimitado unbegrenzt; unbeschränkt
ilógico unlogisch
iludir täuschen, trügen; (*Gesetz*) umgehen
ilumina|ção *f* Beleuchtung; **~r** beleuchten
ilus|ão *f* Täuschung; **~ório** illusorisch
ilustra|ção *f* Abbildung; **~do** gebildet; illustriert; **~r** illustrieren
ímã *bras s* **íman**
imagem *f* Bild *n*; Image *n*
imagin|ação *f* Einbildung(skraft); **~ar** sich einbilden; sich vorstellen; **~ário** eingebildet
íman *m* Magnet
imbecil schwachsinnig
imediat|amente sofort; **~o** unmittelbar; augenblicklich
imens|idade *f* Unermeßlichkeit; **~o** sehr (viel); unermeßlich; ungeheuer
imerecido unverdient
imigra|ção *f* Einwanderung; **~nte** *su* Einwanderer; Einwanderin; **~r** einwandern
iminente bevorstehend; drohend
imiscuir-se sich einmischen (*em* in)
imita|ção *f* Nachahmung; **~r** nachahmen, imitieren
imo|bilidade *f* Unbeweglichkeit; **~derado** unmäßig
imortal unsterblich; **~idade** *f* Unsterblichkeit; **~izar** unsterblich machen; verewigen
imóv|el unbeweglich; **~eis** *m/pl* Immobilien *pl*
impaci|ência *f* Ungeduld; **~ente** ungeduldig
impacte [ĩ'paktə] *m fig* Widerhall, (Aus-)Wirkung *f*
impagável unbezahlbar
ímpar ungerade
imparcial unparteiisch
impass|e *m fig* Engpaß; Sackgasse *f*; **~ível** unempfindlich; gleichmütig
imp|ávido unerschrocken; **~ecável** tadellos; **~edido** gesperrt; (*Telefon*) besetzt; **~edimento** *m* Hindernis *n*; **~edir** (ver)hindern; **~enetrável** undurchdringlich
impens|ado unbedacht; **~ável** undenkbar
impera|dor *m* Kaiser; **~r** (be)herrschen; **~triz** *f* Kaiserin

imper|ceptível unmerklich; **~doável** unverzeihlich; **~feição** *f* Unvollkommenheit; **~feito 1.** *m* Imperfekt *n* (*Zeitform*); **2.** *adj* unvollkommen; **~ial 1.** *f* (*kleines*) Glas *n* Bier; **2.** *adj* kaiserlich
império *m* Herrschaft *f*; Kaiserreich *n*; Weltreich *n*
impermeável 1. *adj* wasserdicht; **2.** *m* Regenmantel
imper|tinência *f* Ungehörigkeit; Frechheit; **~tinente** aufdringlich; frech; **~turbável** unerschütterlich
impessoal unpersönlich
ímpeto *m* Ungestüm *n*; Schwung; ***de um ~*** mit e-m Satz (*od* Ruck)
impied|ade *f* Herzlosigkeit; **~oso** herzlos; grausam
impl|antar (ein)pflanzen; einführen; **~icar** verwickeln; einschließen; **~ícito** mit einbegriffen; selbstverständlich
imponente großartig; eindrucksvoll; imposant
impor auferlegen; aufzwingen; **~-se** sich durchsetzen
import|ação *f* Import *m*, Einfuhr; **~ador** *m* Importeur; **~ância** *f* Wichtigkeit; Bedeutung; (*Geld*) Betrag *m*; **~ante** wichtig; bedeutend; **~ar** wichtig sein; ausmachen; importieren; ***~ em*** kosten; ***não importa*** das macht nichts; ***se não se importa*** wenn es Ihnen nichts ausmacht; **~-se** sich kümmern (***com*** um)
importun|ar belästigen; **~o** ungelegen; zudringlich
imposs|ibilitado: ***estar ~*** verhindert sn; **~ível** unmöglich
imposto *m* Steuer *f*; ***~ de renda*** Einkommenssteuer *f*; ***~ sobre o valor acrescentado*** (***IVA***) Mehrwertsteuer *f* (MWSt); ***~ sobre veículos*** Kraftfahrzeugsteuer *f*
impostor *m* Betrüger; Hochstapler
impot|ência *f* Unvermögen *n*; Machtlosigkeit; Impotenz; **~ente** machtlos; impotent
impraticável unausführbar; unbefahrbar
impregnar imprägnieren
imprensa *f* Buchdruck *m*; *fig* Presse
imprescindível unentbehrlich
impress|ão *f* Druck *m*; *fig* Eindruck *m*; **~ionante** eindrucksvoll; beeindruckend; **~ionar** beeindrucken; **~o 1.** *adj* gedruckt; **2.** *m* Drucksache *f*; Flugblatt *n*; Formular *n*; **~ora** *f Inform* Drucker *m*; ***~ laser*** Laserdrucker *m*; ***~ de agulhas*** Nadeldrucker *m*
imprevisto unvorhergesehen; unvermutet
impr|imir (auf-, ein-)drükken; drucken; **~odutivo** unfruchtbar; **~óprio** ungeeignet; unpassend; **~ovável** un-

wahrscheinlich; **~ovisar** improvisieren; **~oviso:** *de ~* plötzlich; aus dem Stegreif
imprud|ência *f* Unvorsichtigkeit; **~ente** unvorsichtig
impudor *m* Schamlosigkeit *f*
impuls|ivo impulsiv; **~o** *m* Stoß; Antrieb; *Tel* Zeittakt
impu|ne straflos; **~reza** *f* Unreinheit; Verunreinigung; **~ro** unrein
imund|ície *f* Schmutz *m*; **~o** schmutzig; dreckig
imun|e *Med, jur* immun; **~odeficiência** *f* Immunschwäche
in|abalável unerschütterlich; **~abitável** unbewohnbar; **~aceitável** unannehmbar; **~acessível** unzugänglich; unerschwinglich; **~acreditável** unglaubwürdig; **~a(c)tivo** untätig; (*Beamter*) außer Dienst; **~adequado** unangemessen; **~admissível** unzulässig; **~advertência** *f* Unachtsamkeit; **~alterável** unveränderlich; **~animado** leblos; **~audito** unerhört
inaugura|ção *f* Eröffnung; Einweihung; **~r** eröffnen; einweihen
incansável unermüdlich
incapaz unfähig; ungeeignet
incendi|ar in Brand stecken; **~ário** *m* Brandstifter
inc|êndio *m* Brand; **~entivo** *m* Anreiz
incert|eza *f* Ungewißheit; **~o** ungewiß; unsicher
incesto *m* Inzest
incha|ço *m* Schwellung *f*; **~r** (an)schwellen
inci|dente *m* Zwischenfall; **~são** *f* Einschnitt *m*; **~sivo** *m* Schneidezahn; **~tar** (an)reizen; anstacheln; anstiften; aufhetzen
incl|inação *f* (Zu-)Neigung; Gefälle *n*; **~inar** neigen; beugen; **~uir** einschließen; **~usive** [ĩklu'ziwɛ] einschließlich
incoerente zs-hanglos
incógnita *f* Unbekannte
incolor farblos
incom|bustível feuerfest; **~ensurável** unermeßlich
incomodar belästigen; stören; **~-se** sich Mühe geben
incómodo 1. *m* Ärgernis *n*; **2.** *adj* unbequem
incom|parável unvergleichlich; **~patível** unvereinbar; unverträglich; **~petente** unbefugt; unfähig; **~pleto** unvollständig, unvollendet; **~preensão** *f* Unverständnis *n*; **~preensível** unbegreiflich
incon|cebível undenkbar; **~dicional** bedingungslos; **~fundível** unverkennbar
inconsci|ência *f* Unzurechnungsfähigkeit; Gewissenlosigkeit; **~ente** unbewußt; unzurechnungsfähig
incon|sequente inkonsequent; **~solável** untröstlich; **~stitucional** verfassungswidrig; **~testável** unstrittig

inconveni|ência *f* Ungelegenheit; **~ente 1.** *m* Unannehmlichkeit *f*; **2.** *adj* unpassend; ungelegen
incorrecção *f* Unhöflichkeit
incorrer: ~ *em* sich zuziehen
inc|orrigível unverbesserlich; **~rédulo** ungläubig; **~remento** *m* Aufschwung *m*; **~riminar** beschuldigen; **~rível** unglaublich
incubadora *f* Brutkasten *m* (*für Frühgeburten*)
inc|ulto unbebaut; ungebildet; **~umbir** beauftragen; **~urável** unheilbar
indagar nachforschen
indec|ência *f* Unanständigkeit; Unverschämtheit; **~ente** unanständig; unverschämt; **~iso** unentschieden; unentschlossen
indef|eso wehrlos; **~inido** unbestimmt, unbegrenzt
indelével unauslöschlich
indelicad|eza *f* Unhöflichkeit; **~o** unhöflich
inde|(m)nização *f* Entschädigung; **~(m)nizar** entschädigen; **~pendência** *f* Unabhängigkeit; **~pendente** unabhängig; **~scritível** unbeschreiblich; **~sejável** unerwünscht; **~terminado** unbestimmt
Índia(s) *f* (*pl*) Indien *n*
indiano 1. *adj* indisch; **2.** *m* Inder
indica|ção *f* Anzeichen *n*; Hinweis *m*; Angabe; **~dor** *m* Anzeiger; Zeigefinger; **~r** zeigen, hinweisen auf; **~tivo** *m Tel* Vorwahl *f*
índice *m* Inhaltsverzeichnis *n*; Register *n*; *Hdl* Index
indício *m* Anzeichen *n*
indiferen|ça *f* Gleichgültigkeit; **~te** gleichgültig
indígena 1. *su* Eingeborene(r); **2.** *adj* eingeboren; einheimisch
indigest|ão *f* Verdauungsstörung; **~o** schwer verdaulich
indign|ação *f* Entrüstung, Empörung; **~ar-se** sich entrüsten, empören (**com** über); **~o** unwürdig
índio *m* Indianer, Indio
indire(c)t|a *f* Anspielung; **~o** indirekt
indiscr|eto taktlos; indiskret; **~ição** *f* Taktlosigkeit; Indiskretion
indispensável unerläßlich
indispo|sição *f* Unwohlsein *n*; Verstimmung; **~sto** unwohl
indi|ssolúvel unauflöslich; **~stinto** undeutlich; **~vidual** persönlich, individuell; Einzel...; **~víduo** *m* Einzelwesen *n*; **~visível** unteilbar
índole *f* Wesen *n*, Eigenart
indolente lässig; träge
indomável unbezwingbar; unbändig
indubitável unzweifelhaft
indulgência *f* Nachsicht, Milde; **~s** *pl Rel* Ablaß *m*

indul|tar begnadigen; verzeihen; **~to** *m* Straferlaß
indústria *f* Industrie; Fertigkeit, Geschick *n*
industrial 1. *adj* industriell; **2.** *su* Industrielle(r); **~izar** industrialisieren
induzir verleiten (**a** zu)
inédito unveröffentlicht; *fig* unerhört, originell
ineficaz unwirksam
inegável unleugbar
inércia *f* Trägheit
inerte regungslos; träge *a Tech*
inesgotável unerschöpflich
inesperado unerwartet
inevitável unvermeidlich
inexa(c)t|idão [inizati'dɐ̃w] *f* Ungenauigkeit; **~o** [ini'zatu] ungenau; unzutreffend
inexperiente [inejʃpə'rjẽtə] unerfahren
inexplicável [inejʃpli'kawɛl] unerklärlich
inexpressivo [inejʃprə'siwu] ausdruckslos
infal|ibilidade *f* Unfehlbarkeit; **~ível** unfehlbar
infame schändlich
infância *f* Kindheit
infant|ário *m* Kinderkrippe *f*; **~il** kindlich; kindisch
infatigável unermüdlich
infe(c)|ção *f* Ansteckung; Entzündung; **~cioso** ansteckend; **~tar** infizieren
infeli|cidade *f* Unglück *n*; **~z** unglücklich; **~zmente** leider
inferior 1. *adj* unter(geordnet); geringer; nieder; minderwertig; **2.** *m* Untergebene(r)
infern|al höllisch; **~o** *m* Hölle *f*
infi|delidade *f* Untreue; **~el** untreu
infiltra|ção *f* Eindringen *n*; **~r** durchdringen; **~(-se)** einsickern (**em** in)
ínfimo unterst, niedrigst
infinito unendlich
inflação *f* Inflation
inflam|ação *f* Entzündung; **~ar** entzünden; **~ável** entzündbar; feuergefährlich
inflável aufblasbar
inflexível [iflɛ'ksiwɛl] unbeugsam
influ|ência *f* Einfluß *m*; **~enciar** beeinflussen; **~ente** einflußreich; **~ir** beeinflussen; Einfluß h (nehmen) (**em** auf)
informa|ção *f* Meldung; Auskunft; **~r a** benachrichtigen; **~-se** sich erkundigen (**com** bei; ***sobre*** über)
informática *f* Informatik
infortúnio *m* Unglück *n*
infra(c)ção *f jur* Übertretung; Verletzung
infra-estrutura *f* Infrastruktur
infrutífero fruchtlos
infundado unbegründet
ingénuo naiv
ingestão *f Med* Einnahme
Inglaterra *f* England *n*
inglês 1. *adj* englisch; **2.** *m* Engländer; Englisch(e) *n*

ingrat|idão *f* Undankbarkeit; **~o** undankbar
ingredientes *m/pl* Bestandteile *pl*; Zutaten *pl*
íngreme steil
inicia|ção *f* Einführung; Unterweisung; **~l** Anfangs...; **~r** beginnen; unterweisen; **~tiva** *f* Initiative
início *m* Anfang
inimi|go 1. *adj* feindlich; **2.** *m* Feind; **~zade** *f* Feindschaft
ininterrupto ununterbrochen
inje(c)|ção *f* Injektion; Spritze; *Kfz* Einspritzung; **~tar** injizieren; *Kfz* einspritzen
injúria *f* Beleidigung
injust|iça *f* Ungerechtigkeit; **~ificado** unbegründet; **~o** ungerecht
ino|cência *f* Unschuld; **~cente** unschuldig; **~fensivo** harmlos; **~lvidável** unvergeßlich; **~portuno** unangebracht; **~vação** *f* Neuerung; **~var** erneuern
inquérito *m* Untersuchung *f*; Umfrage *f*
inquiet|ação *f* Unruhe; **~ar** beunruhigen; **~o** unruhig
inquilino *m* Mieter
insatisfeito unzufrieden
inscr|ever ein-schreiben, -tragen; **~ição** *f* Inschrift; Eintragung
inse(c)t|icida *m* Insektizid *n*; **~o** *m* Insekt *n*
in|seguro unsicher; **~sensível** unempfindlich; **~separável** untrennbar
inset... *bras s* **insect...**
insignific|ância *f* Geringfügigkeit; **~ante** unbedeutend
insinua|ção *f* Andeutung; **~nte** anziehend; **~r** andeuten
insist|ência *f* Beharrlichkeit; **~ir** bestehen (**em** auf)
ins|olação *f* Sonnenstich *m*; **~olente** unverschämt; **~olúvel** unlösbar; unlöslich; **~ónia** *f* Schlaflosigkeit; **~onorização** *f* Geräuschdämmung
inspe(c)|ção *f* Besichtigung; Überwachung; (*a Amt*) Inspektion; **~cionar** besichtigen; überprüfen
ins|pirar einatmen; inspirieren; **~tabilidade** *f* Unbeständigkeit; **~talação** *f* Einrichtung; Anlage; ***instalações** pl* ***sanitárias*** sanitäre Einrichtungen; **~talado: *estar* ~** sich eingerichtet h; **~talar** einrichten; anlegen; **~-se** sich niederlassen
instant|âneo 1. *m* Schnappschuß; **2.** *adj* augenblicklich, plötzlich; Instant...; **~e 1.** *adj* dringlich; **2.** *m* Augenblick
inst|ar dringend bitten; **~igar** aufhetzen; anstiften; **~into** *m* Instinkt; **~ituição** *f* Institution, Einrichtung; **~ituir** einrichten; gründen; **~ituto** *m* Institut *n*
instru|ção *f* Unterricht *m*; Anweisung; Bildung; ***instruções*** *pl* (Bedienungs-)

Anweisungen; **~ido** gebildet; **~ir** unterrichten; **~tor** *m* Instrukteur, Ausbilder
instrumento *m* Werkzeug *n*; Gerät *n*; Instrument *n*; **~ *de cordas*** Saiteninstrument *n*
insu|bmisso aufsässig; **~bordinar** aufwiegeln; **~cesso** *m* Mißerfolg; **~ficiente** unzulänglich; **~lina** *f* Insulin *n*; **~ltar** beleidigen; **~lto** *m* Beleidigung *f*; **~perável** unübertrefflich; **~portável** unerträglich; **~rgir-se** sich empören; **~rreição** *f* Aufstand *m*; **~speito** unverdächtig
íntegra *f* Wortlaut *m*
integra|l vollständig; **~r** ergänzen; *fig* einordnen
íntegro unbescholten; unbestechlich
inteir|ar vervollständigen; in Kenntnis setzen; **~o** ganz, vollständig; ***a tempo* ~** ganztägig; hauptamtlich
intelect|o Verstand; **~ual 1.** *su* Intellektuelle(r); **2.** *adj* intellektuell
intelig|ência *f* Intelligenz; **~ *artificial*** künstliche Intelligenz; **~ente** intelligent
intempérie *f* Unwetter *n*
inten|ção *f* Absicht; **~cional** absichtlich; **~sidade** *f* Intensität; **~so** intensiv; stark; heftig; **~to** *m* Absicht *f*
inter|calar einschieben; einschalten; **~câmbio** *m* Austausch; **~cidades** *m* *Esb* Intercity; **~dição** *f* Verbot *n*
interess|ado *m* Beteiligte(r); Interessent; **~ante** interessant; **~ar** interessieren; wichtig sn für; **~-se** sich interessieren (***por*** für); **~e** *m* Interesse *n*; **~eiro** eigennützig
interface *f* *Inform* Schnittstelle
inter|ferência *f* Einmischung; Interferenz; **~ino** stellvertretend; **~ior 1.** *adj* inner(lich); **2.** *m* Innere(s) *n*; Inland *n*; **~locutor** *m* Gesprächspartner; **~mediário** *m* Vermittler; *Hdl* Zwischenhändler; **~minável** endlos; **~nacional** international; **~nato** *m* Internat *n*; **~no 1.** *m* Internatsschüler; **2.** *adj* Innen...; Binnen...; inner(lich); **~por** dazwischenstellen; *jur* (Berufung) einlegen
intérprete *su* Dolmetscher(-in); *Thea* Darsteller(in)
interroga|ção *f* Befragung; **~r** (aus)fragen; verhören; **~tório** *m* Verhör *n*
interr|omper unterbrechen; ausschalten; **~upção** *f* Unterbrechung; **~uptor** *m* Schalter
interurbano 1. *adj* Fern...; **2.** *m bras* Ferngespräch *n*
intervalo *m* Pause *f*; Zwischen-raum, -zeit *f*
intervenção *f* Intervention; Eingriff *m* (*a Med*)
intestino *m* Darm
intimida|de *f* Vertraulichkeit; **~r** einschüchtern

íntimo intim
intoler|ante intolerant; **~ável** unerträglich
intoxicação [ĩtɔksikɑ'sɑ̃w] *f* Vergiftung
intra|duzível unübersetzbar; **~nsitável** unwegsam; nicht befahrbar; **~nsmissível** nicht übertragbar; **~tável** unausstehlich
intrig|a *f* Intrige; **~uista** *m* Intrigant
introdu|ção *f* Einführung; **~zir** einführen
intui|ção *f* Intuition; **~tivo** intuitiv; **~to** *m* Zweck, Absicht *f*
inúmero unzählig
inunda|ção *f* Überschwemmung; **~r** überschwemmen
in|útil unnütz, vergeblich; unbrauchbar; **~utilizar** unbrauchbar m
invadir überfallen; überfluten; *fig* überkommen
inválido 1. *m* Invalide; **2.** *adj* ungültig; invalid(e), schwerbeschädigt
invariável unveränderlich
invas|ão *f* Überfall *m*; Eindringen *n*; **~or** *m* Eindringling, Angreifer
invej|a *f* Neid *m*; **~ar** (be-)neiden; **~oso** neidisch
inven|ção *f* Erfindung; **~cível** unüberwindlich; **~tar** erfinden; **~tário** *m* Inventar *n*; Inventur *f*; **~to** *m* Erfindung *f*; **~tor** *m* Erfinder
inv|erno *m* Winter; **~ersão** *f* Umkehrung; **~erso 1.** *adj* umgekehrt; gegenteilig; **2.** *m* Gegenteil *n*; **~erter** umkehren; umstellen; **~estigação** *f* Forschung; **~estigar** (er)-forschen; **~estimento** *m* Investition *f*; **~estir** investieren; einsetzen (in); **~isível** unsichtbar; **~ólucro** *m* Hülle *f*; **~oluntário** unfreiwillig; unwillkürlich; fahrlässig; **~ulgar** ungewöhnlich
iogurte *m* Joghurt *m/n*
ir gehen; fahren; reisen; **~(-se)** ***embora*** weggehen; **~ *fazer*** demnächst tun; **~ *a pé*** zu Fuß gehen; **~ *de comboio*** Zug fahren; **~-se *abaixo*** (*Motor*) verrecken
ira *f* Zorn *m*
Irlanda *f* Irland *n*
irlandês 1. *adj* irisch; **2.** *m* Irländer
irm|ã *f* Schwester; **~ão** *m* Bruder; **~s** *pl* Geschwister
irónico spöttisch
irradia|dor *m* Heizkörper; **~r** (aus)strahlen; (*Radio*) senden
irre|al unwirklich; **~alizável** undurchführbar; **~conciliável** unversöhnlich; **~conhecível** unkenntlich; nicht wiederzuerkennen; **~fle(c)tido** unüberlegt; unbedacht; **~gular** unregelmäßig; **~gularidade** *f* Unregelmäßigkeit; **~soluto** unentschlossen; **~sponsável** unverantwortlich

irrigar bewässern
irrit|ação *f* Reizung; Gereiztheit; **~ar** reizen; aufregen; **~ável** reizbar
isca *f* Köder *m*
isen|ção *f* Befreiung; Erlaß *m*; **~tar** befreien; **~to** frei; **~ *de impostos*** steuerfrei
isola|dor *m* Isolator; **~mento** *m* Zurückgezogenheit *f*; Isolierung *f*; **~r** isolieren
isqueiro *m* Feuerzeug *n*
isso das, dies; ***por* ~** darum
isto das, dies; **~ *é*** das heißt
Itália *f* Italien *n*
italiano 1. *adj* italienisch; **2.** *m* Italiener
itinerário *m* Reise *f*; Route *f*

J

já schon; sofort; **~ *não*** nicht mehr; **~ *que*** denn; da
jacaré *m* Kaiman
ja(c)to *m* Strahl; ***avião m a* ~** Düsenflugzeug *n*; **~ *de água* (*ar*)** Wasserstrahl (Luftstrahl)
jamais je(mals); niemals
Janeiro *m* Januar
janela *f* Fenster *n*
jangada *f* Floß *n*
janota schick; elegant
jantar 1. *m* Abendessen *n*; **2.** (zu Abend) essen
jante *f* Felge
Japão *m* Japan *n*
japonês 1. *adj* japanisch; **2.** *m* Japaner
jardi|m *m* Garten; **~ *de infância*** Kindergarten; **~ *zoológico*** zoologischer Garten; **~im-de-inverno** *m* Wintergarten; **~nagem** *f* Gartenbau *m*; **~neiro** *m* Gärtner
jarr|a *f* Vase; **~o** *m* Kanne *f*
jasmim *m* Jasmin
jato *bras s* **jacto**
jaula *f* Käfig *m*; Zwinger *m*
javali *m* Wildschwein *n*; **~na** *f* Bache
jaz|er liegen; ruhen; **~igo** *m* Gruft *f*; *Bgb* Lager *n*
jeit|o *m* Geschick *n*; ***a* ~** gelegen, gerade recht; ***com* ~** geschickt; ***dar um* ~ *a*** F hinkriegen, zurechtbiegen; ***sem* ~** unschlüssig; **~oso** geschickt
jeju|ar fasten; **~m** *m* Fasten *n*; ***em* ~** nüchtern
joalh|aria *f* Juweliergeschäft *n*; **~eiro** *m* Juwelier
joelho *m* Knie *n*
jog|ador *m* Spieler; **~ar** spielen; werfen; **~ (*ao*) *futebol*** Fußball spielen; **~ *fora*** wegwerfen; **~o** *m* Spiel *n*; Satz, Garnitur *f*; Ausstattung *f*; Einrichtung *f*; **~ *de azar*** Glücksspiel *n*; ***os* ℒs *Olímpicos*** die Olympischen Spiele
jogging *engl m* Jogging *n*
jóia *f* Juwel *n*; **~s** *pl* Schmuck *m*
jornada *f* Tagewerk *n*; (*Sport*) Runde; Tagereise

jornal *m* Zeitung *f*; **~eiro** *m* Tagelöhner; *bras* Zeitungsverkäufer; **~ista** *su* Journalist(in)
jorr|ar hervor-sprudeln, -quellen; **~o** *m* Strahl
jovem 1. *su* Jugendliche(r); **2.** *adj* jung
jovial heiter, lustig
juba *f* (Löwen-)Mähne
jubileu *m* Jubiläum *n*
júbilo *m* Jubel, Freude *f*
jud|eu 1. *m* Jude; **2.** *adj* jüdisch; **~ia** *f* Jüdin
judici|al Gerichts...; gerichtlich; **~ária** *f* Kriminalpolizei
judo *m* Judo *n*
jugo *m* Joch *n*
juiz *m* Richter
juíz|a *f* Richterin; **~o** *m* Urteil *n*; Ansicht *f*; Verstand; Gutachten *n*
julgar richten; ab-, beurteilen; meinen
Julho *m* Juli
junção *f* Verbindung(sstück *n*)
junco *m* Binse *f*; Reet *n*
Junho *m* Juni
junt|a *f* Fuge; (Knochen-)Gelenk *n*; Verbindung(sstelle); Kommission; (Rats-)Versammlung; Konferenz; **~ar** an-, ver-sammeln; verbinden; zs-fügen; **~o** beiliegend; daneben; zusammen; **~s** (*alle*) zusammen; **~ de** neben; bei
jur|ado *m* Geschworene(r); **~amento** *m* Eid; Schwur; **~ar** schwören; **~ídico** rechtlich; juristisch; **~isdição** *f* Rechtsprechung; **~isprudência** *f* Rechtswissenschaft; **~ista** *su* Jurist(in); **~os** *m/pl* Zinsen
justamente genau; gerade, eben; mit Recht
justi|ça *f* Gerechtigkeit; **~ficação** *f* Rechtfertigung; **~ficar** rechtfertigen; beweisen
justo gerecht; richtig; (*Kleidung*) eng
juvenil jugendlich
juventude *f* Jugend

K

Kbyte *m* Kbyte *n*
kiwi *m* Kiwi *f*

L

lá da, dort; (da-, dort-)hin
lã *f* Wolle
labareda *f* Stichflamme
lábio *m* Lippe *f*
labirinto *m* Labyrinth *n*
laboratório *m* Labor(atorium) *n*
labuta *f* Plackerei

laca *f* Lack *m*; Haarspray *n*
laço *m* Schleife *f*; Schlinge *f*; Lasso *n*
lacr|ar versiegeln; **~e** *m* Siegellack
lacrim|ejar tränen; **~ogéneo:** ***gás*** *m* **~** Tränengas *n*
lacticínio *m* Milchprodukt *n*
lacuna *f* Lücke
lad|ear begleiten; flankieren; **~eira** *f* Hang *m*; steile Straße; **~ino** schlau; durchtrieben; rätoromanisch; **~o** *m* Seite *f*; ***ao*** **~** ***de*** neben; **~** ***oposto*** Kehrseite *f*; ***pôr de*** **~** beiseite tun (*a fig*)
ladr|ão *m* Dieb; **~ar** bellen; **~ilho** *m* Fliese *f*
lagart|a *f Zo* Raupe; *Tech* Kette, Raupe; **~ixa** [lɑgɑrˈtiʃɑ] *f* Mauereidechse; **~o** *m* Eidechse *f*
lago *m* See; Teich
lagosta *f* Languste
lágrima *f* Träne
laje *f* (Stein-, Beton-)Platte
lama *f* Schlamm *m*; Kot *m*; **~cento** schlammig
lambada *f* (Stock-, Peitschen-)Hieb *m*; (*Tanz*) Lambada
lamb|areiro **1.** *m* Leckermaul *n*; **2.** *adj* naschhaft; **~arice** *f* Leckerbissen *m*; **~er** lecken
lambreta *f* Motorroller *m*
lambugem *f* Schlemmerei
lament|ar beklagen; **~ável** bedauerlich; **~o** *m* Klage *f*
lâmina *f* Plättchen *n*; (*dünnes*) Blech *n*; Klinge
lamiré *m*: ***dar um*** **~** F vorsagen, einen Wink geben
lâmpada *f* Lampe; Glühbirne
lampião *m* Laterne *f*
lança *f* Lanze; **~mento** *m* Abwurf; Buchung *f*; (*Produkt*) Einführung *f*; **~r** werfen; buchen
lance *m* Wurf; Situation *f*; Augenblick
lancha *f* Barkasse; Boot *n*; **~** ***a motor*** Motorboot *n*
lanch|e *m* Imbiß (*nachmittags*); **~onete** *f* Imbißstand *m*; Schnellimbiß *m*
lancil *m* Bordstein
lanterna *f* Laterne
lápis *m* Bleistift
lapiseira *f* Drehbleistift *m*
lapso *m* Versehen *n*, Fehler
lar *m* Heim *n*; Heimat *f*; **~** ***dos estudantes*** Studentenwohnheim *n*
laranj|a **1.** *m* Orange *n* (*Farbe*); Gelb *n* (*Verkehrsampel*); **2.** *f* Apfelsine, Orange; **~ada** *f* Orangeade; **~eira** *f* Apfelsinenbaum *m*
lareira *f* Herd *m*
larg|ar loslassen; *Mar* ablegen; *Flgw* abfliegen; **~o** **1.** *adj* breit; weit; **2.** *m* Platz; **~ura** *f* Breite, Weite
laringe *f* Kehlkopf *m*
larva *f* (Insekten-)Larve
lasca *f* Splitter *m*; **~r** (zer-)splittern

lascivo geil; unzüchtig
laser *m* Laser
lasso schlaff; ausgeleiert
lastim|ar beklagen; bedauern; **~ável** bedauernswert
lastro *m* Ballast; *fig* Grund
lat|a *f* Blech *n*; Blechdose; **~ão** *m* Messing *n*
lat|ente latent; **~eral** seitlich; **~ifúndio** *m* Großgrundbesitz; **~im** *m* Latein *n*; **~ino** lateinisch; romanisch; **~ir** bellen; **~itude** *f* Breite(ngrad *m*)
lava|bo *m* Waschbecken *n*; Waschraum; **~dora** *f bras* Waschmaschine; **~gante** *m* Hummer; **~gem** *f* Wäsche; *pej* Schweinefraß *m*; **~-loiças** *m* Abwaschtisch, Spüle *f*; **~ndaria** *f* Wäscherei; **~ a seco** Trockenreinigung; **~-pára-brisas** *m* Scheibenwaschanlage *f*; **~r** (ab)waschen, (ab)spülen; **~ *os dentes*** Zähne putzen; **~tório** *m* Waschbecken *n*
lavável (ab)waschbar
lavoura *f* Ackerbau *m*
lavra|dor *m* (Acker-)Bauer; **~r** (um)pflügen; bearbeiten; (*Bodenschätze*) abbauen
laxante [la'ʃɑ̃tə] *m* Abführmittel *n*
lazer *m* Vergnügen *n*, Muße *f*
leal treu, rechtschaffen, ehrlich; **~dade** *f* Loyalität; Treue
leão *m* Löwe
lebre *f* Hase *m*
le(c)cionar unterrichten
legação *f* Gesandtschaft
legado *m* Vermächtnis *n*
legal gesetzlich; *bras* F toll; in Ordnung; **~idade** *f* Rechtmäßigkeit; **~izar** legalisieren
legar vermachen
legenda *f* Inschrift; (Bild-)Text *m*; (Zeichen-)Erklärung; (*Film*) Untertitel *m*
leg|islação *f* Gesetzgebung; **~islativo** gesetzgebend; **~ítimo** legitim; rechtmäßig; (*Kind*) ehelich; ***~ítima defesa*** *f* Notwehr; **~ível** leserlich
legume *m* Hülsenfrucht *f*; **~s** *pl* Gemüse *n*
lei *f* Gesetz *n*, Vorschrift; **de ~** echt; hochkarätig
leilão *m* Versteigerung *f*
leit|aria *f* Molkerei; Käsegeschäft *n*; **~e** *m* Milch *f*; ***~ em pó*** Trockenmilch *f*; ***~ magro*** fettarme Milch *f*; **~eiro** *m* Milchmann; **~o** *m* Bett *n*; **~or** *m* Leser; Lektor; ***~ de cassetes*** Kassettenabspielgerät *n*; ***~-gravador de cassetes*** Kassettenrekorder; **~ura** *f* Lektüre
lema *m* Motto *n*; ***sob o ~*** nach dem Motto
lembr|ança *f* Erinnerung, Andenken *n*; **~ar** erinnern; **~ete** *m* Merkzettel; *fig* Denkzettel
leme *m* Steuer *n*
lenço *m* (Taschen-, Hals-, Kopf-)Tuch *n*; **~l** *m* Laken *n*; **~papel** *m* Papiertaschentuch *n*

lend|a *f* Sage; **~ário** sagenhaft
lenha *f* Brennholz *n*
lent|e *f* Linse, Lupe; (Brillen-)Glas *n*; **~ *de conta(c)to*** Kontaktlinse *f*; **~ilha** *f Bot* Linse; **~o** langsam
leopardo *m* Leopard
le|pra *f* Aussatz *m*, Lepra; **~que** *m* Fächer; **~r** lesen, vorlesen; **~são** *f* Verletzung; **~sar** verletzen; schädigen
lésbica 1. *f* Lesbierin, Lesbe; **2.** *adj* lesbisch
leste *m* Osten
letra *f* Buchstabe *m*; (Hand-)Schrift; Wortlaut *m*; Text *m*; *Hdl* Wechsel *m*; **~s** *pl* Geisteswissenschaften
letreiro *m* Schild *n*
levanta|mento *m* Erhebung *f*; Aufstand; **~r** (ab-, auf-, er-)heben; **~-se** aufstehen; aufkommen
levar mitnehmen; tragen; (weg)bringen; führen; fassen; (*Zeit*) brauchen; **~ *a cabo*** durchführen; **~ *a mal*** übelnehmen
leve leicht; flüchtig; ***ao de* ~** (hauch)zart; ganz vorsichtig
leved|ar (*Teig*) gehen (lassen); **~ura** *f* Hefe
levian|dade *f* Leichtsinn *m*; **~o** leichtsinnig; leichtfertig
léxico ['lɛksiku] *m* Wortschatz
lha = *pron* **lhe(s)** + *pron* **a**
lhas = *pron* **lhe(s)** + *pron* **as**
lhe ihm; ihr; Ihnen
lho = *pron* **lhe(s)** + *pron* **o**
lhos = *pron* **lhe(s)** + *pron* **os**
Líbano *m* Libanon
libanês 1. *adj* libanesisch; **2.** *m* Libanese
libélula *f* Libelle
liber|al frei; liberal; **~dade** *f* Freiheit; **~ *de imprensa*** Pressefreiheit; ***tomar a* ~ *de*** sich erlauben zu; **~tação** *f* Freilassung; *jur* Entlassung; **~tar** befreien; entlassen; **~tino** ausschweifend; liederlich
libido *f* Libido
libra *f* Pfund *n* (*a Währung*)
lição *f* Vorlesung; (Lehr-)Stunde; Lektion
liceal 1. *adj* gymnasial; **2.** *su* Gymnasiast(in)
licen|ça *f* Erlaubnis; Schein *m*; Urlaub *m*; *Tech* Lizenz; ***dar* ~** erlauben; **~ciar-se** *Uni* Abschlußexamen *n*; **~ciatura** *f* Staatsexamen *n*
liceu *m* Gymnasium *n*
licor *m* Likör
lid|ar sich (ab)mühen; kämpfen; umgehen (***com*** mit); **~e** *f* (Rechts-)Streit *m*; Kampf *m*
littera|nça *f* Führung; **~r** (an)führen
liga *f* Bund *m*; Legierung; **~ção** *f* Verbindung; Zusammenhang *m*; *El* Schaltung; *Tel* Anschluß *m*; **~dura** *f* Verband *m*, Binde; **~r** (ver)binden; (an-, ein-)schalten; F *Tel* anrufen; ***não* ~** nicht beachten; nicht zuhören

ligeiro leicht; schnell
lilás 1. *adj* lila(farben); **2.** *m* Flieder
lim|a *f* Feile; Limone; **~ão** *m* Zitrone *f*; **~ar** feilen
limiar *m* Schwelle *f*
limit|ação *f* Begrenzung, Beschränkung; **~ar** begrenzen, beschränken; **~e** *m* Grenze *f*; **~ de velocidade** Tempolimit *n*
limítrofe (an)grenzend
limonada *f* Limonade
limp|a-chaminés *m* Schornsteinfeger; **~a-neve** *m* Schneepflug; **~a-pára-brisas** *m* Scheibenwischer; **~ar** säubern, reinigen; **~eza** *f* Sauberkeit
límpido klar; rein
limpo sauber; rein; frei (**de** von)
lince *m* Luchs
linchar lynchen
lindo schön, hübsch
língua *f* Zunge; Sprache; **~ materna** Muttersprache; **dar à ~** schwatzen, plaudern; **debaixo da ~** auf der Zunge
linguado *m* Seezunge *f*
ling|uagem *f* Ausdrucks-, Sprech-weise; Sprache; **~uista** [lĩ'gwiʃtɑ] *su* Sprachwissenschaftler(in); Linguist(in); **~uístico** [lĩ'gwiʃtiku] sprach(wissenschaft)lich
lingueta *f Tech* Klappe; Sperrklinke
linguiça [lĩ'gwisɑ] *f* Wurst (*vom Schwein*)
linh|a *f* Linie; Reihe; Zeile; *El* Leitung; *Esb* Strecke; (*Garn*) Faden *m*; Schnur; Leine; **~ aérea** Fluggesellschaft; **~agem** *f* Abstammung; Sackleinen *n*; **~o** *m* Leinen *n*, Flachs
liquida|ção *f* Abrechnung; Liquidierung; Auflösung; **~r** abrechnen; auflösen; liquidieren; begleichen
líquido 1. *adj* flüssig; netto; **2.** *m* Flüssigkeit *f*
lírio *m* Lilie *f*
Lisboa *f* Lissabon *n*
lisboeta 1. *adj* aus Lissabon; **2.** *su* Lissabonner(in)
liso glatt, eben; schlicht
lisonj|a *f* Schmeichelei; **~ear** schmeicheln
lista *f* Liste, Verzeichnis *n*; (Speisen-, Getränke-)Karte; Telefonbuch *n*; **~gem** *f Inform* Ausdruck *m* (*auf Endlospapier*)
liter|al buchstäblich; **~ário** literarisch; **~atura** *f* Literatur
litoral *m* Küstenstreifen
litro *m* Liter *m od n*
livrar befreien; retten
livr|aria *f* Buchhandlung; **~e** frei; **~ete** *m* Büchlein *n*; Kraftfahrzeugbrief; Sparbuch *n*; **~o** *m* Buch *n*; **~ de bolso** Taschenbuch *n*
lix|a ['liʃɑ] *f* Sandpapier *n*; **~ar** [li'ʃar] (ab)schmirgeln; F linken; versauen; **~-se** F sich anschmieren; **~eira** [li'ʃejrɑ] *f* Müllhalde, Müllkippe;

~ívia [li'ʃiwjɑ] *f* Lauge; Bleichmittel *n*; **~o** ['liʃu] *m* Müll; **~ *urbano*** Hausmüll
lobo *m* Wolf
local 1. *m* Ort, Stelle *f*; **2.** *adj* örtlich; **~idade** *f* Örtlichkeit; Ort *m*
loção *f* (*Kosmetik*) Wasser *n*; Lotion
locatário *m* Mieter
locomo|ção *f* Fortbewegung; **~tiva** *f* Lokomotive
locu|ção *f* Redewendung; **~tor** *m* Ansager; Sprecher
lodo *m* Schlamm
lógic|a *f* Logik; **~o** logisch
logística *f* Logistik
logo (so)gleich; nachher; also; ***até ~*** bis nachher; ***~ que*** (*subj*) sobald
logro *m* Schwindel
loiça *f* Geschirr *n*; Steingut *n*
loja *f* Laden *m*
lombo *m* Lende *f* (*a Kochk*)
lombriga *f* Spulwurm *m*
lona *f* Segeltuch *n*, Zeltbahn
Londres *f* London *n*
long|e weit, fern; ***ao ~*** in der Ferne; ***~ de*** weit (entfernt) von; ***de ~*** von (*od* bei) weitem; **~itude** *f* *Geogr* Länge; **~o** lang(wierig); weitläufig; ***ao ~ de*** längs; entlang; während
lota *f* Fischversteigerung
lotação *f* zugelassene Personenzahl; ***~ esgotada*** alle Plätze ausverkauft (*od* ausgebucht)
lotaria *f* Lotterie
lote *m* *Hdl* Posten; Anteil; Parzelle *f*
louc|o wahnsinnig; verrückt; **~ura** *f* Wahnsinn *m*
louro 1. *adj* blond; **2.** *m* Lorbeer
louv|ar loben, preisen; **~ável** lobenswert; **~or** *m* Lob *n*, Lobrede *f*
lua *f* Mond *m*; ***~-de-mel*** *f* Flitterwochen *f*/*pl*; **~r** *m* Mondschein
lubrifica|ção *f* Schmierung; **~nte** *m* Schmiermittel *n*; **~r** schmieren
lúcio *m* Hecht
lucr|ar gewinnen; Nutzen ziehen; **~ativo** einträglich; **~o** *m* Gewinn; Profit
lugar *m* Ort, Platz, Stelle *f*; ***~ de nascimento*** Geburtsort; ***~ de pé*** Stehplatz; ***~ sentado*** Sitzplatz
lula *f* Tintenfisch *m*
lum|e *m* Feuer *n*; Licht *n*; ***dar ~*** (*für Zigarette*) Feuer geben; ***fazer ~*** Feuer anmachen; **~inoso** leuchtend, hell
lupa *f* Lupe
lus(itan)o portugiesisch
lustr|e *m* Kronleuchter; **~e, ~o** *m* Glanz
luta *f* Kampf *m*, Streit *m*; **~dor** *m* Kämpfer; **~r** ringen; kämpfen
luto *m* Trauer(kleidung) *f*; ***de ~*** in Trauer
luva *f* Handschuh *m*; *Tech* Muffe

Luxemburgo [luʃẽ'burgu] *m* Luxemburg *n*
luxemburguês [luʃẽbur'geʃ] **1.** *adj* luxemburgisch; **2.** *m* Luxemburger
lux|o ['luʃu] *m* Luxus; ***dar-se ao ~ de*** es sich leisten zu; **~uoso** [luʃu'osu] üppig; **~úria** [lu'ʃurjɑ] *f* Geilheit
luz *f* Licht *n*; ***~ de marcha-atrás*** Rückfahrscheinwerfer *m*; ***~ de travagem*** Bremslicht *n*; ***~es** pl **de prevenção*** Warnblinkanlage *f*; ***abrir** od **ligar a ~*** Licht anschalten; ***fechar** od **apagar a ~*** Licht ausschalten; ***dar à ~*** gebären, zur Welt bringen
luzir leuchten, glänzen

M

ma = *pron* **me** + *pron* **a**
má *f von* **mau**
maca *f* Tragbahre
maçã *f* Apfel *m*
macaco *m* Affe; Hebebock; Wagenheber
maça|da *f* Schererei; **~dor** lästig, langweilig; **~neta** *f* Knauf *m*, Griff *m*; Türdrükker; **~pão** *m* Marzipan *n*; **~r** belästigen; langweilen
maçaroca *f* Maiskolben *m*
macarrão *m* Makkaroni *pl*
machado *m* Axt *f*; Beil *n*
mach|ear (*Tiere*) decken; **~ista** *m* F Macho; **~o 1.** *adj* männlich; **2.** *m* Männchen *n*
maciço massiv; dicht
macieira *f* Apfelbaum *m*
macio weich; glatt
maço *m* Holzhammer; Pakken; Stoß; Päckchen *n* (*Zigaretten*)
maçonaria *f* Freimaurerei
mácula *f fig* Makel *m*
madeira *f* Holz *n*; ***~ de lei*** Edelholz *n*
madeixa [mɑ'dejʃɑ] *f* Strähne
madr|asta *f* Stiefmutter; **~e** *f* Nonne; **~epérola** *f* Perlmutter; **~inha** *f* Patin; Trauzeugin
madruga|da *f* Tagesanbruch *m*; **~r** früh aufstehen
madur|ar reifen; **~o** reif
mãe *f* Mutter
maestro *m* Dirigent
magano *m* F tolle(r) Typ
magazine *m* Magazin *n*, Zeitschrift *f*
magicar (nach)grübeln
mágico magisch
magis|tério *m* Lehramt *n*; **~trado** *m* höhere(r) Beamte(r)
magnético magnetisch
magnífico herrlich
mágoa *f fig* Schmerz *m*
magoar(-se) (sich) weh tun; (sich) verletzen
magote *m* F Trupp; Haufen
magro mager
Maio *m* Mai
maiô *bras m* Badeanzug

maionese *f* Mayonnaise
major *adj* größer; älter; mündig; **~ia** *f* Mehrheit; **~idade** *f* Mündigkeit
mais 1. *m* Rest; **2.** *pron* übrig; **3.** *adv* mehr; weiter(hin); ***de ~*** zuviel; ***~ de, ~ do que*** mehr als; ***~ ou menos*** mehr oder weniger; **~-valia** *f* Mehrwert *m*
maiúscula *f* große(r) Buchstabe *m*
majest|ade *f* Majestät; **~oso** majestätisch
mal 1. *adv* übel, schlecht; schlimm; kaum; **2.** *m* Übel *n*; Böse *n*; Leiden *n*; Krankheit *f*; **3.** *cj* sobald
mala *f* Koffer *m*; *Kfz* Kofferraum *m*; ***~ térmica*** Kühltasche
mal|-agradecido undankbar; **~andro** *m* Strolch; Gauner; **~ária** *f* Malaria; **~criado** ungezogen; **~dade** *f* Bosheit; Gemeinheit; **~disposto** übellaunig; unwohl; **~dito** verflucht; **~dizer** (ver)fluchen; **~eável** geschmeidig; *fig* gefügig; **~-educado** unerzogen; **~efício** *m* Bosheit *f*; Schaden; **~-entendido** *m* Mißverständnis *n*; **~-estar** *m* Unbehagen *n*; Unwohlsein *n*; **~feitor** *m* Übeltäter
malha *f* Masche; Fleck *m*; **~s** *pl* Strickwaren *pl*; ***fazer ~*** stricken; **~do** gefleckt, scheckig; **~r** dreschen; schmieden; hämmern
mal|-humorado schlecht gelaunt; **~igno** *Med* bösartig; **~ograr-se** mißlingen; **~ogro** *m* Scheitern *n*; Mißerfolg
malt|a *f* Gesindel *n*; Bande; Gruppe; ***a ~*** F wir; **~e** *m* Malz *n*
mal|trapilho zerlumpt; **~tratar** mißhandeln
maluco verrückt
mam|a *f* (*weibliche*) Brust; ***criança f de ~*** Säugling *m*; **~ã,** *bras* **~ãe** *f* Mama; **~ar** säugen; **~ífero** *m* Säugetier *n*; **~ilo** *m* Brustwarze *f*
manada *f* Viehherde
mancha *f* Fleck *m*; Makel *m*; **~r** beflecken
manchete *f bras* Schlagzeile
manco verkrüppelt; lahm; *fig* mangelhaft; ***estar*** (***ou ser***) **~** hinken
mand|ado *m* Auftrag, Befehl; **~amento** *m* Gebot *n*; **~ar** befehlen; (ab)senden; ***~ fazer*** (*Anordnung*, *Bestellung*) machen l; **~ato** *m* Mandat *n*; **~íbula** *f* Kiefer *m*; **~riar** faulenzen
maneira *f* Art, Weise; Manier; ***à ~ de*** nach Art *gen*; ***de ~ alguma*** auf keinen Fall; ***de ~ que*** so daß; ***não ter ~s*** keine Manieren h
mane|jar handhaben **~jo** *m* Handhabung *f*; Bedienung *f*; **~quim** *m* Schaufensterpuppe *f*; Mannequin *n*; **~ta** einarmig

mang|a *f* Ärmel *m*; *Bot* Mango; **~ueira** *f* (Wasser-)Schlauch *m*
manh|a *f* Trick *m*; **~ã** *f* Morgen *m*; **de ~** morgens; **~oso** gerissen
mani|a *f* Manie; fixe Idee; **~cómio** *m* Irrenhaus *n*; **~cura** *f* Maniküre; **~destro** *m* Rechtshänder
manifest|ação *f* Äußerung; Kundgebung; Demonstration; **~ante** *m* Demonstrant; **~ar** offenbaren; demonstrieren; **~o 1.** *adj* offenbar; **2.** *m* Manifest *n*
manipula|ção *f* Manipulation; Handhabung; Bearbeitung; **~r** handhaben; bearbeiten
manípulo *m* Griff; Hebel
manivela *f* Kurbel
manjedoura *f* (Futter-)Krippe
manobra *f* Manöver *n*; *Esb* Rangieren *n*; *Tech* Steuern *n*, Schalten *n*; **~r** manövrieren; handhaben; steuern
manso sanft; mild; zahm
manta *f* Decke
manteig|a *f* Butter; **~ueira** *f* Butterdose
mant|er er-, unter-halten; **~imentos** *m/pl* Verpflegung *f*; **~o** *m* Mantel; Umhang
manual 1. *m* Handbuch *n*; **2.** *adj* Hand...
manufa(c)tura *f* Herstellung; **~r** herstellen
manuscrito 1. *m* Manuskript *n*; **2.** *adj* handschriftlich
manutenção *f* Aufrechterhaltung; Unterhalt *m*; *Tech* Wartung
mão *f* Hand; (*Straße*) Spur; **à ~** griffbereit; **em segunda ~** aus zweiter Hand; **de ~s dadas** Hand in Hand; **~-de-obra** *f* Arbeits-kraft, -kräfte *pl*
mapa *m* (Land-)Karte *f*; Übersicht *f*
maple *engl m* Polstermöbel *n*
maqueta *f* Modell *n*
maquilha|dora *f* Kosmetikerin; **~gem** *f* Make-up *n*
máquina *f* Maschine; Apparat *m*; **~ de barbear** Rasierapparat; **~ de costura** Nähmaschine; **~ de escrever** Schreibmaschine; **~ de lavar loiça** Geschirrspülmaschine; **~ de lavar roupa** Waschmaschine; **~ fotográfica** Fotoapparat
maquin|ar aushecken; **~ista** *m* Maschinist; Lokomotivführer
mar *m* Meer *n*, See *f*
maravilh|a *f* Wunder *n*; **~ar** (ver)wundern; **~oso** wunderbar
marca *f* Zeichen *n*; Marke; **~ registada** eingetragenes Warenzeichen *n*; **~ção** *f* Markierung; **~dor** *m* Signierstift; **~r** markieren, bezeichnen; belegen; vorbestellen; festlegen; *Tel* wählen
marceneiro *m* Tischler

marcha *f* Marsch *m*; *Kfz* Gang *m*; **~ *atrás*** Rückwärtsgang *m*; **~r** marschieren; gehen
marco *m* Mark *f*; Grenzstein *m*; **~ *postal*** Briefkasten
Março *m* März
maré *f* Ebbe und Flut; *fig* Auf und Ab *n*; Gelegenheit; **~ *alta*** (*Höchststand*) Flut; **~ *baixa*** (*Tiefststand*) Ebbe; **~ *enchente*** Flut; **~ *negra*** Ölpest; **~ *vazante*** Ebbe; **~s** *pl* Gezeiten
marechal *m* Marschall
marfim *m* Elfenbein *n*
margarina *f* Margarine
marg|em *f* Rand *m*; Ufer *n*; Spielraum *m*; **~inal** *m* Randfigur *f*; Außenseiter, Asoziale(r)
maricas 1. *m* F Schwule(r); **2.** *adj* schwul
mari|do *m* Ehemann; **~juana** *f* Marihuana *n*; **~nha** *f* Marine; **~nheiro** *m* Seemann; **~scos** *m*/*pl* Meeresfrüchte *pl*
marítimo See..., Meeres...
marmel|ada *f* Quittenmarmelade; **~o** *m* Quitte *f*
mármore *m* Marmor
maroto *m* Strolch
marqu|esa *f* *Med* Untersuchungsliege; **~ise** *f* Vordach *n*
marr|ada *f* Stoß *m*; **~ar** stoßen; F (*Schule*) büffeln
Marrocos *sg* Marokko *n*
marrom *bras* braun
marroquino 1. *adj* marokkanisch; **2.** *m* Marokkaner
martel|ada *f* Hammerschlag *m*; **~ar** hämmern; *fig* einhämmern; **~o** *m* Hammer
martírio *m* *fig* Qual *f*; Plage *f*
marujo *m* Matrose
mas 1. aber; sondern; **2.** = *pron* **me** + *pron* **as**
mascar kauen
máscara *f* Maske
mascote *f* Maskottchen *n*
masculino männlich
massa *f* Masse; Teig *m*; Nudeln *f*/*pl*; *Tech* Kitt *m*; Abdichtmasse; F (*Geld*) Knete, Kies *m*
massacrar niedermetzeln
massacre *m* Blutbad *n*
massag|em *f* Massage; **~ista** *su* Masseur *m*, Masseuse *f*
mast|igar kauen; **~ro** *m* Mast; **~urbação** *f* Masturbation
mata *f* Wald *m*; **~-borrão** *m* Löschpapier *n*; **~douro** *m* Schlachthof; **~gal** *m* Dikkicht *n*; **~nça** *f* Schlachten *n*; Tötung; **~r** töten; schlachten; (*Zeit*) totschlagen; (*Durst, Hunger*) stillen
matemática *f* Mathematik
matéria *f* Stoff *m*; Gegenstand *m*; **~-prima** *f* Rohstoff *m*
material 1. materiell; **2.** *m* Material *n*
matern|idade *f* Mutterschaft; Frauenklinik; **~o** mütterlich(erseits)
matin|é, *bras* **~ê** *f* Nachmittagsvorstellung

matiz *m* Schattierung *f*
mato *m* Busch; Gestrüpp *n*
matrícula *f* Matrikel; Immatrikulation; Nummernschild *n*
matricular einschreiben
matrim|onial ehelich; **~ónio** *m* Ehe *f*
matriz 1. *adj* Stamm..., Haupt...; **2.** *f Tech* Matrize
matur|ação *f*, **~idade** *f* Reife
matutino 1. *adj* früh, Morgen...; **2.** *m* Morgenzeitung *f*
mau schlecht; schlimm; böse; übel; falsch
maxila [ma'ksilɑ] *f* Kiefer *m*
máxima ['masimɑ] *f* Grundsatz *m*
máximo ['masimu] **1.** größt, höchst; **2.** *m* das Äußerste; das Höchste; Maximum *n*; ***no ~*** höchstens
me mir; mich
meado *m* Mitte *f*; ***no ~ do mês*** in der Monatsmitte
mealheiro *m* Sparbüchse *f*
mecânic|a *f* (**de precisão**) (Fein-)Mechanik; **~o 1.** *adj* mechanisch; **2.** *m* Mechaniker; Auto-, Maschinenschlosser
mecani|smo *m* Mechanismus; Getriebe *n*; **~zar** mechanisieren
mecenas *m* Mäzen
mecha *f* Docht *m*; Lunte
medalha *f* Medaille
média *f* Durchschnitt *m*
medi|ador *m* Vermittler; **~ano** mittelmäßig; **~ante** mittels; **~camento** *m* Arznei *f*; **~cina** *f* Medizin; **~cinal** Heil...
médico 1. *m* Arzt; **2.** ärztlich
medida *f* Maß *n*; Maßnahme
medieval mittelalterlich
médio 1. *m*: **~s** *pl Kfz* Abblendlicht *n*; **2.** *adj* mittler; durchschnittlich; Mittel...
medíocre mittelmäßig
medir (aus-, ab-)messen
medita|ção *f* Betrachtung; Meditation; **~r** nachdenken; meditieren
Mediterrâneo *m* Mittelmeer *n*
med|o *m* Angst *f*; **~ula** *f* Mark *n*; *fig* Kern *m*; **~usa** *f* Qualle
meia *f* Strumpf *m*; Socke; **~-lua** *f* Halbmond *m*; **~-luz** *f* Dämmerlicht *n*; **~-noite** *f* Mitternacht; **~s** *f/pl*: ***a ~*** zu gleichen Teilen; **~s-calças** *f/pl* Strumpfhosen
meig|o zärtlich; **~uice** *f* Zärtlichkeit
meio 1. *adj* halb; **2.** *m* Mitte *f*; Hälfte *f*; (Hilfs-)Mittel *n*; (*sozial*) Milieu *n*; ***~ ambiente*** Umwelt *f*; ***~s pl de comunicação de massa*** Massenmedien *pl*; ***pelo ~*** mittendrin; mittendurch
meio-|bilhete *m* Kinderfahrkarte *f*; **~dia** *m* Mittag
mel *m* Honig
melancia *f* Wassermelone
melão *m* Melone *f*
melhor 1. *su* Beste(r, s) *f/m/n*;

2. *adj/adv* besser; best, am besten; **~a** *f* Besserung; ***as ~s!*** Gute Besserung!; **~amento** *m* Verbesserung *f*; **~ar** verbessern; sich bessern
melindroso zimperlich; heikel; empfindlich
melro *m* Amsel *f*
membro *m* Glied *n*; Mitglied *n*
mem|orável denkwürdig; **~ória** *f* Gedächtnis *n*; Andenken *n*; *Inform* Speicher *m*; **~s** *f/pl* Memoiren
men|ção *f* Erwähnung; **~cionar** erwähnen
mendig|ar betteln; **~o** *m* Bettler
menin|a *f* (*kleines*) Mädchen *n*; *port* (*Anrede*) Fräulein *n*; **~o** *m* (*kleiner*) Junge
menopausa *f* Wechseljahre *n/pl*
menor 1. *su* Minderjährige(r); **2.** *adj* kleiner, geringer; minderjährig; kleinst; jüngst; **~idade** *f* Minderjährigkeit
menos 1. *m* Geringste(s) *n*; **2.** *adj* weniger, minder; **3.** *prp* außer; ***pelo ~*** wenigstens; mindestens; **~prezar** geringschätzen
mensagem *f* Botschaft, Nachricht
mensal monatlich; **~idade** *f* Monatsbe(i)trag *m*
menstruação *f* *Med* Menstruation, Regel
ment|al geistig; **~alidade** *f* (*geistige*) Verfassung; **~e** *f* Geist *m*
mentir lügen; **~a** *f* Lüge
menu *m* Speisekarte *f*; *Inform* Menü *n*
mercado *m* Markt; Absatz; **~ria** *f* Ware
mercearia *f* Lebensmittelgeschäft *n*
mercúrio *m* Quecksilber *n*
merda *f* V Scheiße; **~s** *m* V Scheißkerl
merec|er verdienen; **~ido** gerecht; **~imento** *m* Verdienst *n*
merenda *f* Imbiß *m*
mergulha|dor *m* Taucher; **~r** (ein-, unter-)tauchen
meridional südlich
mérito *m* Verdienst *n*
mero rein, bloß
mês *m* Monat
mesa *f* Tisch *m*; Tafel; Platte; ***pôr*** (***levantar***) ***a ~*** den Tisch decken (abräumen); ***~ de cabeceira*** Nachttisch *m*
mesm|o, ~a 1. *adj* gleiche, selbe; **2.** *adv* sogar; wirklich; **3.** *m, f* der-, die-, das-selbe; ***dar no ~*** aufs gleiche hinauskommen
mesquinho kleinlich
mesquita *f* Moschee
mestiço *m* Mestize
mestre *m* Lehrer; Meister
meta *f* Ziel *n*; **~de** *f* Hälfte
metal *m* Metall *n*; **~úrgico** metallverarbeitend
meteorologia *f* Meteorologie

meter stellen; setzen; legen; stecken; *Kfz* ~ ***gasolina*** tanken; **~se** sich einmischen (***em*** in)
meticuloso gewissenhaft; pedantisch; genau
método *m* Methode *f*
metralhadora *f* Maschinengewehr *n*
metr|o *m* Meter *m od n*; (*bras* **~ô**) U-Bahn *f*; **~ópole** *f* Metropole; Mutterland *n*; **~opolitano** *m* Untergrundbahn *f*
meu mein; ***o*** ~ meiner
mexer [mə'ʃer] (um)rühren
mexerico [məʃə'riku] *m* Klatsch
mexilhão [məʃi'ʎɐ̃w] *m* Miesmuschel *f*
miar miauen
micro|computador *m* Mikrocomputer; **~fone** *m* Mikrofon *n*; **~processador** *m* *Inform* Mikroprozessor; **~scópio** *m* Mikroskop *n*
migalha *f* Krümel *m*
migração *f* (Völker-)Wanderung
mij|ar F pinkeln; **~o** *m* V Pisse *f*
mil tausend
milagr|e *m* Wunder *n*; **~oso** wunderbar
milha *f* (*englische*) Meile
milhão *m* Million *f*
milhar *m* Tausend *n*
milho *m* Mais
milícia *f* Miliz
milímetro *m* Millimeter
milionário *m* Millionär
militar 1. *adj* militärisch; **2.** *m* (Berufs-)Soldat; Militär
mim mir, mich (*nach prp*)
mimoso zart, empfindlich
min|a *f* Bergwerk *n*, Grube; **~ar** untergraben, unterminieren; **~eiro** *m* Bergmann; **~eral 1.** *adj* mineralisch; **2.** *m* Mineral *n*; **~ério** *m* Erz *n*
minha *pron|f* meine
minhoca *f* Regenwurm *m*
mínimo 1. *m* Minimum *n*; kleine(r) Finger; **~s** *pl Kfz* Standlicht *n*; ***no*** ~ wenigstens; **2.** *adj* kleinst; geringst
ministério *m* Ministerium *n*
ministro *m* Minister; ***Primeiro*** ♀ Premierminister
minoria *f* Minderheit
min|úcia *f* Kleinigkeit; Ausführlichkeit; **~ucioso** minuziös; **~úscula** *f* kleine(r) Buchstabe *m*; **~úsculo** winzig
minuta *f* Entwurf *m*
minuto *m* Minute *f*
miocárdio *m* Herzmuskel
miolo *m* Mark *n*; Kern; **~s** *pl* F Grips *m*
míope kurzsichtig
mira *f* Ziel *n*; Absicht; **~douro** *m* Aussichtspunkt; **~r** ansehen
mirto *m* Myrte *f*
miscelânea *f* Vermischte(s) *n*
mis|erável elend, erbärmlich; **~éria** *f* Elend *n*; Not; **~ericórdia** *f* Barmherzigkeit

miss|a *f* Messe; **~ão** *f* Mission; Auftrag *m*
míssil *m Mil* Rakete
mist|ério *m* Geheimnis *n*; **~erioso** geheimnisvoll; **~o** gemischt; **~ura** *f* Mischung; Gemisch *n*; **~urar** mischen
mito *m* Mythos; **~logia** *f* Mythologie
miudeza *f* Kleinigkeit; Genauigkeit; **~s** *pl Kochk* Klein *n* (*Geflügel etc*)
miúdo 1. klein; **2.** *m* kleine(r) Junge; **~s** *m/pl* Kleingeld *n*
mo = me + o
mó *f* Schleifstein *m*
mobília *f* Mobiliar *n*
mobili|dade *f* Beweglichkeit; **~zar** mobilisieren
moç|a *f* Mädchen *n*; **~o 1.** *adj* jung; **2.** *m* Junge
moção *f* Antrag *m*
mochila *f* Rucksack *m*
mocidade *f* Jugend
mod|a *f* Mode; ***fora de ~*** unmodern; **~alidade** *f* Form; Art; **~elar 1.** modellieren; **2.** *adj* Muster..., mustergültig; **~elo** *m* Muster *n*, Modell *n*; **~erar** mäßigen; **~ernizar** modernisieren; **~erno** modern; **~esto** bescheiden
modific|ação *f* (Ab-, Ver-) Änderung; **~ar** abändern
modista *f* Schneiderin
modo *m* Art *f*, Weise *f*; ***de ~ algum*** auf keinen Fall; ***de ~ que*** so daß
módulo *m* Modul *n*; Raumkapsel *f*; *port* Fahrschein(abschnitt)
moe|da *f* Münze; Geld *n*; Währung; **~r** mahlen; *fig* zermürben
mof|ar spotten; **~ento** muffig; **~o** *m* Schimmel
moinho *m* Mühle *f*
mola *f* Feder; Wäscheklammer
mold|ar gießen; formen; **~e** *m* (Guß-)Form *f*, Modell *n*; Schnittmuster *n*; **~ura** *f* Rahmen *m*
mole weiche; F schlapp
molécula *f* Molekül *n*
moleiro *m* Müller
moleque *bras m* (Laus-) Bub(e); Negerjunge
moléstia *f* Unwohlsein *n*; Mühe; Unannehmlichkeit
molha|dela *f* (Regen-)Guß *m*; **~do** naß; **~r** naß *m*; anfeuchten
molhe *m* Mole *f*
molho *m* Bund *n*; Büschel *n*; Soße *f*, Tunke *f*; ***pôr de ~*** einweichen
moment|âneo augenblicklich, vorübergehend; **~o** *m* Augenblick
mona *f* F (*Kopf*) Birne
monar|ca *m* Monarch; **~quia** *f* Monarchie
monção *f* Monsun *m*
mondar jäten
monetário Münz...; Geld...; Währungs...
monitor *m* Betreuer; Ausbilder; *Inform* Monitor

monopólio *m* Monopol *n*
monótono eintönig
monstr|o *m* Ungeheuer *n*; **~uoso** ungeheuer; scheußlich
monta|-cargas *m* Lastenaufzug; **~dor** *m* Monteur; **~gem** *f* Montage; **~nha** *f* Gebirge *n*; **~nhista** *su* Bergsteiger(in)
montante *m* (Gesamt-)Betrag; ***no ~ de*** (*Summe*) in Höhe von
montão *m* F: ***um ~ de*** ein Haufen von
mont|ar montieren; aufstellen; anbringen; *v/i* steigen; aufsitzen; reiten; **~e** *m* Berg; Haufen; **~ra** *f* Schaufenster *n*
monumento *m* Denkmal *n*
morad|a *f* Wohnsitz *m*; Adresse; **~ia** *f* Wohnhaus *n*; Einfamilienhaus *n*; **~or** *m* Ein-, Be-wohner
moral 1. *f* Moral; **2.** *adj* moralisch
morango *m* Erdbeere *f*
morar wohnen
mórbido krankhaft
morcas *m* F Versager
morcego *m* Fledermaus *f*
morcela *f* Blutwurst
mord|aça *f* Knebel *m*; *Tech* Spannfutter *n*; **~az** beißend, scharf; **~edura** *f* Biß *m*; **~er** (an)beißen; ätzen; stechen; jucken
moreno brünett; dunkel
morfina *f* Morphium *n*
mormente insbesondere
morno lau(warm)
morrer sterben; *fig* enden
morro *m* Hügel
morsa *f* Walroß *n*
mort|al sterblich; tödlich; **~alha** *f* Leichentuch *n*; *fig* Zigarettenpapier *n*; **~alidade** *f* Sterblichkeit(srate); **~e** *f* Tod(esfall) *m*; **~o** tot, gestorben; ***estar ~ por*** sich sehr sehnen nach
mosaico [mu'zajku] *m* Mosaik *n*
mosca *f* Fliege
Moscovo *m* Moskau *n*
mosquito *m* Stechmücke *f*
mostarda *f* Senf *m*
mosteiro *m* Kloster *n*
mostr|ador *m* Zifferblatt *n*; Schaukasten; **~ar** zeigen; **~uário** *m* Schaukasten; Musterbuch *n*; Musterkollektion *f*
mota *f* Motorrad *n*
motel *m* Motel *n*
motim *m* Aufstand
motiv|ar verursachen; motivieren; **~o** *m* Grund; Motiv *n*
moto|(cicleta) *f* Motorrad *n*; **~ciclista** *su* Motorradfahrer(in); **~neta** *bras f*, **~reta** *f* Motorroller
motor *m* Antrieb; Motor; ***~ de fora de borda*** Außenbordmotor; ***~ de arranque*** Anlasser(motor); **~ista** *su* (Kraft-)Fahrer(in); **~izada** *f* Moped *n*; **~izar** motorisieren
móve|is *m/pl* Möbel *pl*; **~l 1.** *adj* beweglich; **2.** *m* Möbel *n*

mov|er bewegen; **~imento** *m* Bewegung *f*; Verkehr; Umsatz
mucosa *f* Schleimhaut
muda|nça *f* Veränderung; Verlegung; Versetzung; (*Wohnungswechsel*) Umzug *m*; *Kfz* Ganghebel *m*; **~r** (ver)ändern; wechseln; umziehen; (*Zug*, *Bus*) umsteigen; **~-se** umziehen (**para** nach)
mudo stumm
mugir (*Vieh*, *Meer*) brüllen
muito viel; sehr; **há ~** seit langer Zeit
mula *f* Maultier *n*
mulato *m* Mulatte
muleta *f* Krücke
mulher *f* Frau; **~ a dias** Aufwartefrau; **~-carteiro** *f* Briefträgerin
multa *f* Geldstrafe
multicolor vielfarbig
multidão *f* Menge
multi|nacional *f* multinationale(s) Unternehmen *n*, Multi *m*; **~partidarismo** *m* Mehrparteiensystem *n*
multiplica|ção *f* Vervielfältigung; Vermehrung; **~r** vervielfältigen; vermehren
múltiplo vielfach
mund|ano weltlich; mondän; **~ial** Welt...; **~o** *m* Welt *f*; **terceiro ~** dritte Welt *f*; **todo ~** *bras* alle Leute *pl*
mungir melken
munição *f* Munition
municipal Gemeinde...; Stadt...; städtisch; **Câmara** *f* **♎** Rathaus *n*
município *m* Bezirk
munir rüsten; versehen
muralha *f* (Stadt-)Mauer
murch|ar (ver)welken; **~o** welk; schlaff
murmurar murmeln
murmúrio *m* Murmeln *n*
muro *m* Mauer *f*; Wand *f*
murro *m* Faustschlag
músculo *m* Muskel
museu *m* Museum *n*
musgo *m* Moos *n*
música *f* Musik
musical musikalisch
músico *m* Musiker
mutação *f* Mutation
mutila|do *m* (Kriegs-)Beschädigte(r); **~r** verstümmeln
mútuo gegenseitig

N

na = *prp* **em** + *art*/*f* (*od pron*) **a**
nabo *m* Rübe *f*
nação *f* Nation; **as Nações** *pl* **Unidas** die Vereinten Nationen
nacional national; **~idade** *f* Staatsangehörigkeit; **~ismo** *m* Nationalismus; **~ização** *f* Verstaatlichung; **~izar** verstaatlichen
nada nichts; **de ~** nichts zu

danken; ~ ***de novo*** nichts Neues
nada|dor *m* Schwimmer; **~dor-salvador** *m* Rettungsschwimmer; **~r** schwimmen
nádegas *f/pl* Gesäß *n*
namor|ado *m* Freund; Liebhaber; **~ar** befreundet sn mit; ein Verhältnis h mit; **~i(s)car** flirten mit
não nein; nicht; kein(e); ~ ***... nem ...*** weder ... noch ...; **~-alinhamento** *m* Nichtpaktgebundenheit *f*; **~-fumador** *m* Nichtraucher; **~-participante** unbeteiligt; **~-poluente** umweltverträglich
napa *f* Nappaleder *n*; Kunstleder *n*
naqu|ela, ~ele, ~ilo = em + aquela *usw*
nar|ciso *m* Narzisse *f*; Narziß *m*; **~cótico** *m* Betäubungsmittel *n*; **~cotraficante** *su* Drogenhändler; **~cotráfico** *m* Drogenhandel; **~ina** *f* Nasenloch *n*; **~iz** *m* Nase *f*; (*Schlüssel*) Bart
narra|dor *m* Erzähler; **~r** erzählen; **~tiva** *f* Erzählung
nasc|ente *f* Quelle; **~er** geboren w; entstehen; entspringen; **~imento** *m* Geburt *f*
nat|a *f* Sahne, Rahm *m* (*a fig*); **~ação** *f* Schwimmen *n*; **~al 1.** *adj* heimatlich; **2.** *m* **♀al** Weihnachten *pl*; **~ivo** eingeboren; einheimisch
natur|al 1. *m* Naturell *n*; Einwohner; **2.** *adj* natürlich; ~ **de** geboren in; **é** ~ es ist anzunehmen; **~alidade** *f* Natürlichkeit; Herkunft; **~alizar** einbürgern; **~eza** *f* Natur; Art
naufr|agar Schiffbruch erleiden; **~ágio** *m* Schiffbruch
náusea *f* Übelkeit; *fig* Ekel *m*
naval See..., Schiffs...
navalha *f* (Rasier-)Messer *n*
nave *f* Schiff *n*; Kirchenschiff *n*; ~ ***espacial*** Raumschiff; **~gação** *f* Schiffahrt; **~gador** *m* Seefahrer; **~gar** zur See fahren; **~gável** schiffbar
navio *m* Schiff *n*; ~ ***de pesca*** Fischfangschiff *n*; ~ ***mercante*** Handelsschiff *n*; **~-escola** *m* Schulschiff *n*
neb|lina *f* Nebel *m*; **~uloso** diesig; trüb; *fig* nebulös
necess|ário notwendig; **~idade** *f* Notwendigkeit; Not; Bedarf *m*; ***de primeira*** ~ lebenswichtig; **~itar** brauchen
nectarina *f* Nektarine
neerlandês 1. *adj* niederländisch; **2.** *m* Niederländer
nega|ção *f* Verneinung; **~r** verneinen; verweigern; leugnen; **~-se** sich weigern (**a** zu); **~tiva** *f* Verneinung; (***resposta*** *f*) ~ Absage; **~tivo 1.** *m* (*Foto*) Negativ *n*; **2.** *adj* verneinend; negativ
neglig|ência *f* Nachlässigkeit; **~ente** nachlässig
negocia|ção *f* Verhandlung;

~nte *m* Kaufmann; Geschäftsmann; **~r** (ver-)handeln; **~ta** *f* unsaubere(s) Geschäft *n*
negócio *m* Handel; Geschäft *n*; Angelegenheit *f*
negro 1. *m* Neger; **2.** *adj* schwarz; dunkel
nel|a, ~e = **em** + **ela, ele**
nem nicht (einmal); **~** (*od* ***não***) ... **~** weder ... noch; **~** ***sequer*** nicht einmal
nen|é, ~ê *bras m* Baby *n*
nenhum kein(erlei)
nepotismo *m* Vetternwirtschaft *f*
nervo *m* Nerv; **~sismo** *m* Nervosität *f*; **~so** nervös, nervenkrank
ness|a, ~e = **em** + **essa, esse**
nest|a, ~e = **em** + **esta, este**
net|a *f* Enkelin; **~o** *m* Enkel
neutr|alidade *f* Neutralität; **~alizar** neutralisieren; **~o** neutral
nev|ão *m* Schneefall; Schneegestöber *n*; **~ar** schneien; **~e** *f* Schnee *m*; **~** ***carbónica*** Trockeneis *n*; **~** ***solta*** Pulverschnee *m*
névoa *f* Nebel *m*
nevoeiro *m* (dichter) Nebel
nicho *m* Nische *f*
nicotina *f* Nikotin *n*
ninguém niemand, keine(r)
ninho *m* Nest *n*
nipónico japanisch
nis|so, ~to = **em** + **isso, isto**
nitidez *f* Klarheit; Deutlichkeit
nítido deutlich; klar; scharf; ***pouco*** **~** unscharf
nível *m* Wasserwaage *f*; Niveau *n*; Stand; Stufe *f*; **~** ***de vida*** Lebensstandard; **~** ***do mar*** Meeresspiegel; ***passagem*** *f* ***de*** **~** Bahnübergang *m*
nivela|dora *f* Straßenhobel *m*; **~r** ebnen; ausgleichen
no = *prp* **em** + *art/m* **o**
nó *m* Knoten; Knöchel; *fig* Kern; springende(r) Punkt
nobre ad(e)lig; edel
noção *f* Begriff *m*
nocivo schädlich; **~** ***ao ambiente*** umweltschädigend
no(c)turno nächtlich; Nacht...; ***curso*** *m* **~** Abendkurs
nódoa *f* Fleck(en) *m*; Makel *m*; **~** ***negra*** blaue(r) Fleck *m*
nogueira *f* Nußbaum *m*
noite *f* Nacht; ***à*** **~** abends; ***de*** **~** nachts; ***boa*** **~** guten Abend; gute Nacht
noiv|a *f* Braut; **~o** *m* Bräutigam
noj|ento widerlich, ekelhaft; **~o** *m* Ekel; Trauer *f*; ***meter*** **~** Ekel erregen
no-l|o, ~a = *pron* **nos** + *pron* **o, a**
nome *m* Name(n); Ruf; **~** ***próprio*** Eigenname; **~ação** *f* Ernennung; **~adamente** namentlich; insbesondere; **~ar** (er)nennen
nono neunte(r)

nora *f* Schwiegertochter; Schöpf-rad *n*, -brunnen *m*
nordeste *m* Nordosten
nórdico nordisch
norma *f* Norm; Regel; **~l** normal; **~lizar** normalisieren; *Tech* normen
noroeste *m* Nordwesten
norte *m* Norden; **~nho** aus dem Norden (*Portugals*)
Noruega *f* Norwegen *n*
norueguês **1.** *adj* norwegisch; **2.** *m* Norweger
nos **1.** uns; **2.** = *prp* **em** + *art/m/pl* **os**
nós wir; uns (*nach prp*)
noss|a, ~o unser(e)
nota *f* Aufzeichnung; Banknote; Notiz; Zensur; ***digno de ~*** bemerkenswert; ***tomar ~ de*** aufschreiben; sich merken
not|ar (be-, ver-)merken; beachten; **~ário** *m* Notar; **~ável** bemerkenswert; bedeutend; **~ícia** *f* Nachricht; **~iciar** berichten; **~iciário** *m* Nachrichten *f/pl*; **~ório** offenkundig
noturno *bras s* **nocturno**
noutr|a, ~o = **em** + **outra, outro**
nova *f* Neuigkeit; **~mente** wieder
novelo *m* Knäuel *n*
Novembro *m* November
nov|enta neunzig; **~idade** *f* Neuheit; Neuigkeit; **~ilho** *m* Jungstier; **~o** neu; jung; ***de ~*** wieder, erneut
noz *f* (Wal-)Nuß
nu nackt, kahl, bloß
nublado bewölkt
nuca *f* Genick *n*, Nacken *m*
nuclear Kern..., nuklear
núcleo *m* Kern; Mittelpunkt
nul|idade *f* Nichtigkeit; Ungültigkeit; *fig* (*Person*) Null; **~o** nichtig; ungültig
num, ~a = **em** + **um, uma**
numer|ação *f* Numerierung; **~al** *m* Zahlwort *n*
número *m* Zahl *f*, Nummer *f*; ***~ de telefone*** Telefonnummer *f*
numeroso zahlreich
nunca nie(mals); je(mals); ***~ mais*** nie wieder
núpcias *f/pl* Hochzeit *f*
nutri|r ernähren; *fig* nähren; **~tivo** nahrhaft
nuvem *f* Wolke

O

o **1.** *art/m* der (das, die); *pl* **os**; **2.** *pron* ihn (es, sie); Sie
oásis *m* Oase *f*
obcecado verblendet
obed|ecer gehorchen; befolgen; **~iência** *f* Gehorsam *m*; **~iente** gehorsam
obje(c)|ção *f* Einwand *m*; **~tar** einwenden
obje(c)t|ivo **1.** *m* Ziel *n*; **2.** *adj* objektiv; **~o** *m* Gegenstand
oblíquo schräg, schief

oblitera|dor *m* (*Fahrkarten*) Entwerter; **~r** (*Fahrkarten, Briefmarken*) entwerten
obra *f* Werk *n*; Arbeit; Tat; Bau *m*; **~ *de*** etwa; **~-prima** *f* Meisterwerk *n*; **~r** bewirken; tun, machen; **~s** *f/pl* Bauarbeiten
obriga|ção *f* Verpflichtung; Zwang *m*; **~do!** F **~dinho!** danke!; ***estar*** (*od* ***ser***) **~ *a*** verpflichtet sn zu, müssen; **~r** verpflichten; **~tório** verbindlich; Pflicht...
obsceno unanständig
obscuro dunkel; unbekannt
observa|ção *f* Beobachtung; Bemerkung; **~dor** *m* Beobachter; **~r** beobachten; bemerken; befolgen; **~tório** *m* Observatorium *n*; Sternwarte *f*
obsessão *f* Besessenheit
obstáculo *m* Hindernis *n*
obstante: ***não*** **~** trotzdem
obstinado hartnäckig
obte|nção *f* Erlangung; Erhalt *m*; **~r** erlangen; erreichen
obturador *m* (*Fotoapparat*) Verschluß
óbvio einleuchtend
ocasi|ão *f* Gelegenheit; Anlaß *m*; **~onal** gelegentlich; **~onar** veranlassen
oceano *m* Ozean
ocident|al westlich; **~e** *m* Westen; Abendland *n*
ócio *m* Muße *f*; Ruhepause *f*
ocios|idade *f* Müßiggang *m*; **~o** müßig; überflüssig
oco hohl
ocorr|ência *f* Vorfall *m*; **~er** vorfallen, vorkommen; einfallen
octanagem *f* Oktanzahl
oculista *su* Optiker(in)
óculo *m*: **~ *traseiro*** *Kfz* Heckscheibe *f*; **~s** *m/pl* Brille *f*
ocult|ar verbergen; verheimlichen; **~o** verborgen
ocupa|ção *f* Beschäftigung; Besetzung; **~nte** *m* Besatzer; **~ *selvagem*** (***de casa***) Hausbesetzer; **~r** beschäftigen; besetzen; bewohnen; einnehmen
odiar hassen
ódio *m* Haß
odor *m* Geruch, Duft
oeste *m* Westen
ofegante atemlos
ofen|der beleidigen; **~sa** *f* Beleidigung; **~siva** *f* Angriff *m*
ofer|ecer (an)bieten; schenken; **~ta** *f* Angebot *n*; Geschenk *n*
ofici|al **1.** *adj* amtlich; offiziell; **2.** *m* Offizier; **~na** *f* Werkstatt
ofício *m* Handwerk *n*; Amt *n*; Dienst; amtliche(s) Schreiben *n*; ***por*** **~** von Amts wegen
oftalmologista *su* Augenarzt, -ärztin
ofuscar verdunkeln; trüben; (*Licht*) blenden; *fig* (ver)blenden
ogiva *f mil* Sprengkopf *m*
oitavo achte(r)

olá! (*Interjektion*) Hallo!
olaria *f* Töpferei
oleado *m* Wachstuch *n*
óleo *m* Öl *n*
olfa(c)to *m* Geruchssinn
olh|adela *f* (Seiten-)Blick *m*; **~ar 1.** *v/t* an-sehen, -schauen; **2.** *m* Blick; **~eiras** *f/pl* Augenringe *pl*; **~o** *m* Auge *n*; ***a ~ nu*** mit bloßem Auge; ***não pregar ~*** kein Auge zutun
oligoelemento *m* Spurenelement *n*
olimpíada *f* Olympiade
oliveira *f* Olivenbaum *m*
olmo *m* Ulme *f*
ombro *m* Schulter *f*
omeleta [omə'letɑ] *f* Omelett *n*
omi|ssão *f* Aus-, Unterlassung; **~tir** aus-, unter-lassen
o(m)nipotente allmächtig
omoplata *f* Schulterblatt *n*
onça *f bras* Jaguar *m*
onda *f* Welle; ***estar na ~*** F in Mode sn
onde wo(hin)
oni... *bras s* **omni...**
ónibus *m* Omnibus; *Esb* Vorortzug
ônibus *bras m* Omnibus
ontem gestern
ONU *f Abk* UNO
onze elf
opaco undurchsichtig
opção *f* Wahl; Option
ópera *f* Oper
oper|ação *f* Operation; Geschäft *n*; **~ador** *m allg* Techniker; (*Film*) Kameramann; **~ar** bewirken; aus-, durchführen; operieren; **~ariado** *m* Arbeiterschaft *f*; **~ário** *m* Arbeiter; Handwerker; ***~ especializado*** Facharbeiter
opinião *f* Meinung; ***sondagem f de ~*** Meinungsforschung
opor entgegenstellen; einwenden; Widerstand leisten; **~-se** sich widersetzen (***a*** *dat*)
oportun|idade *f* (passende) Gelegenheit; Zweckmäßigkeit; **~o** gelegen; günstig
oposição *f* Wider-stand *m*, -spruch *m*; Gegensatz *m*; *Pol* Opposition
oposto gegensätzlich, entgegengesetzt; gegenüberliegend
opressão *f* Druck *m*; Unterdrückung; Beklemmung
oprimir unter-, be-drücken
optar wählen; sich entscheiden (***por*** für)
óptic|a *f* Optik; **~o** optisch
ó(p)timo vortrefflich
opulento reich, üppig
ora nun, jetzt; **~!** also!
ora|ção *f* Gebet *n*; Rede; **~dor** *m* Redner; **~l** mündlich
órbita *f* Planetenbahn
orça|mento *m* Kostenvoranschlag; Haushalt(splan)
ordem *f* (An-)Ordnung; Befehl *m*; Auftrag *m*; Orden *m*; ***~ de pagamento*** Zahlungsanweisung; ***por ~*** der Reihe nach
ordena|do *m* Gehalt *n*; **~r**

(an-)ordnen; befehlen; verfügen; weihen
ordenhar melken
ordin|ais *m/pl* Ordnungszahlen *f/pl*; **~ário** gewöhnlich, üblich; ordinär
orelha *f* Ohr *n*
orfanato *m* Waisenhaus *n*
órfão 1. *adj* verwaist; **2.** *m* Waisenkind *n*
orgânico organisch
organi|smo *m* Organismus; Behörde *f*; **~zação** *f* Organisation; **~zar** einrichten; veranstalten; organisieren
órgão *m* Organ *n*; Orgel *f*
orgasmo *m* Orgasmus
orgulh|ar-se stolz sn (**de** auf); **~o** *m* Stolz; **~oso** stolz
orient|ação *f* Orientierung; Beratung; **~al** östlich; **~ar** *fig* anleiten; **~-se** sich zurechtfinden; **~e** *m* Osten; Orient; ***Próximo*** ♀ Nahe(r) Osten
orifício *m* Öffnung *f*, Loch *n*
origem *f* Ursprung *m*; Ursache
origina|l 1. *adj* ursprünglich, originell; **2.** *m* Original *n*; **~r** verursachen
originário ursprünglich; ***ser ~ de*** stammen aus
oriundo: *ser ~ de* stammen aus
orla *f* Rand *m*; Saum *m*
ornament|ar (aus)schmükken; **~o** *m* Verzierung *f*
ornitologia *f* Ornithologie
orquestra *f* Orchester *n*
orquídea *f* Orchidee
ortografia *f* Orthographie
orvalho *m* Tau
os 1. *art m/pl* die; **2.** *pron m/pl* (*Objekt*) sie; ihnen; (*Anrede*) Sie; Ihnen
oscila|ção *f* Schwingung; Schwankung; **~r** schwingen; schwanken
osso *m* Knochen, Bein *n*
ostentar prahlen; protzen
ostra *f* Auster
ot... *bras s* **opt...**
otite *f* Ohrenentzündung
otorrinolaringologista *su* Hals-Nasen-Ohren-Arzt
ou oder; **~... ~...** entweder... oder...
ouriço *m* Igel
ourives *m* Goldschmied; **~aria** *f* Juweliergeschäft *n*
ouro *m* Gold *n*
ousa|do kühn; **~r** wagen
outono *m* Herbst
outro (ein) anderer; weiterer; noch ein; ***outra vez*** noch einmal
outrora früher, ehemals
Outubro *m* Oktober
ouvi|do *m* Gehör *n*; Ohr *n*; **~nte** *m* Hörer; Zuhörer; **~r** (zu-, an-)hören; **~ *falar*** sagen hören
ovação *f* Beifallssturm *m*
ov|al oval; **~ário** *m* Eierstock; **~eiro** *m* Eierbecher
ovelha *f* Schaf *n*
OVNI [ɔv'ni] *m* Ufo *n*
ovo *m* Ei *n*; **~s** *pl* ***estrelados***

Spiegeleier; **~s** *pl* ***mexidos*** Rühreier
oxalá [ɔʃɑ'la] (**que**) *subj* hoffentlich
óxido ['ɔksidu] *m* Oxid *n*
oxigénio [ɔksi'ʒɛnju] *m* Sauerstoff
ozónio *m*, **ozono** *m* Ozon *n*

P

pá *f* Schaufel; Spaten *m*; Paddel *n*; **~ *mecânica*** Radlader *m*; **~!** F eh!, Mann!
pacato friedfertig
paci|ência *f* Geduld; Patience; **~ente 1.** *adj* geduldig; **2.** *su* Patient(in)
pacífico friedlich, still
pacifista *su* Pazifist(in)
pacote *m* Paket *n*
pacto ['paktu] *m* Vertrag; Pakt
padaria *f* Bäckerei
padeiro *m* Bäcker
padrão *m* Muster *n*; Vorlage *f*; Schablone *f*
padr|asto *m* Stiefvater; **~e** *m* Priester; Pater; **~inho** *m* Pate; Trauzeuge; **~oeiro** *m* Schutzheilige(r)
pag|a *f* Zahlung; Lohn *m*; **~amento** *m* (Aus-)Zahlung *f*; **~ão** *m* Heide; **~ar** (be-)zahlen; (*Besuch*) erwidern; *fig* heimzahlen; **~ável** zahlbar
página *f* Seite
pago bezahlt
pai *m* Vater; **os ~s** die Eltern *pl*; **~-nosso** *m* Vaterunser *n*
painel *m* Gemälde *n*; *Tech* Instrumententafel *f*; *Kfz* Armaturenbrett *n*
pairar schweben
país *m* Land *n*; **℞es** *pl* ***Baixos*** Niederlande *pl*
paisag|em *f* Landschaft; **~ista** *su* Landschaftsarchitekt(in)
paixão [paj'ʃɑ̃w] *f* Leidenschaft
pala *f* Mützenschirm *m*; *Kfz* Schmutzfänger *m*
palácio *m* Palast
pala|dar *m* Geschmack; **~to** *m* Gaumen; **~vra** *f* Wort *n*; **~ *de honra*** Ehrenwort *n*; **~s** *pl* ***cruzadas*** Kreuzworträtsel *n*; **~vrão** *m* Schimpfwort *n*
pal|co *m* Bühne *f*; **~erma 1.** *m* F Dämlack; **2.** *adj* dämlich; **~estra** *f* Plauderei; **~ete** *m* (*Transport*) Palette *f*; **~etó** *m* Jackett *n*
palh|a *f* Stroh *n*; *fig* Nichts *n*; **~aço** *m* Clown; **~inha** *f* Strohhalm *m*
paliativo *m* Schmerzmittel *n*
pálido blaß
palito *m* Zahnstocher
palm|a *f* Palme; **~ *da mão*** Handfläche; **~s** *f|pl* Beifall *m*; ***bater* ~s** Beifall klatschen; **~ada** *f* Schlag *m*, Klaps *m*; **~eira** *f* Palme; **~ilha** *f* Einlegesohle; **~o** *m*

Handbreit *f*; **~ a ~** Schritt für Schritt
pálpebra *f* Lid *n*
palpit|ação *f* Herzklopfen *n*; **~ante** spannend; brennend; **~e** *m* (Vor-)Ahnung *f*
palrar schwatzen
panar *Kochk* panieren
pancada *f* Schlag *m*, Stoß *m*; ***ter ~ para*** F *e-n* Faible h für
pançudo dickbäuchig
pane *f Kfz* Panne
panela *f* Kochtopf *m*; ***~ de escape*** *Kfz* Auspufftopf *m*; ***~ de pressão*** Schnellkochtopf *m*
pânico *m* Panik *f*
pano *m* Tuch *n*; Lappen; Stoff; **~rama** *m* Panorama *n*; **~râmica** *f* Überblick *m*
pântano *m* Sumpf, Morast
pantera *f* Panther *m*
pantufa *f* Pantoffel *m*
pão *m* Brot *n*; ***~ de açúcar*** Zuckerhut; ***~ sueco*** Knäkkebrot *n*; **~zinho** *m* Brötchen *n*
papa 1. *m* Papst; **2.** *f* Brei *m*
papagaio *m* Papagei; (Papier-)Drachen
papai *m bras* Papa
papeira *f Med* Ziegenpeter *m*
papel *m* Papier *n*; *Thea* Rolle *f*; ***~ contínuo*** *Inform* Endlos-; ***~ higiénico*** Toiletten-, ***~ químico*** Kohle-, ***~ vegetal*** Pergamentpapier *n*; **~ada** *f* Papierkram *m*; **~ão** *m* Pappe *f*; **~aria** *f* Schreibwarenhandlung
papo *m* Kropf; ***bater um ~*** *bras* F *e-n* Schwatz m
papoila *f* Mohn *m*
par 1. *adj* gleich; (*Zahl*) gerade; **2.** *m* Paar *n*; ***a ~ de*** neben; ***sem ~*** ohnegleichen; ***~es*** *pl Sport* Doppel *n*
parabéns *m/pl* Glückwunsch *m*; ***dar os ~ a*** beglückwünschen
pára-|brisas *m* Windschutzscheibe *f*; **~choques** *m* Stoßstange *f*
parad|a *f* Parade; *bras* Haltestelle; **~eiro** *m* Aufenthalt(sort)
parafuso *m* Schraube *f*
paragem *f* Stillstand *m*; Haltestelle; ***~ proibida*** Halteverbot *n*
paraíso *m* Paradies *n*
pára-lamas *m* Kotflügel
paralelo 1. *m* Parallele *f*; **2.** *adj* parallel
paralis|ado stillgelegt; gelähmt; **~ar** lähmen; still-, lahm-legen; **~ia** *f* Lähmung
paramilitar paramilitärisch
parapeito *m* Geländer *n*; Fensterbank *f*; Brüstung *f*
pára-qued|as *m* Fallschirm; **~ista** *su* Fallschirmspringer(in)
parar stehenbleiben, (an-)halten; abstellen; ***sem ~*** unaufhörlich
pára-raios *m* Blitzableiter
parasita *m* Schmarotzer
pára-|sol *m* Sonnenschirm; **~vento** *m* Windfang

parc|eiro *m* Partner, Teilhaber; Mitspieler; **~ela** *f* Parzelle; **~elamento** *m* Aufteilung *f*; **~ial** teilweise; parteiisch; **~ialidade** *f* Parteilichkeit
parcómetro *m* Parkuhr *f*
pard|al *m* Spatz; **~o** grau; dunkel
parec|er 1. scheinen; aussehen; **~-se** (**com**) sich ähneln; **2.** *m* Aussehen *n*; Ansicht *f*; Gutachten *n*; **~ido** ähnlich
parede *f* Wand; Mauer
parelha *f* Paar *n*; Gespann *n*
parente 1. *su* Verwandte(r); **2.** *adj* verwandt; **~sco** *m* Verwandtschaft *f*
paridade *f* Gleichheit; Parität
parir gebären; werfen
parlament|ar 1. *m* Parlamentarier; **2.** *adj* parlamentarisch; **~o** *m* Parlament *n*
paróquia *f* Gemeinde
parque *m* Park (*a Tech*); **~ *de campismo*** Campingplatz; **~ *de estacionamento*** Parkplatz
parte *f* (An-)Teil *m*; Partei; Mitteilung; **à ~** abseits; getrennt; ***em ~ nenhuma*** nirgendwo; ***em toda a ~*** überall; ***tomar ~ em*** teilnehmen an
parteira *f* Hebamme
participa|ção *f* Mitteilung; Teilnahme; Anteil *m*; **~nte** *su* Teilnehmer(in); **~r** mitteilen; teilnehmen (***em***, *bras* ***de*** an)
particular 1. *adj* privat; besonder; eigentümlich; **2.** *m* Privatperson *f*; **~idade** *f* Eigentümlichkeit; Besonderheit; Einzelheit; **~mente** besonders, insbesondere
parti|da *f* Abreise; Start *m*; Abfahrt; *fig* Streich *m*; (*Spiel*) Partie; **~dário** *m* Parteimitglied *n*; Anhänger; **~do** *m* Partei *f*; **~lha** *f* (Erb-; Auf-)Teilung; **~lhar** (ver)teilen; **~r** (zu)teilen; zerteilen; zerbrechen; abreisen, abfahren; **~-se** entzweigehen; ***a ~ de*** von ... an
parto *m* Entbindung *f*; ***~ prematuro*** Frühgeburt *f*
parvo einfältig; dumm
Páscoa *f* Ostern *n*
pasm|ar verblüffen; **~o** *m* Verblüffung *f*
passa *f* Rosine; F Joint *m*; **~deira** *f* Zebrastreifen *m*; (*Teppich*) Läufer; **~do 1.** *adj* vergangen; ***bem*** (*od* ***mal***) **~** *Kochk* gut (*od* nicht) durchgebraten; **2.** *m* Vergangenheit *f*; **~dor** *m* Sieb *n*; **~geiro 1.** *m* Fahrgast, Reisende(r); **2.** *adj* vorübergehend; **~gem** *f* Durch-gang *m*, -fahrt, -reise; Fahrkarte; Stelle (*im Text*); ***~ de nível*** Bahnübergang *m*; ***de ~*** im Vorübergehen (*a fig*); **~porte** *m* (Reise-)Paß; **~r** vorbei-, vorüber-gehen, -fahren; (*Frist*) überschreiten; sieben; (*Dokument*) ausstellen; (über-)

reichen; verbringen; durchkommen; **~-se** sich ereignen; **~ (a ferro)** bügeln; **~rela** *f* Fußgängerbrücke
pássaro *m* Vogel
passatempo *m* Zeitvertreib
passe *m* Monatskarte *f*
pass|ear spazieren-gehen, -fahren; **~-se** sich die Beine vertreten; **~eio** *m* Spazier-gang, -fahrt *f*; Ausflug; Promenade *f*; Bürgersteig
passivo untätig; passiv
passo *m* Schritt; Stelle *f* (*im Text*); **a dois ~s** ganz in der Nähe
pasta *f* Paste; Mappe; *Pol* Geschäftsbereich *m*; Amt *n*; *Kochk* Pastete; **~ dentífrica** Zahnpasta
pastar weiden
pastel *m* Pastete *f*; Kuchen; **~aria** *f* Konditorei
pastilha *f* Pastille, Lutschtablette; *Inform* Chip *m*; **~ elástica (tipo balão)** (Blasen-)Kaugummi *m*
pastor *m* Hirt; Pastor; **~ alemão** Schäferhund
pat|a *f* Pfote, Tatze; Ente; **~amar** *m* Treppenabsatz; **~ear** trampeln; **~ente 1.** *f* Patent *n*; **2.** *adj* offen(bar); **~entear** zeigen; bekunden
patern|al väterlich; **~idade** *f* Vaterschaft; **~o** *s* **~al**
patife *m* Schurke
patilhas *f/pl* Koteletten
patim *m* Schlitt-, Rollschuh; *Tech* Kufe *f*
patina|gem *f* Eis-, Rollschuh-laufen *n*; **~r** Schlitt-, Rollschuh laufen; schleudern (*Auto*)
pátio *m* (Innen-)Hof
pato *m* Erpel; *Zo* Ente *f*
patrão *m* Chef, Arbeitgeber
pátria *f* Vaterland *n*
património *m* Eigentum *n*; Erbe *n*
patroc|inador *m* Schirmherr; **~ínio** *m* Schirmherrschaft *f*
patron|al Arbeitgeber...; **~o** *m* Beschützer; Rechtsbeistand
patrulha *f* Streife
patusco lustig; ulkig
pau *m* Holz *n*; Stock; **~s** *pl* (*Karten*) Kreuz *n*; F *für Escudos*; **~-brasil** *m* Brasilholz *n*
paulista 1. *adj* aus São Paulo; **2.** *su* Einwohner(in) von S. Paulo
pausa *f* Pause
pavão *m* Pfau
pavilhão *m* Pavillon; Halle *f*; *Mar* Flagge *f*
pavimento *m* Fußboden; Pflaster *n*
pavor *m* Schreck; **~oso** schrecklich
paz *f* Friede(n) *m*; Ruhe; **fazer as ~es** sich (wieder) vertragen
pé *m* Fuß; Sockel; Stengel; **ao ~ de** neben; **a ~** zu Fuß; **de ~** stehend, aufrecht
peão *m* Fußgänger; *bras* Landarbeiter
peça *f* Stück *n*; Theaterstück

n; *Tech* (Ersatz-)Teil *n*; *bras* Zimmer *n*
peca|do *m* Sünde *f*; **~r** sündigen
pechincha *f* Gelegenheitskauf *m*
peçonha *f* Gift *n*
pé-coxinho [pɛ-ku'ʃiɲu] *m* (*Kinderspiel*) Hopse *f*
pecuária *f* Viehzucht
peculiar eigen(tümlich)
ped|aço *m* Stück *n*; Weile *f*; **~ágio** *bras m* Autobahngebühr *f*; **~al** *m* Pedal *n*; **~estal** *m* Sockel; **~estre** *m bras* Fußgänger; **~iatra** *su* Kinder-arzt, -ärztin; **~ido** *m* Bitte *f*; Bestellung *f*; (Heirats-)Antrag; ***a ~*** auf Wunsch; **~ir** bitten; verlangen; bestellen; beantragen; **~itório** *m* Kollekte *f*, Sammlung *f*
pedr|a *f* Stein *m*; **~eira** *f* Steinbruch *m*; **~eiro** *m* Maurer
pega *f* Elster; Streit *m*; F Topflappen *m*
pegada *f* Fußspur; *fig* Spur
pegar (an)kleben, haften; Wirkung zeigen; (er)greifen; (sich) anstecken; *Kochk* anbrennen; ***~ na palavra*** beim Wort nehmen; ***isso não pega!*** das verfängt nicht!
peido *m* V Furz
peito *m* Brust *f*; ***dar o ~*** säugen; ***do ~*** von Herzen
peitoril *m* Brüstung *f*
peix|e ['pejʃə] *m* Fisch; **~eiro** [pej'ʃejru] *m* Fischhändler
pela = *prp* **por** + *art*/*f* (*od pron*) **a**
pel|ar schälen; (ab)häuten; **~e** *f* Haut; Fell *n*; Pelz *m*
película *f* Film(streifen) *m*; (dünne) Schicht
pelo = *prp* **por** + *art*/*m* (*od pron*) **o**
pêlo *m* Haar(kleid) *n*; Fell *n*
peluche *f* Plüsch *m*
pelu|do behaart; haarig; **~gem** *f* Flaum *m*
pena *f* Strafe; Leid *n*; Feder; ***é ~!*** schade!; ***vale a ~*** es lohnt sich
penal Straf...; **~idade** *f* Strafe; Strafvollzug *m*
penálti *m*, *bras* **pênalti** *m* Strafstoß
pende|nte schwebend; (*Frage*) offen; **~r** (herab)hängen
pêndulo *m* Pendel *n*
pendura|do: ***estar ~*** hängen; **~r** (auf)hängen
peneira *f* Sieb *n*; **~r** (durch-) sieben
penetra|nte durchdringend; tief; **~r** durch-, ein-dringen; durchschauen
penhor *m* Pfand *n*; Pfandhaus *n*; **~a** *f* Pfändung
península *f* Halbinsel
pénis *m* Penis
penit|ência *f* Buße; **~enciária** *f* Strafgefängnis *n*
penoso schmerzlich; peinlich; beschwerlich
pens|amento *m* Denken *n*; Gedanke *m*; **~ão** *f* Pension;

~ ***completa*** Vollpension; ***meia*** ~ Halbpension; **~ar** denken; meinen; **~ativo** nachdenklich; **~ionista** *su* Pensionär(in), Rentner(in); **~o** *m Med* Verband; ~ ***rápido*** Schnellverband
pente *m* Kamm; **~ado** *m* Frisur *f*; **~ar** kämmen; frisieren
Pentecoste(s) *m* Pfingsten *n*
pen|ugem *f* Flaum *m*; Daunen *f|pl*; **~último** vorletzt; **~umbra** *f* Halbdunkel *n*; **~úria** *f* Mangel *m*, Not
pepino *m* Gurke *f*
pequeno 1. *m* F (*Kind*) Kleine(r); **2.** *adj* klein; gering (-fügig)
pêra *f* Birne
perante vor; angesichts
percalço *m* Mißgeschick *n*
perceber wahrnehmen, bemerken; verstehen
percentagem *f* Prozentsatz *m*; Anteil *m*
percep|ção *f* Wahrnehmung; **~tível** wahrnehmbar
percevejo *m* Wanze *f*; Reißzwecke *f*
perc|orrer bereisen; zurücklegen; durch-fahren, -laufen; **~urso** *m* Strecke *f*, Route *f*
perda *f* Verlust *m*
perdão *m* Verzeihung *f*
perd|er verlieren; verpassen; **~-se** verlorengehen; sich verirren; **~ido** F vernarrt (***por*** in); außer sich (***de*** vor); **~s e achados** *m|pl* Fundsachen *pl*
perdiz *f* Rebhuhn
perdoar verzeihen
perec|er umkommen; **~ível** verderblich
peregrin|ação *f* Wallfahrt; **~ar** pilgern; **~o** *m* Pilger
pereira *f* Birnbaum *m*
perene langlebig
perfazer vollenden; ausmachen
perfeccionismo *m* Perfektionismus
perfei|ção *f* Vollkommenheit; Vollendung; **~to** vollkommen
pérfido treulos, falsch
perf|il *m* Profil *n*; Umriß; **~ilhar** adoptieren; **~ormance** *f Tech* Leistung; **~ume** *m* Parfüm *n*; **~urador** *m* Locher; **~urar** lochen; durchbohren, durchlöchern
pergaminho *m* Pergament *n*
pergunta *f* Frage; **~r** fragen
per|ícia *f* Erfahrung; Sachkenntnis; **~iferia** *f* Peripherie; **~iférico** *m Inform* Peripherie(-gerät *n*) *f*; **~igo** *m* Gefahr *f*; **~igoso** gefährlich; **~ímetro** *m* Umfang; **~iódico 1.** *adj* regelmäßig; **2.** *m* Zeitung *f*; **~íodo** *m* Zeit(-abschnitt *m*) *f*; **~iquito** *m* Wellensittich; **~ito 1.** *adj* sachverständig; **2.** *m* Sachverständige(r)
perman|ecer bleiben; **~ência** *f* Fortdauer *f*; Aufenthalt *m*; **~ente 1.** *adj* ständig; **2.** *f* Dauerwelle

permi|ssão *f* Erlaubnis; **~tir** erlauben, gestatten
permutar um-, ver-tauschen
pern|a *f* Bein *n*; **~icioso** schädlich; **~oita** *f* Übernachtung; **~oitar** übernachten
pérola *f* Perle
perpendicular senkrecht
perp|etuar verewigen; **~étuo** ewig; lebenslänglich
perplexo [pər'plɛksu] bestürzt; ratlos
persa 1. *adj* persisch; **2.** *su* Perser(in)
perse|guição *f* Verfolgung; **~guir** verfolgen; **~verante** beharrlich
persiana *f* Jalousie
persist|ência *f* Ausdauer; **~ente** ausdauernd; beständig; **~ir** an-, fortdauern
person|agem *f od m* Persönlichkeit; Figur; Person; **~agem-título** *f od m* Titelgestalt *f*; **~alidade** *f* Persönlichkeit; **~ificar** verkörpern
pers|pectiva *f* Perspektive, Aussicht; **~picaz** scharfsinnig; **~uadir** überreden; überzeugen; **~uasão** *f* Überredung; Überzeugung
pertencer (an)gehören
pertin|ácia *f* Hartnäckigkeit; **~az** hartnäckig
perto (de) nahe bei; ***de ~*** aus der Nähe
perturba|ção *f* Störung; Verwirrung; **~r** stören; ***~-se*** in Verwirrung (*od* Aufruhr) geraten
peru *m* Truthahn; **~a** *f* Pute; *bras* (*kleiner*) Lastkraftwagen *m*
pesadelo *m* Alptraum
pesado schwer; plump
pêsames *m/pl* Beileid *n*
pesar 1. (ab)wiegen; *fig* (ab)wägen; **2.** *m* Kummer; Bedauern
pesc|a *f* (Fisch-)Fang *m*; Angeln *n*; **~ada** *f* Schellfisch *m*; **~ador** *m* Fischer, Angler; **~ar** fischen; ergattern; **~oço** *m* Hals
peso *m* Gewicht *n*; Last *f*; ***~ morto*** Ballast
pesquisa *f* Untersuchung; (Nach-)Forschung; **~r** untersuchen; erforschen
pessário *m Med* Pessar *n*
pêssego *m* Pfirsich; ***~ careca*** Nektarine *f*
pessimis|mo *m* Pessimismus; **~ta** *su* Pessimist(in)
péssimo sehr schlecht
pessoa *f* Person; ***em ~*** persönlich; ***as ~s*** die Leute *pl*
pessoal 1. *adj* persönlich; **2.** *m* Personal *n*; ***o ~*** F man; wir
pestana *f* Wimper
peste *f* Pest
pesticida *m* Pestizid *n*
petição *f* Gesuch *n*, Bitte
petisc|ar naschen; **~o** *m* Lekkerbissen
petr|oleiro *m* Tanker; **~óleo** *m* Erdöl *n*; Petroleum *n*; **~oquímica** *f* Petrochemie
peúga *f* Socke

peuquete *f* (Kinder-)Söckchen *n*

pez *m* Harz *n*; Pech *n*

pia *f* Trog *m*; Becken *n*; **~çaba** *f* Klosettbürste; **~da** *f* Witz *m*; ***ter*** **~** witzig sn

piano *m* Klavier *n*; **~ *de cauda*** Flügel

pião *m* Kreisel; ***fazer*** **~** *Kfz* kreiseln

piar piepsen

pica|da *f*, **~dela** *f* Stich *m*; **~nte** scharf; *fig* pikant; **~-pau** *m* Specht; **~r** stechen (*Kleidung*) kratzen; (*Fahrkarte*) lochen; (*im Hals*) brennen; *fig* sticheln; **~reta** *f* Spitzhacke

pico *m* Dorn; Stachel; Spitze *f*; Gipfel; **~tar** *bras* knipsen

pied|ade *f* Erbarmen *n*; Mitleid *n*; **~oso** fromm; mitleidig

pigarrear sich räuspern

pijama *m* Pyjama

pila *f* F Puller *m* (*Kinderwort für Penis*)

pilar *m* Pfeiler

pilha *f* Haufen *m*; *El* Batterie; **~** (***elé***[***c***]***trica***) Taschenlampe; **~gem** *f* Plünderung; **~r** plündern; stehlen

piloto *m* Pilot; Lotse

pílula *f* Pille

piment|a *f* Pfeffer *m*; **~ão** *m*; **~o** *m* (Gemüse-)Paprika

pinça *f* Pinzette

pincel *m* Pinsel

ping|a *f* (*guter*) Schluck, Tropfen *m*; **~ar** tropfen; **~o** Tropfen; **~ue-pongue** *m* Tischtennis *n*; **~uim** [pĩ'gwĩ] *m* Pinguin

pinh|a *f* Tannenzapfen *m*; F Haufen *m*, Masse; **~al** *m* Kiefernwald; **~eiro** *m* Kiefer *f*

pino *m* Gipfel; Höhepunkt; Handstand; *Tech* Stift; *El* **~ *de tomada*** *bras* Stecker

pint|a *f* Fleck *m*; Tupf(en) *m*; **~ainho** *m* Küken *n*; **~ar** malen; (an)streichen; färben; schminken; **~arroxo** [pĩtɐ'ʀoʃu] *m* Rotkehlchen *n*; **~or** *m* Maler; **~ura** *f* Malerei; Gemälde *n*; Anstrich *m*; Farbe

piolho *m* Laus *f*

pior schlechter; schlimmer; **~ar** (sich) verschlimmern; (sich) verschlechtern

pipa *f* Faß *n*

piquenique *m* Picknick *n*

piquete *m* (diensthabende) Abteilung *f*, Schicht *f*

pirar-se F abhauen

pirat|a *m* Pirat; **~ *do ar*** Luftpirat; **~agem** *f* (Produkt-)Piraterie; **~ear** raubkopieren

pires 1. *m* Untertasse *f*; **2.** *adj* F kitschig

pirilampo *m* Glühwürmchen *n*

pisar (be-, nieder-, zer-)treten

pisca|-pisca *m* Blinker; **~r: ~ *o*(*s*) *olho*(*s*)** blinzeln, zwinkern

piscina *f* Schwimmbad *n*

piso *m* Stockwerk *n*; (Fuß-) Boden
pista *f* Fährte; Fahr-, Reit-, Renn-bahn; *Flgw* Rollbahn; **~ *de descolagem*** Startbahn
pistão *m* Kolben
pistola *f* Pistole
pitada *f* Prise
pitéu *m* F Leckerbissen
pito *m bras* Pfeife *f*; Zigarette *f*
pivó *m* (Metall-)Stift; Stiftzahn
placa *f* Platte; Schild *n*; Tafel; **~ *principal*** *Inform* Hauptplatine
plan|alto *m* Hochebene *f*; **~e(j)ar** planen; **~eta** *m* Planet; **~ície** *f* Ebene; **~o 1.** eben, flach; **2.** *m* Plan; Fläche *f*
planta *f* Pflanze; (Grund-) Riß *m*; Stadtplan *m*; **~ção** *f* Pflanzung; **~r** (an-)pflanzen
plasticina *f* Knete
plástico 1. *adj* plastisch; bildend; **2.** *m* Plastik(folie *f*) *n*
plastificar (*Ausweise etc*) in Plastik einschweißen
plataforma *f* Plattform; *bras* Bahnsteig *m*
plátano *m* Platane *f*
plateia *f* Parkett *n*
platina *f* Platin *n*; **~do** *m Kfz* Unterbrecher
plausível glaubhaft
plen|ipotenciário bevollmächtigt; **~itude** *f* Fülle; Vollkraft; **~o 1.** *m* Plenum *n*; **2.** *adj* voll(ständig)
plural *m* Plural; **~ismo** *m* Pluralismus
pneu *m* Reifen; **~ *de cinta de aço*** Stahlgürtelreifen; **~monia** *f* Lungenentzündung
pó *m* Staub; Pulver *n*; Puder; ***em* ~** gemahlen; Pulver...
pobre 1. *adj* arm; **2.** *m* Bettler; **~tão** *m*: ***~! der Ärmste!***; **~za** *f* Armut
poç|a *f* Pfütze, Lache; **~o** *m* Brunnen; **~ *de ar*** *Flgw* Luftloch *n*
pó-de-arroz *m* (*kosmetischer*) Puder *m*
poder 1. können; dürfen; ***não ~ com alg.*** *fig* mit j-m nicht können; **2.** *m* Macht *f*; Kraft *f*; Gewalt *f*; ***plenos ~es*** *pl* Vollmacht *f*; **~oso** mächtig
podr|e faul, verdorben; **~idão** *f* Fäulnis
poe|ira *f* Staub *m*; **~irento** staubig; **~sia** *f* Dichtung; **~ta** *m* Dichter
pois also, nun; da
polaco 1. *adj* polnisch; **2.** *m* Pole
polega|da *f* (*Maßeinheit*) Zoll *m*; **~r** *m* Daumen
polémica *f* Streit *m*
polícia 1. *f* Polizei; **2.** *m* Polizist
policial 1. *m bras* Polizist; **2.** *adj* Polizei...; ***filme*** *m* (***romance*** *m*) **~** Kriminalfilm (-roman)
poliomielite *f* Kinderlähmung

poli|do höflich; **~r** polieren; abschleifen
polític|a *f* Politik **~o 1.** *adj* politisch; **2.** *m* Politiker
pólo *m* Pol; Polo *n*
Polónia *f* Polen *n*
polpa *f* Fruchtfleisch *n*
poltrona *f* Sessel *m*
polu|ente verschmutzend; **~ição** *f* Verschmutzung; **~ do meio ambiente** Umweltverschmutzung; **~ir** verschmutzen
polvilhar einpudern
polvo *m* Krake
pomada *f* Salbe; Pomade
pomar *m* Obstgarten
pomb|a *f*, **~o** *m* Taube *f*
pomp|a *f* Pomp *m*; **~oso** pompös
ponche *m* Punsch
pondera|do überlegt; **~r** nachdenken; abwägen
pont|a *f* Spitze; Ende *n*; Ecke; Zacke; **~ada** *f* Stich *m*; **~apé** *m* Fußtritt; **~e** *f* Brücke; F verlängerte(s) Wochenende; **~eiro** *m* Zeiger; Zeigestock; **~o** *m* Punkt; Ort; (Näh-)Stich; Klausur *f*; **~ de vista** Standpunkt
pontual pünktlich; **~idade** *f* Pünktlichkeit
popa *f* Heck *n*
popula|ção *f* Bevölkerung; **~r** volkstümlich; populär; **~ridade** *f* Popularität
por durch; für; wegen; von; aus; pro
pôr setzen; legen; stellen (*Tisch*) decken; **~-se a** anfangen zu
porão *m* Laderaum; *bras* Keller
porca *f* Sau; *Tech* Mutter
porção *f* Teil *m*; Anzahl; Portion
porcaria *f* Schweinerei; Dreck *m*
porcelana *f* Porzellan *n*
porco *m* Schwein *n*
pôr-do-sol *m* Sonnenuntergang
porém jedoch, aber
pormenor *m* Einzelheit *f*, Detail *n*; **~izado** detailliert
porque weil
porquê 1. *adv*: **~?** warum?; **2.** *m* Warum *n*
porr|a *f*: **~!** V verflucht!; **~ada** *f* F Dresche; **uma ~ de** F (*Menge*) ein Haufen; **~eiro** F toll, irre
port|a *f* Tür, Tor *n*; **bater à ~** anklopfen; **~a-aviões** *m* Flugzeugträger; **~a-bagagem** *m* (**de tejadilho**) (Dach-)Gepäckträger; Kofferraum; **~a-cartas** *m* Brieftasche *f*; **~ador** *m* Überbringer; Inhaber; **~agem** *f* (Autobahn-)Maut, Gebühr; **~a-moedas** *m* Portemonnaie *n*; **~anto** folglich; **~ão** *m* Tor *n*; **~aria** *f* Portal *n*; Vorhalle; Erlaß *m*; **~ar-se** sich benehmen; **~átil** tragbar; **~a-voz** *su* (*offiziell*) Sprecher(in); **~e** *m* Porto *n*; *fig* Haltung *f*;

~eiro *m* Pförtner; **~ento** *m* Wunder(ding) n
porto *m* Hafen; **~ *franco*** Freihafen
português 1. *adj* portugiesisch; **2.** *m* Portugiese
porventura etwa; vielleicht
pose *f* Pose; Haltung
posi|ção *f* Stellung; Lage; Haltung; **~tivo** positiv
pós-moderno postmodern
poss|ante mächtig; **~e** *f* Besitz *m*; ***tomar ~*** (*ein Amt*) antreten; **~s** *f*|*pl* Vermögen *n*; Besitz(tümer *pl*) *m*; **~ibilidade** *f* Möglichkeit; **~ibilitar** ermöglichen; **~ível** möglich; ***fazer os possíveis*** sein möglichstes tun; **~uidor** *m* Besitzer; **~uir** besitzen
post|a *f* Stück *n*, Scheibe; **~a-restante** postlagernd; **~al** *m* Postkarte *f*; **~ *ilustrado*** Ansichtskarte *f*; **~e** *m* Pfosten; Mast; **~eridade** *f* Nachwelt; **~erior** hinter; später; nachträglich; **~iço** künstlich; falsch; **~igo** *m* Luke *f*; Schalter; **~o 1.** *m* Posten; Amt *n*; (Dienst-)Stelle *f*; (Polizei-)Wache *f*; **~ *de socorros*** Rettungsstelle *f*; **~ *de venda*** Verkaufsstand; ***subir de ~*** (*beruflich*) aufsteigen; **2.** *cj* **~ *que*** *subj* obgleich
potável trinkbar
pote *m* Topf
potência *f* Macht; Kraft; Leistung
potente mächtig; stark
potro *m* Fohlen *n*
pou|co wenig; gering; **~pado** sparsam; **~pança** *f* Ersparnis; **~par** (er)sparen; (ver)schonen
pousada *f* Herberge; **~ *de juventude*** Jugendherberge
povo *m* Volk *n*; **~ação** *f* Bevölkerung; Ortschaft; **~ar** besiedeln
praça *f* Platz *m*; Markt *m*; Taxistand *m*
prado *m* Wiese *f*; *bras* Reitbahn *f*
praga *f* Plage; Fluch *m*
pragmático pragmatisch
praguejar fluchen
praia *f* Strand *m*; Seebad *n*
pranch|a *f* Planke, Bohle; Surfbrett *n*; **~eta** *bras f* Reißbrett *n*
prat|a *f* Silber *n*; **~eado** versilbert; silbern; **~eleira** *f* Bord *n*, Regal *n*; (*Drucker*, *Kopierer*) Papierschacht *m*
prática *f* Übung; Erfahrung; Praxis; ***pôr em ~*** verwirklichen
praticar ausüben; (be)treiben
prático 1. *adj* praktisch; **2.** *m* Praktiker
prato *m* Teller; Gericht *n*; **~ *de sopa*** Suppenteller; **~ *raso*** flache(r) Teller
praxe ['praʃə] *f* Brauch *m*; Vorschrift; ***da ~*** üblich
prazer 1. *m* Vergnügen *n*; Freude *f*; **~!** (*Vorstellung*) angenehm!; ***com muito ~*** sehr gerne; **2.** *v*/*i* gefallen

prazo *m* Frist *f*; Termin; **a longo** (**curto**) ~ lang-(kurz-)fristig
precário heikel
prec|aução *f* Vorsicht; **~aver-se** sich vorsehen
preced|ência *f* Vorrang *m*; **~ente** vorhergehend; **~er** vorher-, voran-gehen
preceito *m* Vorschrift *f*
precios|idade *f* Kostbarkeit; **~o** kostbar
precipita|ção *f* Überstürzung; Hast; **~r** überstürzen; **~-se** hasten; sich überstürzen
precis|ão *f* Genauigkeit; Bedürfnis *n*; **~ar** genau angeben; **~ de** brauchen; müssen; **~o** nötig; präzis; genau
preço *m* Preis
preco|ce frühreif; **~nceito** *m* Vorurteil *n*; **~nizar** verkünden; raten zu
pré-cozinhado *m* Fertiggericht *n*
pred|estinado geschaffen (**para** für); **~ile(c)ção** *f* Vorliebe
prédio *m* Gebäude *n*
pred|izer voraussagen; **~ominar** vorherrschen; **~omínio** *m* Vorherrschaft *f*
preencher aus-, er-füllen
pré-fabricado *adj* vorgefertigt
prefácio *m* Vorwort *n*
prefeitura *bras f* Rathaus *n*
prefer|ência *f* Vorzug *m*; **~ir** vorziehen
prefixo [prɛ'fiksu] *m Tel* Vorwahl *f*; *TV* Vorspann
preg|a *f* Falte; **~ar** predigen; (an)nageln; an-, feststecken; annähen; **~o** *m* Nagel; F (Braten-)Sandwich *m od n*
preguiç|a *f* Faulheit; **~oso** faul
preia-mar *f* (*Gezeiten*) Flut
preju|dicar schädigen; beeinträchtigen; **~dicial** schädlich; **~ízo** *m* Schaden; Verlust; Nachteil
preliminar 1. *m* Einleitung *f*; **2.** *adj* vorläufig
prematuro verfrüht; vorzeitig
premeditado vorsätzlich, mit Vorbedacht
premiar belohnen
prémio *m* Preis; Prämie *f*; Gewinn
prenda *f* Geschenk; Gabe
prender fest-halten; -nehmen; befestigen
prenhe trächtig
prensa *f Tech* Presse
prenúncio *m* Ankündigung *f*
preocupa|ção *f* Besorgnis; **~r** beunruhigen; **~-se** sich Sorgen m (**com** um)
prepar|ação *f* Vor-, Zubereitung; **~ar** vor-, zu-bereiten; **~ativo** *m* Vorbereitung *f*; **~os** *m/pl* Zutaten *f/pl*
pre|ponderar überwiegen; **~potência** *f* Übermacht
pres|a *f* Beute; **~crever** vorschreiben; **~crição** *f* Vorschrift; **~ença** *f* Anwesenheit; **~enciar** beiwohnen; er-

leben; **~ente 1.** gegenwärtig; anwesend; **2.** *m* Gegenwart *f*; Geschenk *n*; **~ervativo** *m* Präservativ *n*; **~idente** *su* Präsident(in); **~idir** leiten; den Vorsitz führen; **~o 1.** *adj* gefangen; **2.** *m* Gefangene(r)
pres|sa *f* Eile; ***às ~s*** in aller Eile; **~são** *f* Druck *m*; **~sentimento** *m* Vorgefühl *n*; Ahnung *f*; **~sentir** ahnen; **~suposto** *m* Voraussetzung *f*; **~tação** *f* Leistung; Teilzahlung; ***a prestações*** auf Teilzahlung; **~tar** leisten; taugen; ***não ~*** nichts taugen; **~tável** brauchbar; **~tes: *~ a*** im Begriff zu; **~tígio** *m* Ansehen *n*; **~umir** annehmen, vermuten; **~unção** *f* Dünkel *m*; **~unto** *m* (roher) Schinken
preten|der beanspruchen; beabsichtigen; **~são** *f* Anspruch *m*; Bestrebung; Geltungsbedürfnis *n*; **~sioso** eingebildet; geziert; **~so** vermeintlich
pretexto [prəˈtejʃtu] *m* Vorwand
preto schwarz
prev|alecer überwiegen; **~enir** vorsorgen; warnen; **~entivo** vorbeugend; **~er** voraussehen; **~iamente** im voraus; **~idente** weitblikkend; vorsichtig; **~isão** *f* Voraussicht; Vorhersage
prezar schätzen
prim|a *f* Kusine; **~avera** *f* Frühling *m*; **~azia** *f* Vorrang *m*; **~eiro 1.** *adj* erste(r); **2.** *adv* zuerst; **~itivo** ursprünglich; **~o** *m* Vetter; **~oroso** vorzüglich
principal hauptsächlich
príncipe *m* Prinz; Fürst
principia|nte *su* Anfänger(in); **~r** anfangen, beginnen
princípio *m* Anfang; Prinzip *n*; ***a(o) ~*** zu Beginn; ***em ~*** im Prinzip
prioridade *f* Vorrang *m*; *Kfz* Vorfahrt
prisão *f* Verhaftung; Gefängnis *n*; Haft; ***~ de ventre*** Verstopfung; ***~ preventiva*** Untersuchungshaft
prisioneiro *m* Gefangene(r)
priva|da *f bras* Toilette; **~do** privat; **~r: *~ alg. de*** j-m *et* entziehen
privilégio *m* Vorrecht *n*
proa *f* Bug *m*
prob|abilidade *f* Wahrscheinlichkeit; **~lema** *m* Aufgabe *f*; Frage *f*; Problem *n*; **~o** rechtschaffen
proced|er handeln; **~imento** *m* Verhalten *n*; Vorgehen *n*
process|ador *m Inform* Prozessor; **~amento** *m* Verarbeitung *f*; ***~ de dados*** Datenverarbeitung; **~o** *m* Prozeß
procissão *f* Umzug *m*, Prozession
proclamar verkünden
procura *f* Suche; *Hdl* Nachfrage; **~ção** *f* Vollmacht;

~dor *m* Bevollmächtigte(r); Prokurist; **~r** (auf)suchen

produ|ção *f* Erzeugung, Herstellung; **~tivo** produktiv; **~to** *m* Erzeugnis *n*; **~zir** erzeugen; **~-se** sich ereignen, eintreten

proeminente prominent

prof|anar entweihen; **~ano** weltlich; **~erir** (aus)sprechen; äußern; **~essor** *m* Lehrer; Professor; **~ilaxia** [prufila'ksiɑ] *f* Vorbeugung; **~issão** *f* Beruf *m*; **~issional** **1.** *adj* Berufs...; **2.** *m* Profi

prof|undidade *f* Tiefe; **~undo** tief; **~usão** *f* Überfluß *m*; **~uso** reichlich

prognóstico *m* Vorhersage *f*; Prognose *f*

programa *m* Programm *n*; **~ de aplicação** *Inform* Anwenderprogramm *n*; **~dor** *m* Programmierer

progre|dir voranschreiten; weitergehen; **~ssivo** voran-, fort-schreitend; **~sso** *m* Fortschritt

proibi|ção *f* Verbot *n*; **~do** verboten; **~r** verbieten

proje(c)t|ar planen, vorhaben; **~ista** *su* Projektant(in)

projé(c)til *m* Geschoß *n*

proje(c)to *m* Plan, Vorhaben *n*; **~r** *m* Scheinwerfer

prole *f* Nachkommenschaft

prolongar verlängern

prome|ssa *f* Versprechen *n*; **~tedor** vielversprechend; **~ter** versprechen

promo|ção *f* Beförderung; *jur* Antrag *m*; Werbekampagne; **~ver** veranlassen; (be-)fördern; *jur* beantragen

pronto rasch; fertig; bereit; **~-a-comer** *m* Fast food *n*; **~-a-vestir** *m* Konfektion *f*; **~-socorro** *m* Rettungswagen

pronúncia *f* Aussprache

pronunciar aussprechen; **~-se** sich äußern

propaganda *f* Werbung

propina *f* Gebühr

propor vorschlagen; **~-se** sich vornehmen (**a** zu)

proporção *f* Verhältnis *n*

propósito *m* Absicht *f*; Zweck; ***a ~*** übrigens; ***de ~*** absichtlich; ***vir a ~*** wie gerufen kommen

proposta *f* Vorschlag *m*

proprie|dade *f* Eigentum *n*; Landgut *n*; **~tário** *m* Eigentümer

próprio eigen; selbst; eigentlich

propulsão *f* Antrieb *m*; ***~ a ja(c)to*** Düsenantrieb *m*

prorrogação *f* Aufschub *m*; ***~ do prazo*** Stundung

prospecção *f* Erkundung

próspero nützlich, fruchtbar

prosseguir fort-setzen, -fahren

prostituta *f* Prostituierte

protagonista *su* Held(in); Hauptfigur *f*

prote(c)|ção *f* Schutz *m*; ***~ do meio ambiente*** Umwelt-

schutz *m*; **~tor** *m* Beschützer; Schirmherr; Gönner
proteger (be)schützen
prótese *f* Prothese
protest|ar protestieren; **~o** *m* Protest
protet... *bras s* **protect...**
prov|a *f* Beweis *m*; (An-)Probe; Versuch *m*; Prüfung(sarbeit); Korrekturbogen *m*; (*Sport*) Wettkampf *m*; **~ de amostra** Stichprobe; **prestar ~** Prüfung ablegen; **~ar** beweisen; erproben; anprobieren; **~ável** wahrscheinlich; **~eito** *m* Nutzen; Vorteil; Profit; **~eitoso** nützlich; **~eniente: ~ de** (*Herkunft*) aus; **~érbio** *m* Sprichwort *n*; **~íncia** *f* Provinz; **~isão** *f* Vorrat *m*; Versorgung; **~isório** vorläufig; provisorisch
provoca|ção *f* Herausforderung; **~r** provozieren; verursachen; hervorrufen
proximidade [prɔsimi'dadə] *f* Nähe
próximo ['prɔsimu] nächst, nah
prudência *f* Vorsicht
pseudónimo *m* Pseudonym *n*
psiquiatra *su* Psychater(in)
psíquico seelisch, psychisch
public|ar veröffentlichen; **~idade** *f* Werbung; Publizität; Öffentlichkeit
público 1. *adj* öffentlich; **2.** *m* Publikum *n*
pudim *m* Pudding
pudor *m* Scham *f*
pugilis|mo *m* Boxsport; **~ta** *m* Boxer
pular springen, hüpfen
pulga *f* Floh *m*
pulmão *m* Lunge *f*
pulo *m* Sprung, Satz
pulôver *m bras* Pullover
puls|ação *f* Pulsschlag *m*; **~ar** schlagen; pulsieren; **~eira** *f* Armband *n*; **~o** *m* Puls; Handgelenk *n*
pulveriza|dor *m* Zerstäuber, Spray *m od n*; **~r** zerstäuben
punh|ado *m* Handvoll *f*; **~al** *m* Dolch; **~alada** *f* Dolchstich *m*; **~o** *m* Faust *f*
pun|ição *f* Bestrafung; **~ir** (be)strafen; **~ível** strafbar
pupila *f* Pupille
puré *m* Püree *n*; Mark *n*
pureza *f* Reinheit
purgante *m* Abführmittel *n*
purifica|ção *f* Reinigung; Klärung; **~r** reinigen
puro rein; echt
pus *m* Eiter
put|a *f* V Nutte; **~o** *m* F Junge, Bengel; *bras* F Schwule(r)
putrefa(c)to verfault
puxa ['puʃɑ] F nein, so was!
pux|ador [puʃɑ'dor] *m* Drükker, Griff; **~ão** [pu'ʃɑ̃w] *m* Ruck, Zug; **~ar** [pu'ʃar] ziehen; reißen; zerren

Q

quadra *f* Zeit, Saison; *bras* Häuserblock *m*; (*Tennis usw*) Platz *m*
quadrado 1. *m* Quadrat *n*; **2.** *adj* quadratisch; viereckig; **aos ~s** kariert
quadrilha *f* (Diebes-)Bande
quadrinhos *bras m/pl*: (**histórias em**) ~ Comics
quadro *m* Rahmen; Gestell *n*; Gemälde *n*; Liste *f*; Belegschaft *f*; Kader; (Schalt-) Tafel *f*; Übersicht *f*
quádruplo vierfach
qual: ~? welche(r, s)?; **o** (*od* **a**) ~ welche(r, s)
quali|dade *f* Qualität; Eigenschaft; **~ficação** *f* Eignung; **~ficar** qualifizieren; bezeichnen (**de** als)
qualquer irgendein
quando wann; wenn; als; **~ muito** allenfalls
quantia *f* Betrag *m*, Summe
quantidade *f* Menge
quanto wieviel; wie sehr; **~ mais ... tanto mais ...** je mehr ... desto ...
quarent|a vierzig; **~ena** *f* Quarantäne
quaresma *f* Fastenzeit
quarta-feira *f* Mittwoch *m*
quarteirão *m* Häuserblock
quartel *m* Kaserne *f*
quarto 1. vierte(r); **2.** *m* Zimmer *n*; Viertelstunde *f*
quase fast
que 1. *pron* was (für ein), welche(r, s); der, die, das; **2.** *cj* daß; **por ~ ...?** warum ...?
quê: ~? was?; **por ~?** warum?
quebra *f* Bruch *m*; Bankrott *m*; **~-cabeças** *m* Puzzle *n*; *fig* harte Nuß *f*; **~diço** brüchig; zerbrechlich; **~-luz** *m* Lampenschirm; **~-nozes** *m* Nußknacker; **~r** (ab-, zer-)brechen
queda *f* Fall *m*; Sturz *m*; Ausfall *m*; *fig* Verfall *m*; F Neigung, Begabung; **~ de água** Wasserfall *m*
queijo *m* Käse; **~ amanteigado** Rahmkäse; **~ fundido** Schmelzkäse
queima *f* Verbrennung; *bras* Schlußverkauf *m*; **~dura** *f* Brandwunde; Sonnenbrand *m*; **~r** verbrennen; **~-se** sich verbrennen
queix|a ['kejʃɑ] *f* Klage; *jur* Anzeige; **~al** [kej'ʃal] *m* Backenzahn; **~ar-se** [kej'ʃarsə] sich beklagen; **~oso** [kej'ʃosu] *m* Kläger; **~o** ['kejʃu] *m* Kinn *n*
quem wer(?); welche(r, s); der, die, das
quente warm; heiß
queque 1. *adj* F schick, schnieke; **2.** *m* englische(r) Kuchen
querela *f* Streit *m*, Querele
quer|er wollen; mögen; lie-

ben; **~ dizer** bedeuten; **sem ~** ungewollt; **~ido 1.** *m* Geliebte(r); **2.** *adj* (*Anrede*) lieber
quest|ão *f* Frage; Problem *n*; Zwist *m*; **fazer ~ de** Wert legen auf; **~ionário** *m* Fragebogen
quieto ruhig; still
quilate *m* Karat *n*; Wert
quilha *f* Kiel *m*
quilo(grama) *m* Kilo (-gramm) *n*
quilómetro *m* Kilometer
quimera *f* Hirngespinst *n*
químic|a *f* Chemie; **~o 1.** *adj* chemisch; **2.** *m* Chemiker
quimioterapia *f* Chemotherapie
quinhão *m* Anteil
quinquilharias *f/pl* Krimskrams *m*
quinta *f* (Land-)Gut *n*; Bauernhof *m*; **~-feira** *f* Donnerstag *m*; **~l** *m* Garten
quinto fünfte(r)
quíntuplo fünffach
quinzena *f* vierzehn Tage *m/pl*
quiosque *m* Kiosk
quisto *m* Zyste *f*
quota *f* Quote; Rate
quotidiano täglich

R

rã *f* Frosch *m*
rabanete *m* Radieschen *n*
rábano *m* Rettich
rabicho *m* Zopf
rabiscar (be)kritzeln
rabo *m* Schwanz; F Hintern
rabu|gento mürrisch; **~jar** nörgeln; quengeln
raça *f* Geschlecht *n*; Rasse
ração *f* Ration; Portion
racha *f* Riß *m*; Splitter *m*; **~r** spalten; *v/i* bersten
racioc|inar überlegen; folgern; **~ínio** *m* Überlegung *f*
racional vernünftig; rationell; **~izar** rationalisieren
radar *m* Radar *m* (*od n*)
radia|ção *f* (Aus-)Strahlung; **~dor** *m* Heizkörper; *Kfz* Kühler; **~nte** strahlend
radic|al 1. *su* Radikale(r); **2.** *adj* gründlich; radikal; **~ar** (ver)wurzeln
rádio 1. *f* Rundfunk *m*; **2.** *m* (*Apparat*) Radio *n*
radioa(c)tiv|idade *f* Radioaktivität; **~o** radioaktiv
rádio-despertador *m* Radiowecker
radio|difusão *f* Rundfunk *m*; **~fónico** Rundfunk...; **~grafia** *f* Röntgenaufnahme
rádio-gravador *m* Radiorecorder
radioterapia *f* Röntgentherapie
radiouvinte *su* Rundfunkhörer(in)
rafeiro *m* F Köter
raia *f* Linie; Grenze; *Zo* Rochen *m*; **~r** strahlen

rainha *f* Königin; (*Schach*) Dame
raio *m* Strahl; Blitz; Radius; **~ de viragem** *Kfz* Wendekreis; **~s** *pl* **X** Röntgenstrahlen
raiva *f* (Toll-)Wut
raiz *f* Wurzel; ***lançar raízes*** Wurzeln schlagen
rajada *f* Bö; Feuerstoß *m*
rala|dor *m* Reibeisen *n*; **~r** reiben; ärgern
ralé *f* Gesindel *n*
ralhar schimpfen
rali *m* Rallye *f*
ralo *m* (*Küche, Bad*) Abfluß
ram|a *f*: ***em ~*** roh, unbearbeitet; **~al** *m* Abzweigung *f*; *Esb* Nebenstrecke *f*; **~ificação** *f* Ab-, Ver-zweigung; **~o** *m* Zweig, Ast; Abteilung *f*; (Sach-)Gebiet *n*; (Blumen-) Strauß; *Hdl* Branche *f*
rampa *f* Auffahrt
rancho *m* Schar *f*; Gruppe *f* (*von Landarbeitern*); Gemeinschaftsessen *n*; *bras* Hütte *f*
ranço *m*: ***ter ~*** ranzig sein
rancor *m* Groll; Gehässigkeit *f*
ranho *m* V Rotz
ranhura *f* Ritze; (*Münzautomat*) Schlitz *m*
rapar (aus)kratzen; (ab-)rasieren
rapa|riga *f* Mädchen *n*; *bras* V Nutte; **~z** *m* Junge
rapé *m* Schnupftabak
rapidez *f* Schnelligkeit
rápido 1. *adj* schnell; 2. *m* Schnellzug
rapina *f* Raub *m*; ***ave f de ~*** Raubvogel *m*
raposa *f* Füchsin; *Zo* Fuchs *m*
rapt|ar entführen; **~o** *m* Entführung *f*
raqueta *f* Schläger *m*
rar|efazer verdünnen; **~idade** *f* Seltenheit; Sehenswürdigkeit; **~o** selten
rascunho *m* Entwurf
rasg|ão *m* Riß; **~ar** zerreißen
raso glatt; flach, platt
raspar radieren; schaben, kratzen
rast|ejar kriechen; **~o** *m* Spur *f*
ratazana *f* Ratte
ratificação *f* Ratifikation
rato *m* Maus *f* (*a Inform*); **~eira** *f* (Mause-)Falle
raz|ão *f* Vernunft, Verstand *m*; Recht *n*; Grund *m*; ***ter ~*** recht haben; **~oável** vernünftig; mäßig
ré *f* Angeklagte; *Mar* Heck *n*
reabilit|ação *f* Rehabilitation; **~ar** rehabilitieren
rea(c)|ção *f* Rückwirkung; Reaktion; **~cionário** reaktionär; **~tor** *m* Reaktor; *Flgw* Triebwerk *n*; ***~ de rápido enriquecimento*** schnelle(r) Brüter
readaptação *f*: ***~ profissional*** Umschulung
reagir reagieren (**a** auf); sich widersetzen

reajuste *m* (Lohn-)Anpassung *f*
real wirklich; tatsächlich; königlich
real|çar hervorheben; abstechen; **~ce** *m* Hervorhebung *f*; Betonung *f*
realejo *m* Drehorgel *f*
reali|dade *f* Wirklichkeit; **~smo** *m* Realismus; **~zação** *f* Verwirklichung; (*Film*) Inszenierung; **~zador** *m* Regisseur; **~zar** verwirklichen; ausführen; (*Film*) drehen; **~-se** stattfinden; **~zável** durchführbar
reanimar wiederbeleben
rearmamento *m* Aufrüstung *f*
reav|er wiedererlangen; **~ivar** auffrischen
rebanho *m* Herde *f*
rebate *m* Alarm
rebel|de 1. *adj* rebellisch; widerspenstig; **2.** *m* Rebell; **~ião** *f* Aufstand *m*
rebent|ar platzen; sprießen; **~o** *m Bot* Trieb; Schößling
reboca|dor *m* Schlepper; **~r** (ab)schleppen; *Arch* verputzen
rebolar wälzen, rollen
reboque *m* Abschleppwagen; Abschleppseil *n*; Anhänger
rebuçado *m* Bonbon *n*
recado *m* Besorgung *f*; Auftrag; Mitteilung *f*; ***dar um ~*** *et* ausrichten
reca|ída *f* Rückfall *m*; **~ir** rückfällig w; e-n Rückfall bekommen
recambiar zurückschicken; umtauschen
recapitular wiederholen
recarregável *El* wieder aufladbar
recatado zurückhaltend
recanchutagem *f Kfz* Runderneuerung
recear (be)fürchten
receber empfangen; erhalten, bekommen
receio *m* Furcht *f*
receita *f* Einnahmen *f/pl*; Rezept *n*; **~r** verschreiben
recém-nascido *m* Neugeborene(s) *n*
recensea|mento *m* Auflistung *f*; Volkszählung *f*; **~r** (*Statistik*) erfassen; eintragen; zählen
recente(mente) neu(lich)
receoso ängstlich
recep|ção *f* Empfang *m*; **~tor** *m* Empfänger; Empfangsgerät *n*
reche|ar füllen; **~io** *m Kochk* Füllung *f*
rec|ibo *m* Quittung *f*; **~iclagem** *f* Recycling *n*; (*Personal*) Fortbildung; **~iclar** recyceln; **~ife** *m* Riff *n*; **~ipiente** *m* Gefäß *n*; **~iprocidade** *f* Gegenseitigkeit; **~íproco** gegenseitig
reclama|ção *f* Einspruch *m*; Reklamation; **~r** sich beschweren
reclam|e, ~o *m* Reklame *f*
recobrar wiedererlangen
recolh|a *f* Sammlung; ***~ de***

dados *Inform* Datenerfassung; ~ ***do lixo*** Müllabfuhr; **~er** (ein)sammeln; aufnehmen; **~-se** sich zurückziehen
recomend|ação *f* Empfehlung; **~ar** empfehlen; **~ável** empfehlenswert
recompensa *f* Belohnung, Lohn *m*; **~r** belohnen
recompor-se *fig* sich wieder aufrappeln
reconcilia|ção *f* Versöhnung; **~r** versöhnen
reconfortar stärken, trösten
reconhec|er (wieder)erkennen; **~ido** dankbar; **~imento** *m* Anerkennung *f*; Dankbarkeit *f*; *Mil* Aufklärung *f*; **~ível** kenntlich
recon|quistar wiedererobern; **~stituir** wiederherstellen; **~strução** *f* Wiederaufbau *m*; **~struir** rekonstruieren
record|ação *f* Erinnerung; Andenken *n*; **~ar** erinnern; **~e** *m* Rekord; ***bater um*** ~ e-n Rekord brechen; **~ista** *su* Rekordinhaber(in)
recorrer: ~ ***a*** sich wenden an; zurückgreifen auf
recortar ausschneiden
recorte *m* Ausschnitt
recr|eio *m* Erholung *f*; Pause *f*; **~udescer** zunehmen; **~utamento** *m* Stellenvermittlung *f*
re(c)t|angular rechteckig; **~ificação** *f* Berichtigung; **~ificar** berichtigen; **~o** gerade; (auf)recht; redlich
recuar zurückweichen
recuperar nachholen; wieder-erlangen, -gewinnen
recurso *m* (Hilfs-)Mittel *n*; Ausweg; *jur* Berufung *f*; **~s** *pl* (Geld-)Mittel *n*,*pl*; Ressourcen *pl*
recusa *f* Ablehnung; **~r** ablehnen; verweigern; **~-se** sich weigern (***a*** zu)
reda(c)|ção *f* Redaktion; Aufsatz *m*; **~tor** *m* Redakteur
rede *f* Netz *n*; Gewebe *n*; ~ ***ferroviária*** Eisenbahnnetz *n*
redigir ab-, ver-fassen
redobrar verdoppeln
redondo rund
redor *m*: ***ao*** ~ ringsumher; ***ao*** ~ ***de*** um ... herum
redu|ção *f* Herabsetzung; Verringerung; Kürzung; **~zir** verringern; einschränken; abbauen; ermäßigen
reedição *f* Neuauflage
reedificar wieder aufbauen
reeducar umschulen
reembols|ar zurückzahlen; **~o** *m* Rückzahlung *f*; *Postw* Nachnahme *f*
refazer wiederherstellen; ausbessern; **~-se** sich erholen
refeição *f* Mahlzeit
refeitório *m* Speisesaal
refém *m* Geisel *f*
refer|ência *f* Bericht *m*; Bezug *m*; Referenz; **~ir** berichten; Bezug nehmen (***a*** auf); **~(-se)** ***a*** erwähnen

refinaria *f* Raffinerie
refle|(c)tir widerspiegeln; nachdenken (***sobre*** über); **~xão** [rəflɛ'ksɐ̃w] *f* Überlegung; Betrachtung; **~xo** [rə'flɛksu] *m* Reflex
refogado *m Kochk* Schwitze *f*
reforçar verstärken
reforço *m* Verstärkung *f*
reforma *f* Reform; Ruhestand *m*; Rente; **~do** *m* Rentner; **~r** reformieren; pensionieren
refresc|ar erfrischen; abkühlen; **~o** *m* Erfrischung *f*
refrigerante *m* Erfrischungsgetränk *n*
refugia|do *m* Flüchtling; **~r-se** flüchten
refúgio *m* Zuflucht(sort *m*) *f*
refugo *m* Ausschuß
refutar widerlegen
rega *f* Bewässerung; **~dor** *m* Gießkanne *f*; **~lar** erfreuen; **~lia** *f* Vergünstigung; Vorrecht *n*; **~r** (be)wässern, (be)gießen; **~tear** feilschen
reg|er regieren; leiten; lenken; **~ião** *f* Region; Gebiet *n*; **~ime** *m* Regime *n*; Arbeits-, Lebens-weise *f*; Diät *f*
regist|ar eintragen; *Postw* einschreiben; registrieren; **~o** *m* Register *n*; Verzeichnis *n*; Eintragung *f*; Einschreiben *n*; **~ *civil*** Standesamt *n*; **~ *predial*** Grundbuch(amt) *n*
registr... *bras s* **regist...**
rego *m* Furche *f*; Rinne *f*
regra *f* Regel
regress|ar zurückkehren; **~o** *m* Rückkehr *f*
régua *f* Lineal *n*
reguila widerspenstig; streitsüchtig
regula|mento *m* Regelung *f*; Betriebs-, Geschäfts-, Hausordnung *f*; Satzung *f*; **~r 1.** *v/t* regeln; ordnen; **2.** *adj* regelmäßig; **~ridade** *f* Regelmäßigkeit; **~rizar** regeln; regulieren
rei *m* König; **~nado** *m* (*Zeitraum*) Herrschaft *f*
reincidência *f* Rückfall *m*
reino *m* Königreich *n*
reintegrar wieder-eingliedern, -einsetzen
reitor *m* Rektor
reivindica|ção *f* Forderung; **~r** fordern; beanspruchen
rejeitar ablehnen
rejuvenescer (sich) verjüngen
rela|ção *f* Beziehung; Verhältnis *n*; **~cionar** beziehen (***com*** auf); verknüpfen (***com*** mit)
relâmpago *m* Blitz
relampejar blitzen
relat|ar berichten; **~o** *m* Bericht; **~ório** *m* Bericht(erstattung *f*)
relaxar [rəla'ʃar] entspannen, lockern; **~-se** erschlaffen; nachlassen
reles liederlich, ordinär
relev|ante relevant; **~o** *m* Relief *n*; ***pôr em ~*** *fig* hervorheben

religi|ão *f* Religion; **~osa** *f* Nonne; **~oso 1.** *adj* fromm; **2.** *m* Mönch
relinchar wiehern
relógio *m* Uhr; **~-pulseira** *m* Armbanduhr *f*
relojoeiro *m* Uhrmacher
relutância *f* Wider-wille(n) *m*, -streben *n*
reluzir glänzen; blinken
relva *f*, **~do** *m* Rasen *m*
remar rudern
remat|ar (be)enden; **~e** *m* Abschluß, Ende *n*; (*Fußball*) Torschuß
remediar (ab)helfen; beheben; wiedergutmachen
remédio *m* (Heil-, Hilfs-) Mittel *n*; Arznei *f*
remend|ar ausbessern; flikken; **~o** *m* Flicken
reme|ssa *f* Sendung; Lieferung; **~tente** *m* Absender; **~ter** (zu)senden
remexer [rəmə'ʃer] umrühren
reminiscência *f* Erinnerung
remo *m* Ruder *n*; **~ção** *f* Entfernung; Räumung; **~ *do lixo*** Abfallbeseitigung; **~inho** *m* Strudel; **~rso** *m* Gewissensbiß; **~to** entlegen, fern; **~ver** entfernen
remunera|ção *f* Vergütung; **~r** vergüten
Renânia *f*: ***~ do Norte-Vestefália*** Nordrhein-Westfalen *n*; ***~-Palatinado*** Rheinland-Pfalz *n*
Renasce|nça *f* Renaissance; **ℛr** wieder aufleben
renda *f* **1.** Einkünfte *pl*; Miete; **2.** (Klöppel-)Spitze
rend|er (*z. B. Dienst*) erweisen; einbringen; sich belaufen auf; (*Wache*) ablösen; *v/i* (sich) rentieren; **~-se** sich ergeben; **~ição** *f* Kapitulation; **~imento** *m* Ertrag; Gewinn; Leistung(sfähigkeit) *f*; Wirtschaftlichkeit *f*; **~dível** rentabel; **~oso** einträglich; ergiebig
ren|itente widerspenstig; **~ome** *m* Ruf; Ruhm; **~ovação** *f* Erneuerung; **~ovar** erneuern
rentabilidade *f* Rentabilität
renúncia *f* Verzicht *m*
renunciar verzichten (**a** auf)
reorganiza|ção *f* Umgestaltung; **~r** umgestalten
repar|ação *f* Ausbesserung; Reparatur; **~ar** reparieren; ***~ em*** (be)merken; **~o** *m* Beobachtung *f*; Einwand
repartição *f* Ab-, Verteilung; Dienststelle; Amt *n*; ***~ de registo*** Einwohnermeldeamt *n*
repatriação *f* Repatriierung
repel|ão *m* Ruck; Stoß; **~ir** zurück-stoßen; -weisen
repent|e: *de ~* *adv* plötzlich; **~ino** *adj* plötzlich
repercu|ssão *f* Widerhall *m* Wirkung; **~tir** widerhallen; *fig* wirken
repertório *m* Repertoire *n*
repeti|ção *f* Wiederholung; **~r** wiederholen
repleto (rand)voll; überfüllt

réplica *f* Entgegnung
rep|licar entgegnen, erwidern; **~olho** *m* (Weiß-)Kohl; **~or** ersetzen; **~ortagem** *f* Berichterstattung; **~órter** *m* Reporter
repous|ar ruhen; **~o** *m* Ruhe *f*; Erholung *f*
repreen|der tadeln; **~são** *f* Tadel *m*
represa *f* Wehr *n*, Damm *m*
represália *f* Repressalie
representa|ção *f* Vorstellung; Vertretung; **~nte** *su* Vertreter(in); **~r** vorstellen; vertreten; darstellen
repr|essão *f* Unterdrükkung; **~imir** unterdrücken
reprocessamento *m Tech* Rückgewinnung *f*, Wiederaufbereitung *f*
reprodu|ção *f* Nachbildung; Wiedergabe; Fortpflanzung; **~zir** nachbilden; wiedergeben; schildern; vervielfältigen; **~-se** sich fortpflanzen
reprov|ação *f* Ablehnung; Mißbilligung; **~ar** verwerfen; durchfallen; **~ável** verwerflich
réptil *m* Reptil *n*
república *f* Republik; **2 *Federal da Alemanha*** (***RFA***) Bundesrepublik Deutschland (BRD)
repudiar verstoßen; ablehnen
repugna|nte widerlich, abstoßend; **~r** zuwider sn; abstoßen
repulsa *f* Widerwille(n) *m*
reputação *f* Ruf *m*
repuxo [rəˈpuʃu] *m* Wasserstrahl; Fontäne *f*
requ|erer erfordern, notwendig m; beantragen; **~erimento** *m* Antrag; **~intado** ausgetüftelt; erlesen; **~isição** *f* Forderung; **~isitar** entleihen; anfordern; beantragen; **~isito** *m* Erfordernis *n*
rés-do-chão *m* Erdgeschoß *n*
reserva *f* Vorrat *m*; Vorbehalt *m*; Reserve; *Esb* Platzkarte; (Natur-)Reservat *n*; **~do** zurückhaltend; **~r** zurück-, vor-behalten; vorbestellen; belegen; **~tório** *m* Behälter; Reservoir *n*
resfria|do 1. *adj* erkältet; **2.** *m* Erkältung *f*; **~r(-se)** (sich) abkühlen; *fig* den Mut verlieren
resgate *m* Loskauf; Lösegeld *n*
resguardo *m* Schutz (-maßnahme *f*, -vorrichtung *f*)
resid|ência *f* Wohnsitz *m*; **~ente** wohnhaft; **~ir** wohnen
resíduo *m* Rest; Rückstand; **~s** *pl* (Industrie-)Abfall *m*; **~s *tóxicos*** Giftmüll *m*
resigna|ção *f* Verzicht *m*; Resignation; **~r** verzichten; abtreten; **~-se** sich abfinden, resignieren

resina *f* Harz *n*
resist|ência *f* Widerstand *m*; Ausdauer; **~ente** haltbar; resistent (**a** gegen); **~ir** widerstehen; sich halten
resolução *f* Entschluß *m*; *Tech* Auflösung
resolver beschließen; lösen; **~-se** sich entschließen (**a** zu)
respectiv|amente beziehungsweise; **~o** entsprechend, jeweilig
respeit|ar achten; berücksichtigen; **~ável** achtbar; **~o** *m* Achtung *f*; Rücksicht *f*
respira|ção *f* Atmung; Atem *m*; **~r** (ein)atmen
respon|der antworten; verantwortlich sn (**por** für); **~sabilidade** *f* Verantwortung; **~sabilizar** verantwortlich m; **~sável 1.** *su* Verantwortliche(r); **2.** *adj* verantwortlich
resposta *f* Antwort
ressaca *f* Brandung; *fig* Übelkeit; Kater *m*
ressalt|ar hervorheben; hervorragen; **~o** *m Arch* Vorsprung
ressonância *f* Resonanz, Widerhall *m*
ressu|rreição *f* Auferstehung; **~scitar** auferwecken; auferstehen
restabelec|er wiederherstellen; **~-se** genesen; **~imento** *m* Wiederherstellung *f*; Genesung *f*
resta|nte übrig, restlich; **~r** (übrig)bleiben
restaur|ação *f* Wiederherstellung; *Arch* Restaurierung; Sanierung; **~ante** *m* Restaurant *n*; **~ar** wiederherstellen; *Arch* restaurieren; *Tech* regenerieren
restitui|ção *f* Rückerstattung; **~r** rückerstatten
resto *m* Rest; **de ~** im übrigen
restrição *f* Einschränkung
resulta|do *m* Ergebnis *n*; Erfolg; **~r** sich erweisen (**em** als); sich ergeben (**de** aus); **não ~** nichts fruchten
resum|ir zusmmenfassen; **~o** *m* Zusammenfassung *f*; Resümee *n*
resvalar (aus-)gleiten; (aus-) rutschen
ret... *bras s a* **rect...**
retaguarda *f* Nachhut; Rückseite; *Kfz* Heck *n*; **à ~** hinten
retalh|ista *su* Einzelhändler(in); **~o** *m* Stück *n*; Rest; **a ~** *Hdl* en detail
rete|nção *f* Zurückhaltung; **~r** zurück-, einbehalten
retesar spannen; straffen
retina *f* Netzhaut
retira|da *f* Rückzug *m*; **~r** zurückziehen; wegnehmen
reto|car retuschieren; ausbessern; *Kfz* frisieren; **~que** *m* Ausbesserung *f*; *Fot* Retusche *f*; **o último ~** *fig* der letzte Schliff
retorna|do *m* Rück-, Heim-

Kehrer; **~r** zurückgeben; *v/i* zurückkehren
retorquir entgegnen
retrair-se sich zs-ziehen
retrat|ar abbilden; schildern; **~o** *m* Porträt *n*; Lichtbild *n*; **~ *robot*** Phantombild *n*
retrete *f* Toilette
retribui|ção *f* Vergütung; **~r** vergüten; *fig* erwidern
retr|oa(c)tivo rückwirkend; **~oceder** zurückweichen; sich zurückziehen; **~ocesso** *m* Rückschritt; Rückzug; (*Schreibmaschine*) Rücktaste *f*; **~ocontagem** *f* Countdown *m*; **~ógrado** *fig* rückschrittlich; **~oproje(c)tor** *m* Overhead-Projektor; **~ospe(c)tiva** *f* Rückschau; Retrospektive; **~ovisor** *m* *Kfz* Rückspiegel
réu *m* Angeklagte(r)
reumatismo *m* Rheuma *n*
reuni|ão *f* Vereinigung; Treffen *n*; Versammlung; **~ficação** *f* Wiedervereinigung; **~r(-se)** (sich) vereinigen; (sich) versammeln
revel|ação *f* Enthüllung; Offenbarung; *Fot* Entwicklung; **~ar** enthüllen, aufdecken; entwickeln; **~ia** *f*: **à ~** in Abwesenheit
rever wiedersehen; (*Text*) durchsehen; korrigieren
rever|ência *f* Ehrfurcht; **~enciar** (ver)ehren
revés *m* Mißgeschick *n*, Rückschlag
revest|imento *m* Überzug; Verkleidung *f*; **~ir** überziehen; beschichten; verkleiden
revezar auswechseln; **~-se** ea abwechseln
revi|ralho *m* *Pol* Wende *f*; **~ravolta** *f* Wendung; *fig* Umschwung *m*; **~são** *f* Revision; Durchsicht; **~sor** *m* Kontrolleur; **~sta** *f* Revue; Zeitschrift; Inspektion; Durchsuchung; *Thea* Revue; **~star** durchsuchen; überprüfen
revo|gar widerrufen; **~gável** widerruflich; **~lta** *f* Aufruhr *m*; **~ltar** aufbringen; revoltieren; **~ltoso** aufrührerisch; **~lução** *f* Revolution; *Tech* Umdrehung; **~lucionário 1.** *m* Revolutionär; **2.** *adj* revolutionär; **~lver** (um)drehen; aufwühlen
rezar beten
ribeir|a *f*, **~o** *m* Bach *m*
rico 1. *m* Reiche(r); **2.** *adj* reich
ricochete *m* Abprall
ridículo lächerlich
rifa *f* Verlosung
rígido starr; steif; streng
rigor *m* Härte *f*; Strenge *f*; Genauigkeit *f*; ***em ~*** genaugenommen; **~oso** streng; hart
rijo hart; zäh; kräftig
rim *m* Niere *f*
rímel *m* Wimperntusche *f*
ringue *m* Boxring
rinoceronte *m* Nashorn *n*

rio *m* Fluß, Strom
ripa *f* (Holz-)Latte
riqueza *f* Reichtum *m*
rir(-se) lachen
risc|a *f* Strich *m*; (*Haar*) Scheitel *m*; **às ~s** gestreift; **~ar** stricheln; skizzieren; streichen; **~o** *m* Strich; Risiko *n*; Gefahr *f*
riso *m* Lachen *n*; Gelächter *n*; **~nho** heiter
risoto *m* Risotto *m* (*od n*)
ríspido kurz angebunden
rissol *m Kochk* (*kleine*) Pastete *f*
rítmico rhythmisch
ritmo *m* Rhythmus; Tempo *n*
rival *m* Rivale; Nebenbuhler; **~idade** *f* Rivalität
rixa ['riʃa] *f* Streit *m*
robalo *m* Seebarsch
rob|ô *bras*, **~ot** *m* Roboter
robust|ecer kräftigen; **~ez** *f* Kraft; Stärke; **~o** kräftig
roça *f* Pflanzung; *bras* Land *n*; Acker *m*; Feld *n*
roch|a *f* Fels *m*; **~edo** *m* Klippe *f*; **~oso** felsig
roda *f* Rad *n*; Kreis *m*; Runde; **~ dentada** Zahnrad *n*; **~ sobressalente** Ersatzrad *n*; **à ~ de** ringsum; ungefähr; **~da** *f* (*Gasthaus*) Runde; **~gem** *f*: **fazer a ~** (*Auto*) einfahren; **~pé** *m* Scheuerleiste *f*; **~r** rollen; drehen (*a Film*)
rodear umgeben; umkreisen
rodela *f Kochk* Scheibe
rodopio *m* Wirbel
rodov|ia *f bras* Hauptverkehrsstraße; Fahrbahn; **~iária** *f* (*Bus*) Transportunternehmen *n*; *bras* Busbahnhof *m*
roe|dor *m* Nagetier *n*; **~r** (ab-, an-, zer)nagen
rol *m* Liste *f*, Verzeichnis *n*; **~amento** *m Tech* (Rollen-)Lager *n*; **~ar** rollen; **~dana** *f* Flaschenzug *m*; **~eta** *f* Roulett *n*
rolha *f* Korken *m*, Pfropfen *m*
rol|iço rundlich; **~o** *m* Rolle *f*; Walze *f*; *bras* Rauferei *f*; Lockenwickler
romanc|e *m* Roman; **~ista** *su* Romanschriftsteller(in)
rom|ânicas *f/pl* Romanistik *f*; **~ânico** romanisch; **~ântico** romantisch; **~aria** *f* Wallfahrt; **~eiro** *m* Pilger, Wallfahrer
Roménia *f* Rumänien *n*
romeno 1. *adj* rumänisch; **2.** *m* Rumäne
romper ab-, an-, durch-, zer-brechen; zerreißen
ronda *f* Runde; Streife
ros|a *f* Rose; **~ário** *m* Rosenkranz; **~eira** *f* Rosen-stock *m*, -busch *m*; **~bife** *m* Roastbeef *n*; **~ca** *f* Gewinde *n*; **~nar** knurren; **~to** *m* Gesicht *n*, Antlitz *n*
rota *f* Route; *Mar* Kurs *m*; **~ção** *f* Umdrehung
roteiro *m* Reiseführer; Reisebeschreibung *f*; (*Film*) Drehbuch *n*
rotina *f* Routine (*a Inform*)

roto zerlumpt; verschlissen
rótula *f* Kniescheibe
rotular beschriften
rótulo *m* Aufschrift *f*; Schild *n*; Etikett *n*
rotura *f* (Ab-)Bruch *m*
roub|ar (be)rauben, stehlen; **~o** *m* Raub, Diebstahl
rou|co heiser; **~quidão** *f* Heiserkeit
roup|a Kleidung; Wäsche; **~ *de cama*** Bettwäsche; **~ *interior*** Unterwäsche; ***estender a ~*** Wäsche aufhängen; **~ão** *m* Morgen-, Bademantel; **~a-velha** *f Kochk* Resteessen *n*; **~eiro** *m* Wäscheschrank
rouxinol [roʃiˈnɔl] *m* Nachtigall *f*
roxo [ˈroʃu] violett
rua *f* Straße; **~ *lateral*** Seitenstraße; **~*!*** hinaus!
rubéola *f* Röteln *pl*
rubor *m* (Scham-)Röte *f*
rubricar (*Dokument*) abzeichnen
rude rauh, grob, roh
rudimento *m* Anfang; Überbleibsel *n*; **~s** *pl* Grundbegriffe
ruela *f* Gasse
ruga *f* Falte, Runzel
rugir brüllen
ruibarbo *m* Rhabarber
ruído *m* Geräusch *n*; Lärm
ruim schlecht; F übel, mies
ruína *f* Ruin *m*; Ruine
ruivo rothaarig
rulote *f* Wohnwagen *m*
rum *m* Rum; **~o** *m* Richtung *f*, Weg; Ziel *n*; *Mar* Kurs; **~or** *m* Geräusch *n*; Gerücht *n*
rural ländlich
rusga *f* Razzia
Rússia *f* Rußland *n*
russo 1. *adj* russisch; **2.** *m* Russe
rústico ländlich; rustikal

S

S.A. *s* **sociedade anónima**
sã *adj/f s* **são**
sábado *m* Sonnabend, Samstag
sabão *m* (Wasch-)Seife *f*
sabe|doria *f* Weisheit; **~r 1.** wissen; können; erfahren; schmecken (**a** nach); **2.** *m* Wissen *n*
sábio weise, gelehrt
sabonete *m* Toilettenseife *f*
sabor *m* Geschmack; **~ear** kosten; genießen; *Kochk* abschmecken; **~oso** schmackhaft
sabotagem *f* Sabotage
saca *f* Sack *m*; (*große*) Tasche; **~da** *f* Balkon *m*; **~nagem** *f* F Sauerei (*a interj*); **~r** (heraus)ziehen; **~rina** *f* Süßstoff *m*; **~-rolhas** *m* Korkenzieher
sacerdote *m* Priester
saciar sättigen
saco *m* Sack; Beutel; Reiseta-

sche *f*; **~ *plástico*** Plastikbeutel; **~-cama** *m* Schlafsack
sacri|ficar opfern; **~fício** *m* Opfer *n*; **~stão** *m* Küster
sacudir (ab-, aus-) schütteln
sadio gesund
safanão *m* Ruck, Stoß
safar-se F entwischen; abhauen
safra *f* Ernte(zeit)
sagaz scharfsinnig
sagitário *m* (*Tierkreis*) Schütze
sagrado heilig
saia *f* (Frauen-)Rock *m*; **~ *e casaco*** Kostüm *n*
saibro *m* Kies
saída *f* Ausgang *m*; Ab-, Aus-fahrt; Austritt *m*; *fig* Ausweg *m*
sair (aus)gehen; weggehen; (*Buch*, *Zeitung*) erscheinen; **~ *bem*** gut ausgehen
sal *m* Salz *n*; **~a** *f* Saal *m*; (Wohn-) Zimmer *n*; **~ *de espera*** Warte-zimmer *n*; -halle; **~ada** *f* Salat *m*; **~ão** *m* Saal; Salon; **~ário** *m* Lohn; **~dar** (*Rechnung*) begleichen; **~do(s)** *m*(/*pl*) Aus-, Schlußverkauf; **~eiro** *m* Salzstreuer; **~gar** (ein)salzen
salgueiro *m* *Bot* Weide *f*
salientar hervorheben; **~-se** hervortreten
salitre *m* Salpeter
saliva *f* Speichel *m*
salmão *m* Lachs
salpicar bespritzen
salsa *f* Petersilie
salsicha *f* Würstchen *n*, Wurst
salt|ar springen; **~o** *m* Sprung; (*Schuh*) Absatz; **~ *em comprimento*** Weitsprung
salv|ação *f* (Er-)Rettung; **~ador** *m* Erlöser; Retter; **~aguarda** *f* Schutzwache; Schutz *m*; **~amento** *m* Rettung *f*; **~ar** retten; **~a-vidas** *m* Rettungs-boot *n*, -gürtel; **~o 1.** *adj* gerettet; **2.** *prp* außer, vorbehaltlich; **~o-conduto** *m* Geleitbrief
samba *m* Samba; **~r** Samba tanzen
sanatório *m* Sanatorium *n*
san|ção *f* Genehmigung; Strafe; **~cionar** bestätigen
sandália *f* Sandale
sand|e(s) *f*, **~uíche** *f* Sandwich *n*, belegte(s) Brot *n*
sanea|mento *m* Sanierung *f*; Säuberung *f*; **~r** sanieren; säubern
san|grar bluten; **~grento** blutig; **~gue** *m* Blut *n*; ***deitar* ~** bluten; **~gue-frio** *m* Kaltblütigkeit *f*
sanha *f* Grimm *m*; Wut
sanit|a *f* Klo(sett) *n*; **~ário** Gesundheits...
sant|ificar heiligsprechen; **~o 1.** *m* Heilige(r); Sankt (+ *Name mit Vokal*); **2.** *adj* heilig; **~uário** *m* Heiligtum *n*
são 1. *adj* gesund; heil; **~ *e salvo*** gesund und munter; **2.** *m* Sankt (+ *Name mit Konsonant*)

sapat|aria *f* Schuhgeschäft *n*; **~eira** *f* Taschenkrebs *m*; **~eiro** *m* Schuhmacher; **~ilha** *f* Turnschuh *m*; **~o** *m* Schuh
sapo *m* Kröte *f*
saque *m* Plünderung *f*
saraiva *f* Hagel *m*
sarampo *m* Masern *pl*
sarar heilen; gesunden
sarau *m* Veranstaltung *f*; Ball
sard|a *f* Makrele; Sommersprosse; **~inha** *f* Sardine
sargaço *m* Seetang
sargento *m* Unteroffizier
sarilho *m* F Knatsch
sarjeta *f* Gully *m*; Rinnstein *m*
sarro *m* Zahnbelag
satélite *m* Trabant; Satellit
sátira *f* Satire
satisfa|ção *f* Befriedigung, Freude; **~tório** befriedigend; **~zer** befriedigen; genügen; erfüllen
saud|ação *f* Begrüßung; Gruß *m*; **~ade** *f* Sehnsucht; wehmütige Erinnerung; **~ar** (be)grüßen; **~ável** gesund
saúde *f* Gesundheit; ***à sua ~!*** auf Ihr Wohl!
sauna *f* Sauna
Saxónia [sa'ksɔnjɑ] *f* Sachsen *n*
sazão *f* Saison
se 1. *cj* wenn, falls (*subj*); ob; **2.** *pron* sich; man
sé *f* Kathedrale
seara *f* Saat; Getreidefeld *n*
sebe *f* Zaun *m*; Hecke
sebo *m* Talg
seca *f* Trockenheit, Dürre
seção *bras s* **secção**
seca|dor *m* Haartrockner; **~ *de roupa*** Wäschetrockner; **~r** (ab-, aus)trocknen
se(c)ção *f* Abteilung; (Ab-)Schnitt *m*
seco trocken, dürr
secreção *f* Absonderung
secret|aria *f* Sekretariat *n*; Geschäftsstelle; **~ária** *f* Sekretärin; Schreibtisch *m*; **~ário** *m* Sekretär
secreto geheim, verborgen
se(c)tor *m* Abschnitt; Bereich; Kreis
secular weltlich
século *m* Jahrhundert *n*
secundário nebensächlich; zweitrangig
sed|a *f* Seide; **~ativo** *m* Beruhigungsmittel *n*; **~e** *f* Sitz *m*; Durst *m*; **~imento** *m* Ablagerung *f*
sedu|ção *f* Verführung; Zauber *m*; **~tor** verführerisch; **~zir** verführen; bezaubern
segar mähen
segred|ar flüstern; anvertrauen; **~o** *m* Geheimnis *n*
segregar absondern; ausscheiden
segui|da: *em ~* danach, anschließend; **~do** aufeinanderfolgend; ununterbrochen; **~nte** folgend; nächst; **~r** folgen; fortfahren; ***~-se*** sich fortsetzen, weitergehen
segunda-feira *f* Montag *m*
segundo 1. *m* Sekunde *f*; **2.**

adj zweite(r); **3.** *prp* gemäß, laut; **4.** *cj* je nachdem
segur|ado *m* Versicherungsnehmer; **~ador** *m* Versicherer; **~adora** *bras f* Versicherungsgesellschaft; **~ança** *f* Sicherheit; Gewißheit; Schutz *m*; **~ar** (ver)sichern; (fest)halten; **~o 1.** *adj* sicher; versichert; fest; **2.** *m* Versicherung *f*; **~ *contra todos os riscos*** Vollkaskoversicherung *f*; **~ social** Sozialversicherung *f*; ***companhia f de ~s*** Versicherungsgesellschaft *f*
seio *m a fig* Brust *f*; Busen
seis sechs
seiscentos sechshundert
seita *f* Sekte
seixo ['sejʃu] *m* Kiesel(stein)
sela *f* (Reit-)Sattel *m*
selar (ab)stempeln; freimachen; (ver)siegeln
sele(c)|ção *f* Auswahl (-mannschaft); **~cionar** auslesen, -wählen; **~to** auserlesen
selim *m* (Fahrrad-)Sattel
selo *m* Siegel *n*; Stempel; Briefmarke *f*
selva *f* (Ur-)Wald *m*; **~gem 1.** *su* Wilde(r); **2.** *adj* wild; wüst, öde
sem ohne (zu); **~ *que*** *subj* ohne daß
sem|áforo *m* Verkehrsampel *f*; **~ana** *f* Woche; **~anal** wöchentlich
semear säen
semelha|nça *f* Ähnlichkeit; ***à ~ de*** ähnlich (*dat*); **~nte** ähnlich; solche ein(e)
sement|e *f* Same(n) *m*; **~eira** *f* (Aus-)Saat
semestr|al halbjährlich; **~e** *m* Halbjahr *n*, Semester *n*
sem-fim *m* Unmenge *f*; *Tech* Schnecke
semi|-aberto halboffen; **~-círculo** *m* Halbkreis; **~condutor** *m* Halbleiter; **~final** *f* Halbfinale *n*; **~-internato** *m* Ganztagsschule *f*
seminário *m* Seminar *n*
sêmola *f* Grieß(mehl *n*) *m*
sem-par ohnegleichen
sempre immer, stets; **~ *que*** (*subj*) immer wenn
sem-vergonha 1. *f* Schamlosigkeit; **2.** *su* Schamlose(r)
senado *m* Senat; **~r** *m* Senator, Ratsherr
senão 1. *cj* sonst; sondern; **2.** *prp* außer
senha *f* Zeichen *n*; Quittung(sabschnitt *m*); (Kontroll-)Marke; Platznummer
senhor *m* Herr (*a Anrede*); Besitzer; **~a** *f* Dame; Herrin; Besitzerin; Frau (*a Anrede*); **~ia** *f* (*Macht*) Herrschaft; **~ial** herrschaftlich; **~io** *m* Eigentümer; Vermieter; Hauswirt; **~ita** *f bras* Fräulein *n*
senil greisenhaft
sénior *m* Senior
sensabor 1. *m* Geschmacklosigkeit *f*; **2.** *adj* geschmacklos

sensa|ção *f* Empfindung; Sensation; **~cional** aufsehenerregend
sensato vernünftig
sensibili|dade *f* Empfindlichkeit; **~zar** rühren; aufmerksam m
sens|ível empfindlich; wahrnehmbar; empfindsam; **~ivelmente** spürbar; etwa
senso *m* Verstand; ***bom ~*** gesunde(r) Menschenverstand; ***~ comum*** Konsens
senta|do sitzend; ***estar ~*** sitzen; **~r-se** sich setzen
senten|ça *f* Spruch *m*; Urteil *n*; **~ciar** (ver)urteilen
sentido *m* Sinn; Richtung *f*; ***os ~s*** die (fünf) Sinne; ***rua f de ~ único*** Einbahnstraße; ***~ proibido*** Einfahrtverbot *n* (*Straße*)
sentiment|al gefühlvoll, empfindsam; **~o** *m* Gefühl *n*, Empfindung *f*; **~s** *pl* die Gesinnung
sentinela *f* Posten *m*; *fig* Wächter *m*
sentir fühlen; spüren; bedauern; empfinden
separa|ção *f* Trennung; **~r** trennen; **~ta** *f* Sonderdruck *m*
sepult|ar begraben, bestatten; **~ura** *f* Grab *n*
sequência *f* Folge
sequestr|ar widerrechtlich verhaften; entführen; **~o** *m* Entführung *f*
ser 1. sein; werden; ***~ de*** (*Herkunft*) aus ... sein; (*Besitz*) gehören; ***isto é*** das heißt; ***seja como for*** wie dem auch sei; **2.** *m* Sein *n*; Wesen *n*
serão *m* Nachtarbeit *f*; Abend *m*; ***fazer ~*** bis tief in die Nacht arbeiten
sereia *f* Sirene
serenidade *f* Ruhe
série *f* Reihe; Serie
seriedade *f* Ernst *m*; Zuverlässigkeit
seringa *f* Spritze; *bras* Rohkautschuk *m*
sério ernst; zuverlässig; seriös; ***a ~*** ernsthaft, im Ernst
sermão *m* Predigt *f*
serpent|e *f* Schlange; **~ear** sich schlängeln; **~ina** *f* Papierschlange; *Tech* Schlange
serr|a *f* Säge; Gebirge *n*; **~ação** *f* Sägewerk *n*; **~alheiro** *m* Schlosser; **~ar** sägen; **~ote** *m* Fuchsschwanz (*Säge*)
sertã *f* (*große*) Bratpfanne
sert|anejo *m* Sertãobewohner; **~ão** *bras m* Sertão, Buschland *n*; (*tiefstes*) Hinterland *n*
serv|ente *m* Bedienstete(r); *Arch* Handlanger; **~entia** *f*: ***~ de cozinha*** Küchenbenutzung, Kochgelegenheit; **~iço** *m* Dienst; Bedienung *f*; Dienstleistung *f*, Service; (*Geschirr*) Service *n*; ***~ de vaivém*** Pendelverkehr; ***~ pós-venda*** *Tech* Kunden-

dienst; **~s** *pl* ***públicos*** öffentliche(r) Dienst; ***ao ~ de*** im Dienst von; **~ir** (be)dienen; taugen; passen; sich eignen; **~o** *m* Knecht; Diener
servo-freio *m Kfz* Servobremse *f*
sessão *f* Sitzung; Vorstellung; Veranstaltung
sessenta sechzig
sesta *f* Mittagsruhe, Siesta
seta *f* Pfeil *m*
sete sieben; **~centos** siebenhundert
Setembro *m* September
setenta siebzig
setentrional nördlich
sétimo siebente(r)
setor *bras s* **sector**
seu sein(e); Ihr(e)
sever|idade *f* Strenge; Härte; **~o** streng
sexo ['sɛksu] *m* Geschlecht *n*
sexta(-feira) [sejʃtɑ'fejrɑ] Freitag *m*; ***às sextas(-feiras)*** freitags; ***na ~*** am Freitag
sexto ['sejʃtu] sechste(r)
sexual [se'kswal] sexuell
si *pron nach prp* sich; Sie; Ihnen
SIDA *f* AIDS *n*
siderurgia *f* Eisen- und Stahl-industrie
sidra *f* Apfelwein *m*
sifão *m* Heber; Siphon; (*Abfluß*) Geruchsverschluß
sífilis *f* Syphilis
sigilo *m* Geheimnis *n*
significa|do *m* Bedeutung *f*; **~r** bedeuten; **~tivo** bezeichnend; bedeutsam
sign|atário *m* Unterzeichner; **~o** *m* Zeichen *n*; Sternbild *n*
sílaba *f* Silbe
silenciador *m Tech* Schalldämpfer
silêncio *m* Schweigen *n*, Stille *f*
silencioso schweigend; leise; still; schweigsam
silhueta *f* Schattenriß *m*; Umriß *m*
silo-auto *m Kfz* Parkhaus *n*
silv|a *f* Dornbusch *m*; Brombeerstrauch *m*; **~estre** wild(wachsend); **~icultura** *f* Forstwirtschaft
sim ja; doch; ***dizer que ~*** ja sagen
símbolo *m* Symbol *n*
simbólico symbolisch
similar gleichartig
simp|ático nett; **~atizar com** nett finden; sympathisieren mit; **~les** einfach, schlicht; **~licidade** *f* Einfachheit; Schlichtheit; Einfalt; **~lificar** vereinfachen
simular vortäuschen
simultâneo gleichzeitig
sinal *m* Zeichen *n*; Merkmal *n*; *Hdl* Anzahlung *f*; ***~ de impedido*** *Tel* Besetztzeichen *n* ***~ de trânsito*** Verkehrszeichen *n*; ***~ horário*** Zeitzeichen *n*; **~eiro** *m* Verkehrspolizist; **~ização** *f* Ausschilderung
sincer|idade *f* Aufrichtigkeit; **~o** aufrichtig; ehrlich

sindicato *m* Gewerkschaft *f*
sinfonia *f* Sinfonie
singelo einfach, schlicht
singular einzeln; sonderbar; einzigartig
sinistro 1. *m* Unglück *n*; **2.** *adj* unheilvoll
sino *m* Glocke *f*
síntese *f* Zusammenfassung
sint|ético künstlich; **~oma** *m* Symptom *n*; **~onizar** *Tech* abstimmen; einstellen
sinuoso gewunden
sinusite *f* Stirnhöhlenentzündung
Síria *f* Syrien *n*
sismo *m* Erdbeben *n*
siso *m* Verstand
sistema *m* System *n*; **~ *antiblocagem*** *Kfz* Antiblockiersystem *n*; **~ *imunológico*** Immunsystem *n*; **~ *operacional*** (*od* ***operativo***) *Inform* Betriebssystem *n*
sitiar belagern
sítio *m* Ort, Stelle *f*, Platz; *bras* kleines Landgut *n*; ***estado*** *m* ***de*** **~** Belagerungszustand
sito gelegen
situa|ção *f* Lage; Stellung; Zustand *m*; **~do:** ***estar*** **~** sich befinden, liegen
slip *m* Slip
slogan *m* Slogan; Parole *f*
só 1. *adj* allein; einsam; **2.** *adv* nur; erst
soalho *m* Fußboden
soar (er)tönen; läuten; klingen
sob unter
sobej|ar übrigbleiben; **~o** *m* Rest
soberan|ia *f* Staatsgewalt; Herrschaft; *Pol* Souveränität; **~o 1.** *m* Herrscher; Souverän; **2.** *adj* höchst; *fig* souverän
soberbo stolz; herrlich; hochmütig
sobra *f* Rest *m*; **~ncelha** *f* Augenbraue; **~r** übrigbleiben
sobre auf; über; **~carregar** überladen; überlasten
sobreiro *m* Korkeiche *f*
sobre|mesa *f* Nachtisch *m*; **~nome** *m* Beiname; **~por-se** die Oberhand gewinnen; **~scrito** *m* Briefumschlag; Aufschrift *f*; **~ssair** hervorragen, sich abheben; **~ssaltar** erschrecken; **~ssalto** *m* Schreck; **~ssalente** *m* Ersatzteil *n*; Ersatzrad *n*; **~taxa** *f* Zuschlag *m*; Nachporto *n*; **~tudo 1.** vor allem; **2.** *m* Wintermantel; **~vivente 1.** *su* Überlebende(r); **2.** *adj* überlebend; **~viver a** überleben; **~voar** überfliegen
sobriedade *f* Genügsamkeit
sobrinh|a *f* Nichte; **~o** *m* Neffe
sóbrio genügsam
social gesellschaftlich; sozial; **~-democrata** *su* Sozialdemokrat(in); **~-democrático** sozialdemokratisch; **~ista 1.** *adj* sozialistisch; **2.** *su* Sozia-

list(in); **~izar** vergesellschaften
sociável gesellig
sociedade *f* Gesellschaft; Gemeinschaft; Verein *m*; **~ anónima** (**S.A.**) Aktiengesellschaft (AG); **~ anónima de responsabilidade limitada** (**S.A.R.L.**) Gesellschaft mit beschränkter Haftung (GmbH); **~ fiduciária** Treuhandgesellschaft
sócio *m* Mitglied *n*; Teilhaber
sociologia *f* Soziologie
soco *m* Sockel; Faustschlag
socorr|er zu Hilfe kommen; **~ista** *su* Sanitäter(in); **~o** *m* Hilfe *f*; Beistand; **primeiros ~s** *pl* Erste Hilfe *f*
sofá *m* Sofa *n*; **~-cama** *m* Schlafcouch *f*
sofisticado ausgeklügelt; *Tech* ausgereift
sofr|er (er)leiden; ertragen; **~imento** *m* Leiden *n*; Schmerz; **~ível** erträglich; ausreichend
software *m Inform* Software *f*
sogr|a *f* Schwiegermutter; **~o** *m* Schwiegervater; **~s** *pl* Schwiegereltern
sol *m* Sonne *f*
sola *f* Sohle
solar 1. *m* Herrenhaus *n*; **2.** *adj* Sonnen...
solavanco *m* Stoß; **andar aos ~s** durchgerüttelt w
soldado *m* Soldat
soldar löten; schweißen
soldo *m* Sold; Löhnung *f*
soleira *f* Schwelle
solen|e feierlich; **~idade** *f* Feierlichkeit
soletrar buchstabieren
solha *f* Scholle, Flunder
solicita|ção *f* Gesuch *n*; *Tech* Beanspruchung; **~r** beantragen; verlangen; *Tech* beanspruchen
solícito eifrig; hilfsbereit
solid|ão *f* Einsamkeit; Einöde; **~ariedade** *f* Solidarität; **~ário** solidarisch; **~arizar-se** sich solidarisieren; **~ez** *f* Festigkeit; **~ificar** festigen
sólido 1. *adj* fest; dauerhaft; zuverlässig; **2.** *m* (*fester*) Körper
solitário einsam
solo *m* Erdboden; Grund
solstício *m* Sonnenwende *f*
solt|ar losmachen; lockern; **~eiro 1.** *m* Junggeselle; **2.** *adj* ledig; **~o** frei; los(-gelöst); ungebunden
solu|ção *f* Lösung **~çar** schluchzen; **~cionar** lösen; **~ço** *m* Schluchzen *n* **ter ~s** den Schluckauf haben
solúvel lösbar, löslich
solve|nte 1. *m* Lösungsmittel *n*; **2.** *adj* zahlungsfähig; **~r** bezahlen, begleichen
som *m* Laut; Klang; Ton
soma *f* Summe; **~r** addieren
sombr|a *f* Schatten *m*; **~inha** *f* Sonnenschirm *m*; **~io** schattig; düster
somente nur, bloß

sonâmbulo *m* Schlafwandler
sonante klingend
sonda *f* Sonde; Lot *n*; **~gem** *f* Untersuchung; Sondierung; **~ *de opinião*** Meinungsforschung; **~ *do mercado*** Marktforschung; **~gem--inquérito** *f* Umfrage; **~ar** sondieren; untersuchen
sonegar verhehlen; (*Steuern*) hinterziehen
soneto *m* Sonett *n*
sonh|ador *m* Träumer; **~ar** träumen; **~o** *m* Traum
sono *m* Schlaf; ***ter* ~** müde sn; **~lento** schläfrig; schlaftrunken
sopa *f* Suppe
sopé *m* (Berg-)Fuß
sopr|ar (aus-, weg-, auf-, an-)blasen; **~o** *m* Hauch; Atem; ***instrumento** m **de** ~* Blasinstrument *n*
soquete *m Tech* Sockel; Fassung *f*
soro *m* Serum *n*
sorri|dente lächelnd; **~r** lächeln; **~so** *m* Lächeln
sort|e *f* Schicksal *n*; Glück *n*; ***boa ~!*** viel Glück!; ***pouca ~*** Unglück *n*; ***à ~*** auf gut Glück; **~ear** aus-, ver-losen; **~eio** *m* Verlosung *f*; **~ido** *m* Auswahl *f*; Sortiment *n*
sorver schlürfen; einsaugen
sorvete *m* (Speise-)Eis *n*
sósia *su* Doppelgänger(in)
sosseg|ar (sich) beruhigen; ruhen; **~o** *m* Ruhe *f*
sótão *m* (Dach-)Boden
sotaque *m* Akzent
soterrar vergraben
soutien *m fr* Büstenhalter, BH
sova *f* Tracht Prügel
sova|co *m* Achsel(höhle) *f*; **~quinho** *m* Körpergeruch
sovina geizig
sozinho allein
sua *pron/f* ihr(e); Ihr(e)
suar schwitzen
suav|e mild, sanft, zart; **~idade** *f* Milde, Sanftheit
sub|alimentado unterernährt; **~alterno** *m* Untergebene(r); **~arrendatário** *m* Untermieter; **~chefe** *m* Abteilungsleiter; **~consciente** *m* Unterbewußtsein *n*; **~desenvolvido** unterentwickelt; **~desenvolvimento** *m* Unterentwicklung *f*
súbdito *m* Untertan
subdivi|dir unterteilen; **~são** *f* Unter(ab)teilung
subentender-se sich von selbst verstehen
subida *f* Aufstieg *m*; Steigen *n*; Steig(er)ung; Auffahrt
subir hinauf-steigen, -fahren, -gehen; (ein)steigen
súbito: *de* ~ plötzlich
subjugar unterjochen, bezwingen
subleva|ção *f* Aufstand *m*; **~r** aufwiegeln
sublime erhaben, edel
sublinhar unterstreichen (*a fig*)
sublocar untervermieten

submarino 1. *adj* unterseeisch; **2.** *m* U-Boot *n*
sub|mergir untertauchen; überschwemmen; **~meter** unterwerfen; unterstellen; **~missão** *f* Unterwürfigkeit; Unterwerfung; **~misso** unterwürfig
subordina|ção *f* Unterordnung; **~do** *m* Untergebene(r); **~r** unter-ordnen, -stellen
suborn|ar bestechen; **~o** *m* Bestechung *f*
sub|screver abonnieren; **~-se** unterzeichnen; **~scrição** *f* Subskription; Sammlung; **~sidiar** unterstützen; **~sídio** *m* (*finanziell*) Beihilfe *f*; **~sistência** *f* (Fort-) Dauer; (Lebens-)Unterhalt *m*; **~sistir** (fort)bestehen; **~solo** *m* Untergrund; **~stância** *f* Stoff *m*; Gehalt *m*; Wesen *n*; **~stancial** wesentlich; gehaltvoll; **~stituição** *f* Ersatz *m*; Ersetzung; Vertretung; **~stituto** *m* (Stell-)Vertreter; **~terrâneo** unterirdisch; **~til** dünn, fein; scharfsinnig; **~título** *m* Untertitel; **~tra(c)ção** *f* Subtraktion; Entziehung; Unterschlagung; **~trair** abziehen; entziehen; unterschlagen
subúrbio *m* Vorort
subven|ção *f* (staatliche) Unterstützung; Zuschuß *m*; **~cionar** unterstützen
subver|são *f* Umsturz *m*; **~sivo** umstürzlerisch
sucata *f* Schrott *m*
suce|der folgen; geschehen; **~ssão** *f* (Nach-)Folge; **~ssivamente** nach-ea; **~sso** *m* Ereignis *n*; Erfolg; **~ssor** *m* Nachfolger
suc|o *m* Saft; *fig* Kern, Mark *n*; **~ulento** saftig
sucursal *f* Niederlassung
sudeste *m* Südosten
sudoeste *m* Südwesten
Suécia *f* Schweden *n*
sueco 1. *adj* schwedisch; **2.** *m* Schwede
suéter *bras m* (*od f*) Pullover *m*
suficiente genügend
sufocar ersticken
sufrágio *m* (Wahl-)Stimme *f*; Abstimmung *f*
sugar (ein-, aus-)saugen
sugerir nahelegen; anregen
sugest|ão *f* Anregung; Beeinflussung; **~ionar** beeinflussen; **~ivo** suggestiv
Suíça *f* Schweiz
suíças *f/pl* Koteletten
suic|ida *su* Selbstmörder(in); **~idar-se** Selbstmord begehen; **~ídio** *m* Selbstmord
suíço 1. *adj* schweizerisch; **2.** *m* Schweizer
sujar beschmutzen
sujei|ção *f* Unterwerfung; **~tar** unterwerfen; **~to 1.** *adj* unterworfen; **~ *a direitos*** zollpflichtig; **2.** *m* Person *f*
suj|idade *f* Schmutz *m*; Dreck *m*; **~o** schmutzig

sul *m* Süden; **~-americano** südamerikanisch
sulco *m* Furche *f*; Rille *f*
sumário 1. *adj* kurz; abgekürzt; summarisch; **2.** *m* Zs-fassung *f*
sumir-se verschwinden
sumo 1. *adj* höchst, größt; **2.** *m* Saft
suor *m* Schweiß
super *f* (*Benzin*) Super *n*
superar übertreffen
superficial oberflächlich
superfície *f* Oberfläche
super|ior 1. *adj* höher, höchst; **2.** *m* Vorgesetzte(r); **~ioridade** *f* Überlegenheit; **~lotado** überfüllt; **~mercado** *m* Supermarkt; **~sónico** Überschall...
supersti|ção *f* Aberglaube *m*; **~cioso** abergläubisch
supervisão *f* Oberaufsicht
suplement|ar zusätzlich; **~o** *m* Ergänzung(sband *m*) *f*; Beilage *f*; (*Finanzen*) Zulage *f*, Zuschlag
suplente *m* Stellvertreter; Ersatzmann
suplicar anflehen
supor annehmen
suport|ar (er)tragen, aushalten; (*Kosten*) tragen; **~ável** erträglich
suporte *m* Stütze *f*, Träger
suposição *f* Vermutung; Annahme
supositório *m* Zäpfchen *n*
suposto vermeintlich; **~ *que*** vorausgesetzt, daß
supr|emacia *f* Überlegenheit; **~emo** höchst; **~essão** *f* Aufhebung; Verbot *n*; Streichung; (*Arbeitsplatz*) Abbau *m*; **~imir** aufheben; verbieten; streichen; abschaffen; **~ir** ergänzen; ersetzen
surd|ez *f* Taubheit; **~o** taub; **~o-mudo** taubstumm
surfista *su* Surfer(in)
surgir auftauchen; erscheinen
surpreende|nte erstaunlich; **~r** überraschen
surpresa *f* Überraschung
surra *f* F Dresche
surto 1. *adj* verankert; **2.** *m* Auftrieb; (Auf-)Schwung
susce(p)tível empfänglich; empfindlich
suscitar hervorrufen
suspeit|a *f* Verdacht *m*; Argwohn *m*, Mißtrauen *n*; **~ar** argwöhnen; vermuten; **~o** verdächtig
suspen|der unterbrechen; einstellen; suspendieren; **~são** *f* Unterbrechung; Einstellung; Verbot *n*; *Kfz* Federung; **~se** *m engl* (*Film*) Spannung *f*; **~sórios** *m/pl* Hosenträger
suspir|ar seufzen; **~o** *m* Seufzer; (*Gebäck*) Baiser *n*
sussurrar säuseln; rauschen; flüstern
sustentáculo *m* Stütze *f*
sustent|ar unterhalten; un-

terstützen; **~o** *m* (Lebens-) Unterhalt; Halt *m*
suster stützen; unterhalten
susto *m* Schreck(en)
sutiã *m bras* BH, Büstenhalter
sutil *bras s* **subtil**
sutura *f Med* Naht; **~r** *Med* nähen

T

ta = *pron* **te** + *pron* **a**
tabac|aria *f* Tabakladen *m*; **~o** *m* Tabak
tabagismo *m* Tabakmißbrauch
tabel|a *f* Tabelle, Verzeichnis *n*; **à ~** nach Plan; **~ar 1.** *adj* tabellarisch **2.** *v/t* (*amtlich*) festlegen; **~ião** *m* Notar
taberna *f* Wirtshaus *n*
tablete *m bras* (*Nahrungsmittel*) Riegel, Tafel *f*
tablier *m fr Kfz* Armaturenbrett *n*
tabu *m* Tabu *n*
tábua *f* Brett *n*; (Holz-)Tafel; Verzeichnis *n*
tabul|ador *m* Tabulator; **~eiro** *m* Tablett *n*; Platte *f*; (*Spiel*) Brett *n*; Backblech *n*; **~eta** *f* Schild *n*
taça *f* Pokal *m* (*a Sport*); Becher *m*
tacão *m* (Schuh-)Absatz
tacha *f* Zwecke; **~o** *m* (*flacher*) Kochtopf
taciturno schweigsam; trübsinnig
taco *m* Billardstock; Schläger; Holzdübel
tacómetro *m* Tachometer *n*
ta(c)tear (be)fühlen
tá(c)tica *f* Taktik
ta(c)to *m* Gefühl *n*, Berührung *f*; *fig* Takt(gefühl *n*)
tagarelar schwatzen
tal solche(r, s), solch (*od* so) ein(e); dergleichen; ***para ~*** dafür, zu diesem Zweck; ***que ~?*** F wie gehts?
tala *f Med* Schiene
talão *m* Abschnitt; Schein
talco *m* (*Kosmetik*) Puder
talento *m* Talent *n*; **~so** talentvoll; begabt
talh|ar ab-, aus-, ein-, zerschneiden; **~arim** *m* Bandnudel *f*; **~e** *m* Schnitt(muster *n*); **~er** *m* Besteck *n*; **~o** *m* Schnitt; Fleischerei
talo *m* Stengel; Stiel
talude *m* Böschung *f*
talvez (+ *subj*) vielleicht
tamanco *m* Holzpantoffel
tamanho 1. *adj* so groß; solch ein; **2.** *m* Größe *f*
tâmara *f* Dattel
também auch
tambor *m* Trommel *f* (*a Tech*)
tamp|a *f* Deckel *m*; ***~ de rosca*** Schraubverschluß *m*; **~ão** *m* Stöpsel; Tampon; **~o** *m* Tischplatte *f*; Klosettdek-

kel; **~onar** ver-, zu-stopfen; verstöpseln
tanga *f* Tanga *m*
tangerina *f* Mandarine
tanque *m* Tank, Teich; *Mil* Panzer
tanto so viel; so sehr; ebenso(sehr); **~ *faz*** das ist egal; **~ *melhor*** umso besser
tão so, ebenso; **~-pouco** ebensowenig, auch nicht
tapar zu-decken, -halten, -stopfen
tapete *m* Teppich; Läufer; Vorleger; (*Sport*) Matte *f*; **~ *rolante*** Transportband *n*
tapume *m* (Bretter-)Zaun
taquigrafia *f* Kurzschrift
tara *f* Leergewicht *n*
tard|ar lange ausbleiben; zögern; ***o mais* ~** spätestens; ***sem* ~** unverzüglich; ***não* ~ *a*** (+ *inf*) bald (+ *Verb*); **~e 1.** *adv* spät; **2.** *f* Nachmittag *m*; ***à* ~** nachmittags; ***boa* ~** (*nachmittags*) guten Tag
tarefa *f* Aufgabe
tareia *f* Tracht Prügel
tarifa *f* Tarif *m*
tartaruga *f* Schildkröte
tas = *pron* **te** + *pron* **as**
tasca *f* Kneipe
tat|ear; ~o *bras s* **tactear, tacto**
tatuagem *f* Tätowierung
taxa ['taʃɑ] *f* Gebühr; **~ *de juros*** Zinsfuß *m*; **~r** [tɑ'ʃar] einschätzen; taxieren
táxi ['taksi] *m* Taxi *n*, Taxe *f*
tax|ímetro [ta'ksimətru] *m* Taxameter *n*; **~ista** [ta'ksiʃtɑ] *su* Taxifahrer(in)
tcheco *bras s* **checo**
te dir, dich
tear *m* Webstuhl
teatro *m* Theater *n*
tec|elagem *f* Weberei; **~er** weben; **~ido** *m* Gewebe *n*; Stoff
tecla *f* Taste; **~ *de função*** *Inform* Funktionstaste; **~do** *m* Tastatur *f*
técnic|a *f* Technik; **~o 1.** *adj* technisch; **2.** *m* Techniker
tecnol|ogia *f* Technologie, Technik; **~ *de ponta*** Spitzentechnologie; **~ógico** technologisch
te(c)to *m* Decke *f*; *Kfz* Dach *n*
tédio *m* Überdruß; Langeweile *f*
teia *f* Gewebe *n*; Spinnennetz *n*
teim|a *f* Eigensinn *m*; **~ar** beharren, bestehen (**em** auf); **~oso** eigensinnig
tejadilho *m Kfz* Dach *n*; **~ *de abrir*** Schiebedach *n*
tela *f* Gewebe *n*; (*Malerei, Kino*) Leinwand; **~ *de cristal líquido*** *Inform* LCD-Bildschirm *m*
tele|comando *m* Fernbedienung *f*; **~comunicação** *f* Telekommunikation; **~copiador** *m* Fernkopierer; **~fax** [tələ'faks] *m* Telefax *n*; ***enviar um* ~** telefaxen
teleférico *m* Drahtseilbahn *f*
telefon|ar telefonieren; **~e** *m*

Telefon *n*, Fernsprecher; ***atender*** (**o ~**) (*Hörer*) abnehmen; **~ema** *m* Anruf
tele|grafar telegrafieren; **~grama** *m* Telegramm *n*; **~jornal** *m TV* Nachrichtensendung *f*; **~novela** *f* Fernsehserie; **~spectador** *m* Fernsehzuschauer
televis|ão *f* Fernsehen *n*; **~ *via satélite*** Satellitenfernsehen *n*; **~or** *m* Fernsehgerät *n*
telex [tə'lɛks] *m* Telex *n*; **~ar** [təlɛ'ksar] telexen
telha *f* Ziegel *m*; **~do** *m* Dach *n*
tem|a *m* Thema *n*; Aufsatz; **~er** fürchten; **~erário** verwegen, tollkühn; **~or** *m* Furcht *f*, Schrecken
têmpera *f* (Metall-)Härtung; *fig* Charakter *m*
temper|ado gemäßigt; mild; **~amento** *m* Temperament *n*; **~ar** abstimmen; *Kochk* würzen; **~atura** *f* Temperatur; **~o** *m* Gewürz *n*
tempest|ade *f* Sturm *m*, Unwetter *n*; **~uoso** stürmisch
tempo *m* Zeit *f*; Wetter *n*; ***a ~*** rechtzeitig; ***há muito ~*** vor langer Zeit; **~ *de antena*** *TV* Sendezeit *f*; **~ *real*** *Inform* Echtzeit *f*; **~*s livres*** Freizeit *f*; **~rada** *f* Saison; Zeitlang; *Thea* Spielzeit; **~ral** *m* Sturm; **~rário** vorübergehend; zeitlich
tena|cidade *f* Zähigkeit; **~z** **1.** *adj* zäh; **2.** *f* Zange
tenção *f* Absicht
tencionar beabsichtigen
tenda *f* Zelt *n*; Stand *m*
tendão *m* Sehne *f*
tend|ência *f* Neigung; Streben *n*; **~er** neigen (***para*** zu)
tenente *m* Leutnant; **~-coronel** *m* Oberstleutnant
ténia *f* Bandwurm *m*
ténis *m* Tennis *n*; *pl* Tennisschuhe; **~ *de mesa*** Tischtennis *n*
tenro zart
tens|ão *f* Spannung; **~ *arterial*** Blutdruck *m*; **~o** gespannt, straff; **~or** *m*: **~ *de cinto*** *Kfz* Gurtstraffer
tenta|ção *f* Versuchung; **~dor** verführerisch; **~r** versuchen; wagen; verführen; **~tiva** *f* Versuch *m*
teor *m* Wortlaut; Inhalt; Gehalt
teoria *f* Theorie
teórico theoretisch
tépido lau(warm)
ter **1.** *Hilfsverb* haben, sein; **2.** haben; **~ *de*** (*od* ***que***) müssen; **~ *9 anos*** 9 Jahre alt sn
terapêutica *f* Therapie
ter|ça-feira *f* Dienstag *m*; **~ceiro** dritte(r); **~ço** *m* Drittel *n*
terebintina *f* Terpentin *n*
termas *f/pl* Thermalbad *n*
termina|l *m Inform Flgw*, *Mar* Terminal *m od n*; **~r** beenden; (ab-)schließen
termo *m* Grenze *f*; Ende *n*; Ziel *n*; Frist *f*; Terminus

termómetro *m* Thermometer *n*
termos *m* Thermoskanne *f*
tern|o 1. *adj* zärtlich; rührend; **2.** *m bras* Anzug; **~ura** *f* Zärtlichkeit *f*
terr|a *f* Erde, Boden *m*, Land *n*; **~aplanar** *Arch* planieren, einebnen; **~amoto** *m* Erdbeben *n*; **~eno 1.** *adj* irdisch; **2.** *m* Boden; Grundstück *n*; **~estre** Erd...; **~itório** *m* Gebiet *n*; **♀ *do Sarre*** Saarland *n*
terrível schrecklich
terror *m* Schrecken; Terror; **~ismo** *m* Terrorismus
tese *f* These; Dissertation
teso steif; starr
tesour|a *f* Schere; **~aria** *f* Schatzamt *n*; Kasse; **~o** *m* Schatz
testa *f* Stirn
testament|eiro *m* Testamentsvollstrecker; **~o** *m* Testament *n*
test|ar testen; **~e** *m* Test
testemunh|a *f* Zeuge *m*; **~ *ocular*** Augenzeuge *m*; **~ar** (be)zeugen; **~o** *m* Zeugnis *n*; Zeugenaussage *f*; Beweis
testículo *m* Hoden
teta *f* (*weibliche*) Brust; (*Kuh*) Euter *n*; Zitze
tétano *m* Tetanus
tetina *f* (*Baby*) Sauger *m*, Nuckel *m*
teto *bras s* **tecto**
teu dein(e)
teuto... deutsch...
tev|ê *f bras* TV *n*; **~ente** *su bras* Fernsehzuschauer(in)
têxtil ['tejʃtil] textil
text|o ['tejʃtu] *m* Text; **~ual** [tejʃ'twal] wörtlich
tez *f* Haut(farbe)
ti (*nach prp*) dir, dich
tia *f* Tante
tíbia *f* Schienbein *n*
tifo *m* Thyphus
tigre *m* Tiger
tijolo *m* Ziegel(stein)
til *m* Tilde *f*
tília *f* Linde
timbr|ar (ab-)stempeln; **~e** *m* Stempel; *Mus* Klang
time *m bras* Mannschaft *f*
timidez *f* Schüchternheit
tímido schüchtern
tímpano *m* Trommelfell *n*
tingir färben
tino *m* gesunde(r) Menschenverstand
tinta *f* Tinte; Farbe
tintim por tintim Punkt für Punkt
tinturaria *f bras* (chemische) Reinigung
tio *m* Onkel
típico typisch
tipo *m* Typ; *Typ* Type *f*; F Typ, Kerl
tipografia *f* Druckerei
tira *f* Streifen *m*; Binde; **~-cápsulas** *m* Flaschenöffner; **~gem** *f* (Luft-)Zug *m*; *Typ* Auflage; *Postw* Leerung; **~no** *m* Tyrann; **~-nódoas** *m* Fleckentferner; **~r** (heraus-)ziehen; ent-, heraus-, wegnehmen

tir|itar (*vor Kälte*) zittern; **~o** *m* Schuß; **~óide** *f* Schilddrüse; **~oteio** *m* Schießerei *f*
tísico schwindsüchtig
título *m* Titel; Überschrift *f*; Wertpapier *n*
to = *pron* **te** + *pron* **o**
toa *f*: **à ~** aufs Geratewohl
toalha *f* Tisch-, Hand-tuch *n*
toca *f* Höhle, Bau *m*
toca-discos *m bras* Plattenspieler; **~ *laser*** lasergesteuerter Plattenspieler
tocar berühren; läuten; klingeln; *Mus* spielen
todavia jedoch
todo ganz, gesamt; jede(r, s); **ao ~** im ganzen
toldado trüb
toldo *m* Plane *f*; Markise *f*
toler|ância *f* Duldsamkeit; Nachsicht; Toleranz (*a Tech*); **~ar** dulden; vertragen; **~ável** erträglich
tol|ice *f* Dummheit; Torheit; **~o** töricht
tom *m* Ton; Tonart *f*; -lage *f*; (Farb-)Ton
toma|da *f* Einnahme; Gefangennahme; *El* Steckdose; (*Film*) Take *m*; **~r** (an-, ein-) nehmen; ergreifen; (*Wein, Kaffee*) trinken; **~ *por*** halten für
tomate *m* Tomate *f*
tomb|ar umwerfen; (um-) stürzen; **~o** *m* Fall; Sturz; Kataster *m od n*
tomo *m* Band; Buch *n*
tomografia *f*: **~ *computadorizada*** Computertomographie
tonela|da *f* (*Maßeinheit*) Tonne; **~gem** *f Mar* Tonnage
tónico *m* Tonikum *n*; Stärkungsmittel *n*
tonificar kräftigen, stärken
tont|o schwindlig; albern; **~ura** *f* Schwindel(anfall) *m*
topar F kapieren
topázio *m* Topas
topo *m* Spitze *f*, Ende *n*
toque *m* Berührung *f*; Klang; *fig* Spur *f*, Hauch
toranja *f* Pampelmuse
tórax ['tɔraks] *m* Brustkorb
torc|edor *bras m* Sportfan; **~er** (ver-)drehen; auswringen; verrenken; **~ *o nariz*** F die Nase rümpfen; **~icolo** *m* Halsstarre *f*; *Zo* Wendehals; **~ido** krumm, schief
torment|a *f* Sturm *m*; **~o** *m* Marter *f*; Mühe *f*
tornar um-, zurück-kehren; **~ a** (***fazer*** *usw*) *et* wieder (tun *usw*); **~-se** werden (zu)
torn|eio *m* Turnier *n*; **~eira** *f* Wasserhahn *m*; ***abrir/fechar a ~*** den Wasserhahn öffnen/schließen; **~iquete** *m* (*Bahnhof, Supermarkt*) Drehkreuz *n*
torno *m* Drehmaschine *f*; ***em ~ de*** um ... (herum)
tornozelo *m* (Fuß-)Knöchel
torpor *m* Erstarrung *f*
torr|ada *f* (*Röstbrotscheibe*) Toast *m*; **~adeira** *f* Toaster

m; **~ão** *m* Scholle *f*; Erde *f*; Stück *n*; **~ar** rösten; toasten; **~e** *f* Turm *m*; **~efa(c)ção** *f* Rösterei
torren|cial strömend; ***chuva*** *f* **~** Wolkenbruch *m*; **~te** *f* Sturzbach *m*; *fig* Strom *m*
tórrido heiß
tort|a *f* (*süß*: *Art*) Strudel *m*; (*salzig*: *Art*) Pastete; **~o** schief, krumm; **~uoso** krumm, gewunden; **~ura** *f* Qual, Folter; **~urar** foltern, martern
tos = *pron* **te** + *pron* **os**
tosco roh, unbearbeitet; **~s** *m*/*pl* *Arch* Gebälk *n*
tosquiar scheren; *fig* schröpfen
toss|e *f* Husten *m*; **~ *convulsa*** Keuchhusten *m*; **~ir** husten
tost|a *f* Zwieback *m*; Toast *m*; **~ão** *m* 1/10 Escudo; F Groschen; **~ar** rösten; bräunen; toasten
total 1. *adj* ganz; total; **2.** *m* Gesamtbetrag; **~idade** *f* Gesamtheit; **~ista** *su* Hauptgewinner(in)
totobola *m* Fußballtoto *n*
touca *f* Haube; Badekappe
toucinho *m* Speck
toupeira *f* Maulwurf *m*
tour|ada *f* Stierkampf *m*; **~eiro** *m* Stierkämpfer; **~o** *m* Stier
tóxico ['tɔksiku] **1.** *m* Gift *n*; **2.** *adj* giftig
toxic|omania [tɔksikuma'niɑ] *f* (Drogen)Sucht; **~ómano** [tɔksi'kɔmɑnu] *m* (Drogen-)Süchtige(r)
trabalh|ador 1. *m* Arbeiter; **2.** *adj* arbeitsam; fleißig; **~ *por conta própria*** Freiberufler; **~ar** (be)arbeiten; **~o** *m* Arbeit *f*; **~ *em part-time*** Teilzeitarbeit *f*; ***dar* ~** Arbeit (*od* Mühe) m; **~oso** mühselig
traç|a *f* Motte; **~ado** *m* Entwurf; **~ão** *bras s* **tracção; ~ar** (auf)zeichnen; skizzieren
tra(c)ção *f* *Tech* Antrieb *m*; Zug *m*; (*Spiel*) Tauziehen *n*; **~ *às quatro rodas*** *Kfz* Allradantrieb *m*; **~ *à frente*** Vorderradantrieb *m*
traço *m* Strich; Merkmal *n*; (Gesichts-, Charakter-)Zug; Spur *f*
tra(c)tor *m* Traktor; Schlepper; **~ *de lagartas*** Raupenschlepper
tradição *f* Überlieferung; Tradition
tradu|ção *f* Übersetzung; **~tor** *m* Übersetzer; **~zir** übersetzen; ausdrücken
trafegar verkehren
tráfego *m* Verkehr; Handel
trafica|nte *m* Schieber; Drogenhändler; **~r** schachern; mit Drogen handeln
tráfico *m* Handel; Schacher; Vorteilsnahme *f*
tragédia *f* Trauerspiel *n*
trágico tragisch
trago *m* Schluck; Zug

trai|ção *f* Verrat *m*; **~dor 1.** *m* Verräter; **2.** *adj* verräterisch; **~r** verraten
traje *m* Tracht *f*; Kleidung *f*
traje(c)t|o *m* Strecke *f*; Fahrt *f*; **~ória** *f* (Flug-)Bahn; *fig* Laufbahn
tramar *fig* aushecken; F linken
trâmite *m* Dienstweg
trampolim *m* Sprungbrett *n*
tranca *f* Riegel *m*; Verriegelung; **~ *central das portas*** *Kfz* Zentralverriegelung
trança *f* Zopf *m*
trancar verriegeln
tranquil|idade [trɐ̃kwili'dadə] *f* Ruhe; **~izar** [trɐ̃kwili'zar] beruhigen; **~o** [trɐ̃'kwilu] ruhig
trans|a(c)ção *f* Geschäft *n*; **~a(c)to** vergangen; **~eunte** [trɐ̃ze'ũtə] *su* Fußgänger(in); **~ferência** *f* Übertragung; (*Geld*) Überweisung; **~ferir** übertragen; überweisen; **~formação** *f* Umwandlung, Veränderung; *Tech* Verarbeitung; **~fusão** *f* Transfusion; **~gredir** *jur* übertreten; **~gressão** *jur f* Übertretung; **~ição** [trɐ̃zi'sɐ̃w] *f* Übergang *m*; **~igente** [trɐ̃zi'ʒẽtə] nachgiebig; **~itar** [trɐ̃zi'tar] (be-; durch-)fahren; verkehren
trânsito ['trɐ̃zitu] *m* (Straßen-)Verkehr; Durchfahrt *f*; Transit; **~ *proibido*** Durchfahrt verboten
transitório [trɐ̃zi'tɔrju] vorübergehend
transmi|ssão *f* Übertragung; *TV etc* Sendung; **~ *ao vivo*** Live-Sendung; **~ *diferida*** Aufzeichnung; **~tir** über-tragen, -mitteln
transmontano aus Trás-os--Montes
trans|parente durchsichtig; **~pirar** schwitzen; **~plantar** verpflanzen; umsiedeln; **~plante** *m Med* Transplantation *f*; **~por** versetzen; überschreiten; **~portadora** *f bras* Transportunternehmen *n*; **~portar** transportieren; befördern; **~porte** *m* Transport(mittel *n*); **~s** *pl* Transportwesen *n*; **~s** *pl* ***públicos*** öffentliche(n) Verkehrsmittel; **~tornar** verwirren; stören; **~torno** *m* Störung *f*; **~versal** schräg; seitlich
trapalhada *f* Verwirrung; Durcheinander *n*
trapo *m* Lumpen; Lappen
traque *m* V Furz
tras... = trans...
trás nach, hinter; hinten
trasbordar überfließen; *Esb* umladen; umsteigen
trasbordo *m Esb* Umladung *f*; Umsteigen *n*
traseir|a(s) *f* (*pl*) Rückseite *f*; **~o 1.** *adj* hintere(r, s); **2.** *m* F (*Gesäß*) Hintern
trasladar überführen
trat|ado *m* Abhandlung *f*; Vertrag; **~amento** *m* Behandlung *f*; Umgang; Verpflegung *f*; **~ *de choque***

Schockbehandlung *f* (*a fig*); ***forma*** *f* ***de ~*** Anredeform; **~ante** *m* Gauner; **~ar** behandeln; verhandeln; ***~-se de*** sich handeln um; **~o** *m* Umgang; Benehmen *n*
trator *bras s* **tractor**
traumatismo *m* Trauma *n*
trav|agem *f* Bremsung; ***~ brusca*** Vollbremsung; **~ão** *m* Bremse *f*; ***~ de estacionamento*** Handbremse *f*; ***~ de serviço*** Fußbremse *f*; **~ar** bremsen; hemmen; **~e** *f* Balken *m*; **~essa** *f* Querbalken *m*; Schüssel; *Esb* Schwelle; Querstraße; **~esseiro** *m* Kopfkissen *n*; **~essia** *f* Überfahrt; Durchreise; **~esti** *m* Transvestit; **~o** *m* Nachgeschmack
trazer (her)bringen; (*Kleidung*) tragen; ***~ consigo*** *fig* zur Folge h
trecho *m* Strecke *f*; Stück *n*; Abschnitt
trégua(s) *f* (*pl*) Feuerpause *f*
trein|ador *m* Trainer; **~ar** trainieren; **~o** *m* Training *n*
trela *f* Hundeleine
trem *m bras* Zug; *Flgw* ***~ de aterragem*** (*bras* ***aterrissagem***) Fahrgestell *n*; ***~ de cozinha*** Kücheneinrichtung *f*
trem|endo fürchterlich; **~er** zittern
trémulo zitternd; schüchtern
trena *f* Haarband *n*; *bras* Bandmaß *n*
trenó *m* Schlitten
trepa|deira *f* Kletterpflanze; **~r** (hinauf)klettern
trepida|ção *f* Beben *n*; Erschütterung; **~r** beben
três drei
trespasse *m Hdl* Geschäftsaufgabe *f*, -auflösung *f*
trevo *m* Klee
trez|e dreizehn; **~entos** dreihundert
triagem *f* Auslese; Sortierung (*a Inform*)
triangular dreieckig
triângulo *m* Dreieck *n*; ***~ de pré-sinalização*** Warndreieck *n*
tribunal *m* Gericht(shof *m*) *n*; ***~ de comarca*** Amtsgericht *n*; ***~ de contas*** Rechnungshof
tributar besteuern
tri|ciclo *m* Dreirad *n*; **~cotar** stricken; **~gésimo** dreißigst
trigo *m* Weizen
trilh|ar *Agr* dreschen; betreten, befahren; **~o** *m* Pfad; *bras* Schiene *f*
trimestre *m* Vierteljahr *n*
trinco *m* Türdrücker
trinta dreißig
trip|a *f* Darm *m*; **~s** *pl Kochk* Kutteln; **~eiro** *m* F Portuenser, Einwohner von Porto
tripl|icar verdreifachen; **~o** dreifach
tripulação *f* Besatzung
trisavô *m* Ururgroßvater
triste traurig; **~za** *f* Traurigkeit
triturar zerreiben, zermalmen; zerkleinern

triunf|ar triumphieren; **~o** *m* Triumph
trivial trivial; abgedroschen; **~idade** *f* Gemeinplatz *m*
triz: *por um* ~ um ein Haar; fast
troca *f* (Aus-)Tausch *m*, Wechsel *m*
troça *f* Spott *m*
trocar aus-, umtauschen; (aus)wechseln
troçar *f* (**de** ver)spotten
troco *m* Klein-, Wechselgeld *n*
troço *m* Teil, Stück *n*; F *bras* Dingsda *n* (*od m*)
troleibus *m* O-Bus
trolha *f* Maurerkelle
tromba *f* Rüssel *m*; **~(s)** (*pl*) F Schnauze *f*, Fresse *f*
trombeta *f* Trompete
trombone *m* Posaune *f*
tronco *m* Stamm; Rumpf
trono *m* Thron
tropa *f* Trupp *m*; *Mil* Truppe
tropeçar stolpern
tropical tropisch
trópico *m* Wendekreis; **~s** *m/pl* Tropen *pl*
trot|ar traben; **~e** *m* Trab; **~inete** *f* Kinderroller *m*
trov|ão *m* Donner; **~ejar** donnern; **~oada** *f* Gewitter *n*
trufa *f* Trüffel
trunfo *m* Trumpf
truque *m* F Trick
truta *f* Forelle; F As *n*
tu du; ***tratar por* ~** duzen
tua *pron/f* dein(e)
tubarão *m* Hai
tubérculo *m* Knolle *f*
tubo *m* Rohr *n*, Röhre *f*; **~ *roto*** Rohrbruch
tudo alles
tufão *m* Taifun
tufo *m* Büschel *n*
tulipa *f* Tulpe
tumor *m* Geschwulst *f*
túmulo *m* Grab *n*
tumulto *m* Lärm; Aufruhr
túnel *m* Tunnel
turb|ilhão *m* Wirbel; Strudel; **~ina** *f* Turbine; **~ocarregador** *m* Turbolader; **~orrea(c)tor** *m Flgw* Triebwerk *n*; **~ulento** unruhig; ungestüm
turco 1. *adj* türkisch; **2.** *m* Türke
Turíngia *f* Thüringen *n*
turis|mo *m* Tourismus; ***agência f de* ~** Reisebüro *n*; **~ta** *m* Tourist
turma *f* Klasse
turno *m* Schicht *f*; Gruppe *f* (*e-r Schicht*)
turqu|ês *f* Kneifzange; **~esa 1.** *f Geol* Türkis *m*; **2.** *m* (*Farbe*) Türkis *n*
Turquia *f* Türkei
turv|ar trüben; **~o** trüb
tut|ela *f* Vormundschaft; **~or** *m* Vormund; **~oria** *f* Vormundschaft(sgericht *n*)
tutu *m* (*Kindersprache*) Popo

U

úbere *m* Euter *n*
ufano stolz, eitel
uísque *m* Whisky
uivar (*Wölfe, Wind*) heulen
úlcera *f* Geschwür *n*
ulterior später; letzt; weiter; jenseitig
ultima|mente zuletzt; in letzter Zeit; **~r** fertigstellen
último letzt; äußerst
ultraj|ar beleidigen; **~e** *m* Beleidigung *f*
ultramar *m* Übersee *f*; **~ino** überseeisch
ultrapassa|do überholt, veraltet; **~r** über-schreiten, -holen
um, uma ein, eine(r, s); ***um ao outro*** einander; ***cada um*** (ein) jeder
umbigo *m* Nabel
umedecer *usw bras s* **hum...**
unânime einstimmig
unanimidade *f* Einstimmigkeit; ***por ~*** einstimmig
unguento [ũ'gwẽtu] *m Med* Salbe *f*
unha *f* (Finger-, Fuß-) Nagel *m*; (Tier-)Kralle
união *f* Vereinigung; Verbindung; Verband *m*
único einzig(artig)
uni|dade *f* Einheit; ***~ central de processamento*** *Inform* Zentraleinheit; **~ficação** *f* Vereinheitlichung; *Pol* Vereinigung; **~forme 1.** *m* Uniform *f*; **2.** *adj* einheitlich; einförmig; **~lateral** einseitig; **~r** vereinigen; verbinden
uníssono: *em ~* einstimmig
univer|sal allgemein; universell; **~sidade** *f* Universität; **~sitário** Universitäts...; **~so** *m* Welt(all *n*) *f*
untar (ein)schmieren; einreiben
urânio *m* Uran *n*
urban|ização *f* Städtebau *m*; **~izar** bebauen, **~o** städtisch
urbe *f* Groß-, Welt-stadt
urdir anzetteln; aushecken
urg|ência *f* Dringlichkeit; **~ente** dringend; **~ir** drängen, dringend sn
urin|a *f* Harn *m*, Urin *m*; **~ol** *m* Pissoir *n*
urna *f* Urne; Sarg *m*; ***ida f às ~s*** *Pol* Urnengang *m*
urologista *su* Urologe, Urologin
urso *m* Bär
urtiga *f* Brennessel
usa|do gebräuchlich; gebraucht; **~r** (ge)brauchen; (*Kleidung*) tragen; (*Gebrauchsgegenstand*) abnutzen
usina *f bras* Fabrik, Werk *n*; Kraftwerk *n*; **~gem** *f Tech* Be-, Ver-arbeitung
uso *m* Gebrauch; Benutzung *f*; Abnutzung *f*; Brauch, Gewohnheit *f*; ***~ doméstico*** Hausgebrauch

usu|al üblich; **~ário** *m* Nutzer, Nutznießer; **~fruir** aus-, be-nutzen; genießen; **~ra** *f* Wucher *m*
usurpar (*widerrechtlich*) an sich reißen; besetzen
utensílio *m* Gerät *n*; Werkzeug *n*
utente *su* Nutzer(in) (*a Inform*)
útero *m* Gebärmutter *f*
útil nützlich; ***dia m ~*** Werktag
utili|dade *f* Nützlichkeit; **~zação** *f* Benutzung; **~zar** benutzen; verwerten
uva *f* Weintraube; ***~ passa*** Rosine; **~-espim** *f* Stachelbeere

V

vã *adj*/*f s* **vão**
vaca *f* Kuh; Rind(fleisch) *n*
vac|ância *f* freie Stelle; **~ante** vakant; frei
vaci|lação *f* Schwankung; Unentschlossenheit; **~lar** (sch)wanken; **~na** *f* (Schutz-)Impfung; **~nar** impfen
vácuo 1. *m* Vakuum *n*; **2.** *adj* leer
vadi|ar schlendern; **~o 1.** *m* Landstreicher; F Penner; **2.** *adj* (*Tier*) herrenlos
vaga *f* Welle; freie Stelle; freie(r) Platz *m*
vagão *m* *Esb* Waggon; **~-cama** *m*, **~-dormitório** *m* *bras* Schlafwagen; **~-restaurante** *m* Speisewagen
vagar 1. frei sn; umher-irren, -treiben; sich ausbreiten; **2.** *m* Muße *f*; Langsamkeit *f*; **~oso** langsam
vag|em *f* Schote; **~ina** *f* *Anat* Vagina
vag|o leer; unbesetzt; unbestimmt; frei; **~uear** umher-schweifen, -irren
vaidade *f* Eitelkeit
vaidoso eitel
vaivém *m* Hin und Her *n*; Pendelverkehr; Fähre *f*; Shuttle
val|a *f* Graben *m*; **~e** *m* Tal *n*; Gutschein; Zahlungsanweisung *f*; ***~ do correio*** Postanweisung *f*; **~ente** tapfer; **~entia** *f* Tapferkeit; **~er** gelten; wert sein; nützen; helfen; ***a ~*** ernsthaft; ***~ a pena*** sich lohnen; **~idade** *f* (Rechts-) Gültigkeit
válido gültig; wirksam
valioso wertvoll
valor *m* Wert; Verdienst *n*; (Punkt-) Wert; Valuta *f*; **~ização** *f* Bewertung; **~izar** bewerten; ***~-se*** im Wert steigen
valsa *f* Walzer *m*
válvula *f* Ventil *n*; ***~ corrediça*** Schieber *m*
vangloriar-se prahlen
vanguarda *f* Vorhut; Avantgarde

vanta|gem *f* Vorteil *m*; Vorsprung *m*; **~joso** vorteilhaft
vão 1. *m* Hohlraum; Nische *f*; **2.** *adj* leer; vergeblich; ***em ~*** vergebens; umsonst
vapor *m* Dampf; Dampfer
vara *f* Rute; (*Metall*) Stab *m*
varanda *f* Balkon *m*
varão *m* männliche(s) Wesen *n*; (*angesehener*) Mann; F Stammhalter
varej|ista *su bras* Einzelhändler(in); **~o** *bras m*: ***comércio*** *m* ***a ~*** Einzelhandel
vari|ação *f* Veränderung; **~ado** unterschiedlich; abwechslungsreich; **~ar** (ab-, ver-)ändern; wechseln; ***para ~*** zur Abwechslung; **~ável** veränderlich; **~edade** *f* Verschiedenartigkeit; Vielfalt; Auswahl
vário verschieden(artig); unterschiedlich; **~s** *pl* mehrere; verschiedene
varíola *f* Pocken *pl*
variz *f* Krampfader
varrer (aus-, weg-)kehren; fegen
vas|ilha *f* Gefäß *n*; **~ilhame** *m* Leergut *n*; **~o** *m* Gefäß *n*; Blumentopf; Nachttopf; ***~ sanguíneo*** Blutgefäß *n*
vassoura *f* Besen *m*
vast|idão *f* Weite, Ausdehnung; **~o** weit, ausgedehnt
vatic|inar wahrsagen; **~ínio** *m* Voraussage *f*; Wahrsagung *f*
vaz|a *f* (*Kartenspiel*) Stich *m*; **~ante** *f* Ebbe; **~ar** (ent-)leeren; ausgießen; **~io 1.** *adj* leer; **2.** *m* Leere *f*
veado *m* Hirsch
veda|ção *f* Absperrung; Zaun *m*; **~r** (ver)sperren; hindern; stauen
vedeta *f Thea* Star *m*
veem|ência *f* Heftigkeit, Ungestüm *n*; **~ente** heftig
vegeta|ção *f* Vegetation; **~l 1.** *m* Pflanze *f*; **2.** *adj* pflanzlich; ***papel*** *m* ***~*** Pergamentpapier *n*; **~r** vegetieren; **~riano** *m* Vegetarier
veia *f Anat*, *fig* Ader
veículo *m* Fahrzeug *n*
veio *m Geol* Ader *f*; (*Holz*) Maserung *f*
vel|a *f* (Nacht-)Wache; (Zünd-)Kerze; Segel *n*; ***à ~*** F splitternackt; ***barco*** *m* ***à ~*** Segelboot *n*; ***~ de ignição*** *Kfz* Zündkerze; **~ar** (be)wachen; verhüllen; **~eiro** *m* Segelschiff *n*; **~ejar** segeln
velhaco tückisch
velh|ice *f* Alter *n*; **~o 1.** *adj* alt; **2.** *m* alte(r) Mann; **~ote** *m* (*freundlich*) Alte(r), alte(r) Mann
velocidade *f* Geschwindigkeit; (*Auto*) Gang *m*; ***meter a ~*** *Kfz* den Gang einlegen
velódromo *m* Radrennbahn *f*
veloz schnell
veludo *m* Samt
venc|edor *m* Sieger; **~er** (be)siegen; (*Frist*) verstrei-

chen; fällig w; **~imento** *m* Gehalt *n*; Fälligkeit *f*; **~s** *pl* Bezüge
vend|a *f* Verkauf *m*; *Hdl* Absatz *m*; **~edeira** *f* Verkäuferin; **~edor** *m* Verkäufer; **~ *ambulante*** Straßenhändler *m*; Hausierer *m*; **~er** verkaufen
veneno *m* Gift *n*; **~so** giftig
vener|ação *f* Verehrung; **~ar** (ver)ehren; **~ável** ehrwürdig
venéreo Geschlechts...
vent|ilação *f* Lüftung; **~ilar** *fig* erörtern; **~o** *m* Wind; Luftzug; **~oinha** *f* Ventilator *m*, Lüfter *m*; **~osa** *f* Saugnapf *m*; **~osidades** *f/pl* Blähungen *pl*; **~oso** windig
ventr|e *m* Bauch, Leib; **~ículo** *m* Herzkammer *f*
ventura *f* Glück *n*; Schicksal *n*; ***por* ~** etwa
ver (an-, nach-)sehen; erleben; ***a meu* ~** meiner Ansicht nach; ***ir* ~** besuchen (gehen); ***fazer* ~** klarmachen
veracidade *f* Wahrhaftigkeit; Glaubwürdigkeit
verão *m* Sommer
verba *f* (vorgesehener) Betrag *m*, Posten *m*
verbal mündlich
verd|ade *f* Wahrheit; **~adeiro** wahr, echt; **~e** grün; unreif; ***os* ~s** *Pol* die Grünen; **~ejar** grünen; **~ura** *f* Grün *n*; Gemüse *n*
verga *f* Rute, Gerte
vergar biegen; *fig* beugen
vergonh|a *f* Scham(gefühl *n*); Schande; ***ter* ~** sich schämen; sich genieren; **~s** *pl* Schamteile; **~oso** schamhaft; schändlich
verídico wahrheitsgetreu
verificar feststellen; nachprüfen; **~-se** sich herausstellen
verme *m* Wurm
vermelho rot
vernáculo unverfälscht; rein
verniz *m* (Klar-)Lack; Nagellack
vero|símil **(-ssí-)** wahrscheinlich; **~similhança** **(-ssi-)** *f* Wahrscheinlichkeit
verruga *f* Warze
verruma *f* Bohrer *m*
vers|ado bewandert, versiert; **~ão** *f* Darstellung; Version; **~átil** vielseitig; **~o** *m* Vers; Rückseite *f*
vértebra *f* Wirbel *m*
vertebrado *m* Wirbeltier *n*
vertente *f* (Berg-)Hang *m*
verter (ver)gießen; verschütten; (*aus der Fremdsprache*) übertragen; (*Behälter*) lekken
vertical senkrecht
vértice *m* Scheitel(punkt)
vertig|em *f* Schwindel(gefühl *n*) *m*; **~inoso** schwind(e)lig
vesícula *f* **(biliar)** Gallenblase
vespa *f* Wespe; Motorroller *m*
véspera *f* Vortag *m*; Vorabend *m* (*a fig*)
vestiário *m* *Thea etc* Garderobe *f*, Kleiderablage *f*

vestíbulo *m* Vorhalle *f*; Diele *f*; *Thea* Foyer *n*
vestido *m* Kleid *n*
vestígio *m* Spur *f*
vestir (be)kleiden; anziehen
vestuário *m* Kleidung *f*
veterinário *m* Tierarzt
veto *m* Veto *n*
véu *m* Schleier
vez *f* Mal *n*; ***de ~ em quando*** ab und zu; ***a maior parte das ~es*** meistens; ***outra ~*** wieder; ***uma ~*** einmal; ***por sua ~*** seinerseits; ***em ~ de*** statt; ***uma ~ que*** da; ***muitas ~es*** oft; ***cada ~ mais*** immer mehr; ***fazer as ~es de*** vertreten; ***ser a ~ de*** an der Reihe sn
via *f* Weg *m*; Straße; *Esb* Spurweite; Gleis *n*; ***~ de acesso*** Zufahrtsstraße; ***~ lá(c)tea*** Milchstraße; **~ção** *f* Straßenverkehr *m*; **~gem** *f* Reise; Fahrt; ***~ com tudo incluído*** Pauschalreise; **~jante** *su* Reisende(r); **~jar** reisen
viandante *m* Wanderer
viatura *f* Fahrzeug *n*; ***~ de serviço*** Dienstwagen *m*
viável befahrbar; *fig* gangbar
víbora *f* Viper
vibra|ção *f* Schwingung; **~r** schwingen
vice-versa umgekehrt
vicia|do 1. *m* Süchtige(r); **2.** *adj* süchtig; **~r** verderben; (ver)fälschen
vício *m* Laster *n*; Sucht *f*
vida *f* Leben *n*
videira *f* Weinstock *m*
vídeo *m* Bildschirm; Video(film) *n*
video|câmara *f* Videokamera; **~cassete** *m* Videokassette *f*; **~gravador** *m* Videorecorder; **~texto** *m* Videotext
vidr|aça *f* Fensterscheibe; **~ado** *m* Glasur *f*; **~o** *m* Glas(scheibe *f*) *n*
viga *f* Balken *m*, Träger *m*; **~mento** *m* Gebälk *n*
vigarista *su* Betrüger(in)
vigente gültig, in Kraft
vigésimo zwanzigst
vigia *f* Wache; **~r** wachen; beobachten
vigilância *f* Wachsamkeit
vigilante 1. *su* Aufsichtsperson *f*; **2.** *adj* wachsam
vigor *m* Kraft *f*; Strenge *f*; Gültigkeit *f*; ***em ~*** geltend, gültig; **~ar** stärken; gelten
vil niedrig, gemein
vila *f* Kleinstadt
vinagre *m* Essig
vínculo *m* Band *n*
vinda *f* Ankunft
vindima *f* Weinlese
vinga|nça *f* Rache; **~r** rächen; **~tivo** rachsüchtig
vinh|a *f* Weinberg *m*; **~o** *m* Wein; ***~ tinto*** Rotwein
vinte zwanzig
viola *f* Gitarre
viol|ação *f* Verletzung; Vergewaltigung; **~ar** verletzen; vergewaltigen; **~ência** *f* Ge-

walt; Heftigkeit; **~ento** heftig; gewaltsam
violeta *f* Veilchen *n*
vir kommen; ***mandar ~*** bestellen
vira-casaca *su* (*Person*) Wendehals *m*
viragem *f* Wende; ***ponto m de ~ fig*** Wendepunkt *m*
vira-lata *bras m* F Straßenköter
virar (um)drehen, (um-)wenden; abwenden; umwerfen, -kippen; *bras* werden
viravolta *f* Wendung; Umschwung *m*; (*Sport*) Überschlag *m*
virgem 1. *f* Jungfrau; **2.** *adj* jungfräulich; ***floresta f ~*** Urwald *m*
vírgula *f* Komma *n*
viril männlich; mannhaft
virilha *f Anat* Leiste
virtu|de *f* Tugend; ***em ~ de*** angesichts; kraft; **~oso** tugendhaft; wirksam
vírus *m* Virus *m* (*od n*)
vis|ão *f* Sehweise, Sicht; Standpunkt *m*; *fig* Vision; **~ar** (an)visieren; abzielen (**a** auf)
vísceras *f/pl* Eingeweide *n/pl*
viscoso klebrig
viseira *f* (*Sturzhelm*) Visier *n*
visibilidade *f* Sicht(barkeit)
visita *f* Besuch *m*; Besichtigung; ***estar de ~*** zu Besuch sn; **~nte** *su* Besucher(in); **~r** besuchen; besichtigen
visível sichtbar, sichtlich
vislumbrar schwach erkennen; (undeutlich) sehen
visor *m Fot* Sucher
vist|a *f* Sehvermögen *n*; Blick *m*; (Aus-)Sicht; ***dar nas ~s*** auffallen; **~o** *m* Visum *n*; ***pelos ~s*** offenbar, anscheinend; **~oria** *f* Inspektion; *Tech* Durchsicht
vistoso prächtig; auffällig
visual 1. *adj* visuell; **2.** *m* F (*Person*) Anblick
vital *adj* lebenswichtig; **~ício** auf Lebenszeit; **~idade** *f* Vitalität
vitela *f* Kalb(fleisch) *n*
viticult|or *m* Winzer; **~ura** *f* Weinbau
vítima *f* Opfer *n*
vitimar opfern
vitória *f* Sieg *m*
vitorioso siegreich
vitrina *f* Schaufenster *n*
vitrola *f bras* Plattenspieler *m*
viúv|a *f* Witwe; **~o 1.** *m* Witwer; **2.** *adj* verwitwet
viva! F hallo!
vivaz lebhaft; zäh
vivenda *f* Einfamilienhaus *n*
viver (er-)leben; wohnen
víveres *m/pl* Lebensmittel *n/pl*
vivo lebend(ig); lebhaft
vizinh|ança *f* Nachbarschaft; **~o 1.** *adj* benachbart; **2.** *m* Nachbar
voar fliegen
vocabulário *m* Wörterverzeichnis *n*; Wortschatz
vocação *f* Beruf(ung *f*) *m*

você Sie; *bras* du; **~s** (*Anrede*) Ihr
voga *f* Mode
vo-la = *pron* **vos** + *pron* **a**
volante *m* Steuer(rad) *n*
volátil *Chem* flüchtig
voleibol *m* Volleyball
vo-lo = *pron* **vos** + *pron* **o**
volta *f* (Um-)Drehung; Rückkehr; Rundgang *m*; Rundreise; ***estar de ~*** zurück sn; ***à ~ de*** (*Zeit*) gegen, um... (herum); ***dar meia ~*** kehrt m
voltagem *f El* Spannung
voltar wenden; um-, zurück-kehren
volum|e *m* Umfang; (*Buch*) Band; Paket *n*; Gepäckstück *n*; **~oso** dick; umfangreich
voluntário **1.** *m* Freiwillige(r); **2.** *adj* freiwillig
vol|úpia *f* Wollust; **~uptuoso** wollüstig; **~úvel** flatterhaft; unbeständig
vomitar sich erbrechen
vómito *m* Erbrechen *n*
vontade *f* Wille(n) *m*; ***de boa*** (***má***) **~** (un)gern; ***nula ~*** F null Bock
voo *m* Flug; ***~ de carreira*** Linienflug; ***~ doméstico*** Inlandflug; ***levantar ~*** (*Flugzeug*) abheben
voracidade *f* Gefräßigkeit
voraz gefräßig, gierig
vos Euch
vós Ihr
voss|a, ~o Ihr(e); euer, eure
vot|ação *f* Abstimmung; **~ar** abstimmen; **~o** *m* Stimme *f*; *fig* Wunsch
vov|ô *m* Opa; **~ó** *f* Oma
voz *f* Stimme; ***em ~ alta*** mit lauter Stimme; **~earia** *f* Geschrei *n*
vulcão *m* Vulkan
vulgar gewöhnlich; **~izar** verbreiten
vulnerável verwundbar
vulto *m* (*Berühmtheit*) Gestalt *f*; Umfang
vulva *f* weibliche Scham

X

X [ʃiʃ]: ***raios-X*** *m/pl* Röntgenstrahlen
xá [ʃa] *m* Schah
xadrez [ʃɑ'dreʃ] *m* Schach *n*; *bras* F Gefängnis *n*
xaile ['ʃajlə] *m* Schal
xarope [ʃɑ'rɔpə] *m* Sirup
xelim [ʃə'lĩ] *m* Schilling
xenófobo [ʃə'nɔfubu] ausländerfeindlich
xeque ['ʃɛkə] *m* Schach *n*; Scheich; **~-mate** [ʃɛk'matə] schachmatt
xerox ['ʃɛrɔks] *m* Fotokopiergerät *n*
xícara ['ʃikɑrɑ] *f bras* Tasse
xingar [ʃĩ'gar] *bras* (be-)schimpfen
xisto ['ʃiʃtu] *m Geol* Schiefer

Z

zanga *f* Ärger *m*; Zank *m*; **~do** ärgerlich
zangão *m* Drohne *f*
zangar-se sich ärgern; sich zanken
zaragata *f* Lärm *m*; F Krach *m*, Randale
zebra *f* Zebra *n*
zelar wachen über, bewachen
zelo *m* Eifer; **~so** eifrig
zero *m* Null *f*
ziguezague *m* Zickzack
zimbro *m* Wacholder
zinco *m* Zink *n*
zíper *m* Reißverschluß
zombar (ver-)spotten
zona *f* Zone; Streifen *m*; **~ de peões** Fußgängerzone; **~ de sombra** *Kfz* tote(r) Winkel *m*; **~ verde** Grünanlage
zoologia *f* Zoologie
zum *m Fot* Zoom *n*
zumbi|do *m* Summen *n*; **~r** summen
zunir sausen; brausen
zunzum *m* Surren *n*; *fig* Gerücht *n*
zurzir züchtigen; *fig* (heftig) kritisieren

Deutsch-Portugiesisches Wörterverzeichnis

A

Aa *n* (*Kindersprache*: *Stuhlgang*) cocó *m*
Aal *m* enguia *f*
Aas *n* cadáver *m*
ab de, desde, a partir de; **~ *und zu*** de vez em quando; ***von ... ab*** de ... em diante; a partir de
Abänderung *f* alteração, modificação
abarbeiten: ***sich*** **~** estafar-se, esfalfar-se
Abart *f* variedade; anomalia
Abbau *m* desmontagem *f*; *Bgb* exploração *f*; **2bar:** ***biologisch*** **~** biodegradável; **2en** desmontar; explorar
abbeißen trincar
abberuf|en demitir, destituir; **2ung** *f* demissão, destituição
abbestellen anular
abbezahlen pagar em prestações, amortizar
abbiegen desviar, torcer; ***nach rechts*** **~** dobrar (*od* virar) à direita
Abbild *n* imagem *f*; cópia *f*; **2en** copiar; retratar; **~ung** *f* cópia; ilustração
abblasen *fig* anular
abblend|en (*Auto*) baixar (*od* reduzir) as luzes; **2licht** *n* médios *m/pl*
abbrechen quebrar, romper; (*Haus*) demolir; (*Rede*) interromper; (*Streik*) terminar; (*Verhandlungen*) suspender; (*Beziehungen*) cortar
abbremsen desacelerar
abbrennen *v/t* queimar; *v/i* ficar reduzido a cinzas
Abbruch *m* demolição *f*; interrupção *f*; suspensão *f*; corte
abdanken abdicar
abdecken destapar; (*Tisch*) levantar a mesa
abdicht|en calafetar; vedar; isolar; **2masse** *f* massa, betume *m*
Abdruck *m* impressão *f*; reprodução *f*; (*Form*) molde; **2en** imprimir; reproduzir
Abend *m* tarde *f*; (*nach dem Dunkelwerden*) noite *f*; ***heute*** **2** logo à noite; esta noite; **~brot** *n* jantar *m*; **~dämmerung** *f* crepúsculo *m*; **~kurs** *m* curso no(c)turno; **2s** de (*od* à) noite; **~schule** *f* escola no(c)turna
Abenteu|er *n* aventura *f*; **2erlich, ~rer** *m* aventureiro
aber mas, porém
Aberglaube *m* superstição *f*

abergläubisch supersticioso
abfahren partir, sair (***nach*** para)
Abfahrt *f* partida, saída
Abfall *m* (*Müll*) lixo; (*Rest*) detritos *pl*, desperdícios *pl*; **~beseitigung** *f* remoção do lixo
abfällig depreciativo
abfangen interceptar
abfärben deitar tinta; (*ausbleichen*) desbotar
abfertig|en despachar; (*Kunden*) atender; **ꝏung** *f* despacho *m*
abfind|en satisfazer; inde(m)nizar; ***sich ~*** conformar-se; resignar-se; **ꝏung** *f* inde(m)nização
ab|flauen diminuir; **~fliegen** partir (de avião); de(s)colar; **~fließen** escorrer, escoar-se
Abflug *m* partida *f* (do avião); de(s)colagem *f*; **~halle** *f* sala de embarque
Abfluß *m* esgoto, escoamento; (*Küche*) ralo
abfragen interrogar
Abfuhr *f* transporte *m*; *fig* descompostura
Abführmittel *n* purgante *m*, laxante *m*
Abgab|e *f* entrega; (*Steuer*) imposto *m*, direito *m*; **ꝏenfrei** isento de direitos; **ꝏenpflichtig** sujeito a impostos; **~etermin** *m* prazo de entrega
Abgang *m* saída *f*; **~szeugnis** *n* certificado *m*, diploma *m*
Abgas *n* gases *m/pl* de escape
abgeben entregar; (*abtreten*) ceder
abgehen sair
abgelegen distante, afastado
abgemacht combinado
abgeneigt pouco inclinado; ***nicht ~ zu*** disposto a
abgenutzt gasto
Abgeordnete(r) *m* delegado; *Pol* deputado
abgeschieden afastado, solitário; **ꝏheit** *f* solidão
abgesehen: *~ von* excepto, abstraindo de
abgespannt exausto, cansado
abgestanden choco
abgestumpft insensível (***gegen*** a)
abgewöhnen desacostumar (de), desabituar (de)
abgezehrt muito magro; macilento
Abglanz *m* reflexo
Abgott *m* ídolo
abgrenzen delimitar; demarcar
Abgrund *m* abismo
Abguß *m* moldagem *f*
abhalten realizar; (*hindern*) deter; impedir
abhanden: *~ kommen* perder-se; desaparecer
Abhandlung *f* tratado *m*
Abhang *m* encosta *f*; *bras* descambada *f*
abhäng|en depender (***von*** de); **~ig** dependente; **ꝏigkeit** *f* dependência

abhauen F pirar-se
abheben levantar; (*Flugzeug*) de(s)colar, levantar voo; (*Karten*) partir; ***sich ~*** distinguir-se
abhelfen remediar
Abhilfe *f* remédio *m*
abholen (v)ir buscar
abhören escutar
Abitur *n* exame *m* final (do liceu); *bras* exame *m* de madureza
abklingen diminuir
Abkommen *n* acordo *m*, convénio *m*
abkratzen 1. *v/i* F (*sterben*) esticar o pernil; **2.** *v/t* raspar
abkühlen refrescar; arrefecer; *bras* (r)esfriar
abkürz|en abreviar; **2ung** *f* abreviação, abreviatura; (*Weg*) atalho *m*
abladen descarregar
Ablage *f* prateleira; **2rn** depositar, armazenar; *Chem, Geol* sedimentar
ablassen largar, soltar; ***~ von*** desistir de; (*Preis*) fazer um desconto
Ablauf *m* decurso; decorrer; ***nach ~ von*** ao cabo de; **2en** (*Frist*) vencer, expirar
ablegen depor; (*Kleid*) despir, tirar; (*Eid*) prestar; (*Prüfung, Geständnis*) fazer
ablehn|en recusar, rejeitar; **2ung** *f* recusa, renúncia
ableiten desviar; *Gram* derivar
ablenk|en distrair; **2ung** *f* desvio *m*; (*Zerstreuung*) distra(c)ção
abliefer|n entregar; **2ung** *f* entrega
ablösen substituir; (*sich*) revezar(-se)
abmach|en combinar; **2ung** *f* acordo *m*
abmager|n emagrecer; **2ungskur** *f* cura de emagrecimento
abmelden: ***sich ~*** (*Meldeamt*) participar a mudança de residência
Abmessungen *pl* dimensões *f/pl*
abmontieren desmontar
abmühen: ***sich ~*** esforçar-se
abnehme|n (*Umfang*) reduzir, diminuir; (*Körpergewicht*) emagrecer; *Hdl* comprar; **2r** *m* comprador, freguês
Abneigung *f* aversão
abnorm anormal
abnutz|en gastar; **2ung** *f* gasto *m*, desgaste *m*
Abonn|ement *n* assinatura *f*; **~ent** *m* assinante; **2ieren** assinar
Abordnung *f* delegação
Abort *m* retrete *f*; *bras* privada *f*; *Med* aborto
abraten dissuadir (de); desaconselhar
abräumen (*Tisch*) levantar
abrechn|en fazer (as) contas; *fig* ajustar contas; **2ung** *f* liquidação, balanço *m*
abreiben esfregar; friccionar

Abreise *f* partida; **2n** partir
abreißen arrancar; (*Haus*) demolir
abriegeln aferrolhar; trancar; *fig* bloquear; (*polizeilich*) cercar
Abruf *m*: ***auf ~*** à disposição
abrunden arredondar
abrupt abrupto
abrüst|en desarmar; **2ung** *f* desarmamento *m*
Absag|e *f* recusa; **2en** (*Termin*) suspender, anular; (*zurückweisen*) recusar; não aceitar
absahnen *fig* tirar proveito de
Absatz *m Hdl* venda *f*; (*Schuh*) salto; (*Abschnitt*) parágrafo; *bras* item; (*Treppe*) patamar; **~gebiet** *n* mercado *m*
abschaff|en abolir; suprimir; **2ung** *f* abolição; supressão
abschalten desligar
abschätzen avaliar
Abscheu *m* horror; **2lich** horrível, abominável
abschicken enviar, mandar
Abschied *m* despedida *f*; *Mil* reforma *f*; ***~ nehmen*** despedir-se
abschießen disparar; (*Tiere*) abater
abschinden, sich F trabucar, estafar-se
abschirmen *Tech* proteger; blindar
abschlachten abater; *fig* assassinar; chacinar
abschlepp|en rebocar; **2seil** *n* corda *f* de reboque; **2wagen** *m* pronto-socorro; *bras* carro-guincho, reboque
abschließen fechar (à chave); (*beenden*) terminar; *Hdl* concluir
Abschluß *m* fim; conclusão *f* (*a Vertrag*); *Hdl* saldo, liquidação *f*; **~prüfung** *f* exame *m* final
abschmecken temperar
abschmieren lubrificar
abschneiden cortar; ***gut ~*** sair-se bem
Abschnitt *m* se(c)ção *f*; parágrafo; (*Zeit*) época *f*, período; (*Scheck*) talão
abschrauben desaparafusar
abschreck|en intimidar; **~end** assustador; desanimador; **2ung** *f* intimidação
abschreib|en copiar; plagiar; (*tilgen*) amortizar; **2ung** *f* amortização
Abschrift *f* cópia; ***beglaubigte ~*** pública-forma
abschüssig íngreme
abschütteln *fig* livrar-se de
abschwächen diminuir; abrandar; (*Stoß*) amortecer
abschweifen desviar-se (do assunto), divagar
absehen (*aufgeben*) desistir (***von*** de)
abseits fora; (*abgelegen*) afastado; (*Fußball*) fora-de--jogo
absende|n expedir, mandar, despachar; **2r** *m* remetente

absetz|en demitir; (*von der Steuer*) descontar; *Hdl* vender; **2ung** *f* demissão, destituição
Absicht *f* intenção, propósito *m*; **2lich** de propósito
absonderlich extravagante; **2keit** *f* extravagância
absondern: ***sich*** **~** isolar-se
absperren bloquear; (*Straße*) fechar ao trânsito; (*Tür*) trancar, atravancar
abspülen enxaguar
abstamm|en descender; **2ung** *f* descendência; origem
Abstand *m* distância *f*; (*zeitlich*) intervalo; (*Rand*) margem *f*
Abstecher *m* saltada *f*
absteigen descer, apear-se; (*vom Pferd*) desmontar; (*im Gasthof*) hospedar-se
abstell|en (*Maschine*) parar; (*parken*) estacionar; (*Radio*) desligar; **2raum** *m* arrecadação *f*
Abstieg *m* descida *f*; *fig* decadência *f*
abstimmen votar; (*Radio*) sintonizar; *fig* coordenar
Abstinenz *f* abstinência; **~ler** *m* abstémio
abstoßend repugnante
abstrakt abstra(c)to; **2ion** *f* abstra(c)ção
abstreiten negar, contestar
abstufen graduar, escalonar; **2ung** *f* grad(u)ação, escalonamento *m*
Ab|sturz *m* queda *f*; despenho; **2stürzen** cair; (*Flugzeug*) despenhar-se
abtasten ta(c)tear; apalpar
Abteil *n* compartimento *m*; **2en** dividir; **~ung** *f* divisão; se(c)ção; **~ungsleiter** *m* chefe de se(c)ção
abtragen nivelar; (*Haus*) demolir
Abtransport *m* transporte, remoção *f*
abtreib|en *Med* fazer abortar; **2ung** *f* aborto *m* (provocado)
abtrennen separar
abtreten ceder; deixar; (*Schuhe*) limpar
abtrocknen enxugar, secar
abwägen *fig* ponderar; considerar
Abwanderung *f* emigração
abwarten esperar; aguardar
abwärts para baixo
abwasch|en lavar; **2tisch** *m* lava-loiças
Abwässer *n/pl* águas *f/pl* residuais
abwechseln variar, alternar; ***sich*** **~** revezar-se; **~d** alternadamente
Abwechs(e)lung *f* variação; (*Zerstreuung*) distra(c)ção; ***zur*** **~** para variar
Abwehr *f* defesa; **2en** defender-se de; repelir
abweich|en desviar-se, afastar-se; *fig* divergir (***von*** de); **2ung** *f* desvio *m*; divergência
abweisen recusar, rejeitar; **~d** reservado, frio

abwerfen deitar abaixo; *Hdl* render
abwert|en desvalorizar; **2ung** *f* desvalorização
abwesen|d ausente; *fig* distraído; **2heit** *f* ausência
abwickeln fazer; efe(c)tuar
abwiegen pesar
abwischen limpar
ab|zahlen pagar em prestações; **~zählen** contar
Abzeichen *n* distintivo *m*; emblema *m*
abzeichnen copiar; (*signieren*) rubricar
abziehen (*Betrag*) descontar; (*Kopie*) copiar
Abzug *m* (*Betrag*) desconto; (*Kopie*) cópia *f*
abzüglich menos; descontando
Abzweigung *f* (*Straße*) bifurcação
Achse *f* eixo *m*
Achsel *f* ombro *m*; **~höhle** *f* axila, sovaco *m*
Acht *f*: ***sich in 2 nehmen*** ter cuidado (**vor** com)
achte(**r**) oitavo; **2l** *n* oitavo *m*
achte|n estimar, considerar; reparar (***auf*** em); **2rbahn** *f* montanha russa
achtgeben atender (***auf*** a); (*sorgen*) cuidar (***auf*** de)
Achtlosigkeit *f* descuido *m*; falta *f* de atenção
Achtung *f* estima, consideração; ***~!*** atenção!
achtzigjährig octogenário
Acker *m* campo; *bras* roça *f*; **~bau** *m* agricultura *f*; **~boden** *m* terreno *m* arável
Adapter *m* adaptador
addieren adicionar; somar
Adel *m* nobreza *f*; **2ig** nobre
Ader *f* veia; artéria
Adler *m* águia *f*
Administration *f* administração
Admiral *m* almirante
adoptieren ado(p)tar
Adress|at *m* destinatário; **~e** *f* endereço *m*; dire(c)ção
Aerosol *n* aerossol *m*
Affäre *f* caso *m*; escândalo *m*
Affe *m* macaco; ***du ~!*** F seu parvo!
Affekt *m* afe(c)to; **2iert** afe(c)tado
Afrikan|er *m*; **2isch** africano
Agent *m* agente; **~ur** *f* agência
Aggression *f* agressão
Agrarreform *f* reforma agrária
Ägypte|n *n* Egi(p)to *m*; **~r** *m* egípcio
ähneln parecer-se (*dat* com)
Ahnen *pl* antepassados *m*/*pl*
ahnen pressentir; suspeitar
ähnlich semelhante; parecido; **2keit** *f* semelhança
Ahnung *f* pressentimento *m*; ideia; ***keine ~ haben von*** não fazer ideia de
Ähre *f* espiga
Aids *n* SIDA *f*; **~kranke**(**r**) *m* aidético
Akadem|ie *f* academia; **~iker** *m* licenciado; *bras* formado
akklimatisieren aclimatizar

Akkord *m Mus* acorde; **~arbeit** *f* trabalho *m* de empreitada; **~lohn** *m* salário por ajuste
Akku(mulator) *m* acumulador (**laden** carregar)
Akrobat *m* acrobata
Akt *m* a(c)to; *Mal* nu
Akte *f* a(c)ta, documento *m*; ***zu den ~n legen*** arquivar; **~nordner** *m* classificador; **~ntasche** *f* pasta; **~nzeichen** *n* referência
Aktie *f* a(c)ção; **~ngesellschaft** *f* sociedade anónima
Aktion *f* a(c)ção; **~är** *m* a(c)cionista
aktiv a(c)tivo; **Svermögen** *n* a(c)tivo *m*; **Sität** *f* a(c)tividade; eficiência
aktuell a(c)tual
Akupunktur *f* acupun(c)tura
akut urgente; *Med* agudo
Akzent *m* acento; sotaque
akzeptieren aceitar
Alarm *m* alarme; ***blinder ~*** alarme falso; **~anlage** *f* dispositivo *m* de alarme; **Sieren** alertar; (*aus Sorge*) alarmar
albern parvo; **Sheit** *f* parvoíce
Album *n* álbum *m*
Alimente *pl* alimentos *m/pl*
Alkohol *m* álcool; (*Getränk*) bebida *f* alcoólica; **Sfrei** sem álcool; não alcoólico; **~gehalt** *m* graduação *f* alcoólica; **Shaltig** alcoólico; **~ismus** *m* alcoolismo
All *n* Universo *m*
all, ~e, ~es (*pl* **~e**) todo(s *pl*), toda(s *pl*)
Allee *f* avenida, alameda
allein só, sozinho; **Sbesitz** *m* posse *f* exclusiva; **~ig** único, exclusivo; **~stehend** só; isolado; (*ledig*) solteiro; **Sverkauf** *m* monopólio, exclusivo; **Svertretung** *f* representação exclusiva
allenfalls quando muito
aller|beste: *das ~* o melhor de todos; **~dings** sem dúvida; (*einschränkend*) porém
Allergi|e *f* alergia; **Ssch** alérgico
allgemein geral; **Sbefinden** *n* estado *m* geral; **Sbildung** *f* cultura geral; **Sheit** *f* generalidade; **~verständlich** compreensível para todos
all|jährlich anual(mente); **~mächtig** o(m)nipotente; **~mählich** gradual; **Sradantrieb** *m* tracção *f* às quatro rodas; **Stag** *m* dia-a-dia; **~täglich** diário; *fig* trivial
Almosen *n* esmola *f*
Alpdrücken *n* pesadelo *m*
Alpen *pl* Alpes *m/pl*
Alphabet *n* alfabeto *m*
als (*Zeit*) quando; (*Vergleich*) (do) que; ***~ ob*** como se (*subj Imperfekt*)
also assim; portanto, pois
alt velho; antigo; (*gebraucht*) usado; ***wie ~ bist du?*** que idade (*od* quantos anos) tens?

Altar *m* altar
Alt|bauwohnung *f* casa (de construção) antiga; **~enheim** *n* lar *m* de terceira idade (*od* de idosos)
Alter *n* idade *f*
altern envelhecer
Alternative *f* alternativa
Alters|rente *f* pensão; reforma; **~schwäche** *f* senilidade; **~versorgung** *f* pensão; reforma; *bras* aposentadoria
Altertum *n* antiguidade *f*
altertümlich antiquado
altklug precoce
altmodisch fora de moda
Altstadt *f* bairro *m* antigo
Altstimme *f* contralto *m*
Aluminium *n* alumínio *m*
Amateur *m* amador
Amboß *m* bigorna *f*
Ambulanz *f* banco *m*; *bras* assistência
Ameise *f* formiga; **~nhaufen** *m* formigueiro
Amerika *n* América *f*; **~ner** *m*, **≗nisch** americano
Amnestie *f* a(m)nistia
amortisieren amortizar
Ampel *f* semáforo *m*
Amsel *f* melro *m*
Amt *n* ofício *m*, cargo *m*; função *f*; (*Behörde*) repartição *f*; ***Auswärtiges ~*** Ministério *m* dos Negócios Estrangeiros, *bras* Ministério *m* das Relações Exteriores; ***von ~s wegen*** oficialmente; **≗lich** oficial
Amts|gericht *n* tribunal *m* de comarca; **~gewalt** *f* autoridade; **~kollege** *m* homólogo; **~richter** *m* juiz de comarca
amüs|ant divertido; **~ieren** divertir
an em; a; ***von ... ~*** (*Zeit u Ort*) desde, a partir de
Analphabet *m* analfabeto; **~entum** *n* analfabetismo *m*
Analyse *f* análise
Ananas *f* ananás *m*; *bras* a abacaxi *m*
Anarchie *f* anarquia
anbahnen preparar; iniciar
anbändeln F engatar
Anbau *m* cultura *f*, cultivo; *Arch* anexo; **≗en** cultivar; *Arch* anexar (***an*** a); **~fläche** *f* área de cultivo
anbei junto
anbeten adorar
anbiedern: *sich ~* F dar graxa (***bei*** a)
anbieten oferecer
anbinden atar, ligar
Anblick *m* vista *f*; aspe(c)to; (*überraschend*) espe(c)táculo; **≗en** olhar; contemplar
anbrechen (*beginnen*) iniciar-se
anbrennen *Kochk* pegar
Andacht *f* devoção
andauern continuar, permanecer; **~d** contínuo, permanente
Andenken *n* memória *f*; (*Souvenir*) recordação *f*; lembrança *f*
andere outro; ***unter ~m*** entre

outras coisas; **~rseits** por outro lado
ändern mudar; modificar; alterar
andernfalls senão; de contrário
anders diferente; de outra forma; **~wo** noutra parte
Änderung *f* mudança; modificação
anderweitig de outra maneira
andeuten indicar; insinuar
Andeutung *f* indício *m*; insinuação
Andrang *m* afluência *f*; (*Menge*) aglomeração *f*
androhen ameaçar
aneignen: ***sich* ~** apropriar-se de; (*Kenntnisse*) adquirir
anerkenn|en reconhecer; **2ung** *f* reconhecimento *m*
anfahren *Kfz* arrancar; (*Verkehrsunfall*) atropelar; *fig* descompor
Anfall *m* ataque, acesso
anfällig de saúde delicada; *fig* com predisposição (***für*** para)
Anfang *m* começo, princípio; **2en** começar
Anfäng|er *m* principiante; **2lich** inicial
anfangs no princípio; **2buchstabe** *m* inicial *f*; **2stadium** *n* fase *f* inicial
anfassen pegar (em); tocar (em)
anfecht|bar contestável; *jur* improcedente; **~en** contestar; protestar contra
anfeinden hostilizar
anfertigen fazer; (*herstellen*) produzir, fabricar
anfeuchten (h)umedecer; molhar
anflehen implorar
anforder|n pedir, requerer; exigir; **2ung** *f allg* exigência
anfreunden: ***sich* ~** travar amizade (***mit*** com); *fig* familiarizar-se (***mit*** com)
anführ|en dirigir; chefiar; F (*narren*) iludir, enganar; **2er** *m* líder; chefe; (*abwertend*) cabecilha
Angabe *f* indicação; declaração; **~n** *f/pl* dados *m/pl*
angeb|en indicar; declarar; (*prahlen*) gabar-se; **2er** *m* gabarola; **2erei** *f* gabarolice
angeblich 1. *adj* pretenso; **2.** *adv* segundo se diz
angeboren inato; congénito
Angebot *n* oferta *f*
angehen (*betreffen*) dizer respeito a, tocar a; ***was ... angeht*** quanto a; ***das geht dich nichts an*** F não tens nada com isso
angehör|en pertencer a, fazer parte de; **~ig** pertencente a; **2ige(r)** *m* membro; parente; **2ige(n)** *pl* família *f*; parentes *m/pl*
Angeklagte(r) *m* réu, acusado
Angel *f* anzol *m*; (*Tür*) gonzo *m*
Angelegenheit *f* assunto *m*, questão

angeln pescar à linha
angemeldet: ~ ***sein*** ter hora marcada
angemessen conveniente; apropriado
angenehm agradável; (*Vorstellung*) ~! prazer!
ange|nommen: ~ ***daß*** partindo do princípio que; supondo que; **~schmiert:** ~ ***sein*** F estar frito; **~sehen** considerado; **~sichts** perante; **~spannt** tenso
Angestellte(r) *m* empregado
angetrunken F tocado; com uns copos
angewöhnen: ***sich et*** ~ acostumar-se a, habituar-se a
Angewohnheit *f* costume *m*, hábito *m*
angleich|en adaptar; ajustar; **~ung** *f* adaptação; ajuste *m*
Angler *m* pescador (à linha)
angreifen atacar; *Med* afe(c)tar
angrenzen confinar (***an*** com)
Angriff *m* ataque
Angst *f* medo *m*; **~hase** *m* F cagarola
ängstigen meter medo a
ängstlich medroso
anhaben trazer, vestir
anhaften aderir (*dat* a)
anhalt|en *v/i* parar; (*dauern*) continuar; *v/t* deter; (*stoppen*) mandar parar; **2er** *m*: ***per*** ~ à (*od* de) boleia; *bras* de carona; **2spunkt** *m* ponto de referência
Anhang *m* anexo; suplemento
anhäng|en pendurar; *Esb*, *Kfz* atrelar, engatar; **2er** *m* (*Person*) *allg* aderente; *Pol* partidário; *Kfz* reboque; (*Schmuck*) brinco pendente
anhänglich afeiçoado
anhäuf|en acumular; **2ung** *f* acumulação
anheben levantar; (*Preis*) aumentar
anheften prender
Anhöhe *f* alto *m*, outeiro *m*
anhören ouvir, escutar
Ankauf *m* compra *f*; aquisição *f*
Anker *m* âncora *f*; **2n** ancorar; **~platz** *m* ancoradouro
Anklage *f* acusação; **~n** acusar (*gen od* ***wegen*** de)
Ankläger *m* acusador
ankleben colar; afixar
anklopfen bater (à porta)
ankommen chegar; ***es kommt darauf an!*** conforme!, depende!
ankündig|en anunciar, avisar; **2ung** *f* anúncio *m*, aviso *m*
Ankunft *f* chegada (***in, an*** a)
Anlage *f* instalação; (*Maschinen*) equipamento *m*; (*Kapital*) colocação; (*Beilage*) anexo *m*; (*Talent*) disposição, aptidão; (*Grün2*) jardim *m* público
Anlaß *m* motivo, ocasião *f*; ~ ***geben*** dar lugar (*od* motivo) (***zu*** a)

anlassen *Tech* pôr a trabalhar; arrancar; (*nicht ausschalten*) deixar ligado (*od* aceso)
Anlasser *m* (motor de) arranque
anläßlich por ocasião de
anlegen pôr; (*Geld*) colocar; investir; *Mar* atracar, fazer escala
Anlegeplatz *m* cais *m* de embarque
anlehnen encostar (***an*** a)
Anleihe *f* empréstimo *m*
anleit|en orientar; instruir; **2ung** *f* instrução
Anliegen *n* (*Wunsch*) pedido *m*; (*Ziel*) obje(c)tivo *m*
anmachen acender; (*befestigen*) pôr; F engatar
anmaßen: *sich* ~ atrever-se (a); **~d** atrevido
anmeld|en (sich) registar(-se); inscrever(-se); (*polizeilich*) participar a morada; (*bei Arzt, Behörde*) marcar hora; **2ung** *f* inscrição; (*Büro*) recepção
anmerk|en apontar; anotar; **2ung** *f* anotação, nota
annäher|n, sich aproximar-se (de); **2ung** *f* aproximação; **~nd** aproximativo; *adv* aproximadamente
Annahme *f* (*Vermutung*) suposição, hipótese; (*Vorschlag, Antrag*) aprovação; **~stelle** *f* recepção
annehm|bar aceitável; admissível; **~en** aceitar; (*vermuten*) supor; **2lichkeit** *f* conforto *m*; comodidade
anne|ktieren anexar; **2xion** *f* anexação
Annonc|e *f* anúncio *m*, classificado *m* (***aufgeben*** pôr); **2ieren** anunciar
annullieren anular
anonym anónimo
anordn|en ordenar; **2ung** *f* ordem; *jur* decreto *m*
anpass|en adaptar; **2ung** *f* adaptação
anpflanzen plantar; cultivar
Anprobe *f* prova
Anrecht *n* direito *m* (***auf*** a)
Anrede *f* tratamento *m*
anreg|en estimular; (*vorschlagen*) sugerir; (*Appetit*) abrir; **2ung** *f* estímulo *m*; sugestão
Anreiz *m* estímulo
Anruf *m* chamada *f*; **~beantworter** *m* atendedor de chamadas; **2en** telefonar (*j-n* a)
Ansage *f* anúncio *m*; **2n** anunciar; **~r** *m* apresentador
ansamm|eln reunir; acumular; **2lung** *f* acumulação; (*Menschen*) multidão
anschaff|en arranjar; adquirir, comprar; **2ung** *f* aquisição, compra
anschau|en olhar; contemplar; **2ung** *f* opinião; **2ungsmaterial** *n* material *m* ilustrativo
Anschein *m* aparência *f*; **2end** aparentemente

Anschlag *m* (*Plakat*) cartaz, edital; (*Attentat*) atentado
anschließen ligar (**an** a); ***sich*** ~ associar-se (*dat* a); aderir (*dat* a); **~d** em seguida, a seguir
Anschluß *m* conta(c)to; ligação *f*
anschmiegsam meigo
anschnallen *Kfz* pôr o cinto
Anschovis *f* anchova
anschrauben (a)parafusar; atarraxar
anschreiben: ~ ***lassen*** comprar fiado
Anschrift *f* dire(c)ção; endereço *m*
anschuldigen acusar
anschwellen inchar
ansehen olhar, mirar; (*prüfend*) examinar; ≈ *n* prestígio *m*; consideração *f*
ansehnlich considerável
Ansicht *f* vista, aspe(c)to *m*; (*Meinung*) opinião; ***zur*** ~ de amostra; **~skarte** *f* postal *m* ilustrado; *bras* (cartão)-postal *m*
anspiel|en aludir (***auf*** a); **≈ung** *f* alusão
anspitzen aguçar
Ansporn *m* estímulo; **≈en** estimular
Ansprache *f* alocução (***halten*** fazer, proferir)
anspringen *Kfz* arrancar
Anspruch *m* direito (***auf*** a); **≈slos** modesto; **≈svoll** exigente

Anstalt *f* instituição; estabelecimento *m*
anständig decente
anstarren fixar, fitar
anstatt em vez de
ansteck|en *Med* contagiar; (*anzünden*) acender; **~end** contagioso; **≈ung** *f* contágio *m*
anstehen (*Schlange stehen*) fazer bicha; *bras* fazer fila
ansteigen subir
anstell|en *j-n* empregar, contratar; **≈ung** *f* emprego *m*
Anstieg *m* subida *f*; (*Preise*) aumento
anstift|en instigar; **≈er** *m* instigador; **≈ung** *f* instigação
Anstoß *m* impulso; **≈en** empurrar; (*Trinksitte*) brindar (***auf*** por)
anstreben aspirar a, ambicionar; pretender
anstreng|en cansar; (*Prozeß*) intentar; ***sich*** ~ esforçar-se (por); **~end** fatigante, estafante; **≈ung** *f* esforço *m*
Anstrich *m* pintura *f*, demão *f*
Anteil *m* parte *f*; interesse (*a fig*); **~nahme** *f* simpatia (por); interesse *m* (por); (*Mitleid*) compaixão
Antenne *f* antena
Anti|biotikum *n* antibiótico *m*; **~blockiersystem** *n Kfz* sistema *m* de travagem antibloqueio; **~körper** *m* anticorpo
Antiqu|ar(iat *n*) *m* alfarrabis-

ta; **~itäten** *f/pl* antiguidades *f/pl*; **~itätenhändler** *m* antiquário
Antrag *m* pedido; requerimento; *Pol* moção *f*; **~steller** *m* requerente
antreiben impelir; *Tech* a(c)cionar
antreten (*ein Amt*) tomar posse (de)
Antrieb *m* a(c)cionamento; tracção *f*; (*Anreiz*) impulso; motivo
Antwort *f* resposta; **2en** responder
anvertrauen confiar
Anwalt *m* advogado
anwärmen aquecer
Anwärter *m* aspirante, candidato (***auf*** a)
anweis|en instruir; ordenar; (*Geld*) enviar; **2ung** *f* ordem; (*Anleitung*) instrução; (*Post*) vale *m*
anwend|en empregar; aplicar (***auf*** a); **2er** *m Inform* utilitário; **2erprogramm** *n Inform* programa *m* de aplicação; **2ung** *f* emprego *m*; aplicação
anwerben alistar; recrutar (*a Arbeiter*)
anwesen|d presente; **2heit** *f* presença
anwidern repugnar
Anzahl *f* número *m*, quantidade
anzahl|en pagar de sinal; **2ung** *f* sinal *m*; entrada
Anzeichen *n* sinal *m*, indício *m*; *Med* sintoma *m*
Anzeige *f* anúncio *m*; aviso *m*; *jur* denúncia; **2n** anunciar, avisar; *jur* dar parte de
anziehen atrair; (*Kleid*) vestir; (*enge Kleidung*) enfiar; (*Schuhe, Handschuhe*) calçar
Anziehung *f* atra(c)ção; **~skraft** *f* gravitação; *Phys* magnetismo *m*
Anzug *m* fato; *bras* terno
anzünden acender
Apfel *m* maçã *f*; **~baum** *m* macieira *f*; **~sine** *f* laranja; **~sinensaft** *m* sumo de laranja; **~wein** *m* sidra *f*
Apotheke *f* farmácia; **~r** *m* farmacêutico
Apparat *m* aparelho; *Tel* extensão *f*
Appetit *m* apetite; **2lich** apetitoso; **~losigkeit** *f* falta de apetite
Aprikose *f* damasco *m*
April *m* Abril
Aquarell *n* aguarela *f*
Äquator *m* equador
Arbeit *f* trabalho *m*; **2en** trabalhar (***an*** em); **~er** *m* trabalhador, operário; ***ungelernter*** **~** operário não especializado; **~geber** *m* patrão; *bras* empregador; **~nehmer** *m* empregado
Arbeits|amt *n* repartição *f* do trabalho; **2fähig** válido; **~lohn** *m* salário; **2los** desempregado; **~losenunterstützung** *f* subsídio *m* de desemprego; **~losenversiche-**

rung *f* seguro *m* de desemprego; **~losigkeit** *f* desemprego *m*; **~platz** *m* emprego; trabalho; **2unfähig** inválido; **~zeit** *f* horário *m* de trabalho; **~zimmer** *n* escritório *m*; gabinete *m*
Archipel *m* arquipélago
Architekt *m* arquite(c)to
Archiv *n* arquivo *m*
Ärger *m* desgosto; aborrecimento; **2lich** aborrecido; **2n:** ***sich*** ~ aborrecer-se, zangar-se (***über*** com)
Arg|list *f* manha; **2los** ingénuo
Argot *m* calão
Arie *f* ária
arm pobre; ~ ***werden*** empobrecer
Arm *m* braço
Armaturenbrett *n* painel (*od* tablier) *m* (de instrumentos)
Arm|band *n* pulseira *f*; **~banduhr** *f* relógio *m* de pulso; *bras* relógio-pulseira *m*; **~binde** *f* braçadeira
Armee *f* exército *m*
Ärmel *m* manga *f*
Armenhaus *n* asilo *m* dos pobres
ärmlich pobre
armselig mesquinho; miserável
Ärmste(r) *m* F coitado
Armut *f* pobreza
Aroma *n* aroma *m*; **2tisch** aromático
arrangieren arranjar
Arrest *m* detenção *f*, prisão *f*
arrogan|t arrogante; **2z** *f* arrogância
Arsch *m* V cu; **~loch** *n*: **~!** V filho *m* da puta!
Art *f* espécie; qualidade; modo *m*, maneira; ***nach ~ von*** à maneira de
artig gentil; bem educado (comportado)
Artikel *m* artigo
Artischocke *f* alcachofra
Arznei *f* remédio *m*; **~mittel** *n* medicamento *m*
Arzt *m* médico; ***praktischer ~*** médico de clínica geral
ärztlich médico
Asbest *m* asbesto; **~beton** *m* fibrocimento
Asch|e *f* cinza; **~enbecher** *m* cinzeiro
Aschermittwoch *m* quarta-feira *f* de cinzas
Asiat *m*, **2isch** asiático
asozial marginal
Asphalt *m* asfalto; **2ieren** asfaltar
Assisten|t *m* assistente; adjunto; **~zarzt** *m* médico assistente
Assoziation *f* associação
Ast *m* ramo; **~er** *f* sécia; **2rein** F de gema
Ästhet *m* esteta; **2isch** estético
Asthma *n* asma *f*
Astrologe *m* astrólogo
Astronaut *m* astronauta
Astronom *m* astrónomo
Asyl *n* asilo *m*
Atelier *n* estúdio *m*, atelier *m*

Atem *m* fôlego; **2beraubend** sensacional; vertiginoso; **~beschwerden** *f/pl* falta *f* de respiração; **2los** sem fôlego
Athlet *m* atleta
Atlantik *m* Atlântico
Atlas *m* atlas
atmen respirar
Atmosphäre *f* atmosfera; *fig* ambiente *m*
Atom *n* átomo *m*; **~energie** *f* energia atómica; **~friedhof** *m* cemitério nuclear; **~kraftwerk** *n* central *f* nuclear; *bras* usina *f* termonuclear; **~müll** *m* lixo atómico; **~physik** *f* física nuclear; **~sprengkopf** *m* ogiva *f* nuclear; **~waffe** *f* arma nuclear; **~zerfall** *m* desintegração *f* atómica
Attaché *m* adido
Attentat *n* atentado *m*
Attest *n* atestado *m*
Attrakti|on *f* atra(c)ção; **2v** atraente; atra(c)tivo
ätzen corroer; *Med* cauterizar; **~d** corrosivo, cáustico; F chato
auch também
Audienz *f* audiência
auf sobre; em; **~ *und ab*** de um lado para o outro
aufarbeiten a(c)tualizar; (*reparieren*) restaurar
aufatmen *fig* sentir-se aliviado
aufbahren depositar em câmara ardente
Aufbau *m* construção *f*; montagem *f*; *fig* organização *f*; **2en** construir; montar; *fig* organizar
Aufbereitung *f* tratamento *m*
aufbessern melhorar; (*Gehalt*) aumentar
aufbewahr|en guardar; conservar; **2ung** *f* depósito *m*
aufblas|bar inflável; **~en** inflar, encher de ar
aufbleiben ficar aberto; (*nachts*) ficar levantado
aufblenden *Kfz* pôr nos máximos
aufbrausen *fig* encolerizar-se; **~d** irascível; colérico
aufbrechen abrir; (*gewaltsam*) arrombar; *fig* partir
aufbringen conseguir, arranjar; (*Person*) irritar, zangar
Aufbruch *m* partida *f*
aufdecken descobrir
aufdrängen impingir (a)
aufdrehen abrir
aufdringlich importuno; maçador; *bras* F cacete
aufeinander um sobre o outro; (*Folge*) um trás o outro; **~folgend** consecutivo
Aufenthalt *m* estadia *f*; permanência *f*; *Esb* paragem *f*; **~serlaubnis** *f* autorização de residência; **~sort** *m* paradeiro; (*Wohnort*) domicílio
Auffahrt *f* subida, rampa; (*Autobahn*) acesso *m*
auf|fallen dar nas vistas; **~fallend, ~fällig** que dá nas vistas, vistoso, saliente

auffangen apanhar
auffass|en compreender; **2ung** *f* concepção; opinião
auffinden achar, descobrir
aufforder|n convidar; *jur* intimar; **2ung** *f* convite *m*; intimação
aufforsten arborizar; *bras* reflorestar
auffressen devorar (*a fig* F)
auffrischen refrescar; (*Kenntnisse*) reavivar
aufführ|en (*nennen*) citar; (*einzeln*) especificar; *Thea* representar; ***sich*** **~** comportar-se; **2ung** *f* representação
Aufgabe *f* tarefa; (*Schule*) dever *m*; exercício *m*; (*Verzicht*) renúncia; (*Gepäck*) despacho *m*; (*Geschäft*) liquidação
Aufgang *m* subida *f*; escada *f*
aufgeben *v/t* (*Gepäck*) despachar; (*Schule*) dar; (*Anzeige*) pôr; (*Post*) mandar; *bras* postar; (*Plan*) abandonar; (*Geschäft*) liquidar; (*verzichten*) renunciar (a); desistir (de); *v/i* desistir
Aufgebot *n* (*Ehe*) banhos *m/pl* (***bestellen*** publicar)
aufgehen abrir-se; (*Naht*) descoser-se; (*Gestirn*) nascer; *fig* (*Rechnung*) dar certo
aufgeklärt esclarecido; emancipado
aufgelegt disposto (***zu*** para, a)
aufgeregt aflito, nervoso
aufge|schlossen comunicativo; **~weckt** *fig* esperto
auf|gießen (*Tee usw*) fazer; **2guß** *m* infusão *f*
aufhalten reter, parar; ***sich*** **~** demorar-se
aufhängen pendurar; (*Wäsche*) estender
aufheben levantar; apanhar; (*abschaffen*) abolir; anular; (*aufbewahren*) guardar
aufhellen aclarar, desanuviar
aufhetzen incitar, instigar
aufhören terminar, acabar
aufkaufen comprar
Aufkäufer *m* comprador
aufklappen abrir; destapar
aufklär|en esclarecer; **2ung** *f* esclarecimento *m*; (*Epoche*) Iluminismo *m*; *Mil* reconhecimento *m*; educação *f* sexual
aufklebe|n colar; **~r** *m* autocolante
aufkommen responsabilizar-se (***für*** por); custear (***für***)
auflad|bar (*Batterie*) recarregável; **2egebläse** *n Kfz* superalimentador *m*; **~en** carregar
Auflage *f Typ* tiragem; edição
auflass|en deixar aberto; *jur* transferir; **2ung** *f* transferência *f*
Auflauf *m* (*Menschen*) ajuntamento; (*Speise*) empadão, “soufflé“; **2en** acumular-se
auflegen colocar, pôr; (*Buch*) imprimir; publicar; (*Hörer*) pousar

auflehnen: ***sich*** **~** insurgir-se (***gegen*** contra); sublevar-se (***gegen*** contra); (*aufstützen*) apoiar-se (***auf*** em)

auflösbar (dis)solúvel

auflösen (*Knoten*) desfazer; (*Rätsel*) resolver; (*Ehe, Versammlung, Chemie*) dissolver; (*Geschäft*) liquidar

aufmach|en abrir; *Hdl* armar; ***sich*** **~** ir-se, partir; **⁀ung** *f* aspecto *m*, apresentação

aufmerksam atento (***auf*** a); ***j-n*** **~** ***m auf*** chamar a atenção de alg para; **⁀keit** *f* atenção

aufmunter|n animar; **⁀ung** *f* animação

Aufnahme *f* acolhimento *m*; *a Tech* admissão; (*Tonband*) gravação; (*Foto*) fotografia; retrato *m*; **~prüfung** *f* exame *m* de admissão

aufnehmen recolher; (*beginnen*) começar; (*Gast*) acolher; *a Tech* admitir; (*Anleihe*) fazer; *Fot* tirar; (*Verbindung*) estabelecer; (*Tonband*) gravar

aufopfern sacrificar

aufpassen prestar atenção, ter cuidado; **~** ***auf*** tomar conta de

Aufprall *m* embate, choque; **⁀en** embater

aufpumpen enchar (de ar)

aufrappeln: ***sich*** **~** F recompor-se

aufräumen arrumar

aufrecht direito; **~erhalten** manter

aufreg|en excitar; ***sich*** **~** irritar-se; perturbar-se; **~end** emocionante; **⁀ung** *f* agitação, excitação; alvoroço *m*

aufreiben (*Kräfte*) gastar; ***sich*** **~** extenuar-se; **~d** extenuante

aufreißen rasgar

aufricht|en erguer, levantar; **~ig** sincero; franco; **⁀igkeit** *f* sinceridade

Aufruf *m* proclamação *f*; **⁀en** chamar

Aufruhr *m* tumulto; revolta *f*; insurreição *f*

aufrührerisch rebelde

aufrunden arredondar

aufrüst|en armar; **⁀ung** *f* armamento *m*

aufsagen recitar; dizer

aufsässig rebelde

Aufsatz *m Lit* reda(c)ção *f*, composição *f*, ensaio

aufsaugen chupar; absorver

aufscheuchen espantar

aufschichten empilhar

aufschieben adiar

aufschlagen (*Zelt*) armar (*Lager*) assentar

aufschließen abrir (à chave)

Aufschluß *m* esclarecimento; **⁀reich** instrutivo

aufschneiden cortar; partir

Aufschnitt *m* carnes *f/pl* frias

aufschrecken assustar

aufschreiben tomar nota de

Aufschrift *f* sobrescrito *m*

Aufschub *m* prorrogação *f*, adiamento

Aufschwung *m* ascensão *f*, conjuntura *f*
aufsehen levantar os olhos; ≗ *n* sensação *f* (***erregen*** causar); **~erregend** sensacional
Aufseher *m* guarda
aufsetzen (*Hut usw*, *Teewasser usw*) pôr; (*Flugzeug*) pousar; (*Text*) redigir
Aufsicht *f* inspe(c)ção; **~srat** *m* conselho fiscal
Aufstand *m* insurreição *f*; revolta *f*
aufstehen levantar-se
aufsteigen subir (*a beruflich*); elevar-se
aufstellen colocar, pôr; (*Falle*) armar; (*Mannschaft*) formar; *Tech* montar; (*Regel*) estabelecer
Aufstieg *m* ascensão *f*, subida *f*; *fig* progresso
aufstocken aumentar
aufstützen apoiar (***auf*** em)
aufsuchen procurar; (*Person*) ir ver
Auftakt *m* sinal; *fig* princípio
auftanken encher o depósito
auftauchen surgir; aparecer
auftauen derreter; descongelar
aufteilen repartir; distribuir
Auftrag *m* encargo; (*kleine Bestellung*) recado; *Hdl* encomenda *f*, ordem *f*; **≗en** dar ordem de; (*Flüssigkeit*) aplicar; (*Speise*) servir; **~geber** *m* contratante; **~nehmer** *m* contratado
auftreiben *fig* descobrir
auftrennen descoser; desfazer
auftreten apresentar-se; comportar-se; *Med* surgir, declarar-se; *Thea* entrar (em cena)
Auftrieb *m fig* impulso
Auftritt *m* entrada *f* (em cena)
aufwachen acordar
aufwachsen crescer, criar-se
Aufwand *m* gasto; luxo; (*Kosten*) despesas *f*/*pl*; **~sentschädigung** *f* abono *m* de representação
aufwärmen aquecer
Aufwartefrau *f* mulher a dias
aufwärts para cima; **≗entwicklung** *f* conjuntura
aufwecken despertar
aufweichen amolecer
aufweisen mostrar, acusar
aufwend|en gastar; empregar; **~ig** dispendioso; **≗ungen** *f*/*pl* despesas, gastos *m*/*pl*
aufwert|en revalorizar; **≗ung** *f* revalorização
aufwiegeln sublevar
aufwiegen *fig* compensar
aufwischen limpar
aufzähl|en enumerar; **≗ung** *f* enumeração
aufzeichn|en notar, apontar; **≗ung** *f* nota, apontamento *m*; *TV* transmissão diferida
aufziehen (*Kinder*, *Vieh*) criar; (*Uhr*) dar corda (a); ***j-n ~*** *fig* fazer troça de alg.
Aufzug *m* elevador, ascensor

Auge *n* olho *m*; vista *f*; ***ein ~ zudrücken*** fechar os olhos; ***mit bloßem ~*** a olho nu; ***unter vier ~n*** a sós
Augen|arzt *m* oftalmologista; **~blick** *m* momento, instante; **≈blicklich** momentâneo; *adv* de momento; **~braue** *f* sobrancelha; **~lid** *n* pálpebra *f*; **~ringe** *m/pl* olheiras *f/pl*; **~wimper** *f* pestana; **~zeuge** *m* testemunha *f* ocular; **~zwinkern** *n* piscadela *f*
August *m* (*Monat*) Agosto
Auktion *f* leilão *m*
aus de; por; (*Ende*) acabado; (*abgeschaltet*) desligado
ausarbeit|en elaborar; **≈ung** *f* elaboração; (*Text*) reda(c)ção
ausarten degenerar
ausatmen expirar
ausbaggern escavar; (*naß*) dragar
ausbalancieren equilibrar
Ausbau *m* alargamento; ampliação *f*; **≈en** completar; alargar; ampliar; *Tech* desmontar; *fig* intensificar
ausbessern reparar; (*Kleidung*) remendar
ausbeulen desamolgar
ausbeut|en explorar; **≈ung** *f* exploração
ausbild|en formar, instruir; **≈er** *m* instrutor; **≈ung** *f* formação, instrução
Ausblick *m* vista *f*, panorama; perspe(c)tiva *f* (*a fig*)
ausbooten F eliminar; afastar
ausbrechen (*Krieg*) rebentar; (*Feuer*, *Krankheit*) declarar-se; (*fliehen*) evadir-se (***vor*** de)
ausbreit|en estender; divulgar; espalhar; **≈ung** *f* extensão; divulgação; difusão
Ausbruch *m* erupção *f*; (*Wut etc*) ímpeto; (*Krieg*) eclosão *f*; (*Flucht*) evasão *f*
ausbrüten chocar
ausbürgern expatriar
auschecken *Flgw* desembarcar; **≈** *n* desembarque *m*
Ausdauer *f* perseverança; **≈nd** perseverante
ausdehn|en estender; dilatar; **≈ung** *f* extensão; dimensão; *Pol* expansão
ausdenken: *sich ~* inventar; (*vorstellen*) imaginar
Ausdruck *m* expressão *f*; termo; *Inform* impressão *f*, listagem *f*; **≈en** *Inform* imprimir, listar
ausdrück|en espremer; *fig* exprimir; **~lich** *adv* expressamente
ausdrucks|los inexpressivo; **~voll** expressivo; **≈weise** *f* estilo *m*
ausdünst|en exalar; transpirar; **≈ung** *f* exalação; transpiração
auseinander separado; **~fallen** desfazer-se; **~gehen** separar-se; (*Meinungen*) divergir; **~halten** distinguir;

~nehmen desfazer, desmontar; **~setzen** *fig* explicar; **℧setzung** *f* (*Streit*) discussão; controvérsia
auserlesen excelente; escolhido
ausfahren sair (de carro)
Ausfahrt *f* (*Autobahn*) saída
Ausfall *m* (*Haar*) queda *f*; falta *f*; perda *f*; *Tech* avaria *f*; **℧en** não se realizar; (*Haare*) cair; (*Maschine*) avariar(-se); *Esb* não circular
ausfertig|en despachar; redigir; (*Quittung*) passar; **℧ung** *f* despacho *m*; reda(c)ção; ***in doppelter ~*** em duplicado
ausflicken remendar
ausfließen escorrer
ausflippen F flipar
Ausflucht *f* evasiva; (*Vorwand*) pretexto *m*
Ausflug *m* excursão *f*
Ausfluß *m Med* corrimento
Ausfuhr *f* exportação
ausführ|bar realizável; *Hdl* exportável; **~en** realizar; *Hdl* exportar; **~lich** pormenorizado; minucioso; **℧ung** *f* (*Auftrag*) execução; (*Darlegung*) exposição; *Tech* versão; **℧ungsbestimmung** *f* regulamento *m*
ausfüllen (*Papier*) (pre)encher; (*Zeit*) ocupar
Ausgabe *f* entrega; (*Geld*) despesa; (*Buch, Zeitung*) edição; (*Drucke*) emissão; **~n** *pl* despesas *f/pl*
Ausgang *m* saída *f*; (*Ergebnis*) fim; resultado
ausgeben distribuir; (*Geld*) gastar
ausgedehnt extenso
ausgeglichen equilibrado
ausgeh|en sair; (*enden*) acabar-se; (*Haar*) cair; (*Licht*) apagar-se; *Kfz* desmaiar; ***gut ~*** acabar bem; ***~ von*** partir de; **℧verbot** *n* recolher *m* obrigatório
ausgelassen animado, divertido; (*Kind*) endiabrado, travesso
ausgenommen excepto, menos
ausgerechnet precisamente
ausgereift *Tech* sofisticado
ausgeschlossen: *~!* de maneira nenhuma!; ***~ sein*** ser impossível
ausgesucht sele(c)to; (*Geschmack*) requintado
ausgewachsen desenvolvido
ausgezeichnet ó(p)timo, excelente
ausgiebig abundante
ausgießen vazar
Ausgleich *m* equilíbrio, compensação *f*; *Hdl* saldo; **℧en** equilibrar, compensar; saldar
ausgleiten escorregar
ausgraben desenterrar
Ausguß *m* esgoto; pia *f*
aushalten suportar, aguentar; resistir (a); ***nicht auszuhalten*** insuportável
aushändig|en entregar; **℧ung** *f* entrega

aushängen *v/t* expor; afixar; *v/i* estar exposto
ausharren perseverar
aushelfen ajudar; socorrer
aushöhlen (es)cavar
aushungern esfomear
auskennen: ***sich*** ~ estar familiarizado (***in*** com)
ausklammern excluir; pôr de parte (*od* lado)
Ausklang *m* fim, final
auskleiden despir; *Arch* forrar
auskommen ter suficiente; entender-se (***mit*** com); ~ *n* meios *m/pl*
auskosten *fig* gozar
auskundschaften espiar; *Mil* reconhecer
Auskunft *f* informação
auslachen rir-se de
ausladen descarregar; *Flgw*, *Mar* desembarcar
Auslage *f* despesas *pl*; montra; vitrina
Ausland *n* estrangeiro *m*
Ausländ|er *m* estrangeiro; **~erfeindlich** xenófobo; **~isch** estrangeiro
Auslandsschuld *f* dívida externa
auslass|en omitir; **~ung** *f* omissão
auslaufen *Mar* partir; (*Leck*) vazar
ausleeren vazar, esvaziar; (*Post*) fazer a tiragem
ausleg|en (*Waren*) expor; (*Geld*) emprestar, adiantar; (*Text*) interpretar; (*Fußboden*) revestir; (*mit Teppich*) alcatifar; **~ware** *f* alcatifa
ausleihen emprestar; ***sich et. von j-m*** ~ pedir a. c. emprestado a alg.
Auslese *f* escolha; **~n** escolher, sele(c)cionar
ausliefer|n entregar; *jur* extraditar; **~ung** *f* entrega; *jur* extradição
auslöschen extinguir; apagar
auslosen sortear
Auslöser *m Fot* disparador; *fig* motivo
ausmachen (*Licht*) apagar; (*Betrag*) ser
Ausmaß *n* extensão *f*; tamanho *m*; ***in großem*** ~ em grande escala
Ausnahm|e *f* exce(p)ção; **~ezustand** *m* estado de emergência; **~sweise** exce(p)cionalmente
ausnutz|en aproveitar-se de; (*mißbrauchen*) explorar; **~ung** *f* aproveitamento *m*
auspacken desempacotar, desembrulhar
ausplaudern divulgar; revelar
ausplündern saquear, pilhar
auspressen espremer
ausprobieren provar, experimentar
Auspuff *m* escape; **~gas** *n* gás *m* de escape
ausquartieren desalojar
ausradieren apagar
ausrauben despojar, roubar

ausräumen despejar; evacuar
ausrechnen calcular
Ausrede *f* evasiva; pretexto *m*
ausreichen bastar; **~d** bastante, suficiente
Ausreise *f* saída; **≗n** sair, partir
ausreißen arrancar; *fig* F safar-se, escapar
ausrenken deslocar
ausrichten transmitir; (*Gruß*) dar; (*gelingen*) conseguir
ausrollen *Flgw* fazer táxi
ausrott|en exterminar; **≗ung** *f* extermínio *m*
Ausruf *m* exclamação *f*; **≗en** exclamar; proclamar; **~ung** *f* proclamação; **~ungszeichen** *n* ponto *m* de exclamação
ausruhen descansar
ausrüst|en apetrechar; equipar (*a Mil*); **≗ung** *f* apetrechamento *m*; equipamento *m*
ausrutsch|en escorregar; **≗er** *m fig* deslize
Aussage *f* declaração; *jur* depoimento *m*; **≗n** declarar; depor
aussaugen chupar
ausschacht|en escavar; **≗ung** *f* escavação
ausschalten *El* interromper, desligar; (*Licht*) apagar; *fig* eliminar
ausscheid|en retirar-se; *Med* segregar; **≗ung** *f* secreção; **≗ungs(wett)kampf** *m* eliminatória *f*
Ausschlag *m Med* erupção *f* cutânea, eczema; **≗gebend** decisivo
ausschließ|en *fig* excluir; **~lich** exclusivo
Ausschluß *m* exclusão *f*; (*Person*) expulsão *f*
ausschmücken enfeitar
Ausschnitt *m* corte; (*Kleid*) decote; (*Zeitung*) recorte; *fig* aspecto
ausschreib|en (*Stelle*, *Aufträge*) abrir concurso para; **≗ung** *f* concurso *m*
Ausschuß *m* comissão *f*; (*Prüfungs≗*) júri; (*Produkt*) refugo, rebotalho
ausschütteln sacudir
ausschütten despejar; derramar; (*Gewinne*) distribuir
aussehen (**wie**) parecer (ser); ter aspecto de; (*ähneln*) parecer-se com; ***gut*** **~** ter bom aspecto; **≗** *n* aspecto *m*, aparência *f*, ar *m*
außen fora; **≗bordmotor** *m* motor de popa; **≗handel** *m* comércio externo; **≗minister** *m* Ministro dos Negócios Estrangeiros, *bras* Ministro das Relações Exteriores; **≗politik** *f* política externa; **≗seite** *f* exterior *m*; **≗stände** *m/pl* créditos; dinheiro *m* a receber; **≗stelle** *f* filial, sucursal
außer fora (de); (*ohne*)

exce(p)to; (*neben*) além de; **~dem** além disso
Äußere(s) *n* exterior *m*
außerehelich extra-matrimonial; (*Kind*) ilegítimo
außergewöhnlich extraordinário; exce(p)cional
außerhalb fora de
Außerkraftsetzung *f* anulação, revogação
äußerlich exterior; *Med* externo; **≈keit** *f* formalidade
äußern exprimir; dizer; ***sich* ~** pronunciar-se (***über*** sobre)
außer|ordentlich extraordinário; **~parlamentarisch** extraparlamentar; **~planmäßig** além do quadro
äußerst extremo
außerstande incapaz (***zu*** de)
Äußerste(s) *n* extremo *m*
Äußerung *f* expressão; declaração
aussetzen *v/t* (*kritisieren*) criticar (***an*** em); (*unterbrechen*) suspender; (*Kind, Tier*) abandonar; *v/i* parar
Aussicht *f* vista; panorama *m*; *fig* perspe(c)tiva; ***in* ~ *stellen*** prometer; **≈slos** inútil; desesperado; **≈sreich** prometedor
aussöhn|en reconciliar; **≈ung** *f* reconciliação
aussondern apartar, sele(c)cionar
ausspann|en *fig* descansar; **≈ung** *f fig* descanso *m*
aussperr|en excluir; pôr fora; **≈ung** *f* exclusão; "lock-out" *engl m*
Aussprache *f* pronúncia
aussprechen pronunciar; ***sich* ~** pronunciar-se, declarar-se (***für*** por)
Ausspruch *m* dito; sentença *f*
ausspucken cuspir
ausspülen lavar
Ausstand *m* greve *f*; ***in den* ~ *treten*** declarar-se em greve
ausstatt|en equipar; decorar; **≈ung** *f* equipamento *m*; (*Aufmachung*) apresentação
ausstehen: *nicht* ~ *können* não poder com, não aguentar, não suportar
aussteigen descer, sair; *Flgw*, *Mar* desembarcar
ausstell|en expor; (*Quittung, Scheck, Urkunde*) passar; **≈er** *m* expositor; (*Scheck*) emitente; **≈ung** *f* exposição; (*Urkunde*) passagem; **≈ungshalle** *f* pavilhão *m* de exposições
Aussteuer *f* enxoval *m*
ausstrahl|en irradiar; **≈ung** *f* irradiação
ausstrecken estender
ausstreuen espalhar (*a fig*)
ausströmen sair; escorrer; (*Gas*) fugir; **≈** *n* escoamento *m*; fuga *f*
aussuchen escolher
Austausch *m* intercâmbio; troca *f*; **≈en** cambiar; trocar; **~motor** *m* motor de recâmbio; **~stoff** *m* sucedâneo
austeilen distribuir
Auster *f* ostra

Australi|en *n* Austrália *f*; **~er** *m*; **\&sch** australiano
austreten sair
austrinken beber tudo
Austritt *m* saída *f*
austrocknen secar, enxugar
ausüb|en exercer; (*a Amt*) desempenhar; **\&ung** *f* exercício *m*; desempenho *m*
Ausverkauf *m* liquidação *f*; saldo; **\&t** esgotado, vendido
Auswahl *f* escolha; sele(c)ção (*a Sport*); *Hdl* sortido *m*, variedade; **~mannschaft** *f* (*Sport*) sele(c)ção
auswählen escolher
Auswander|er *m* emigrante; *Pol* emigrado; **\&n** emigrar; **\&ung** *f* emigração
auswärt|ig forasteiro; estranho; **~s** fora
auswechsel|bar móvel, substituível; **~n** mudar, substituir
Ausweg *m* saída *f*; *fig* remédio
ausweichen desviar; *fig* evitar; **~d** evasivo
Ausweis *m* cartão (*od* bilhete) de identidade; *bras* carteira *f*; **\&en** expulsar; ***sich ~*** identificar-se; **~ung** *f* expulsão
ausweit|en alargar, estender; **\&ung** *f* extensão
auswendig *fig* de cor; ***~ lernen*** decorar
auswert|en valorizar; analisar; **\&ung** *f* valorização; análise
auswickeln desembrulhar
auswirk|en: *sich ~* a(c)tuar (***auf*** sobre), ter efeito (***auf*** sobre, em) **\&ung** *f* consequência, efeito *m*
auswuchten *Kfz* equilibrar
auszahl|en pagar; **\&ung** *f* pagamento *m*
auszählen contar
auszeichn|en marcar; distinguir; (*mit Orden*) condecorar; **\&ung** *f* distinção; condecoração
ausziehen *v/t* tirar; (*Kleid*) despir; (*Schuh, Handschuh*) descalçar; *v/i* mudar de casa; ***sich ~*** despir-se
Auto *n* carro *m*; automóvel *m*; **~bahn** *f* auto-estrada; *bras* autopista; **~bahngebühr** *f* portagem; *bras* pedágio *m*; **~bahnraststätte** *f* área de serviço; **~bahnzubringer** *m* acesso rodoviário; **~bus** *m* autocarro; *bras* ônibus; **~fahrer** *m* motorista; **~gramm** *n* autógrafo *m*; **~mat** *m* autómato; (*Zigaretten, Fahrkarten*) distribuidora *f* automática; **\&matisch** automático; **~nummer** *f* matrícula; **~r** *m* autor; **~radio** *n* auto-rádio *m*; **~reifen** *m* pneu; **~rennen** *n* corrida *f* de automóveis; **~rität** *f* autoridade; **~verleih** *m* aluguer de automóveis
Avocado *f* abacate *m*
Axt *f* machado *m*

B

Baby *n* bebé *m*
Bach *m* ribeiro, regato
Bache *f* javalina
Backbord *n* bombordo *m*
Backe *f* bochecha
backen (*im Ofen*) cozer (no forno); (*Kuchen*) fazer
Backenzahn *m* queixal
Bäcker *m* padeiro; **~ei** *f* padaria
Back|ofen *m* forno; **~pulver** *n* fermento *m* em pó
Bad *n* banho *m*; ***ein ~ nehmen*** tomar um banho
Bade|anstalt *f* balneário *m*; piscina; **~anzug** *m* fato de banho; *bras* maiô; **~gast** *m* banhista; **~hose** *f* calção *m* de banho; **~kappe** *f* touca de banho; **~mantel** *m* roupão
baden *v/t* banhar; *v/i* tomar banho
Baden-Würtemberg *n* Bade-Vurtemberga *m*
Bade|ort *m* termas *f/pl*; estância *f* balnear; **~strand** *m* praia *f*; **~tuch** *n* toalha *f*; **~wanne** *f* banheira; **~zimmer** *n* casa *f* (*od* quarto *m*) de banho; *bras* banheiro *m*
Bagatelle *f* bagatela
Bagger *m* escavadeira *f*; **ℒn** escavar
Bahn *f* (*Strecke*) via, caminho *m*; *Esb* caminho-de-ferro *m*; (*Zug*) comboio *m*; **~angestellte(r)** *m* ferroviário; **~hof** *m* estação *f*; **~hofsvorsteher** *m* chefe de estação; **~steig** *m* gare *f*, cais; *bras* plataforma *f*; **~übergang** *m* passagem *f* de nível; **~unterführung** *f* túnel *m*; **~verbindung** *f* ligação (ferroviária)
Bahre *f* maca
Baiser *n* suspiro *m*
Bake *f* baliza
Bakterie *f* bactéria
Balanc|e *f* equilíbrio *m*; ***~ halten*** manter o equilíbrio; **ℒieren** balançar
bald logo, (em) breve; ***bis ~!*** até logo!; ***~ darauf*** pouco depois; ***möglichst ~*** quanto antes
Baldrian *m* valeriana *f*
Balgerei *f* briga, rixa
Balkan *m* Balcãs *m/pl*; *bras* Bálcãs *m/pl*
Balken *m* trave *f*; viga *f*
Balkon *m* varanda *f*
Ball *m* bola *f*; *bras* pelota *f*; (*Tanz*) baile
Ballast *m* lastro
Ballen *m* bala *f*, fardo
Ballett *n* bailado *m*; *bras* balê *m*
Ballon *m* balão; *Flgw* aeróstato
Ballungsgebiet *n* aglomerado *m* urbano
Bambus *m* bambu
Banane *f* banana
Band 1. *m* tomo, volume; **2.** *n*

fita *f*; cordão *m*; (*Förder*≗) cinta *f*; *fig* laço *m*, vínculo *m*; **3.** *f Mus* banda; conjunto *m*
Bande *f* banda; (*Verbrecher*) bando *m*, quadrilha
bändigen domar; *fig* refrear, sujeitar
Bandit *m* bandido
Band|maß *n* fita *f* métrica; **~nudeln** *pl* aletria *f*; **~säge** *f* serra de fita; **~scheibe** *f* disco *m* vertebral; **~wurm** *m* ténia *f*
Bank *f* (*a Hdl*) banco *m*
Bankett *n* banquete *m*
Bank|ier *m* banqueiro; **~konto** *n* conta-corrente *f*; **~leitzahl** *f* código *m* bancário; **~note** *f* nota; *bras* cédula
bankrott insolvente; ≗ *m* bancarrota *f*, falência *f*; **~ *machen*** falir
Bannmeile *f* zona proibida
bar de contado; ***in* ~** em dinheiro
Bar *f* bar *m*
Bär *m* urso
Baracke *f* barraca, barracão *m*
barfuß descalço
Bargeld *n* dinheiro *m* contado; ≗**los** por cheque
Barkasse *f* lancha
barmherzig compassivo; ≗**keit** *f* misericórdia
Barometer *n* barómetro *m*
barsch brusco
Barscheck *m* cheque aberto; cheque ao portador
Bart *m* barba *f*
Barzahlung *f* pagamento *m* à vista; ***gegen* ~** a pronto, a dinheiro
basieren basear(-se) (***auf*** em)
Basis *f* base
Baskenmütze *f* boina
Basketball *m* basquetebol
Baß *m* baixo
basteln fazer bricolagem
Bastler *m* bricoleur *fr*
Batterie *f* bateria, pilha; ***aufladbare* ~** bateria recarregável
Bau *m* construção *f*; (*Gebäude*) prédio, edifício; (*Körper*) estatura *f*; ***in* ~ *sein*** estar em obras; **~arbeiten** *pl* obras *f/pl*; **~art** *f* estilo *m*
Bauch *m* ventre; barriga *f*; ≗**ig** barrigudo; **~nabel** *m* umbigo; **~schmerzen** *m/pl* dores *f/pl* de barriga
bauen construir; edificar; **~ *auf*** contar com
Bauer *m* camponês; (*Karte*) valete; (*Schach*) peão
baufällig em ruínas, caduco
Bau|gerüst *n* andaime *m*; **~geschäft** *n* empresa *f* de construções civis; **~herr** *m* patrão; **~ingenieur** *m* engenheiro civil; **~kunst** *f* arquite(c)tura; **~land** *n* terreno *m* para construção
Baum *m* árvore *f*
baumeln bambolear
Baum|schule *f* viveiro *m*; **~stamm** *m* tronco; **~wolle** *f* algodão *m*
Bau|platz *m* terreno; **~poli-**

zei *f* inspe(c)ção de obras públicas; **~stelle** *f* obras *f/pl*; **~unternehmen** *n* companhia *f* construtora; **~unternehmer** *m* empreiteiro; **~werk** *n* construção *f*, edifício *m*; **~wesen** *n* construção *f* civil
Bayern *n* Baviera *f*
bayrisch bávaro
Bazillus *m* bacilo
beabsichtigen pretender, tencionar
beachten tomar em conta, considerar; **~swert** considerável
Beachtung *f* consideração; (*Vorschrift*) observação
Beamte(r) *m* funcionário (público); ***höherer ~*** funcionário de categoria
beängstigend alarmante
beanspruchen exigir, reclamar; *Tech* solicitar; (*Zeit*) levar; (*Rechte*) reivindicar
beanstanden reclamar
beantragen requerer; solicitar
beantworten responder (a)
bearbeit|en trabalhar; *Agr* cultivar; (*Buch*) refundir; (*Text*) redigir; *Tech* processar; *bras* usinar; **2ung** *f* tratamento *m*; cultivo *m*; refundição *f*; reda(c)ção *f*; *Tech* processamento *m*; *bras* usinagem
beaufsichtigen vigiar
beauftrag|en encarregar (***mit*** de); **2te(r)** *m* encarregado; delegado
bebauen *Agr* cultivar; *Arch* urbanizar
beben tremer, estremecer
Becher *m* copo; taça *f*
Becken *n* bacia *f*; *Anat* pelve *f*
Bedacht *m* cuidado, ponderação *f*
bedächtig prudente, ponderado
bedanken: *sich bei j-m für et. ~* agradecer a.c. a alg.
Bedarf *m* necessidade *f* (***an*** de, em)
bedauer|lich lamentável; **2n** *n* pesar *m*, pena *f*; **~n** sentir, lamentar
bedecken cobrir (***mit*** de)
bedenken considerar; refle(c)tir sobre; **2** *n* dúvida *f*
bedenklich sério; crítico
bedeut|en significar; **~end** importante; **2ung** *f* importância; (*Inhalt*) significado *m*; (*Sinn*) sentido *m*
bedien|en servir; (*Verkauf*) atender; *Tech* manejar; ***sich ~*** servir-se (de); **2ung** *f* serviço *m*; *Tech* manejo *m*; comando *m*; **2ungsanleitung** *f* instruções *f/pl* de serviço
Bedingung *f* condição; **2slos** incondicional
bedräng|en afligir, importunar; **2nis** *f* aflição; *F* (*Klemme*) apuros *m/pl*
bedroh|en ameaçar; **~lich** ameaçador; **2ung** *f* ameaça
Bedürf|nis *n* necessidade *f*; **~nisanstalt** *f* retrete pública; *bras* lavatórios *m/pl*; **2tig**

necessitado; **~tigkeit** *f* pobreza, miséria
beeid(ig)en (a)juramentar
beeilen: ***sich ~*** apressar-se
beeindrucken impressionar
beeinflussen influenciar
beeinträchtig|en prejudicar; (*behindern*) estorvar; **²ung** *f* prejuízo *m*; estorvo *m*
beend|en acabar; concluir; **²igung** *f* conclusão
beerdig|en enterrar; **²ung** *f* enterro *m*; **²ungsinstitut** *n* agência *f* funerária
Beere *f* baga, bago *m*
Beet *n* canteiro *m*
befähig|t capaz (***zu*** de); **²ung** *f* capacidade; qualificação
befahrbar *Mar* navegável; (*Weg*) transitável
befallen atacar; acometer
befangen tímido; (*voreingenommen*) suspeito, parcial; **²heit** *f* timidez; parcialidade
befassen: ***sich ~*** ocupar-se (***mit*** de, com)
Befehl *m* ordem *f*; (co)mando; *Inform* comando, instrução *f*; ***auf ~ von*** por ordem de; **²en** ordenar; (co)mandar
Befehlshaber *m* comandante
befestigen fixar; prender; *Mil* fortificar
befeuchten (h)umedecer
befinden: ***sich ~*** estar, ficar, encontrar-se
befolgen seguir; (*Befehl*) cumprir
beförder|n transportar; despachar; (*im Rang*) promover; **²ung** *f* transporte *m*; despacho *m*; promoção
befrag|en interrogar; **²ung** *f* inquérito *m*
befrei|en libertar; (*vom Dienst*) dispensar; (*von Abgaben*) isentar; **²ung** *f* libertação; dispensa; isenção
befreundet amigo (***mit*** de)
befriedig|en satisfazer; **~end** satisfatório; **²ung** *f* satisfação
befrist|en fixar um prazo; limitar; **~et** limitado
Befug|nis *f* autorização; **²t** autorizado
Befund *m* resultado; *Med* diagnóstico
befürcht|en recear, temer; **²ung** *f* receio *m*
befürworten recomendar
begab|t talentoso; **²ung** *f* talento *m*; vocação
begegn|en encontrar (***j-m*** alg.); **²ung** *f* encontro *m*
begehren desejar
begeister|n entusiasmar; **²ung** *f* entusiasmo *m*
begießen regar
Beginn *m* começo, princípo; **²en** começar; (*plötzlich*) desatar a
beglaubig|en atestar; certificar; *jur* reconhecer; legalizar; **²ung** *f* atestado *m*; certificado *m*
begleichen pagar, saldar
begleit|en acompanhar; **²er**

m companheiro; **≈schein** *m* guia *f*; **≈schreiben** *n* aviso *m*; **≈ung** *f* acompanhamento *m*; (*Gefolge*) comitiva
beglückwünschen felicitar; dar os parabéns a
begnügen: ***sich*** **~** contentar-se (***mit*** com)
begraben enterrar
Begräbnis *n* enterro *m*
begreif|en compreender; **~lich** compreensível
begrenz|en limitar; **≈ung** *f* limitação; **≈ungsleuchte** *f* *Kfz* farolete *m*
Begriff *m* ideia *f*, noção *f*; ***im*** **~** ***sein zu*** estar para
begründ|en *fig* motivar; **≈ung** *f* argumentação; motivo *m*
begrüß|en saudar; cumprimentar; **≈ung** *f* saudação
begünstigen favorecer
begütert abastado
behaart peludo, cabeludo
behag|en agradar; **≈** *n* agrado *m*, prazer *m*; **~lich** agradável; **≈lichkeit** *f* comodidade
behalten ficar com; guardar
Behälter *m* recipiente
behand|eln tratar; **≈lung** *f* tratamento *m*; ***e-e*** **~** ***aufnehmen*** fazer um tratamento
beharr|en insistir (***auf*** em); **~lich** persistente; **≈lichkeit** *f* persistência
behaupt|en afirmar; ***sich*** **~** impor-se; **≈ung** *f* afirmação
beheben remediar
behelf|en: ***sich*** **~** arranjar-se; **~smäßig** provisório
beherbergen hospedar; alojar
beherrschen dominar
behilflich prestável; ***j-m*** **~** ***sein*** ajudar alg.
behindern impedir; dificultar
Behörde *f* serviços *m/pl* públicos; autoridade(s) *f(/pl)*
behutsam cuidadoso
bei junto de; perto de; (**~** *j-m*) em casa de; com; (*zeitlich*) durante; em; (*Umstand*) com
beibehalten conservar; manter
beibringen (*lehren*) ensinar
Beicht|e *f* confissão; **≈en** confessar(-se)
beide ambos; ***alle*** **~** ambos os dois
Beifall *m* aplauso; **~** ***klatschen*** aplaudir, bater palmas
beifügen juntar
Beihilfe *f* subsídio *m*; subvenção
Beil *n* machado *m*
Beilage *f* suplemento *m*; *Kochk* conduto *m*
beilegen juntar; (*Konflikt*) apaziguar
Beileid *n* pêsames *m/pl*; ***sein*** **~** ***aussprechen*** dar os pêsames a
beiliegend junto, anexo
Bein *n* perna *f*; ***sich die*** **~*e*** ***vertreten*** passear-se
beinahe quase

beipflichten consentir (a)
beisammen junto(s); **≈sein** *n* convívio *m*
Beischlaf *m* cópula *f*
beiseite à parte
beisetz|en sepultar; **≈ung** *f* funeral *m*
Beispiel *n* exemplo *m* (**zum** por; **z. B.** p. ex.); **≈haft** exemplar; **≈los** sem igual
beißen morder
Beistand *m* assistência *f*; (*dringend*) socorro
beistehen socorrer
Beitrag *m* contribuição *f*; (*Mitglieds≈*) cota *f*; **≈en** contribuir (**zu** para)
beitreten aderir (a); entrar (em)
Beitritt *m* adesão *f*; ingresso
beiwohnen assistir a
beizeiten a tempo
bejahen afirmar; **~d** afirmativo
bejahrt idoso
bekämpfen combater
bekannt conhecido; **≈e(r)** *m* conhecido; **~lich** como se sabe; **≈machung** *f* anúncio *m*; edital *m*; **≈schaft** *f* conhecimento *m*
bekennen confessar
Bekenntnis *n* confissão *f*
beklagen lamentar; ***sich ~*** queixar-se
bekleid|en (*Amt*) exercer; ***sich ~*** vestir-se; **≈ung** *f* vestuário *m*
Beklemmung *f* angústia
bekommen receber; (*erlangen*) obter; arranjar; (*Kind*) ter; (*Krankheit*) apanhar; ***gut ~*** fazer bem
bekömmlich saudável; bom
beköstig|en sustentar; **≈ung** *f* sustento *m*
bekräftigen afirmar; confirmar
bekümmer|n afligir; **~t** aflito; preocupado
bekunden manifestar; exprimir
beladen carregar
Belag *m* revestimento
belager|n sitiar; **≈ung** *f* sítio *m*
belanglos insignificante
belasten agravar; *jur* incriminar; (*Konto*) debitar
belästig|en importunar; incomodar; F maçar, chatear; *bras* amolar; **≈ung** *f* maçada; *bras* chateação
Belastung *f* carga; (*Steuer*) encargo *m*; **~sprobe** *f* prova de resistência
belauschen escutar
beleb|en animar; *fig* intensificar; **≈ung** *f* animação
Beleg *m* prova *f*; (*Quittung*) recibo
beleg|en cobrir; (*Platz*) ocupar; (*beweisen*) comprovar
Belegschaft *f* pessoal *m*
belehren instruir; informar; **~d** instrutivo
beleidig|en ofender; **~end** ofensivo; **≈ung** *f* ofensa; injúria

beleucht|en iluminar; **2ung** *f* iluminação
Belgien *n* Bélgica *f*
Belg|ier *m*, **2isch** belga
belicht|en *Fot* expor; **2ung** *f* exposição; **2ungsmesser** *m* fotómetro
belieb|ig qualquer; **~t** popular; em voga; **2theit** *f* popularidade
bellen ladrar
Belletristik *f* ficção
belohn|en recompensar; **2ung** *f* recompensa
Belüftung *f* ventilação
belustig|en: ***sich*** **~** divertir-se; **2ung** *f* divertimento *m*
bemächtigen: ***sich e-r Sache*** **~** apoderar-se de a.c.
bemängeln censurar
bemänteln encobrir, disfarçar
bemerkbar perceptível; ***sich*** **~** ***machen*** fazer-se notar
bemerk|en observar, notar; **~enswert** notável; **2ung** *f* observação, nota
bemitleiden ter pena de
bemüh|en (*j-n*) incomodar; ***sich*** **~** esforçar-se (***um*** por); **2ung** *f* esforço *m*
benachbart vizinho
benachrichtig|en informar a, avisar; **2ung** *f* informação, aviso *m*
benachteilig|en prejudicar; **2ung** *f* prejuízo *m*
Benehmen *n* comportamento *m*; ***sich*** **2** (com)portar-se
beneiden ter inveja de; **~swert** invejável
benenn|en denominar; **2ung** *f* denominação
benötigen precisar (de)
benutz|bar utilizável, aproveitável; **2en** utilizar, usar; **2er** *m* utente; **2ung** *f* utilização, uso *m*
Benzin *n* gasolina *f*; ***bleifreies*** **~** gasolina sem chumbo; **~kanister** *m* bidão, lata *f*; **~tank** *m* depósito (de gasolina)
beobacht|en observar; **2er** *m* observador; **2ung** *f* observação
bequem cómodo; **2lichkeit** *f* comodidade; (*Faulheit*) comodismo *m*
berat|en *v/t* aconselhar; *v/i* conferenciar; **2er** *m* conselheiro; **2ung** *f* conferência
berauben roubar (***j-n*** a alg.); *fig* privar (***j-n e-r Sache*** alg. de a. c.)
berechn|en calcular; **~end** *fig* interesseiro; **2ung** *f* cálculo *m*
berechtig|en autorizar; **~t** legítimo; **2ung** *f* autorização
Beredsamkeit *f* eloquência
Bereich *m* âmbito; esfera *f*
bereicher|n, (**sich**) enriquecer; **2ung** *f* enriquecimento *m*
Bereifung *f* *Kfz* pneus *m/pl*
bereisen viajar
bereit pronto; disposto (***zu*** a); **~en** preparar; (*Freude*) causar; **~s** já; **2schaft** *f* dis-

posição; **≈schaftsdienst** *m Med* serviço de urgência; (*Polizei*) piquete; **~willig** *adv* de boa vontade
bereuen arrepender-se (de)
Berg *m* monte; **~bau** *m* exploração *f* de minas; **~bewohner** *m* montanhês; serrano
bergen salvar
Berg|führer *m* guia; **≈ig** montanhoso; acidentado; **~mann** *m* mineiro; **~steiger** *m* alpinista; **~werk** *n* mina *f*
Bericht *m* relatório; (*Zeitungs≈*) reportagem *f*; (*Erzählung*) relato; **≈en** relatar; **~erstatter** *m* repórter, correspondente; **~erstattung** *f* reportagem; **≈igen** corrigir; **~igung** *f* correcção
berieseln regar, irrigar
Bermudas *pl* (*Hose*) calção *m*
Bernstein *m* âmbar
bersten rebentar
berüchtigt famigerado
berücksichtig|en ter em conta, considerar; **≈ung** *f* consideração
Beruf *m* profissão *f*; **≈en** chamar; (*Amt*) nomear (***zu*** para); ***sich ~ auf*** referir-se a; invocar; **≈lich** profissional; **~sausbildung** *f* formação profissional; **~sberatung** *f* orientação profissional; **~ssoldat** *m* militar de carreira; **~sspieler** *m* (*Sport*) profissional; **≈stätig:** ***~ sn*** exercer uma profissão; **~ung** *f* nomeação; (*innere*) vocação; ***~ einlegen*** interpor recurso
beruhen depender (***auf*** de), basear-se (***auf*** em)
beruhig|en acalmar, apaziguar; **~t** descansado; **≈ungsmittel** *n* calmante *m*
berühmt célebre, famoso; **≈heit** *f* celebridade
berühr|en tocar; (*geistig*) afe(c)tar; **≈ung** *f* conta(c)to *m*
besänftigen aplacar; apaziguar
Besatz|er *m* ocupante; **~ung** *f Mar, Flgw* tripulação
besaufen: ***sich ~*** embriagar-se
beschädig|en danificar; estragar; **≈ung** *f* dano *m*; estrago *m*
beschaffen arranjar; conseguir; **≈heit** *f* qualidade, natureza
beschäftig|en ocupar; empregar; **~t** ocupado; empregado; **≈ung** *f* ocupação; emprego *m*
beschämen envergonhar; **~d** vergonhoso
Bescheid *m* (*Antwort*) resposta *f*; (*Auskunft*) informação *f*; ***~ wissen*** estar informado, saber; **≈en** modesto; **~enheit** *f* modéstia
bescheinig|en atestar, certificar; **≈ung** *f* atestado *m*, certificado *m*; certidão
beschenken presentear (***j-n mit et.*** alg. com a.c.)

beschimpf|en insultar; *bras* xingar; **2ung** *f* insulto *m*
Beschlagnahme *f* embargo *m*; apreensão; confiscação; **2n** apreender; confiscar
beschleunig|en acelerar; **2ung** *f* aceleração
beschließen (*beenden*) concluir; (*entscheiden*) resolver, decidir
Beschluß *m* conclusão *f*; resolução *f*, decisão *f*
beschmutzen sujar; manchar
beschönigen dissimular, disfarçar
beschränk|en limitar; restringir; **~t** restrito; **2ung** *f* restrição
beschreib|en descrever; **2ung** *f* descrição
beschuldig|en acusar; **2ung** *f* acusação
beschütz|en proteger; defender; **2er** *m* prote(c)tor
Beschwerde *f* (*Mühe*) fadiga; (*Klage*) reclamação, queixa; **~n** *pl Med* dores *f/pl*
beschweren: *sich ~ über* queixar-se de
beschwerlich penoso; incómodo; fatigante; **2keit** *f* incómodo *m*, fadiga
beschwichtigen sossegar
beschwindeln F intrujar
beschwipst tocado, levemente embriagado
beschwören suplicar, implorar
beseitig|en eliminar; (*z. B. Schutt*) remover; **2ung** *f* eliminação; remoção
Besen *m* vassoura *f*
besetz|en ocupar; **~t** ocupado; *Esb* completo; **2tzeichen** *n* sinal *m* de impedido; **2ung** *f* ocupação
besichtigen visitar
besiedel|n povoar; **2ung** *f* povoação
besiegen vencer; bater
besinnen: *sich ~ auf* lembrar-se de
Besinnung *f* sentidos *m/pl*; **2slos** sem sentidos
Besitz *m* posse *f*; propriedade *f*; **2en** possuir; **~er** *m* proprietário; dono; (*Haus2*) senhorio
besoffen F borracho
besonder particular especial; **~s** particularmente
besonnen prudente; **2heit** *f* prudência
besorg|en arranjar; **2nis** *f* receio *m*; preocupação; **~t** preocupado; apreensivo
bespitzeln espiar
besprech|en falar de, discutir; *Lit* fazer a crítica de; **2ung** *f* discussão; conferência; *Lit* recensão
besser melhor; **~n**, (***sich***) melhorar; **2ung** *f* melhoramento *m*; *Med* melhoras *f/pl*
Bestand *m* existência *f*; *Hdl* estoque; (*Dauer*) duração *f*
beständig constante; estável; **2keit** *f* constância; estabilidade

Bestandteil *m* elemento
bestätig|en confirmar; (*Empfang*) acusar; **2ung** *f* confirmação
bestatt|en sepultar; **2ung** *f* enterro *m*
bestaunen admirar
beste melhor; **2** *n* melhor *m*
bestech|en subornar; corromper; **2ung** *f* suborno *m*; corru(p)ção
Besteck *n* talher *m*
bestehen (*Prüfung*) fazer; passar (em); ***nicht ~*** ficar reprovado (em); ***~ aus*** (*od* ***in***) consistir em; ***~ auf*** insistir em
besteig|en subir; trepar; **2ung** *f* subida
bestell|en (*Ware*) encomendar; (*a Restaurant*) mandar vir; *Agr* cultivar; **2ung** *f* encomenda
besteuern lançar impostos sobre
Bestie *f* fera
bestimm|en determinar; fixar; (*einordnen*) classificar; (*anordnen*) dispor; **~t** certo; *adv* com certeza; **2theit** *f* certeza; **2ung** *f* determinação; *jur* disposição; **2ungsort** *m* (lugar de) destino
bestraf|en castigar; (*mit Geldstrafe*) multar; **2ung** *f* castigo *m*; multa
bestrahl|en *Med* fazer um tratamento de raios; **2ung** *f* radioterapia
Bestreben *n* empenho *m*, esforço *m*
bestreiten contestar; negar; (*Ausgaben*) custear
bestürz|t consternado; **2ung** *f* sobressalto *m*, consternação
Besuch *m* visita *f*; ***~ haben*** ter visitas; **2en** visitar; (*Person*) ir ver; (*Schule*) frequentar; (*Versammlung*) assistir a; **~er** *m* visitante
besudeln manchar, sujar
betagt idoso
betätigen *Tech* a(c)cionar; ***sich ~ als*** trabalhar como
Betäubungsmittel *n* narcótico *m*, anestésico *m*; (*Droge*) estupefaciente *m*
beteilig|en: *sich ~* participar, tomar parte (***an*** em); **~t** envolvido; **2ung** *f* participação
beten orar; rezar
beteuern afirmar, reiterar
Beton *m* cimento; betão; *bras* concreto
betonen acentuar
Betonmischer *m* betoneira *f*
Betracht: *in ~ kommen* interessar; ***in ~ ziehen*** tomar em consideração
betracht|en contemplar; considerar; **2ung** *f* contemplação; consideração
beträchtlich considerável
Betrag *m* importância *f*, quantia *f*; **2en** importar (em), montar (a); ***sich ~*** comportar-se; **~en** *n* comportamento *m*, conduta *f*
betrauern estar de luto por
betreffen atingir; ***was*** (*acc*)

betrifft quanto a; **~d** relativo a; em questão
betreiben exercer; ***auf* ≈ *von*** por iniciativa de
betreten entrar em
Betrieb *m* exercício; *Esb* serviço; (*Maschine*) funcionamento; (*Fabrik*) firma *f*; empresa *f*; ***in* ~ *setzen*** a(c)cionar, pôr em funcionamento; **~sleiter** *m* dire(c)tor técnico; gerente; **~srat** *m* conselho da empresa; **~ssystem** *n Inform* sistema *m* operacional; **~sunfall** *m* acidente no trabalho; **~swirtschaft** *f* Administração de Empresas
betrinken, sich embriagar-se
betroffen perplexo; (*durch Schaden*) afe(c)tado
betrüb|en afligir; **≈nis** *f* aflição; **~t** aflito
Betrug *m* engano; fraude *f*
betrüg|en enganar; **≈er** *m* impostor; **~erisch** fraudulento
Bett *n* cama *f*; **~couch** *f* sofá-cama *m*; **~decke** *f* colcha; cobertor *m*; **~laken** *n* lençol *m*
betteln pedir esmola
bettlägerig: ~ *sein* estar de cama
Bettler *m* mendigo
Bettwäsche *f* roupa de cama
beugen dobrar; curvar
Beule *f* mossa, amolgadura; (*Stirn*) galo *m*
beunruhig|en inquietar; **≈ung** *f* inquietação
beurkunden documentar; autenticar
beurlauben dar licença a; *fig* despedir
beurteil|en julgar; **≈ung** *f* juízo *m*; crítica; (*Person*) avaliação
Beute *f* presa
Beutel *m* bolsa *f*, saco
bevölker|n povoar; **≈ung** *f* população
bevollmächtig|en autorizar; **≈te(r)** *m* delegado; representante; **≈ung** *f* autorização
bevor antes de, antes que
bevorstehend iminente
bevorzug|en preferir; privilegiar; **~t** predile(c)to
bewach|en vigiar; **≈ung** *f* guarda, vigilância
bewaffn|en armar; **≈ung** *f* armamento *m*
bewahren guardar; conservar
bewähren: *sich* (*gut*) ~ dar bom resultado
Bewährungsfrist *f*: ***Strafe mit* ~** pena *f* condicional
bewaldet arborizado
bewältigen vencer, dominar; (*Arbeit*) levar a cabo
bewandert versado (***in*** em)
bewässern regar, irrigar
beweg|en mover, agitar; **≈grund** *m* motivo; **~lich** móvel; **≈lichkeit** *f* mobilidade; **≈ung** *f* movimento *m*
beweinen chorar
Beweis *m* prova *f*; **≈en**

provar; **~führung** *f* demonstração
bewerb|en: *sich ~ um* concorrer a; **2ung** *f* concurso *m*; **2ungsschreiben** *n* requerimento *m*
Bewerber *m* concorrente; candidato
bewert|en avaliar, valorizar; **2ung** *f* valorização
bewillig|en conceder; **2ung** *f* autorização, licença
bewirken causar
bewirten hospedar; tratar
bewirtschaft|en administrar; explorar; **2ung** *f* administração
bewohn|bar habitável; **~en** habitar; **2er** *m* habitante
bewunder|n admirar; **~nswert** admirável; **2ung** *f* admiração
bewußt consciente; **~los** sem sentidos; **2sein** *n* consciência *f*
bezahl|en pagar; **2ung** *f* pagamento *m*
bezaubern encantar; **~d** encantador
bezeichnen marcar, indicar; ***~ als*** qualificar de; **~d** característico
bezeugen atestar; testemunhar
beziehen receber; (*Haus*) ir habitar; (*Waren*) comprar; (*Zeitung*) assinar; ***sich ~*** (*Himmel*) anuviar-se; ***sich ~ auf*** referir-se a
Beziehung *f* relação (***aufnehmen*** estabelecer); **2sweise** respe(c)tivamente
Bezirk *m* distrito; circunscrição *f*; *jur* vara *f*; (*Stadt*) bairro; **~samt** *n* junta *f* de freguesia
Bezug *m* cobert(ur)a *f*; (*Waren*) compra *f*; ***~nehmen auf*** referir-se a
Bezüg|e *m/pl* vencimentos; honorários; **2lich** relativo, com respeito a
bezwecken ter em vista
bezweifeln duvidar de
bezwingen dominar
BH *m* soutien *fr*; *bras* sutiã
Bibel *f* Bíblia
Biber *m* castor
Bibliothek *f* biblioteca
Bidet *n* bidé *m*
bieg|en dobrar, torcer; **~sam** flexível; **2samkeit** *f* flexibilidade; **2ung** *f* curva(tura); *Tech* flexão
Biene *f* abelha; **~nkorb** *m* colmeia *f*; **~nschwarm** *m* enxame
Bier *n* cerveja *f*; (***Glas***) **~** imperial *f*; (*Maßkrug*) caneca *f*; **~brauerei** *f* fábrica de cerveja; **~kasten** *m* grade *f*
bieten oferecer
Bilanz *f* balanço *m*; saldo *m*
Bild *n* imagem *f*; quadro *m*; retrato *m*
bilden formar; (*geistig*) instruir; (*darstellen*) constituir
Bilder|buch *n* livro *m* ilustrado; **~rahmen** *m* moldura *f*;

caixilho; **~stürmer** *m* iconoclasta
Bild|hauer *m* escultor; **2lich** figurado; **~nis** *n* retrato *m*; **~schirm** *m* écran, tela *f*
Bildung *f* formação; (*Schul2*) educação, instrução; (*geistig*) cultura; **~surlaub** *m* férias *f/pl* de formação; **~swesen** *n* ensino *m*
billig barato; **~en** aprovar; **2ung** *f* aprovação
Billion *f* bilião *m*
Binde *f Med* ligadura; (*Damen2*) penso *m* higiénico; **~glied** *n* vínculo *m*; **~hautentzündung** *f* conjuntivite
bind|en ligar; (*fest*) atar; **2faden** *m* fio, guita *f*; cordel; *bras* barbante *f*
binnen dentro de; **2hafen** *m* porto fluvial; **2handel** *m* comércio interno; **2land** *n* interior *m*
Binsen|wahrheit, ~weisheit *f* lugar *m* comum
Biochemie *f* bioquímica
Biolog|ie *f* biologia; **2isch** biológico
Biotop *m*, *n* biótopo *m*
Birke *f* bétula
Birn|baum *m* pereira *f*; **~e** *f* pêra; *El* lâmpada elé(c)trica; F (*Kopf*) mona
bis *prp* até; *cj* até (que +*subj*)
Bischof *m* bispo
bisher até agora
Biß *m* mordedura *f*; **2chen** pouco, F bocado, bocadinho
Biss|en *m* bocado; **2ig** mordaz
Bistum *n* bispado *m*
bisweilen às vezes, de vez em quando
bitte (se) faz favor; (*sehr höflich*) faça favor (de)
Bitte *f* pedido *m*; **2n** (*j-n um et.*) pedir (a.c. a alg.)
bitter amargo; *fig* duro; **2keit** *f* sabor *m* amargo; *fig* amargura
Bitumen *m* betume
bläh|en inchar; **2ung** *f Med* flato *m*, ventosidade
blamieren ridicularizar; *sich* **~** ficar mal colocado
blank brilhante; **~o** *Hdl* em branco
Blase *f* bolha; (*Harn2*) bexiga; **~balg** *m* fole
blasen soprar
Blasenentzündung *f* cistite
blasiert snobe
Blasinstrument *n* instrumento *m* de sopro
blaß pálido; **~ w** empalidecer
Blässe *f* palidez
Blatt *n* folha *f*
blätter|n folhear; **2teig** *m* massa *f* folhada
blau azul; (*Fleck*, *Auge*) negro
bläulich azulado
Blech *n* lata *f*; **~dose** *f* lata
Blei *n* chumbo *m*; **~frei** sem chumbo
bleiben ficar; (*übrig~*) restar; **~d** permanente
bleich pálido

Bleistift *m* lápis; **~anspitzer** *m* apara-lápis
Blend|e *f Fot* diafragma *m*; **2en** cegar, ofuscar (*a fig*); **2end** brilhante
Blick *m* olhar; (*Aussicht*) vista *f*; **2en** olhar; **~feld** *n* campo *m* visual; **~punkt** *m* ponto de vista
blind cego; **2darm** *m* apêndice; **2darmentzündung** *f* apendicite; **2flug** *m* voo sem visibilidade; **2heit** *f* cegueira; **~lings** às cegas; **2schleiche** *f* cobrelo *m*
blink|en reluzir; cintilar; **2er** *m* pisca-pisca; **2licht** *n Kfz* pisca-pisca *m*; **2zeichen** *n* sinal *m* luminoso
blinzeln pestanejar
Blitz *m* relâmpago; raio; **~ableiter** *m* pára-raios; **2en** relampejar, **~licht** *n* flash *m engl*; **2schnell** (rápido) como um raio
Block *m* bloco; **~ade** *f* bloqueio *m*; **~haus** *n* casa *f* de madeira; **2ieren** bloquear
blöd|e parvo, estúpido; F chato; **2sinn** *m* estupidez *f*; F chatice *f*; ***keinen ~ m*** F não fazer fitas
blond louro, loiro
bloß *adj* nu, despido; (*alleinig*) mero; só; *adv* somente, só, apenas
Blöße *f* nudez; *fig* ponto *m* fraco
bloß|legen descobrir; **~stellen** comprometer
Bluff *m* blefe
blühen florescer; **~d** florescente; em flor
Blume *f* flor; (*Wein*) aroma *m*; (*Bier*) espuma; ***durch die ~*** discretamente; **~nhändler** *m* florista; **~nkohl** *m* couve-flor *f*; **~nstrauß** *m* ramo (de flores); **~ntopf** *m* vaso; **~nvase** *f* jarra; **~nzwiebel** *f* bolbo *m*
Bluse *f* blusa, camiseta
Blut *n* sangue *m*; **~armut** *f* anemia; **~bad** *n* carnificina *f*, matança *f*; **~bild** *n* fórmula *f* de sangue; **~druck** *m* tensão *f* arterial
Blüte *f* flor(escência)
blut|en sangrar; deitar sangue; **2er** *m* hemofílico; **2erguß** *m* hermorragia *f*; **~gefäß** *n* vaso *m* sanguíneo; **~ig** sangrento; **2kreislauf** *m* circulação *f* de sangue; **2probe** *f* análise de sangue; (*Vaterschaft*) prova de sangue; **2spender** *m* dador de sangue; **~stillend** hemostático; **2sverwandte(r)** *m* consanguíneo; **2vergiftung** *f* septicémia; **~wurst** *f* chouriço *m* de sangue
Bö *f* rajada
Bock *m* bode; (*Ständer*) cavalete; **2ig** teimoso; **~wurst** *f* salsicha
Boden *m* solo; chão; (*Grund*) fundo; (*Fuß2*) soalho; (*Grundlage*) base *f*; **~erhebung** *f* elevação do terreno;

2los insondável; (*unbegründet*) sem fundo; **~personal** *n* pessoal *m* de terra; **~reform** *f* reforma agrária; **~schätze** *m/pl* riquezas *f/pl* naturais; **~spekulation** *f* especulação imobiliária
Bogen *m* arco; (*Papier*) folha *f*
Bohne *f* feijão *m*; (*z. B. Kaffee*) grão *m*; (*Pferde2*) fava; ***grüne ~n*** *pl* feijão *m* verde; **~nkaffee** *m* café em grão
bohnern encerar
bohr|en furar; brocar (*a Zahnarzt*); **2er** *m* furador; broca *f*; **2hammer** *m* berbequim de percussão; **2insel** *f* plataforma petrolífera; **2maschine** *f* berbequim *m* eléctrico; **2turm** *m* torre *f* de exploração; **2ung** *f* perfuração
Boje *f* bóia
Bolzen *m* cavilha *f*; pino
Bombe *f* bomba; **~r** *m* bombardeiro
Bonbon *m* rebuçado; *bras* bala *f*
Boot *n* barco *m*; embarcação *f*
Bord 1. *m* bordo; ***an ~ gehen*** embarcar; ***Mann über ~!*** homem à água!; **2.** *n* prateleira *f*; estante *f*
borgen emprestar (***j-m et*** a.c. a alg.); ***sich ~*** pedir emprestado
Borke *f* casca
Börs|e *f* bolsa; **~enbericht** *m* boletim da Bolsa; **~enmakler** *m* corretor da Bolsa; **~ianer** *m* bolsista
Borste *f* cerda
Borte *f* debrum *m*; (*Tresse*) galão *m*
bösartig maligno (*a Med*)
Böschung *f* talude *m*
böse mau; (*ärgerlich*) zangado (***auf*** com); **2wicht** *m* malvado
bos|haft malicioso; **2heit** *f* maldade, malícia
böswillig malévolo
Bote *m* mensageiro
Botschaft *f* (*Verlautbarung*) mensagem; (*Diplomatie*) embaixada; **~er** *m* embaixador; **~erin** *f* embaixatriz
Bouillon *f* caldo *m*
Boulevard *m* bulevar
Bowling *n* bowling *m* *engl*
Box *f Mus* coluna; **~en** *n* boxe *m*; **2** jogar o boxe; **~er** *m* pugilista; *bras* box(e)ador; boxista; **~kampf** *m* boxe; **~sport** *m* pugilismo
Boykott *m* boicotagem *f*; **2ieren** boicotar
brach inculto, baldio; **2land** *n* baldio *m*
Branche *f* ramo *m*
Brand *m* incêndio; **~blase** *f* empola (de queimadura); **~bombe** *f* bomba incendiária; **~enburg** *n* Brandeburgo *m*; **~stifter** *m* incendiário; **~stiftung** *f* fogo *m* posto; **~ung** *f* rebentação; **~wunde** *f* queimadura

Branntwein *m* aguardente *f*; *bras* cachaça *f*
Brasil|ianer *m* brasileiro; **2ianisch** brasileiro; **~ien** *n* Brasil *m*
braten assar; (*Pfanne*) fritar; (*Rost*) grelhar
Brat|en *m* assado; **~kartoffeln** *pl* batatas *f*/*pl* fritas; **~pfanne** *f* frigideira; **~rost** *m* grelha *f*; **~spieß** *m* espeto; **~wurst** *f* salsicha fresca
Brauch *m* costume, hábito; **2bar** útil; prestável; **2en** precisar de, necessitar; **~tum** *n* costumes *m*/*pl*, tradições
Braue *f* sobrancelha
Brauerei *f* cervejaria
braun castanho; *bras* marrom; (*Haut*) moreno
Bräune *f* (*Haut*) bronzeamento *m*; **2n** (*Sonne*) queimar; bronzear
Braunkohle *f* lignite
Brause *f* duche *m*; chuveiro *m* (*a Vorrichtung*); (*Getränk*) gasosa; **~bad** *n* duche *m*
brausen (*Meer*, *Sturm*) bramar; **2** *n* bramido *m*
Braut *f* noiva; **~paar** *n* noivos *m*/*pl*
Bräutigam *m* noivo
brav (*artig*) bom
brechen romper (*a fig*); quebrar; *Med* fra(c)turar; (*Gesetz*) infringir
Brech|bohne *f* feijão *m* verde; **~reiz** *m* enjoo
Brei *m* papa *f*; puré
breit largo, amplo; **2e** *f* largura; **2engrad** *m* latitude *f*
Brems|belag *m* calço (do travão); **~e** *f* travão *m*; *bras* freio *m*; *Zo* moscardo *m*; **2en** travar; *bras* frear; **~licht** *n* luz *f* de travagem; **~pedal** *n* pedal *m* do travão; **~ung** *f* travagem; *bras* freada
brenn|bar combustível; inflamável; **~en** estar em chamas; arder; (*Licht*) estar aceso; (*Speise*) picar; **~end** ardente; *fig* palpitante; **2er** *m* queimador; **2punkt** *m* foco; **2spiritus** *m* álcool desnaturado; **2stab** *m* barra *f* de combustível; **2stoff** *m* combustível; carburante
brenzlig *fig* melindroso
Bresche *f* brecha
Brett *n* tábua *f*; prancha *f*; **~spiel** *n* jogo *m* de tabuleiro
Brezel *f* rosquilha
Brief *m* carta *f*; **~bogen** *m* folha *f*; **~kasten** *m* (*Haus2*) caixa *f* do correio; (*öffentlich*) marco (postal); *bras* caixa *f* do correio; **2lich** por carta; **~marke** *f* selo *m*; **~öffner** *m* corta-papel; **~papier** *n* papel *m* de carta; **~tasche** *f* carteira; **~träger** *m* carteiro; **~umschlag** *m* envelope; **~waage** *f* pesa-cartas *m*; **~wechsel** *m* correspondência *f*
Brikett *n* briquete *m*
Brille *f* óculos *m*/*pl*; **~nglas** *n* lente *f*

bringen (*her~*) trazer; (*weg~*) levar
Brocken *m* pedaço
brodeln borbulhar
Brokkoli *pl* brócolos *m/pl*
Brombeere *f* amora
Bronze *f* bronze *m*
Brosche *f* broche *m*; alfinete *m*
Broschüre *f* brochura; folheto *m*
Brot *n* pão *m*; **~belag** *m* conduto
Brötchen *n* F papo-seco *m*; pãozinho *m*; ***belegtes* ~** sanduíche *f*, sande *f*
Brot|erwerb *m* ganha-pão; **2los** *fig* improdutivo; **~rinde** *f* côdea de pão; **~schneidemaschine** *f* máquina de cortar pão
Bruch *m* ruptura *f* (*a fig*); *Med* fra(c)tura *f*; *Math* fra(c)ção *f*
brüchig frágil, quebradiço
Bruch|stück *n* fragmento *m*; **~teil** *m* fra(c)ção *f*
Brücke *f* ponte; **~npfeiler** *m* pilar
Bruder *m* irmão
brüderlich fraternal; **2keit** *f* fraternidade
Brüh|e *f* caldo *m*; **2en** escaldar; **~würfel** *m* cubo de caldo
brüllen gritar; berrar; (*Rind*) mugir; (*Löwe*) rugir; (*fig a*) vociferar
brummen zunir; zumbir
Brunnen *m* poço; fonte *f*; *Med* águas *f/pl* medicinais
brünett moreno
brüsk brusco
Brust *f* peito *m*; (*Busen a*) seio *m*, teta; **~schwimmen** *n* natação *f* de bruços; **~umfang** *m* perímetro torácico
Brüstung *f* parapeito *m*
Brustwarze *f* bico *m* do peito; mamilo *m*
Brut *f* criação; (*Brüten*) incubação, choco *m*
brutal brutal; **2ität** *f* brutalidade
brüten chocar; *fig* meditar; cismar (***über*** em)
Brüter *m*: ***schneller* ~** reactor de rápido enriquecimento
Brutkasten *m* incubadora *f*
brutto bruto; **2registertonne** *f* tonelada bruta de arqueação; **2sozialprodukt** *n* produto *m* social bruto
Bube *m* (*Karte*) valete
Buch *n* livro *m*; **~binder** *m* encadernador; **~binderei** *f* encadernação; **~druckerei** *f* tipografia
Buche *f* faia; **2n** assentar, registar; (*Platz*) marcar, reservar
Bücher|bord *n* prateleira *f*; **~schrank** *m* biblioteca *f*; estante *f*
Buch|führung *f* escrituração; **~halter** *m* contabilista; guarda-livros; *bras* contador; **~haltung** *f* contabilidade; **~händler** *m* livreiro; **~handlung** *f* livraria

Buchse *f Tech* bucha; *El* tomada
Büchse *f* caixa; (*Gewehr*) espingarda; (*Konserven*≗) lata (de conserva); **~öffner** *m* abre-latas
Buchstabe *m* letra *f*; ***großer* ~** maiúscula *f*; ***kleiner* ~** minúscula *f*
buchstabieren soletrar
buchstäblich literal; *adv* à letra
Bucht *f* baía
Buchung *f* registo *m*; reserva
Buck|el *m* corcunda *f*; **≗(e)lig** corcunda
bücken: *sich* ~ inclinar-se; curvar-se
Bückling *m Kochk* arenque defumado
Bude *f* barraca; casebre *m*
Budget *n* orçamento *m*
Büfett *n* bufete *m*; *bras* bufê *m*
Büffel *m* búfalo; **≗n** F marrar
Bug *m* proa *f*
Bügel *m* (*Kleider*≗) cruzeta *f*; cabide; **~eisen** *n* ferro *m* (de engomar); **~falte** *f* dobra; **≗n** engomar; passar a ferro
Bugsierschiff *n* rebocador *m*
Buhne *f* molhe *m*
Bühne *f* palco *m*; teatro *m*; **~nbild** *n* cenário *m*
Bukett *n* ramalhete *m*; ramo *m*; (*Wein*) aroma *m*
Bulette *f* almôndega
Bulgarien *n* Bulgária *f*
Bulle *m* touro; V (*Polizist*) chui
Bulldozer *m* buldôzer
Bulletin *n* boletim *m*
Bummel *m* F passeio; **~zug** *m* F comboio (*bras* trem) misto
bums! pumba!
bumsen V (*beischlafen*) foder
Bund 1. *n* feixe *m*; (*Schlüssel*≗) molho *m*; **2.** *m* união *f*, liga *f*
Bündel *n* feixe *m*; (*Papiere*) maço *m*; **≗n** embrulhar
Bundes... *in Zssgn* federal; **~genosse** *m* aliado; **~land** *n* Estado *m* federado; **~republik** *f* **Deutschland** República Federal da Alemanha; **~staat** *m* Estado confederado; **~tag** *m* parlamento federal; **~wehr** *f* exército *m* federal
Bündnis *n* aliança *f*, liga *f*
bunt variegado; de várias cores; *fig* variado; **≗stift** *m* lápis de cor
Bürde *f* carga
Burg *f* castelo *m*
Bürge *m* fiador; **≗n** afiançar
Bürger *m* burguês; *Pol* cidadão; **~krieg** *m* guerra *f* civil; **≗lich** civil; **~meister** *m* burgomestre; presidente da câmara (municipal); *bras* prefeito; **~schaft** *f* município *m*; **~steig** *m* passeio; *bras* calçada *f*; **~tum** *n* burguesia *f*, classe *f* média
Bürgschaft *f* fiança, garantia
Büro *n* escritório *m*; **~angestellte(r)** *m* empregado de escritório; *bras* comerciário; **~bedarf** *m* artigos *pl* de

escritório; **~klammer** *f* clipe *m*
Bürokrat *m* burocrata; **2isch** burocrático
Bursche *m* rapaz, moço
Bürste *f* escova; **2n** escovar
Bus *m* autocarro; *bras* ônibus
Busch *m* arbusto
Büschel *n* tufo *m*
Busen *m* seio (*a fig*)
Buße *f* penitência; (*Geld*) multa *f*
büßen (*für*) expiar (a. c.)
Büßer *m* penitente
Büstenhalter *m* soutien *fr*; *bras* sutiã
Butter *f* manteiga; **~brotpapier** *n* papel *m* vegetal; **~dose** *f* manteigueira; **~milch** *f* leitelho *m*
Bypass *m Med* curto-circuito
Byte *n* byte *m*

C

Café *n* café *m*
campen fazer campismo
Camping *n* campismo *m*; **~platz** *m* parque de campismo
Caravan *m* (auto-)caravana *f*
Chaise *f* F (*altes Auto*) carripana
Chamäleon *n* camaleão *m*
Champagner *m* champanhe
Champignon *m* cogumelo
Champion *m* campeão
Chao|s *n* caos *m*; **2tisch** caótico
Charakter *m* cará(c)ter; **2istisch** cara(c)terístico; **~losigkeit** *f* falta de cará(c)ter; **~zug** *m* feição *f*
charter|n fretar; **2ung** *f* fretamento *m*
Chauffeur *m* motorista; *bras* chofer
Chaussee *f* estrada; *bras* rodovia
Chef *m* chefe; patrão; **~redakteur** *m* reda(c)tor-chefe
Chemie *f* química; **~fasern** *f/pl* fibras sintéticas
Chemi|kalien *f/pl* produtos *m/pl* químicos; **~ker** *m*, **2sch** químico
Chemotherapie *f* quimioterapia
Chicoree *m* chicória *f*
Chiffre *f* cifra
Chilen|e *m*, **2isch** chileno
Chines|e *m*, **2isch** chinês
Chinin *n* quinina *f*
Chip *m Inform* pastilha *f*
Chirurg *m* cirurgião; **~ie** *f* cirurgia (***plastische*** estética); **2isch** cirúrgico
Chlor *n* cloro *m*
Cholera *f* cólera
Chor *m* coro; **~al** *m* canto, coral
Christ *m* cristão; **~demokrat** *m* cristão-democrata; **~demokratisch** cristão-democrático; **~entum** *n* cristianismo *m*; **~kind** *n* Menino *m* Jesus; **2lich** cristão

Chron|ik *f* crónica; **2isch** crónico; **~ist** *m* cronista; **2ologisch** cronológico
Clown *m* palhaço
Cocktail *m* coquetel
Comics *pl* banda *f* desenhada
Compact Disc *f* disco *m* compacto
Computer *m* computador; **2-gestützt** assistido em computador; **~tomographie** *f* tomografia computadorizada
Container *m* contentor; *bras* contêiner
Copy|-Shop *m* copiadora *f*; **~right** *n* direitos *m/pl* de autor; *bras* copirraite *m*
Cornflakes *pl* flocos *m/pl* de cereais
Couch *f* divã *m*
Countdown *m* retrocontagem *f*
Courtage *f* percentagem
Curry *m* caril

D

da lá, ali, além, acolá; **~** ***bin ich*** aqui estou; *cj* como, visto que
dabei perto, junto; **~bleiben** continuar; **~sein** estar presente; assistir (a)
Dach *n* telhado *m*; **~boden** *m* sótão; **~gepäckträger** *m* porta-bagagem de tejadilho; **~geschoß** *n* águas-furtadas *f/pl*; (*Boden*) sótão *m*; **~rinne** *f* caleira; **~ziegel** *m* telha *f*
Dachs *m* texugo
dadurch por isso, com isto, assim
dafür para isso; **~** ***sein*** aprovar, ser a favor
dagegen pelo contrário, contra isso; **~** ***sein*** ser contra; ***nichts ~ haben*** não ter nada em contra
daher por isso; daí
dahin (para) ali; (*vorbei*) passado; ***bis*** **~** até lá, até então; **~leben** vegetar; **~siechen** definhar-se
dahinten lá atrás
dahinter atrás, detrás; **~kommen** descobrir
damal|ig de então; **~s** então, nessa altura
Damast *m* damasco
Dame *f* senhora, dama
Damen|binde *f* penso *m* higiénico; **~slip** *m* calcinhas *f/pl*
damit *adv* com isto; *cj* para (que), a fim de (que)
Damm *m* dique; molhe
Dämmer|licht *n* meia-luz *f*; **2n** (*morgens*) amanhecer; (*abends*) anoitecer; **~ung** *f* crepúsculo *m*; (*morgens*) alvorada; (*abends*) noitinha
Dämon *m* demónio
Dampf *m* vapor; fumo; **2en** fumegar, evaporar(-se)
dämpfen amortecer; (*Schall*) abafar; (*Stimme*) baixar

Dampfer *m* vapor
Dampfmaschine *f* máquina a vapor
danach depois; logo
Dän|e *m*, **℗isch** dinamarquês
Dänemark *n* Dinamarca *f*
daneben junto, ao lado; *cj* além disso; **~gehen** falhar
Dank *m* agradecimento; ***vielen ~*** muito obrigado (-a); **℗** graças (*gen* a); **℗bar** grato, agradecido; **~barkeit** *f* gratidão; **℗e!** obrigado (-a)!; **℗en** agradecer (***j-m für et.*** a.c. a alg.); **~sagung** *f* agradecimento *m*
dann então, depois; ***~ und wann*** de vez em quando
daran a isso, nisso; ***ich bin dran*** é a minha vez; **~machen** (**sich**) pôr mãos à obra, meter-se ao trabalho
darauf depois; logo, a seguir; (*örtlich*) em cima; **~folgend** seguinte; **~hin** então; em consequência disso
daraus disto, dali, daí; ***~ folgt*** daí resulta
darbiet|en oferecer; representar; apresentar; **℗ung** *f* representação; espectáculo *m*
darin nisso, nisto
darleg|en expor; **℗ung** *f* exposição
Darlehen *n* empréstimo *m*
Darm *m* intestino; F tripa *f*
darstell|en representar; descrever; **℗er** *m* a(c)tor; intérprete; **℗ung** *f* representação, descrição; ***grafische ~*** gráfico *m*
darüber sobre isso; (*örtlich*) por cima; ***~ hinaus*** além disso; mais além
dar|um por isso; **~unter** (*örtlich*) debaixo; por baixo de; (*a fig*) sob; (*in e-r Menge*) entre
das *s* **der**
dasein estar (presente); existir; **℗** *n* existência *f*
daß que
Daten *n/pl* dados *m/pl*, elementos *m/pl*; **~bank** *f Inform* banco *m* de dados; **~erfassung** *f Inform* recolha de dados; **~verarbeitung** *f* processamento *m* de dados
datieren datar
Dattel *f* tâmara
Datum *n* data *f*
Dauer *f* duração; ***auf die ~*** por muito tempo; **℗haft** durável; resistente; **℗n** durar; ***lange ~*** demorar; **℗nd** contínuo, permanente; **~welle** *f* permanente
Daumen *m* polegar
Daune *f* penugem; **~nbett** *n* edredão *m*
davon disso, daí; **~kommen** escapar; **~laufen** fugir
davor diante, em frente; (*zeitlich*) primeiro; antes
dazu além disso, com isso; para isso; **~gehören** fazer parte (de); **~gehörig** correspondente, respe(c)tivo; **~kommen** sobrevir

dazwischen entre, no meio de; **~kommen** intervir; **~legen** interpor; **~reden** interromper; **~treten** intrometer-se, intervir
Dealer *m* narcotraficante
Debatte *f* debate *m*; discussão
Deck *n* convés *m*; coberta *f*; **~bett** *n* cobertor *m*
Deck|e *f* cobertor *m*; (*Tisch*) toalha; (*Zimmer*) te(c)to *m*; ***sich nach der ~ strecken*** F desunhar-se; **~el** *m* tampa *f*; (*Buch*) capa *f*; **2en** cobrir; **~mantel** *m fig* pretexto; **~name** *m* pseudónimo; **~ung** *f* garantia *f*; segurança *f*; *Mil* abrigo *m*
defekt avariado; **2** *m* defeito
Defizit *n* défice *m*; **2är** deficitário
Degen *m* espada *f*
dehn|bar elástico; **~en** estender; dilatar; **2ung** *f* extensão; *Tech* dilatação
Deich *m* dique
dein(e) o(s) teu(s), a(s) tua(s)
Dekan *m* decano
Dekoder *m* (*Elektronik*) descodificador
Dekolleté *n* decote *m*
Dekoration *f* decoração
Delegation *f* delegação
delegieren delegar
delikat delicado; (*Speise*) delicioso; **2esse** *f* iguaria, petisco *m*; **2essengeschäft** *n* charcutaria *f*
Delphin *m* golfinho
Dementi *n* desmentido *m*
demnächst em breve
Demokrat *m* democrata; **~ie** *f* democracia
Demonstr|ant *m* manifestante; **~ation** *f* manifestação
Demontage *f* desmontagem
demütig humilde; **~en** humilhar; **~end** humilhante; **2ung** *f* humilhação
denk|en pensar (***an*** em); refle(c)tir (***an*** sobre); ***sich ~*** imaginar; **2mal** *n* monumento *m*; **2schrift** *f* memorial *m*; **2zettel** *m* F raspanete
denn pois; ***es sei ~, daß*** a não ser que (*subj*); **~och** contudo
Deodorant *n* desodorizante *m*
deplaziert fora de lugar; fora de propósito
Depot *n* depósito *m*
der *m*, die *f*, das *n* o *m*, a *f*; (*pron rel*) que, o (a) qual
derartig tal, semelhante
derb duro; grosseiro; **2heit** *f* rudeza
dergleichen semelhante, tal
der-, die-, dasjenige aquele, aquela
der-, die-, dasselbe o (a) mesmo (-a)
derzeitig a(c)tual, presente
deshalb por isso
Design *n* desenho *m*; **~er** *m* desenhador; *bras* desenhista
Desinfektion *f* desinfe(c)ção; **~smittel** *n* desinfe(c)tante *m*
desinfizieren desinfe(c)tar
Dessert *n* sobremesa *f*

Destabilisierung *f* desestabilização
desto tanto; ***je ... ~ ...*** quanto ... (tanto + *Komparativ*) ...
deswegen por isso
Detail *n* pormenor *m*, detalhe *m*; **2liert** pormenorizado
Detektiv *m* dete(c)tive
deut|en interpretar; **~lich** claro, nítido; distinto; **2lichkeit** *f* nitidez, clareza
deutsch, 2e(r) *m* alemão; **2land** *n* Alemanha *f*; **~portugiesisch** luso-alemão
Devisen *f/pl* divisas
Dezember *m* Dezembro
Diabetes *m* diabetes *f od m*
Diagnose *f* diagnóstico *m*
Dialekt *m* diale(c)to
Dialog *m* diálogo
Dialyse *f* diálise
Diamant *m* diamante
Dia(positiv) *n* diapositivo *m*
Diät *f* dieta; **~ *halten*** fazer dieta
dich te; (*nach prp*) ti
dicht denso; espesso; *Tech* impermeável, estanque; **~en** fazer versos; *Tech* empancar; calafetar; **2er** *m* poeta; **2ung** *f* poesia; poema *m*; *Tech* guarnição, empanque *m*
dick gordo; grosso; espesso; *Med* inchado; **~ *werden*** engordar; **2e** *f* grossura; espessura; **~flüssig** pastoso
die *s* **der**
Dieb *m* ladrão; **~stahl** *m* roubo
Diele *f* vestíbulo *m*
dien|en servir (***als*** de), (***zu*** para); **2er** *m* criado; **~lich** útil; oportuno; proveitoso
Dienst *m* serviço; ***außer ~*** (*Beamter*) inactivo; *Tech* fora de serviço; ***öffentlicher ~*** serviços *m/pl* públicos
Dienstag *m* terça-feira *f*; **2s** às terças-feiras
Dienst|alter *n* tempo *m* de serviço; antiguidade *f*; **~bote** *m* criado; **2eifrig** solícito; **2frei** de folga; **2habend** de serviço; **~leistung** *f* serviço *m*; **2lich** oficial; **~mädchen** *n* criada *f*; empregada *f* (doméstica); **~pflicht** *f Mil* serviço *m* militar obrigatório; **~stelle** *f* escritório *m*; repartição; **~vorschrift** *f* regulamento *m*; **~wagen** *m* viatura *f* de serviço; **~weg** *m* via *f* oficial; trâmites *m/pl*; **~zeit** *f* horas *f/pl* de serviço
Diesel(öl *n*) *m* gasóleo *m*
diese(r, s) este, -a; esse, -a
diesig enevoado
diesmal desta vez
digital digital
Dikt|at *n* ditado *m*; **~atur** *f* ditadura; **2ieren** ditar; **~iergerät** *n* di(c)tafone *m*
Dilemma *n* dilema *m*
Dilettant *m* diletante
Dimension *f* dimensão
Ding *n* coisa *f*; obje(c)to *m*; **~sda 1.** *m* F fulano; **2.** *n* F coiso *m*
Dioxin *n* dioxina *f*

Diphtherie *f* difteria
Diplom *n* diploma *m*; **~at** *m* diplomata; **~atie** *f* diplomacia
dir te; (*nach prp*) ti
direkt dire(c)to; **2ion** *f* dire(c)ção; **2or** *m* dire(c)tor
Dirig|ent *m* director, maestro; **2ieren** dirigir
Diskette *f Inform* disquete *f*; *bras* disquete *m*; **~nlaufwerk** *n Inform* accionador *m* de disquetes
Diskont *m* desconto
Diskothek *f* discoteca
diskret discreto; **2ion** *f* discrição
Disku|ssion *f* discussão; **2tieren** discutir
Disposition *f* disposição
Dissertation *f* tese
Distanz *f* distância
Distel *f* cardo *m*
Disziplin *f* disciplina; **2iert** disciplinado
Dividende *f* dividendo *m*
doch (*dennoch*) mas; porém; (*als Bekräftigung*) claro; pois
Doktor *m* doutor
Dokument *n* documento *m*
Dolch *m* punhal; **~stich** *m*, **~stoß** *m* punhalada *f*
Dollar *m* dólar
Dolmetscher *m* intérprete
Dom *m* catedral *f*, sé *f*
dominieren dominar
Donner *m* trovão; **2n** trovejar; **~stag** *m* quinta-feira *f*; **2stags** às quintas-feiras
Doping *n* dopagem *f*
Doppel *n Sport* pares *m/pl*; **~album** *n* duplo-álbum *m*; **2deutig** ambíguo; **~gänger** *m* sósia; **2gleisig** de via dupla; **~punkt** *m* dois pontos *m/pl*; **2stockbett** *n* beliche *m*; **2t** duplo; duplicado; ***das ~e*** o dobro; **~zimmer** *n* quarto *m* de casal
Dorf *n* aldeia *f*; **~gemeinde** *f* freguesia
Dorn *m* espinho; *Tech* punção; **2enreich** espinhoso
dort ali; aí; lá; **~hin** (para) lá
dösen dormitar
Dos|e *f* caixa; lata; **~enbier** *n* cerveja *f* em lata; **~enöffner** *m* abre-latas; **~is** *f* dose
Dotter *n* gema *f* (de ovo)
Dozent *m* docente
Drachen *m* dragão; (*Papier2*) papagaio; *fig* F fúria *f*
Dragée *n* drageia *f*, *bras* drágea *f*
Draht *m* arame; fio metálico; **~bürste** *f* escova de arame; **2los** sem fio; **~seilbahn** *f* teleférico *m*; **~zaun** *m* cerca *f* (de arame)
Drama *n* drama *m*; **~tiker** *m* dramaturgo; **2tisch** dramático; **~turg** *m* dire(c)tor artístico
dran *s.* **daran**
Drang *m* aperto; (*Trieb*) impulso; (*Druck*) pressão *f*; **~sal** *f* apuro *m*; tormento *m*
drängen empurrar; *fig* impelir; estimular; (*Zeit*) urgir
dränieren drenar

drastisch drástico; enérgico
drauf: ***gut ~ sein*** F estar numa boa
draußen fora; (*im Freien*) ao ar livre
drechseln tornear
Dreck *m* F porcaria *f*; sujidade *f*; *bras* sujeira *f*; **⁀ig** sujo
Dreh *m* F jeito; ***auf den ~ kommen*** F apanhar o jeito (de); **~arbeiten** *f/pl* (*Film*) rodagem *f*; **⁀bar** giratório; **~bleistift** *m* lapiseira *f*; **~buch** *n* argumento *m*; *bras* roteiro *m*; **⁀en** virar; voltar; rodar (*a Film*); **~orgel** *f* realejo *m*; **~scheibe** *f Esb* placa giratória; *bras* plataforma; **~strom** *m* corrente *f* trifásica; **~tür** *f* porta giratória; **~ung** *f* volta; *Tech* rotação; **~zahl** *f* número *m* de rotações
drei três; **⁀eck** *n* triângulo *m*; **~eckig** triangular; **~fach** triplo, tríplice; **~farbig** tricolor; **~mal** três vezes; **~motorig** trimotor; **⁀rad** *n* triciclo *m*
dreist atrevido; ousado; **⁀igkeit** *f* atrevimento *m*; ousadia
Dresch|e *f* F surra, porrada; **⁀en** F dar pancada (em); **~maschine** *f* debulhadora
dressieren adestrar
Drilling *m* (*Kind*) trigémeo; **~e** *pl* três gémeos
dring|en insistir (***auf*** em); **~end** urgente; **⁀lichkeit** *f* urgência
drinnen dentro; no interior
dritt: ***zu ~*** aos três; **⁀el** *n* terço *m*; **~ens** (em) terceiro (lugar); **~letzte(r)** antepenúltimo
Drog|e *f* droga; **~enhändler** *m* narcotraficante; **~ensucht** *f* toxicomania; **~ensüchtige(r)** *m* toxicómano; **~erie** *f* drogaria
droh|en ameaçar; **⁀ung** *f* ameaça
dröhnen retumbar
drollig engraçado
drossel|n estrangular; **⁀ung** *f* estrangulamento *m*
drüben além; acolá; do outro lado
Druck *m* pressão *f*; *Typ* impressão *f*; ***~ ausüben auf*** fazer pressão sobre; **~buchstabe** *m* tipo de imprensa **⁀en** imprimir
drück|en apertar; comprimir; (*Knopf, Schalter*) carregar; (*Preise*) (fazer) baixar; ***sich ~*** esquivar-se (***vor*** a); **⁀er** *m* gatilho
Druck|er *m Inform* impressora *f*; **~erei** *f* tipografia; **~fehler** *m* errata *f*, gralha *f*; **~knopf** *m* mola *f*; *bras* botão de pressão; *Tech* pulsador; **~luft** *f* ar *m* comprimido; **~sache** *f* impresso *m*
Drüse *f* glândula
Dschungel *m* selva *f*
du tu

Dudelsack *m* gaita *f* (de foles)
Duell *n* duelo *m*
Duft *m* perfume, cheiro; **2en** cheirar (***nach*** a); **2end** perfumado, aromático
duld|en sofrer; aguentar; (*zulassen*) tolerar; **~sam** tolerante
dumm parvo; estúpido; **2heit** *f* parvoíce; estupidez
dumpf abafado; apático
Düne *f* duna
Dung *m* estrume, esterco
Düngemittel *n* adubo *m*
düngen estrumar
dunkel escuro; sombrio; *fig* obscuro; **~ *werden*** escurecer; **~grün** verde-escuro; **2heit** *f* escuridão
Dünkel *m* presunção *f*; **2haft** presunçoso
dünn delgado; magro; (*zart*) fino; (*Kaffee*) fraco; **~ *werden*** emagrecer; **~flüssig** fluido
Dunst *m* vapor
dünsten *Kochk* estufar
Dunst|glocke *f* (*Umwelt*) capacete *m*; **2ig** vaporoso, (h)úmido; **~kreis** *m fig* ambiente
Dünung *f* ressaca
Duplikat *n* duplicado *m*
durch por (meio de); através de; **~ *und* ~** completamente
durch|aus inteiramente; absolutamente; **~ *nicht*** de modo nenhum; **~blättern** folhear; **~blicken** F (*verstehen*) topar; **~ *lassen*** dar a entender (*od* perceber)
durch|bohren perfurar; **~braten** *Kochk* passar (***gut/halb*** bem/mal); **~brechen** quebrar, romper; **~brennen** *El* fundir-se; rebentar; F *fig* safar-se; **~bringen** (*Geld*) dissipar; (*durchsetzen*) fazer passar; (*ernähren*) sustentar; **2bruch** *m* ruptura *f*; **~denken** pensar a fundo (em); ponderar; **~dringen** penetrar; **~eilen** percorrer; **2einander** *n* confusão *f*; trapalhada *f*; caos *m*; **~fahren** passar por; **2fahrt** *f* passagem; travessia; **~ *verboten*** *Kfz* trânsito proibido; **2fall** *m* diarreia *f*; **~fallen** (*Prüfung*) ficar reprovado; F chumbar; **~führbar** realizável; viável; **~führen** realizar; efe(c)tuar; **2gang** *m* passagem *f*
Durch|gangsverkehr *m* trânsito; **2gehend** contínuo; **2greifen** tomar medidas eficientes; **2halten** perseverar, aguentar; **2kommen** conseguir, passar; *Med* escapar; (*Prüfung*) ficar aprovado; **2kreuzen** (*Absicht*) frustrar, contrariar; **2lassen** deixar passar; **2lässig** poroso; permeável; **~lauferhitzer** *m* esquentador; **2löchern** perfurar; **2lüften** arejar; **~messer** *m* diâmetro; **2rechnen** calcular; **~reise** *f* passagem (***auf***

der de); **2reißen** romper(-se); rasgar; **2schauen** *fig* descobrir; adivinhar; **~schlag** *m* cópia *f*; (*Sieb*) passador, coador
Durchschnitt *m fig* média *f*; **2lich** médio; em média
durch|sehen rever; corrigir; **~setzen (sich)** impor(-se); **2sicht** *f* revisão; **~sichtig** transparente; **~sickern** ressum(br)ar; gotejar; **~sieben** coar; **~sprechen** discutir; **~streichen** riscar; **~streifen** atravessar; percorrer; **~suchen** revistar; **2suchung** *f* busca; **~trieben** manhoso; **~wachsen** entremeado; **~weg** geralmente; **~wühlen** revolver; **2zug** *m* (*Luftzug*) corrente *f* (de ar)
dürf|en poder; ter licença de; **~tig** escasso; mesquinho
dürr seco; árido; **2e** *f* seca
Durst *m* sede *f*; **2ig: ~ sein** ter sede; estar com sede
Dusche *f* duche *m*; chuveiro *m*; **2n** tomar um duche
Düse *f* bico *m*; bocal *m*; **~nflugzeug** *n* avião *m* a ja(c)to
düster sombrio, escuro
Dutzend *n* dúzia *f*; **2weise** às dúzias
duzen tratar por tu
Dynamit *n* dinamite *m*
D-Zug *m* expresso

E

Ebbe *f* baixa-mar, maré vazia; **~ *und Flut*** maré *f*
eben *adj* plano; (*glatt*) liso; *adv* agora mesmo; (*gerade*; *ausgerechnet*) justamente, precisamente; **2e** *f* planície; **~falls** igualmente; **~so** do mesmo modo; **~sosehr** tanto; **~soviel** outro tanto; **~sowenig** tão-pouco
Eber *m* porco
ebnen aplanar, nivelar
Echo *n* eco *m*
echt autêntico, puro, genuíno; **2heit** *f* autenticidade; **2zeit** *f Inform* tempo *m* real
Eck|ball *m* canto, *bras* córner; **~e** *f* esquina; (*innen*) canto *m*; **2ig** angular
edel nobre; **2metall** *n* metal *m* precioso; **2stahl** *m* aço fino; **2stein** *m* pedra *f* preciosa
edieren *Inform* editar
Effekt *m* efeito; **~en** *pl* valores *m/pl*
effizient eficiente
egal igual; **~ *sein*** ser indiferente, ser o mesmo
Ego|ismus *m* egoísmo; **2istisch, ~ist** *m* egoísta
ehe antes de (*od* que)
Ehe *f* matrimónio *m*; **~bruch** *m* adultério; **~frau** *f* esposa; mulher; **~leute** *pl* cônjuges *m/pl*; **2lich** matrimonial; (*Kind*) legítimo

ehemal|ig antigo; ex-...; **~s** antigamente
Ehe|mann *m* marido; **~paar** *n* casal *m*
eher antes; **~ *als*** antes de, antes que
Ehe|ring *m* aliança *f*; **~schließung** *f* casamento *m*
Ehre *f* honra; **2n** honrar, respeitar; ***sehr geehrter Herr!*** Excelentíssimo Senhor, Prezado Senhor
ehren|amtlich honorário; **2bürger** *m* cidadão honorário; **2mal** *n* monumento *m* comemorativo; **2mitglied** *n* sócio *m* honorário; **~wert** honesto; **2wort** *n* palavra *f* de honra
Ehr|geiz *m* ambição *f*; **2geizig** ambicioso; **2lich** honesto; sério; **~lichkeit** *f* honestidade; **~ung** *f* homenagem
Ei *n* ovo *m*
Eich|e *f* carvalho *m*; **~el** *f* bolota; *Anat* glândula; **2en** aferir; **~hörnchen** *n* esquilo *m*
Eid *m* juramento; **2brüchig** perjuro
Eidechse *f* lagarto *m*
Eier|becher *m* oveiro; **~stock** *m* ovário
Eifer *m* zelo; fervor; **2n** zelar; **~sucht** *f* ciúme *m*; **2süchtig** ciumento
eifrig solícito; fervoroso
Eigelb *n* gema *f*
eigen próprio; particular; especial; **2art** *f* particularidade; **~artig** particular; (*seltsam*) estranho; **2bedarf** *m* necessidades *f/pl* pessoais; **2heim** *n* casa *f* particular; **~mächtig** arbitrário; **2name** *m* nome próprio; **~nützig** interesseiro; **2schaft** *f* qualidade; cara(c)terística; **2sinn** *m* teimosia *f*; **~sinnig** teimoso
eigentlich *adj* verdadeiro; *adv* no fundo
Eigen|tum *n* propriedade *f*; **~tümer** *m* proprietário; **2tümlichkeit** *f* particularidade; singularidade; **~tumswohnung** *f* propriedade horizontal; **2willig** teimoso
eignen: *sich ~ zu* prestar-se a; prestar para
Eignung *f* aptidão; **~sprüfung** *f* exame *m* de aptidão
Eil|brief *m* carta *f* por expresso; *bras* espressa *f*; **~e** *f* pressa; ***in aller ~*** às pressas; **2en** correr; (*Angelegenheit*) ser urgente; **~gut** *n* mercadoria *f* em grande velocidade; **2ig** apressado; urgente; ***es ~ haben*** ter pressa; **~zug** *m* (comboio, *bras* trem) semidire(c)to
Eimer *m* balde
ein um; **~ander** um ao outro; mutuamente
ein|arbeiten introduzir; **~äschern** incinerar; (*Leiche*) cremar
einatmen aspirar
Einbahnstraße *f* (rua de)

sentido *m* único; *bras* mão única
Einband *m* encadernação *f*
Einbauschrank *m* armário embutido
einbegriffen incluído; inclusive
einberuf|en convocar; *Mil* alistar; **≈ung** *f* convocação; *Mil* alistamento *m*
einbeziehen incluir; compreender
einbiegen entrar (**in** em); ***nach rechts ~*** cortar à direita
einbild|en: *sich ~* imaginar (-se); **≈ung** *f* imaginação; (*Dünkel*) presunção
einbrechen (*Dieb*) arrombar; (*scheitern*) fracassar
Einbruch *m* furto, roubo; ***bei ~ der Nacht*** ao cair da noite
einbürgern naturalizar
Einbuße *f* perda; prejuízo *m*
Einchecken *n Flgw* embarque *m*
eindeutig evidente, claro
eindring|en penetrar (**in** em); introduzir-se (**in** em); invadir; **≈ling** *m* intruso
Eindruck *m* impressão *f*; **≈svoll** impressionante
eine uma
einebnen aplanar, nivelar
einengen apertar; *fig* restringir
einer|lei o mesmo, indiferente; **~seits** por um lado
einfach simples
einfahr|en (*Auto, Motor*) fazer a rodagem (de); **≈t** *f* entrada; **≈tverbot** *n* (*Straße*) sentido *m* proibido
Einfall *m fig* ideia *f*; **≈en** (*in den Sinn kommen*) lembrar-se de
Ein|falt *f* simplicidade; ingenuidade; **≈fältig** simples; ingénuo
Einfamilienhaus *n* moradia *f*, vivenda *f*
einfarbig unicolor; (*Stoff*) liso
einfetten untar; engraxar
einfinden: *sich ~* vir; comparecer
einflößen infundir; *fig* sugerir, inspirar
Einfluß *m* influência *f*; **≈reich** influente
einflüstern insinuar
einförmig uniforme
einfrieren congelar (*a Geld*)
einfügen inserir; intercalar; *Tech* encaixar
Einfuhr *f* importação; **~beschränkung** *f* importação restrita; **~verbot** *n* importação *f* proibida; **~zoll** *m* direitos *m/pl* de entrada
einführ|en introduzir; *Hdl* importar; **≈ung** *f* introdução; importação
Eingabe *f Inform* entrada; (*Schreiben*) requerimento *m*
Eingang *m* entrada *f*; (*Waren*) chegada *f*; **~shalle** *f* átrio *m*
einge|bildet imaginário; *fig* presunçoso; F peneirento;

~boren indígena; **~fleischt** *fig* inveterado
eingehen *v/t* (*Verpflichtung*) contrair; *v/i* (*eintreffen*) chegar; ([*ab*]*sterben*) morrer; (*auf et*) aceitar
Eingemachte(s) *n* conservas *f/pl*
Eingeweide *n/pl* intestinos *m/pl*; entranhas *f/pl*
eingewöhnen, sich habituar-se
eingießen deitar
eingleisig de via única
eingliedern incorporar
eingreifen *fig* intervir
Eingriff *m Med* operação *f*
einhalten (*Vertrag, Fristen*) respeitar
einheimisch natural; nacional
Einheit *f* unidade; **&lich** uniforme
einholen (*erreichen*) alcançar; (*Zeit*) recuperar
einhüllen embrulhar
einig de acordo
einige (alg)uns, (alg)umas
einigen unir; ***sich ~*** chegar a acordo
einigermaßen de algum modo; mais ou menos
Einig|keit *f* concórdia; unidade; **&ung** *f* união; (*Übereinkunft*) acordo *m*
Einkauf *m* compra *f*; **&en** comprar, fazer compras
einkleiden vestir
Einkommen *n* rendimento *m*; **~ssteuer** *f* imposto *m* sobre o rendimento; *bras* imposto *m* de renda
Einkünfte *f/pl* rendimentos *m/pl*; *bras* renda *f*
einlad|en (*Ware*) carregar; (*j-n*) convidar; **&ung** *f* convite *m*
Einlag|e *f* (*Geld*) depósito *m*; fundos *m/pl*; (*Schuh*) palmilha; **&ern** armazenar; *bras* estocar
Einlaß *m* entrada *f*; *Tech* admissão *f*
einlassen deixar entrar; admitir; *fig* ***sich ~ auf*** meter-se (em); aceitar
einlaufen *Mar* entrar; (*Stoff*) encolher
einleit|en introduzir; **~end** preliminar; **&ung** *f* introdução
einlenken *fig* transigir
einleuchtend evidente; óbvio
Ein|lieferung *f* entrega; *Med* hospitalização; **~lieferungsschein** *m* senha *f* da entrega; recibo; **&liefern** entregar; *Med* ***eingeliefert werden*** dar baixa a
einliegend em anexo
einlösen pagar; (*Wechsel*) resgatar; (*Wertpapier*) converter
einmachen pôr de conserva
einmal uma vez; ***auf ~*** de vez; (*plötzlich*) de repente; ***nicht ~*** nem sequer; **&eins** *n* tabuada *f*; **~ig** único
Einmarsch *m* entrada *f*

einmischen: ***sich*** **~** imiscuir-se; interferir
einmotorig *Flgw* monomotor
einmünden desembocar
einmütig unânime; **≈keit** *f* unanimidade
Ein|nahme *f Mil* tomada, ocupação; *Med* ingestão; (*Geld*) entradas *f/pl*; (*Steuern*) cobrança; **~nahmequelle** *f* fonte de receitas; **≈nehmen** tomar; (*Stelle*) ocupar; *Hdl* receber, cobrar; **≈nehmend** simpático; atraente
ein|ölen untar; **~ordnen** registar; (*sortieren*) classificar; **~packen** (*Kiste*) encaixotar; (*z. B. in Papier*) embrulhar; (*Koffer*) fazer a(s) mala(s); **~parken** *Kfz* arrumar; **~passen** encaixar; **~rahmen** encaixilhar; **~räumen** arrumar; *fig* (con)ceder; **~reiben** aplicar; (*Creme*) untar; **≈reibung** *f* fricção; **~reichen** apresentar; **~reihen** alinhar; enquadrar
Einreise *f* entrada; **≈n** entrar
einreißen *v/t* demolir; *v/i* rasgar-se
einrenken destorcer; *fig* arranjar, ajeitar
einricht|en dispor; (*Wohnung*) mobil(i)ar; (*Geschäft*) armar; ***sich*** **~** instalar-se; *fig* arranjar-se; **≈ung** *f* (*Wohnung*) mobília; recheio *m*; ***sanitäre*** **~*en*** *pl* instalações *f/pl* sanitárias
einrollen enrolar
einrosten enferrujar
eins um(a)
einsam solitário; **≈keit** *f* solidão
einsammeln recolher
Einsatz *m* emprego; (*Anstrengung*) esforço; **~bereitschaft** *f* disponibilidade, empenho *m*
einschalten *El* ligar; ***sich*** **~** intervir
ein|schätzen taxar; avaliar; **≈schätzung** *f* avaliação; **~schenken** (*Getränk*) servir; **~schieben** introduzir, intercalar; **~schiffen** embarcar; **~schlafen** adormecer; (*Körperteil*) entorpecer
einschlagen *v/t* (*Nagel*) pregar; (*in Papier*) embrulhar; (*Weg*) tomar; *v/i* (*Blitz*) cair; *fig* ***gut*** **~** ter bom êxito
einschlägig correspondente, respe(c)tivo
einschließ|en fechar; *fig* incluir; **~lich** inclusive
einschneidend *fig* decisivo
Einschnitt *m* incisão *f*; *fig* momento decisivo
einschränk|en restringir; **≈ung** *f* restrição
Einschreibe|brief *m* carta *f* registada; **≈n** inscrever; matricular
einschreiten intervir
einschüchtern intimidar
einschulen matricular (numa escola)
einschweißen (*Dokument*) plastificar

einsehen compreender; reconhecer
einseifen ensaboar
einseitig unilateral; parcial
einsenden remeter, enviar
einsetzen pôr; colocar; (*in ein Amt*) investir; (*Kräfte*) empregar; ***sich ~ für*** intervir a favor de
Einsicht *f* conhecimento *m*; juízo *m*; **2ig** compreensivo
einsickern infiltrar-se
Einsiedler *m* eremita
ein|spannen *Tech* fixar; *fig* empregar; **~sparen** poupar, economizar; **~sperren** encarcerar; prender; **~spritzen** inje(c)tar; **2spritzung** *f* inje(c)ção
Einspruch *m* protesto; reclamação *f*; ***~ erheben*** protestar
einst dantes, outrora
einstecken pôr (dentro); meter (no bolso); (*Brief*) pôr no correio; *bras* postar
einsteigen entrar (em); subir (para); *bras* embarcar
Einsteigerkurs *m* curso de iniciação
einstell|en (*Personen*) contratar; admitir; (*Arbeit*) suspender; (*Apparat*) regular; ajustar; (*Radio*) sintonizar; ***sich ~*** (***auf et.***) preparar-se (para); **2ung** *f* colocação; suspensão; ajuste *m*; *fig* atitude
einstimmig unânime; **2keit** *f* unanimidade
einstöckig de um andar
einstudieren *Thea* ensaiar
einstufen classificar
Einsturz *m* queda *f*; desabamento; derrocada *f*
einstweilig provisório; interino
eintauchen molhar; mergulhar
eintauschen trocar (***gegen*** por)
einteil|en dividir; repartir; **2ung** *f* divisão; repartição
eintönig monótono
Eintopf *m Kochk* caldeirada *f*
Eintracht *f* concórdia
eintrag|en registar; inscrever; **2ung** *f* registo *m*; inscrição
eintreffen chegar; (*Ereignis*) acontecer
eintreiben (*a Hdl*) recolher
eintreten entrar; (*Ereignis*) acontecer, suceder
Eintritt *m* entrada *f*
eintrocknen secar
einüben ensaiar; treinar
einverleiben incorporar
einverstanden de acordo
Einverständnis *n* acordo *m*
Einwand *m* obje(c)ção *f*
einwander|n imigrar; **2ung** *f* imigração
einwandfrei corre(c)to, inta(c)to
einwechseln trocar, cambiar (***gegen*** por)
Einwegverpackung *f* embalagem descartável
einweih|en inaugurar; *fig*

iniciar (em); **≈ung** *f* inauguração
einwenden obje(c)tar a
einwickeln embrulhar
einwillig|en consentir (*in* em, com); **≈ung** *f* consentimento *m*
einwirken a(c)tuar (*auf* sobre); influir (*auf* em)
Einwohner *m* habitante; **~meldeamt** *n* repartição *f* de registo; **~schaft** *f* população
einzahl|en pagar; depositar; **≈ung** *f* pagamento *m*; depósito *m*
einzäunen cercar; vedar
Einzel|handel *m* comércio a retalho (*bras* a varejo); **~heit** *f* pormenor *m*; detalhe *m*; **≈kind** *n* filho *m* único; **≈n** só; isolado; **~radaufhängung** *f* *Kfz* suspensão independente das rodas; **~zimmer** *n* quarto *m* de uma cama
einziehen retrair; recolher; *jur* confiscar; (*Erkundigungen*) colher; (*Wohnung*) mudar(-se) para
einzig único; **~artig** singular, sem par
Einzug *m* entrada *f* (*in* em); mudança *f* (*in* para)
Eis *n* gelo *m*; (*Speise≈*) gelado *m*, sorvete *m*; **~bahn** *f* pista de patinagem; **~bär** *m* urso branco; **~bein** *n* *Kochk* chispe *m*; **~berg** *m* icebergue; **~brecher** *m* quebra-gelo(s)
Eisen *n* ferro *m*
Eisenbahn *f* caminho-de-ferro *m*; *bras* estrada de ferro; **~linie** *f* via férrea; **~unglück** *n* desastre *m* ferroviário; **~wagen** *m* carruagem *f*
Eisen|erz *n* minério *m* de ferro; **~industrie** *f* indústria siderúrgica; siderurgia; **~waren** *f/pl* ferragens
eisern férreo
Eis|fläche *f* pista de gelo; **≈gekühlt** gelado; **~hockey** *n* hóquei *m* sobre gelo
eisig gelado; glacial; *fig* impassível
Eis|lauf *m* patinagem *f* sobre gelo; **~maschine** *f* sorveteira; **~scholle** *f* gelo *m* flutuante; **~tüte** *f* cone *m*; **~waffel** *f* barquilha; **~zapfen** *m* sincelo
eitel vaidoso; **≈keit** *f* vaidade
Eiter *m* pus; **≈ig** purulento; **≈n** criar pus
Eiweiß *n* clara *f*; (*Biochemie*) albumina *f*; **≈haltig** albuminoso
Ekel *m* repugnância *f*; nojo; **≈haft** repugnante; nojento
Elan *m* zelo
elast|isch elástico; **≈izität** *f* elasticidade
Elefant *m* elefante
elegan|t elegante; **≈z** *f* elegância
Elektri|ker *m* ele(c)tricista; **≈sch** elé(c)trico; **~zität** *f* ele(c)tricidade; **~zitätswerk** *n* central *f* eléctrica; *bras* usina *f* (elétrica)
Elektro|energie *f* energia

elé(c)trica; **~magnet** *m* electroíman; **~motor** *m* ele(c)tromotor; **~nik** *f* electrónica; **~technik** *f* ele(c)trotécnica
Element *n* elemento *m*
Elend *n* miséria *f*; **≗** miserável; desgraçado
Elfenbein *n* marfim *m*
Ell(en)bogen *m* cotovelo
Eltern *pl* pais *m/pl*; **~haus** *n* casa *f* paterna
Email *n* esmalte *m*
Emanzipation *f* emancipação
Emigrant *m* emigrante
Empfang *m* recepção *f*; acolhimento; **≗en** receber; acolher
Empfäng|er *m* destinatário; (*z. B. TV*) receptor; **≗lich** susce(p)tível (**für** de); **~lichkeit** *f* susce(p)tibilidade; **~nisverhütungsmittel** *n* anticonceptivo *m*
Empfangs|bestätigung *f* aviso *m*; **~chef** *m* recepcionista; **~station** *f* estação receptora; **~zimmer** *n* sala *f* de recepções
empfehl|en recomendar; **~enswert** recomendável; **≗ung** *f* recomendação
empfind|en sentir; **~lich** sensível; **≗lichkeit** *f* sensibilidade; **≗ung** *f* sensação; **~ungslos** insensível
empör|en, sich indignar-se; revoltar-se; **~end** revoltante; **≗ung** *f* indignação; revolta
End|e *n* fim *m*; extremo *m*; extremidade *f*; **≗en** acabar(-se), terminar; **≗gültig** definitivo; **≗lich** *adv* finalmente; **≗los** sem fim; infinito; **~lospapier** *n Inform* folha *f* contínua; **~produkt** *n* produto *m* final; **~spiel** *n* final *f*; **~station** *f* (estação) terminal *m*
Energ|ie *f* energia; **~iesparlampe** *f* lâmpada fluorescente compacta; **≗isch** enérgico
eng estreito; apertado; (*Kleidung*) justo; **≗e** *f* estreiteza
Engel *m* anjo
England *n* Inglaterra *f*
Engl|änder *m*; **≗isch** inglês
Engpaß *m* desfiladeiro; *fig* aperto
en gros por junto
Enkel *m* neto
enorm enorme
Ensemble *n* elenco *m*, conjunto *m*
entarten degenerar
entbehr|en carecer de; **~lich** dispensável; **≗ung** *f* privação
entbind|en *fig* dispensar; **≗ung** *f Med* parto *m*; **≗ungsklinik** *f* maternidade
entblößen desnudar; *fig* despojar
entdeck|en descobrir; **≗er** *m* descobridor; **≗ung** *f* descobrimento *m*, descoberta
Ente *f* pata; *Zo* pato *m*; (*Lüge*) F atoarda

enteign|en expropriar; **&ung** *f* expropriação
enteisen descongelar
enterben deserdar
entfallen não se realizar; ser anulado; (*vergessen*) esquecer-se de
entfalten desdobrar
entfärben descorar
entfern|en tirar; afastar; **~t** distante, afastado; **&ung** *f* distância; (*Vorgang*) afastamento *m*
entfesseln desencadear
entflammbar inflamável
entfliehen fugir
entfremd|en alienar; **&ung** *f* alienação
entführ|en sequestrar; **&ung** *f* sequestro *m*
entgegen contra; ao contrário (*dat* de); **~gehen** ir ao encontro de; **~gesetzt** oposto, contrário; **~halten** opor; obje(c)tar; **~kommen** vir ao encontro de; *fig* ceder; **&kommen** *n* amabilidade *f*; boa vontade *f*; **~nehmen** aceitar, receber; **~sehen** aguardar; **~stellen** opor; **~treten** opor-se (a); **~wirken** reagir (contra)
entgegn|en replicar; **&ung** *f* réplica
entgehen escapar
Entgelt *n* remuneração *f*; ***ohne ~*** de graça
entgiften desentoxicar
entgleis|en descarrilar; **&ung** *f* descarrilamento *m*; *fig* deslize *m*
entgleiten escapar, fugir
enthalten conter; ***sich ~*** abster-se (de)
enthalt|sam abstémio; sóbrio; (*sexuell*) casto; **&samkeit** *f* abstinência; **&ung** *f* abstenção
enthüll|en descobrir; revelar; **&ung** *f* descoberta; revelação
entkommen escapar(-se)
entkräften enfraquecer
entlad|en descarregar; **&ung** *f* descarga
entlang ao longo de
entlarven desmascarar
entlass|en demitir; despedir; (*Sträfling*) pôr em liberdade; **&ung** *f* demissão; despedimento *m*; *Med* alta
entlast|en dispensar (***von*** de); **&ung** *f fig* descargo *m*
entlaufen fugir, evadir-se
entleeren esvaziar; despejar
entlegen remoto; distante
entleihen pedir emprestado; (*Bücher*) requisitar
entlocken (*Geheimnis*) arrancar; (*Töne*) tirar
entlohnen remunerar
entlüft|en ventilar; **&ung** *f* ventilação
entmachten desapossar
entmutig|en desanimar; **&ung** *f* desânimo *m*
ent|nehmen (re)tirar; *fig* deduzir (de); **~puppen:** ***sich ~*** (***als***) revelar-se
enträtseln decifrar

entreißen arrancar
entrinnen escapar
entrosten desenferrujar
entrüst|en: ***sich*** **~** indignar-se; **2ung** *f* indignação
entschädig|en inde(m)nizar; **2ung** *f* inde(m)nização
entscheid|en decidir; ***sich*** **~** ***für*** optar por, decidir-se por; **~end** decisivo; **2ung** *f* decisão
Entschiedenheit *f* determinação; firmeza
entschließ|en: ***sich*** **~** resolver(-se) (***zu*** a); **2ung** *f* resolução
entschlossen decidido, resoluto; **2heit** *f* firmeza; determinação
Entschluß *m* decisão *f*
entschuldig|en desculpar; ***sich bei j-m*** **~** pedir desculpa a alg.; **2ung** *f* desculpa
entsenden enviar; delegar
Entsetz|en *n* espanto *m*; horror *m*; **2lich** terrível, horrível
entsinnen: ***sich*** **~** lembrar-se
Entspannung *f* descanso *m*; *Pol* desanuviamento *m*
entsprechen corresponder a; **~d** correspondente; respectivo; *prp* conforme
entsteh|en nascer; *fig* resultar (***aus*** de); **2ung** *f* nascimento *m*; origem
entstellen desfigurar; (*Text*) deturpar
enttäusch|en desiludir, desenganar; **2ung** *f* desilusão, decepção
entvölkern despovoar
entwaffnen desarmar
entwässer|n drenar; desaguar; **2ung** *f* drenagem; **2ungsgraben** *m* desaguadouro
entweder ... oder ou ... ou
entweichen evadir-se; escapar
entwenden roubar
entwerfen esboçar; proje(c)tar
entwert|en desvalorizar; (*Marken*) inutilizar; (*Fahrkarten*) obliterar; **2ung** *f* desvalorização; obliteração
entwick|eln desenvolver; *Fot* revelar; **2lung** *f* desenvolvimento *m*, evolução; *Fot* revelação; **2lungshilfe** *f* assistência a países subdesenvolvidos; **2lungsländer** *n/pl* países *m/pl* em vias de desenvolvimento
entwischen escapar(-se)
entwöhnen desacostumar, desabituar
entwürdigend humilhante
Entwurf *m* esboço, proje(c)to
entwurzeln desenraizar
entziffern decifrar
Entziehung *f* desintoxicação; **~skur** *f* cura de desintoxicação
entzücken encantar; **2** *n* encanto *m*; **~d** encantador
entzünd|en inflamar; **2ung** *f* inflamação
entzwei roto, quebrado; partido; **~en:** ***sich*** **~** desavir-se; **~gehen** partir-se

Enzyklopädie *f* enciclopédia
Epidemie *f* epidemia
Epilepsie *f* epilepsia
Episode *f* episódio *m*
Epoche *f* época
Epos *n* epopeia *f*
Equalizer *m* (*Elektronik*) equalizador
er ele
Erachten *n*: ***meines ~s*** a meu ver
Erbanlage *f* predisposição hereditária
erbarmen: *sich ~* compadecer-se (de); **②** *n* compaixão *f*
erbärmlich deplorável
erbarmungslos sem piedade
erbau|en construir; *a fig* edificar; **~lich** edificante
Erb|e 1. *m* herdeiro; **2.** *n* herança *f*; ***kulturelles ~*** património *m* cultural; **②en** herdar; **~folge** *f* sucessão
erbitten solicitar
erbitter|n exasperar; irritar; **②ung** *f* exasperação
erbleichen empalidecer
erblich hereditário; **②keit** *f* hereditariedade
erblicken avistar
erblinden cegar
erbrechen (sich) vomitar
Erbschaft *f* herança
Erbse *f* ervilha
Erbteil *n* herança *f*, quinhão *m*; **~ung** *f* partilha
Erd|ball *m* globo; **~beben** *n* terramoto *m*, sismo *m*; **②bebensicher** anti-sísmico
Erd|beere *f* morango *m*; **~boden** *m* terra *f*, solo
Erde *f* terra; *Agr a* chão *m*; **②n** *El* ligar à terra
Erd|gas *n* gás *m* natural; **~geschoß** *n* rés-do-chão *m*; *bras* andar *m* térreo
Erd|kugel *f* globo *m* (terrestre); **~kunde** *f* geografia; **~nuß** *f* amendoim *m*; **~öl** *n* petróleo *m*; **~ölbohrinsel** *f* plataforma marítima; **~ölbohrturm** *m* torre *f* de sondagem; **~ölgewinnung** *f* extra(c)ção de petróleo; **~ölleitung** *f* oleoduto *m*; **~ölvorkommen** *n* jazigo(s *pl*) *m* petrolífero(s); *bras* jazida *f* petrolífera
erdreisten: *sich ~* atrever-se (***zu*** a)
erdrosseln estrangular
erdrücken esmagar; **~d** esmagador
Erd|rutsch *m* desabamento de terra; **~teil** *m* continente
erdulden sofrer; passar
Erdung *f El* (ligação à) terra
ereig|nen: *sich ~* acontecer; **②nis** *n* acontecimento *m*
Eremit *m* eremita
erfahr|en (ficar a) saber; *adj* versado; experimentado; **②ung** *f* experiência; **~ungsgemäß** como a experiência mostra; por experiência
erfass|en agarrar; *fig* compreender; **②ung** *f* recolha; registo *m* (*a Inform*)
erfind|en inventar; **②er** *m* in-

ventor; **~erisch** engenhoso; **2ung** *f* invenção
Erfolg *m* êxito; **2en** suceder; ter lugar; **2los** ineficaz, sem êxito; **2reich** eficaz; *adv* com êxito
erforder|lich necessário; **~n** exigir; necessitar; **2nis** *n* exigência *f*; necessidade *f*
erforsch|en explorar; investigar; (*Problem*) estudar; **2ung** *f* exploração; investigação
erfreu|en alegrar, causar alegria a; **~lich** agradável; satisfatório; **~t** contente, satisfeito
erfrieren morrer de frio
erfrisch|en refrescar; **~end** refrescante; **2ung** *f* refresco *m*; **2ungsgetränk** *n* refrigerante *m*
erfüllen cumprir; satisfazer; ***sich*** **~** cumprir-se, realizar-se
ergänz|en completar; **2ung** *f* complemento *m*; suplemento *m*
ergeben dar; resultar em; ***sich*** **~** (*Folge*) resultar (de); *Mil* render-se; (*sich fügen*) resignar-se; **2heit** *f* devoção
Ergebnis *n* resultado *m*
ergehen *v/i* (*unpersönlich*) passar
ergiebig abundante; lucrativo; rendoso; **2keit** *f* rendimento *m*
ergonomisch ergonómico
ergrauen *fig* envelhecer
ergreifen apanhar; (*Beruf*) escolher; (*Gelegenheit*) aproveitar; (*Partei, Wort*) tomar; usar de; *fig* comover; **~d** comovente
Ergriffenheit *f* comoção
ergründen sondar
erhaben elevado; *fig* sublime
erhalt|en receber; obter; (*bewahren*) conservar, manter; **2ung** *f* conservação, manutenção
erhärten endurecer
erheben levantar; *fig* elevar; (*Gebühren*) cobrar, recolher
erheblich considerável
Erhebung *f* elevação (*a geografisch*); levantamento *m*
erheiter|n divertir; **2ung** *f* divertimento *m*
erhitzen aquecer
erhöh|en levantar; aumentar; **2ung** *f* aumento *m*
erhol|en: ***sich*** **~** descansar; **2ung** *f* descanso *m*, repouso *m*; **2ungsheim** *n* casa *f* de repouso
erinner|n lembrar (***j-n an et*** a.c. a alg.); ***sich*** **~** recordar-se (***an*** de); **2ung** *f* lembrança, recordação
erkält|en: ***sich*** **~** constipar-se; **2ung** *f* constipação
erkenn|bar perceptível, reconhecível; **~en** reconhecer; **~tlich** grato, agradecido
Erkenn|tnis *f* conhecimento *m*; **~tnistheorie** *f* teoria do conhecimento; **~ungszeichen** *n* (sinal *m*) distintivo (*m*)

Erker *m* sacada *f*
erklär|bar explicável; **~en** explicar; declarar; **&ung** *f* explicação; declaração
erklimmen trepar
erklingen soar
erkranken adoecer
erkundig|en: ***sich*** **~** informar-se (***nach*** de; ***über*** sobre; ***bei*** junto de); **&ung** *f* informação
Erkundung *f* prospecção
erlahmen enfraquecer, afrouxar
erlangen obter, alcançar
Erlaß *m* decreto; (*Gesetz*) portaria
erlassen dispensar (de); isentar (de); (*Befehl*) dar; (*Gesetz*) promulgar
erlaub|en permitir; dar licença; **&nis** *f* autorização, licença
erlaubt lícito; permitido
erläuter|n explicar; esclarecer; **&ung** *f* explicação
erleb|en viver; experimentar; **&nis** *n* acontecimento *m*; experiência *f*
erledig|en despachar; aviar; (*Problem*) resolver; **~t** pronto; **&ung** *f* despacho *m*
erleichter|n aliviar; *fig* facilitar; **&ung** *f* alívio *m*; facilitação
erleiden sofrer; *fig* experimentar
erlernen aprender
erlesen *adj* sele(c)to
erleucht|en iluminar; **&ung** *f* iluminação
erlogen falso
erlöschen apagar-se; (*Anspruch*) caducar
erlös|en salvar; **&ung** *f* salvação
ermächtig|en autorizar; **&ung** *f* autorização
ermahn|en advertir; exortar; **&ung** *f* advertência; exortação
ermangel|n carecer de; **&ung:** ***in*** **~** por falta de
ermäßig|en reduzir; **&ung** *f* redução
ermitt|eln averiguar; **&lung** *f* averiguação
ermöglichen facilitar, possibilitar; proporcionar
ermord|en assassinar; **&ung** *f* assassínio *m*
ermüd|en cansar; **~end** cansativo; fatigante; **&ung** *f* cansaço *m*; fadiga (*a Tech*)
ermuntern animar, estimular
ermutig|en encorajar; **&ung** *f* encorajamento *m*; estímulo *m*
ernähr|en alimentar; **&ung** *f* alimentação
ernenn|en nomear; **&ung** *f* nomeação
erneuer|n renovar; **&ung** *f* renovação
erneut de novo
erniedrig|en humilhar; **~end** humilhante; **&ung** *f* humilhação
Ernst *m* seriedade *f*; gravidade *f*; ***im*** **~** a sério; **&**, **&haft**,

2**lich**) sério; grave; ~**fall** *m* caso grave
Ernte *f* colheita; 2**n** (re)colher
Erober|er *m* conquistador; 2**n** conquistar; 2**ung** *f* conquista
eröffn|en abrir; inaugurar; 2**ung** *f* abertura; inauguração
erörter|n discutir; 2**ung** *f* discussão
erpress|en fazer chantagem a; 2**er** *m* chantagista; 2**ung** *f* chantagem
erprob|en experimentar, provar; 2**ung** *f* experiência, prova
erraten adivinhar; acertar
erreg|bar excitável; ~**en** excitar; ~**end** excitante; 2**ung** *f* excitação
erreich|bar acessível; realizável; (*in Reichweite*) ao alcance de; ~**en** alcançar; *fig* conseguir
erricht|en erguer, levantar; edificar, construir; 2**ung** *f* levantamento *m*; edificação, construção
er|ringen ganhar; conquistar; ~**röten** corar; 2**rungenschaft** *f* aquisição; *fig* conquista
Ersatz *m* substituto; (*Schaden*) indemnização *f*; (*Stoff*) sucedâneo; ~**reifen** *m* pneu sobresselente; ~**teil** *n* (peça *f*) sobresselente (*m*); *bras* autopeça *f*
erschaff|en criar; 2**ung** *f* criação
erschein|en aparecer; (*Buch*) publicar-se; sair; 2 *n* aparecimento *m*; publicação *f*; 2**ung** *f* aparição; visão; (*Phänomen*) fenómeno *m*; *Med* sintoma *m*; (*Aussehen*) aspecto *m*
erschießen fuzilar
erschlaffen afrouxar; *fig* relaxar-se
erschlagen matar, assassinar; (*Blitz*) fulminar
erschöpf|en esgotar; ~**end** exaustivo; cansativo; 2**ung** *f* esgotamento *m*
erschrecken *v/t* assustar; *v/i* assustar-se; ~**d** assustador
erschütter|n abalar; *fig* comover; ~**nd** comovente; 2**ung** *f* abalo *m*; *fig* choque *m*, comoção
erschwer|en dificultar; agravar; ~**end** agravante; 2**nis** *f* complicação
ersetzen substituir; (*Kosten*) reembolsar; (*Schaden*) indemnizar
ersichtlich evidente, óbvio
erspähen espiar; *fig* avistar
erspar|en economizar; *a fig* poupar; 2**nis** *f* economia, poupança
erst primeiro; só, somente
erstarken robustecer
erstarren solidificar-se
erstatt|en devolver; restituir; (*Kosten*) reembolsar; ***Bericht*** ~ relatar; informar; 2**ung** *f* reembolso *m*
Erstaufführung *f* estreia

erstaun|en admirar(-se); **≈** *n* admiração *f*; espanto *m*; **~lich** surpreendente
ersteigen subir, ascender
ersteigern comprar em leilão
erstens (em) primeiro (lugar)
ersticken sufocar; asfixiar
erst|klassig de primeira ordem, primoroso; **~mals** pela primeira vez
erstreben aspirar (a); **~swert** desejável
erstrecken: ***sich ~*** estender-se (***auf*** a)
erstürmen tomar de assalto
erteilen dar; conferir
ertönen ressoar
Ertrag *m* rendimento; receita *f*; **≈en** suportar, aguentar
ertrinken afogar-se
erübrigen poupar; ***sich ~*** ser escusado
erwachen despertar, acordar
erwachsen; ≈e(r) *m* adulto
erwäg|en considerar; **≈ung** *f* consideração
erwähn|en mencionar; **≈ung** *f* menção
erwärmen aquecer; *fig* entusiasmar (***für*** por)
erwart|en esperar, aguardar; **≈ung** *f* esperança; expe(c)tativa; **~ungsvoll** ansioso
erweisen provar; mostrar; (*Dienst*, *Ehre*) prestar
erweiter|n alargar; ampliar; **≈ung** *f* alargamento *m*, ampliação; *Inform* expansão
Erwerb *m* aquisição *f*; **≈en** adquirir, ganhar; **≈sfähig** válido; **≈slos** desempregado; **~slosigkeit** *f* desemprego *m*; **≈sunfähig** inválido; **≈sunfähigkeit** *f* invalidez
erwider|n replicar; (*Besuch*) retribuir; **≈ung** *f* réplica
erwirken obter, conseguir
erwischen F apanhar
erwünscht desejado; oportuno
Erz *n* minério *m*; **~ader** *f* filão *m*
erzähl|en contar; **≈ung** *f* conto *m*; narrativa
Erzbischof *m* arcebispo
erzeug|en produzir; **≈er** *m* produtor; **≈erland** *n* país *m* produtor; **≈nis** *n* produto *m*; **≈ung** *f* produção; fabrico *m*
erzieh|en educar; **≈er** *m* educador; **≈ung** *f* educação
erzielen obter, conseguir
erzittern estremecer
erzürnen enfurecer
erzwingen forçar
es (*nur Objekt*) o
Esche *f* freixo *m*
Esel *m* burro; **~ei** *f* asneira
Eskalation *f* escalada
Eskapade *f* escapadela
Espresso *m* (*Kaffee*) bica *f*
Essay *m* ensaio
eßbar comestível
Eßbesteck *n* talher *m*
essen comer; ***zu Abend ~*** jantar; ***zu Mittag ~*** almoçar; **≈** *n* comida *f*
Essig *m* vinagre
Eß|löffel *m* colher *f* de sopa;

~waren *f/pl* gêneros *m/pl* alimentícios; **~zimmer** *n* sala *f* de jantar
Estrich *m* pavimento em cimento
etablieren estabelecer
Etage *f* andar *m*; piso *m*; **~nheizung** *f* aquecimento *m* por andares; **~nwohnung** *f* andar *m*; casa
Etappe *f* etapa
Etat *m* orçamento; verba *f*
Etikett *n* rótulo *m*; **~e** *f* etiqueta
Etui *n* estojo *m*
etwa cerca de; aproximadamente; **~s** alguma coisa; um pouco (de)
euch vos; (*nach prp*) vocês
euer, eure o vosso, a vossa
Eukalyptus *m* eucalipto
Eule *f* coruja, mocho *m*
Europa *n* Europa *f*; **~parlament** *n* Parlamento *m* Europeu
Europä|er *m*, **2isch** europeu; **~e *Gemeinschaft*** Comunidade *f* Europeia
Euter *n* teta *f*, úbere *m*
evangelisch evangélico
eventuell eventual; *adv* talvez
ewig eterno; **2keit** *f* eternidade
exakt exa(c)to
Examen *n* exame *m*
Exemplar *n*; **2isch** exemplar (*m*)
Exil *n* exílio *m*
Exist|enz *f* existência; **~enzminimum** *n* mínimo *m* vital; **2ieren** existir
Expedition *f* expedição
Experiment *n* experiência *f*
Experte *m* perito
explo|dieren explodir; **2sion** *f* explosão
Export *m* exportação *f*; **~firma** *f* exportadora; **2ieren** exportar
Expreß *m* *Esb* expresso
extrem extremo
exzellent excelente
exzentrisch excêntrico

F

Fabel *f* fábula; **2haft** fabuloso; estupendo
Fabrik *f* fábrica; *bras* usina; **~ant** *m* fabricante; industrial; **~at** *n* produto *m*; **~marke** *f* marca da fábrica; **2neu** recém-fabricado
Fach *n* (*Schub*) gaveta *f*; (*Lehre*) disciplina *f*; (*Branche*) ramo *m*; especialidade *f*; (*in Möbeln*) prateleira *f*; **~arbeiter** *m* operário especializado; **~arzt** *m* (médico) especialista; **~ausdruck** *m* termo técnico
Fächer *m* leque (*a fig*)
Fach|händler *m* revendedor; **2kundig** perito, competente; **~mann** *m* especialista, perito; técnico; **2männisch**

competente, especialista; **~schule** *f* escola profissional; **~werk** *n* treliça *f*; **~wissenschaft** *f* especialidade; **~zeitschrift** *f* revista especializada
Fackel *f* archote *m*; facho *m*; **~zug** *m* marcha *f* luminosa
Faden *m* fio; (*Nähzeug*) linha *f*; *El* filamento; **~nudeln** *f/pl* aletria *f*
fähig capaz; apto; **2keit** *f* capacidade; aptidão
fahl pálido
fahnd|en nach perseguir; andar atrás de; **2ung** *f* busca
Fahne *f* bandeira; **~nmast** *m* haste *f*
Fahr|bahn *f* pista; *bras* rodovia; **2bar** móvel; com rodas
Fähre *f* ferry-boat *m engl*
fahr|en *v/i* andar (*od* ir) (de carro, barco, *etc*); *v/t* conduzir; guiar; **~end** (*umherziehend*) ambulante; **2er** *m* motorista, *bras* chofer; **2erkabine** *f* cabina; **2gast** *m* passageiro; **2gestell** *n* chassi(s) *m*; *Flgw* trem *m* de aterragem (*bras* aterrissagem); **2karte** *f* bilhete *m*; passagem *f*; **2kartenausgabe** *f* bilheteira; *bras* bilheteria; **2kartenautomat** *m* distribuidora *f* automática de bilhetes; **2kartenentwerter** *m* obliterador; **~lässig** descuidado, desleixado; *jur* involuntário; **2lässigkeit** *f* descuido *m*; desleixo *m*; **2lehrer** *m* instrutor; **2plan** *m* horário; **~planmäßig** à tabela; **2preis** *m* preço do bilhete; **2rad** *n* bicicleta *f*; **2schein** *m* bilhete ; **2scheinabschnitt** *m* módulo (*bei Sammelfahrschein*); **2schule** *f* escola de condução; **2spur** *f* faixa (de rodagem); **2stuhl** *m* elevador
Fahr|t *f* viagem; (*Strecke*) caminho *m*; (*Geschwindigkeit*) velocidade; ***in voller ~*** a toda a velocidade; **~zeug** *n* veículo; ***geländegängiges ~*** veículo todo-o-terreno
Fakt *m* fa(c)to; **~or** *m* fa(c)tor
Fakultät *f* faculdade
Falke *m* falcão
Fall *m* queda *f*; (*Ereignis*) caso; ***auf jeden ~*** em todo o caso
Falle *f* armadilha; cilada
fallen cair; (*sinken*) baixar; *Mil* cair (*od* tombar) (em combate)
fällen abater, cortar; (*Entscheidung*) tomar; (*Urteil*) pronunciar
fallenlassen *fig* deixar, desistir de
fällig sein vencer-se ser pagável
Fälligkeitstermin *m* prazo de vencimento
Fallobst *n* fruta *f* do chão
falls no caso de, caso (*subj*)
Fallschirm *m* pára-quedas; **~sport** *m* pára-quedismo; **~springer** *m* para-quedista

falsch falso; (*gefälscht*) falsificado; (*unrichtig*) errado; (*künstlich*) artificial; (*unehrlich*) desleal; *adv* mal
fälschen falsificar
Fälscher *m* falsificador
Falschheit *f* falsidade
Fälschung *f* falsificação
Falt|boot *n* barco *m* desmontável; **~dach** *n Kfz* tejadilho *m* dobradiço; **~e** *f* prega; (*Haut*) ruga; **2en** dobrar; (*Stirn*) franzir; (*Hände*) juntar; **~er** *m* borboleta *f*; **2ig** (*Kleidung*) amarrotado; (*Haut*) enrugado
familiär familiar, íntimo
Familie *f* família
Familien|kreis *m*: ***im ~*** em família; **~mitglied** *n* pessoa *f* da família; **~name** *m* apelido; *bras* sobrenome; **~stand** *m* estado civil
Fan *m engl* fã *su*; **~atiker** *m* fanático
Fang *m* captura *f*; (*Beute*) presa *f*; (*Fisch*) pesca *f*; **2en** apanhar; (*ergreifen*) capturar; (*packen*) agarrar
Farbband *n* fita *f* (de tinta)
Farb|e *f* cor; (*Färbemittel*) corante *m*; (*Anstrichstoff*) tinta; (*Kartenspiel*) naipe *m*; **2echt** cor garantida
färbe|n tingir; **2rei** *f* tinturaria
farb|enblind daltónico; **2fernsehen** *n* televisão *f* a cores; **2film** *m* filme colorido; **2foto** *n* foto *f* a cores; **~ig** colorido; **~los** incolor; sem cor; **2stift** *m* lápis de cor; **2stoff** *m* corante; **2ton** *m* matiz
Färbung *f* coloração; (*Prozeß*) tintura
Farce *f* farsa; *Kochk* recheio *m*
Farm *f* quinta, fazenda; **~er** *m* fazendeiro
Fasan *m* faisão
Fasching *m* carnaval
Faschismus *m* fascismo
Faser *f* fibra; (*Stoff*) fio *m*; **~schreiber** *m* lapiseira *f* de ponta de feltro
Faß *n* pipa *f*; barril *m*
Fassade *f* fachada
faßbar palpável; *fig* compreensível
fassen segurar; (*fangen*) apanhar; (*Mut*) cobrar; (*Entschluß*) tomar; *fig* compreender; ***sich ~*** acalmar-se
Fassung *f* (*Brille*) aro *m*; armação; (*Version*) versão; (*Lampe*) suporte *m*; *fig* ânimo *m*; ***aus der ~ bringen*** desconcertar; **2slos** desconcertado; perplexo; **~svermögen** *n* capacidade *f*
fast quase
fasten jejuar; **2zeit** *f* quaresma
Fast food *n engl* pronto-a-comer *m*
Fastnacht *f* terça-feira gorda; (dia *m* de) carnaval *m*
faul (*verfault*) podre; (*träge*) preguiçoso; **~enzen** man-

driar; **2heit** *f* preguiça; **~ig** podre; **2tier** *n* preguiça *f*; *fig* mandrião
Fäulnis *f* podridão
Faust *f* punho *m*; ***auf eigene ~*** por conta própria; **~recht** *n* direito *m* do mais forte; **~schlag** *m* murro
Favorit *m* favorito
Fazit *n* resultado *m*
Februar *m* Fevereiro
fecht|en esgrimir; **2kunst** esgrima
Feder *f* pena; (*Flaum*) pluma; (*Uhr*) corda; *Tech* mola; **~bett** *n* edredão *m*; **~halter** *m* caneta *f*; **2leicht** leve como uma pena; **2n** ser elástico; **~ung** *f* elasticidade; *Tech* suspensão
Fee *f* fada
fegen varrer
Fehl|betrag *m* déficit; **2en** fazer falta; faltar; (*abwesend sn*) estar ausente; **~en** *n* falta *f*; ausência *f*
Fehler *m* erro; (*Mangel*) defeito; **2haft** defeituoso; **2los** sem defeito; perfeito; sem erros
Fehl|geburt *f* aborto *m*; **~griff** *m* erro; engano; **~schlag** *m* fracasso; **~tritt** *m* passo em falso; *fig* deslize; **~zündung** *f* falha (na ignição)
Feier *f* festa; (*offiziell*) cerimónia; **2lich** solene; **2n** festejar; (*offiziell*) celebrar; **~tag** *m* (dia) feriado; *Rel* dia santo
feig(e) cobarde
Feige *f* figo *m*
Feig|heit *f* cobardia; **~ling** *m* cobarde
Feile *f* lima; **2n** limar
feilschen regatear
fein fino; (*dünn*) delgado; (*vornehm*) distinto; elegante
Feind *m* inimigo; **2lich** hostil; inimigo; **~schaft** *f* inimizade; **~seligkeit** *f* hostilidade
fein|fühlig delicado, sensível; **2heit** *f* fineza; delicadeza; **2kosthandlung** *f* charcutaria; **2mechanik** *f* mecânica de precisão; **2schmecker** *m* guloso
Feinste(s) *n* escol *m*; flor *f*
Feld *n* campo *m*; (*Tabelle*) casa *f*; *fig* domínio *m*; **~arbeit** *f* lavoura; **~weg** *m* atalho; **~zug** *m* campanha *f*
Felge *f* jante
Fell *n* pele *f*
Fels|(en) *m* rocha *f*, (*groß*) rochedo; **2enfest** inabalável; **2ig** rochoso
Feminismus *m* feminismo
Fenster *n* janela *f*; **~bank** *f* peitoril *m*; **~heber** *m*: ***elektrischer ~*** *Kfz* vidros *m/pl* eléctricos; **~rahmen** *m* caixilho; **~scheibe** *f* vidro *m*
Ferien *f/pl* férias; **~ *verbringen*** passar as férias; **~haus** *n* casa *f* de campo
Ferkel *n* leitão *m*; *fig* porcalhão *m*; **~ei** *f* porcaria
fern longe, distante; remoto; **2amt** *n* serviço *m* interurba-

no; **2bedienung** *f* controlo *m* a distância; *bras* controle *m* remoto; **2blick** *m* panorama; **2e** *f* distância
ferner além disso
Fern|gespräch *n* chamada *f* interurbana; **2gesteuert** teleguiado; **~glas** *n* binóculo *m*; **~heizung** *f* aquecimento *m* a distância; **~kopierer** *m* telecopiador; **~licht** *n* máximos *m/pl*; **~rohr** *n* telescópio *m*; **~schreiben** *n* telex *m*; **~schreiber** *m* telescritor; **~sehen** *n* televisão *f*; *bras a* tevê *f*; **2sehen** ver a televisão; **~sehgerät** *n* televisor *m*; **~sehzuschauer** *m* telespectador; *bras* tevente; **~sicht** *f* panorama *m*; vista
Fernsprech|amt *n* central *f* telefónica; **~buch** *n* lista *f* telefónica; **~er** *m* telefone; **~teilnehmer** *m* assinante; **~zelle** *f* cabine telefónica
Fern|steuerung *f* telecomando *m*; **~verkehr** *m* transportes *m/pl* a grande distância
Ferse *f* calcanhar *m*
fertig pronto; **~ *werden*** acabar; **2gericht** *n* pré-cozinhado *m*; **2keit** *f* jeito *m*; prática; **~stellen** fabricar; acabar; **2(teil)haus** *n* casa *f* pré-fabricada; **2ung** *f* fabrico *m*, produção
Fessel *f* cadeia; (*Hand*) algemas *f/pl*; **2n** atar, prender; *fig* fascinar
Fest *n* festa *f*; **2** firme; sólido; (*Punkt*, *Preis*) fixo; **2binden** atar; **~essen** *n* banquete *m*; **2halten** *v/t* segurar; *v/i* insistir (*an* em); **2igen** consolidar, firmar; **~igkeit** *f* firmeza; solidez; **~körper** *m* sólido; **~land** *n* continente *m*; **2legen** fixar; **2lich** festivo; solene; **~nahme** *f* prisão; detenção; **2nehmen** prender; **~platte** *f Inform* disco *m* rígido; **2schnallen** afivelar; (*Gurt*) apertar; **~schrift** *f* homenagem; **2setzen** estabelecer; fixar; (*Termin*) marcar; **~spiel** *n* festival *m*; **2stehen** *fig* ser (*od* estar) certo; **2stellen** verificar; **~tag** *m* dia de festa
Festung *f* fortaleza
festverzinslich a juro fixo
Festzug *m* cortejo, desfile
fett gordo; **~ *werden*** engordar; **2** *n* gordura *f*
Fetzen *m* (*Stoff*) farrapo
feucht (h)úmido; **2igkeit** *f* (h)umidade
Feuer *n* fogo *m*; (*Brand*) incêndio *m*; **~alarm** *m* sinal de incêndio; **~bestattung** *f* cremação; incineração; **2fest** refra(c)tário; **2gefährlich** inflamável; **~löscher** *m* extintor (de incêndios); **~melder** *m* campainha *f* de incêndios; **~sbrunst** *f* incêndio *m*; **~schiff** *n* barco-farol *m*; **~versicherung** *f* seguro *m* contra incêndios; **~wache** *f* posto *m* de bom-

beiros; **~wehr** *f* bombeiros *m*/*pl*; **~werk** *n* fogo *m* de artifício; **~zeug** *n* isqueiro *m*
feurig ardente (*a fig*)
Fichte *f* pinheiro *m*; **~nwald** *m* pinhal
Fieber *n* febre *f*; **2haft** febril; **~thermometer** *n* termómetro *m* clínico
Figur *f* figura; *Thea* personagem *m od f*
fiktiv fictício, imaginário
Filet *n* filete *m*
Filiale *f* sucursal
Film *m* filme; (*dünne Schicht*) película *f*; *Fot* rolo; **~atelier** *n* estúdio *m*; **~aufnahme** *f* filmagem; rodagem; **2en** filmar; **~regisseur** *m* realizador; **~schauspieler** *m* a(c)tor de cinema; **~star** *m* vedeta *f*; **~vorstellung** *f* sessão de cinema
Filter *m* filtro; **2n** filtrar
Filz *m* feltro; **~laus** *f* chato *m*
Finale *n* final *m*; (*Sport*) final *f*
Finanz|amt *n* fazenda *f* pública; **~en** *pl* finanças *f*/*pl*; **2iell** financeiro; **~ier** *m* financeiro; **2ieren** financiar; **~ierung** *f* financiamento *m*
find|en achar (*a fig*); encontrar; **2er** *m* achador; **2erlohn** *m* alvíssaras *f*/*pl*
Finger *m* dedo; ***kleiner*** **~** mínimo; **~abdruck** *m* impressão *f* digital; **~fertigkeit** *f* destreza manual; **~hut** *m* dedal; **~nagel** *m* unha *f*; **~ring** *m* anel; **~spitze** *f* ponta do dedo; **~spitzengefühl** *n* ta(c)to *m*; tino *m*, sensibilidade *f*; **~zeig** *m* indicação *f*; aviso
fingieren fingir
finster escuro; *fig* lúgubre; sombrio; **2nis** *f* escuridão
Finte *f* finta; truque *m*
Firma *f* firma; casa (comercial)
Firnis *m* verniz
Fisch *m* peixe; **~besteck** *n* talher *m* de peixe; **2en** pescar; **~er** *m* pescador; **~erboot** *n* barco *m* de pesca; **~erei** *f* (**~fang** *m*) pesca *f*; **~gericht** *n* prato *m* de peixe; **~händler** *m* peixeiro; **~zucht** *f* piscicultura
Fiskus *m* fisco
fix ágil; *adv* depressa; **~ieren** fixar
flach chato, plano; (*Teller*) raso; (*seicht*) pouco profundo
Fläche *f* plano *m*; *allg* superfície
Flach|land *n* planície *f*; **~zange** *f* alicate *m* de bico chato
Flagge *f* bandeira; **2n** içar a bandeira
Flamme *f* chama
Flanell *m* flanela *f*
flanieren flanar
Flanke *f* lado *m*; *a Mil* flanco *m*
Flansch *m* flange
Flasche *f* garrafa (*klein*) frasco *m*; (*Säugling*) biberão

m; **~nhals** *m* gargalo; **~öffner** *m* tira-cápsulas; **~npfand** *n* depósito *m*; **~nzug** *m* talha *f*
flattern esvoaçar; flutuar
Flaum *m* penugem *f*
Flechte *f* trança; *Med* impigem; **2n** entrançar; tecer
Fleck *m* mancha *f*, nódoa *f*; ***blauer*** **~** nódoa *f* negra; **~entferner** *m* tira-nódoas; **2ig** manchado, com manchas
Fledermaus *f* morcego *m*
flehen suplicar
Fleisch *n* carne *f*; **~brühe** *f* caldo *m*; **~er** *m* carniceiro; **~erei** *f* talho *m*, açougue *m*; **~gericht** *n* prato *m* de carne; **2ig** carnoso, carnudo; **~klößchen** *n* almôndega *f*; **~vergiftung** *f* intoxicação por ingestão de carne; **~wurst** *f* chouriço *m* de carne
Fleiß *m* aplicação *f*; diligência; **2ig** aplicado, diligente
flexibel flexível
Flicken *m* remendo; **2** remendar
Flieder *m* lilás
Fliege *f* mosca; (*Schleife*) laço *m*; **2n** voar; *Flgw* ir (*od* andar) de avião; **2nd** volante; *Hdl* ambulante; **~nfänger** *m* apanha-moscas; **~nfenster** *n* rede *f*
Flieger *m* aviador; piloto; **~abwehr** *f* defesa antiaérea; **~alarm** *m* rebate; **~angriff** *m* ataque aéreo
fliehen fugir
Fliese *f* azulejo *m*; (*Fußboden*) ladrilho *m*
Fließ|band *n* correia *f* transportadora; (*Produktion*) linha *f* de montagem; **2en** correr; fluir; **2end** corrente; (*Stil*) fluente
flink ligeiro; ágil
Flirt *m* namorico; *bras* flerte; **2en** namoricar; *bras* flertar
Flitterwochen *f/pl* lua-de--mel *f*
Flocke *f* floco *m*
Floh *m* pulga *f*; **~markt** feira *f* da ladra
Floß *n* jangada *f*
Flosse *f* barbatana
Flöte *f* flauta
flott ligeiro; vivo; **2e** *f* frota
Fluch *m* maldição *f*; praga *f*; **2en** praguejar (***über, auf*** contra)
Flucht *f* fuga; evasão
flücht|en fugir; refugiar-se; **~ig** fugitivo; (*oberflächlich*) fugaz; passageiro; *Chem* volátil; **2ling** *m* fugitivo; *Pol* refugiado
Flug *m* voo; **~bahn** *f* traje(c)tória; **~blatt** *n* folheto *m*
Flügel *m* asa *f*; *Mus* piano de cauda; (*Fenster*, *Tür*) batente
Fluggast *m* passageiro
Flug|hafen *m* aeroporto; **~linie** *f* linha aérea; **~lotse** *m* controlador do tráfego aéreo; **~platz** *m* campo de aviação; **~sand** *m* areia *f*

movediça; **~schreiber** *m* caixa *f* negra
Flugzeug *n* avião *m*; **~führer** *m* piloto; **~hangar** *m* hangar; **~träger** *m* porta-aviões
Fluktuation *f* flutuação
Fluorchlorkohlenwasserstoff *m* (FCKW) clorofluorocarboneto (CFC)
Flur 1. *f* campo *m*; campina; **2.** *m* corredor; entrada *f*
Fluß *m* rio; **~bett** *n* leito *m* do rio
flüssig líquido; **≗keit** *f* líquido *m*
Fluß|pferd *n* cavalo-marinho *m*; **~schiffahrt** *f* navegação fluvial; **~schiffer** *m* barqueiro
flüstern sussurrar; cochichar
Flut *f* maré cheia, preia-mar
Fohlen *n* potro *m*; *bras* potranco *m*
Folge *f* consequência; (*Reihe*) série; (*Fortsetzung*) continuação; (*Ergebnis*) resultado *m*; *TV* episódio *m*; ***zur ~ haben*** trazer consigo; ***~ leisten*** obedecer a; (*Einladung*) aceitar; **≗n** seguir (***j-m*** alg); (*Nachfolger sn*) suceder a; **≗nd** seguinte
folger|n concluir; deduzir; **≗ung** *f* conclusão
folg|lich por conseguinte; **~sam** dócil; **≗samkeit** *f* docilidade
Folie *f* folha
Folklore *f* folclore *m*
Folter *f* tortura; **≗n** torturar
Fonds *m* fundo(s *pl*) *m*; capital
Fontäne *f* repuxo *m*
Förderband *n* correia *f* transportadora
Förderer *m* promotor
förderlich proveitoso; útil
fordern exigir; reclamar; reivindicar
förder|n promover; fomentar; *Bgb* extrair; **≗turm** *m* torre *f* de extracção
Forderung *f* exigência; reivindicação; *Hdl* dívida a(c)tiva
Förderung *f* fomento *m*; promoção; extra(c)ção
Forelle *f* truta
Form *f* forma; **≗al** formal; **~alität** *f* formalidade; **~at** *n* formato *m*; tamanho *m*; **≗atieren** *Inform* formatar; **~el** *f* fórmula; **≗ell** formal; **≗en** formar
förmlich formal; cerimonioso; **≗keit** *f* formalidade; cerimónia
form|los sem cerimónia; **≗sache** *f* formalidade
Formul|ar *n* impresso *m*; *bras* formulário *m*; **~ierung** *f* expressão; (*Text*) reda(c)ção
formvollendet impecável
forsch enérgico
forsch|en investigar; **≗er** *m* investigador; **≗ung** *f* investigação; **≗ungsreaktor** *m* rea(c)tor experimental
Forst *m* floresta *f*
Förster *m* guarda-florestal

Forstwirtschaft *f* silvicultura
fort (*abwesend*) ausente; ***und so ~*** e assim por diante; **~bilden: *sich ~*** aperfeiçoar-se; **2bildung** *f* aperfeiçoamento *m*; reciclagem; **2bildungskurs** *m* curso de reciclagem (*od* pós-graduação); **~dauern** continuar; **~dauernd** contínuo; **~fahren, ~führen** continuar; **~gehen** sair, partir; **~pflanzen** propagar; reproduzir; **2pflanzung** *f* propagação; reprodução; **~schicken** (*j-n*) despedir; (*et*) despachar; **~schreitend** progressivo; sucessivo; **2schritt** *m* progresso; **~schrittlich** progressista; **~setzen** continuar; **2setzung** *f* continuação; **~während** contínuo; constante
Foto *n* foto *f*; **~apparat** *m* máquina *f* fotográfica; **2gen** fotogênico; **~graf** *m* fotógrafo; **~grafie** *f* fotografia; **2grafisch** fotográfico; **~kopie** *f* fotocópia; **~kopiergerät** *n* fotocopiadora *f*
Fracht *f* transporte *m*; frete *m*; *Mar* carregamento *m*; **~brief** *m* guia *f* (de transporte); **~flugzeug** *n* avião *m* de carga; **~gebühr** *f* frete *m*; **~gut** *n* carga *f*; **~schiff** *n* cargueiro *m*; **~stück** *n* volume *m*; **~verkehr** *m* transporte de mercadorias
Frage *f* pergunta; (*Problem*) questão; **~bogen** *m* questionário; **2n** perguntar (***j-n*** a alg.; ***nach*** por)
fraglich (*unsicher*) duvidoso, incerto; em causa
frag|los sem dúvida; **~würdig** discutível, duvidoso
Fraktion *f* fa(c)ção
frankier|en franquear; **2ung** *f* franquia
Frankreich *n* França *f*
Franz|ose *m* francês; **2ösisch** francês
Fratze *f* careta (***schneiden*** fazer)
Frau *f* mulher; (*Ehe2 a*) esposa; (*vor Namen*) senhora (dona); (*Anrede*) a senhora
Frauen|arzt *m* ginecologista; **~bewegung** *f* feminismo *m*; **~rechtlerin** *f* feminista
Fräulein *n* menina *f*; *bras* senhorita *f*; (*unverheiratete Frau*) solteira *f*
Freak *m* carola
frech atrevido; **2heit** *f* atrevimento *m*
Fregatte *f* fragata
frei livre; (*unbesetzt*) vago; (*Beruf*) liberal; (*kostenlos*) grátis; gratuito; **2berufler** *m* trabalhador por conta própria; **2denker** *m* livre-pensador; **2gabe** *f* restituição, entrega; *jur* desembargo *m*; **~gebig** generoso; **~haben** estar de folga; (*Urlaub*) estar de férias; **2hafen** *m* porto franco; **2handel** *m* livre-câmbio; **2heit** *f* liberdade; **2lassung** *f* libertação

freilich com certeza; (*jedoch*) porém
Frei|staat *m* Estado livre; **2stehend** isolado; **2stellen** deixar à escolha (**j-m** de alg.) dispensar (**von** de); **~tag** *m* sexta-feira *f*; **2tags** às sextas-feiras; **2tragend** em balanço; **~treppe** *f* escadaria; **2willig** voluntário; **~zeit** *f* tempos *m/pl* livres
fremd estranho; alheio (*ausländisch*) estrangeiro; (*unbekannt*) desconhecido; **~artig** estranho
Fremde *f* estrangeiro *m*; **~nführer** *m* guia; **~nlegion** *f* legião estrangeira; **~nverkehr** *m* turismo; **~nzimmer** *n* quarto *m* de hóspedes; **~(r)** *m* estranho; estrangeiro
Fremd|körper *m* corpo estranho; **2ländisch** estrangeiro; **~sprache** *f* língua estrangeira; **~wort** *n* estrangeirismo *m*
Frequenz *f* frequência; **~band** *n* zona *f* de frequência
Fresse *f* V (*Mund*) tromba, focinho *m*
fressen F tragar, engolir; (*Tiere*) comer; devorar
Freude *f* alegria; prazer *m*
freudig alegre, contente
freuen alegrar; ***sich ~*** ficar contente (*od* satisfeito) (***über*** com)
Freund *m* amigo; (*Geliebter*) namorado; **2lich** am(ig)ável; **~lichkeit** *f* amabilidade; **~schaft** *f* amizade
Frevel *m* injúria *f*; **2haft** injurioso
Fried|e(n) *m* paz *f* ***~ schließen*** fazer as pazes; **~ensbewegung** *f* movimento *m* pacifista; **~ensrichter** *m* juiz de paz; **~ensvertrag** *m* tratado de paz; **2fertig** pacífico; **~hof** *m* cemitério; **2lich** pacífico
frieren gelar; ter frio
Friese *m* frísio
Frikadelle *f* almôndega
frisch fresco; novo, recente; ***~ gestrichen*** pintado de fresco; ***auf ~er Tat*** em flagrante; **2e** *f* frescura
Friseu|r *m* cabeleireiro; (*Herren*) barbeiro; **~se** *f* cabeleireira
frisier|en frisar; pentear; *Tech* retocar; **2salon** *m* salão de cabeleireiro; **2tisch** *m* toucador
Frist *f* prazo *m*; termo *m*; **2los** sem (pré-)aviso; **~verlängerung** *f* prorrogação do prazo
Frisur *f* penteado *m*
Friteuse *f* fritadeira
froh alegre; contente; **2sinn** *m* alegria *f*; bom humor
fröhlich alegre; **2keit** *f* alegria
fromm piedoso; devoto
Frömmigkeit *f* devoção
Fronleichnam *m* festa *f* do Corpo de Deus
Front *f* fachada; frente (*a Mil*); **~scheibe** *f* *Kfz* pára-brisas *m*; **~scheinwerfer** *m* *Kfz* farol dianteiro

Frosch *m* rã *f*
Frost *m* gelo; geada *f*; (*Kälte*) frio; **≈beständig** incongelável; **≈ig** frio; **~schutzmittel** *n* anticongelante *m*
Frottiertuch *n* toalha *f* de felpa
Frucht *f* (*Obst*) fruta; *allg*, *a fig* fruto *m*; **≈bar** fecundo; **~barkeit** *f* fecundidade; **≈bringend** frutífero; *fig a* produtivo; **~eis** *n* gelado *m* de fruta; sorvete *m*; **~fleisch** *n* polpa *f*; **≈los** infrutífero; **~saft** *m* sumo; *bras* suco; **~zucker** *m* frutose *f*
früh *adj* temporão; prematuro; *adv* cedo; **≈aufsteher** *m* madrugador; **≈e** *f* madrugada; **~er** *adj* antigo, anterior; *adv* antes; **~estens** o mais depressa possível; **≈geburt** *f* parto *m* prematuro; **≈kartoffel** *f* batata nova
Früh|ling *m* primavera *f*; **≈morgens** de manhã cedo; **≈reif** precoce; **~stück** *n* pequeno almoço *m*; F matabicho *m*; *bras* café *m* da manhã; **≈stücken** tomar o pequeno almoço (*bras* o café da manhã); **≈zeitig** cedo; prematuro
Frustr|ation *f* frustração; **≈ieren** frustrar
Fuchs *m* raposa *f*; (*Pferd*) alazão; *fig* manhoso *m*
fuchteln gesticular
Fuge *f* junta; (*Rille*) ranhura; *Mus* fuga
fügen juntar; *Tech* encaixar; ***sich ~*** conformar-se (***in*** com)
Fügung *f fig* coincidência
fühl|bar sensível; **~en** sentir; (*tasten*) apalpar; **≈er** *m Zo* antena *f*; *Tech* detector; **≈ung** *f* conta(c)to *m*
führen conduzir; (*lenken*) guiar; (*Amt*) exercer; (*Aufsicht*) ter; (*Beweis*) apresentar; (*Bücher*) fazer a escrituração; ***zu nichts ~*** não levar para nada
Führer *m* (*Tourismus*) guia; *Pol* líder, dirigente; **~schein** *m* carta *f* de condução; *bras* carteira *f* de motorista
Führung *f* (*Benehmen*) comportamento *m*; (*Ausübung*) exercício *m*; *Pol* liderança; *Tech* guia; **~szeugnis** *n* certificado *m* de conduta
Fülle *f* abundância
füll|en encher; *Kochk* rechear; (*Zahn*) chumbar; **≈federhalter** *m* caneta-tinteiro *f*; **≈ung** *f* enchimento *m*; recheio *m*; (*Zahn*) chumbo *m*
Fund *m* achado; descoberta *f*; **~ament** *n* alicerces *m/pl*; fundamento *m*; **~büro** *n* depósito *m* de obje(c)tos achados; **~grube** *f fig* mina; fonte; **~sachen** *pl* perdidos e achados *m/pl*
fünf|fach quíntuplo; **≈ganggetriebe** *n Kfz* caixa *f* de cinco velocidades
Fungizid *n* fungicida *m*
Funk *m* rádio, radiotelefonia

f; **~e** *m* centelha *f*; faísca *f*; **2eln** cintilar, brilhar; **2elnagelneu** F novinho em folha; **~er** *m* (radio)telegrafista; **~haus** *n* casa *f* emissora; **~sprechgerät** *n* Walkie-talkie *m engl*; **~spruch** *m* radiograma; **~station** *f* estação radiofónica; **~streife** *f* carro-patrulha *m*; **~taxi** *n* radiotáxi *m*; **~telefon** *n* telemóvel *m*

Funktion *f* função; **2ieren** funcionar; **2** *n* funcionamento *m*; **~staste** *f Inform* tecla de função

für para; por; **~ sich** por si

Fürbitte *f* intercessão

Furche *f* sulco *m*

Furcht *f* medo *m*, receio *m*; **2bar** terrível

fürcht|en temer, recear; **~erlich** terrível

furcht|los intrépido; **~sam** medroso, receoso

Furnier *n* folheado *m*

Fürsorge *f* assistência

fürsorglich cuidadoso

Fürst *m* príncipe; **~enhaus** *n* dinastia *f*; **~entum** *n* principado *m*; **~in** *f* princesa; **2lich** principesco

Furz *m* V traque, peido

Fusel *m* aguardente *f* ordinária

Fusion *f* fusão

Fuß *m* pé; **~bad** *n* escalda-pés *m*; **~ball** *m* futebol; **~bank** *f* escabelo *m*; **~bekleidung** *f* calçado *m*; **~boden** *m* chão; pavimento; **~bremse** *f* travão *m* de pé; *bras* freio *m* pedal; **2en** *fig* fundar-se (*auf* em); **~gänger** *m* peão; *bras* pedestre; **~gängerbrücke** *f* passarela; **~gängerübergang** *m* passadeira *f*; **~gängerzone** *f* percurso *m* pedonal, zona de peões; **~matte** *f* capacho *m*; **~spur** *f* pegada; **~stütze** *f* apoia-pé *m*; **~tritt** *m* pontapé; **~weg** *m* atalho

Futter *n* pasto *m*; forragem *f*; (*Stoff*) forro *m*; *Tech* guarnição *f*; **~al** *n* estojo *m*

fütter|n dar de comer (a); (*Kleid*) forrar (de); **2ung** *f* alimentação; (*Tier*) pasto *m*

G

Gabe *f* dom *m* (*a geistig*); presente *m*

Gabel *f* garfo *m*; *Tel* descanso *m*; **~stapler** *m* empilhadeira *f*; **~ung** *f* bifurcação

Gage *f* honorários *m/pl*

gähnen bocejar

Galerie *f* galeria

Galgen *m* forca *f*; *Tech* cavalete; **~humor** *m* alegria *f* macabra

Galionsfigur *f* figura de proa (*a fig*)

Galle *f* bílis; *fig* fel *m*; **~nblase** *f* vesícula biliar; **~nstein** *m* cálculo biliar

Galopp *m* galope; **≈ieren** galopar; **≈ierend** galopante
Gang *m* passeio; corredor; (*Durch≈*) passagem *f*; (*Essen*) prato; (*Auto*) velocidade *f*; (*Geschäfts≈*) andamento; (*Arbeit*) ciclo; **≈bar** viável
gängig corrente
Gangschaltung *f* caixa de velocidades
Gans *f* ganso *m*
Gänse|blümchen *n* margarida *f*; **~haut** *f* F pele de galinha
ganz *adj* (*ungeteilt*) inteiro, todo; (*heil*) inta(c)to; (*vollständig*) completo; *adv* inteiramente; **~ *und gar*** completamente
gar *adj* pronto; bem cozido (*od* passado); *adv* bem, muito; **~ *nichts*** absolutamente nada
Garage *f* garagem
Garantie *f* garantia; **≈ren** garantir; **~schein** *m* garantia *f*
Garde *f* guarda
Garderobe *f* guarda-roupa *m*; vestiário *m*; **~nmarke** *f* ficha do vestiário; **~nständer** *m* bengaleiro
Gardine *f* cortina; cortinado *m*; **~nstange** *f* varão *m* de cortinado
gären fermentar; *fig* ferver
Garn *n* fio *m*; linha *f*
Garnele *f* camarão *m*
garnier|en guarnecer; **≈ung** *f* guarnição; enfeite *m*
Garten *m* quintal; (*Zier≈*) jardim; (*Obst*) pomar; (*Gemüse*) horta *f*; ***zoologischer* ~** jardim zoológico; **~arbeit** *f* jardinagem; **~bau** *m* horticultura *f*; **~laube** *f* caramanchão *m*; **~zaun** *m* vedação *f*
Gärtner *m* jardineiro; hortelão; **~ei** *f* horta; (*Geschäft*) casa de horticultura
Gärung *f* fermentação
Gas *n* gás *m*; **~boiler** *m* esquentador a gás; **~brenner** *m* bico de gás; **~herd** *m* fogão a gás; **~maske** *f* máscara anti-gás; **~pedal** *n* acelerador *m*
Gasse *f* travessa; beco *m*
Gast *m* hóspede; convidado; (*Besuch*) visita *f*; (*Bad*) banhista; (*Restaurant*) freguês; **~arbeiter** *m* emigrante
Gästebuch *n* (*Hotel*) livro *m* de registo dos hóspedes
gast|freundlich hospitaleiro; **≈geber** *m* anfitrião; **≈haus** *n* pousada *f*; estalagem *f*; **≈stätte** *f* restaurante *m*; **≈wirt** *m* hospedeiro; hoteleiro; **≈wirtschaft** *f* restaurante *m*
Gas|uhr *f* contador *m* (*bras* medidor *m*) do gás; **~versorgung** *f* abastecimento *m* de gás
Gatt|e *m* marido; **~in** *f* esposa; **~ung** *f* espécie; classe
Gaumen *m* palato; céu da boca
Gauner *m* gatuno; vigarista; **~ei** *f* vigarice

Gaze *f* gaze
Gazelle *f* gazela
Gebäck *n* pastéis *m/pl*; biscoitos *m/pl*
Gebärde *f* gesto *m*
gebär|en parir; dar à luz; **2mutter** *f* útero *m*
Gebäude *n* edifício *m*; prédio *m*
geben dar; (*über~*) entregar; ***es gibt*** há, *bras* tem
Gebet *n* oração *f*
Gebiet *n* território *m*, região *f*; *fig* ramo *m*, campo *m*; **2erisch** imperioso
gebildet culto, instruído
Gebirg|e *n* montanha *f*; serra *f*; **2ig** montanhoso
Gebirgs|bewohner *m* serrano, montanhês; **~kamm** *m* cumeada *f*; **~kette** *f* cordilheira
Gebiß *n* dentadura *f* (***künstliches*** postiça)
geboren nascido; **~ *in*** natural de; **~ *werden*** nascer
geborgen seguro; **2heit** *f* segurança
Gebot *n* mandamento *m*; **~szeichen** *n* (*Verkehr*) sinal *m* de permissão
Gebrauch *m* uso; (*Anwendung*) emprego; **2en** usar; empregar
gebräuchlich usual; vulgar
Gebrauchs|anweisung *f* instruções *f/pl*; **~artikel** *m* artigo de consumo; **2fertig** pronto; **~muster** *n* modelo *m* registado
Gebrauchtwagen *m* carro usado
Gebrech|en *n* defeito *m*; enfermidade *f*; **2lich** débil, doente
Gebühr *f* taxa, propina; *Postw* porte *m*; **2en** ser devido; **2end** devido; adequado; **~enordnung** *f* tarifa; **2enpflichtig** sujeito a direitos
Geburt *f* nascimento *m*; (*Entbindung*) parto *m*
Geburten|regelung *f* controlo *m* da natalidade; **~rückgang** *m* baixa *f* de natalidade; **~ziffer** *f* natalidade
gebürtig natural (***aus*** de)
Geburts|helferin *f* parteira; **~ort** *m* lugar do nascimento; **~tag** *m* dia de anos, aniversário; **~ *haben*** fazer anos; **~urkunde** *f* certidão de nascimento
Gebüsch *n* arbustos *m/pl*
Gedächtnis *n* memória *f*; lembrança *f*
Gedanke *m* pensamento, ideia *f*; **~naustausch** *m* troca *f* de impressões; **2nlos** descuidado; irrefle(c)tido
Gedeck *n* talher *m*; (*Mahlzeit*) refeição *f*
gedeihen prosperar; crescer; *fig* dar bons resultados
gedeihlich próspero, propício
gedenk|en (*feierlich*) comemorar; **2tafel** *f* placa comemorativa

Gedicht *n* poema *m*
gediegen sólido; puro
Gedränge *n* aperto *m*; multidão *f*
Geduld *f* paciência; **≈en:** ***sich ~*** ter paciência; **≈ig** paciente
geehrt: ***sehr ~er Herr*** Ex.mo (*Abk. von* Excelentíssimo) (*bras* Il.mo [Ilustríssimo]) Senhor
geeigent próprio, apropriado, adequado; (*fähig*) apto
Gefahr *f* perigo *m*; risco *m*
gefähr|den pôr em perigo; arriscar; **~lich** perigoso
Gefährte *m* companheiro
Gefälle *n* declive *m*
gefallen agradar; gostar (de); **≈** *m* agrado, prazer; (*Gefälligkeit*) favor
gefällig agradável; amável; **≈keit** *f* favor *m*
Gefangen|e(r) *m* preso; prisioneiro; **~nahme** *f* prisão; detenção; **≈nehmen** prender; **~schaft** *f* prisão
Gefängnis *n* prisão *f*, cadeia *f*
Gefäß *n* recipiente *m*; vaso *m* (*a Med*)
Gefecht *n* combate *m*, luta *f*; ***außer ~ setzen*** pôr fora de combate
Gefieder *n* plumagem *f*
Geflügel *n* aves *f*/*pl* de capoeira; **~farm** *f* aviário *m*
Geflüster *n* sussurro *m*, murmúrio *m*
gefragt procurado
gefräßig voraz; glutão; **≈keit** *f* voracidade
gefrieren (con)gelar(-se)
Gefrier|fleisch *n* carne *f* congelada; **~schrank** *m* congelador
Gefüg|e *n* estrutura *f*; **≈ig** dócil
Gefühl *n* sentimento *m*; (*Sinneseindruck*) sensação *f*; (*Eindruck*) impressão *f*; **≈los** insensível; **~losigkeit** *f* insensibilidade; **≈voll** sentimental
gegeben|enfalls em caso afirmativo; eventualmente; **≈heit** *f* realidade
gegen (*Richtung*) para, a; (*feindlich*) contra; (*Tausch*) por, em troca de; (*ungefähr*) cerca de; (*Vergleich*) em comparação com; **≈...** *in Zssgn oft* contra(-)...; **≈angriff** *m* contra-ataque
Gegend *f* região, zona
Gegen|gift *n* contraveneno *m*, antídoto *m*; **~leistung** *f* compensação; **~licht** *n* contraluz *f*; **~maßnahme** *f* contramedida; **~satz** *m* contraste; oposição *f*; antagonismo; **≈sätzlich** oposto, contrário; **~seite** *f* lado *m* oposto; **≈seitig** recíproco; mútuo; **~seitigkeit** *f* reciprocidade; **~stand** *m* obje(c)to; *fig* assunto; **≈standslos** supérfluo; sem interesse; **~stück** *n* equivalente *m*; **~teil** *n* contrário *m* (**im** ao); **≈über** em frente (de); *fig* frente a, perante; **≈überliegend** opos-

to; (situado) em frente; **~überstellung** *f* confronto *m*; **~verkehr** *m* trânsito oposto; **~wart** *f* presença; (*aktuelle Zeit*) a(c)tualidade; *Gram* presente *m*; **2wärtig** presente; a(c)tual; *adv* a(c)tualmente; **~wert** *m* equivalente; **~wind** *m* vento ponteiro; **~wirkung** *f* rea(c)ção; **2zeichnen** contra-rubricar
Gegner *m* adversário; rival; (*Feind*) inimigo
Gehalt 1. *m* teor, conteúdo; **2.** *n* ordenado *m*; salário *m*; **~sempfänger** *m* assalariado; empregado; **~serhöhung** *f* aumento *m* do ordenado; **~szulage** *f* gratificação; **2voll** substancioso
gehässig odioso; rancoroso
Gehäuse *n* caixa *f*; invólucro *m*
Gehege *n* cerca *f*, recinto *m*
geheim secreto; **2bericht** *m* ralatório confidencial; **2nis** *n* segredo *m*; **2nisvoll** misterioso; **2polizei** *f* polícia secreta
gehen ir; andar (***nach*** a, para); caminhar; (*weg*) ir-se (embora); (*Teig*) levedar; ***wie gehts?*** F que tal?
Gehilfe *m* adjudante; assistente
Gehirn *n* cérebro *m*; *in Zssg adj* cerebral; **~erschütterung** *f* traumatismo *m* craniano; **~hautentzündung** *f* meningite; **~schlag** *m* apoplexia
Gehölz *n* bosque *m*
Gehör *n* ouvido *m*
gehorchen obedecer
gehören ser de, pertencer a; ***sich ~*** ser conveniente
gehörig conveniente, devido
gehorsam obediente; **2** *m* obediência *f*
Gehweg *m* passeio
Geier *m* abutre
Geig|e *f* violino *m*; **~er** *m* violinista
Geisel *f* refém *m*
Geist *m* espírito, mente *f*; (*Verstand*) intele(c)to; (*Gespenst*) fantasma; **~esgabe** *f* faculdade mental; **~esgegenwart** *f* presença de espírito; **2eskrank** alienado; demente; **~eskrankheit** *f* doença mental; **~eswissenschaften** *f/pl* Letras
geist|ig espiritual; intele(c)tual; **~lich** eclesiástico; **2liche(r)** *m* sacerdote; **2lichkeit** *f* clero *m*; **~los** estúpido
Geiz *m* avareza *f*; **2ig** avarento
Gelächter *n* risada *f*; gargalhada *f*; ***in ~ ausbrechen*** desatar a rir
gelähmt paralisado; paralítico
Gelände *n* terreno *m*
Geländer *n* corrimão *m*
Geländewagen *m* veículo todo-o-terreno
gelangen chegar (***nach, zu*** a)

gelassen sereno; calmo; **2heit** *f* serenidade; calma
geläufig corrente; (*vertraut*) familiar; **2keit** *f* facilidade
gelaunt disposto, humorado; ***gut*** (***schlecht***) **~** bem (mal) disposto
gelb amarelo; (*Ampel*) laranja; **2sucht** *f* i(c)terícia
Geld *n* dinheiro *m*; (*Wechsel2*) troco *m*; **~anlage** *f* investimento *m*; **~anweisung** *f* vale *m* postal; **~automat** *m* caixa automático; **~buße** *f* multa; **~forderung** *f* dívida a(c)tiva; **~mittel** *n/pl* recursos *m/pl*; **~schein** *m* nota *f*; **~schrank** *m* cofre; **~strafe** *f* multa; **~stück** *n* moeda *f*; **~transporter** *m* carro-forte; **~umlauf** *m* circulação *f* monetária
Gelee *n* geleia *f*
gelegen situado; *fig* oportuno; **2heit** *f* ocasião; oportunidade; **~tlich** ocasional; casual
gelehr|ig dócil; **2samkeit** *f* erudição; **~t** erudito, sábio; **2te**(**r**) *m* erudito
Geleit *n* escolta *f*; **~brief** *m* salvo-conduto; **2en** acompanhar; *Mil* escoltar; **~zug** *m Mar* comboio
Gelenk *n* articulação *f*; **~bus** *m* autocarro articulado; **2ig** flexível
gelingen sair bem; dar bom resultado; (*j-m*) conseguir; **2** *n* êxito *m*; sucesso *m*
gellen ressoar; **~d** estridente
geloben prometer; fazer voto de
Gelöbnis *n* promessa *f*
gelt|en valer; (*gültig sn*) ser válido; (*Gesetz*) estar em vigor; passar (***für*** por); **~end** vigente, em vigor; **2ung** *f* valor *m*; (*Ansehen*) crédito *m*; prestígio *m*; *jur* vigência; **2ungsbedürfnis** *n* presunção *f*; **2ungsbereich** *m* domínio; âmbito
gemächlich vagaroso; **2keit** *f* tranquilidade
Gemälde *n* pintura *f*, quadro *m*; **~ausstellung** *f* exposição de pintura
gemäß segundo, conforme; **~igt** moderado; (*Klima*) temperado
Gemäuer *n* muros *m/pl*
gemein comum; (*gewöhnlich*) vulgar; (*bösartig*) infame
Gemeinde *f* município *m*; (*Kirche*) paróquia; (*städtisch*) freguesia; **~haus** *n* junta *f* de freguesia; **~vorsteher** *m* presidente de junta de freguesia
Gemein|gut *n* bem *m* comum; **~heit** *f* infâmia; **2nützig** de utilidade pública; **~platz** *m* lugar-comum; **2sam** comum; **~schaft** *f* comunidade; ***Europäische*** **~** Comunidade Europeia; **~** ***Unabhängiger Staaten*** (***GUS***) Comunidade de

Estados Independentes (CEI); **≗schaftlich** em comum; **~wesen** *n* cole(c)tividade *f*; **~wohl** *n* bem *m* público
Gemetzel *n* matança *f*
Gemisch *n* mistura *f*; **~twarenhandlung** *f* mercearia
Gemurmel *n* murmurinho *m*
Gemüse *n* hortaliça *f*; legumes *m/pl*; **~bau** *m* horticultura *f*; **~garten** *m* horta *f*; **~händler** *m* vendedor de hortaliças; **~laden** *m* frutaria *f*
Gemüt *n* ânimo *m*; alma *f*; **≗lich** cómodo; acolhedor; aconchegado; **~lichkeit** *f* comodidade; aconchego *m*; conforto *m*; **~sbewegung** *f* comoção; emoção; **≗skrank** depressivo; **~szustand** *m* disposição *f* mental
genau exa(c)to; preciso; *adv* (*Uhrzeit*) em ponto; **~genommen** em rigor; **≗igkeit** *f* exa(c)tidão; precisão; (*Strenge*) rigor *m*
genehmig|en aprovar; autorizar; **≗ung** *f* aprovação; autorização
geneigt inclinado; *fig* disposto (*zu* a)
General *m* general; **~direktor** *m* dire(c)tor geral; **~probe** *f* ensaio *m* geral; **~stab** *m* Estado-Maior; **~streik** *m* greve *f* geral; **~vollmacht** *f* plenos poderes *m/pl*; *Hdl* procuração geral
Generation *f* geração
Generator *m* gerador
generell geral
generieren *Inform* gerar
genes|en convalescer; **≗ung** *f* convalescença
Genick *n* nuca *f*
Genie *n* génio *m*
genieren: ***sich ~*** ter vergonha; F fazer cerimónia
genieß|bar comestível; (*trinkbar*) potável; **~en** (*Speise*) saborear; *fig* gozar de; F curtir
Genitalien *pl* órgãos *m/pl* genitais
Genosse *m* companheiro; camarada; **~nschaft** *f* (sociedade) cooperativa
genug bastante; ***~!*** basta! ***~ haben von*** *fig* estar farto de
genügen bastar; chegar; **~d** suficiente
genügsam sóbrio; modesto. **≗keit** *f* moderação; sobriedade
Genugtuung *f* satisfação; ***~ geben*** desagravar
Genuß *m* gozo; prazer; **~mittel** *n* estimulante *m*
Geographie *f* geografia
Geologie *f* geologia
Gepäck *n* bagagem *f*; **~abfertigung** *f* despacho *m*; **~aufbewahrung** *f* depósito *m* de bagagens; **~ausgabe** *f* entrega de bagagens; **~schein** *m* guia *f*; *bras* talão de bagagem; **~schließfach** *n* cacife *m*; **~stück** *n* volume *m*; mala

f; **~träger** *m* carregador; bras portador; (*Pkw*) porta-bagagens; *bras* bagageiro; **~versicherung** *f* seguro *m* de bagagens; **~wagen** *m* furgão
gepanzert blindado
gepflegt cuidado; arranjado
Gepflogenheit *f* costume *m*
Gepräge *n* cunho *m*, cará(c)ter *m*
gerade *adj* direito; re(c)to; (*Zahl*) par; *adv* (*soeben*) agora mesmo; **~aus** a direito; em frente; **~zu** dire(c)tamente; *fig* francamente
Gerät *n* (*selbsttätiges*) aparelho *m*; (*manuell bewegtes*) utensílio *m*, instrumento *m*
geräumig espaçoso
Geräusch *n* ruído *m*; barulho *m*; **~dämmung** *f* insonorização; **2los** silencioso; **2voll** ruidoso; barulhento
gerben curtir
gerecht justo; **2igkeit** *f* justiça
Gerede *n* (*dummes*) disparates *f*/*pl*; (*leeres*) palavreado *m*; (*Gerücht*) boato *m*
gereizt irritado; **2heit** *f* irritação
Gericht *n* (*Speise*) prato *m*; *jur* tribunal *m*; **2lich** judicial; judiciário; **~shof** *m* tribunal; **~skosten** *pl* custas *f*/*pl*; **~smedizin** *f* medicina legal; **~ssaal** *m* sala *f* de audiências; **~sverfahren** *n* processo *m*; **~sverhandlung** *f* audiência; **~svollzieher** *m* oficial de diligências
gering pequeno; (*Wert*, *Umfang*) pouco; **~fügig** insignificante; **2fügigkeit** *f* insignificância; **~schätzen** menosprezar **~schätzig** desdenhoso; **2schätzung** *f* desdém *m*; desprezo *m*
gerinn|en coalhar; **2sel** *n* coágulo *m*
Gerippe *n* esqueleto *m*; *Tech* estrutura *f*
gern(e) com gosto, com prazer; **~ *haben*; ~ *mögen*; ~ *tun*** *usw* gostar de (*inf*)
Geröll *n* cascalho *m*
Gerste *f* cevada
Geruch *m* cheiro; **2los** inodoro; **~ssinn** *m* olfa(c)to; (*Witterung*) faro; **~sverschluß** *m* sifão
Gerümpel *n* tralha *f*
Gerüst *n* andaime *m*
gesamt todo, total; global; inteiro; **2...** *in Zssgn a* integral; **2bild** *n* conjunto *m*; panorama *m*; **2eindruck** *m* impressão *f* geral; **2heit** *f* totalidade; conjunto *m*
Gesandt|e(r) *m* enviado; *Pol* ministro (plenipotenciário); **~schaft** *f* legação
Gesang *m* canto; **~buch** *n* livro *m* de cânticos; **~verein** *m* orfeão
Gesäß *n* nádegas *f*/*pl*
gesättigt satisfeito; *Chem* saturado
Geschäft *n* negócio *m*; (*La-*

den) loja *f*; (*Firma*) casa *f* comercial; ***unsauberes* ~** negociata *f*; **≈ig** a(c)tivo; **≈lich** comercial; de negócios; **~saufgabe** *f* liquidação; **~sführer** *m* gerente; **~sinhaber** *m* patrão; **~sjahr** *n* ano *m* fiscal; **~sleitung** *f* dire(c)ção; **~smann** *m* homem de negócios; comerciante; **~sordnung** *f* regulamento *m*; **~reise** *f* viagem de negócios; **~sstunden** *f/pl* horas de serviço, expediente *m*; **~sträger** *m* encarregado de negócios; **~sverbindung** *f* relações *f/pl* comerciais

gescheh|en acontecer; suceder; **≈nis** *n* acontecimento *m*

Geschenk *n* presente *m*

Geschicht|e *f* história; **≈lich** histórico

Geschick *n* destino *m*, sorte *f*; **~lichkeit** *f* habilidade, jeito *m*; **≈t** hábil

Geschirr *n* louça *f*; **~spülmaschine** *f* máquina de lavar loiça

Geschlecht *n* sexo *m*; (*Sippe*) família *f*; **≈lich** sexual; **~skrankheit** *f* doença venérea

Geschmack *m* sabor; *fig* gosto; **≈los** (**~losigkeit** *f*) *fig* sensbor (*m*); **~(s)sache** *f* questão de gosto; **≈voll** de bom gosto

geschmeidig flexível

Geschöpf *n* criatura *f*

Geschoß *n* projé(c)til *m*; bala *f*; *Arch* andar *m*, piso *m*

Geschrei *n* gritos *m/pl*; gritaria *f*

Geschütz *n* canhão *m*; peça *f* de artilharia; **~feuer** *n* fogo *m* de artilharia

Geschwader *n* esquadra *f*

Geschwätz *n* palavreado *m*; **≈ig** falador

Geschwindigkeit *f* velocidade; rapidez; **~sbegrenzung** *f* limitação de velocidade; **~süberschreitung** *f* excesso *m* de velocidade

Geschwister *pl* irmãos *m/pl*

Geschworene(r) *m* jurado

Geschwulst *f* tumor *m*

Geschwür *n* ab(s)cesso *m*; úlcera *f*

Gesell|e *m* (*Handwerk*) oficial; **~igkeit** *f* sociabilidade

Gesellschaft *f Hdl* companhia (***leisten*** fazer); *allg* sociedade; (*Verband*) associação; (*Verein*) círculo *m*; clube *m*; ***~ mit beschränkter Haftung*** (***GmbH***) sociedade anónima de responsabilidade limitada (SARL); **~er** *m* sócio; **~lich** social; **~sanzug** *m* fato de cerimónia; *bras* traje de rigor; **~sspiel** *n* jogo *m* de sala

Gesetz *n* lei *f*; **~buch** *n* código *m*; **~entwurf** *m* proje(c)to de lei; **~geber** *m* legislador; **~gebung** *f* legislação; **≈lich** legal; legítimo; ***~ geschützt*** registado; **~lichkeit** *f* legalidade; **~losigkeit** *f* anarquia;

~mäßigkeit *f* lei, princípio *m*; *jur* legalidade; **≈widrig** ilegal
gesetzt (*besonnen*) sério, grave
Gesicht *n* cara *f*; rosto *m*; **~sausdruck** *m* fisionomia *f*; expressão *f*; **~sfarbe** *f* cor, tez; **~skreis** *m* horizonte; **~spunkt** *m* ponto de vista; **~szug** *m* feição *f*
Gesindel *n* corja *f*, ralé *f*
Gesinnung *f* sentimentos *m/pl*; mentalidade
gesittet civilizado; bem-educado
gespannt tenso; crítico; (*Aufmerksamkeit*) vivo; *adv* com muito interesse; *~ auf* curioso (*od* morto) por saber
Gespenst *n* fantasma *m*
gesperrt (*z. B. Straße*) impedido
Gespött *n* escárnio *m*
Gespräch *n* conversa(ção) *f*; diálogo *m*; *Tel* telefonema *m*; *bras* telefonada *f*; **≈ig** loquaz; falador; **~spartner** *m* interlocutor
Gestalt *f* forma; figura; *Lit* personagem; **≈en** formar; *fig* realizar
Gestaltung *f* formação; realização, configuração
geständ|ig confesso; **≈nis** *n* confissão *f*; ***ein ~ ablegen*** confessar-se
Gestänge *n* hastes *f/pl*
Gestank *m* fedor; mau cheiro
gestatten permitir; (*höflich*) dar licença
Geste *f* gesto *m*
gestehen confessar
Gestein *n* pedra(s *pl*) *f*; rocha *f*
Gestell *n* cavalete *m*; armação *f*
gestern ontem
Gestirn *n* astro *m*
Gesträuch *n* arbustos *m/pl*
gestreift riscado; às riscas
Gestrüpp *n* brenhas *f/pl*
Gestüt *n* coudelaria *f*
Gesuch *n* requerimento *m*
gesund são, de boa saúde; (*heilsam*) saudável; **~en** curar-se, restabelecer-se
Gesundheit *f* saúde; **~spflege** *f* higiene; **≈sschädlich** nocivo; **~swesen** *n* serviços *m/pl* sanitários; **~szustand** *m* estado de saúde
Gesundung *f* convalescença, restabelecimento *m*
Getöse *n* estrondo *m*
Getrampel *n* pateada *f*
Getränk *n* bebida *f*
Getreide *n* cereais *m/pl*; **~bau** *m* cultura *f* dos cereais; **~feld** *n* seara *f*; **~speicher** *m* celeiro
Getriebe *n* engrenagem *f*; transmissão *f*; *Kfz* caixa *f* de velocidades; *fig* movimento *m*
Getümmel *n* tumulto *m*
Gewächs *n* planta *f*; *Med* tumor *m*; **~haus** *n* estufa *f*
gewagt arriscado
gewahr: ***~ werden*** aperceber-se de; descobrir

Gewähr *f* garantia; ***ohne ~*** sem compromisso; **2en** conceder; proporcionar; ***~ lassen*** deixar fazer; **2leisten** garantir

Gewalt *f* (*Macht*) poder *m*; (*brutal*) violência; (*Zwang*) força; (*moralisch*) autoridade; **~herrschaft** *f* tirania; **2ig** poderoso; *fig* enorme; **2sam** violento; *adv* à força; **2tätig** brutal; violento; **~tätigkeit** *f* violência, brutalidade; **~verzicht** *m* não-utilização *f* da força

gewandt hábil, ágil; **2heit** *f* habilidade, agilidade

Gewässer *n* água(s *pl*) *f*; **~schutz** *m* preservação *f* hídrica

Gewebe *n* tecido *m*

Gewehr *n* espingarda *f*; arma *f*; **~kolben** *m* coronha *f*; **~lauf** *m* cano (da espingarda)

Geweih *n* armação *f*

Gewerbe *n* indústria *f*; (*Handwerk*) artes *f*/*pl* mecânicas; ofício *m*; (*Geschäft*) negócio *m*; **~aufsicht** *f* inspe(c)ção de indústrias; **~erlaubnis** *f* alvará *m* profissional; **~gebiet** *n* polígono *m* industrial; **~kammer** *f* câmara de indústria; **~ordnung** *f* regulamento *m* de trabalho; **~steuer** *f* contribuição (*od* imposto *m*) industrial

gewerblich industrial

gewerbsmäßig profissional

Gewerkschaft *f* sindicato *m*; **~ler** *m* sindicalista; **2lich** sindical

Gewicht *n* peso *m*; *fig* importância *f*; **~heben** *n* halterofilia *f*; **2ig** *fig* importante; sério; **~sverlust** *m* perda *f* de peso; **~szunahme** *f* aumento *m* de peso

Gewimmel *n* bulício *m*

Gewinde *n* rosca *f*

Gewinn *m* rendimento; lucro; (*Nutzen*) proveito; (*Lotterie*) prémio; **~anteil** *m* dividendo; **2bringend** lucrativo; **2en** ganhar; *Bgb* extrair; (*Sport a*) vencer; **~er** *m* vencedor; **~spanne** *f* margem de lucro; **2süchtig** ganancioso; interesseiro; **~ung** *f* *Bgb* extra(c)ção

gewiß certo; seguro; *adv* com certeza, decerto

Gewissen *n* consciência *f*; **2haft** consciencioso; **~haftigkeit** *f* escrupulosidade; **2los** sem escrúpulo; **~losigkeit** *f* falta de escrúpulo; **~sbiß** *m* remorso; **~sfrage** *f* caso *m* de consciência; **~sfreiheit** *f* liberdade de consciência

gewissermaßen de certo modo

Gewißheit *f* certeza

Gewitter *n* trovoada *f*; **2n** trovejar

gewöhnen acostumar, habituar

Gewohnheit *f* costume *m*

hábito *m*; **~srecht** *n* direito *m* costumeiro
gewöhnlich ordinário; corrente; (*gemein*) vulgar; (*üblich*) usual
gewohnt acostumado a, habituado a
Gewölbe *n* abódada *f*
Gewühl *n* multidão *f*, tumulto *m*
gewunden sinuoso
Gewürz *n allg* especiaria *f*; *Kochk* condimento *m*
Gezänk *n* disputa *f*, rixa *f*
Gezeiten *pl* marés *f/pl*; **~kraftwerk** *n* central *f* maremotriz
geziert afe(c)tado; **2heit** *f* afe(c)tação
Gezwitscher *n* gorjeio *m*
gezwungen forçado; *fig* afe(c)tado, artificial
Gicht *f Med* gota
Giebel *m* frontão; empena *f*
Gier *f* avidez; **2ig** ávido
gieß|en verter; deitar; *Tech* fundir; (*Blumen*) regar; **2erei** *f* fundição; **2form** *f* molde *m*; **2kanne** *f* regador *m*
Gift *n* veneno *m*; **~gas** *n* gás *m* tóxico; **2ig** venenoso; tóxico; **~müll** *m* resíduos *m/pl* tóxicos
Ginster *m* giesta *f*
Gipfel *m* alto; pico; *fig* cúmulo; **~konferenz** *f* cimeira
Gips *m* gesso
Girlande *f* grinalda
Girokonto *n* conta *f* corrente
Gitarre *f allg* viola; (*portugiesisch*) guitarra; **~nspieler** *m* guitarrista
Gitter *n* grade *f*; (*Rost*) grelha *f*; **~fenster** *n* janela *f* de grades
Glanz *m* brilho; *fig* pompa *f*
glänzen brilhar (*a fig*); **~d** brilhante
Glas *n* vidro *m*; (*Behältnis*) frasco *m*; (*Trink2*) copo *m*; cálice *m*; **~ballon** *m* garrafão; **~bläser** *m* vidreiro
Glaser *m* vidraceiro
Glas|hütte *f* fábrica de vidro; **~scheibe** *f* vidraça; **~scherbe** *f* caco *m* de vidro; **~ur** *f* vidrado *m*; **~waren** *pl* cristais *m/pl*
glatt liso; (*eben*) plano; (*rutschig*) escorregadio
Glätte *f* lisura; (*Eis*) regelo *m*; **2n** alisar; aplanar
Glatze *f* calva, careca
Glaube *m* fé *f*; crença *f*; **2n** crer; acreditar; **~nsbekenntnis** *n* credo *m*
glaubhaft crível; **2igkeit** *f* credibilidade
gläubig crente; **2e(r)** *m* crente; **2er** *m Fin* credor; **2erland** *n* país *m* credor
glaubwürdig fidedigno; autêntico
gleich igual; mesmo; **~artig** idêntico; **~bedeutend** equivalente; **~berechtigt** com direitos iguais, com os mesmos direitos (que); **2be-**

rechtigung *f* igualdade de direitos; **~bleibend** constante; invariável; **~en** (*ea*) parecer-se com; **~falls** igualmente; **~förmig** uniforme; **~gestellt** da mesma categoria; **2gewicht** *n* equilíbrio *m*; **~gültig** indiferente; **2heit** *f* igualdade; **~lautend** idêntico; **~machen** igualar; uniformizar; **~mäßig** constante; regular; **~mütig** sereno; **2nis** *n* parábola *f*; alegoria *f*; **2richter** *m* (*Radio*) re(c)tificador; **~stellen** equiparar; **2strom** *m* corrente *f* contínua; **2ung** *f* equação; **~wertig** equivalente; **~zeitig** simultâneo
Gleis *n* via *f* (férrea); carris *m*/*pl*; *bras* trilhos *m*/*pl*; (*Bahnhof*) gare *f*; **~übergang** *m* passagem *f* de nível
Gleit|arbeitszeit *f* horário *m* flexível; **2en** deslizar; *Flgw* planar; **2end** móvel; variável
Gleitflug *m* voo planado
Gletscher *m* glaciar; **~spalte** *f* fenda de glaciar
Glied *n* membro *m*; (*Kette*) elo *m*; *Anat* pénis *m*; **2ern** dividir; organizar; estruturar; **~erung** *f* divisão; organização; estrutura; **~maßen** *pl* membros *m*/*pl*; extremidades *f*/*pl*
glitzern cintilar
Globus *m* globo
Glocke *f* sino *m*; campainha; *Tech* campânula; (*Kuh*) chocalho *m*; **~nschlag** *m* badalada *f*; **~nturm** *m* campanário
glotzen F arregalar os olhos
Glück *n* felicidade *f*; (*zufallsbedingt*) sorte *f*; ***auf gut ~*** ao acaso; ***viel ~!*** boa sorte!
glück|en sair bem; **~lich** feliz; **2spilz** *m* F felizardo; **2spiel** *n* jogo *m* (de azar); **2wunsch** *m* parabém *m*
Glüh|birne *f* lâmpada elé(c)trica; **2en** arder; estar em brasa; **~wein** *m* vinho quente; **~würmchen** *n* pirilampo *m*
Glut *f* ardor *m*; (*Kohle*) brasa
GmbH *f s.* ***Gesellschaft***
Gnade *f* graça; (*Gunst*) favor *m*, mercê; (*Milde*) clemência
Gnadengesuch *n* pedido *m* de clemência
Gold *n* ouro *m*; **~barren** *m* barra *f* de ouro; **~fisch** *m* peixe dourado; **~gehalt** *m* quilate; **~gräber** *m bras* garimpeiro; **~grube** *f fig* mina; **~schmied** *m* ourives; **~stück** *n* moeda *f* de ouro; **~währung** *f* padrão-ouro *m*
Golf 1. *m* golfo; **2.** *n* (*Sport*) golfe *m*; **~platz** *m* campo de golfe; **~strom** *m* corrente *f* do Golfo
Gondel *f* gôndola
gönn|en não invejar; **2er** *m* prote(c)tor; **~erhaft** altaneiro
Gotik *f* (estilo *m*) gótico *m*
Gott *m* Deus; ***um ~es willen!***

por amor de Deus! ~ ***sei Dank!*** graças a Deus!
Gottes|dienst *m* missa *f*; **~lästerung** *f* blasfémia
Gottheit *f* divindade
Gött|in *f* deusa; **2lich** divino
Götze *m* ídolo
Gouverneur *m* governador
Grab *n* túmulo *m*, sepultura *f*; **~en** *m* fosso, vala *f*; **2en** (es)cavar; **~hügel** *m* túmulo; **~stein** *m* pedra *f* sepulcral; campa *f*
Grad *m* grau; *Mil* categoria *f*; ~ ***Celsius*** grau centígrado; **~messer** *m* escala *f*
Graf *m* conde
Gräfin *f* condessa
Gram *m* desgosto
grämen: ***sich*** ~ afligir-se (***über*** com)
Gramm *n* grama *m*
Grammatik *f* gramática
Granat|e *f* granada; **~werfer** *m* lança-granadas
Granit *m* granito
Granulat *n* granulado *m*
Graphik *f* artes *f*|*pl* gráficas; *Inform* gráfico *m*; *Mal* desenho *m*
Graphit *m* grafite *f*
Gras *n* erva *f*; *bras* capim *m*; F (*Rauschgift*) erva *f*; **2en** pastar; **~hüpfer** *m* gafanhoto
grassieren grassar
gräßlich horrível
Grat *m* (*Berg*) crista *f*; *Tech* rebarba
Gräte *f* espinha
gratis grátis, de graça; **2exemplar** *m* exemplar gratuito
Gratul|ation *f* felicitações *f*|*pl*; parabéns *m*|*pl*; **2ieren** dar os parabéns (a)
grau cinzento; (*Haare*) grisalho; **2en** *n* horror *m*; medo *m*; **~enhaft** horrível
graumeliert grisalho
graupeln granizar
grausam cruel; **2keit** *f* crueldade
gravieren gravar; **~d** agravante
Grazi|e *f* graça; **2ös** gracioso
greif|bar palpável; *fig* evidente; **~en** agarrar; pegar em
Greis *m* ancião; **2enhaft** senil
grell (*Farbe*) vivo, berrante; (*Licht*) deslumbrante; (*Ton*) agudo, penetrante
Grenz|bahnhof *m* estação *f* fronteiriça; **~e** *f* limite *m*; (*Landes*) fronteira; **2en** confinar (***an*** com); **2enlos** ilimitado; imenso; **~fall** *m* caso extremo; **~gebiet** *n* região *f* fronteiriça; **~pfahl** *m* marco; **~schutz** *m* defesa *f* da fronteira; **~verletzung** *f* violação da fronteira; **~wert** *m* valor limite
Greu|el *m* horror; **~eltat** *f* atrocidade; **2lich** horrível
Griechenland *n* Grécia *f*
Griech|e *m*, **2isch** grego
Grieß *m* sêmola *f*
Griff *m* (*Henkel*) asa *f*; (*Messer usw*) cabo, pega *f*; (*Hand*) punho; *Tech* manípulo;

(*Tür*) maçaneta *f*; **2bereit** à mão
Grill *m* grelha (*a Kfz*); **2en** grelhar
Grimasse *f* careta
grimmig furioso; (*Schmerz*) agudo; (*Kälte*) de rachar
Grippe *f* gripe; **2krank** gripado
Grips *m* F miolo
grob grosso; *fig* grosseiro
Grobheit *f* grosseria
Groll *m* rancor; **2en** guardar rancor
Gros *n* grosso *m*
groß grande; (*hochgewachsen*) alto; (*Buchstabe*) maiúsculo; **~artig** grandioso; **2betrieb** *m* grande empresa *f*
Großbritannien *n* Grã-Bretanha *f*
Größe *f* grandeza; (*Person*) estatura; (*Umfang*) tamanho *m*; (*Ausmaß*) dimensão; (*Kleidung*) número *m*
Groß|eltern *pl* avôs *m/pl*; **~grundbesitz** *m* latifúndio; **~handel** *m* comércio por atacado; **~macht** *f* grande potência; **2mütig** generoso; **~mutter** *f* avó; **~onkel** *m* tio-avô; **~rechner** *m Inform* computador de grande porte; **~stadt** *f* grande cidade; **~vater** *m* avô; **2zügig** generoso, liberal; **~zügigkeit** *f* generosidade, liberalidade
grotesk grotesco
Grotte *f* gruta
Grube *f* fossa, cova; *Bgb* mina
grübeln cismar, meditar
Gruft *f* cova; túmulo *m*
grün verde; **2anlage** *f* zona verde
Grund *m* fundo; (*Boden*) solo; terreno; *fig* razão *f*; motivo; causa *f*; **~bedeutung** *f* significado *m* primitivo; **~besitz** *m* bens *m/pl* de raiz; propriedades *f/pl*; **~besitzer** *m* proprietário; **~buch** *n* cadastro *m*
gründ|en fundar; *Arch* alicerçar; **2er** *m* fundador
Grund|fläche *f* base; **~gesetz** *n* lei básica; (*Verfassung*) constituição *f*; **~ierung** *f* pintura primitiva; **~lage** *f* fundamento *m*; **2legend** fundamental
gründlich (*tiefgehend*) profundo; (*solide*) sólido; (*von Grund aus*) radical; (*systematisch*) metódico, pormenorizado; **2keit** *f* solidez; cuidado *m*
Grund|lohn *m* salário base; **2los** sem fundo; *fig* infundado, sem razão; **~riß** *m* plano; *Arch* planta *f*; **~satz** *m* princípio; **~schule** *f* escola primária; **~stein** *m* primeira pedra *f*; **~stoff** *m* matéria-prima *f*; **~stück** *n* (lote *m* de) terreno *m*
Gründung *f* fundação
Grundwasser *n* água *f* subterrânea
Grüne *pl*: ***die ~n*** os verdes
Grün|kohl *m* couve *f* galega; **~span** *m* verdete

Gruppe *f* grupo *m*; conjunto *m*
gruppier|en agrupar; **2ung** *f* agrupamento *m*
Gruß *m* saudação *f*; cumprimento; **Grüße** *pl* (*im Brief*) cumprimentos *m/pl*; lembranças *f/pl*
grüßen saudar; cumprimentar; ***j-n ~ lassen*** mandar cumprimentos (*od* lembranças) a alg.
Guerilla 1. *f* guerrilha; **2.** *m* guerrilheiro
Gulasch *n* guisado *m*
Gülle *f* esterco *m* liquefeito
Gully *m* bueiro
gültig válido; *jur* em vigor; **2keit** *f* validade; vigor *m*
Gummi *n od m* borracha *f*; F (*Kondom*) camisinha *f*; **~band** *n* elástico *m*
Gunst *f* favor *m*
günst|ig favorável; oportuno; **2ling** *m* favorito
Gurgel *f* garganta; **2n** gargarejar
Gurke *f* pepino *m*
Gurt *m* cinto
Gürtel *m* cinto; **~reifen** *m* pneu radial
Guß *m* fundição *f*; (*Regen*) aguaceiro; (*Zucker*) cobertura *f*; **~eisen** *n* ferro-gusa *m*; **~form** *f* molde *m*; **~stahl** *m* aço fundido
Gut *n* bem *m*; *Hdl* mercadoria *f*; (*Land*) quinta *f*, herdade *f*
gut *adj* bom; boa; *adv* bem; ***alles 2e!*** felicidades! **2achten** *n* parecer *m*; **2dünken** *n* bel-prazer *m*
Güte *f* bondade; (*Ware*) qualidade; categoria; **~klasse** *f* classe
Güter *n/pl* mercadorias *f/pl*; **~bahnhof** *m* estação *f* de mercadorias; **~gemeinschaft** *f* comunhão de bens; **~trennung** *f* separação de bens; **~umschlag** *m* trasbordo de mercadorias; **~wagen** *m* carruagem *f* (*bras* carro *m*) de mercadorias; **~zug** *m* comboio de mercadorias; *bras* trem de carga
gut|gelaunt bem-disposto; **~gläubig** de boa fé; **2haben** *n* haver *m*; crédito *m*; **~heißen** aprovar
güt|ig bondoso; benévolo; **~lich** às boas
gut|machen remediar; (*Gewinn*) lucrar; **~mütig** bonacheirão; **2schrift** *f* crédito *m*; **2shof** *m* herdade *f*; quinta *f*; **~tun** fazer bem; **~willig** de boa vontade
Gymnasi|ast *m* liceal; *bras* ginasiano; **~um** *n* escola *f* secundária, liceu *m*; *bras* ginásio *m*
Gymnastik *f* ginástica
Gynäkologe *m* ginecologista

H

Haar *n* (*Behaarung*) pêlo *m*; (*Kopf*) cabelo *m*; **~ausfall** *m* queda *f* do cabelo; **~entferner** *m* depilatório; **~färbemittel** *n* tinta *f* para o cabelo; **~festiger** *m* fixador; **~nadel** *f* gancho *m*; **~spray** *n* laca *f*; **2sträubend** horripilante; **~trockner** *m* secador; **~wasser** *n* loção *f* para o cabelo
Habe *f* haveres *m/pl*
haben ter; (*Hilfsverb*) haver; (*besitzen*) possuir; **2** *n Hdl* haver *m*
Habenichts *m* pobretão
Habgier *f* avidez; **2ig** ávido
Habicht *m* açor
Habseligkeiten *f/pl* haveres *m/pl*
Hacke *f* enxada; (*Spitz2*) picareta; *Anat* calcanhar *m*; **2n** *Agr* cavar; *Kochk* picar; (*Holz*) partir, rachar
Hackfleisch *n* carne *f* picada
Hafen *m* porto; **~amt** *n* capitania *f*; **~anlagen** *f/pl* instalações portuárias; **~einfahrt** *f* barra
Hafer *m* aveia *f*; **~flocke** *f* floco *m* de aveia
Haff *n* albufeira *f*; *bras* laguna *f*
Haft *f* prisão; **2bar** responsável; **~befehl** *m* ordem *f* de prisão; **2en** aderir; estar pegado; *jur* responder (**für** por); **2enbleiben** colar-se; aderir; **~pflicht** *f* responsabilidade civil; **2pflichtig** responsável; **~pflichtversicherung** *f* seguro *m* de responsabilidade civil; **~ung** *f* responsabilidade; **~vermögen** *n* aderência *f*
Hagel *m* saraiva *f*; granizo
Hahn *m* galo; (*Wasser usw*) torneira *f*
Hähnchen *n* frango *m*
Hai *m*, **~fisch** *m* tubarão
Hain *m* arvoredo
häkeln fazer croché
Haken *m* gancho; (*Kleider*) cabide; (*für Öse*) colchete
halb meio; **~e-~e** pela metade, meio a meio; **2dunkel** *n* penumbra *f*; lusco-fusco *m*; **2fabrikat** *n* produto *m* semimanufa(c)turado; **2finale** *n* semifinal *f*; **~gebildet** pseudo-intelectual; **~ieren** dividir ao meio; **2insel** *f* península; **2jahr** *n* semestre *m*; **~jährlich** semestral; **2kreis** *m* semicírculo; **2kugel** *f* hemisfério *m*; **2leiter** *m* semicondutor; **~mast: auf ~** a meia haste; **2mond** *m* meia-lua *f*; **~offen** entreaberto; **2pension** *f* meia pensão; **2schatten** *m* penumbra *f*; **~stündlich** de meia em meia hora; **~tags** meio dia; **~tot** meio-morto; **2wertszeit** *f Phys* meia-vida;

~wüchsige(r) *m* adolescente; **~zeit** *f* (*Sport*) parte, meio tempo *m*
Halde *f* pilha; entulho *m*
Hälfte *f* metade; meio *m*
Halle *f* átrio *m*; salão *m*; (*Sport*) ginásio *m*; (*Ausstellung*) pavilhão *m*; (*Flugzeug*) hangar *m*; (*Markt*) mercado *m*
hallen ressoar, retumbar
Hallenbad *n* piscina *f* coberta
hallo! olá!; *Tel* está lá!
Halluzination *f* alucinação
Halm *m* caule, talo
Halogenlampe *f* lâmpada halógena
Hals *m* pescoço; colo; (*Kehle*) garganta *f*; (*Flasche*) gargalo; **~band** *n* colar *m*; (*Hunde*) coleira *f*; **~entzündung** *f* inflamação da garganta; **~kette** *f* colar *m*; **~-Nasen-Ohren-Arzt** *m* otorrinolaringologista; **~schmerzen** *m/pl* dores *f/pl* de garganta; **~starrig** teimoso; **~tuch** *n* cachecol *m*
Halt *m* paragem *f*; (*Stütze*) apoio; **~!** alto!; **~bar** sólido; durável; **~barkeit** *f* durabilidade; vida útil; **~egriff** *m* punho; **~en** *v/t* (*in Händen*) segurar; (*Wort*) cumprir; (*aufrecht*) manter; (*zurück*) deter; (*denken*) pensar (***von*** de); tomar (***für*** por), considerar (***für*** como); *v/i* parar; ***sich ~*** manter-se; conservar-se; **~er** *m* suporte; **~estelle** *f* paragem; *bras* parada; **~everbot** *n* paragem *f* proibida; **~machen** parar; **~ung** *f* atitude; porte *m*
Halunke *m* malandro
Hamburger *m* *Kochk* hamburguesa *f*
hämisch malicioso
Hammel *m* carneiro; **~keule** *f* perna de carneiro
Hammer *m* martelo
hämmern martelar
Hämorrhoiden *f/pl* hemorróides
hamstern açambarcar
Hand *f* mão; ***von ~*** à mão; ***aus zweiter ~*** de segunda mão; **~arbeit** *f* trabalho *m* manual; (*Nadelarbeit*) costura; **~ball(spiel** *n*) *m* handebol *m*; **~betrieb** *m* a(c)cionamento manual; **~breit** *f* palmo *m*; **~bremse** *f* travão *m* (*bras* freio *m*) de estacionamento; **~buch** *n* manual *m*
Händedruck *m* aperto de mãos
Handel *m* comércio; (*Geschäft*) negócio; ***~ treiben*** comerciar; negociar (***mit*** em); **~n** agir, a(c)tuar; (*vorgehen*) proceder; (*feilschen*) regatear; *fig* ***sich ~ um*** tratar-se de
Handels|abkommen *n* acordo *m* comercial; **~beziehungen** *f/pl* relações comerciais; **~bilanz** *f* balança comercial; **~gesellschaft** *f* sociedade comercial; companhia; **~**

gesetzbuch *n* Código *m* Comercial; **~kammer** *f* Câmara de Comércio; **~korrespondenz** *f* correspondência comercial; **~marine** *f* marinha mercante; **~partner** *m* parceiro comercial; **~register** *n* registo *m* comercial; **~spanne** *f* margem de lucro; **≈üblich** (da praxe) comercial; **~vertrag** *m* tratado de comércio
Hand|feger *m* vassourinha *f*; **≈fest** robusto; **~fläche** *f* palma (da mão); **~gelenk** *n* pulso *m*; **~gepäck** *n* bagagem *f* de mão; **~griff** *m* cabo, punho; asa *f*; (*Handbewegung*) manejo, jeito; **~habe** *f fig* pretexto *m*; *Tech* alavanca; **≈haben** manejar, manipular; **~habung** *f* manejo *m*; **~kuß** *m* beija-mão
Händler *m* comerciante; vendedor
handlich manejável; portátil
Handlung *f* a(c)ção; (*Geschäft*) comércio *m*; loja; *Lit* argumento *m*
Handlungs|freiheit *f* liberdade de a(c)ção; **~weise** *f* procedimento *m*
Hand|schelle *f* algema; **~schrift** *f* letra; escrita; **~schuh** *m* luva *f*; **~schuhfach** *n Kfz* porta-luvas *m*; **~stand** *m* pino; **~tasche** *f* carteira; *bras* bolsa; **~tuch** *n* toalha *f*; **~voll** *f* punhado *m*; **~werk** *n* artes *f/pl* mecânicas, ofício *m*; **~werker** *m* artífice, artesão; operário; **~werkszeug** *n* ferramentas *f/pl*
Hanf *m* cânhamo
Hang *m* encosta *f*; *fig* tendência *f*
Hänge|brücke *f* ponte suspensa; **~lampe** *f* candeeiro *m*; **~matte** *f* rede
hängen *v/i* pender; estar pendurado; *fig* **~ an** ser (muito) afeiçoado a; *v/t* pendurar; (*hinrichten*) enforcar
Hänger *m* F *Kfz* atrelado
hänseln fazer troça de
hantieren manejar; lidar (**mit** com)
Hardware *f Inform* hardware *m*
Harfe *f* harpa
Harke *f* ancinho *m*; **≈n** ancinhar
harmlos (*unschuldig*) inocente; (*unschädlich*) inoefensivo
Harmon|ie *f* harmonia *f*; **≈ieren** harmonizar(-se); **~ika** *f* acordeão *m*; **≈isch** harmonioso
Harn *m* urina *f*; **~blase** *f* bexiga
Harpune *f* arpão *m*
hart duro; (*streng*) rigoroso; (*Ei*) bem cozido
Härte *f* dureza; (*Stahl*) têmpera; *fig* severidade; rigor *m*
Hart|faserplatte *f* placa de fibra dura; **≈herzig** desapiedado; **≈näckig** tendaz; (*halsstarrig*) teimoso; **~näckigkeit** *f* tenacidade; teimosia

Harz *n* resina *f*; **~gewinnung** *f* resinagem
Haschisch *n* haxixe *m*
Has|e *m* lebre *f*; **~elnuß** *f* avelã
Haß *m* ódio
hassen odiar
häßlich feio; **2keit** *f* fealdade
Hast *f* pressa; precipitação; **2en** apressar-se; **2ig** apressado
Haube *f* touca; *Kfz* capota
Hauch *m* sopro; **2en** soprar
hauen bater
Haufen *m* F montão; (*Stapel*) pilha *f*; **2weise** F aos montes
häufig frequente; **2keit** *f* frequência
Haupt *n* cabeça *f*; (*Chef*) chefe *m*; **~...** *in Zssgn* principal, central; **~bahnhof** *m* estação *f* central; **~darsteller** *m* protagonista; **~eingang** *m* entrada *f* principal; **~fach** *n* disciplina *f* (*od* cadeira *f*) nuclear; **~gewinn** *m* sorte *f* grande; **~gewinner** *m* totalista; **~mann** *m* capitão; **~person** *f* figura principal; **~rolle** *f* papel *m* principal; **~sache** *f* essencial *m*; principal *m*; **2sächlich** principal; **~stadt** *f* capital; **~verkehrszeit** *f* horas *pl* de ponta
Haus *n* casa *f*; (*groß*) edifício *m*; ***außer ~*** fora de casa; ***nach ~e*** para casa; ***zu ~e*** em casa; **~angestellte** *f* criada; empregada (doméstica); **~apotheke** *f* farmácia portátil; **~arbeit** *f* trabalho *m* doméstico; **~arzt** *m* médico da casa; **~aufgaben** *pl* (*Schule*) deveres *m/pl* de casa; **2backen** *fig* grosseiro; simples; **~besetzer** *m* ocupante selvagem; **~besitzer** *m allg* proprietário; (*Miethaus*) senhorio; **~bewohner** *m* inquilino; **~durchsuchung** *f* busca domiciliária; **~frau** *f* dona de casa; **~friedensbruch** *m* violação *f* do lar; **~gebrauch** *m* uso doméstico; **2gemacht** (de fabrico) caseiro; **~gehilfin** *f* empregada (doméstica); **~halt** *m* governo da casa; (*Staat*) orçamento; **~haltgerät** *n* ele(c)trodoméstico *m*; **~haltsplan** *m* orçamento; **~herr** *m* dono da casa
häuslich caseiro
Haus|mädchen *n* empregada *f* (doméstica); **~meister** *m* porteiro; *bras* zelador de casa; **~mittel** *n* remédio *m* caseiro; **~rat** *m* recheio da casa; **~schuh** *m* chinela *f*; **~telefon** *n* telefone *m* interno; **~tier** *n* animal *m* doméstico; **~tür** *f* porta de rua; **~wart** *m* porteiro; **~wirt** *m* senhorio
Haut *f* pele; **~arzt** *m* dermatologista; **~ausschlag** *m* erupção *f* cutânea; eczema; **~farbe** *f* tez; cor da pele; **~krankheit** *f* dermatose; **~krebs** *m*

cancro da pele; **~pflege** *f* higiene da pele
Havarie *f* avaria
Hebamme *f* parteira
Heb|ebühne *f Kfz* plataforma de serviço; **~el** *m* alavanca *f*; **2en** levantar; *fig* elevar; (*erhöhen*) aumentar
Hecht *m* lúcio
Heck *n* popa *f*; *Kfz* retaguarda *f*; **~e** *f* sebe; **~scheibe** *f Kfz* óculo *m* traseiro
Heer *n* exército *m*
Hefe *f* levedura, fermento *m*
Heft *n* caderno *m*; (*Zeitschrift*) fascículo *m*; (*Broschüre*) folheto *m*; (*Scheck*; *Fahrkarten*) caderneta *f*; **2en** prender; **~er** *m* classificador; (*zum Klammern*) agrafador
heftig violento; **2keit** *f* violência
Heftklammer *f* gancho *m*; agrafo *m*; *bras* clipe *m*
Heftpflaster *n* adesivo *m*
Heftzwecke *f* percevejo *m*
Hegemonie *f* hegemonia
Hehler *m* encobridor
Heid|e 1. *m* pagão; **2.** *f* charneca; **~elbeere** *f* arando *m*
heikel delicado; melindroso; (*Lage*) precário
heil inteiro, inta(c)to; (*gesund*) são (e salvo); **2bad** *n* termas *f*|*pl*; **~bar** curável; **~en** curar; sanar; **2gymnastik** *f* ginástica terapêutica
heilig sagrado, santo; **2abend** *m* Noite *f* de Natal
Heil|kraft *f* virtude curativa; **2kräftig** curativo; **~mittel** *n* remédio *m*; **~pflanze** *f* planta medicinal; **~praktiker** *m* médico naturalista; **~quelle** *f* fonte de água medicinal; **~sarmee** *f* Exército *m* de Salvação; **~ung** *f* cura; (*Wunde*) cicatrização
Heim *n* lar *m*; casa *f*
Heimat *f* terra natal, pátria; **~hafen** *m* porto de matrícula; **2lich** natal, pátrio; **2los** sem pátria
heim|isch domiciliado; pátrio; **~lich** secreto; (*illegal*) clandestino; **2lichkeit** *f* segredo *m*; clandestinidade; **~tückisch** pérfido; **2weg** *m* regresso; **2weh** *n* saudades *f*|*pl*; **2werken** *n* bricolagem *f*; **2werker** *m* bricoleur *fr*
Heirat *f* casamento *m*; matrimónio *m*; **2en** casar(-se com); **~sanzeige** *f* participação de casamento; **~surkunde** *f* certidão de casamento; **~svermittlung** *f* agência de matrimónios
heiser rouco; **2keit** *f* rouquidão
heiß quente; (*kochend*) a ferver; (*Zone*) tórrido
heißen chamar-se; (*bedeuten*) significar; ***das heißt*** isto é
Heißwasser|bereiter *m* esquentador de água; **~speicher** *m* termossifão
heiter (*lustig*) alegre; (*Himmel*) limpo; **2keit** *f* alegria
heiz|en aquecer; (*Ofen*) acen-

der; **&kissen** *n* almofada *f* térmica; **&körper** *m* calorífero; radiador; **&kraftwerk** *n* central *f* térmica; *bras* usina *f* térmica; **&sonne** *f El* radiador *m* parabólico; **&ung** *f* aquecimento *m*, calefa(c)ção
Hektar *m* (*od n*) hectare *m*
Held *m* herói; *Lit a* protagonista; **~entum** *n* heroísmo *m*; **~in** *f* heroína
helf|en adjudar, socorrer, auxiliar; **&er** *m* adjudante, assistente
hell claro; (*beleuchtet*) iluminado; **~blau** azul-claro; **~blond** louro claro; **&dunkel** *n* penumbra *f*; **~grün** verde-gaio; **&igkeit** *f* claridade; *TV* luminosidade; **&sehen** *n* clarividência *f*
Helm *m* (*Schutz&*) capacete
Hemd *n* camisa *f*
hemm|en impedir; deter; **&nis** *n* obstáculo *m*; **&ung** *f* inibição; (*Bedenken*) escrúpulo *m*; *Tech* bloqueio *m* **~ungslos** desenfreado
Hengst *m* garanhão
Henkel *m* asa *f*
Henker *m* carrasco
Henne *f* galinha
her cá; aqui
herab para baixo; ***von oben ~*** *fig* sobranceiro; **~lassen** descer, baixar; ***sich ~*** condescender; dignar-se; **~setzen** (*Preis*) baixar; reduzir; **~steigen** descer
heran para cá; **~kommen, ~nahen** aproximar-se; **~schaffen** arranjar, trazer; **~wachsen** desenvolver-se; crescer; **~winken** chamar (fazendo sinais)
herauf para cima; **~beschwören** originar; provocar; **~kommen, ~steigen** subir
heraus (para) fora; **~fordern** desafiar; **~geben** entregar; (*Buch*) publicar; editar; (*Wechselgeld*) dar troco; **&geber** *m* editor; **~heben** *fig* acentuar, salientar; **~kommen** sair, aparecer; (*Geheimnis*) descobrir-se; **~locken** fazer sair; **~nehmen** (re)tirar; **~ragen** distinguir-se, destacar-se; **~reißen** arrancar; **~schrauben** desatarraxar; **~suchen** escolher; **~treten** sair (***aus*** de); **~ziehen** sacar; extrair
herb áspero; acre; (*Wein*) seco
herbei para aqui; **~eilen** acudir; **~rufen** chamar; **~schaffen** trazer; procurar; **~strömen** afluir
Herberge *f* albergue *m*
herbringen trazer
Herbst *m* outono; **&lich** outonal
Herd *m* fogão; (*offen*) lareira *f*; *Med*, *fig* foco; **~e** *f* rebanho *m*
herein para dentro; **~!** entre!; **~kommen** entrar; **~lassen** deixar entrar

Hergang *m* desenrolar
herholen ir buscar
Hering *m* arenque
her|kommen vir; *fig* derivar; **~kömmlich** tradicional; **2kunft** *f* origem; proveniência; (*Abstammung*) ascendência; **2kunftsland** *n* país *m* de origem
Hermelin *n od m* arminho
hermetisch hermético
Heroin *n* heroína *f*
Herr *m* senhor; (*Besitzer*) patrão, dono
Herren|haus *n* solar *m*; **2los** sem dono; (*Tier*) vadio; **~slip** *m* cuecas *f/pl*
Herrgott *m* Nosso Senhor
herrichten preparar
Herrin *f* senhora; patroa
herrisch autoritário
herrlich magnífico
Herrschaft *f* domínio *m*; poder *m*; (*Regierung*) governo *m*
herrsch|en reinar; dominar; **2er** *m* soberano; **~süchtig** despótico
her|rühren (pro)vir; **~stellen** fazer, fabricar, produzir; (*Verbindung*) estabelecer; **2steller** *m* fabricante; produtor; **2stellung** *f* fabricação, produção
herüber para este lado; para cá
herum em volta; **~drehen** virar; voltar; **~reichen** fazer circular; (*bei Tisch*) passar; **~sprechen:** ***sich*** **~** espalhar-se
herunter para baixo; **~handeln** *Hdl* regatear; **~kommen** descer, vir para baixo; *fig* arruinar-se; **~wirtschaften** arruinar
hervor para fora; para diante; **~bringen** produzir; **~gehen** *fig* resultar; **~heben** acentuar; salientar; **~ragen** (*a fig*) sobressair; **~ragend** *fig* excelente; **~rufen** *fig* provocar, causar; **~tun:** ***sich*** **~** distinguir-se
Herz *n* coração *m*; (*Kartenspiel*) copas *f/pl*; **~anfall** *m* ataque cardíaco; **~fehler** *m* afe(c)ção *f* cardíaca; **~infarkt** *m* enfarte do miocárdio; **~klopfen** *n* palpitações *f/pl* (do coração); **~kranke(r)** *m* cardíaco; **~-Kreislauferkrankungen** *pl* doenças *f/pl* cardiovasculares; **2lich** afe(c)tuoso, cordial; **2los** *fig* desalmado, desumano; **~losigkeit** *f* crueldade; desumanidade; **~muskel** *m* miocárdio
Herzog *m* duque; **~in** *f* duquesa
Herz|schlag *m* (*rhythmisch*) palpitações *f/pl*; (*Todesursache*) *m* ataque cardíaco; **~schrittmacher** *m* pace-maker *engl*
Hessen *n* Hesse *m*
heterosexuell heterossexual
hetz|en agitar; (*eilen*) precipitar-se; **2jagd** *f* montaria

Heu *n* feno *m*; **~boden** *m* palheiro
heuch|eln fingir; **2ler** *m* hipócrita
heulen uivar; ganir; F chorar
Heuschnupfen *m* febre *f* dos fenos
heut|e hoje; **~** ***in 8 Tagen*** de hoje a oito dias; **~** ***morgen*** esta manhã; **~zutage** hoje em dia
Hexe *f* bruxa; **~nschuß** *m* lumbago
Hieb *m* golpe, pancada *f*
hier aqui, cá
Hierarchie *f* hierarquia
hier|aus disto; **~bei** nisto; **~durch** por este meio; **~her** para cá; **~in** nisto; **~mit** com isto; (*Brief*) pela presente; **~über** para este lado; *fig* a este respeito; **~von** disto; **~zu** a isto
hieven guindar
Hilf|e *f* ajuda; socorro *m*; ***Erste*** **~** primeiros socorros *m/pl*; **~eleistung** *f* assistência; **~eruf** *m* grito de socorro; **2los** desamparado; **~s...** *in Zssgn oft* auxiliar; **2sbedürftig** necessitado; **2sbereit** solícito; **~skraft** *f* auxiliar *m*
Hilfs|mittel *n* remédio *m*; recurso *m*; **~quelle** *f* recurso *m*
Himbeere *f* framboesa
Himmel *m* céu; **2blau** azul celeste; **~fahrt** *f* (*Christi*) Ascensão; (*Mariä*) Assunção
Himmels|richtung *f* ponto *m* cardeal; **~körper** *m* corpo celeste
himmlisch celeste; *fig* encantador; magnífico
hin (para) lá; **~** ***und her*** para cá e para lá; dum lado para o outro; ***das Hin und Her*** o vaivém; **~** ***und wieder*** de vez em quando; **~** ***und zurück*** (*Fahrkarte*) ida e volta
hinab para baixo; **~fahren, ~gehen, ~steigen** descer
hinauf para cima; **~bringen** levar para cima; **~fahren** *v/i* subir; *v/t* levar; **~reichen** *v/i* conseguir, alcançar; *v/t* passar para cima; **~steigen** subir
hinaus (para) fora; **~begleiten** acompanhar até à porta; **~drängen** fazer sair; **~gehen** sair; (*Fenster*) dar para; **~laufen:** ***auf dasselbe*** **~** ser o (*od* dar no) mesmo; **~schicken** mandar sair; **~schieben** *fig* adiar; **~werfen** lançar para fora; *fig* pôr na rua
Hinblick *m*: ***im*** **~** ***auf*** com vista a
hinder|lich embaraçoso; **~n** impedir; estorvar; **2nis** *n* obstáculo *m*; **2nislauf** *m* corrida *f* de obstáculos
hindeuten auf indicar (a); aludir a
hindurch através de; (*Zeit*) durante
hinein (para) dentro; **~gehen** entrar; **~geraten** cair (*in*

em); **~kommen** entrar, penetrar; **~lassen** deixar entrar; **~passen** caber; **~stekken** introduzir, meter; (*Kapital*) investir; **~tun** meter; (*Blick*) deitar; **~ziehen** puxar para dentro; *fig* comprometer

Hin|fahrt *f* ida; **²fallen** cair; **²fällig** nulo; **~ w** caducar; **~gabe** *f* dedicação; **²geben:** ***sich* ~** dedicar-se (a); **~gegen** porém, no entanto; **²gerissen** fascinado; entusiasmado; **²halten** estender; *fig* demorar; **²hocken:** ***sich* ~** acocorar-se

hinken coxear; **~d** coxo

hin|knien: ***sich* ~** ajoelhar-se; **~länglich** assaz, suficiente; **~legen** pôr, deitar; **~nehmen** tomar; *fig* aguentar, suportar; **²reise** *f* ida; **~reißend** irresistível; encantador; **~richten** executar; **²richtung** *f* execução; **~setzen** pôr, colocar; ***sich* ~** sentar-se; **~sichtlich** quanto a, a respeito de; **~stellen** colocar

hinten atrás (*im Hintergrund*) no fundo

hinter *prp* atrás de; *adj* posterior, traseiro; **²bliebene** *pl*: ***die* ~n** a família (do falecido); **~einander** um atrás do outro; (*zeitlich*) seguidos; **~gehen** enganar; **²grund** *m* fundo; **²halt** *m* emboscada *f*; **~hältig** manhoso; traiçoeiro; **²haus** *n* traseiras *f/pl* da casa; **~her** depois; (*räumlich*) atrás; **²land** *n* interior *m*; **~lassen** deixar, legar; **²lassenschaft** *f* herança; **~legen** depositar; **²list** *f* perfídia; **~listig** pérfido; **²n** *m* F traseiro, rabo; **²rad** *n* roda *f* traseira; **²radantrieb** *m Kfz* tracção *f* às rodas traseiras; **~treiben** impedir; **~ziehen** (*Steuern*) subtrair; **²ziehung** *f* fraude *m* (fiscal); **²zimmer** *n* quarto *m* traseiro

hinüber para lá; para o outro lado; **~gehen** passar para o outro lado; **~reichen** passar

Hin- und Rückfahrt *f* ida e volta

hinunter para baixo; **~fahren, ~gehen, ~steigen** descer; **~fallen** cair; **~schlukken** engolir (*a fig*)

Hinweis *m* indicação *f*; **²en** indicar; chamar a atenção (***j-n auf*** de alg para); **~schild** *n* placa *f* indicadora

hinzu|fügen, ~setzen acrescentar; **~ziehen** (*Arzt, Rechtsanwalt*) consultar

Hirn *n* cérebro *m*; **~hautentzündung** *f* meningite

Hirsch *m* veado

Hirt *m* pastor

historisch histórico

Hitz|e *f* calor *m*; ardor *m*; **²ig** *fig* fogoso; **~kopf** *m* exaltado; **~schlag** *m* insolação *f*

Hobby *n* passatempo *m*; hobby *m*

Hobel *m* plaina *f*; **~bank** *f* bancada de carpinteiro; **2n** aplainar
hoch alto; (*Preis*) elevado; (*Alter*) avançado; *fig* sublime; 2 *n* (*Wetter*) anticiclone *m*; (*Ruf*) viva *m*
Hochachtung *f* alta consideração; **2svoll** (*Brief*) com toda a consideração e estima; atenciosamente
Hoch|altar *m* altar-mor; **~amt** *n* missa *f* solene
Hoch|bahn *f* metropolitano *m* elevado; **~betrieb** *m* grande a(c)tividade *f*; (*Andrang*) grande afluência *f*; **2deutsch** alto alemão; **~ebene** *f* planalto *m*; **2entwickelt** (*Technik*) sofisticado; **2erfreut** encantado; **~frequenz** *f* alta frequência; **~gebirge** *n* altas montanhas *f|pl*; **~geschwindigkeitszug** *m* comboio de alta velocidade; **~glanz** *m* lustre; **2gradig** extremo, alto; **~haus** *n* arranha-céus *m*; **2heben** levantar; **~leistungsrechner** *m* *Inform* computador de alta performance; **~mut** *m* altivez *f*; **2mütig** altivo; **2näsig** arrogante; **~saison** *f* alta estação; **~schule** *f* escola superior; universidade; **~see** *f* alto mar *m*; **~sommer** *m* pino do verão; **~spannung** *f* alta tensão; **~sprung** *m* salto em altura
höchst maior; máximo; *fig* supremo
Hochstapler *m* vigarista
höchst|ens quando muito; **2geschwindigkeit** *f* velocidade máxima; **2leistung** *f* record(e) *m*; *Tech* potência máxima
Hoch- und Tiefbau *m* engenharia *f* civil
Hoch|verrat *m* alta traição *f*; **~wasser** *n* cheia *f*; maré-cheia *f*; **2wertig** de alto valor
Hochzeit *f* casamento *m*, núpcias *f|pl*; ***goldene*** **~** bodas *f|pl* de ouro; **~sreise** *f* viagem de núpcias
Hocker *m* banquinho
Hode *f*, **~(n)** *m* testículo *m*
Hof *m* (*Fürsten2*) corte *f*; (*innen*) pátio; (*Landgut*) quinta *f*
hoffen esperar; **~tlich** oxalá (*subj*)
Hoffnung *f* esperança; **2slos** desesperado; **2svoll** cheio de esperança; o(p)timista
höflich delicado; **2keit** *f* delicadeza
Höhe *f* altura; (*Erhebung*) elevação
Hoheitsgewässer *n|pl* águas *f|pl* territoriais
Höhen|sonne *f* sol *m* das altitudes; (*künstliche*) sol *m* artificial; **~unterschied** *m* diferença *f* de nível; **~zug** *m* cumeada *f*
Höhepunkt *m* auge, ponto culminante

hohl oco; vazio; (*Zahn*) furado
Höhle *f* caverna
Hohl|raum *m* cavidade *f*; **~weg** *m* desfiladeiro
Hohn *m* escárnio
höhnisch escarnecedor
holen (v)ir buscar; **~ *lassen*** mandar buscar
Holland *n* Holanda *f*
Holländ|er *m*, **Ꙩisch** holandês
Höll|e *f* inferno *m*; **Ꙩisch** infernal
holp(e)rig acidentado
Holunder *m* sabugueiro
Holz *n* madeira *f*; pau *m* (*allg u. Stück*); (*Brenn*Ꙩ) lenha *f*
Holz|fäller *m* lenhador; **Ꙩfrei** (*Papier*) sem celulose; **~handel** *m* negócio de madeiras; **~kitt** *m* massa *f* de colar; **~kohle** *f* carvão *m* vegetal; **~schnitt** *m* gravura *f* em madeira; **~schuh** *m* tamanco; soco; **~wolle** *f* lã (*od* palha) de madeira; **~wurm** *m* caruncho, bicho-carpinteiro
homogen homogéneo
homöopathisch homeopático
homosexuell homossexual
Honig *m* mel; **Ꙩsüß** melífluo; **~wabe** *f* favo *m*
Honor|ar *n* honorários *m/pl*; **Ꙩieren** pagar; *fig* recompensar
Hopfen *m* lúpulo
Hopse *f* F (*Kinderspiel*) pé-coxinho *m*
Hör|apparat *m* aparelho acústico; **Ꙩbar** audível; perceptível
horchen escutar
Horde *f* horda, bando *m*
hören ouvir; (*zu*~) escutar
Hörer *m* ouvinte; *Tel* auscultador; *bras* fone; **~schaft** *f* auditório *m*
Horizont *m* horizonte
Hormon *n* hormona *f*; *bras* hormônio *m*
Horn *n* corno *m*; (*Tiere a*) chifre *m*; *Mus* corneta *f*; ***j-m Hörner aufsetzen*** F pôr cornos a alg
Hörnchen *n* croissant *m fr*
Horn|haut *f* calo *m*; (*Auge*) córnea; **~isse** *f* vespão *m*
Hör|saal *m* auditório; anfiteatro; **~spiel** *n* peça *f* radiofónica
Hort *m* amparo; refúgio; (*Kinder*) creche *f*, infantário; **Ꙩen** guardar
Hörweite *f* alcance *m* da voz
Hose *f* (*meist* **~n** *pl*) calças *f/pl*; **~nschlitz** *m* braguilha *f*; **~nträger** *m/pl* suspensórios
Hosteß *f* hospedeira
Hotdog *m engl* cachorro-quente
Hotel *n* hotel *m*; **~gewerbe** *n* indústria *f* hoteleira; **~ier** *m* hoteleiro
Hubraum *m* cilindrada *f*
hübsch lindo, bonito
Hubschrauber *m* helicóptero
huckepack às cavalitas

Huf *m* (*Pferd*) casco; **~eisen** *n* ferradura *f*
Hüfte *f* anca
Hügel *m* colina *f*; (*Grab*) túmulo; **2ig** acidentado
Huhn *n* galinha *f*; (*junges*) franga *f*
Hühner|auge *n* calo *m*; **~brühe** *f* canja; **~farm** *f* aviário *m*
Hülle *f* invólucro *m*; (*Schutz*) capa; ***in ~ und Fülle*** em grande abundância
Hülse *f* estojo *m*, caixa
Hülsenfrucht *f* leguminosa
Hummel *f* zangão *m*
Hummer *m* lagosta *f*
Humor *m* humor; **2istisch** humorístico
humpeln coxear
Humpen *m* caneca *f*
Hund *m* cão; *bras* cachorro
Hunde|hütte *f* canil *m*; **2müde** F estafado; **~leine** *f* trela
hundert|fach cêntuplo; **~jährig** centenário; **~prozentig** cem por cento; *fig* perfeito
Hundesteuer *f* imposto *m* sobre os cães
Hündin *f* cadela
Hunger *m* fome *f*; **~kur** *f* dieta absoluta; **2n** passar fome; (*freiwillig*) jejuar; **~snot** *f* fome; penúria; **~streik** *m* greve *f* de fome
hungrig faminto; ***~ sein*** ter fome
Hupe *f* buzina; **2n** buzinar
hüpfen saltitar
Hürde *f* barreira; sebe; **~nlauf** *m* corrida *f* de obstáculos
Hure *f* prostituta; *bras* meretriz, rapariga; **2n** prostituir-se
husten tossir; **2** *m* tosse *f*; **2saft** *m* xarope
Hut *m* chapéu
hüt|en guardar; **2er** *m* guarda
Hütte *f* cabana; *Tech* fundição
Hyazinthe *f* jacinto *m*
Hydr|ant *m* boca *f* de incêndio; *bras* hidrante; **2aulisch** hidráulico
Hygien|e *f* higiene; **2isch** higiénico
Hymne *f* hino *m*
Hypno|se *f* hipnose; **2tisieren** hipnotizar
Hypothek *f* hipoteca; ***~ aufnehmen*** hipotecar
Hyster|ie *f* histeria; **2isch** histérico

I

ibero-amerikanisch ibero-americano
ich eu
Ideal *n* ideal *m*; **2** ideal
Idee *f* ideia
Identi|fizierung *f* identificação; **2sch** idêntico; **~tät** *f* identidade
Idiot *m* idiota
Idol *n* ídolo *m*
Idyll *n* idílio *m*
Igel *m* ouriço

ignorieren ignorar; não dar por
ihm lhe
ihn o
ihnen lhes; ♀ (*Anrede*) lhe(s); ao(s) Senhor(es), à(s) Senhora(s)
ihr 1. *Personalpron 2. Person pl* vocês; *3. Person sg dat* lhe, a ela; **2.** *Possessivpron* (o) seu, (a) sua; ♀ (o) seu, (a) sua
ihretwegen por sua causa
illegal ilegal
Illus|ion *f* ilusão; **♀orisch** ilusório
Illustration *f* ilustração
Illustrierte *f* revista
Iltis *m* tourão
Imbiß *m* merenda *f*; lanche; **~bude** *f* botequim *m*; **~raum** *m* cantina *f*
Immatrikul|ation *f* matrícula; **♀ieren** matricular
immer sempre
Immobilien *pl* imóveis *m/pl*
immun imune; **♀ität** *f* imunidade; **♀schwäche** *f* imunodeficiência; **♀system** *n* sistema *m* imunológico
Imperialismus *m* imperialismo
impf|en vacinar; **♀schein** *m* certificado de vacina; **♀ung** *f* vacina(ção)
imponieren impressionar; **~d** impressionante
Import *m* importação *f*; **~eur** *m* importador; **♀ieren** importar
imposant imponente
imprägnieren impregnar
Impressionismus *m* impressionismo
Improvis|ation *f* improvisação; **♀ieren** improvisar
Impuls *m* impulso
imstande: ~ ***sein*** ser capaz (**zu** de)
in em; dentro de; **~begriffen** incluído; inclusive
Inbetriebnahme *f* entrada em funcionamento *od* serviço)
indem enquanto; quando
indessen no entanto; (*temporal*) entretanto
Index *m* índice
indirekt indire(c)to
indiskret indiscreto
indiskutabel indiscutível
Indiz *n* indício *m*
Industrie *f* indústria; **~abfälle** *pl* resíduos *m/pl* industriais; **~design** *n* desenho *m* industrial
industriell industrial
ineinander: ~ ***aufgehen*** fundir-se; **~fließen** confluir; **~fügen** encaixar; **~greifen** engrenar
Infarkt *m* enfarte
Infektion *f* infecção; **~skrankheit** *f* doença infecciosa
infizieren infectar, contagiar
Inflation *f* inflação
Influenza *f* influença, gripe
infolge devido a; **~dessen** por conseguinte

Informati|k *f* informática; **~on** *f* informação; **~onsbroschüre** *f* folheto *m* informativo
infrarot infravermelho
Infrastruktur *f* infra-estrutura
Ingenieur *m* engenheiro; **~wesen** *n* engenharia *f*
Ingwer *m* gengibre
Inhaber *m* proprietário; dono
inhaftieren prender
Inhalt *m* conteúdo; (*Gehalt*) teor; **~sangabe** *f* resumo *m*; sumário *m*; **2slos** *fig* fútil; **2sreich** substancioso; **~sverzeichnis** *n* índice *m*
Injektion *f* inje(c)ção
Inkrafttreten *n* entrada *f* em vigor
Inland *n* interior *m*; **~flug** *m* voo doméstico
inländisch nacional
inmitten no meio (de)
inne|haben possuir; (*Amt*) ocupar; **~n** (por) dentro
Innen|architekt *m* (arquite(c)to) decorador; **~einrichtung** *f* mobiliário *m*; mobília; **~hof** *m* pátio (interior); **~ministerium** *n* Ministério *m* do Interior (*bras* dos Negócios Interiores); **~politik** *f* política interna; **~raum** *m* interior; *Kfz* habitáculo
inner|betrieblich interno; **2e(s)** *n* interior *m*; **~halb** dentro de; **~lich** interno; **2ste(s)** *n* íntimo *m*
innig íntimo; cordial; **2keit** *f* intimidade; cordialidade
Innung *f* corporação
inoffiziell não oficial
Inquisition *f* inquisição
Insasse *m* (*Anstalt*) internado; (*Fahrzeug*) passageiro
insbesondere particularmente
Inschrift *f* inscrição
Insekt *n* inse(c)to *m*; **~izid** *n* inse(c)ticida *m*
Insel *f* ilha; **~bewohner** *m* ilhéu; **~gruppe** *f* arquipélago *m*
Inserat *n* anúncio *m*
inserieren inserir, anunciar
ins|geheim em segredo; **~gesamt** ao todo; no total
insofern *cj* contanto que (*subj*)
insolvent insolvente
Inspekt|ion *f* inspe(c)ção, vistoria; **~or** *m* inspe(c)tor
instabil instável
Install|ateur *m* instalador; *El* ele(c)tricista; (*Wasser*) canalizador; *bras* encanador; **~ation** *f* instalação; **2ieren** instalar
instand|halten conservar; **2haltung** *f* manutenção
inständig instante; *adv* encarecidamente
instandsetzen arranjar; *Tech* reparar, consertar
Instanz *f* instância; **~enweg** *m* trâmites *m/pl*
Instinkt *m* instinto; **2iv** instintivo

Institut *n* instituto *m*; **~ion** *f* instituição
Instrument *n* instrumento *m*; **~entafel** *f Kfz* painel *m* (de instrumentos)
inszenier|en encenar; **2ung** *f* encenação
intakt inta(c)to
Intarsienarbeit *f* embutido *m*
integer íntegro
Intellekt *m* intelecto; **2uell** intelectual; **~uelle(r)** *m* intelectual
intelligen|t inteligente; **2z** *f* inteligência
intensiv intens(iv)o; **~ieren** intensificar; **2ierung** *f* intensificação
Intercity *m Esb* intercidades
interess|ant interessante; **2e** *n* interesse *m*; **2ent** *m* interessado; **~ieren** interessar (a)
Internat *n* internato *m*; **2ional** internacional; **~sschüler** *m* interno
Internist *m* médico interno
Interpunktion *f* pontuação
Intervention *f* intervenção
Interview *n* entrevista *f*
intim íntimo; **2ität** *f* intimidade
intolerant intolerante
Intrige *f* intriga
Intuit|ion *f* intuição; **2iv** intuitivo
Invalide *m* inválido; **~nrente** *f* pensão de invalidez; **~nversicherung** *f* seguro *m* contra a invalidez
Invalidität *f* invalidez
Invent|ar *n*, **~ur** *f* inventário *m*; **2arisieren** inventariar
invest|ieren investir; **2ition** *f* investimento *m*; **2or** *m* investidor
inwiefern como; até que ponto
inzwischen entretanto
Irak *m* Iraque
Iran *m* Irão
irdisch terrestre; mundano
Ir|e *m*; **2isch** irlandês
irgend|ein algum; qualquer; **~einer, ~jemand** alguém; qualquer pessoa; **~wann** qualquer dia; em qualquer altura; **~was** qualquer coisa; **~wie** de qualquer modo; **~wo** algures; em qualquer sítio
Irland *n* Irlanda *f*
Iron|ie *f* ironia; **2isch** irónico
irre *Med* alienado, demente, louco; **~ *werden*** enlouquecer; **~führen** enganar; **~gehen** enganar-se; **~machen** desconcertar
irren errar; ***sich* ~** enganar-se; **2anstalt** *f* manicómio *m*
Irr|fahrt *f* odisseia; **~garten** *m* labirinto; **2itiert** (*erzürnt*) irritado; (*verwirrt*) desconcertado; **~lehre** *f* heresia
Irrsinn *m* loucura *f*; **2ig** louco
Irrtum *m* erro
irrtümlich por engano
Irrweg *m* caminho errado
Ischias *m od f* ciática *f*

Islam *m* Islão
Island *n* Islândia *f*
Isolation *f* isolação
Isolier|band *n* fita *f* isoladora; **≈en** isolar
Israeli *m*, **≈sch** israeliano
Italien *n* Itália *f*; **~er** *m*, **≈isch** italiano

J

ja sim; **~ *sagen*** dizer que sim
Jacht *f* iate *m*
Jack|e *f* casaco *m*; blusão *m*; **~ett** *n* jaqueta *f*; *bras* paletó *m*
Jagd *f* caça; **~flugzeug** *n* caça *m*; **~gewehr** *n* espingarda *f* caçadeira; **~horn** *n* buzina *f*; **~hund** *m* cão de caça; **~revier** *n* tapada *f*; **~schein** *m* licença *f* de caça
jagen caçar
Jäger *m* caçador
jäh repentino; brusco
Jahr *n* ano *m*; **~buch** *n* anuário *m*; **~esbericht** *m* relatório anual; **~eseinkommen** *n* receita *f* anual; **~esmittel** *n* média *f* anual; **~estag** *m* aniversário; **~eszeit** *f* estação; **~gang** *m* ano; **~hundert** *n* século *m*
jähr|ig: *4~* (*usw*) de 4 (*usw*) anos; **~lich** anual
Jahr|markt *m* feira *f*; **~tausend** *n* milénio *m*; **~zehnt** *n* decénio *m*; década *f*
Jähzorn *m* cólera *f*; **≈ig** colérico
Jalousie *f* persiana; estore *m*
Jammer *m* lamento; miséria *f*; **≈schade: ~ *sein*** ser (uma) pena
jämmerlich lastimável; miserável
jammern lamentar-se
Januar *m* Janeiro
Japan *n* Japão *m*; **~er** *m*, **≈isch** japonês
Jargon *m* calão, gíria *f*
Jasmin *m* jasmim
jäten mondar
jauchzen jubilar
jaulen ganir
jawohl pois sim
Jawort *n* sim *m*; consentimento *m*
je nunca, jamais; (*Stück*) cada; **~ ... *desto* ...** quanto mais ... (tanto) mais; **~ *nachdem*** conforme
Jeans *pl engl* calças *f*/*pl* de ganga
jede(-r, -s) cada; **~nfalls** em todo o caso; **~rmann** toda a gente; todo o mundo; qualquer um; **~rzeit** a toda a hora; **~smal** todas as vezes
jedoch contudo, todavia
jemals jamais
jemand alguém
jene(-r, -s) aquele, aquela
jenseits *adv* além; *prp* além de, do outro lado de; **≈** *n* além(-mundo) *m*; outro mundo *m*

jetzig presente, a(c)tual
jetzt agora; ***bis*** ~ até agora; ***von*** ~ ***an*** a partir de agora
jeweil|ig respe(c)tivo; **~s** respe(c)tivamente
Joch *n* jugo *m*
Jod *n* iodo *m*
Jogging *n* jogging *m engl*
Joghurt *m* iogurte
Johannisbeere *f* groselha
Journalist *m* jornalista
Jubel *m* júbilo; **2n** jubilar
Jubiläum *n* jubileu *m*
jucken fazer comichão
Jude *m* judeu
Jüd|in *f* judia; **2isch** judaico
Judo *n* judo *m*
Jugend *f* juventude, mocidade; **2frei** (*Film*) para todos; **~fürsorge** *f* assistência aos menores; **~herberge** *f* pousada de juventude; **2lich** juvenil; **~liche(r)** *m* adolescente, jovem; **~stil** *m* Arte *f* Nova
Juli *m* Julho
jung jovem
Junge *m* rapaz; (*klein*) menino; F garoto, puto; **~(s)** *n* cria *f*; filhote *m* (*a fig*)
Jünger *m* discípulo
Jungfern|fahrt *f* viagem inaugural; **~häutchen** *n* hímen *m*
Jung|frau *f* donzela; virgem; **~geselle** *m* solteiro
Jungtier *n* novilho *m*
Juni *m* Junho
Junior *m* júnior
Jura *pl* Direito *m*
Jury *f* júri *m*
Jurist *m* jurista; **2isch** jurídico
justieren ajustar
Justiz *f* justiça; **~ministerium** *n* Ministério *m* da Justiça
Jute *f* juta
Juwel *n* jóia *f*; **~ier** *m* joalheiro; **~iergeschäft** *n* joalharia *f*
Jux *m* piada *f*; brincadeira *f*

K

Kabel *n* cabo *m*; **~fernsehen** *n* televisão *f* por cabo; **~jau** *m* bacalhau fresco
Kabine *f* camarote *m*; cabine (*a Tel*)
Kabinett *n* gabinete *m*
Kabriolett *n* cabriolé *m*
Kachel *f* ladrilho *m*; **~ofen** *m* estufa *f*, fogão
Käfer *m* escaravelho; *bras* besouro
Kaffee *m* café; ***löslicher*** ~ café instantâneo (*oa* solúvel); **~bohne** *f* grão *m* de café; **~geschirr** *n* serviço *m* de café; **~kanne** *f* cafeteira; **~maschine** *f* máquina de fazer café; **~mühle** *f* moinho *m* de café; **~rösterei** *f* torrefa(c)ção
Käfig *m* gaiola *f*; jaula *f*
kahl calvo; (*Gegend*) escalvada; (*Baum*) desfolhado
Kahn *m* barco

Kai *m* cais, molhe
Kaiser *m* imperador; **~in** *f* imperatriz; **2lich** imperial; **~reich** *n* império *m*; **~schnitt** *m* (operação *f*) cesariana *f*
Kajüte *f* camarote *m*
Kakao *m* cacau
Kakerlak *m* barata *f*
Kaktus *m* cacto
Kalb *n* vitela *f*; **~fleisch** *n* (carne *f* de) vitela *f*; **~sbraten** *m* vitela *f* assada
Kalender *m* calendário; **~jahr** *n* ano *m* civil
Kali *n* potassa *f*; **~ber** *n* calibre *m*
Kalk *m* cal *f*; *Med* cálcio; **2en** caiar; **~stein** *m* calcário
Kalorie *f* caloria
kalt frio; ***es ist ~*** está frio; ***mir ist ~*** tenho frio; **~blütig** *adv* com sangue-frio
Kälte *f* frio *m*
Kamel *n* camelo *m*
Kamera *f* câmara
Kamerad *m* camarada; **~schaft** *f* camaradagem
Kameramann *m* (*Film*) operador
Kamille *f* macela, camomila
Kamin *m* chaminé *f*; fogão de sala; *bras* lareira *f*
Kamm *m* pente
kämmen pentear
Kammer *f* câmara; quarto *m*; **~musik** *f* música de câmara
Kampf *m* combate; luta *f*
kämpfe|n combater; lutar; **2r** *m* combatente
Kanal *m* canal; **~isation** *f* canalização
Kanarienvogel *m* canário
Kanarische Inseln *f/pl* Canárias
Kandid|at *m* candidato; **~atur** *f* candidatura; **2ieren** candidatar-se
Känguruh *n* canguru *m*
Kaninchen *n* coelho *m*
Kanister *m* bidão, lata *f*
Kännchen *n* caneca *f*
Kanne *f* jarro *m*; (*klein*) caneca
Kanone *f* canhão *m*
Kant|e *f* aresta, borda; **2ig** anguloso
Kantine *f* cantina
Kanton *m* cantão
Kanu *n* canoa *f*
Kanzel *f* *Flgw* carlinga; *Rel* púlpito *m*
Kanzlei *f* chancelaria
Kanzler *m* chanceler
Kap *n* cabo *m*
Kapazität *f* capacidade
Kapell|e *f* capela; *Mus* banda de música; orquestra; **~meister** *m* mestre de orquestra
Kaper *f* alcaparra
kapern capturar
kapieren F topar
Kapital *n* capital *m*; **~anlage** *f* colocação de capitais; **~flucht** *f* fuga de capitais; **~ismus** *m* capitalismo; **~ist** *m* capitalista; **~verbrechen** *n* crime *m* capital
Kapitän *m* capitão

Kapitel *n* capítulo *m*
Kapitell *n* capitel *m*
Kapitu|lation *f* capitulação; **⁀lieren** capitular; render-se
Kaplan *m* capelão
Kappe *f* boné *m*; (*Deckel*) tampa; capota
Kapsel *f* cápsula
kaputt estragado; partido
Kapuze *f* capuz *m*
Karabinerhaken *m* gancho de pressão
Karaffe *f* garrafa
Karat *n* quilate *m*
Karawane *f* caravana
Kardinal *m* cardeal; **~fehler** *m* defeito principal; **~zahl** *f* (número *m*) cardinal *m*
Karenzzeit *f* carência
Karfreitag *m* Sexta-feira *f* Santa
karg escasso, pobre; **⁀heit** *f* escassez
kariert aos quadrados; quadriculado
Karikatur *f* caricatura
Karneval *m* carnaval
Karo *n* (*Kartenspiel*) ouros *m/pl*
Karosserie *f* carroçaria; ***feuerverzinkte ~*** carroçaria electrozincada
Karotte *f* cenoura
Karpfen *m* carpa *f*
Karre *f* carroça; F (*altes Auto*) carripana
Karriere *f* carreira
Karte *f* *Kochk* ementa, lista; *bras* cardápio *m*; *Postw* bilhete *m* (*bras* cartão *m*) postal; (*Visiten⁀*) cartão *m* (de visita); (*Land⁀*) mapa *m*
Kartei *f* ficheiro *m*; **~karte** *f* ficha
Kartenspiel *n* jogo *m* de cartas; (*Satz Karten*) baralho *m*
Kartoffel *f* batata; **~brei** *m* puré de batatas; **~käfer** *m* escaravelho
Karton *m* cartão
Karussell *n* carrocel *m*
Karwoche *f* Semana Santa
Karzinom *n* carcinoma *m*
Kaschemme *f* F tasca
Käse *m* queijo
Kaserne *f* quartel *m*
Kaskade *f* cascata
Kaskoversicherung *f* seguro *m* contra todos os riscos
Kasperle *n* polichinelo *m*; **~theater** *n* teatro *m* de fantoches
Kasse *f* caixa; (*Eintritts- u. Fahrkarten*) bilheteira; *bras* bilheteria
Kassen|arzt *m* médico da Caixa de Previdência; **~schlager** *m* êxito de bilheteira; **~stunden** *f/pl* horas de serviço; **~zettel** *m* recibo, vale
Kassette *f* (*Geld*) cofre *m*; (*Elektronik*) cassete *m*, cassette *f*; **~nabspielgerät** *n* leitor *m* de cassetes; **~ndeck** *n* tape-deck *m* *engl*; *bras* toca-fitas *m*; **~nrecorder** *m* gravador cassete; *bras* cassete
Kassierer(in *f*) *m* caixa *su*

Kastanie *f* castanha; (*Baum*) castanheiro *m*
Kasten *m* caixa *f*
Katalog *m* catálogo; **≈isieren** catalogar
Katarrh *m* catarro
Kataster *m* cadastro
katastroph|al catastrófico; **≈e** *f* catástrofe
Kater *m* gato; (*Übelkeit*) ressaca *f*
Katheder *n* cátedra *f*
Kathedrale *f* catedral
Kathol|ik *m*, **≈isch** católico
Katze *f* gato *m*, gata
Kauderwelsch *n* algaravia *f*
kauen mastigar, mascar
Kauf *m* compra *f*; aquisição *f*; **≈en** comprar
Käufer *m* comprador
Kauf|haus *n* armazém *m*; **~kraft** *f* poder *m* de compra
käuflich comprável; *fig* compradiço
Kaufmann *m* comerciante, negociante
kaufmännisch comercial
Kauf|preis *m* preço de compra; **~vertrag** *m* contrato de compra
Kaugummi *m* pastilha *f* elástica, chicle(te) *m*
kaum apenas, mal
Kautabak *m* tabaco (*bras* fumo) de mascar
Kaution *f* caução; fiança
Kautschuk *m* caucho
keck atrevido
Kegel *m* cone; **~n** *n* (*Spiel*) jogo *m* dos paus
Kehl|e *f* garganta; *Tech* ranhura; **~kopf** *m* laringe *f*
kehren varrer
Kehr|icht *m* lixo; **~seite** *f* reverso *m*
Kehrtwendung *f* volta atrás
Keil *m* cunha *f*; **~riemen** *m* correia *f* trapezoidal
Keim *m* germe; **≈en** germinar; **≈frei** esterilizado; **≈tötend** bactericida; **~träger** *m* porta-bacilos; **~zelle** *f* célula germinativa
kein não (...nenhum, -a *od* algum, -a); ***ich habe (überhaupt) keine Zeit*** não tenho tempo (nenhum *od* algum)
kein|er, ~e, ~es ninguém, nenhum(a); ***~er, ~e weiß es*** ninguém o sabe; ***~er von beiden*** nenhum dos dois; **~esfalls** de maneira nenhuma; **~eswegs** (não ...) de modo nenhum
Keks *m* bolacha *f*, biscoito
Kelch *m* cálice
Kelle *f* concha; *Arch* trolha; **~r** *m* cave *f*; *bras* porão; **~rei** *f* caves *f*/*pl*; adegas *f*/*pl*
Kellner *m* criado; empregado; *bras* garçom
kenn|en conhecer; **≈er** *m* conhecedor; **≈tnis** *f* conhecimento *m*; **≈wort** *n* lema *m*; **≈zeichen** *n* distintivo *m*; *Kfz* matrícula *f*; *bras* chapa *f* (de matrícula); ***besondere ~ pl*** sinais *m*/*pl* particulares; **~zeichnen** marcar; (*eigen sein*) cara(c)terizar

kentern virar-se
Keramik *f* cerâmica
Kerbe *f* entalhe *m*
Kerker *m* cárcere
Kerl *m* F gajo; *bras* cara
Kern *m* caroço; núcleo; **~brennstab** *m* barra *f* nuclear; **~brennstoff** *m* combustível nuclear; **~energie** *f* energia nuclear; **~kraftwerk** *n* central *f* nuclear; *bras* usina *f* termonuclear; **~punkt** *m* ponto essencial; **~waffen** *pl* armas *f/pl* nucleares; **2waffenfrei** desnuclearizado
Kerze *f* vela
Kessel *m* caldeira *f*
Kette *f* cadeia; (*Hals*) colar *m*; **~nantrieb** *m* transmissão *f* por cadeia; **~nglied** *n* elo *m*; **~nraucher** *m* fumador inveterado; **~nreaktion** *f* rea(c)ção em cadeia; **~nsäge** *f* serra de cadeia
Ketzer *m* herege; **~ei** *f* heresia
keuch|en arfar; **2husten** *m* coqueluche *f*, tosse *f* convulsa
Keule *f* maça, moca
keusch casto; **2heit** *f* castidade
Kicher|erbse *f* grão-de-bico *m*; **2n** rir à socapa
Kiefer 1. *m Anat* maxila *f*; **2.** *f Bot* pinheiro *m* bravo
Kiel *m Mar* quilha *f*
Kieme *f* guelra, brânquia
Kies *m* saibro; cascalho
Kiesel *m* (*a* **~stein** *m*) seixo
Kilo(gramm) *n* quilo(grama) *m*; **~hertz** *n* quilociclo *m*; **~meter** *m* quilómetro; **~meterzähler** *m* conta-quilómetros; **~watt** *n* quilowatt *m*
Kind *n* criança *f*; *j-s*: filho *m*, -a *f*; **~bettfieber** *n* febre *f* puerperal
Kinder|fahrkarte *f* meio-bilhete *m*; **~frau** *f* ama-seca; **~garten** *m* jardim-escola, jardim de infância; **~gärtnerin** *f* educadora de crianças; **~geld** *n* abono *m* de família; **~heim** *n* colónia *f* infantil; **~krankheit** *f* doença infantil; **~krippe** *f* creche, infantário *m*; **~lähmung** *f* paralisia infantil; **2los** sem filhos; **~stube** *f fig* maneiras *f/pl*; **~wagen** *m* carrinho de bebé
Kind|heit *f* infância; **2isch** pueril; **2lich** infantil
Kinn *n* queixo *m*
Kino *n* cinema *m*
Kiosk *m* quiosque
Kippe *f* (*Zigarette*) F beata; *bras* bagana; **2n** virar(-se), verter; **~r** *m* camião basculante
Kirche *f* igreja
Kirchen|gemeinde *f* paróquia; **~konzert** *n* concerto *m* de música sacra; **~lied** *n* cântico *m*; **~schiff** *n* nave *f*; **~steuer** *f* imposto *m* paroquial
Kirchhof *m* cemitério
kirch|lich eclesiástico; **2turm** *m* campanário

Kirsch|baum *m* cerejeira *f*; **~e** *f* cereja; (*sauer*) ginja
Kissen *n* almofada *f*
Kiste *f* caixa; (*groß*) caixote *m*
Kitt *m* betume; massa *f*
Kittel *m* bata *f*
kitz(e)lig comichoso; *fig* melindroso; ~ ***sein*** ter cócegas
kitzeln fazer cócegas
Kiwi *f* kiwi
Klage *f* queixa; lamentação; *jur* querela; **2n** queixar-se (***über*** de); *jur* instaurar processo
Kläger *m* queixoso
kläglich lastimoso; lastimável
Klammer *f* gancho *m*; *Typ* parêntese *m*; **2n: *sich an*** (*acc*) ~ agarrar-se a
Klang *m* som; **~farbe** *f* timbre *m*; **2voll** sonoro
Klapp|bett *n* cama *f* articulada; **~e** *f* portinhola; (*Ventil*) válvula; **2en** bater; (*gelingen*) F calhar; **2ern** bater (*a Zähne*); **~erschlange** *f* cobra cascavel; **~fahrrad** *n* bicicleta *f* dobradiça; **~sitz** *m* assento dobradiço (*od* de abater); **~verdeck** *n Kfz* capota *f* dobrável
klar claro
Klär|anlage *f* clarificador *m*; **2en** clarificar; *fig* esclarecer
Klar|heit *f* clareza; **2machen, 2stellen** esclarecer
Klasse *f* classe
Klass|ik *f* classicismo *m*; **~iker** *m*, **2isch** clássico
Klassizismus *m* classicismo
Klatsch *m* (*Geschwätz*) mexerico; **2en** dar palmas, aplaudir; (*tratschen*) mexericar
Klaue *f* unha; garra; **2n** F rapar
Klausel *f* cláusula
Klavier *n* piano *m*
Kleb|eband *n* fita *f* adesiva; **2en** colar; **2rig** pegajoso; **~stoff** *m* cola *f*
Klecks *m* borrão, nódoa *f*
Klee *m*, **~blatt** *n* trevo *m*
Kleid *n* vestido *m*; **2en** vestir
Kleider|bügel *m* cruzeta *f*; cabide; **~haken** *m* cabide; **~schrank** *m* guarda-fatos; guarda-vestidos
Kleidung *f* vestuário *m*
klein pequeno; **2** *n Kochk* miudezas *f/pl*
Klein|bürger *m* pequeno burguês; **~bus** *m* carrinha *f*; **~flugzeug** *n* avioneta *f*; **~geld** *n* dinheiro *m* miúdo; troco *m*; **~handel** *m* comércio a retalho (*bras* a varejo); **~igkeit** *f* bagatela; **~kind** *n* bebé *m*; **2lich** mesquinho; **~stadt** *f* vila; **~transporter** *m* camioneta *f*
Klemme *f*: ***in der ~ sitzen*** estar em apuros; **2n** estar perro
Klempner *m* funileiro, canalizador; *bras* encanador
Klette *f* bardana
klett|ern trepar, subir; **2verschluß** *m* fecho de fita aderente

Klient *m* cliente, freguês; **~el** *f* clientela
Klima *n* clima *m*; **~anlage** *f* ar *m* condicionado; **⁀tisch** climático
Klinge *f* lâmina
Klingel *f* campainha; **⁀n** tocar (a campainha)
klingen soar
Klinik *f* clínica; **~er** *m Med* clínico
Klinke *f* tranqueta; puxador *m*; (*Knauf*) maçaneta; **~r** *m* tijolo holandês
Klippe *f* escolho *m*, recife *m*
Klippfisch *m* bacalhau
klopf|en bater (***auf*** em); **~fest** *Kfz* antidetonante
Klops *m* almôndega *f*
Klosett *n* retrete *f*, sanita *f*; *bras* privada *f*; **~brille** *f* tampo *m*; **~bürste** *f* piaçaba; **~papier** *n* papel *m* higiénico; **~spülung** *f* autoclismo *m*
Kloß *m* (*Fleisch*) almôndega *f*
Kloster *n* mosteiro *m*
Klotz *m* tronco, cepo
Klub *m* clube
Kluft *f* abismo *m* (*a fig*)
klug prudente; **⁀heit** *f* prudência
Klumpen *m* torrão, montão
Klüngel *m* clique *f*
Knabe *m* rapaz, menino
Knäckebrot *n* pão *m* sueco
knacken *v/i* crepitar
Knackpunkt *m fig* busílis
Knall *m* estrondo; detonação *f*; **~effekt** *m* efeito espe(c)tacular; **⁀en** estalar
knapp escasso; (*eng*) estreito; (*Stil*) conciso; **⁀heit** *f* escassez
knarren chiar
Knatsch *m* sarilho
knattern crepitar; estalar
Knäuel *n od m* novelo *m*
knauserig mesquinho
knautsch|en amarrotar, amachucar; **⁀zone** *f Kfz* zona de deformação
Knebel *m* mordaça *f*; **⁀n** amordaçar
kneif|en beliscar; F *fig* safar-se; **⁀er** *m* lunetas *f|pl*
Kneifzange *f* turquês *m*; *bras* torquês *m*
Kneipe *f* taberna
Knete *f* plasticina; F (*Geld*) massa; **⁀n** amassar
Knick *m* dobra *f*; (*Straße*) curva *f* apertada; **⁀en** dobrar
Knie *n* joelho *m*; **~gelenk** *n* articulação *f* do joelho; **⁀n** estar de joelhos; ajoelhar-se; **~scheibe** *f* rótula
kniffen dobrar
knipsen (*Fahrkarte*) furar; *Fot* tirar uma foto
knirschen (*Zähne*) ranger
knistern crepitar; (*Papier*) ranger
knitterfrei anti-rugas; **~ *sein*** não enrugar
Knoblauch *m* alho; **~wurst** *f* alheira
Knöchel *m* tornozelo
Knochen *m* osso; **~bruch** *m* fra(c)tura *f*; **~mark** *n* medula *f*; **~splitter** *m* esquírola *f*

Knolle *f* tubérculo *m*
Knopf *m* botão; **~loch** *n* casa *f* (de botão)
knöpfen abotoar
Knorpel *m* cartilagem *f*; **2ig** cartilagíneo
Knospe *f* rebento *m*, botão *m*; **2n** brotar
Knoten *m* nó; **~punkt** *m Esb* entroncamento
knüpfen ligar, atar; (*Beziehungen*) travar
Knüppel *m* pau, cacete
knurr|en rosnar; resmungar; **~ig** resmungão
knusp(e)rig estaladiço
Koalition *f* coligação
Kobold *m* duende
Koch *m* cozinheiro; **~buch** *n* livro *m* de culinária; **2en** *v/t* cozinhar, cozer; (*Kaffee, Tee*) fazer; (*Milch, Wasser*) ferver; *v/i* ferver
Koch|platte *f* disco *m* de aquecimento; **~topf** *m* panela *f*; tacho
Kode *m* código
Köder *m* isca *f*; **2n** engodar
Koffein *n* cafeína *f*; **2frei** descafeinado
Koffer *m* mala *f*; **~radio** *n* rádio *m* portátil; **~raum** *m Kfz* porta-malas
Kognak *m* conhaque
Kohl *m* couve *f*
Kohle *f* carvão *m*
Kohlen|bergwerk *n* mina *f* de carvão; **~händler** *m* carvoeiro; **~handlung** *f* carvoaria; **~säure** *f* ácido *m* carbónico; ***ohne ~*** (*Getränk*) sem gás; **~stoff** *m* carbono; **~wasserstoff** *m* hidrocarboneto
Kohlepapier *n* papel *m* químico
Kohl|rabi *m* couve-rábano *f*; **~rübe** *f* nabo *m*
Koje *f* beliche *m*
Kokain *n* cocaína *f*
kokett coquete; **~ieren** coquetear
Kokos|nuß *f* coco *m*; **~palme** *f* coqueiro *m*
Koks *m* coque
Kolben *m Tech* êmbolo, pistão; *Chem* alambique; (*Glas*) bulho; **~hub** *m Kfz* curso do êmbolo
Kolleg *n* aula *f*; **~e** *m* colega; **~ium** *n* (*Lehrerschaft*) corpo *m* docente
Kolon|ie *f* colónia; **~ist** *m* colono
Kolonnaden *f/pl* arcadas
Kolonne *f* coluna; (*Autos*) caravana
Kombi *m Kfz* carrinha *f* (station); **2nieren** combinar; **~zange** *f* alicate *m* universal
Komfort *m* conforto
komisch cómico; estranho
Komitee *n* comissão *f*; junta *f*
Komma *n* vírgula *f*
Kommanditgesellschaft *f* comandita
kommen vir; (*an~*) chegar; ***hinter et. ~*** descobrir

Kommissar *m* comissário; **2isch** interino
Kommode *f* cómoda
Kommun|e *f* (*Administration*) comuna; **~ion** *f* comunhão; **~ismus** *m* comunismo; **~ist** *m*, **2istisch** comunista
Komödie *f* comédia
Kompaß *m* bússola *f*
kompatibel compatível
Komplex *m* complexo
Komplize *m* cúmplice
Komplott *n* conspiração *f*
Kompott *n* compota *f*
Konditorei *f* pastelaria; *bras* confeitaria
Konfektion *f* pronto-a-vestir *m*
Konferenz *f* conferência; (*Sitzung*) conselho *m*
Kongreß *m* congresso
König *m* rei; **~in** *f* rainha; **2lich** real; régio; **~reich** *n* reino *m*
Konjunktur *f* conjuntura
Konkurr|ent *m* concorrente; **~enz** *f* concorrência; competição; **2ieren** concorrer; competir
konkret concreto
Konkurs *m* falência *f*
können poder; (*wissen*) saber
Konsens *m* senso comum
konservativ conservador
Konserv|e *f* conserva; **~endose** *f* lata de conservas; **~ierungsmittel** *n* conservante *m*
Konsul *m* cônsul
Konsulat *n* consulado *m*
Konsum *m* consumo; **~ent** *m* consumidor; **~güter** *pl* bens *m/pl* de consumo
Kontakt *m* conta(c)to; **~ *aufnehmen*** conta(c)tar; **~linse** *f* lente de conta(c)to
Konterrevolution *f* contra-revolução
Kontinent *m* continente; **2al** continental
Kontinuität *f* continuidade
Konto *n* conta *f*; **~auszug** *m* extra(c)to da conta; **~inhaber** *m* titular da conta
Kontrast *m* contraste
Kontroll|ampe *f* testemunho *m*; **~beamte(r)** *m* fiscal; **~e** *f* controlo *m*; fiscalização; **~eur** *m* revisor; **2ieren** controlar; fiscalizar
Konzept *n* rascunho *m*; **~ion** *f* conceito *m*
Konzern *m* empresas *f/pl* reunidas
Konzert *n* concerto *m*
Konzession *f* concessão
Kopf *m* cabeça *f*; **~hörer** *m* auscultador; **~kissen** *n* travesseira *f*; **2los** *fig* perplexo; **~rechnen** *n* cálculo *m* mental; **~salat** *m* alface; **~schmerzen** *m/pl* dores *f/pl* de cabeça; **~schuppen** *pl* caspa *f*; **~sprung** *m* salto de cabeça; **~stütze** *f* *Kfz* encosto *m*
Kopie *f* cópia
Koralle *f* coral *m*
Koran *m* Alcorão

Korb *m* cesto, cesta *f*
Kord *m* bombazina *f*
Kork *m* cortiça *f*; **~eiche** *f* sobreiro *m*; **~en** *m* rolha *f*; **~enzieher** *m* saca-rolhas
Korn *n* grão *m*; (*Getreide*) cereais *m/pl*; **~feld** *n* seara *f*
Körper *m* corpo; **~bau** *m* estatura *f*; **2behindert** *adj* aleijado; **~behinderte(r)** *m* diminuído físico; **~geruch** *m* sovaquinho; **~größe** *f* estatura; **2lich** corpóreo; físico; **~pflege** *f* higiene do corpo; **~schaft** *f* entidade; corporação
korrekt corre(c)to; **2ur** *f* emenda
Korrespond|ent *m* correspondente; **~enz** *f* correspondência; **2ieren** corresponder-se
Korridor *m* corredor
korrigieren corrigir, emendar
Korrosion *f* corrosão; **~s-schutzmittel** *n* anticorrosivo *m*
korrupt corrupto; **2ion** *f* corrupção
kosen acariciar
Kosmetik *f* cosmética; **~erin** *f* maquilhadora
Kost *f* comida, alimento *m*; **2bar** precioso; **~en** *pl* despesas *f/pl*; gastos *m/pl*; **2en** custar; (*probieren*) provar; **2enlos** gratuito; **~envoranschlag** *m* orçamento
köstlich delicioso
Kost|probe *f* prova; **2spielig** dispendioso
Kostüm *n* traje *m*; (*Damen*) saia e casaco *m*; *bras* costume *m*; tailleur *m*
Kot *m* lodo, lama *f*; *Med* excrementos *m/pl*
Kotelett *n* costeleta *f*
Köter *m* F mastim; *bras* vira--lata
Kotflügel *m* guarda-lama
kotzen V vomitar
Krabbe *f* crustáceo *m*
krabbeln (*Baby*) aburrinhar
Krach *m* ruído; barulho; *Hdl* quebra *f*; **2en** estalar; rebentar
Kraft *f* força; potência; *in* **~** em vigor; **~brühe** *f* caldo *m*; **~fahrer** *m* motorista; **~fahrzeug** *n* automóvel *m*; **~fahrzeugsteuer** *f* imposto *m* sobre veículos
kräftig forte; vigoroso; robusto
kraft|los fraco; sem forças; **2probe** *f* prova (de forças); **2stoff** *m* combustível; **~voll** vigoroso; **2werk** *n* central *f* (*bras* usina *f*) elé(c)trica
Kragen *m* (*Hemd*) colarinho; gola *f*
Krähe *f* gralha
Krake *m* polvo
Kralle *f* unha, garra
Krampf *m* cãibra *f*; convulsão *f*; **~ader** *f* variz; **2haft** convulsivo; *fig* forçado
Kran *m* guindaste
Kranich *m* grou

krank doente; enfermo
kränken ofender
Kranken|haus *n* hospital *m*; **~kasse** *f* Caixa de Previdência; **~schein** *m* atestado médico; **~schwester** *f* enfermeira; **~versicherung** *f* seguro *m* contra doenças; **~wagen** *m* ambulância *f*
krank|haft patológico; doentio; **2heit** *f* doença
Krankheitserreger *m* micróbio patogénico
kränklich achacado, doentio
Kränkung *f* ofensa
Kranz *m* coroa *f*
kraß crasso
Krater *m* cratera *f*
kratzen raspar; *sich* ~ coçar-se
kraus crespo
Kraut *n* erva *f*
Kräutertee *m* chá de ervas medicinais
Krawall *m* tumulto
Krawatte *f* gravata
kreativ criativo
Krebs *m* caranguejo; *Med* cancro; **2krank** canceroso
Kredit *m* crédito; **~karte** *f* cartão *m* de crédito; **2würdig** solvente
Kreide *f* cré *m*; (*Schule*) giz *m*
Kreis *m* círculo; *El* circuito; (*Bezirk*) concelho; município
kreischen gritar; guinchar; (*Rad*) chiar
Kreisel *m* pião
kreisförmig circular
Kreislauf *m* circulação *f*; **~störung** *f* perturbação circulatória
Kreissäge *f* serra circular
Kreißsaal *m* sala *f* de partos
Kreisverkehr *m* tráfego circular
Krempe *f* aba
Kreol|e *m*; **2isch** crioulo
krepieren F (*sterben*) bater a bota
Kresse *f* agrião *m*
Kreuz *n* cruz *f*; *Anat* espinha *f*; (*Kartenspiel*) paus *m/pl*; **2en** cruzar; **~er** *m Mar* cruzador; **~fahrt** *f* cruzeiro *m*; **~igung** *f* crucificação; **~otter** *f* víbora cruzeira; **~ung** *f* cruzamento *m*; **~verhör** *n* interrogatório *m* contraditório; **~worträtsel** *n* palavras *f/pl* cruzadas
kriech|en rastejar; **2spur** *f* *Kfz* faixa para viaturas lentas
Krieg *m* guerra *f*; ~ *führen* fazer guerra (*gegen* a); **2führend** beligerante
Kriegs|gefangene(r) *m* prisioneiro de guerra; **~gefangenschaft** *f* cativeiro *m*; **~list** *f* estratagema *m*; **~schauplatz** *m* teatro da guerra; **~schiff** *n* navio *m* de guerra; **~treiber** *m* belicista
Kriminal|beamte(r) *m* agente da polícia judiciária; **~film** *m* filme policial; **~polizei** *f* polícia judiciária; **~roman** *m* romance policial

kriminell; **2e(r)** *m* criminoso
Krimskrams *m* F quinquilharias *f/pl*
Krippe *f* (*Futter2*) manjedoura; *Rel* presépio *m*; (*Kinder2*) creche
Krise *f* crise
Kristall *n u m* cristal *m*
Kriterium *n* critério *m*
Kriti|k *f* crítica; **~ker** *m*, **2sch** crítico; **2sieren** criticar
Kritzel|ei *f* rabiscos *m/pl*; **2n** rabiscar
Krokette *f* croquete *m*
Krokodil *m* crocodilo
Krone *f* coroa; (*Baum*) copa
krönen coroar
Kron|korken *m* cápsula *f*; **~leuchter** *m* lustre
Krönung *f* coroação; *fig* cúmulo *m*
Kronzeuge *m* testemunha *f* principal
Kropf *m* papo; *Med* bócio
Kröte *f* sapo *m*
Krücke *f* muleta
Krug *m* cântaro; jarro
Krümel *m* migalha *f*; **2n** esmigalhar(-se)
krumm curvo; torto
krümm|en curvar; torcer; **2er** *m Tech* cotovelo; **2ung** *f* curva(tura)
Krüppel *m* aleijado
Kruste *f* crosta; (*Brot*) côdea
Kruzifix *n* crucifixo *m*
Kübel *m* cuba *f*, tina *f*
Küche *f* cozinha
Kuchen *m* bolo; pastel
Küchen|einrichtung *f* trem *m* de cozinha; **~geschirr** *n* utensílios *m/pl* de cozinha; **~herd** *m* fogão de cozinha; **~schrank** *m* armário de cozinha
Kuckuck *m* cuco
Kugel *f* esfera; (*Erde*) globo *m* terrestre; (*Spiel*) bola; (*Gewehr*) bala; **2förmig** esférico; **~lager** *n* rolamento *m* de esferas; **~schreiber** *m* esferográfica *f*; **2sicher** à prova de balas
Kuh *f* vaca; **~glocke** *f* chocalho *m*
kühl fresco; *fig* frio; (*Getränk*) ***schön*** **~** bem gelado; **~en** arrefecer; (*erfrischen*) refrescar; **2er** *m Kfz* radiador; **2ergrill** *m Kfz* grelha *f*; **2erhaube** *f* capota; **2flüssigkeit** *f Kfz* refrigerante *m*; **2haus** *n* armazém *m* frigorífero; **2schrank** *m* frigorífico; *bras* geladeira *f*; **2tasche** *f* mala térmica; **2ung** *f* refrigeração; (*Ab2*) arrefecimento *m*; **2wagen** *m Esb* vagão frigorífico; *Kfz* camião frigorífico
kühn ousado; **2heit** *f* ousadia
Küken *n* pintainho *m*
Kulisse *f* bastidor *m*
Kult *m* culto; **2ivieren** cultivar
Kultur *f* cultura; civilização; *Agr* cultivo *m*; **~film** *m* documentário; **~geschichte** *f* história da cultura; **~stufe** *f* grau *m* de civilização

Kultusministerium *n* Ministério *m* da Educação e Cultura
Kümmel *m* cominho; (*Schnaps*) cúmel
Kummer *m* aflição *f*; desgosto
kümmer|lich miserável; **~n** preocupar; ***sich ~ um*** cuidar de
Kund|e *m* freguês; cliente; **~endienst** *m* serviço; *Tech* serviço pós-venda; assistência *f* técnica; **2ig** perito
kündig|en despedir; (*selbst*) despedir-se; (*Vertrag*) rescindir; **2ung** *f* despedimento; rescisão *f*; **2ungsschutz** *m* protecção *f* contra despedimentos
Kund|in *f* freguesa; **~schaft** *f* freguesia; clientela
künftig futuro
Kunst *f* arte; ***die schönen Künste*** as belas artes; **~ausstellung** *f* exposição de arte; **~faser** *f* fibra sintética; **~fertigkeit** *f* habilidade; **~flieger** *m* aviador acrobático; **2gerecht** impecável; **~geschichte** *f* história da arte; **~gewerbe** *n* artes *f*|*pl* aplicadas; **~handel** *m* comércio de obje(c)tos de arte; **~handwerk** *n* artesanato *m*; **~harz** *n* resina *f* sintética
Künst|ler *m* artista; **2lerisch** artístico; **2lich** artificial; *Tech* sintético; (*Gebiß*) postiço; (*unecht*) falso
Kunst|stoff *m* plástico; **~stück** *n fig* habilidade *f*; **2voll** engenhoso; **~werk** *n* obra *f* de arte
Kupfer *n* cobre *m*; **~stich** *m* gravura *f* em cobre
Kuppe *f* cimo *m*; cume *m*
Kuppel *f* cúpula
Kupplung *f Tech* acoplamento *m*; *Kfz* embraiagem; *bras* embreagem
Kur *f* cura
Kurbel *f* manivela; **~welle** *f* cambota
Kürbis *m* abóbora *f*
Kur|gast *m* banhista; **~haus** *n* sanatório *m*; **~ort** *m* estação *f* termal; **~pfuscher** *m* curandeiro, charlatão
Kurs *m Hdl* câmbio; *Mar* rota *f*; (*Lehrgang*) curso; **~buch** *n* horário *m*; guia *m* dos caminhos-de-ferro; *bras* guia *m* da estrada de ferro
Kürschner *m* peleiro
kursieren circular
Kurs|notierung *f* cotação; **~schwankung** *f* oscilação do câmbio; **~wagen** *m* carruagem *f* directa; *bras* carro direto
Kurtaxe *f* (taxa de) turismo *m*
Kurve *f* curva
kurz curto; (*zeitlich*, *fig*) breve; ***~ darauf*** pouco depois; ***binnen ~em*** em breve; ***vor ~em*** há pouco; **2arbeit** *f* trabalho *m* reduzido; **~atmig** asmático

Kürz|e *f* brevidade; *in* ~ em breve; **2en** encurtar; reduzir
Kurz|film *m* filme de curta metragem; **2fristig** a curto prazo; **~geschichte** *f* conto *m*
kürzlich recentemente
Kurz|schluß *m* curto-circuito; **2sichtig** míope
Kürzung *f* redução; corte *m*
Kurz|warenhandlung *f* retrosaria; **~welle** *f* onda curta; **2zeitig** temporário
Kusine *f* prima
Kuß *m* beijo; ***viele Küsse*** (*Brief*) beijinhos
küssen beijar
Küst|e *f* costa; litoral *m*; **~enschiffahrt** *f* cabotagem; navegação costeira; **~er** *m* sacristão
Kutsch|e *f* coche *m*; **~er** *m* cocheiro
Kutteln *pl Kochk* tripas *f*/*pl*
Kutter *m* chalupa *f*
Kuvert *n* envelope *m*

L

labil instável
Labor(atorium) *n* laboratório *m*
Labyrinth *n* labirinto *m*
Lache *f* poça, charco *m*
lächeln sorrir
lachen rir(-se) (**über** de); 2 *n* riso *m*
lächerlich ridículo
lachhaft caricato; ridículo
Lachs *m* salmão
Lack *m* tinta *f*; (*klar*) verniz; **2(ier)en** envernizar; (*Auto*) pintar
laden carregar (*a El*); *jur* citar; *Inform* a(c)tivar
Laden 1. *m* loja *f*; **2.** *n Inform* a(c)tivação *f*; **~hüter** *m* mono; **~schluß** *m* encerramento; **~tisch** *m* balcão
Ladung *f* carga; carregamento *m*
Lage *f* situação; (*Körper*) posição; ***in der ~ sein zu*** estar em condições de
Lager *n Hdl* armazém *m*; depósito *m*; *Bgb* jazigo *m*; *Tech* rolamento *m*; **~bestand** *m* estoque; **2fähig** conservável; **~halle** *f* depósito *m*; **~haltung** *f* armazenamento *m*; **2n** armazenar; **~stätte** *f* depósito *m*, jazigo *m*; **~ung** *f* armazenagem
Lagune *f* laguna
lahm coxo; (*gelähmt*) paralítico
lähmen paralisar
lahmlegen paralisar
Lähmung *f* paralisia; *fig* paralisação
Laie *m* leigo; *fig* amador
Laken *n* lençol *m*
Lakritze *f* alcaçuz *m*
Lamm *n* cordeiro *m*
Lampe *f* candeeiro *m*; lâmpada

Lampenschirm *m* abajur; quebra-luz
Land *n* campo *m*; *Pol* país *m*; (*Stück*) terra *f*; terreno *m*; **~arbeiter** *m* trabalhador agrícola; *bras* peão; **~bevölkerung** *f* população rural
Lande|bahn *f* pista de aterragem; **2n** desembarcar; *Flgw* aterrar; *bras* aterrissar; **~radar** *n u m* radar de aproximação
Ländereien *f/pl* bens *m/pl* de raiz
Land|flucht *f* êxodo *m* rural; **~gut** *n* quinta *f*; fazenda *f*; (*kleines*) sítio *m*; **~haus** *n* casa *f* de campo; *bras* chácara *f*; **~karte** *f* mapa *m*; **2läufig** usual
ländlich campestre; rústico
Land|rat *m* administrador de concelho; **~regen** *m* chuva *f* miúda; **~schaft** *f* paisagem; **~schaftsarchitekt** *m* paisagista; **~smann** *m* compatriota; **~straße** *f* estrada; **~streicher** *m* vagabundo; **~strich** *m* região *f*; **~tag** *m* dieta *f*; **~ung** *f* desembarque *m*; *Flgw* aterragem; *bras* aterrissagem; **~ungsbrücke** *f* ponte de desembarque; **~vermesser** *m* agrimensor; **~wirt** *m* agricultor, lavrador; **~wirtschaft** *f* agricultura
lang comprido; (*zeitlich*) longo; **~e** *adv* por muito (tempo)
Länge *f* comprimento *m*; (*zeitlich*) duração
Langeweile *f* aborrecimento *m*
lang|fristig a longo prazo; **~jährig** de muitos anos; antigo; **~lebig** durável, perene
länglich alongado
Lang|mut *f* paciência; **2sam** lento; *adv* devagar
Lang|schläfer *m* dorminhoco; **~spielplatte** *f* disco *m* long-play *engl*
längst há muito (tempo)
Langstrecken...: *in Zssgn* a grande distância
Languste *f* lagosta
langweil|en aborrecer; **~ig** aborrecido; maçador
langwierig demorado; moroso
Lappalie *f* bagatela
Lappen *m* trapo, farrapo
läppisch trivial
Laptop *m* *Inform* computador portátil
Lärm *m* ruído, barulho; **2en** fazer barulho; **~schutzwand** *f* barreira anti-ruído
lasch frouxo; F mole
Laser *m* laser *engl*; **~drucker** *m* *Inform* impressora *f* laser; **~strahl** *m* raio laser
lassen (*zu~*) deixar; (*veran~*) mandar; fazer; **~ *von*** desistir de
lässig indiferente; **2keit** *f* à-vontade *m*; indiferença
Last *f* carga; peso *m*; ***zu ~en von*** à custa de; **~auto** *n* camião *m*; **2en** pesar, carregar; **~enaufzug** *m* monta-cargas

Laster *n* vício *m*; deboche *m*; **≈haft** vicioso
läster|n blasfemar; **≈ung** *f* blasfémia
lästig enfadonho, importuno, maçador; **~ *fallen*** importunar
Last|kraftwagen *m*, **~wagen** *m* camião; *bras* caminhão
Latein *n* latim *m*; **~amerika** *n* América *f* Latina; **≈isch** latino
Laterne *f* candeeiro *m*; *bras* combustor *m*; **~npfahl** *m* poste
Latte *f* ripa; **~nrost** *m* grade *f* de ripas; **~nzaun** *m* estacada *f*
lau morno, tépido
Laub *n* folhagem *f*; **~baum** *m* árvore *f* de folha caduca; **~e** *f* caramanchão *m*
Laub|frosch *m* rela *f*; **~wald** *m* floresta *f* de folha caduca
Lauch *m* alho-porro
lauern estar à espreita (***auf*** de); (*j-m auf~*) espiar alg
Lauf *m* carreira *f*; corrida *f*; (*Richtung*) curso; (*Wasser*) corrente *f*; *Tech* marcha *f*; *fig* decurso; **~bahn** *f* carreira
laufen correr; *Tech* marchar; *fig* funcionar; **~d** corrente
Läufer *m* corredor; (*Teppich*) passadeira *f*
Lauf|masche *f* malha caída; **~steg** *m* passarela *f*; **~werk** *n* mecanismo *m*; *Inform* a(c)cionador *m*; **~zeit** *f* *Hdl* prazo *m* de circulação
Lauge *f* lixívia
Laun|e *f* humor *m*; ***gute* ~** boa disposição; **≈isch** caprichoso
Laus *f* piolho *m*
lauschen escutar
laut alto; *prp* (*gemäß*) segundo; **≈** *m* som
Laute *f* alaúde *m*
lauten (*Text*) dizer; rezar
läuten tocar
laut|los silencioso; **≈sprecher** *m* altifalante; (*Box*) coluna *f*; **≈stärke** *f* volume *m*
lauwarm morno
Lavendel *m* alfazema *f*
Lawine *f* alude *m*, avalancha
Layout *n* lay-out *m* *engl*; *bras* leiaute *m*
Lazarett *n* hospital *m* militar
LCD-Bildschirm *m* *Inform* tela *f* de cristal líquido
leben viver; **≈** *n* vida *f*; **~dig** vivo
Lebens|alter *n* idade *f*; **~art** *f* modo *m* de vida; **~dauer** *f* durabilidade; **~gefahr** *f* perigo *m* de morte; **≈gefährlich** muito grave, perigoso; **~gefährte** *m* companheiro; **~gemeinschaft** *f* vida em comum; **~haltungskosten** *pl* custo *m* da vida; **≈länglich** perpétuo; **~lauf** *m* carreira *f*; curriculum *m* vitae; **≈lustig** alegre, vivo; **~mittel** *n*/*pl* víveres *m*/*pl*; géneros *m*/*pl* alimentícios; **≈müde** farto de viver; **≈notwendig** vital; de primeira necessidade;

~unterhalt *m* sustento; **~versicherung** *f* seguro *m* de vida; **Ꙇwichtig** vital; **~zeit** *f*: ***auf ~*** vitalício
Leber *f* fígado *m*; **~fleck** *m* sarda *f*; **~wurst** *f* chouriço *m* de fígado
Lebewesen *n* ser *m* vivo
lebhaft vivo; **Ꙇigkeit** *f* vivacidade
leblos sem vida
leck roto; ***~ sein*** *Mar* meter água; (*auslaufen*) vazar; **~en** (*mit der Zunge*) lamber
lecker delicioso; **Ꙇbissen** *m* petisco
Leder *n* couro *m*; (*fein*) cabedal *m*; **~jacke** *f* casaco *m* de cabedal; **~riemen** *m* correia *f*
ledig; Ꙇge(r) *m* solteiro; **~lich** meramente; pura e simplesmente
Lee *f* sotavento *m*
leer vazio; (*Stelle*) vago; **~en** esvaziar; **Ꙇgewicht** *n* peso *m* em vazio; tara *f*; **Ꙇgut** *n* vasilhame *m*; **Ꙇlauf** *m* marcha *f* em vazio; **~stehen** estar desocupado; **Ꙇstelle** *f* espaço *m*
legen pôr; meter; ***sich ~*** (*nachlassen*) acalmar-se, passar
Legende *f* le(ge)nda
Legierung *f* liga
Lehm *m* barro; argila *f*; **~boden** *m* terreno argiloso
Lehn|e *f* costas *f/pl*; (*Arm*) braço *m*; **Ꙇen:** ***sich ~ an*** (*acc*) encostar-se a; **~stuhl** *m* poltrona *f*; cadeira *f* de braços
Lehr|amt *n* magistério *m*; **~buch** *n* manual *m*, compêndio *m*; **~e** *f* doutrina; (*Lehrzeit*) aprendizagem; tirocínio *m*; **Ꙇen** ensinar; **~er** *m* professor; **~fach** *n* disciplina *f*; **~gang** *m* curso; **~ling** *m* aprendiz; **Ꙇreich** instrutivo; **~stuhl** *m* cátedra *f*; **~vertrag** *m* contrato de aprendizagem
Leib *m* corpo; (*Bauch*) ventre; barriga *f*; **~gericht** *n* prato *m* favorito; **~wächter** *m* guarda-costas; *bras* capanga
Leiche *f* cadáver *m*
leichen|blaß lívido; **Ꙇschauhaus** *n* necrotério *m*; **Ꙇverbrennung** *f* cremação; **Ꙇwagen** *m* carro fúnebre; **Ꙇzug** *m* cortejo fúnebre
leicht ligeiro; leve; (*mühelos*) fácil; **Ꙇathlet** *m* atleta; **Ꙇathletik** *f* atletismo *m*; **~fertig** leviano; **~gläubig** crédulo; **Ꙇigkeit** *f* facilidade; **Ꙇmetall** *n* metal *m* leve; **Ꙇmetallfelge** *f* jante de liga leve; **Ꙇsinn** *m* leviandade *f*; descuido **~sinnig** leviano; descuidado
Leid *n* dor *f*, pena *f*; ***es tut mir*** **Ꙇ** lamento, sinto muito; **Ꙇen** sofrer; (*dulden*) tolerar; **~en** *n* sofrimento *m*; *Med* doença *f*; **Ꙇend** doente
Leidenschaft *f* paixão; **Ꙇlich** apaixonado

leid|er infelizmente; **~ig** maçador; desagradável; **~lich** razoável
Leih|bibliothek *f* biblioteca pública; **2en** emprestar; (*entleihen*) pedir emprestado (*bei* a); **~gebühr** *f* (taxa de) empréstimo *m*; **~haus** *n* casa *f* de penhores; **2weise** emprestado
Leim *m* cola *f*; **2en** colar
Lein|e *f* corda; (*Hund*) trela; **~en** *n* linho *m*; **~wand** *f* tela
leise *adj* baixo; (*geräuschlos*) silencioso; *adv* em voz baixa
Leiste *f* ripa; *Anat* virilha; **2n** fazer, realizar; (*Dienst*, *Eid*, *Hilfe*) prestar; *Tech* render, produzir
Leistung *f* trabalho *m*; *Tech* potência; rendimento *m*; **2sfähig** eficiente; *Tech* (*Gerät*) sofisticado; *Hdl* solvente; **~sfähigkeit** *f* capacidade; potência; eficiência; solvência; **~sprüfung** *f* prova da resistência; **~ssport** *m* desporto de competição
Leitartikel *m* editorial
leiten conduzir; *fig* dirigir
Leiter 1. *m* dire(c)tor, gerente; *Tech* condutor; **2.** *f* escada móvel; escadote *m*; **~sprosse** *f* degrau *m*
Leit|faden *m* método, guia; **~fähigkeit** *f* condutibilidade; **~gedanke** *m* ideia *f* fundamental; **~planke** *f* barreira de segurança
Leitung *f* dire(c)ção; *El* fio *m*, linha; (*Wasser*) conduta
Leitungs|draht *m* fio elé(c)trico; **~wasser** *n* água *f* da torneira; *bras* água *f* encanada
Lektion *f* lição
Lektor *m* leitor; **~at** *n* leitorado *m*
Lende *f* coxa; *a Kochk* lombo *m*
lenkbar dirigível; *fig* dócil
lenk|en guiar; **2er** *m* condutor; (*Zweirad*) guiador; **2rad** *n* volante *m*; **2ung** *f* dire(c)ção
Lepra *f* lepra
lernen aprender
Lesbierin *f* lésbica
Lesebuch *n* livro *m* de leitura
lesen ler
Leser *m* leitor (*a Tech*)
Lesesaal *m* sala *f* de leitura
letzt último; (*äußerst*) extremo; (*vergangen*) passado
Leucht|e *f* luminária; *fig* celebridade; **2en** brilhar; (*beleuchten*) alumiar; **2end** brilhante; **~er** *m* castiçal; (*Kron2*) lustre; candelabro; **~feuer** *n* farol *m*; **~reklame** *f* anúncio *m* luminoso; **~stofflampe** *f* lâmpada fluorescente; **~turm** *m* farol
leugnen negar
Leumund *m* reputação *f*
Leute *pl* pessoas *f/pl*; gente *f*; ***junge ~*** gente nova
Lexikon *n* enciclopédia *f*
Libelle *f* libélula
Licht *n* luz *f*; (***anschalten***

acender; ***ausschalten*** apagar); **~blick** *m* perspectiva; **2empfindlich** sensível à luz; **2en** (*Wald*) desbastar; **~maschine** *f* dínamo *m*; **~schalter** *m* interruptor; **~schein** *m* clarão; **~strahl** *m* raio de luz; **~ung** *f* clareira
Lid *n* pálpebra *f*
lieb caro; querido; (*angenehm*) agradável; (*liebenswürdig*) amável; **2e** *f* amor *m*
lieben amar; ***sich ~*** (*körperlich*) fazer amor; **~swürdig** amável, gentil; **2swürdigkeit** *f* amabilidade, gentileza
lieber: *~ haben, ~ mögen, ~ wollen* gostar mais de, preferir
Liebes|erklärung *f* declaração; **~kummer** *m* desgosto amoroso; **~paar** *n* namorados *m/pl*
lieb|evoll afe(c)tuoso; **~gewinnen** afeiçoar-se a; **2haber** *m* amante; (*Fan*) aficionado; (*z.B. Essen*) apreciador; **~kosen** acariciar; **2kosung** *f* carícia; F festa; **~lich** suave; ameno; **2ling** *m* favorito; **~los** insensível; (*hart*) duro; **2schaft** *f* namoro *m*
Lied *n* canção *f*
liederlich desmazelado
Liedermacher *m* cançonetista
Lieferant *m* fornecedor
lieferbar à venda
liefer|n fornecer; (*ab~*) entregar; (*Ertrag*) dar; render; **2schein** *m* guia *f*; recibo; **2ung** *f* fornecimento *m*; entrega; **2wagen** *m* furgoneta *f*; *bras* furgão
liegen (*im Bett usw*) estar deitado; (*sich befinden*) estar situado, ficar
Liege|stuhl *m* cadeira *f* de repouso; espreguiçadeira *f*; **~stütz** *m* flexão *f*
Lift *m* ascensor
Likör *m* licor
lila (cor de) lilás
Lilie *f* lírio *m*
Limonade *f* limonada
Limousine *f Kfz* limusina
Linde *f* tília
linder|n atenuar, aliviar; **~nd** calmante, atenuante; **2ung** *f* alívio *m*
Lineal *n* régua *f*
Linie *f* linha; ***in erster ~*** em primeiro lugar; **~nbus** *m* (*Fernverkehr*) camioneta *f*; **~nflug** *m Flgw* voo de carreira
Link|e *f Pol* esquerda; **~e(r)** esquerdo; **2en** F tramar; **2isch** desajeitado; **2s** à esquerda; **~shänder** *m*; **2händig** canhoto
Linse *f* lentilha; (*optische*) lente
Lippe *f* lábio *m*; **~nstift** *m* batom *fr*
lispeln cecear
Lissabon *n* Lisboa *f*
List *f* astúcia; manha; **~e** *f* lista; **~enwahl** *f* escrutínio *m*

por listas; **≗ig** astuto; manhoso
Liter *n od m* litro *m*
literarisch literário
Literatur *f* literatura
Litfaßsäule *f* coluna de anúncios
Live-Sendung *f* transmissão ao vivo
Lizenz *f* licença, autorização
LKW *m* camião; **~Fahrer** *m* camionista
Lob *n* louvor *m*; **≗en** louvar; **≗enswert** louvável
Loch *n* buraco *m*; furo *m*; (*Öffnung*) abertura *f*; **≗en** furar; (*Fahrkarte*) picar; **~er** *m* perfurador
Lock|e *f* caracol *m*; **≗en** *fig* atrair; **~enwickel** *m* rolo; **≗er** frouxo; solto; *fig* relaxado; **≗ern** afrouxar; (*lösen*) soltar
Lockmittel *n* engodo *m*
Löffel *m* colher *f*; **≗weise** às colheradas
Logbuch *n* diário *m* de bordo
Loge *f* camarote *m*
Log|ik *f* lógica; **≗isch** lógico; **~istik** *f* logística
Lohn *m* salário; *fig* recompensa *f*; **~anpassung** *f* reajuste *m* dos salários; **~empfänger** *m* assalariado; **≗en:** ***sich ~*** valer a pena; **≗end** lucrativo; **~erhöhung** *f* aumento *m* de salário; **~steuer** *f* imposto *m* salarial; **~steuerkarte** *f* cartão *m* de contribuinte fiscal
Lokal *n* restaurante *m*, café *m*; **~patriotismus** *m* bairrismo
Lokomotiv|e *f* locomotiva; **~führer** *m* maquinista
Lorbeer *m* louro
Los *n* bilhete *m* (de lotaria); (*Schicksal*) sorte *f*
los: ~! então!, vamos!
lösbar solucionável; (*Aufgabe*) resolúvel
Lösch|blatt *n* mata-borrão *m*; **≗en** apagar; (*Durst*) matar; (*Waren*) desembarcar; *Inform* cancelar; **~taste** *f Inform* tecla de cancelamento
lose solto; (*Ware*) a granel
Lösegeld *n* resgate *m*
losen deitar sortes; sortear
lösen soltar; (*Aufgabe*) resolver; (*Fahrkarte*) comprar; (*Problem*) solucionar
los|fahren partir; arrancar; **~gehen** partir; (*beginnen*) F começar; **~lassen** largar; **~reißen** arrancar
Lösung *f* solução; **~smittel** *n* solvente *m*
löten soldar
Lotion *f* loção
Lotse *m* piloto; **≗n** pilotar
Lotterie *f* lotaria
Löw|e *m* leão; **~in** *f* leoa
loyal leal; **≗ität** *f* lealdade
Luchs *m* lince
Lücke *f* lacuna; **≗nhaft** cheio de lacunas; deficiente; **≗nlos** completo
Luft *f* ar *m*; **~abwehr** *f* defesa antiaérea; **~angriff** *m* ataque aéreo; **≗dicht** hermético;

~druck *m* pressão *f* atmosférica; *Tech* pressão *f* do ar
lüfte|n arejar; **2r** *m* ventilador
Luft|feuchtigkeit *f* (h)umidade atmosférica; **~gewehr** *n* espingarda *f* de pressão de ar; **2ig** arejado; **~kissenfahrzeug** *n* aerodeslizador *m*; **~kühler** *m* radiador de ar; **~kurort** *m* estação *f* climática; **~landetruppen** *f/pl* tropas de desembarque aéreo; **2leer** vácuo; **~linie** *f* linha re(c)ta; *Flgw* linha aérea; **~loch** *n* poço *m* de ar; **~pirat** *m* pirata do ar; **~post** *f* correio *m* aéreo; **~pumpe** *f* bomba de ar; **~röhre** *f* traqueia
Lüftung *f* ventilação
Luftzug *m* corrente *f* de ar
Lüg|e *f* mentira; **2en** mentir; **~ner** *m*, **2nerisch** mentiroso
Luke *f* postigo *m*; *Mar* escotilha
Lümmel *m* malandro
Lump *m* velhaco; **~en** *m* trapo
Lung|e *f* pulmão *m*; **~enentzündung** *f* pneumonia
Lupe *f* lupa
Lust *f* prazer *m*; vontade
lüstern lascivo
lust|ig divertido; alegre; ***sich ~ machen über*** fazer troça de; **~los** pouco animado; **2spiel** *n* comédia *f*
lutsch|en chupar; **2tablette** *f* pastilha
Luv *f* barlavento *m*
luxu|riös luxuoso; **2s** *m* luxo
Lyr|ik *f* (poesia) lírica; **2isch** lírico

M

machen fazer; ***~ lassen*** (*anordnen*) mandar fazer; **2schaft** *f* intriga, manobra
Macho *m* F machista
Macht *f* poder *m*; potência; (*Kraft*) força; **~haber** *m* potentado; governante
mächtig poderoso; forte
macht|los impotente; **~voll** poderoso
Machwerk *n* obra *f* de fancaria
Mädchen *n* menina *f*, moça *f*, *port* rapariga *f*
Made *f* verme *m*; bicho *m*
Magazin *n* armazém *m*, depósito *m*; (*Zeitschrift*) revista *f*, magazine *m*
Magen *m* estômago; **~geschwür** *n* úlcera *f* no estômago; **~verstimmung** *f* indisposição gástrica
mager magro; **2keit** *f* magreza
Magie *f* magia
Magist|er *m* mestre; **~rat** *m* Câmara *f* Municipal
Magnet *m* magnete; íman; *bras* imã; **~bahn** *f* *Esb* comboio *m* de levitação magnética; **2isch** magnético; **~nadel** *f* agulha magnética;

~plattenspeicher *m Inform* memória *f* em discos
Mäh|drescher *m* ceifeira-debulhadora *f*; **2en** ceifar, segar
Mahlzeit *f* refeição
Mähne *f* crina
mahn|en advertir; **2mal** *n* monumento *m*; **2ung** *f* advertência
Mai *m* Maio; **~glöckchen** *n* lírio *m* convale; **~käfer** *m* besouro
Mais *m* milho; **~brot** *n* broa *f* (de milho); **~kolben** *m* maçaroca *f*
majestätisch majestoso
Makel *m* mácula *f*, mancha *f*; **2los** imaculado; impecável
mäkeln censurar
Makkaroni *pl* macarrão *m/sg*
Makler *m* corretor, agente; **~gebühr** *f* comissão; corretagem
Makrele *f* cavala
Mal *n* vez *f*; (*Zeichen*) sinal *m*; ***mit einem ~*** de repente; ***zum ersten ~*** pela primeira vez
Malaria *f* malária
mal|en pintar; **2er** *m* pintor; **2erei** *f* pintura; **~erisch** pitoresco
Malz *n* malte *m*; **~bier** *n* cerveja *f* de malte
man a gente, se; ***~ sagt*** diz-se, dizem
manch|e, ~er, ~es algum(a); alguém; **~mal** às vezes
Mand|ant *m* constituinte; **~arine** *f* tangerina
Mandel *f* amêndoa; *Anat* amígdala; **~baum** *m* amendoeira *f*; **~entzündung** *f* angina
Mandoline *f* bandolim *m*
Mangel *m* falta *f*; (*Fehler*) defeito; **2haft** defeituoso; **2n** fazer falta; ***~ an*** carecer de
Manier *f* maneira; **2lich** de boas maneiras
Maniküre *f* manicura
Mann *m* homem; (*Ehe*) marido; **~!** F pá!, rapaz!
Männchen *n Zo* macho *m*
mannig|fach vário, diferente; **2faltigkeit** *f* variedade
männlich (*Geschlecht*) masculino (*a Gram*); varão; (*Charakter*) viril; **2keit** *f* virilidade
Mannschaft *f* tripulação; (*Sport*) grupo *m*, equipa; *bras* equipe, time *m*
Manöver *n* manobra *f*
Mansarde *f* águas-furtadas *f/pl*
Manschette *f* punho *m*; *Tech* gaxeta; **~nknopf** *m* botão de punho
Mantel *m* (*Herren*) sobretudo; (*Damen*) casaco comprido; *Tech* invólucro; **~tarifvertrag** *m* contrato colectivo de trabalho
manuell manual, à mão
Manuskript *n* manuscrito
Mappe *f* pasta
Märchen *n* conto *m* (de fadas); **2haft** fabuloso, fantástico

Marder *m* marta *f*
Margarine *f* margarina
Marine *f* marinha; *Mil* armada
Mark 1. *n* medula *f*; **2.** *f* (*Münze*) marco *m*
Mark|e *f* marca; **~enartikel** *m* artigo registado; **~ierung** *f* marcação
Markise *f* toldo *m*
Markt *m* mercado; **~bericht** *m* boletim do mercado; **~forschung** *f* sondagem do mercado; **~halle** *f* mercado *m*; **~platz** *m* praça *f*; **~wirtschaft** *f* economia do mercado
Marmelade *f* doce *m*; compota; (*Quitten*2) marmelada
Marmor *m* mármore
Marsch *m* marcha *f*
marschieren marchar
Märtyrer *m* mártir
März *m* Março
Marzipan *n* maçapão *m*
Masche *f* malha; *fig* truque *m*
Maschine *f* máquina
Maschinen|gewehr *n* metralhadora *f*; **~kode** *m* *Inform* código de máquinas; **~pistole** *f* pistola automática; **~schlosser** *m* mecânico; **~sprache** *f* *Inform* linguagem máquina
Maschinerie *f* maquinaria; *bras* maquinário *m*
Masern *pl* sarampo *m/sg*
Maserung *f* veios *m/pl*
Maske *f* máscara; **~nball** *m* baile de máscaras
Maß *n* medida *f*
Massage *f* massagem
Masse *f* massa; (*Menge*) quantidade
Massen|artikel *m* artigo de grande consumo; **~entlassung** *f* despedimento *m* em massa; **~grab** *n* vala *f* comum; **2haft** em grande quantidade; **~karambolage** *f* colisão em cadeia; **~medien** *pl* meios *m/pl* de comunicação, mass-média *m/pl*
Masseur *m* massagista
maßhalten moderar-se
massieren dar massagens a
mäßig moderado; **~en** moderar; **2ung** *f* moderação
massiv maciço, sólido
maß|los desmedido, imenso; enorme; **2nahme** *f* medida; **2stab** *m* escala *f*; *fig* critério
Mast 1. *m* poste; **2.** *f* engorda; **~darm** *m* re(c)to
mästen cevar; engordar
Masturb|ation *f* masturbação; **2ieren** masturbar(-se)
Material *n* material *m*; ***spaltbares* ~** material *m* físsil; **~ermüdung** *f* fadiga do material
Materi|e *f* matéria; **2ell** material
Mathematik *f* matemática
Matratze *f* colchão *m*
Matrixdrucker *m* impressora *f* matricial
Matrize *f* *Typ* matriz
Matrose *m* marinheiro
Matsch *m* lama *f*

matt (*schwach*) fraco; (*kraftlos*) extenuado; (*Licht*, *Glas*) opaco, fosco; *Fot* mate
Matte *f* esteira
Mauer *f* muro *m*; (*Stadt*) muralha; **2n** murar; **~werk** *n* alvenaria *f*
Maul *n* boca *f*; **~korb** *m* açaime; **~- und Klauenseuche** *f* febre aftosa; **~wurf** *m* toupeira *f*
Maur|er *m* pedreiro; **2isch** mourisco
Maus *f* rato *m* (*a Inform*); **~efalle** *f* ratoeira
Maut *f* (*Autobahn*) portagem; *bras* pedágio *m*
Maximum *n* máximo *m*
Mayonnaise *f* maionese
Mäzen *m* mecenas
Mechani|k *f* mecânica; **~ker** *m*, **2isch** mecânico; **~smus** *m* mecanismo
meckern resmungar
Mecklenburg *n* Meclemburgo *m*
Medaille *f* medalha
Medi|kament *n* medicamento *m*, remédio *m*; **~tation** *f* meditação; **~um** *n* meio *m*; **~zin** *f* medicina; (*Arznei*) remédio *m*; **2zinisch** medicinal; médico
Meer *n* mar *m*; **~esfrucht** *f* marisco *m*; **~eskunde** *f* oceanografia; **~esspiegel** *m* nível do mar
Meer|rettich *m* rábano; **~schweinchen** *n* cobaia *f*
Mehl *n* farinha *f*
mehr mais; **~deutig** ambíguo; **~ere** vários; **~fach** várias vezes; múltiplo; **~farbig** multicolor; **2heit** *f* maioria; **~mals** várias vezes; **2parteiensystem** *n* multipartidarismo *m*; **~sprachig** poliglota; **2wegflasche** *f* garrafa com depósito; **2wertsteuer** *f* (***MwSt***) imposto *m* sobre o valor acrescentado (IVA); **2zahl** *f* maioria; *Gram* plural *m*
meiden evitar
Meile *f* légua; (*See*) milha
mein meu; **~e** *adj*/*f* minha
Meineid *m* perjúrio
meinen julgar, pensar
mein|esgleichen meu(s) igual (iguais); **~etwegen** por mim
Meinung *f* opinião, parecer *m*; **~saustausch** *m* troca *f* de impressões; **~sforschung** *f* sondagem de opinião; **~sverschiedenheit** *f* divergência (de opinião)
Meißel *m* cinzel
meist: *die* ~en a maioria (de); ***am* ~en** (o) mais; **2begünstigungsklausel** *f* cláusula de nação mais favorecida; **~bietend** (ao) arrematador; **~ens** em geral
Meister *m* mestre; (*Sport*) campeão; **2haft** magistral; **2n** dominar; **~schaft** *f* (*Sport*) campeonato *m*; **~werk** *n* obra-prima *f*
Melde|amt *n* repartição *f* de

registo; **2n** anunciar; (*mitteilen*) participar, informar; *Tech* sinalizar
Meld|er *m* sinalizador; **~ung** *f* participação; comunicado *m*; (*Nachricht*) notícia
melken ordenhar
Melod|ie *f* melodia; **2isch** melodioso
Melone *f* melão *m*; (*Honig2*) meloa; (*Wasser2*) melancia
Menge *f* quantidade; (*Menschen*) multidão; **~nlehre** *f* teoria dos conjuntos
Mensa *f* cantina
Mensch *m* homem; pessoa *f*; **~enfresser** *m* canibal; **~enfreund** *m* filantropo; **2enleer** deserto; **~enmenge** *f* multidão; **~enrechte** *n/pl* direitos *m/pl* humanos; **2enscheu** acanhado; **~enverstand** *m*: *gesunder* **~** bom senso *m*; **~enwürde** *f* dignidade humana
Mensch|heit *f* humanidade; **2lich** humano; **~lichkeit** *f* humanidade
Menstruation *f* menstruação
Menü *n* ementa *f*; menu *m* (*a Inform*); *bras* cardápio *m*
Merk|buch *n* agenda *f*; **2en** notar; perceber; **2lich** visível; **~mal** *n* indício *m*; **2würdig** esquisito; estranho; **~zettel** *m* lembrete
Meß|band *n* fita *f* métrica; **2bar** mensurável
Messe *f Rel* missa; *Hdl* feira; **~halle** *f* pavilhão *m*; **2n** medir
Messer *n* faca *f*; navalha *f*; **~rücken** *m* costas *f/pl*; **~schneide** *f* gume *m*; **~stich** *m* facada *f*
Meßgerät *n* medidor
Messing *n* latão *m*
Messung *f* medição
Mestize *m* mestiço
Metall *n* metal *m*; **~arbeiter** *m* operário metalúrgico; **~industrie** *f* indústria metalúrgica; **2isch** metálico
Meter *n od m* metro *m*
Method|e *f* método *m*; **~ik** *f* metodologia; **2isch** metódico
Metzger *m* carniceiro; *bras* açougueiro; **~ei** *f* talho *m*; *bras* açougue *m*
Meuchelmord *m* assassínio
Meut|e *f* matilha; **~erei** *f* motim *m*; **2ern** amotinar-se
mich me
Miene *f* aspe(c)to *m*; ar *m*; **~nspiel** *n* mímica *f*
Miesmuschel *f* mexilhão *m*
Miet|e *f* aluguer *m*, aluguel *m*; (*Wohnung*) renda; **2en** alugar; **~er** *m* inquilino; arrendatário; **~shaus** *n* casa *f* arrendada; **~vertrag** *m* contrato de arrendamento; **~wagen** *m* carro de aluguer
Migräne *f* enxaqueca
Mikro|computer *m* microcomputador; **~skop** *n* microscópio *m*; **~wellenherd** *m* forno de microondas

Milch *f* leite *m*; **~flasche** *f* (*Baby*) biberão *m*; **~geschäft** *n* leitaria *f*; **~glas** *n* (*Glasart*) vidro *m* fosco; **~kaffee** *m* café com leite; (*im Glas*) galão; **~kuh** *f* vaca leiteira; **~mixgetränk** *n* batido *m* de leite; **~produkt** *n* lacticínio *m*; **~pulver** *n* leite *m* em pó; **~straße** *f* via lá(c)tea; **~zahn** *m* dente de leite
mild suave; (*Klima*) temperado; **2e** *f* suavidade; **~ern** suavizar; atenuar; **~ernd** (*Umstand*) atenuante; **~tätig** caritativo
Milieu *n* meio *m*, ambiente *m*
Militär 1. *n* exército *m*; tropa *f*; **2.** *m* militar; **~dienst** serviço militar; **2isch** militar; **~putsch** *m* golpe militar; **~regierung** *f* governo *m* militar; **2tauglich** apto para o serviço militar
Milli|arde *f* mil milhões *m/pl*; *bras* bilhão *m*; **~on** *f* milhão *m*; **~onär** *m* milionário
Milz *f* baço *m*
minder menor, inferior; *adv* menos; **~bemittelt** necessitado; (*geistig*) estúpido; **2heit** *f* minoria; **~jährig** menor; **2jährigkeit** *f* menoridade; **~n** diminuir; **~wertig** inferior; **2wertigkeit** *f* inferioridade
mindest mínimo; **2abstand** *m* distância *f* mínima; **~ens** pelo menos
Mine *f* mina; (*Kugelschreiber*) carga
Mineral *n* mineral *m*; **~wasser** *n* água *f* mineral; **~wolle** *f* lã mineral
Minimum *n* mínimo *m*
Minister *m* ministro; **~ium** *n* ministério *m*; **~präsident** *m* primeiro ministro
minus menos; **2** *n* menos *m*; *Hdl* défice *m*
Minu|te *f* minuto *m*; **2ziös** minucioso
Minze *f* hortelã
mir me; ***mit*** **~** comigo
Mirabelle *f* abrunho *m* amarelo
Misch|batterie *f* torneira de mistura; **2en** misturar; (*Karten*) baralhar; **~ling** *m* mestiço; **~ung** *f* mistura; **~ungsverhältnis** *n* dosagem *f*
miß|achten desprezar; **2achtung** *f* desprezo *m*; desrespeito *m*; **2behagen** *n* desgosto *m*; **2bildung** *f* deformação; **~billigen** desaprovar; **2billigung** *f* desaprovação *f*; **2brauch** *m* abuso; **~brauchen** abusar de; **~deuten** interpretar mal
missen sentir a falta de
Miß|erfolg *m* fracasso; **~ernte** *f* má colheita
Misse|tat *f* crime *m*, delito *m*; **~täter** *m* malfeitor
miß|fallen desagradar; **2fallen** *n* desagrado *m*; **2geschick** *n* infortúnio *m*; **~glücken** falhar; **~gönnen**

invejar; **2griff** *m* erro; **2gunst** *f* inveja; **~günstig** invejoso; **~handeln** maltratar; **2handlung** *f* mau trato *m*
Mission *f* missão
Miß|klang *m* dissonância *f*; **~kredit** *m* descrédito; **2lingen** falhar; **2mutig** mal-humorado; **2raten 1.** *v/i* sair mal; **2.** *adj* (*Kind*) mal-educado; **~stand** *m* inconveniente; **~stimmung** *f* mau humor *m*; **~ton** *m* dissonância *f*; **~trauen** *n* desconfiança *f*; **2trauen** desconfiar de; **2trauisch** desconfiado de; **~verhältnis** *n* desproporção *f*; **~verständnis** *n* mal-entendido *m*; equívoco *m*; **2verstehen** entender mal; **~wirtschaft** *f* má administração; desgoverno *m*
Mist *m* esterco, estrume; **~haufen** *m* esterqueira *f*, estrumeira *f*
mit com
Mit|arbeiter *m* colaborador; **~bestimmung** *f* cogestão; co-determinação; **2bringen** trazer; **2einander** junto; um com o outro; **~fahrgelegenheit** *f* boleia (**bieten** dar); **~gefühl** *n* simpatia *f*; (*offiziell*) compaixão *f*; **~gift** *f* dote *m*; **~glied** *n* membro *m*; **~gliedsbeitrag** *m* cota *f*; **~gliedskarte** *f* cartão *m* de sócio
Mitläufer *m Pol* oportunista
Mit|leid *n* compaixão *f*; **2leidig** compassivo; **~mensch** *m* próximo; **2nehmen** levar; **2reißen** arrastar; *fig* empolgar; **2schuldig** cúmplice (**an** de); **~spracherecht** *n* voto *m*
Mittag *m* meio-dia; **zu ~ essen** almoçar; **~essen** *n* almoço *m*
Mittags|pause *f* hora do almoço; **~ruhe** *f*, **~schlaf** *m* sesta *f*
Mitte *f* meio *m*; **in der ~ von** no meio de
mitteil|en participar, comunicar; **2ung** *f* notícia, informação; *allg* participação, comunicação
Mittel *n* meio *m*; *Med* remédio *m*; **~alter** *n* idade *f* média; **2alterlich** medieval; **~amerika** *n* América *f* Central; **~finger** *m* dedo médio; **2groß** mediano; de estatura média; **2los** sem meios; **2mäßig** medíocre; **~mäßigkeit** *f* mediocridade; **~meer** *n* Mediterrâneo *m*; **~punkt** *m* centro *m*; **2s** por meio de, mediante; **~stand** *m* classe *f* média; **~streckenflugzeug** *n* avião *m* de curso médio; **~streifen** *m* faixa *f* central; **~weg** *m fig* meio-termo; **~welle** *f* (*Radio*) onda média
mitten (**in, auf, unter**) no meio de
Mitternacht *f* meia-noite
Mittler *m* intermediário; **2weile** entretanto

Mittwoch *m* quarta-feira *f*; **2s** às quartas-feiras
mit|unter por vezes; **~verantwortlich** também (*od* co-)responsável; **~wirken** participar, cooperar; **2wirkung** *f* participação, cooperação; **2wisser** *m* cúmplice
mixen misturar
Mob *m* populaça *f*
Möbel *n* móvel *m*; **~wagen** *m* camioneta *f* de (*bras* carro para) mudanças; *bras* andorinha *f*
Mobiliar *n* mobília *f*
mobil|isieren mobilizar; **2machung** *f* mobilização
möblieren mobilar
Mode *f* moda (***nach der*** à); ***neueste ~*** última moda
Modell *n* modelo *m*
Moden|schau *f* passagem de modelos; **~zeitung** *f* revista de modas; figurino *m*
modern moderno; **~isieren** modernizar
mogeln F fazer batota
mögen gostar de; ***lieber ~*** preferir
möglich possível; **~erweise** possivelmente; **2keit** *f* possibilidade; (*Chance*) hipótese; **~st: ~ *groß*** *usw* o maior possível; **~ *bald*** quanto antes
Mohammeda|ner *m*, **2nisch** maometano
Mohn *m* papoila *f*
Mohrrübe *f* cenoura
Mole *f* molhe *m*
Molke *f* soro *m*; **~rei** *f* leitaria
mollig agradável; F gorducho
Moment *m* momento; **~aufnahme** *f* instantâneo *m*
Monat *m* mês; **2lich** mensal; **~sbe(i)trag** *m* mensalidade *f*; **~skarte** *f* passe *m* mensal; **~srate** *f* mensalidade
Mönch *m* monge
Mond *m* lua *f*; **~finsternis** *f* eclipse *m* da lua; **~schein** *m* luar; **2süchtig** lunático
Mongole *m* mongol
Mongolei *f* Mongólia
Monitor *m* *Inform* monitor, vídeo
Monopol *n* monopólio *m*
monoton monótono; **2ie** *f* monotonia
Monsun *m* monção *f*
Montag *m* segunda-feira *f*; **2s** às segundas-feiras
Mont|age *f* montagem; **~agelinie** *f* linha de montagem; **~eur** *m* mecânico; *bras* montador; **2ieren** montar
Moor *n* pântano *m*; **~bad** *n* banho *m* de lodo
Moos *n* musgo *m*
Moped *n* motorizada *f*
Moral *f* moral; (*Stimmung*) moral *m*; **2isch** moral
Morast *m* lama *f*; lamaçal; **2ig** lamacento
Mord *m* assassínio; **2en** assassinar, matar
Mörder *m* assassino
Morgen *m* manhã *f*; **2** *adv* amanhã; **2dlich** matutino; matinal; **~grauen** *n* madru-

gada *f*; **~land** *n* Oriente *m*, Levante *m*; **~mantel** *m*, **~rock** *m* roupão; **~röte** *f* aurora; **&s** de manhã; **~stunde** *f* hora matutina; **~zeitung** *f* (jornal *m*) matutino *m*
morsch podre
Mörser *m* almofariz
Mörtel *m* argamassa *f*
Mosaik *n* mosaico *m*
Moschee *f* mesquita
Moskitonetz *n* mosquiteiro *m*
Moslem *m* muçulmano
Most *m* mosto
Motel *n* motel *m*
Motor *m* motor; **~boot** *n* barco *m* (*od* lancha *f*) a motor; **~haube** *f* capota; **&isieren** motorizar; **~rad** *n* moto(cicleta) *f*; **~radgespann** *n* side-car *m engl*; **~radfahrer** *m* motociclista; **~roller** *m* motoneta *f*, vespa *f*; *bras* lambreta *f*
Motte *f* traça; **~npulver** *n* naftalina *f*
Motto *n* lema *m*
Möwe *f* gaivota
Mücke *f* mosquito *m*; **~nstich** *m* picada *f* de mosquito
müde cansado
Müdigkeit *f* cansaço *m*
Muffe *f* luva
Mühe *f* esforço *m*; fadiga; **&los** sem esforço; **&n:** ***sich ~*** esforçar-se (***zu*** por)
Mühl|e *f* moinho *m*; **~stein** *m* mó *f*
Müh|sal *f* fadiga, estafa; **&sam, &selig** penoso; *adv* com muito trabalho
Mulde *f* (*Erde*) vale *m*; **~nkipper** *m* camião de caçamba
Müll *m* lixo *m*; **~abfuhr** *f* recolha do lixo
Mullbinde *f* ligadura (*bras* atadura) de gaze
Müll|container *m* contentor de lixo; **~eimer** *m* balde de lixo; **~kippe** *f* lixeira; **~tonne** *f* caixote *m* (*bras* lata *f*) do lixo; **~verbrennungsanlage** *f* instalação de incineração de lixo; **~verwertung** *f* industrialização do lixo
Mumps *m* papeira *f*
Mund *m* boca *f*; ***halt' den ~!*** P cala a boca!; **~art** *f* diale(c)to *m*
münd|en desembocar; desaguar; **&ung** *f* foz
Mundharmonika *f* gaita (de beiços)
mündig maior; **&keit** *f* maioridade
mündlich oral; verbal
Munition *f* munição
Münster *n* catedral *f*
munter alegre, vivo; **&keit** *f* alegria, vivacidade
Münz|e *f* moeda; **~fernsprecher** *m* cabine *f* telefónica, telefone público
mürbe tenro, mole
murmeln murmurar
murren resmungar
mürrisch rabugento
Mus *n* puré *m*
Muschel *f* amêijoa; *allg* ma-

risco *m*; *Tel* auscultador *m*; **~schale** *f* concha
Museum *n* museu *m*
Musik *f* música; **≗alisch** musical; **~er** *m* músico; **~hochschule** *f* conservatório *m*; **~kapelle** *f* banda de música
musizieren tocar música
Muskateller(wein) *m* (vinho) moscatel
Muskatnuß *f* noz-moscada
Muskel *m* músculo; **~krampf** *m* cãibra *f*; **~zerrung** *f* distensão muscular
Muskulatur *f* musculatura
Muße *f* ócio *m*; horas *f/pl* vagas
müssen ter de (*od* que)
müßig ocioso; **≗gang** *m* ociosidade *f*
Muster *n* modelo *m*; (*Waren*) amostra *f*; (*Vorlage*) padrão *m*; **~buch** *n* cole(c)ção *f* de amostras; **≗gültig, ≗haft** exemplar; **≗n** examinar; inspec(c)ionar; *Mil* passar revista; **~ung** *f* inspe(c)ções *f/pl*; *Mil* recrutamento *m*
Mut *m* coragem *f*; ânimo; **≗ig** corajoso; **≗los** desanimado; **≗maßen** presumir; **≗maßlich** provável
Mutter *f* mãe; *Tech* (*Schraube*) porca; **~boden** *m* solo nativo; humo
mütterlich materno
Mutter|mal *n* sinal *m*; **~milch** *f* leite *m* materno; **~schutz** *m* prote(c)ção *f* da maternidade; **~sprache** *f* língua materna; **~witz** *m* graça *f* natural
mutwillig malicioso
Mütze *f* boné *m*; barrete *m*; **~nschirm** *m* pala *f*

N

Nabe *f* cubo *m*
Nabel *m* umbigo
nach *prp* (*Richtung*) a, para; (*hinter*) trás; (*zeitlich*) depois de; (*gemäß*) segundo, conforme a; *adv* **~ und ~** pouco a pouco
nachahm|en imitar; **≗ung** *f* imitação
Nachbar *m* vizinho; **~land** *n* país *m* vizinho; **~schaft** *f* vizinhança
Nachbestellung *f* encomenda suplementar
nachbild|en copiar; imitar; **≗ung** *f* cópia; imitação
nachdem *cj* depois que; depois de; **je ~** conforme
nachdenk|en refle(c)tir; **~lich** pensativo
Nachdruck *m* ênfase *f*; *Typ* reimpressão *f*
nachdrücklich enérgico
nach|eifern rivalizar com, competir com; **~einander** sucessivamente; (*Personen*) um atrás do outro; **≗erzählung** *f* narração; **≗fahr** *m*

descendente; **≈folge** *f* sucessão; **~folgen** suceder a; **≈folger** *m* sucessor; **~forschen** indagar; investigar; **≈frage** *f* procura, demanda; **~füllen** deitar mais; **~geben** ceder; **≈geburt** *f* secundinas *f/pl*; **~gehen** (*Uhr*) estar atrasado; (*j-m*) seguir (alg); (*Geschäft*) ocupar-se de; **≈geschmack** *m* ressaibo; *fig* travo; **~giebig** condescendente; **≈giebigkeit** *f* condescendência; **~grübeln** matutar; **~haltig** persistente, duradouro; **~helfen** auxiliar; **≈hilfe** *f* explicações *f/pl*; **~her** depois; em seguida; **~holen** recuperar; **~jagen** correr atrás de; **~kommen** vir mais tarde; (*Bitte*) satisfazer; (*Pflicht*) cumprir; **≈kommenschaft** *f* descendência; **≈kriegszeit** *f* pós-guerra *m*; **≈laß** *m Hdl* desconto, redução *f*; *jur* herança *f*; **~lassen** (*Preis*) reduzir; (*Regen, Wind*) abrandar; (*Leistung*) diminuir; **~lässig** negligente; **≈lässigkeit** *f* negligência; **~lösen** (*Fahrkarte*) comprar um suplemento; **~machen** imitar; **~messen** verificar; **≈mittag** *m* tarde *f*; **~mittags** de tarde

Nachnahme *f* reembolso *m*; ***per* ~** à cobrança

nach|prüfen verificar; examinar; **~rechnen** conferir

Nachricht *f* notícia; **~enagentur** *f* agência noticiosa; **~endienst** *m* serviço de informações; **~ensatellit** *m* satélite de comunicações; **~ensendung** *f* noticiário *m*

Nach|ruf *m* necrológio; **~saison** *f* fim *m* da estação; **≈schlagen** consultar; **~schlagewerk** *n* obra *f* de consulta; **~schub** *m* (re)abastecimento; (*Truppen*) reforços *m/pl*; **≈sehen** examinar; (*Hefte*) corrigir; **~sicht** *f* indulgência; **≈sichtig** indulgente

Nachspiel *n fig* consequências *f/pl*

nächst *adj* (mais) próximo; mais perto; *prp* perto de

nachstehen *fig* ser inferior (a); **~d** seguinte, que segue

nachstellen reajustar; afinar

Nächst|enliebe *f* amor *m* do próximo; **≈ens** em breve; **~e(r)** *m* próximo; **≈liegend** mais perto

Nacht *f* noite; **~arbeit** *f* trabalho *m* no(c)turno

Nachteil *m* desvantagem *f*; **≈ig** desvantajoso

Nachthemd *n* camisa *f* de dormir

Nachtigall *f* rouxinol *m*

Nachtisch *m* sobremesa *f*

nächtlich no(c)turno

Nachtlokal *n* boate *f*

nachtragend rancoroso

nachträglich posterior

nachts de noite

Nacht|schicht *f* turno *m* da

noite; **~tisch** *m* mesa-de-cabeceira *f*; **~topf** *m* bacio; *bras* vaso; **~wache** *f* vigia; **~wächter** *m* guarda-no(c)-turno; **~wandler** *m* sonâmbulo

Nachweis *m* prova *f*; **≈bar** que se pode provar

nach|weisen provar, demonstrar; **≈welt** *f* posteridade; **≈wirkung** *f* consequência; **≈wort** *n* posfácio *m*; **≈wuchs** *m* (*Baby*) bebé; *fig* nova geração *f*; **~zahlen** pagar a diferença; **~zählen** contar; **≈zügler** *m* atrasado

Nack|en *m* nuca *f*; **≈end, ≈t** nu; despido

Nadel *f* agulha; (*Steck*≈) alfinete *m*; **~baum** *m* conífera *f*; **~drucker** *m* impressora *f* de agulhas; **~stich** *m* picad(el)a *f*; **~wald** *m* floresta *f* de coníferas

Nagel *m* prego; (*Finger*) unha *f*; **~bürste** *f* escova de unhas; **~feile** *f* lima; **~lack** *m* verniz; **≈n** pregar; **≈neu** F novo em folha; **~schere** *f* tesoura de unhas

nage|n roer; **≈tier** *n* roedor *m*

nah(e) próximo; *adv* perto

Nähe *f* proximidade

nahe|legen sugerir; insinuar; **~liegend** evidente

nähen coser; (*schneidern*) costurar; ≈ *n* costura *f*

Nähgarn *n* linha *f*, fio *m*

Nähmaschine *f* máquina de costura

Nahost *m* Próximo Oriente

nahrhaft nutritivo

Nahrung *f* alimento *m*; **~smittel** *n/pl* géneros *m/pl* alimentícios

Nährwert *m* valor nutritivo

Naht *f* costura; *Med* sutura; **≈los** sem costura

Nahverkehr *m* transportes *m/pl* suburbanos

naiv ingénuo; **≈ität** *f* ingenuidade

Name *m* nome; **≈nlos** anónimo; **≈ns** em nome de; **~nstag** *m* dia do santo; **≈ntlich** nomeadamente

namhaft notável; ilustre

nämlich *adv* a saber; (*begründend*) é que

Napf *m* tigela *f*

Nappaleder *n* napa *f*

Narbe *f* cicatriz

Narkose *f* narcose; anestesia

Narr *m* louco, tolo

närrisch louco

Narzisse *f* narciso *m*

nasch|en petiscar; **~haft** guloso

Nase *f* nariz *m*; **~nbluten** *n*: **~ *haben*** deitar sangue pelo nariz; **~nloch** *n* narina *f*

Nashorn *n* rinoceronte *m*

naß molhado; (h)úmido; **~ *machen*** molhar; **~ *werden*** molhar-se

Nassauer *m* F fura-vidas

Nässe *f* (h)umidade

naßkalt frio e (h)úmido

Nation *f* nação; **≈al** nacional; **~alität** *f* nacionalidade; **~al-**

ökonomie *f* ciências *f/pl* económicas; **~alversammlung** *f* assembleia nacional
Natter *f* víbora
Natur *f* natureza; **~ell** *n* natural *m*; **~ereignis** *n* fenómeno *m* natural; **~forscher** *m* naturalista; **2gemäß** natural; **~gesetz** *n* lei *f* natural; **~kunde** *f* ciências *f/pl* naturais
natürlich natural; *adv* claro
Natur|reservat *n* reserva *f*; **~schutz** *m* prote(c)ção *f* da natureza; **~schutzgebiet** *n* parque *m* nacional; **~wissenschaft** *f* ciências *f/pl* naturais
Nebel *m* nevoeiro; (*dicht*) neblina *f*; **~horn** *n* sereia *f* de nevoeiro; **~scheinwerfer** *m* farol de nevoeiro; **~schlußleuchte** *f* farolim *m* de nevoeiro
neben junto de; (*außer*) além de; **~an** ao lado; **2anschluß** *m Tel* extensão *f*; **~bei** de passagem; além disso; **2beschäftigung** *f* ocupação acessória; **2buhler** *m* rival; **~einander** um ao lado do outro; **2fach** *n* disciplina *f* secundária; **2fluß** *m* afluente; **2gebäude** *n* anexo *m*; **2kosten** *pl* despesas *f/pl* acessórias; **2produkt** *n* subproduto *m*; **2sache** *f* bagatela; **~sächlich** secundário; **2straße** *f* rua lateral; travessa; **2verdienst** *m* ganhos *m/pl* adicionais; **2zimmer** *n* quarto *m* contíguo
neblig nebuloso; **es ist ~** está nevoeiro
necken brincar (com); troçar (de)
Neffe *m* sobrinho
negativ negativo; **2** *n* negativo *m*
Neger *m* negro; preto
nehmen (*greifen*) pegar (em); tomar; (*an~*) aceitar; (*mit~*) levar; (*weg~*) tirar; (*Einkauf*) ficar com
Neid *m* inveja *f*; **2en** invejar; **2isch** invejoso
Neigung *f* inclinação (**zu** para); tendência
nein não; **~ sagen** dizer que não
Nektarine *f* nectarina
Nelke *f* cravo *m*; (*Gewürz*) cravinho *m*
nenn|en nomear; chamar; **~enswert** digno de menção; **2er** *m* denominador; **2wert** *m* valor nominal
Nerv *m* nervo; ***auf die ~en gehen*** F bulir com os nervos de
Nerven|arzt *m* neurologista; **~bündel** *n* F pilha *f* de nervos; **~heilanstalt** *f* clínica psiquiátrica; **~krankheit** *f* doença nervosa; **~system** *n* sistema *m* nervoso; **~zusammenbruch** *m* crise *f* nervosa
nervös nervoso
Nervosität *f* nervosismo *m*
Nerz *m* visão; *bras* vison

Nessel 1. *f* urtiga; **2.** *m* (*Stoff*) pano cru; **~fieber** *n* urticária *f*
Nest *n* ninho *m*; **~häkchen** *n* F benjamim *m*
nett simpático; F giro; **2igkeit** *f* gentileza
netto líquido
Netz *n* rede *f*; **~anschluß** *m* ligação *f* à rede; **~haut** *f* retina; **~unabhängigkeit** *f El* autonomia; **~werk** *n* rede *f*
neu novo; (*kürzlich*) recente; **2bau** *m* construção *f* recente (*od* de raiz); **~erdings** ultimamente; **2erscheinung** *f* novidade; **2erung** *f* inovação; **2geborene(s)** *n* recém-nascido *m*; **2gier(de)** *f* curiosidade; **~gierig** curioso (***auf*** por)
Neu|heit *f* novidade; **~igkeit** *f* notícia; novidade; F nova
Neujahr *n* Ano Novo *m*
neu|lich há pouco; recentemente; **2ling** *m* principiante; **~modisch** da última moda; **2mond** *m* lua *f* nova
Neu|regelung *f* reorganização; **2reich** novo-rico; **~seeland** *n* Nova-Zelândia *f*
neutral neutral; **2ität** *f* neutralidade
Neu|wahl *f* novas eleições *f/pl*; **~zeit** *f* tempos *m/pl* modernos
nicht não; ***auch ~*** também não; tão-pouco; ***~ einmal*** nem (sequer); ***~ mehr*** já não; ***~ wahr?*** não é?
Nicht|angriffspakt *m* pacto de não-agressão; **~beachtung** *f* inobservância
Nichte *f* sobrinha
nichtig nulo; **2keit** *f* nulidade
Nicht|paktgebundenheit *f* não-alinhamento *m*; **~raucher** *m* não-fumador; *bras* não-fumante
nichts nada; **~destoweniger** não obstante; **~nutzig** ruim; **~sagend** insignificante
nick|en acenar com a cabeça; (*schlafen*) dormitar; **2erchen** *n* F soneca *f*
nie nunca, jamais
nieder|deutsch baixo-alemão; **2gang** *m* decadência *f*; **~geschlagen** deprimido; **~kommen** dar à luz; **2lage** *f* derrota; **2lande** *n/pl* Países *m/pl* Baixos; **~lassen:** ***sich ~*** estabelecer-se; **2lassung** *f* estabelecimento *m*; (*Zweig2*) sucursal *f*; **~legen** (*Amt*) demitir-se de; (*Arbeit*) abandonar; (*Kranz*, *Waffen*) depor; **2sachsen** *n* Baixa Saxónia *f*; **2schlag** *m* precipitação *f*; **~schlagen** derrubar; **~schmetternd** *fig* deprimente; **2tracht** *f* infâmia; **~trächtig** infame; **2ung** *f* terreno *m* baixo; **~werfen** (*Aufstand*) reprimir
niedlich engraçado
niedrig baixo
niemals nunca
niemand ninguém

Niere *f* rim *m*; **~nstein** *m* cálculo renal
nies|eln chuviscar; *bras* garoar; **~en** espirrar
Niet *m Tech* rebite; **2en** rebitar
Nikotin *n* nicotina *f*
nippen beberricar
Nippes *pl* quinquilharias *f/pl*
nirgend|s, ~wo em parte alguma
Nische *f* nicho *m*
Niveau *n* nível *m*
nobel nobre, generoso
noch ainda; **~ *ein(er)*** outro; ***heute* ~** hoje mesmo; **~mals** outra vez
Nonne *f* freira
Nord|en *m* norte; **2isch** nórdico
nördlich setentrional
Nord|licht *n* aurora *f* boreal; **~osten** *m* nordeste; **~pol** *m* pólo norte; **~rhein-Westfalen** *n* Renânia *f* do Norte-Vestefália; **~westen** *m* noroeste
Norm *f* norma; padrão *m*; **2al** normal; **~albenzin** *n* gasolina *f* verde; **~alisierung** *f* normalização
Norweg|en *n* Noruega *f*; **~er** *m*, **2isch** norueguês
Not *f* miséria; necessidade, falta
Notar *m* notario, tabelião; **~iat** *n* notariado *m*, cartório *m*
Not|ausgang *m* saída *f* de emergência; **~behelf** *m* recurso; **~bremse** *f* travão *m* (*bras* freio *m*) de emergência; **2dürftig** provisório
Note *f* nota; *bras* cédula; **~book-Computer** *n Inform* bloco de notas; **~nbank** *f* banco *m* emissor
Not|fall *m* caso de necessidade; **2falls** em caso de necessidade; **2gedrungen** forçado
notieren tomar nota
nötig necessário, preciso; **~en** obrigar, forçar; **~enfalls** em caso de necessidade; **2ung** *f* coa(c)ção
Notiz *f* nota; **~block** *m* agenda *f*
Not|lage *f* calamidade; **~landung** *f* aterragem (*bras* aterrissagem) forçada (*od* de emergência), **2leidend** necessitado; pobre; **~rufsäule** *f* telefone *m* de urgência; **~signal** *n* sinal *m* de alarme; **~stand** *m* estado de emergência; **~stromaggregat** *n* grupo *m* gerador de emergência; **~wehr** *f* legítima defesa; **2wendig** necessário; **~wendigkeit** *f* necessidade
Novelle *f* novela
November *m* Novembro
nüchtern em jejum; (*sachlich*) obje(c)tivo
nuckeln chuchar; chupar
Nudeln *f/pl* massa *f*
nuklear nuclear
null zero; **~ *Bock*** F vontade *f* nula; **2diät** *f* dieta zero; **2punkt** *m* zero

numerieren numerar
Nummer *f* número *m*; **~nschild** *n* *Kfz* (chapa *f* de) matrícula *f*
nun agora; (*einleitend*) ora
nur só, apenas, somente; ***nicht ~, sondern auch*** não só ... mas também
Nuß *f* noz; castanha; amêndoa; **~baum** *m* nogueira *f*; **~knacker** *m* quebra-nozes; **~schale** *f* casca de noz
Nüster *f* venta
Nutte *f* V puta
nutz|bar útil, proveitoso; **~en** *v/t* aproveitar; utilizar; *v/i* servir; **2en** *m* utilidade *f*; proveito; **2er** *m* utente, usuário (*a Inform*); **~erfreundlich** *Inform* de fácil manejo
nützlich útil; **2keit** *f* utilidade
nutz|los inútil; **2losigkeit** *f* inutilidade; **2masse** *f* carga útil, **2nießer** *m* beneficiário, favorecido; **2pflanze** *f* planta útil; **2ung** *f* aproveitamento *m*; (*Be2*) utilização

O

Oase *f* oásis *m*
ob se; ***als ~*** como se (*subj*)
Obacht *f* cuidado *m* (***geben*** ter)
Obdach *n* abrigo *m*; asilo *m*; **2los** sem casa; desabrigado
Obduktion *f* autópsia
O-Beine *n/pl* pernas *f/pl* curvas (*od* arqueadas)
oben em cima; ***~ ohne*** F topless; **~erwähnt** acima (*od* atrás) mencionado
ober... superior
Ober *m* empregado (de mesa); **~befehlshaber** *m* comandante-em-chefe; **~bekleidung** *f* vestuário *m*; **~fläche** *f* superfície; **2flächlich** superficial; **~geschoß** *n* andar *m* superior; **2halb** na parte de cima; ***~ von*** acima de; **~haupt** *n* chefe *m*; **~hemd** *n* camisa *f*; **~kellner** *m* chefe de mesa; *bras* garçom-chefe; **~kiefer** *m* maxila *f* superior; **~körper** *m* tronco; **~lauf** *m* curso superior; **~leitungsbus** *m* troleibus; **~licht** *n* clarabóia *f*; **~schenkel** *m* coxa *f*; **~schule** *f* escola secundária; **~seite** *f* face superior
Oberst *m* coronel; **2** supremo, o mais alto
obgleich ainda que; embora (*subj*)
Objekt *n* obje(c)to *m*; **~iv** *n* obje(c)tiva *f*; **2iv** obje(c)tivo
obligatorisch obrigatório
Obrigkeit *f* autoridades *f/pl*
Obst *n* fruta *f*; **~baum** *m* árvore *f* frutífera; **~garten** *m* pomar; **~händler** *m* vendedor de fruta; *bras* quitandeiro
obwohl embora (*subj*)

Ochse *m* boi
Ochsen|gespann *n* junta *f* (de bois); **~schwanzsuppe** *f* sopa de rabo de boi
öde deserto; *fig* aborrecido
oder ou
Ofen *m* fogão; estufa *f*; (*Back*2) forno
offen aberto; (*unbesetzt*) vago; (*Frage*) pendente; *fig* franco
offenbar manifesto, evidente; **~en** manifestar; **2ung** *f* revelação; **2ungseid** *m* declaração *f* ajuramentada de insolvência
Offen|heit *f* franqueza; **2herzig** franco; **2sichtlich** evidente
öffentlich público; **2keit** *f* publicidade; público *m*
offiziell oficial
Offizier *m* oficial
öffn|en abrir; **2er** *m* abridor; **2ung** *f* abertura; (*Loch*) orifício *m*
Offsetdruck *m* offset *engl*; *bras* ofsete
oft muitas vezes
öfter mais vezes; (*häufig*) às vezes
ohne sem; **~gleichen** sem igual, sem par; **~hin** mesmo assim
Ohnmacht *f* desmaio *m*
ohnmächtig desmaiado; **~** ***werden*** desmaiar
Ohr *n* orelha *f*
ohren|betäubend estrondoso; **2entzündung** *f* otite
Ohr|feige *f* bofetada; **~ring** *m* brinco
Ökolog|ie *f* ecologia; **2isch** ecológico
Ökonom *m* economista; **2isch** económico
Oktanzahl *f* *Kfz* octanagem
Oktober *m* Outubro
Öl *n* óleo *m*; (*Oliven*) azeite *m*; **~baum** *m* oliveira *f*; **~farbe** *f* tinta de óleo; **~gemälde** *n* pintura *f* a óleo; **~heizung** *f* aquecimento *m* a óleo; **2ig** oleoso; **~pest** *f* maré negra; **~presse** *f* lagar *m* de azeite
Olive *f* azeitona; **~nbaum** *m* oliveira *f*; **~nhain** *m* olival; **~nöl** *n* azeite *m*
Ölsardinen *f/pl* sardinhas em azeite (*od* de conserva)
Olympiade *f* Olimpíada
Oma *f* F vovó
Omelett *n* omeleta *f*
Omnibus *m* autocarro; *bras* ônibus
Onkel *m* tio
Opa *m* F vovô
Oper *f* ópera
Operation *f* operação
Operette *f* opereta
operieren operar
Opernsänger *m* cantor de ópera
Opfer *n* sacrifício *m*; (*Person*) vítima *f*; **2n** sacrificar
Opium *n* ópio *m*
Opposition *f* oposição
Optiker *m* oculista; *bras* ótico
Optimist *m*; **2isch** o(p)timista

Orange *f* laranja; **2** cor de laranja; **~nbaum** *m* laranjeira *f*
Orchester *n* orquestra *f*
Orchidee *f* orquídea
Orden *m* ordem *f*; (*Ehrenzeichen*) condecoração *f*
ordentlich regular; metódico; bem comportado; (*Mitglied*) efe(c)tivo; (*Professor*) catedrático; *adv* devidamente
ordinär ordinário; reles
ordn|en ordenar; pôr em ordem; **2er** *m* ordenador; (*Akten*) classificador; **2ung** *f* ordem; disciplina; ***in ~!*** certo!; ***in ~ bringen*** arranjar
ordnungs|gemäß regular; **2strafe** *f* multa; **~widrig** irregular; **2zahlen** *pl* ordinais *m/pl*
Organ *n* órgão *m*; **~isation** *f* organização; **2isch** orgânico; **2isieren** organizar; **~ismus** *m* organismo; **~ist** *m* organista
Orgasmus *m* orgasmo
Orgel *f* órgão *m*
orientier|en orientar; **2ung** *f* orientação
Origin|al *n*, **2ell** original (*m*)
Orkan *m* furacão
Ort *m* lugar, sítio; local; **2en** localizar
örtlich local; **2keit** *f* localidade
ortsansässig morador, habitante
Ortschaft *f* lugar *m*; povoação
orts|fremd forasteiro; **2gespräch** *n* *Tel* chamada *f* local; **~üblich** local
Ortung *f* localização
Öse *f* olhal *m*, ilhó *m*
Osten *m* (l)este; oriente; ***Naher ~*** Próximo Oriente
Ostern *n* Páscoa *f*
Österreich *n* Áustria *f*; **~er** *m*, **2isch** austríaco
östlich oriental; ***~ von*** a leste de
Ostsee *f* (Mar *m*) Báltico *m*
oval oval
Overall *m* macacão
Overhead-Projektor *m* retroproje(c)tor
Oxid *n* óxido *m*; **2ieren** oxidar
Ozean *m* oceano; **~ographie** *f* oceanografia
Ozon *n* ozónio *m*, ozono *m*; **~loch** *n* buraco *m* de ozónio; **~schicht** *f* camada de ozónio

P

Paar *n* par *m*; ***ein 2*** alguns, algumas; **2en** emparelhar; **~ung** *f* cópula
Pacht *f* renda; **2en** arrendar
Pächter *m* arrendatário
Päckchen *n* embrulho *m*; pacote *m*; *Postw* encomenda *f*; (*Tabak usw*) maço *m*

pack|en embrulhar; *Hdl* embalar; (*j-n*) agarrar; (*Koffer*) fazer; **~end** emociante; **2papier** *n* papel *m* de embrulho; **2ung** *f* embalagem; (*länglich*) cartucho *m*; **2wagen** *m* *Esb* furgão
Paddel *n* pangaia *f*; **~boot** *n* canoa *f*
Paket *n* pacote *m*; *Postw* encomenda *f*; **~karte** *f* guia
Pakt *m* pacto
Palast *m* palácio
Palette *f* palete *m*
Palm|e *f* palmeira; **~sonntag** *m* Domingo de Ramos
Pampelmuse *f* toranja
panier|en panar; **2mehl** *n* pão *m* ralado
Panik *f* pânico *m*
Panne *f* avaria; *bras* pane
Panorama *n* panorama *m*
Pantoffel *m* chinela *f*
Panzer *m* couraça *f*; *Mil* tanque; (carro) blindado; **2n** blindar; **~ung** *f* blindagem; couraça
Papagei *m* papagaio
Paperback *m* brochura *f*
Papier *n* papel *m*; (*Urkunde*) documento *m*; **~einzug** *m*: ***automatischer* ~** (*Drucker*, *Kopierer*) alimentação *f* automática de papel; **~geld** *n* papel-moeda *m*; **~korb** *m* cesto dos papéis
Pappe *f* cartão *m*
Pappel *f* choupo *m*
Paprika *m* pimento, pimentão; (*gemahlen*) colorau
Papst *m* Papa
päpstlich papal, pontifical
Parabel *f* parábola
Parabolantenne *f* antena parabólica
Parade *f* *Mil* parada; desfile *m*
Paradies *n* paraíso *m*
parallel paralelo; **2e** *f* paralela
Parasit *m* parasita
Parfüm *n* perfume *m*
Pariser *m* F (*Kondom*) camisa *f* de vénus
Park *m* parque; **2en** estacionar; parcar
Parkett *n* *Thea* plateia *f*; **~boden** *m* parquete
Park|haus *n* silo-auto *m*; *bras* edifício-garagem *m*; **~kralle** *f* garra de bloqueio das rodas; **~platz** *m* (parque de) estacionamento; **~scheibe** *f* disco *m* de estacionamento; **~uhr** *f* parcómetro *m*; **~verbot** *n* estacionamento *m* proibido; **~wächter** *m* guarda
Parlament *n* parlamento *m*; assembleia *f* legislativa; **~arier** *m* parlamentar
Parole *f* slogan *m* *engl*
Partei *f* partido *m*; *jur* parte; **~buch** *n* caderneta *f* de membro do partido; **2isch, 2lich** parcial; **2los** independente; **~tag** *m* congresso do partido
Parterre *n* rés-do-chão *m*; *bras* andar *m* térreo
Partie *f* *Hdl* lote *m*; (*Spiel*) partida; (*Heirat*) partido *m*

Partner *m Hdl* sócio; *allg* parceiro; (*Gespräch*) interlocutor
Parzelle *f* lote *m*, parcela
Paß *m Geogr* desfiladeiro; (*Ausweis*) passaporte
Passagier *m* passageiro
passen servir; *Tech* ajustar; (*günstig sn*) convir; (*Kleidung*) dizer (*zu* com); **~d** justo; próprio; conveniente
passier|bar transitável; **~en** acontecer; passar; **2schein** *m* passe
Paste *f* pasta; **~te** *f* empada; pastel *m*; (*klein*) rissol *m*
Pate *m* padrinho; **~nkind** *n* afilhado *m*
Patent *n* patente *f*
Patient *m* doente
Patin *f* madrinha
Patrone *f* cartucho *m*
Patrouille *f* patrulha
Patzer *m* gafe *f*
Pauke *f* timbale *m*; **2n** F (*lernen*) marrar
pauschal global; **2e** *f* avença; **2reise** *f* viagem com tudo incluído
Pause *f* pausa, intervalo *m*
Pavillon *m* pavilhão
Pazifi|k *m* Pacífico; **~st** *m* pacifista
Pech *n* breu *m*; (*Mißgeschick*) azar *m*; **~vogel** *m* F desgraçado
Pedal *n* pedal *m*
Pedant *m* pedante
peil|en orientar-se; **2ung** *f* orientação

Pein *f* tormento *m*; sofrimento *m*; **2igen** atormentar; **2lich** penoso; (*j-m*) desagradável
Peitsche *f* chicote *m*; **2n** chicotear
Pellkartoffeln *f/pl* batatas cozidas com a casca
Pelz *m* pele *f*; **~mantel** *m* casaco de peles
Pendel *n* pêndulo *m*; **2n** oscilar; **~tür** *f* porta de vaivém; **~verkehr** *m* serviço de ida e volta (*od* de vaivém)
Penis *m* pénis
Pension *f* pensão; (*Rente*) reforma; **~är** *m* pensionista; **2ieren** reformar; aposentar; **~ierung** *f* reforma; *bras* aposentadoria
perfekt perfeito
Pergament *n* pergaminho *m*
Period|e *f* período *m*; **2isch** periódico
Peripherie *f* periferia; **~gerät** *n Inform* periférico *m*
Perl|e *f* pérola; **~mutt(er)** *f* madrepérola
Pers|er *m*, **2isch** persa
Person *f* pessoa; **~al** *n* pessoal *m*; **~alausweis** *m* bilhete (*bras* carteira *f*) de identidade; **~alcomputer** *m Inform* computador pessoal; **~alien** *pl* identidade *f*; **~enzug** *m Esb* ônibus
persönlich pessoal; **2keit** *f* personalidade
Perücke *f* cabeleira; peruca
Pessar *n* pessário

Pessimist *m*; **≈isch** pessimista

Pest *f* peste; **~izid** *n* pesticida *m*

Petersilie *f* salsa

Petro|chemie *f* petroquímica; **~leum** *n* petróleo *m*

Pfad *m* atalho, senda *f*; **~finder** *m* escoteiro

Pfahl *m* estaca *f*; poste

Pfand *n* penhor *m*; (*Flasche*) depósito *m*; **~brief** *m* título de hipoteca

pfänden penhorar

Pfandhaus *n* casa *f* de penhores; F prego *m*

Pfändung *f* penhora

Pfann|e *f* frigideira; **~kuchen** *m* bola *f* de Berlim; *bras* panqueca *f*

Pfarrer *m* (*evangelisch*) pastor; (*katholisch*) cura, pároco

Pfau *m* pavão

Pfeffer *m* pimenta *f*; **~minze** *f* hortelã-pimenta

Pfeife *f* apito *m*; *Mus* pífaro *m*; (*Tabak*) cachimbo *m*, *bras* pito *m*; **≈n** assobiar; (*Signal*) apitar

Pfeil *m* seta *f*; **~er** *m* pilar

Pferd *n* cavalo *m*

Pferde|rennen *n* corrida *f* (de cavalos); **~stall** *m* cavalariça *f*; **~stärke** *f* (*Abk* **PS**) cavalo(-vapor) *m* (*Abk* **CV**)

Pfiff *m* assobio; **≈ig** esperto

Pfingsten *n od pl* Pentecostes *m*

Pfirsich *m* pêssego

Pflanze *f* planta; **≈n** plantar; **~nfett** *n* gordura *f* vegetal; **~nschutzmittel** *n* inse(c)ticida *m*

Pflaster *n* (*Wunde*) adesivo *m*; (*Straße*) pavimento *m*

Pflaume *f* ameixa

Pflege *f* cuidado(s) *m*(*pl*); assistência; (*Garten*) cultura; *Tech* manutenção; **~eltern** *pl* pais *m*/*pl* adoptivos; **≈n** cuidar de; cultivar; ***zu tun ~*** costumar fazer; **~r** *m Med* enfermeiro

Pflicht *f* dever *m*, obrigação; **≈bewußt** cumpridor; **≈vergessen** descuidado; **~versicherung** *f* seguro *m* obrigatório

Pflock *m* estaca *f*

pflücken colher, apanhar

Pflug *m* arado

pflügen arar; lavrar

Pforte *f* porta

Pförtner *m* porteiro

Pfosten *m* poste; (*Tür*) ombreira *f*

Pfote *f* pata

Pfropfen *m* rolha *f*

Pfund *n* meio quilo *m*; libra *f* (***Sterling*** esterlina)

pfusch|en aldrabar; **≈er** *m* trapalhão

Pfütze *f* charco *m*

Phanta|sie *f* fantasia; **≈sieren** fantasiar; *Med* delirar; **≈stisch** fantástico

Phantom *n* fantasma *m*; **~bild** *n* retrato *m* robot

Phase *f* fase

Philolog|e *m* filólogo; **~ie** *f* filologia

Philosoph *m* filósofo; **~ie** *f* filosofia
Phlegma *n* fleuma *f*
Phosphor *m* fósforo
Physik *f* física; **²alisch** físico; **~er** *m* físico
Pianist *m* pianista
Pickel *m* borbulha *f*
Pick|nick *n* piquenique *m*; **~-up** *m* *Kfz* carrinha *f*
piepsen piar
Pier *m* molhe
Pik *n* (*Kartenspiel*) espadas *f/pl*
Pilger *m* peregrino; **~fahrt** *f* peregrinação, romaria
Pille *f* pílula
Pilot *m* piloto; **~anlage** *f* *Tech* instalação piloto
Pilz *m* fungo; cogumelo
Pinguin *m* pinguim
Pinie *f* pinheiro *m*
Pinsel *m* pincel; **²n** pincelar
Pinzette *f* pinça
piss|en V mijar; **²oir** *n* urinol *m*
Piste *f* pista
Pistole *f* pistola
Plak|at *n* cartaz *m*; **~ette** *f* crachá *m*
Plan *m* plano; *fig* proje(c)to; (*Stadt*) planta *f*; **nach ~** *Esb* à tabela; **~e** *f* lona; **²en** planificar; proje(c)tar
Planet *m* planeta
planier|en nivelar, aplanar; **²raupe** *f* niveladora; **²ung** *f* terraplenagem
Planke *f* prancha; tábua
plan|los sem plano; **~mäßig** conforme o plano
Plantage *f* plantação; *bras* fazenda
Planung *f* planificação
Plast|ik **1.** *f* escultura; **2.** *n* plástico *m*; **~iktüte** *f* saco *m* plástico; **²isch** plástico
Platane *f* plátano *m*
Platin *n* platina *f*
platt plano; chato; (*Nase*) achatado
Plattdeutsch *n* baixo-alemão *m*
Platte *f* (*Metall*) chapa; *Arch* laje, placa; *Mus* disco *m*; (*Geschirr*) travessa; **~nspieler** *m* gira-discos; *bras* toca-discos
Platt|form *f* plataforma; **~fuß** *m* pé chato; F (*Reifen*) furo
Platz *m* praça *f*; sítio; lugar; **~anweiser** *m* arrumador; **²en** rebentar; romper-se; **~karte** *f* *Esb* reserva; **~regen** *m* aguaceiro
Plauder|ei *f* F cavaco *m*; *bras* bate-papo *m*; **²n** cavaquear
Pleite *f* falência
Plomb|e *f* chumbo *m*; **²ieren** chumbar
plötzlich súbito; *adv* de repente
plump grosseiro
Plunder *m* F bugigangas *f/pl*
plünder|n saquear; **²ung** *f* saque *m*
Plural *m* plural
Plüsch *m* peluche; **~tier** *n* boneco *m* de peluche
Pöbel *m* populaça *f*
Pocken *f/pl* varíola *f*

Podium *n* estrado *m*
Poe|sie *f* poesia; **~t** *m* poeta
Pokal *m* taça *f*
Pol *m* pólo
Polar|kreis *m* círculo polar; **~stern** *m* estrela *f* polar
Pole *m* polaco; **~n** *n* Polónia *f*
polieren polir
Politi|k *f* política; **~ker** *m*, **≗sch** político
Politur *f* polimento *m*
Polizei *f* polícia; **~beamte(r)** *m* agente da polícia; **~wache** *f* esquadra; *bras* delegacia
Polizist *m* polícia, guarda; *bras* policial
polnisch polaco
Polohemd *n* camisete *f*
Polster *n* estofo *m*; **≗n** estofar; **~sessel** *m* poltrona *f*; F maple *m engl*
poltern fazer barulho
Polyäthylen *n* polietileno *m*
Pommern *n* Pomerânia *f*
Pommes frites *pl* batatas *f*/*pl* fritas
Pomp *m* pompa *f*; fausto
Popo *m* (*kindlich*) tutu
populär popular
Por|e *f* poro *m*; **≗ös** poroso
Porree *m* alho-porro
Portal *n* portão *m*, portal *m*
Portemonnaie *n* porta-moedas *m*
Portier *m* porteiro
Portion *f* porção; *Kochk* dose
Porto *n* porte *m*; franquia *f*
Porträt *m* retrato *m*
Portugies|e *m*, **≗isch** português
Portwein *m* vinho do Porto
Porzellan *n* porcelana *f*
Posaune *f* trombone *m*
Pos|e *f* pose; **≗ieren** posar
Position *f* posição; situação
positiv positivo
Post *f*, **~amt** *n* correio *m*; **~anweisung** *f* vale *m*; **~bote** *m* carteiro
Posten *m* posto; cargo
Post|fach *n* apartado *m*, caixa *f* postal; **~karte** *f* bilhete *m* (*bras* cartão *m*) postal; **≗lagernd** posta restante; **~leitzahl** *f* código *m* postal; **≗modern** pós-moderno; **~scheck** *m* cheque postal; **≗wendend** logo a seguir
prächtig sumptuoso, *bras* suntuoso
prägen estampar; (*Münze*) cunhar
pragmatisch pragmático
prägnant conciso
prahl|en gabar-se (*mit* de); **≗er** *m* fanfarrão
Praktik|ant *m* estagiário; **~um** *n* estágio *m*; **~ *absolvieren*** estagiar
prakti|sch prático; **~zieren** praticar; *Med* exercer (clínica)
Praline *f* bombom *m* de chocolate
Prämie *f* prémio *m*
Pranke *f* garra
Präparat *n* preparado *m*
Präservativ *n* preservativo *m*
Präsident *m* presidente; **~schaft** *f* presidência

Praxis *f* prática; *Med* consultório *m*; *jur* escritório *m*
präzis(e) preciso, exa(c)to
predigen pregar
Preis *m* preço; (*Gewinn*) prémio; ***um jeden ~*** custe o que custar; **~ausschreiben** *n* concurso *m*; **~erhöhung** *f* aumento *m* de preço(s); **~ermäßigung** *f* desconto *m*; **~liste** *f* tabela; **~nachlaß** *m* desconto; **~träger** *m* premiado; **?wert** barato; em conta
prell|en (*betrügen*) lograr; **?ung** *f Med* contusão
Premier *m* primeiro ministro; **~e** *f* estreia
Presse *f* prensa; (*Medium*) imprensa; **~freiheit** *f* liberdade de imprensa; **~konferenz** *f* conferência de imprensa; **?n** prensar; comprimir; (*Früchte*) espremer
Preßluft *f* ar *m* comprimido
prickeln picar; (*Getränk*) espumar
Priester *m* sacerdote; **~seminar** *n* seminário *m*
Prinz *m* príncipe; **~essin** *f* princesa; **~ip** *n* princípio *m*; **?ipiell** em princípio
Prise *f* pitada
Pritschenwagen *m Kfz* camião de caixa aberta
privat privado; particular; **?eigentum** *n* propriedade *f* pessoal; **?recht** *n* direito *m* civil
Probe *f* prova; (*Waren*) amostra; *Thea* ensaio *m*; ***auf ~*** à experiência; **~betrieb** *m Tech* ensaio de funcionamento; **~fahrt** *f* (viagem de) experiência
probieren provar, experimentar
Problem *n* problema *m*; **?atisch** problemático
Produkt *n* produto *m*; **~ion** *f* produção; **~piraterie** *f* pirategem
Produz|ent *m* produtor; **?ieren** produzir
profess|ionell profissional; **?or** *m* professor; catedrático
Profil *n* perfil *m*; **~gummi** *m* borracha *f* perfilada
Profit *m* lucro
Prognose *f* prognóstico *m*
Programm *n* programa *m*; **?ieren** programar; **~ierer** *m Inform* programador; **~paket** *n Inform* cartucho *m*, package *m engl*
Projekt *n* proje(c)to *m*; **~ant** *m* proje(c)tista; **~ieren** proje(c)tar
Prokurist *m* procurador
Promenade *f* passeio *m*
prominent proeminente
Promotion *f* doutoramento *m*; *Hdl* promoção, publicidade
prompt pronto; rápido
Propaganda *f* propaganda
Propeller *m* hélice *f*
prophezeien profetizar
Proportion *f* proporção
prosit! à sua saúde!

Prospekt *m* prospe(c)to, folheto
Prostituierte *f* prostituta
Protest *m* protesto; **2ieren** protestar
Prothese *f* prótese
Protokoll *n* a(c)ta *f*; protocolo *m*
Proviant *m* provisões *f/pl*
Provinz *f* província
Provis|ion *f* comissão; **2orisch** provisório
provozieren provocar
Prozent *n* por cento *m*; **~satz** *m* percentagem *f*; **2ual** proporcional
Prozeß *m* processo (***anstrengen*** instaurar)
Prozessor *m* *Inform* processador
prüde pudico
prüf|en examinar; verificar; **2er** *m* examinador; **2ung** *f* exame *m*, prova (***ablegen*** prestar); **2ungskommission** *f* júri *m*
prügeln bater
Psych|iater *m* psiquiatra; **2isch** psíquico
Psycho|analyse *f* psicanálise; **~loge** *m* psicólogo; **2logisch** psicológico; **~se** *f* psicose; **~therapie** *f* psicoterapia
Publikum *n* público *m*
Pudding *m* pudim
Pudel *m* cão de água
Puder *m* pó; **~dose** *f* caixa de pó (de arroz); **2n** pôr pó; **~zucker** *m* açúcar em pó
Puffer *m* pára-choque; *Inform* memória-tampão *f*, buffer
Puller *m* (*infantil*: *Penis*) pila *f*
Pullover *m* camisola *f*, pulôver; *bras* suéter
Puls *m* pulso; **~ader** *f* artéria; **~schlag** *m* pulsação *f*
Pult *n* painel *m*
Pulver *n* pó *m*; **~schnee** *m* neve *f* solta
Pumpe *f* bomba; **2n** dar à bomba; *bras* bombear
Punkt *m* ponto
pünktlich pontual; **2keit** *f* pontualidade
Punsch *m* ponche
Puppe *f* boneca; **~nspiel** *n* teatro *m* de marionetas; **~nwagen** *m* carrinho de bonecas
Püree *n* puré *m*
Purzel|baum *m* cambalhota *f*; **2n** dar cambalhotas
pusten soprar
Puter *m* peru
Putsch *m* golpe (de Estado)
Putz *m* enfeite; adorno; *Arch* reboco; **2en** limpar; (*Schuhe*) engraxar; (*Zähne*) lavar; **~frau** *f* mulher a dias (*od* da limpeza); *bras* arrumadeira; faxineira; **~lappen** *m* esfregão
Puzzle *n engl* quebra-cabeças *m*
Pyjama *m* pijama

Quaderstein *m* cantaria *f*
Quadrat *n* quadrado *m*; **~meter** *n od m* metro *m* quadrado; **~wurzel** *f* raiz quadrada
Qual *f* tormento *m*
quälen atormentar
qualifizieren qualificar; ***sich ~*** (*Fortbildung*) aperfeiçoar-se
Qualität *f* qualidade
Qualle *f* medusa
Qualm *m* fumo, fumaça *f*; **2en** fumegar
qualvoll doloroso
Quantität *f* quantidade
Quarantäne *f* quarentena
Quark *m* requeijão
Quart|al *n* trimestre *m*; **~ier** *n* alojamento *m*; *Mil* quartel *m*
Quarz *m* quartzo
Quatsch *m* F parvoíce *f*, asneira *f*
Quecksilber *n* mercúrio *m*
Quell *m*, **~e** *f* fonte *f* (*a fig*); nascente *f*; **2en** brotar; **~wasser** *n* água *f* de mina (*od* de fonte)
quer transversal; *adv* de través; **~durch** através de; **2rinne** *f* (*Straße*) valeta transversal; **2schnitt** *m* corte transversal; **2straße** *f* travessa; **2treiber** *m* intrigante; **2verbindung** *f* ligação transversal
quetsch|en esmagar; **2ung** *f* contusão
quietschen chiar
Quirl *m* molinilho
quitt livre; quite; **2e** *f* marmelo *m*; **~ieren** passar recibo; **2ung** *f* recibo *m*
Quiz *n* concurso *m*
Quote *f* quota, cota

R

Rabatt *m* desconto
Rabe *m* corvo; **~neltern** *pl fig* pais *m/pl* desnaturados
Rache *f* vingança
Rachen *m* goela *f*
rächen vingar
rachsüchtig vingativo
Rad *n* roda *f*; (*Fahr2*) bicicleta *f*
Radar *m* radar; **~kontrolle** *f* controlo *m* por radar
radeln pedalar
Rädelsführer *m* cabecilha
radfahr|en andar de bicicleta; **2er** *m* ciclista
Radialreifen *m* pneu radial
radier|en apagar; **2gummi** *m* borracha *f*
Radieschen *n* rabanete *m*
Radikale(r) *m* radical
Radio *n* rádio *f* (*Gerät*: *m*); **2aktiv** radioa(c)tivo; **~recorder** *m* rádio-gravador; **~wecker** *m* rádio-despertador
Radius *m* raio
Radler *m* ciclista
Rad|rennbahn *f* velódromo *m*; **~sport** *m* ciclismo; **~tour** *f* passeio *m* de bicicleta

raff|gierig ávido; **2inerie** *f* refinaria; **~iniert** finório
Ragout *n* ragu *m*
Rahm *m* nata *f*; creme; **~en** *m* moldura *f*; *Tech* armação *f*; *Kfz* chassi; *fig* quadro; **~käse** *m* queijo amanteigado
Rakete *f* foguetão *m*, míssil *m*; (*Feuerwerk*) foguete *m*
Rallye *f* rali *m*
RAM-Speicher *m* *Inform* memória *f* volátil (RAM)
rammen abalroar; *Tech* bater
Rand *m* margem *f*; (re)bordo; **~ale** *f* F zaragata; **~bemerkung** *f* nota marginal; **~gebiet** *n* periferia *f*
Rang *m* categoria *f*; grau; *Thea* balcão; **~abzeichen** *n* distintivo *m*; **~ordnung** *f* hierarquia
rangieren *Esb* manobrar
ranken trepar
ranzig rançoso
rasch rápido; *adv* depressa
rascheln sussurrar
rasen estar furioso; (*jagen*) correr a toda a pressa
Rasen *m* relva *f*, relvado; *bras* grama *f*, gramado; **~mäher** *m* cortador de relva; **~sprenger** *m* borrifador
Rasier|apparat *m* máquina *f* (*bras* aparelho) de barbear; gilete *f*; **2en** fazer a barba; **~klinge** *f* lâmina da barba; **~pinsel** *m* pincel da barba
Rasse *f* raça
Rast *f* descanso *m*; **2en** descansar; **2los** infatigável; **~platz** *m* área *f* de descanso
Rat *m* conselho
Rate *f* prestação; (*Quote*) quota
raten (*be~*) aconselhar; (*er~*) adivinhar
Ratenzahlung *f* pagamento *m* a prestações
Rat|geber *m* conselheiro; **~haus** *n* Câmara *f* Municipal; **2ional** racional; **2los** perplexo; **2sam** conveniente, aconselhável; **~schlag** *m* conselho
Rätsel *n* enigma *m*; (*Spiel*) adivinha *f*; **2haft** enigmático, misterioso
Ratte *f* ratazana
Raub *m* roubo; (*Entführung*) rapto; **2en** (*et*) roubar; (*j-n*) raptar
Räuber *m* ladrão; (*Straßen2*) salteador
Raub|kopie *f* cópia pirata; **2kopieren** piratear; **~tier** *n* fera *f*; **~vogel** *m* ave *f* de rapina
Rauch *m* fumo; fumaça *f*; **2en** fumar; **~er** *m* fumador; *bras* fumante; **~erabteil** *n* compartimento *m* de fumadores; *bras* cabina *f* para fumantes
räuchern defumar
Rauchwaren *f/pl* tabacos *m/pl*; *bras* fumos *m/pl*; (*Pelze*) pelaria *f*
rauh áspero; (*grob*) rude; (*heiser*) rouco; **2reif** *n* geada *f*

Raum *m* espaço; (*Platz*) lugar; (*Zimmer*) casa *f*; quarto; divisão *f*; *bras* peça *f*
räumen evacuar; (*Wohnung*) desocupar
Raum|fähre *f* vaivém *m* espacial; **~fahrt** *f* astronáutica
räumlich espacial
Raumschiff *n* nave *f* espacial
Räumung *f* evacuação; desocupação
Raupe *f* lagarta; **~nschlepper** *m* tra(c)tor de lagartas (*bras* de esteiras)
Rausch *m* embriaguez *f*; *fig* êxtase; **2en** murmurar; rumorejar; **~gift** *n* estupefaciente *m*; **~gifthandel** *m* narcotráfico; **~gifthändler** *m* narcotraficante; **~giftsüchtige(r)** *m* viciado
räuspern: ***sich ~*** pigarrear
Razzia *f* rusga; *bras* batida
Reag|enzglas *n* proveta *f*; **2ieren** reagir
Reakt|ion *f* rea(c)ção; **2ionär** rea(c)cionário; **~or** *m* rea(c)tor
real real; **~isieren** realizar; **2ismus** *m* realismo; **~istisch** realista; **2ität** *f* realidade
Rebell *m* rebelde; **2ieren** insurgir-se; **~ion** *f* rebelião
Reb|huhn *n* perdiz *f*; **~stock** *m* vide *f*
Rechen|aufgabe *f* problema *m* de aritmética; **~fehler** *m* erro de cálculo; **~maschine** *f* máquina de calcular; **~schaft** *f* conta; ***~ ablegen*** prestar contas; **~schaftsbericht** *m* relatório; **~zentrum** *n* centro *m* de processamento de dados
Recherche *f* pesquisa
rechnen calcular; ***~ mit*** contar com
Rech|ner *m* computador; (*klein*) calculadora *f*; **~nung** *f* cálculo *m*; *Hdl* conta; ***auf eigene ~*** por conta própria; **~nungshof** *m* Tribunal de Contas
recht justo; direito, legítimo; *adv* bem; ***~ haben*** ter razão
Recht *n* direito *m*; **~e** *f* *Pol* direita; (*Hand*) (mão) direita, dextra; **~eck** *n* re(c)tângulo *m*; **~eckbildröhre** *f* *TV* cinescópio *m* re(c)tangular; **2eckig** re(c)tangular; **2fertigen** justificar; **~fertigung** *f* justificação; **2haberisch** teimoso; **2lich** jurídico; **2los** sem direitos; **2mäßig** legítimo
rechts à direita; **2anwalt** *m* advogado; **2bruch** *m* transgressão *f* da lei
Rechtschreibung *f* ortografia
Rechts|fall *m* caso, causa *f*; **~händer** *m* manidestro; **2kräftig** válido; em vigor; **~mittel** *n* recurso (***einlegen*** interpor); **~sprechung** *f* jurisdição; **~streit** *m* litígio; **2widrig** ilegal; **~wissenschaft** *f* jurisprudência
recht|winklig re(c)tangular;

~zeitig oportuno; *adv* a tempo
Reck *n* barra *f* fixa
recyc|eln reciclar; **&ling** *n* reciclagem *f*; **&lingpapier** *n* papel *m* reciclado
Redakt|eur *m* reda(c)tor; **~ion** *f* reda(c)ção
Rede *f* discurso *m*; **~freiheit** *f* liberdade de expressão
reden falar; **&sart** *f* locução; expressão idiomática
Red|lichkeit *f* honradez; **~ner** *m* orador; **&selig** falador
Reede *f* ancoradouro *m*; **~r** *m* armador; **~rei** *f* companhia de navegação
reell sério
Refe|rat *n* relatório *m*; **~rendar** *m* estagiário; **~rent** *m* relator
Reform *f* reforma; **~haus** *n* casa *f* de produtos dietéticos
Refrain *m* estribilho
Regal *n* estante *f*; prateleira *f*
rege vivo; (*Unterhaltung*) animado
Regel *f* regra; norma; **&los** desordenado; confuso; **&mäßig** regular; **&n** arranjar; **~ung** *f* regulamento *m*; **&widrig** irregular
Regen *m* chuva *f*; ***saurer ~*** chuva *f* ácida; **~bogen** *m* arco-íris; **~mantel** *m* gabardine *f*; impermeável; **~schirm** *m* guarda-chuva; **~wurm** *m* minhoca *f*; **~zeit** *f* época das chuvas
Regie *f* dire(c)ção (artística)
regier|en *v/t* governar; **&ung** *f* governo *m*; (*König*) reinado *m*; **&ungssprecher** *m* porta-voz do governo
Regime *n* regime *m*
Region *f* região
Regisseur *m* encenador; (*Film*) realizador
Register *n* registo *m*; (*Buch*) índice *m*
regne|n chover; **&ranlage** *f* chuveiro *m* automático; **~risch** chuvoso
regreßpflichtig responsável
regulier|en regular; **&hebel** *m* alavanca *f* reguladora
Regung *f* movimento *m*; *fig* emoção; **&slos** inerte
Reh *n* corça *f*
reib|en esfregar; friccionar; *Kochk* ralar; **&ung** *f* fricção; atrito *m*
reich rico; **&** *n* império *m*; (*König*) reino *m*; **~en** passar; (*Hand*) estender; (*genügen*) bastar, chegar; **~haltig** rico; abundante; **~lich** abundante; *adv* bastante; **&tum** *m* riqueza *f*; **&weite** *f* alcance *m*; *Flgw*, *Kfz*, *Mar* autonomia; ***außer ~*** fora de alcance
reif maduro; **&** *m* (*Frost*) geada *f*; **&e** *f* maturidade
Reifen *m* arco; *Kfz* pneu; ***schlauchloser ~*** pneu sem câmara; **&** amadurecer
Reihe *f* fila; série; **~nfolge** *f* ordem; **~nhaus** *n* casa *f* em

série; **~nuntersuchung** *f* rastreio *m*
Reim *m* rima *f*
rein limpo; puro; **~igen** limpar; purificar; **2iger** *m* (*Produkt*) detergente; **2igung** *f* limpeza; ***chemische* ~** lavandaria a seco; **~lich** limpo; asseado; **2lichkeit** *f* limpeza; asseio *m*; **2machefrau** *f* mulher da limpeza
Reis *m* arroz
Reise *f* viagem; **~büro** *n* agência *f* de viagens; **~führer** *m* guia; **~gepäck** *n* bagagem *f*; **~gesellschaft** *f* grupo *m* de turistas; **~leiter** *m* guia turístico
reisen viajar
Reisende(r) *m* passageiro; viajante
Reise|paß *m* passaporte; **~scheck** *m* cheque de viagem
Reiß|brett *n* prancheta *f* (de desenho); **2en** (*ab~*) tirar, arrancar; (*zer~*) rasgar; **2fest** resistente ao rasgamento; **~verschluß** *m* fecho ecler (*od* de correr); **~zwecke** *f* percevejo *m*
Reit|bahn *f* picadeiro *m*; **2en** andar a cavalo; montar; **~er** *m* cavaleiro; **~kunst** *f* equitação; **~sport** *m* hipismo
Reiz *m* sensação *f*; (*An2*) estímulo; (*Lieb2*) encanto; **2bar** irritável; **2en** estimular; irritar; provocar; **2end** encantador; **2los** sem graça; **~ung** *f* *Med* irritação; **2voll** encantador
Reklam|ation *f* reclamação; **~e** *f* reclamo *m*; publicidade
reklamieren reclamar
Rekord *m* recorde (***brechen*** bater; ***aufstellen*** marcar); **~halter** *m* recordista
Relais *n* relé *m*
relevant relevante
Relief *n* relevo *m*
Religi|on *f* religião; **2ös** religioso
Reling *f* amurada
Renaissance *f* Renascimento *m*
Renn|bahn *f* pista; **2en** correr; **~en** *n* corrida *f*; **~fahrer** *m* corredor; **~strecke** *f* percurso *m*
Renommee *n* fama *f*, reputação *f*
renovieren renovar
rent|abel lucrativo; rentável; **2e** *f* reforma; pensão; **2ner** *m* reformado
Repar|atur *f* conserto *m*; **~aturwerkstatt** *f* oficina de conserto; **2ieren** reparar; consertar
Report|age *f* reportagem; **~er** *m* repórter
Repressalie *f* represália
Reptil *n* réptil *m*
Republik *f* república; **~aner** *m*, **2anisch** republicano
Requisiten *pl* adereços *m*/*pl*
Reserv|e *f* reserva; **~erad** *n* roda *f* sobresselente; **2ieren** reservar; marcar

Resonanz *f* ressonância
Respekt *m* respeito; **≈ieren** respeitar; **≈los** irreverente; **~losigkeit** *f* desrespeito
Ressort *n* repartição *f*; competência *f*
Ressourcen *pl* recursos *m/pl*
Rest *m* resto
Restaurant *n* restaurante *m*
Rest|essen *n* F roupa-velha *f*; **≈los** completo
Resultat *n* resultado *m*
Retorte *f* proveta, retorta
rette|n salvar; **≈r** *m* salvador
Rettich *m* rábano
Rettung *f* salvamento *m*; **~sboot** *n* (barco *m*) salva-vidas *m*; **~sring** *m* salva-vidas; **~sschwimmer** *m* nadador-salvador; **~sstelle** *f* posto *m* de socorros; **~swagen** *m* pronto-socorro; **~sweste** *f* colete *m* salva-vidas
Retusche *f* retoque *m*
Reue *f* arrependimento *m*
Reuse *f* nassa
Revanch|e *f* desforra, revanche; **≈ieren:** ***sich ~*** desforrar-se; (*für Einladung usw*) retribuir
revidieren rever
Revier *n* distrito *m*; (*Polizei*) esquadra *f*
Revision *f* revisão; (*Inspektion*) vistoria
Revolution *f* revolução; **~är** *m*, **≈är** revolucionário
Revolver *m* revólver
Revue *f* revista (*a Thea*)
Rezension *f* crítica, recensão
Rezept *n* receita *f*
Rezession *f* recessão
R-Gespräch *n Tel* chamada *f* a pagar pelo destinatário
Rhabarber *m* ruibarbo
Rheinland-Pfalz *n* Renânia--Palatinado *f*
rheuma|tisch reumático; **≈tismus** *m* reumatismo
Rhythmus *m* ritmo
richten dirigir; *jur* julgar; (*Brief*) endereçar a; ***sich ~*** orientar-se (***nach*** por)
Richter *m* juiz; **~in** *f* juíza
richtig justo; corre(c)to, certo; **~stellen** re(c)tificar
Richt|schnur *f fig* norma; **~ung** *f* dire(c)ção, sentido *m*
riechen cheirar (***nach*** a)
Riegel *m* (*Tür*) ferrolho, tranca *f*; (*Schokolade*) tablete
Riemen *m* correia *f*
Ries|e *m* gigante; **≈enhaft** gigantesco; **≈ig** enorme
Riff *n* recife *m*; **~elglas** *n* vidro *m* estriado
Rille *f* sulco *m*
Rind *n* boi *m*; vaca *f*; (*Spezies*) gado *m* (bovino); **~e** *f* casca; **~fleisch** *n* carne *f* de vaca
Ring *m* anel; (*Ehe*) aliança *f*; **≈en** lutar; **~en** *n* luta *f*; **≈förmig** circular, em anel
rings (**~herum**) em volta
Rinne *f* calha, rego *m*; (*Dach*) caleira; **≈n** correr
Rippe *f* costela; *Tech* alheta
Risiko *n* risco *m*
risk|ant arriscado, perigoso;

~ieren arriscar; (*wagen*) ousar
Risotto *m* risoto
Riß *m* (*Stoff*) rasgão; (*Mauer*) fenda *f*; (*klein*) fissura *f*
rissig rachado, fendido
Ritter *m* cavaleiro; **~burg** *f* castelo *m* (feudal)
Ritze *f* fenda, racha
Rival|e *m* rival; **2isieren** rivalizar; **~ität** *f* rivalidade
Rizinusöl *n* óleo *m* de rícino
Robbe *f* foca
Roboter *m* robot; *bras* robô
robust robusto
Rochen *m* raia *f*
Rock *m* saia *f*
roden desbravar; *Agr* arrancar
Rogen *m* ovas *f*/*pl*
Roggen *m* centeio
roh cru; (em) bruto; *fig* rude
Rohbau *m* prédio em construção
Roheit *f fig* brutalidade
Roh|kost *f* comida vegetariana; **~material** *n* matéria-prima *f*; **~öl** *n* petróleo *m* em rama
Rohr *n* cana *f*; *Tech* tubo *m*; cano *m*; **~bruch** *m* tubo roto
Röhre *f* tubo *m*
Rohr|leitung *f* tubagem, canalização; **~post** *f* correio *m* pneumático; **~zucker** *m* açúcar de cana
Roh|seide *f* seda crua; **~stoff** *m* matéria-prima *f*
Roll|aden *m* persiana *f*; estore; **~bahn** *f* pista de rolagem; **~e** *f* rolo *m*; *Tech* roldana; *Thea*, *fig* papel *m*; **2en** rolar; **~kragenpullover** *m* camisola *f* de gola alta; **~o** *n* estore *m*; **~schuh** *m* patim; **~stuhl** *m* cadeira *f* de rodas; **~treppe** *f* escada rolante
ROM *m Inform* memória *f* ROM
Roman *m* romance; **~istik** *f* Românicas *f*/*pl*; **~schriftsteller** *m* romancista
röntgen radiografar; **2aufnahme** *f* radiografia; **2strahlen** *m*/*pl* raios X; **2untersuchung** *f* radioscopia
rosa cor-de-rosa
Rose *f* rosa; **~nkohl** *m* couve *f* de Bruxelas; **~nkranz** *m* rosário; **~nmontag** *m* segunda-feira *f* de Carnaval
Rosine *f* uva passa
Rosmarin *m* rosmaninho
Rost *m* ferrugem *f*; (*Grill*) grelha *f*; **2en** enferrujar
rösten grelhar; (*Brot*, *Kaffee*) torrar
rost|frei inoxidável; **~ig** enferrujado; **2schutzmittel** *n* anticorrosivo *m*
rot vermelho; (*leuchtend*) encarnado; (*Haar*) ruivo; **~ *werden*** enrubescer
Röt|eln *pl* rubéola *f*; **2en** avermelhar; **2lich** avermelhado
Rotwein *m* vinho tinto
Rotwild *n* veado *m*
Rout|e *f* rumo *m*; **~ine** *f* prática; rotina (*a Inform*)

Rübe *f* nabo *m*; beterraba
Ruck *m* empurrão; *Pol* guinada *f*; **2artig** brusco
Rück|antwort *f* (*Post*) resposta com porte pago; **~blick** *m* retrospe(c)tiva *f*
Rücken *m* costas *f/pl*; **2** *v/t* mover, empurrar; **~lehne** *f* costas *f/pl*; **~mark** *n* medula *f* espinhal
Rück|erstattung *f* restituição; (*Geld*) reembolso *m*; **~fahrkarte** *f* bilhete *m* de ida e volta; **~fahrscheinwerfer** *m Kfz* luz *f* de marcha atrás; **~fahrt** *f* volta; **~fall** *m Med* recidiva *f*; *jur* reincidência; **2gängig:** *~ machen* anular; **~grat** *n* espinha *f* dorsal; **~halt** *m* apoio; **~kehr** *f* regresso *m*; **~lauf** *m* (*z. B. Tonband*) rebobinagem *f*
Rucksack *m* mochila *f*
Rück|schritt *m* retrocesso; **~seite** *f* costas *f/pl*; (re)verso *m*; (*Gebäude*) traseiras *f/pl*; (*Stoff*) revés *m*; **~sicht** *f* consideração; **2sichtslos** brutal; **2sichtsvoll** atencioso; **~sitz** *m* banco traseiro; **~spiegel** *m* retrovisor; **~sprache** *f* consulta; **~stand** *m* resto; *Hdl* atraso; **2ständig** atrasado; **~strahler** *m* refle(c)tor; **~taste** *f* (*Schreibtechnik*) retrocesso *m*; **~tritt** *m Pol* demissão *f*; **2wärts** para trás; **~wärtsgang** *m Kfz* marcha *f* atrás; *bras* marcha *f* a ré; **2wirkend** retroa(c)tivo; **~wirkung** *f* repercussão; **~zahlung** *f* reembolso *m*; **~zug** *m* retirada *f*
Ruder *n* remo *m*; (*fig u Steuer*) leme *m*; **~boot** *n* barco *m* a remos; **~er** *m* remador; **2n** remar
Ruf *m* grito; *Tel* chamada *f*; (*Ansehen*) fama *f*; **2en** gritar; chamar; **~name** *m* primeiro nome; **~nummer** *f* número *m* do telefone
rügen censurar
Ruhe *f* calma; silêncio *m*; (*Ausruhen*) descanso *m*; **~gehalt** *n* pensão *f*; **2los** agitado; **2n** descansar; **~pause** *f* intervalo *m*; **~stand** *m*: ***im ~*** aposentado; ***in den ~ treten*** aposentar-se, reformar-se; **~tag** *m* dia de folga
ruhig quieto; tranquilo
Ruhm *m* glória *f*; fama *f*
rühmen (*j-n*) elogiar; (*et*) enaltecer
Ruhr *f Med* disenteria
Rühr|ei *n* ovos *m/pl* mexidos; **2en** mexer; *fig* comover; **2end** enternecedor; **~gerät** *n* (*Haushalt*) batedor *m*; liquidificador *m*; **~ung** *f* comoção
Ruin *m*, **~e** *f* ruína *f*; **2ieren** arruinar
rülpsen arrotar
Rumän|e *m*, **2isch** romeno
Rumänien *n* Roménia *f*
Rumpf *m* tronco; *Mar* casco; *Flgw* fuselagem *f*
rund redondo; *adv* aproximadamente

Rund|e *f* volta; (*Gasthaus*) rodada; **~erneuerung** *f Kfz* recauchutagem; **~fahrt** *f* circuito *m*; volta; **~funk** *m* rádio *f*; radiodifusão *f*; **~funkgebühr** *f* taxa de rádio; **~funksender** *m* emissora *f*; **~funksendung** *f* emissão; **~gang** *m* volta *f*; **~schreiben** *n* circular *f*; **~tischgespräch** *n* mesa *f* redonda
runzel|ig rugoso; **~n** (*Stirn*) franzir
Rush-hour *f engl* hora de ponta
Ruß *m* fuligem *f*
Russ|e *m*, **2isch** russo
Rüssel *m* tromba *f*
Rußland *n* Rússia *f*
rüst|en preparar; *Mil* armar; **~ig** robusto; **2ung** *f* armamento *m*
Rute *f* vara
Rutsch|e *f* escorregão *m*; *Tech* calha; **2en** escorregar; **2fest** antiderrapante
rütteln sacudir

S

Saal *m* sala *f*
Saarland *n* Território *m* do Sarre
Saat *f* semente(s *pl*)
Sabotage *f* sabotagem
Sach|e *f* coisa; (*Angelegenheit*) assunto *m*; **~kenntnis** *f* experiência; perícia; **2kundig** perito; **2lich** obje(c)tivo; **~schaden** *m* dano material; **~sen(-Anhalt)** *n* Saxónia-(-Anhalt) *f*; **~verhalt** *m* fa(c)tos *m/pl*; **~verständige(r)** *m* perito
Sack *m* saco, saca *f*; **~gasse** *f* beco *m* sem saída; *fig a* impasse *m*
säen semear
Safe *m* cofre
Saft *m* suco; (*Obst*) sumo; **2ig** suculento, **~presse** *f* espremedor *m*
Safran *m* açafrão
Sage *f* lenda heróica
Säge *f* serra; **2n** serrar
sagen dizer; **~ *hören*** ouvir dizer
Säge|späne *m/pl* serradura *f/sg*; *bras* serragem *f*; **~werk** *n* serração *f*
Sahara *f* Saara *m*
Sahne *f* nata; creme *m*
Saison *f* estação, época; **~schlußverkauf** *m* saldos *m/pl*
Saite *f* corda; **~ninstrument** *n* instrumento *m* de cordas
Sakko *m* casaco, jaqueta *f*
Salat *m* salada *f*
Salbe *f* pomada
Salmiakgeist *m* amoníaco
Saldo *m* saldo
Salon *m* salão
Salut *m* salva *f*
Salz *n* sal *m*; **2en** salgar; **2ig** salgado; **~streuer** *m* saleiro; **~wasser** *n* água *f* salgada

Same(n) *m* semente *f*
Sammel|band *m* cole(c)tânea *f*; **~mappe** *f* álbum *m*
sammeln juntar; cole(c)cionar
Samm|ler *m* cole(c)cionador; **~lung** *f* cole(c)ção
Samstag *m* sábado
Samt *m* veludo
sämtlich todos, todas
Samtpullover *m* camisola *f* de felpa
Sanatorium *n* sanatório *m*
Sand *m* areia *f*; **~ale** *f* sandália; **~bank** *f* banco *m* (de areia); **≈ig** arenoso; **~kasten** *m* caixa *f* de areia; **~mann** *m* *fig* João Pestana; **~papier** *n* lixa *f*; **~stein** *m* arenito; **~wich** *n* *engl* sanduíche *f*, sande *f*
sanft suave, brando; *fig* afável
Sanft|mut *f* mansidão; **≈mütig** manso
Sänger *m* cantor
sanier|en sanear; **≈ung** *f* *Arch* restauro *m*, restauração
Sanitä|rkeramik *f* cerâmica sanitária; **~ter** *m* socorrista
Sanktion *f* sanção; **≈ieren** sancionar
Sard|elle *f* anchova; **~ine** *f* sardinha
Sarg *m* caixão
Satan *m* Satanás
Satellit *m* satélite; **~enfernsehen** *n* televisão *f* via satélite; **~enstadt** *f* cidade-satélite
satt farto, satisfeito
Sattel *m* sela *f*; (*Fahrrad*) selim; **~schlepper** *m* *Kfz* tractor-camião; **~zeug** *n* arreios *m*/*pl*
sättigen saciar; *Chem* saturar
Satz *m* (*Sprung*) salto; (*Boden≈*) borra *f*; (*Grammatik*) frase *f*; (*Menge*) conjunto, jogo; *Typ* composição *f*; **~ung** *f* estatuto *m*
Sau *f* porca
sauber limpo; **≈keit** *f* limpeza
säuber|n limpar; *Pol* sanear; **≈ung** *f* limpeza; saneamento *m*
Sauce *f* molho *m*
sauer azedo; ácido; **≈kirsche** *f* ginja; **≈kraut** *n* chucrute *m*
Sauerstoff *m* oxigénio
saufen beber (muito)
Säufer *m* alcoólico; F borrachão
Saufgelage *n* F borracheira *f*
saug|en chupar; **≈er** *m* tetina *f*
Säugetier *n* mamífero *m*
Säugling *m* criança *f* de peito; **~ssterblichkeit** *f* mortalidade infantil
Saug|napf *m* ventosa *f*; **~rohr** *n* tubo *m* aspirador
Säule *f* coluna; (*Pfeiler*) pilar *m*
Saum *m* orla *f*; (*Kleid*) bainha *f*
Sauna *f* sauna
Säure *f* ácido *m*
Scanner *m* *Inform* leitor, scanner *engl*
Schabe *f* barata; **≈n** ra(s)par

schäbig mesquinho
Schablone *f* padrão *m*
Schach *n* xadrez *m*; **~brett** *n* tabuleiro *m* de xadrez
schachern traficar
schachmatt xeque-mate
Schacht *m* poço (de mina)
Schachtel *f* caixinha; (*länglich*) cartucho *m*
Schachzug *m* lance
schade: ***es ist*** **~** é (uma) pena
Schädel *m* crânio; **~bruch** *m* fra(c)tura *f* do crânio
schaden prejudicar; fazer mal a; **&** *m* dano, prejuízo; **&ersatz** *m* inde(m)nização *f*; **&ersatzpflicht** *f* responsabilidade; **~froh** malicioso
schadhaft defeituoso
schädigen prejudicar
schädlich prejudicial
Schadstoffemission *f* emissões *f/pl* nocivas
Schaf *n* ovelha *f*
Schäfer *m* pastor
schaff|en trabalhar; (*hervorbringen*) criar; (*gelingen*) conseguir; **&ner** *m* revisor; condutor
Schaft *m* cabo; (*Stiefel*) cano; *Tech* haste *f*; **~stiefel** *m* bota *f* alta
Schah *m* Xá
Schakal *m* chacal
Schäkel *m* manilha *f*
schal insípido
Schal *m* xaile; (*Halstuch*) cachecol; **~e** *f* (*Obst*) casca; (*Schalentiere*) concha; (*Gefäß*) taça; (*Waage*) prato *m*; *Tech* casquilho *m*
schälen descascar
Schall *m* som; **~dämpfer** *m* abafador; *Kfz* silenciador; *bras* silencioso; **&dicht** à prova de ruídos; **&en** ressoar; **~mauer** *f* barreira do som; **~platte** *f* disco *m*; **~welle** *f* onda sonora
Schalt|bild *n* esquema *m* de ligações; **&en** *El* (*um~*) comutar; (*ein~*) ligar; *Kfz* mudar de velocidade; *fig* perceber; **~er** *m* guiché; (*Esb, Kino*) bilheteira *f*, *bras* bilheteria *f*; *El* interruptor; **~getriebe** *n* *Kfz* caixa *f* de velocidades; **~hebel** *m* alavanca *f* de manobra (*od Kfz* velocidade); **~jahr** *n* ano *m* bissexto; **~kreis** *m* circuito; ***integrierter*** **~** circuito integrado; ***gedruckter*** **~** circuito impresso; **~tafel** *f* quadro *m* (*od* painel *m*) de comando; **~ung** *f* ligação; mecanismo *m* de acoplamento
Schalung *f* *Arch* cofragem
Scham *f* vergonha, pudor *m*
schämen: ***sich*** **~** ter vergonha
scham|haft pudico; **~los** descarado; desavergonhado
Schampon *n* champô *m*
Schamteile *pl* vergonhas *f/pl*, partes *f/pl*
Schande *f* vergonha
schänden desonrar
Schandfleck *m* *fig* mácula *f*
schändlich vergonhoso

Schar *f* bando *m*; **2enweise** em bandos
scharf afiado; (*Blick*) penetrante; (*Brille*) forte; (*Gehör*) fino; (*Wind*) cortante; *fig* claro, nítido; **2blick** *m* perspicácia *f*
Schärfe *f* agudeza; *fig* nitidez; **~einstellung** *f Fot* focagem; **2n** aguçar, afiar
Scharf|schütze *m* atirador; **~sinn** *m* sagacidade *f*; **2sinnig** sagaz
Scharlach *m* escarlatina *f*; **2rot** escarlate
Scharnier *n* dobradiça *f*
Schaschlik *m* (*od n*) espetada
Schatt|en *m* sombra *f*; (*Augen*) olheira *f*; **~ierung** *f* cambiante *m*; **2ig** sombrio, sombroso
Schatz *m* tesouro
schätz|en (*ab~*) avaliar; *fig* estimar, apreciar; **2ung** *f* avaliação; cálculo *m*; **~ungsweise** aproximadamente
Schau *f* exposição; (*Vorführung*) exibição
Schauder *m* arrepio; **2haft** horripilante; **2n** arrepiar-se
schauen olhar, mirar
Schauer *m* horror; (*Regen*) aguaceiro
Schaufel *f* pá; **~bagger** *m* escavador de pás
Schaufenster *n* montra *f*; vitrina *f*
Schaukel *f* baloiço *m*; **2n** baloiçar; **~stuhl** *m* cadeira *f* de baloiço (*bras* de balanço)
Schaum *m* espuma *f*. **~wein** *m* (vinho) espumante
schäumen espumar
Schaum|gummi *m* espuma *f* de borracha; **2ig** espumoso
Schauplatz *m* teatro; cena *f*
schaurig horripilante
Schauspiel *n* espe(c)táculo *m*; **~er** *m* a(c)tor; **~erin** *f* a(c)triz; **~haus** *n* teatro *m*
Scheck *m* cheque; ***ungedeckter ~*** cheque careca; ***~ einlösen*** trocar cheque; ***mit ~ bezahlen*** pagar em cheque; **~buch** *n* livro *m* (*bras* talonário *m*) de cheques
Scheibe *f* disco *m*; (*Brot usw*) fatia; *Kochk* (*rund*) rodela; (*Fenster*) vidro *m*; ***getönte ~n*** *Kfz* vidros *m*/*pl* fumados
Scheiben|bremse *f* travão *m* de disco; *bras* freio *m* a disco; **~waschanlage** *f Kfz* lava-pára-brisas *m*; **~wischer** *m* limpa-pára-brisas; *bras* limpador do pára-brisas
Scheid|e *f Anat* vagina; **2en** separar; ***sich ~ lassen*** divorciar-se; **~ung** *f* separação; divórcio *m*
Schein *m* luz *f*, brilho; *fig* aparência *f*; (*Bescheinigung*) certificado; **2bar** aparente; **2en** brilhar; *fig* parecer; **2heilig** hipócrita; **~werfer** *m* proje(c)tor; *Kfz* farol
Scheiß|e *f* V merda; **2en** V cagar (***auf*** para); **~erei** *f* V

(*Durchfall*) caganeira; **~haus** *n* V cagatório *m*
Scheitel *m* risca *f*; **~punkt** *m* vértice
scheitern fracassar, falhar
Schelle *f Tech* braçadeira
Schellfisch *m* bacalhau fresco
Schelm *m* maroto
schelten ralhar
Schema *n* esquema *m*; **2tisch** esquemático
Schemel *m* banquinho
Schenke *f* bodega
Schenkel *m* (*Ober2*) coxa *f*; (*Unter2*) perna *f*
schenk|en oferecer; **2ung** *f* doação
Scherbe *f* caco *m*
Schere *f* tesoura; **2n** (*Wolle*) tosquiar; (*Haare*) cortar; **~nschleifer** *m* amolador
Schererei *f* F aborrecimento *m*; *bras* amolação
Scherz *m* brincadeira *f*; **2en** brincar; **2haft** engraçado
scheu tímido; (*Pferd, fig*) medroso; **2** *f* timidez
scheuen ter medo de; (*Pferd*) espantar-se
Scheuer|lappen *m* esfregão *m*; **~leiste** *f* rodapé *m*; **2n** esfregar
Scheune *f* celeiro *m*
Scheusal *n* monstro *m*
scheußlich horrível
Schicht *f* camada; (*Farbe*) demão; (*Arbeit*) turno *m*; ***diensthabende ~*** piquete *m*; **2en** empilhar; **~wolke** *f* estrato *m*
schick F chique
schick|en mandar, enviar; **~lich** conveniente
Schicksal *n* destino *m*; sorte *f*; **2haft** fatal; **~sschlag** *m* revés
Schiebe|dach *n* tejadilho *m* de abrir; **~fenster** *m* janela *f* corrediça; **2n** empurrar
Schieds|gericht *n* tribunal *m* arbitral; **~richter** *m* árbitro; *bras* juiz
schief oblíquo; *fig* torto
Schiefer *m* ardósia *f*
schiefgehen falhar; correr mal
schielen ser vesgo
Schien|bein *n* tíbia *f*; F canela *f*; **~e** *f Esb* carril *m*; *bras* trilho *m*; *Med* tala; **~enbus** *m* automotora *f*; **~enverkehr** *m* trânsito ferroviário
schieß|en disparar; (*Tor*) marcar; **2scheibe** *f* alvo *m*; **2stand** *m* carreira *f* de tiro
Schiff *n* navio *m*; embarcação *f*
Schiffahrt *f* navegação
schiff|bar navegável; **2bau** *m* construção *f* naval; **2bruch** *m* naufrágio; **~brüchig(e** *m*) náufrago
Schiffs|ladung *f* carga; **~schraube** *f* hélice; **~werft** *f* estaleiro *m*
Schild 1. *m* escudo; (*Planierraupe*) lâmina *f*; **2.** *n* letreiro *m*; (*Laden*) tabuleta *f*; (*Verkehr*) sinal *m* de trânsito; **~drüse** *f* tiróide

schilder|n descrever; **&ung** *f* descrição
Schildkröte *f* tartaruga
Schilf *n*, **~rohr** *n* cana *f*, junco *m*
schillern cintilar
Schilling *m* xelim
Schimmel *m* cavalo branco; (*Pilz*) bolor; **&ig** bolorento; **&n** criar bolor; **~pilz** *m* penicilo
Schimmer *m* brilho; **&n** brilhar
schimpf|en ralhar; **&wort** *n* palavrão *m*
Schindeldach *n* telhado *m* de ripas
Schinken *m* presunto; (*gekocht*) fiambre
Schirm *m* (*Regen&*) guarda-chuva; *bras* sombrinha *f*; (*Sonnen&*) guarda-sol; sombrinha *f*; (*Schutz*) abrigo; **~herrschaft** *f* patrocínio *m*; **~mütze** *f* boné *m* (de pala)
Schiß *m* V (*Angst*) cagaço; **~hase** *m* V (*ängstlicher Mensch*) cagarolas
Schlacht *f* batalha; **&en** matar, abater; **~er** *m* carniceiro; *bras* açougueiro; **~hof** *m* matadouro
Schlacke *f* escória
Schlaf *m* sono; **~anzug** *m* pijama; **~couch** *f* sofá-cama *m*
Schläfe *f* fonte
schlafen dormir; **~ *gehen*** (ir) deitar-se
schlaff frouxo; indolente
Schlaf|losigkeit *f* insónia; **~matte** *f* (*Camper*) colchonete *m*; **~mittel** *n* soporífero *m*; **~mütze** *f* F dorminhoco
schläfrig sonolento
Schlaf|sack *m* saco de dormir; **~stadt** *f* cidade-dormitório; **~wagen** *m* carruagem-cama *f*; *bras* carro-leito; **~wandler** *m* sonâmbulo; **~zimmer** *n* quarto *m*
Schlag *m* golpe; pancada *f*; *El* choque; **~ader** *f* artéria; **~anfall** *m* ataque de apoplexia; **&artig** repentino; **~baum** *m* barreira *f*
schlagen bater; (*Uhr*) dar horas
Schlager *m* canção *f* (em moda)
Schläger *m* (*Tennis*) raqueta *f*; **~ei** *f* briga, pancadaria
schlag|fertig de resposta pronta; **&loch** *n* cova *f*; **&sahne** *f* nata batida; (creme *m*) chantilly; **&wort** *n* divisa *f*; (*Werbung*) slogan *m*; **&zeile** *f* cabeçalho *m*; *bras* manchete; **&zeug** *n* bateria *f*
Schlamm *m* lodo; lama *f*; **&ig** lamacento
Schlange *f* serpente; **~ *stehen*** fazer bicha; *bras* fazer fila
schlank esbelto; **&heitskur** *f* cura de emagrecimento
schlapp frouxo; mole
schlau esperto
Schlauch *m* mangueira *f*; (*Reifen*) câmara(-de-ar) *f*;

~boot *n* barco *m* pneumático; *bras* balsa *f* pneumática
schlecht mau; má (*adv* mal); (*Zähne*) podre; (*Speisen*) estragado; **~gelaunt** mal disposto; **2igkeit** *f* maldade
schlecken lamber
schleich|en andar devagarinho; **2weg** *m* caminho tortuoso
Schleier *m* véu; **2haft** misterioso
Schleife *f* laço *m*; **2n** afiar; (*Oberfläche*) polir; (*zerren*) arrastar
Schleim *m* muco; **~haut** *f* mucosa; **2ig** viscoso
schlemmen petiscar
Schlepp|e *f* cauda; **2en** arrastar; *Mar* rebocar; **~er** *m* *Kfz* tra(c)tor; *Mar* rebocador; **~seil** *n* *Kfz* cabo *m* de reboque; *Mar* sirga *f*
Schleswig-Holstein *n* Eslésvico-Holsácia *m*
Schleuder *f* centrifugadora; **2n** lançar; arremessar; (*Auto*) derrapar; **~sitz** *m* *Flgw* cadeira *f* ejectável
schleunig rápido; **~st** o mais depressa possível
Schleuse *f* represa
schlicht simples; **~en** *fig* apaziguar; **2ung** *f* arbitragem
Schlick *m* lodo
schließ|en fechar; (*Vertrag*) concluir; (*Freundschaft*) travar; (*beenden*) acabar; **2er** *m* (*Tür*) fecho; **2fach** *n* caixa *f* postal; (*Bank*) cofre *m*; **~lich** finalmente; **2tag** *m* dia de folga
Schliff *m* polimento; ***den letzten ~ geben*** F dar o último retoque a
schlimm mau, má; grave; *adv* mal; **~stenfalls** na pior das hipóteses
Schling|e *f* laço *m*; **~el** *m* maroto; **2en** engolir; **~pflanze** *f* trepadeira
Schlips *m* gravata *f*
Schlitten *m* trenó; **~fahrt** *f* passeio *m* de trenó
Schlittschuh *m* patim; ***~ laufen*** patinar (sobre gelo)
Schlitz *m* abertura *f*; (*Riß*) rasgão, corte; (*Spalt*) fenda *f*; (*für Münzen*) ranhura *f*; **~ohr** *n* F espertalhão *m*
Schloß *n* palácio *m*; castelo *m*; (*Tür*) fechadura *f*
Schlosser *m* serralheiro; **~ei** *f* serralharia
Schlot *m* chaminé *f*
Schlucht *f* barranco *m*
schluchzen soluçar
Schluck *m* gole, trago; **~auf** *m* soluços *m/pl*; **2en** engolir
Schlummer *m* soneca *f*; **2n** dormitar
Schlund *m* goela *f*, garganta *f*; (*Abgrund*) abismo
schlüpf|en meter-se, enfiar-se; **2er** *m* cuecas *f/pl*; **~rig** escorregadio; *fig* equívoco; obsceno
Schluß *m* fim; (*logischer*) conclusão *f*

Schlüssel *m* chave *f*; *Inform* código; **~bein** *n* clavícula *f*; **~bund** *n* molho *m* de chaves; **2fertig** *Arch* chave na mão; **~industrie** *f* indústria-chave; **~loch** *n* buraco *m* da fechadura; **~wort** *n* palavra-chave *f*
Schluß|folgerung *f* conclusão; **~licht** *n* farolim *m* traseiro; *bras* farolete *m* traseiro; **~verkauf** *m* saldos *m/pl*; *bras* queima *f*
Schmach *f* vergonha
schmackhaft saboroso
schmal estreito; **2film** *m* filme de formato reduzido; **2spur** *f Esb* via reduzida; *bras* bitola estreita
Schmalz *n* banha *f*
Schmarotzer *m* parasita
schmausen banquetear-se
schmecken saber (***nach*** a); (*kosten*) provar; ***gut ~*** saber bem
Schmeichel|ei *f* lisonja; **2haft** lisonjeiro; **2n** lisonjear, adular
Schmeißfliege *f* varejeira
Schmelz *m* esmalte; **2en** fundir(-se); **~käse** *m* queijo fundido; **~sicherung** *f El* fusível *m*
Schmerz *m* dor *f*; **2en** doer; *fig* magoar; **~ensgeld** *n* inde(m)nização *f*; **2haft** doloroso; **2lindernd** calmante; **2los** sem dor; **~mittel** *n* analgésico *m*; **2stillend** sedativo
Schmetterling *m* borboleta *f*
Schmied *m* ferreiro; **~e** *f* forja; **2en** forjar
schmiegsam flexível; *fig* dócil
schmier|en *Tech* lubrificar; (*Brot*) barrar; **2fett** *n* graxa *f*; **2öl** *n* óleo *m* (lubrificante); **2seife** *f* pasta de sabão
Schmink|e *f* maquilhagem; cosmético *m*; **2en** maquilhar pintar; *Thea* cara(c)terizar
Schmirgelpapier *n* lixa *f*
schmollen amuar
Schmor|braten *m* carne *f* estufada; **2en** estufar
Schmuck *m* adorno, enfeite; jóias *f/pl*
schmücken adornar
Schmuckstück *n* jóia *f*
Schmugg|el *m* contrabando; **2eln** fazer contrabando; **~ler** *m* contrabandista
Schmutz *m* imundície *f*; *bras* sujeira *f*; **~fänger** *m Kfz* guarda-lamas; **2ig** sujo
Schnabel *m* bico
Schnalle *f* fivela
Schnappschuß *m Fot* instantâneo
Schnaps *m* aguardente *f*; (*aus Trauben*) bagaço
schnarchen ressonar, roncar
schnauben soprar; bufar; (*Nase*) assoar(-se)
Schnauze *f* focinho *m*; ***die ~ voll haben von*** V estar farto de; ***die ~ halten*** V calar o bico
Schnecke *f* caracol *m*; *Tech*

sem-fim *m*; **~ntempo** *n*: *im ~ fig* a passo de caracol
Schnee *m* neve *f*; **~ball** *m* bola *f* de neve; **~besen** *m* batedor; **~fall** *m* nevada *f*; **~flokke** *f* floco *m* de neve; **~gestöber** *n* nevasca *f*; **~mann** *m* boneco de neve; **~pflug** *m* limpa-neve; **~sturm** *m* nevão; **~wittchen** *n* Branca *f* de Neve
Schneide *f* gume *m*; **2n** cortar, partir; **~r** *m* alfaiate; **~rin** *f* modista; **2ern** costurar; **~zahn** *m* incisivo
schneien nevar
schnell rápido; *adv* depressa; **2bahn** *f* comboio *m* urbano; **2igkeit** *f* rapidez; velocidade; **2imbiß** *m* lanchonete *f*; **2kochtopf** *m* panela *f* de pressão; **2verband** *m* penso rápido; **2vorlauf** *m* (*z. B. Recorder*) avanço rápido; **2zug** *m* rápido
Schnitt *m* corte; *Arch* se(c)ção *f*; **~e** *f* (*Brot*) fatia; **~muster** *n* talhe *m*; **~punkt** *m* (ponto de) interse(c)ção *f*; **~stelle** *f Inform* interface *f engl*; **~wunde** *f* golpe *m*
Schnitzel *n* escalope *m*; (*in Brot*) bifana *f*
schnitzen esculpir
Schnitzer *m fig* gafe *f*, lapso
Schnorchel *m* tubo respiratório
Schnörkel *m* arabesco; floreado
schnorren F cravar
schnüffeln farejar
Schnupf|en *m* constipação *f*; **~tabak** *m* rapé
schnuppe F: ***j-m ~ sein*** não ligar
Schnur *f* cordel *m*; guita; *bras* barbante *m*
Schnurrbart *m* bigode
Schnürsenkel *m* atacador
Schock *m* choque; **2ieren** chocar
Schöffe *m* jurado
Schokolade *f* chocolate *m*
Scholle *f* (*Land*) gleba; (*Eis*) bloco *m* de gelo; (*Fisch*) solha *f*
schon já
schön belo; lindo
Schon|bezug *m Kfz* forro (dos assentos); **2en** poupar
Schönheit *f* beleza
Schon|kost *f* dieta; **~ung** *f* (*Forst*) viveiro *m*; **~zeit** *f* defeso *m*
schöpf|en (*mit Gefäß*) tirar; (*erschaffen*) criar; (*Mut, Hoffnung*) cobrar; ***Atem ~*** tomar fôlego; **2er** *m* criador; **~erisch** criativo; **2kelle** *f* concha; **2ung** *f* criação
Schoppen *m* copo; quartilho
Schorf *m* escara *f*
Schornstein *m* chaminé *f*; **~feger** *m* limpa-chaminés
Schoß *m* regaço; colo; *fig* seio
Schote *f Bot* vagem
Schott|e *m*, **2isch** escocês
Schotter *m* balastro
Schottland *n* Escócia *f*
schräg oblíquo; inclinado; **2e** *f* inclinação

Schramme *f* arranhadura
Schrank *m* armário; **~e** *f* barreira; *bras* cancela
Schraube *f* parafuso *m*; *Mar* hélice; **2n** aparafusar; **~nzieher** *m* chave *f* de fenda
Schraub|stock *m* torninho; **~verschluß** *m* tampa *f* de rosca
Schreck *m* susto; **2en** assustar; **2haft** assustadiço; **2lich** terrível
Schrei *m* grito
schreiben escrever; **2** *n* carta *f*; (*amtlich*) ofício *m*
Schreib|heft *n* caderno *m*; **~maschine** *f* máquina de escrever; **~tisch** *m* secretária *f*; **~warenhandlung** *f* papelaria
schreien gritar
Schrift *f* escrita; (*Hand*) letra; **2lich** (por) escrito; **~steller** *m* escritor; **~verkehr** *m* expediente; **~zeichen** *pl* caracteres *m/pl*
schrill estridente
Schritt *m* passo; *fig* diligência *f*
schroff (*Berg*) escarpado; *fig* brusco, rude
Schrot *m* (*Jagd*) chumbo
Schrott *m* sucata *f*; **~händler** *m* ferro-velho
schrubben esfregar
schrumpfen encolher-se; *Med* atrofiar
Schub *m* *Tech* impulso; expuxo; **~fach** *n* gaveta *f*; **~karren** *m* carrinho de mão
schüchtern tímido; **2heit** *f* timidez
Schuft *m* patife; **2en** labutar
Schuh *m* sapato; *Tech* patim; **~anzieher** *m* calçadeira *f*; **~creme** *f* graxa; **~geschäft** *n* sapataria *f*; **~macher** *m* sapateiro; **~putzer** *m* engraxador; *bras* engraxate; **~werk** *n* calçado *m*
Schularbeiten *f/pl* deveres *m/pl*
Schuld *f* culpa; *Hdl* dívida; **2en** dever; **~endienst** *m* reembolso de dívidas; **2haft** culposo; **2ig, ~ige(r)** *m* culpado; **~ner** *m* devedor
Schule *f* (*Grund2*) escola; (*Gymnasium*) liceu *m*, *bras* ginásio *m* (**besuchen** frequentar)
Schüler *m* aluno; estudante
Schul|jahr *n* ano le(c)tivo; **~pflicht** *f* escolaridade obrigatória; **~stunde** *f* aula
Schulter *f* ombro *m*
Schul|ung *f* instrução; **~wesen** *n* ensino *m* público
schummeln F fazer batota
Schundliteratur *f* literatura barata
Schuppen 1. *m* alpendre; barracão; *bras* galpão; **2.** *f/pl* (*Fisch*) escamas; (*Kopfhaut*) caspa *f*
schüren atiçar
Schurke *m* malandro
Schürze *f* avental *m* (*a Kfz*)
Schuß *m* tiro; (*Fußball*) chuto

Schüssel *f* tigela; (*groß*) alguidar *m*
Schußwaffe *f* arma de fogo
Schuster *m* sapateiro
Schutt *m* entulho, escombros *m/pl*
Schüttel|frost *m* calafrios *m/pl*; **≈n** sacudir; (*Hand*) apertar; (*Kopf*) abanar
schütt|en deitar, despejar; **≈gut** *n* material *m* a granel
Schutz *m* prote(c)ção *f*; (*Zuflucht*) refúgio; **~blech** *n* guarda-lamas *m*; *bras* pára-lamas *m*; **~brille** *f* óculos *m/pl* prote(c)tores
Schütze *m* atirador; (*Sternbild*) Sagitário; **≈n** proteger (***vor*** de)
Schutz|gebiet *n* (*ökologisch*) reserva *f*; **~heilige(r)** *m* padroeiro; **~helm** *m* capacete; **~impfung** *f* vacinação (preventiva); **~kleidung** *f* vestuário *m* de prote(c)ção; **~schicht** *f* camada prote(c)tora
schwach fraco; débil
Schwäch|e *f* fraqueza; **≈en** enfraquecer; **≈lich** delicado; fraco
schwach|sinnig imbecil; **≈strom** *m* corrente *f* débil
Schwager *m* cunhado
Schwalbe *f* andorinha
Schwall *m* torrente *f*
Schwamm *m* esponja *f*
Schwan *m* cisne
schwanger grávida; **≈schaft** *f* gravidez; **≈schaftsabbruch** *m* aborto (provocado)
Schwank *m* farsa *f*; **≈en** oscilar; *fig* hesitar
Schwanz *m* cauda *f*; rabo; V (*Penis*) caralho
schwänzen (*Schule*) F cabular, gazetear
Schwarm *m* (*Bienen*) enxame; (*Vögel*) bando; (*Fische*) cardume
schwärmen enxamear; ***für et ~*** estar entusiasmado com
schwarz preto, negro; **≈arbeit** *f* trabalho *m* ilegal; **≈brot** *n* pão *m* escuro; **≈fahrer** *m* passageiro sem bilhete; **≈handel** *m* mercado negro; **≈hörer** *m* radiouvinte clandestino; **≈markt** *m* mercado negro; **~sehen** ser pessimista; **≈wald** *m* Floresta *f* Negra
schwatzen tagarelar
Schwebe|bahn *f* teleférico *m*; **≈n** pairar; estar suspenso; **≈nd** suspenso; *fig* pendente
Schwed|e *m*, **≈isch** sueco
Schweden *n* Suécia *f*
Schwefel *m* enxofre; **~säure** *f* ácido *m* sulfúrico
schweig|en calar-se; **≈en** *n* silêncio *m*; **~sam** calado
Schwein *n* porco *m*; **~erei** *f* porcaria
Schweiß *m* suor; **≈en** soldar
Schweiz *f* Suíça; **~er** *m*, **≈erisch** suíço
Schwell|e *f* limiar *m*; soleira;

Esb travessa; *bras* dormente *m*; **≈en** inchar; **~ung** *f* inchaço *m*
schwer pesado; *fig* grave; (*schwierig*) difícil; **~beschädigt** aleijado; **≈e** *f* peso *m*; **≈elosigkeit** *f* imponderabilidade; **~fällig** pesado, lento; **≈industrie** *f* indústria pesada; **≈kraft** *f* gravidade; **~krank** gravemente doente; **≈lastzug** *m Kfz* camião de pesados; **~mütig** melancólico; **≈punkt** *m fig* ponto principal; acento
Schwert *n* espada *f*
schwer|verletzt gravemente ferido; **~wiegend** grave
Schwester *f* irmã; (*Kranken≈*) enfermeira
Schwieger|eltern *pl* sogros *m/pl*; **~mutter** *f* sogra; **~sohn** *m* genro; **~tochter** *f* nora; **~vater** *m* sogro
Schwiele *f* calo *m*
schwierig difícil; **≈keit** *f* dificuldade
Schwimm|bad *n* piscina *f*; **≈en** nadar; (*passiv*) boiar, flutuar; **~er** *m* nadador; *Tech* flutuador; **~weste** *f* colete *m* salva-vidas
Schwindel *m* vertigem *f*; (*Betrug*) engano, embuste; **≈erregend** vertiginoso; **≈ig: ~ sein** ter tonturas
schwind|en diminuir; desvanecer; **≈ler** *m* aldrabão; **≈sucht** *f* tísica
schwing|en agitar; vibrar; **≈schleifer** *m* lixadeira *f* oscilante
Schwitze *f Kochk* refogado *m*; **≈n** transpirar, suar
schwören jurar
schwul F maricas
schwül abafado
Schwüle *f* calor *m* sufocante
Schwule(r) *m* F maricas, bicha *f*; *bras* puto
Schwung *m* ímpeto; impulso
Schwur *m* juramento; **~gericht** *n* jurados *m/pl*
Science-fiction *f* ficção científica
sechseckig hexagonal
See 1. *m* lago; **2.** *f* mar *m*; ***auf offener ~*** em alto mar; **~bad** *n* praia *f*; **~fahrt** *f* navegação; **~gang** *m* ondulação *f*; marulho; **~hund** *m* foca *f*; **~igel** *m* ouriço-do-mar; **~karte** *f* mapa *m* (náutico); **≈krank** enjoado
Seel|e *f* alma; **≈isch** psíquico
See|mann *m* marinheiro; **~meile** *f* milha marítima; **~not** *f* perigo *m* de naufrágio; **~pferdchen** *n* cavalo-marinho *m*; **~reise** *f* viagem marítima; **~rose** *f* nenúfar *m*; **~stern** *m* estrela-do-mar *f*; **≈tüchtig** em condições de navegar; **~weg** *m*: ***auf dem ~*** por via marítima
Segel *n* vela *f*; **~boot** *n* barco *m* a vela; **~fliegen** *n* voo *m* planado; **~flugzeug** *n* plana-

dor *m*; **2n** velejar; **~schiff** *n* veleiro *m*; **~tuch** *n* lona *f*
Segen *m* bênção *f*; **2sreich** abençoado
segnen abençoar
sehen ver; olhar; **2swürdigkeit** *f* monumento *m*; curiosidade
Sehn|e *f* corda; *Anat* tendão *m*; **2en:** ***sich ~*** ter saudades (***nach*** de); ansiar (***nach*** por); **~sucht** *f* saudade; **2süchtig** ansioso
sehr muito; ***so ~*** tanto; ***so ~ auch*** por mais que (*subj*)
seicht baixo; *fig* superficial
Seide *f* seda; **~l** *m* caneca *f*
Seife *f* sabão *m*; (*fein*) sabonete *m*; **~nblase** *f* bola de sabão; **~npulver** *n* sabão *m* em pó
Seil *n* corda *f*; cabo *m*; **~bahn** *f* teleférico *m*; **~tänzer** *m* funâmbulo
sein *v/i* (*dauernd*) ser; (*vorübergehend*) estar; **2** *n* ser *m*, existência *f*
sein *pron* (o) seu; **~e** (a) sua
seiner|seits por sua vez; **~zeit** naquele tempo
seit desde; há; **~dem** desde então
Seite *f* lado *m*; (*Buch*) página
Seiten|ansicht *f* perfil *m*; **~flügel** *m* ala *f* lateral; **~gebäude** *n* anexo *m*; **~sprung** *m* escorregadela *f*, escapada *f*; **~straße** *f* travessa
seitlich lateral
Sekre|tär *m* secretário; **~tariat** *n* secretaria(do *m*) *f*
Sekt *m* champanhe; **~e** *f* seita; **~glas** *n* taça *f*
Sekunde *f* segundo *m*
selb|er, ~st mesmo, próprio; ***von ~*** por si (mesmo); **~ständig** independente
Selbst|achtung *f* dignidade; **~bedienung** *f* auto-serviço *m*, self-service *m engl*; **~beherrschung** *f* auto-domínio *m*; **~bestimmungsrecht** *n* direito *m* a autonomia; **2bewußt** consciente de si (próprio); **~bildnis** *n* auto-retrato *m*; **2gemacht** caseiro; feito em casa; **~gespräch** *n* monólogo *m*; **~kostenpreis** *m* preço do custo; **2los** altruísta; **~mord** *m* suicídio; **2sicher** seguro de si; **2tätig** automático; **~versorgung** *f* auto-abastecimento *m*; **2verständlich** natural; *adv* evidentemente; **~verteidigung** *f* autodefesa; **~vertrauen** *n* confiança *f* em si mesmo; **~verwaltung** *f* autonomia administrativa
Sellerie *m od f* aipo *m*
selten raro; *adv* raras vezes; **2heit** *f* raridade
seltsam estranho
Semester *n* semestre *m*
Seminar *n* seminário *m*
Semmel *f* pãozinho *m*
Senat *m* senado; **~or** *m* senador
send|en mandar; *TV* emitir, transmitir; **2er** *m* emissora *f*;

2ezeit *f* tempo *m* de antena; **2ung** *f* remessa; *TV* emissão, transmissão

Senf *m* mostarda *f*

Senior *m* sénior

senk|en baixar; diminuir; **2fuß** *m* pé chato; **~recht** vertical; **2ung** *f* descida; *Geol* abaixamento *m*

Sensation *f* sensação

Sense *f* gadanha

September *m* Setembro

Serenade *f* serenata

Serie *f* série; ***in ~*** em série; **~nausstattung** *f* equipamento *m* de série; **~nfertigung** *f* fabricação em série

Serum *n* soro *m*

Service 1. *n* serviço *m*; **2.** *m Tech* serviço (pós-venda); **2freundlich** de fácil manutenção; **~werkstatt** *f* estação de serviço

servieren servir (à mesa)

Serviette *f* guardanapo *m*

Servo|bremse *f Kfz* servo-freio *m*; **~lenkung** *f Kfz* dire(c)ção assistida

Sessel *m* poltrona *f*; maple *engl*; **~lift** *m* cadeira *f* teleférica

setz|en pôr, meter; ***sich ~*** sentar-se; **2er** *m* tipógrafo

Seuche *f* epidemia; **~nherd** *m* foco de contágio

seufz|en suspirar; **2er** *m* suspiro

Sex *m* sexo; **2uell** sexual

Shampoo *n* champô *m*

Sibirien *n* Sibéria *f*

sich se; *nach prp* si

Sichel *f* foicinha

sicher seguro; certo; **2heit** *f* segurança; **2heitsgurt** *m* cinto de segurança (***anlegen*** apertar); **~heitsrat** *m* (*UNO*) Conselho de Segurança; **~heitsvorkehrung** *f* medida de precaução; **~lich** certamente; **~n** garantir; (as)segurar; **2ung** *f* segurança; *El* fusível *m*

Sicht *f* vista; (*Wetter*) visibilidade; ***auf lange ~*** a longo prazo; **2bar** visível; **~barkeit** *f* visibilidade; **2en** classificar; **~weite** *f* alcance *m* visual

sickern infiltrar-se

sie ela; *pl* elas, eles; (*tonlos*) a; as; os; **2** o(s) Senhor(es); a(s) Senhora(s)

Sieb *n* crivo *m*; peneira *f*; passador *m*

siede|n ferver; **2punkt** *m* ponto de ebulição

Siedl|er *m* colono; **~ung** *f* colónia; (*Arbeiter2*) bairro *m* económico

Sieg *m* vitória *f*

Siegel *n* selo *m*; **2n** selar

sieg|en vencer; **2er** *m* vencedor; **~reich** vitorioso

Sign|al *n* sinal *m*; **~ierstift** *m* marcador

Silbe *f* sílaba

Silber *n* prata *f*; **2haltig** argentífero; **~hochzeit** *f* bodas *f|pl* de prata; **2n** de prata; **~papier** *n* papel *m* de estanho

Silhuette *f* silhueta
Silo *n* silo *m*
Sims *m od n* cornija *f*
simultan simultâneo
sing|en cantar; **≗vogel** *m* ave *f* cantora
sinken descer; diminuir; (*Schiff*) afundar-se
Sinn *m* sentido; (*Bedeutung*) significado; **~bild** *n* símbolo *m*; **≗en** meditar; **~estäuschung** *f* alucinação; **~lichkeit** *f* sensualidade; **≗los** absurdo; **~losigkeit** *f* absurdo *m*; **≗voll** razoável
Sippe *f* clã *m*
Sirene *f* sereia
Sirup *m* xarope
Sitte *f* costume *m*
sittlich moral
Situation *f* situação
Sitz *m* lugar; (*Sitzgelegenheit*) assento; (*Kleidung*) feitio; *fig* sede *f*; **~bank** *f* (*Motorrad*) selim *m*; **≗en** estar sentado; **≗enbleiben** F (*Schule*) chumbar; **~platz** *m* lugar sentado; **~ung** *f* sessão
Skala *f* escala
Skandal *m* escândalo
Skateboard *n engl* skate *m*
Skelett *n* esqueleto *m*
Skep|tiker *m*; **≗tisch** cé(p)tico
Ski *m* esqui (***laufen*** fazer)
Skinhead *m* cabeça-rapada
Skizze *f* esboço *m*
Sklave *m* escravo; **~rei** *f* escravidão
Slip *m* slip *engl*
Smaragd *m* esmeralda *f*
so assim; **~ *groß*** tão grande; **~ *sehr*** tanto; **~ *daß*** de modo que; **~ ... *wie*** (*Vergleich*) tão (*od* tal) ... como; **~bald** logo que (*subj*)
Söckchen *n* peuguete *f*
Socke *f* peúga; meia
Sodbrennen *n* azia *f*
soeben agora mesmo
Sofa *n* sofá *m*
so|fern contanto que (*subj*); **~fort** imediatamente; **~fortig** imediato; pronto
Software *f Inform* software *m engl*
sogar até, mesmo
Sohle *f* sola
Sohn *m* filho
solange enquanto
Solarzelle *f* célula solar
solch tal; **~erart** de tal modo
Soldat *m* soldado
Söldner *m* mercenário
Solidarität *f* solidariedade
Soll *n* débito *m*; valor *m* nominal; **≗en** dever
Sommer *m* verão; **≗lich** estival; **~schlußverkauf** *m* saldo de verão; **~sprosse** *f* sarda; **~zeit** *f* hora de verão
Sonder|ausgabe *f Typ* edição especial (*bras* extra); **~angebot** *n Hdl* oferta *f* especial; promoção *f*; **≗bar** estranho; **≗n** senão; **~stellung** *f* posição privilegiada; **~zug** *m* comboio (*bras* trem) especial

sondier|en sondar; **2ung** *f* sondagem
Sonnabend *m* sábado; **2s** aos sábados
Sonne *f* sol *m*
sonnen: ***sich ~*** tomar sol, bronzear-se
Sonnen|aufgang *m* nascer do sol; **~brand** *m* queimadura *f* do sol; **~blume** *f* girassol *m*; **~brille** *f* óculos *m/pl* escuros; **~dach** *n* marquise *f*; **~energie** *f* energia solar; **~finsternis** *f* eclipse *m* solar; **~schein** *m* (luz *f* do) sol; **~schirm** *m* guarda-sol; **~stich** *m* insolação *f*; **~uhr** *f* relógio *m* solar; **~untergang** *m* pôr-do-sol; **~wende** *f* solstício *m*
sonn|ig soalheiro; **2tag** *m* domingo; **~tags** aos domingos
sonst senão; (*früher*) anteriormente
sooft sempre que (*subj*)
Sorge *f* cuidado *m*; preocupação; **2n** cuidar (***für*** de); ***sich ~*** preocupar-se (***um*** com)
sorg|fältig cuidadoso; **~los** despreocupado
Sort|e *f* qualidade, espécie; **2ieren** classificar; **~ierung** *f* *Inform* triagem; **~iment** *n* sortido *m*
Soße *f* molho *m*
souverän soberano; **2ität** *f* soberania
so|viel tanto; **~wieso** em todo o caso
sowohl: ***~ ... als auch*** tanto ... como
sozial social; **2abgaben** *pl* encargos *m/pl* sociais; **2amt** *n* serviços *m/pl* de assistência social; **2demokrat** *m* social-democrata; **~demokratisch** social-democrático; **2helfer** *m* assistente social; **2hilfe** *f* assistência social; **2ist** *m* socialista; **2versicherung** *f* seguro *m* social
Soziologie *f* sociologia
sozusagen por assim dizer
Spachtel *m* espátula *f*; **~masse** *f* massa de betume
Spaghetti *pl* esparguete *m*
spähen espreitar; espiar
Spalt|e *f* fenda; *Typ* coluna; **2en** fender; *fig* separar; **~material** *n* *Phys* material *m* físsil; **~ung** *f* separação; *Phys* fissão
Span *m* apara *f*, cavaco; **~ge** *f* (*Schmuck*) fivela; **~ferkel** *n* leitão *m*
Spani|en *n* Espanha *f*; **~er** *m*, **2sch** espanhol; **2sche** *n* espanhol *m*, castelhano *m*
Spann|beton *m* betão pré-esforçado; **2en** esticar, tender; **2end** palpitante; **~ung** *f* tensão; *El* voltagem; (*Erwartung*) interesse *m*; (*z. B. Film*) suspense *m engl*; **~weite** *f* envergadura (*a fig*)
Spar|buch *n* caderneta *f* de depósitos; **~einlage** *f* depósito *m* bancário; **2en**

poupar, fazer economias; **~er** *m* titular da conta
Spargel *m* espargo
Spar|kasse *f* caixa económica; **~konto** *n* conta *f* de poupança; **~kurs** *m Pol* austeridade *f*; **&sam** económico; **~samkeit** *f* economia
Spaß *m* brincadeira *f*; **&en** brincar; **&ig** engraçado
spät *adv* tarde; (*zu*) atrasado; (*langwierig*) demorado
Spaten *m* pá *f*
spätestens o mais tardar
Spätverkaufsstelle *f* loja de conveniência
Spatz *m* pardal
spazieren; ~fahren; ~gehen dar um passeio
Spaziergang *m* passeio
Specht *m* pica-pau
Speck *m* toucinho
Spedit|eur *m* despachante; *bras* agente de transportes; **~ion** *f* expedição, despacho *m*
Speer *m* dardo
Speiche *f* raio *m*
Speiche|l *m* saliva *f*; **~r** *m* armazém; (*Korn*) celeiro; *Inform* memória *f*; **~rkapazität** *f Inform* capacidade de armazenamento; **&rn** arquivar, armazenar
Speise *f* comida; **~kammer** *f* despensa; **~karte** *f* ementa, lista; *bras* cardápio *m*; **&n** comer; **~röhre** *f* esófago *m*; **~saal** *m* sala *f* de jantar; **~wagen** *m* vagão-restaurante
Spende *f* donativo *m*; **&n** dar; doar; **~r** *m* d(o)ador
Sperling *m* pardal
Sperre *f* barreira; *Tech* bloqueio *m*; (*Verbot*) interdição; **&n** fechar, bloquear; cortar; (*Straße*) vedar ao trânsito; *Hdl* cancelar
Sperr|gebiet *n* zona *f* interdita; **~holz** *n* contraplacado *m*; **~ung** *f* bloqueio *m*; (*Straße*) impedimento *m*
Spesen *pl* ajudas *f*/*pl* de custo
Spezi|alist *m* especialista; **~alität** *f* especialidade; **&ell** especial; **&fisch** específico
Spickzettel *m* F chicha *f*
Spiegel *m* espelho; (*Wasser*) nível; **~bild** *n* reflexo *m*; **~ei** *n* ovo *m* estrelado; **&glatt** como um espelho; **&n** refle(c)tir; brilhar; **~reflexkamera** *f* câmara reflex; **~ung** *f* reflexo *m*
Spiel *n* jogo *m*; *Tech* folga *f*; **&en** jogar; (*Kinderspiele*) brincar (a); *Mus* tocar; **~er** *m* jogador; **~feld** *n* campo *m* de jogo(s); **~karte** *f* carta de jogo; **~marke** *f* ficha; **~plan** *m* repertório; **~platz** *m* parque infantil; **~raum** *m fig* margem *f*; **~verderber** *m* desmancha-prazeres; **~zeug** *n* brinquedo *m*
Spieß *m* lança *f*; *Kochk* espeto; **~bürger** *m* pequeno burguês; provinciano

Spill *n* cabrestante *m*
Spinat *m* espinafre
Spinn|e *f* aranha; **&en** fiar; F não regular bem; **~(en)gewebe** *n* teia *f* de aranha
Spion *m* espião; **~age** *f* espionagem; **&ieren** espiar, fazer espionagem
Spirale *f* espiral
Spiritu|osen *pl* bebidas *f/pl* alcoólicas; **~s** *m* álcool
spitz agudo
Spitz|bogen *m* ogiva *f*; **~e** *f* ponta; (*Berg*) pico *m*; *fig* topo *m*; **~el** *m* denunciante; F bufo; **~enbelastung** *f Tech* carga máxima; **~enleistung** *f* recorde *m*; *Tech* rendimento *m* máximo; **~entechnologie** *f* tecnologia de ponta; **~name** *m* alcunha *f*
Splitter *m* estilhaço; (*Holz, Stein*) lasca *f*
Spoiler *m* spoiler *engl*
spontan espontâneo; **~eität** *f* espontaneidade
Sport *m* desporto; *bras* esporte; **~flugzeug** *n* avião *m* desportivo; **~ler** *m* (d)esportista; **&lich** (d)esportivo; **~platz** *m* campo de desportos (*bras* de esporte)
Spott *m* troça *f*; escárnio; **&billig** F baratíssimo; **&en** fazer troça (*über* de)
spöttisch trocista
Sprache *f* língua; (*Ausdrucksweise*) linguagem
sprach|los: ~ *sein* ficar pasmado (*od* de boca aberta); **&rohr** *n fig* porta-voz *m*; **&wissenschaft** *f* linguística
Spray *m od n* aerossol *m*, spray *m engl*
sprech|en falar; **&er** *m* orador; (*Beauftragter*) porta-voz; (*Radio*) locutor; **&funk** *m* radiofonia *f*; **&stunde** *f* horas *f/pl* de consulta; **&stundenhilfe** *f* enfermeira-assistente; **&zimmer** *n* consultório *m*
sprengen dinamitar; rebentar; (*Wasser*) regar
Spreng|satz *m* carga *f* explosiva; **~stoff** *m* explosivo; **~ung** *f* detonação
Sprichwort *n* provérbio *m*
sprießen brotar, nascer
Spring|brunnen *m* repuxo; **&en** saltar; **~flut** *f* maré viva
Spritz|e *f Med* seringa; (*Injektion*) inje(c)ção; **~pistole** *f* pulverizador *m*
spröde frágil, quebradiço; (*rauh*) áspero; *fig* arisco
Sproß *m* rebento; *fig* descendente
Sprosse *f* degrau *m*
Spruch *m* sentença *f*; (*Sinn&*) dito; **~band** *n* letreiro *m*
Sprudel *m* (água *f*) gasosa *f*; **&n** borbulhar; (*Getränk*) espumar
sprüh|en faiscar; **&regen** *m* chuvisco
Sprung *m* salto; (*Riß*) fenda *f*; **~brett** *n* trampolim *m*; **~feder** *f* mola helicoidal; **~federmatratze** *f* colchão *m* de

molas; **~schanze** *f* pista de saltos
Spuck|e *f* cuspo *m*; **2en** cuspir
Spule *f* bobina; *Fot* rolo *m*
spülen enxaguar; lavar; ***den Mund ~*** bochechar
Spülung *f* lavagem; (*WC*) autoclismo *m*
Spur *f* vestígio *m*; (*Fährte*) pista; (*Straße*) faixa, mão
spür|bar sensível; **~en** sentir
Spur|enelement *n* oligoelemento *m*; **2los** sem deixar rasto; **~weite** *f Kfz* via; *Esb* bitola
Staat *m* Estado; **2enlos** apátrida; **2lich** estatal; público; *bras* estadual
Staats|angehörigkeit *f* nacionalidade; **~anwalt** *m* procurador da República; **~bürger** *m* cidadão; **~bürgerschaft** *f* cidadania; **~examen** *n* licenciatura *f*; **~haushalt** *m* orçamento do Estado; **~kasse** *f* erário *m* (do Estado); **~mann** *m* estadista; **~oberhaupt** *n* chefe *m* de Estado; **~recht** *n* direito *m* público; **~streich** *m* golpe de Estado
Stab *m* bastão; (*Metall*) barra *f*; *Mil* estado-maior; **~hochsprung** *m* salto à vara (em altura)
Stäbchen *n* vareta *f*
stabil estável; seguro; **~isieren** estabilizar
Stachel *m* pico; *Bot*, *Zo* espinho; **~beere** *f* uva-espim; **~draht** *m* arame farpado; **2ig** espinhoso; **~schwein** *n* porco-espinho *m*
Stadi|on *n* estádio *m*; **~um** *n* fase *f*; estado *m*
Stadt *f* cidade
Städt|ebau *m* urbanismo; **2isch** urbano; municipal
Stadt|mauer *f* muralha; **~plan** *m* planta *f* da cidade; **~rand** *m* periferia *f* da cidade; **~teil** *m* bairro; **~verwaltung** *f* serviços *m/pl* municipais; câmara; **~zyklus** *m Kfz* ciclo urbano
staffeln escalonar
Stahl *m* aço; **~beton** *m* betão (*bras* concreto) armado; **~gürtelreifen** *m* pneu de cinta de aço; *bras* radial de aço
Stall *m* estábulo
Stamm *m* tronco; (*Volk*) tribo *f*; (*Geschlecht*) linhagem *f*; **~baum** *m* árvore *f* genealógica
stammeln balbuciar
stamm|en ser natural (***aus*** de); descender (***von*** de); **2gast** *m* freguês habitual; **2halter** *m* primogénito; **2kundschaft** *f* clientela
stampfen calcar, bater
Stand *m* posto; (*Klasse*) classe *f*; (*Rang*) categoria *f*; *Tech* nível
Standard *m* norma *f*, estandard; **~isieren** estandardizar

Standbild *n* estátua *f*; *TV* imagem *f* parada
Ständer *m* suporte; (*Gestell*) cavalete
Standes|amt *n* registo *m* civil; **≗gemäß** conforme a categoria
stand|fest firme; **~haft** constante; **≗haftigkeit** *f* constância; **~halten** resistir (a)
ständig permanente
Stand|licht *n* mínimos *m/pl*; **~ort** *m* posição *f*; **~punkt** *m* ponto de vista
Stange *f* vara; (*Metall≗*) barra
Stapel *m* *Hdl* depósito; (*Holz*, *a Inform*) pilha *f*; **~lauf** *m* lançamento à água; **≗n** empilhar, amontoar
Star *m* estorninho; (*Künstler*) estrela, vedeta
stark forte, intenso
Stärk|e *f* força; intensidade; (*starke Seite*) forte *m*; *Tech* potência; *Chem* amido *m*; (*Wäsche*) goma; **≗en** fortalecer; reforçar
Starkstrom *m* corrente *f* de alta intensidade
Stärkung *f* fortalecimento *m*; **~smittel** *n* *Med* tónico *m*
starr rígido; teso; (*Blick*) fixo; **~en** fitar (***auf*** em)
Start *m* partida *f*; *Tech* arranque; *Flgw* descolagem *f*; **~bahn** *f* pista de descolagem; **≗en** partir (***nach*** para); *Kfz* arrancar; *Flgw* descolar, levantar voo; **~hilfe**(**kabel** *n*) *f* cabos *m/pl* SOS; **~rampe** *f* rampa de lançamento; **~schuß** *m* sinal de partida
Station *f* estação; *Med* enfermaria; **≗är** estacionário; **≗ieren** estacionar
stat|isch estático; **≗ist** *m* figurante; **≗istik** *f* estatística; **≗iv** *n* tripé *m*
statt em vez de; **~finden** ter lugar; **~haft** lícito; **~lich** imponente
Statue *f* estátua
Status *f* estado
Statut *n* estatuto *m*
Stau *m* engarrafamento
Staub *m* pó; **≗en** fazer pó; **≗ig** cheio de pó; poeirento; **~sauger** *m* aspirador
Stau|damm *m* barragem *f*; **≗en** *Mar* estivar; (*Wasser*) represar
staunen admirar-se (***über*** de); **≗** *n* admiração *f*
Stau|see *m* albufeira *f*; represa *f*; **~ung** *f* *Med* congestão; (*Verkehr*) congestionamento *m*
Steak *n* bife *m* (***gut / nicht durchgebraten*** bem/mal passado); **~fleisch** *n* febra *f*
stech|en picar; **~end** (*Schmerz*) agudo; (*Blick*) duro; **≗fliege** *f* moscardo *m*
Steck|brief *m* mandado de captura; **~dose** *f* tomada; **≗en** pôr; meter; *Tech* encaixar; **≗enbleiben** atolar-se; (*beim Sprechen*) atrapalhar-se; **~er** *m* ficha *f*, *bras*

plugue; **~karte** *f Inform* placa; **~nadel** *f* alfinete *m*; **~platz** *m Inform* slot *engl*; **~schlüssel** *m* chave *f* tubular

Steg *m* prancha *f*

steh|en estar em pé; (*Kleid*) *gut* ~ cair bem, ficar bem; (*Uhr*) estar parado; **~enbleiben** ficar parado; parar; **~enlassen** deixar; **2lampe** *f* candeeiro *m* de pé; **2leiter** *f* escadote *m*

stehlen roubar, furtar

Stehplatz *m* lugar de pé

steif rígido; teso; *fig* cerimonioso

Steig|bügel *m* estribo; **2en** subir; **2end** *fig* crescente; **2ern** aumentar; **~erung** *f* aumento *m*; **~ung** *f* subida

steil íngreme; **2küste** *f* costa de falésia; **2ufer** *n* ribanceira *f*

Stein *m* pedra *f*; (*Ziegel*) tijolo; (*Obst*) caroço; **~bock** *m* (*Sternbild*) Capricórnio; **~bruch** *m* pedreira *f*; **~gut** *n* faiança *f*; **2ig** pedregoso; **~kohle** *f* hulha; **~schlag** *m* desabamento de pedras; **~zeit** *f* idade da pedra

Stell|e *f* lugar *m*; (*Amt*) cargo *m*; (*Anstellung*) emprego *m*; (*Buch*) passagem; ***freie*** ~ vacância; **2en** meter, colocar, pôr; (*Uhr*) acertar; **~enangebote** *n/pl* ofertas *f/pl*; **~engesuche** *n/pl* pedidos *m/pl*; **~envermittlung** *f* agência de colocações; recrutamento *m*; **2enweise** parcialmente, em parte; **~ung** *f* posição; (*Amt*) posto *m*; **~ungnahme** *f* declaração; **2vertretend** vice-, adjunto; **~vertreter** *m* substituto; representante

Stelzen *f/pl* andas

Stemm|eisen *n* escopro *m*; **2en** fincar; (*Löcher*) abrir

Stempel *m* carimbo; selo; *Tech* pilão; **2n** carimbar

Stengel *m* talo; caule

steno|graphieren estenografar; **2typistin** *f* estenoda(c)tilógrafa

Steppdecke *f* edredão *m*

Sterbe|fall *m* falecimento; **2n** morrer (***an*** de); **~urkunde** *f* certidão de óbito

sterblich mortal; **2keit** *f* mortalidade

Stereo|anlage *f* aparelhagem (de som); **~phonie** *f* estereofonia

Sterilisation *f* esterilização

Stern *m* estrela *f*; **~bild** *n* constelação *f*; **~schnuppe** *f* estrela cadente; **~warte** *f* observatório *m* astronómico

stet|ig contínuo; **2igkeit** *f* continuidade; **~s** sempre

Steuer 1. *n Mar, Flgw* leme *m*; *Kfz* volante *m*; **2.** *f* imposto *m*; contribuição; **~berater** *m* consultor fiscal; **~bord** *n* estibordo *m*; **~erklärung** *f* declaração de rendimentos; **2frei** isento de impostos;

~hinterziehung *f* fraude *m* fiscal; **~mann** *m* piloto; **≈n** dirigir; (*Auto*) conduzir; *Inform* controlar; **≈pflichtig** sujeito a impostos; **~zahler** *m* contribuinte; **~zeichen** *n* *Inform* sinal *m* de comando

Steward *m* assistente de bordo; **~eß** *f* hospedeira; *bras* aeromoça

Stich *m* picada *f*; *Med* pontada *f*; (*Kartenspiel*) vaza *f*; (*Naht*) ponto; ***im ~ lassen*** abandonar; **≈haltig** plausível; **~ling** *m* carapau; **~probe** *f* prova de amostra; **~wort** *n* apontamento *m*; *Thea* deixa *f*

stick|en bordar; **≈er** *m engl* autocolante; **≈erei** *f* bordado *m*; **≈stoff** *m* nitrogénio

Stiefbruder *m* meio-irmão

Stiefel *m* bota *f*

Stief|mutter *f* madrasta; **~sohn** *m* enteado; **~tochter** *f* enteada; **~vater** *m* padrasto

Stiel *m* cabo; *Bot* talo

Stier *m* touro; (*Sternbild*) Tauro; **≈en** fitar; **~kampf** *m* tourada *f*, corrida *f* de touros

Stift *m* (*Nagel*) prego; (*Schreiber*) lápis; *Tech* pino; F (*Bengel*) puto; **≈en** fundar; **~er** *m* fundador; **~ung** *f* fundação; **~zahn** *m* pivó

Stil *m* estilo

still quieto, sossegado; **≈e** *f* calma; silêncio *m*

still|egen abandonar; **~en** (*Durst*) matar; (*Kind*) amamentar; **~halten** *fig* aguentar; **≈schweigen** *n* silêncio *m*; **~schweigen** calar-se; **≈stand** *m* pausa *f*; (*Produktion*) suspensão *f*; *Tech* parada *f*; **~stehen** parar

stimm|berechtigt com direito a voto; **≈bruch** *m* mudança *f* da voz; **≈e** *f* voz; *Pol* voto *m*; **~en** votar (***für*** em); (*Instrument*) afinar; **≈enthaltung** *f* abstenção; **≈recht** *n* voto *m*; **≈ung** *f fig* disposição; humor *m*; atmosfera; **≈zettel** *m* voto

stinken cheirar mal, feder; **~d** fedorento

Stipendi|at *m* bolseiro; *bras* bolsista; **~um** *n* bolsa *f*

Stirn *f* testa

stochern (*Zähne*) palitar; (*Feuer*) atiçar *allg* remexer

Stock *m* pau; (*Spazier≈*) bengala *f*; (*Haus*) andar

stock|en interromper-se; (*Verkehr*) congestionar-se; **~finster** escuro como breu; **≈fisch** *m* bacalhau; **≈werk** *n* andar *m*, piso *m*

Stoff *m* tecido; fazenda *f*; pano; *allg* matéria *f*; material; **~wechsel** *m* metabolismo

stöhnen gemer

stolpern tropeçar (***über*** em)

stolz orgulhoso; **≈** *m* orgulho

stopfen meter (***in*** *acc* em); (*füllen*) encher; (*Pfeife*) carregar; (*Strumpf*) remendar

stopp|en parar (*Zeit*) crono-

metrar; **≗uhr** *f* cronómetro *m*
Stöpsel *m* rolha *f*; tampa *f*
Storch *m* cegonha *f*
stör|anfällig defectível; **~en** perturbar; incomodar
stornieren estornar, anular
störrisch teimoso
Störung *f* perturbação; avaria; (*Unannehmlichkeit*) transtorno *m*
Stoß *m* golpe; choque; encontrão; (*Stapel*) maço, monte; **~dämpfer** *m* amortecedor; **≗en** empurrar; (*gegen*) dar contra; **≗fest** à prova de choques; **~stange** *f* pára-choques *m*
stottern gaguejar
Straf|anstalt *f* prisão; **~anzeige** *f* denúncia; **≗bar** punível; **~e** *f* castigo *m*; (*Geld*) multa; *jur* pena; **≗en** punir; (*Kind*) castigar; **~erlaß** *m* a(m)nistia *f*
straff esticado; liso; *fig* rigoroso; **~en** esticar
Straf|gesetzbuch *n* código *m* penal; **~mündigkeit** *f* responsabilidade penal; **~prozeß** *m* processo criminal; **~recht** *n* direito *m* penal; **~stoß** *m* penálti
Strahl *m* raio; (*Wasser*) ja(c)to; **≗en** irradiar; brilhar; *fig* estar radiante; **≗end** radiante (***vor*** de); **~er** *m* (*Lampe*) proje(c)tor; **~ung** *f* radiação
Strähne *f* madeixa
stramm teso
Strampel|anzug *m* fato de bebé; **≗n** espernear
Strand *m* praia *f*; **≗en** encalhar; **~korb** *m* cadeira *f* de praia
Strang *m* corda *f*; **≗ulieren** estrangular
Strapaz|e *f* estafa; **≗ieren** estafar, cansar; **≗iös** cansativo
Straße *f* rua; (*Land≗*) estrada
Straßen|bahn *f* eléctrico *m*; *bras* bonde *m*; **~café** *n* esplanada *f*; **~hobel** *m* niveladora *f*; **~kehrmaschine** *f* vassoura mecânica; **~laterne** *f* candeeiro *m*, *bras* combustor *m*; **~verkehr** *m* trânsito; tráfego; **~verkehrsordnung** *f* código *m* da estrada
Strategie *f* estratégia
sträuben: ***sich ~*** *fig* opor-se (***gegen*** a)
Strauch *m* arbusto
Strauß *m* ramo (de flores); (*Vogel*) avestruz
streben aspirar (***nach*** a)
strebsam ambicioso; **≗keit** *f* zelo *m*
Strecke *f* distância; (*Abschnitt*) troço *m*; (*Route*) traje(c)to *m*; *Esb* linha; **≗n** estender; alongar; **~nnetz** *n* rede *f* ferroviária
Streich *m* partida *f* (***spielen*** pregar)
streicheln acariciar
streichen (*Wand*) pintar; (*Brot*) barrar; (*aus~*) riscar; (*z.B. Flug*) cancelar, anular

Streich|holz *n* fósforo *m*; **~holzschachtel** *f* caixa de fósforos; **~instrument** *n* instrumento *m* de cordas; **~quartett** *n* quarteto *m* de cordas; **~ung** *f* cancelamento *m*, anulação
Streif|e *f* patrulha; **~en** *m* tira *f*; risca *f*; **≈en** (*et*) roçar; **~enwagen** *m* carro-patrulha
Streik *m* greve *f* (***brechen*** furar); **≈en** fazer greve
Streit *m* conflito; F zanga *f*, rixa *f*; *jur* questão *f*; **≈en** disputar; (*tätlich*) brigar (***um, über*** por); **~kräfte** *f/pl* forças armadas; **≈süchtig** quezilento
streng severo; rigoroso; **≈e** *f* severidade; rigor *m*; **~genommen** em rigor; **~gläubig** ortodoxo
streuen espalhar
streunen vaguear
Strich *m* traço, risco; **~kode** *m* código de barras
Strick *m* corda *f*; **≈en** fazer malha, tricotar; **~jacke** *f* casaco *m* de malha; **~leiter** *f* escada de corda; **~waren** *pl* malhas *f/pl*
strikt estrito; rigoroso
Stroh *n* palha *f*; **≈blond** ruço; **~dach** *n* telhado *m* de colmo; **~halm** *m* palhinha *f*; **~hut** *m* chapéu de palha; **~mann** *m* testa-de-ferro *m*
Strolch *m* vadio
Strom *m* corrente *f*; (*Fluß*) caudal; *fig* torrente *f*; **~abnehmer** *m* (*Person*) consumidor; *El* trólei; **~abschaltung** *f* corte *m* de energia; **≈abwärts** rio abaixo; **≈aufwärts** rio acima
strömen correr; fluir; **~d** torrencial
Strom|erzeuger *m* gerador; **~kreis** *m* circuito; **~linienform** *f* forma aerodinâmica; **~schnelle** *f* rápido *m*; **~stärke** *f* amperagem
Strömung *f* corrente; *Phys* fluxo *m*
Stromverbrauch *m* consumo de energia (elé[c]trica)
Strophe *f* estrofe
Strudel *m* remoinho
Struktur *f* estrutura
Strumpf *m* meia *f*; (*Herren*) peúga *f*; **~hosen** *f/pl* collant *m fr*, meias-calças
Stube *f* quarto *m*
Stuck *m* estuque
Stück *n* (*ganzes*) peça *f*; (*Teil*) pedaço *m*; (*Gepäck*) volume *m*; **~gut** *n* carga *f* diversa
Student *m* estudante (universitário); **~enwohnheim** *n* residência *f* universitária, lar *m* (universitário)
Studie *f* estudo *m*; **~nrat** *m* professor efectivo (de liceu)
studieren estudar
Studium *n* estudo *m*
Stufe *f* degrau *m*; (*Abstufung*) escalão *m*; *fig* grau *m*; **≈enlos** contínuo; *Tech* não-escalonado; **≈nweise** gradualmente

Stuhl *m* cadeira *f*; ***der Heilige* ~** a Santa Sé; **~gang** *m* evacuação *f*; (*Ergebnis*) fezes *f/pl*
stumm mudo
Stummel *m* coto; (*Zigarre*) ponta *f*
stumpf embotado, rombo; **≗** *m* tronco, cepo; (*Bein*) coto; **~sinnig** estúpido
Stunde *f* hora; (*Unterricht*) aula; **~nkilometer** *m* quilómetro por hora; **≗nlang** horas a fio; **~nlohn** *m* salário por hora; **~nplan** *m* horário
stündlich de hora em hora
Stundung *f* prorrogação
Stunk *m* F bronca *f*
stur cabeçudo; teimoso
Sturm *m* tempestade *f*; ***~ im Wasserglas*** *fig* tempestade em copo de água
stürm|en assaltar; (*Wetter*) ***es stürmt*** há tempestade; **≗er** *m* avançado; *bras* ponteiro
Sturmflut *f* maré viva
stürmisch tempestuoso; *fig* impetuoso; turbulento
Sturz *m* queda *f*; *Pol* derrube
stürzen derribar; *v/i* cair; ***sich ~*** precipitar-se (***auf*** sobre)
Sturz|flug *m* voo picado; **~helm** *m* capacete
Stuß *m* F chatice *f*
Stute *f* égua
Stütze *f* apoio *m*, suporte *m*; **≗n** apoiar; ***sich ~ auf*** (*acc*) *fig* basear-se em
stutz|en cortar; *fig* ficar perplexo; **≗en** *m* bocal; **~ig** perplexo
Stützpunkt *m* base *f*; *Tech* ponto de apoio
Substanz *f* substância
Suche *f* procura, busca; ***auf der ~ nach*** em busca de; **~r** *m* *Fot* visor; **≗n** procurar, buscar
Sucht *f* mania
süchtig; **≗e(r)** *m* viciado
Südafrika *n* África *f* do Sul; **~ner** *m*; **≗nisch** sul-africano
Südamerika *n* América *f* do Sul; **~ner** *m*; **≗nisch** sul-americano
Süd|en *m* sul; **~früchte** *f/pl* frutas meridionais; **≗lich** meridional; **~osten** *m* sute; **~pol** *m* pólo sul; **~westen** *m* sudoeste
Sülze *f* geleia de carne
Summ|e *f* soma; **≗en** zumbir; **≗ieren** somar
Sumpf *m* pântano; **≗ig** pantanoso
Sünd|e *f* pecado *m*; **~enbock** *m* bode expiatório; **~enfall** *m* pecado original; **≗igen** pecar
Super *n* (*Benzin*) super *f*; **≗** F porreiro, fixe; *bras* legal; **~markt** *m* supermercado
Suppe *f* sopa; caldo *m*
Suppen|fleisch *n* carne *f* para cozer; **~löffel** *m* colher *f* de sopa; **~teller** *m* prato de sopa
Surf|brett *n* prancha *f* (de

surf); **⁓en** praticar o surf; **⁓en** *n* surf *m engl*; **⁓er** *m* surfista
surren zunir; vibrar
süß doce; *fig* F giro, engraçado; **⁓en** adoçar; **⁓igkeiten** *pl* doces *m/pl*; **⁓stoff** *m* sacarina *f*; **⁓wasser** *n* água *f* doce
Sweatshirt *n engl* camisola *f* de molton
Symbol *n* símbolo *m*; **⁓isch** simbólico
symmetrisch simétrico
Sympath|ie *f* simpatia **⁓isch** simpático
Symphonie *f* sinfonia
Symptom *n* sintoma *m*
synchronisieren (*Film*) dobrar
Synthese *f* síntese
Syphilis *f* sífilis
System *n* sistema *m*; **⁓atisch** sistemático
Szen|e *f* cena; ***in ⁓ setzen*** pôr em cena (*a fig*); **⁓erie** *f* cenário *m*

T

Tabak *m* tabaco; *bras* fumo; **⁓laden** *m* tabacaria *f*; *bras* charutaria *f*; **⁓mißbrauch** *m* tabagismo; **⁓spfeife** *f* cachimbo *m*
tabell|arisch tabelar; **⁓e** *f* tabela; **⁓enkalkulationsprogramm** *n Inform* folha *f* de cálculo
Tablett *n* tabuleiro *m*; bandeja *f*; **⁓e** *f* comprimido *m*; (*zum Lutschen*) pastilha
Tabu *n* tabu *m*; **⁓lator** *m* tabulador
Tachometer *m* taquímetro, *bras* tacômetro
Tadel *m* censura *f*, repreensão *f*; **⁓los** impecável; **⁓n** censurar, repreender
Tafel *f* tábua; *Tech* painel *m*; (*Tisch*) mesa; (*Schule*) quadro *m*; (*Schokolade*) barra, *bras* tablete *m*; ***die ⁓ aufheben*** levantar a mesa
Täfelung *f* lambril *m*; *bras* lambris *m*
Tag *m* dia; ***dieser ⁓e*** um dia destes
Tage|buch *n* diário *m*; **⁓lang** dias a fio; **⁓löhner** *m* jornaleiro; **⁓n** (*Tag w*) amanhecer; (*sich versammeln*) estar reunido
Tages|anbruch *m* madrugada *f*; **⁓licht** *n* luz *f* do dia; **⁓satz** *m* diária *f*; **⁓zeitung** *f* diário *m*
tageweise dia sim, dia não
täglich diário
tagsüber de dia
Tagung *f* reunião; sessão
Taille *f* cinta; cintura
Take *m od n engl* (*Film*) tomada *f*
Takt *m* compasso, cadência *f*; (*Motor*) tempo; *fig* ta(c)to; **⁓frequenz** *f Inform* frequência de clock; **⁓ik** *f*

tá(c)tica; **~losigkeit** *f* falta de ta(c)to
Tal *n* vale *m*
Talent *n* talento *m*; jeito *m*
Talkshow *f engl* debate *m* a mesa redonda
Tampon *m* tampão
Tandem *n* tandem *m*
Tanga *m* tanga
Tank *m* depósito; **Ձen** meter (*bras* botar) gasolina; **~er** *m* petroleiro; **~stelle** *f* posto *m* de gasolina; (*groß*) estação de serviço; **~verschluß** *m* *Kfz* tampão de gasolina (**ab-schließbar** com chave); **~wagen** *m* *Kfz* camião-cisterna; *Esb* vagão-cisterna
Tanne *f* abeto *m*; **~nbaum** *m* árvore *f* de Natal; **~nzapfen** *m* pinha *f*
Tante *f* tia
Tantieme *f* percentagem
Tanz *m* dança *f*; baile
Tänzer *m* dançarino
Tanz|lokal *n* boate *f*; **~musik** *f* música de dança; **~schule** *f* curso *m* de dança
Tapete *f* papel *m* de parede
tapezieren forrar (a papel)
tapfer valente; **Ձkeit** *f* valentia
Tarif *m* tarifa *f*, tabela *f*; ***nach ~*** à tabela; **~vertrag** *m* acordo cole(c)tivo de trabalho
Tarnung *f* camuflagem
Tasche *f* algibeira; bolso *m*; (*Hand*Ձ) carteira, *bras* bolsa; (*Einkaufs*Ձ, *Reise*Ձ) saco *m*, *bras* sacola
Taschen|buch *n* livro *m* de bolso; **~dieb** *m* carteirista; **~geld** *n* semanada *f*; *bras* mesada; **~kalender** *m* agenda *f*; **~krebs** *m* sapateira *f*; **~lampe** *f* lanterna de bolso; F pilha (elé[c]trica); **~messer** *n* canivete *m*; **~rechner** *m* calculadora *f* de bolso; *bras* minicalculadora; **~tuch** *n* lenço *m*
Tasse *f* chávena; xícara
Tast|atur *f* teclado *m*; **~e** *f* tecla; **Ձen** apalpar; **~entelefon** *n* telefone *m* de teclado; **~sinn** *m* ta(c)to
Tat *f* feito *m*; a(c)ção; ***in der ~*** de fa(c)to
Tät|er *m* autor; **Ձig** a(c)tivo; **~igkeit** *f* a(c)tividade
Tat|kraft *f* energia; **Ձkräftig** enérgico; **~sache** *f* fa(c)to *m*; **Ձsächlich** efe(c)tivo; *adv* de fa(c)to
Tätowierung *f* tatuagem
tätscheln acariciar
Tau 1. *n* cabo *m*; **2.** *m* orvalho
taub surdo
Taube *f* pombo *m*
Taubheit *f* surdez
taubstumm surdo-mudo
tauch|en mergulhar; **Ձer** *m* mergulhador; **Ձeranzug** *m* escafandro; **Ձsieder** *m* aquecedor de imersão
tauen descongelar, degelar
Tauf|e *f* ba(p)tismo *m*; **Ձen** ba(p)tizar
taug|en prestar; servir; **~lich** próprio; útil

Taumel *m* vertigem *f*

Tausch *m* troca *f*; câmbio; **≈en** trocar; (*Geld*) cambiar

täuschen enganar; iludir; **~d** ilusório

Täuschung *f* engano *m*; (*Einbildung*) ilusão

Tausend *n* milhar *m*; **~füßler** *m* centopeia *f*; **~stel** *n* milésima parte *f*

Tauwetter *n* degelo *m*

Tax|ameter *n* taxímetro *m*; **~e** *f* taxa; **~i** *n* (*Auto*) táxi *m*; **≈ieren** taxar, avaliar; **~ifahrer** *m* taxista; **~istand** *m* praça *f* (de táxis)

Techn|ik *f* técnica; **~iker** *m* técnico; **≈isch** técnico; **~ologie** *f* tecnologia

Tee *m* chá; **~kanne** *f* bule *m*; **~löffel** *m* colher *f* de chá

Teer *m* alcatrão; **≈en** alcatroar; **~straße** *f* estrada alcatroada

Teich *m* lagoa *f*; (*künstlich*) tanque

Teig *m* massa *f*; **~waren** *f/pl* massas alimentícias

Teil 1. *m* parte *f* (***zum*** em); **2.** *n* peça *f*; **≈bar** divisível; **~chen** *n* partícula *f*; **≈en** dividir; (*Meinung*) partilhar; (*Einzelteile*) partir; **~haber** *m* sócio; **~nahme** *f* participação; **≈nehmen** tomar parte (***an*** em); (*Veranstaltung*) assistir (***an*** a); **~nehmer** *m* participante; **~nehmerausweis** *m* crachá; **~ung** *f* divisão; **≈weise** em parte; **~zahlung** *f* pagamento *m* em prestações; **~zeitarbeit** *f* trabalho *m* em part-time

Telefax *n* telefax *m*

Telefon *n* telefone *m* (***bedienen*** atender); **~buch** *n* lista *f* telefónica; **~gespräch** *n* telefonema *m*; *bras* telefonada *f*, ligada *f*; **≈ieren** telefonar; **≈isch** telefónico; *adv* por telefone; **~karte** *f* cartão *m* credifone; **~zelle** *f* cabine telefónica

telegraf|ieren telegrafar; **~isch** telegráfico; *adv* por telegrama

Telegramm *n* telegrama *m*

Tele|kommunikation *f* telecomunicação; **~objektiv** *n* teleobje(c)tiva *f*; **~skopantenne** *f* antena telescópica; **~x** *n* telex *m*; **≈xen** telexar

Teller *m* prato (***flacher*** raso, ***tiefer*** fundo)

Tempel *m* templo

Tempera|ment *n* temperamento *m*; **≈mentlos** sossegado; **≈mentvoll** vivo; **~tur** *f* temperatura

Tempo *n* velocidade *f*; *fig* ritmo *m*; **~limit** *n* limite *m* de velocidade

Tendenz *f* tendência

Tennis *n* ténis *m*; **~platz** *m* campo de ténis; **~schläger** *m* raqueta *f*; **~schuhe** *pl* ténis *m/pl*

Teppich *m* tapete; carpete *f*; **~boden** *m* alcatifa *f*

Termin *m* prazo; (*Arzt*) hora *f*

marcada; consulta *f*; **~al** *m Inform n* terminal *m*; **2gemäß** dentro do prazo
Terpentin *n* terebintina *f*
Terrasse *f* terraço *m*
Terroris|mus *m* terrorismo; **~t** *m* terrorista
Test *m* teste; **~ament** *n* testamento *m*; **2en** testar
teuer caro; **2ung** *f* carestia; **2ungszulage** *f* subsídio *m* de inflação
Teuf|el *m* diabo; **2lisch** diabólico
Text *m* texto; **~buch** *n* livro *m* de textos; (*Film*) argumento *m*
Textilien *pl* têxteis *m/pl*
Textverarbeitung *f Inform* processamento *m* de textos
Theater *n* teatro *m*; **~stück** *n* peça *f* de teatro
Theke *f* balcão *m*
Thema *n* assunto *m*
theo|retisch teórico; **2rie** *f* teoria
Thermo|meter *n* termómetro *m*; **~sflasche** *f* termos *m*, garrafa térmica
Thron *m* trono; **~anwärter** *m* pretendente; **~folger** *m* sucessor
Thunfisch *m* atum
Thüringen *n* Turíngia *f*
Ticket *n* passagem *f*, bilhete *m*
tief (pro)fundo; (*niedrig*) baixo; **2** *n* depressão *f*; **2bau** *m* construção *f* subterrânea; **2druck** *m* baixa pressão *f*
Tief|e *f* profundidade; **~flug** *m* voo rasante; **2gekühlt** congelado; **~kühlfach** *n* congelador *m*; **~lader** *m Kfz* zorra *f*; **~land** *n* planície *f* baixa; **2sinnig** pensativo; **~stand** *m* baixo nível; depressão *f*; **~tonlautsprecher** *m* altifalante para graves
Tier *n* animal *m*; **~arzt** *m* veterinário; **~garten** *m* jardim zoológico; **2isch** animal; *fig* brutal; **~kreis** *m* zodíaco; **~schutzverein** *m* Sociedade *f* Prote(c)tora dos Animais; **~zucht** *f* criação
Tiger *m* tigre
tilg|en exterminar; (*Schuld*) amortizar; **2ung** *f* amortização
Tinte *f* tinta; **~nfisch** *m* lula *f*; choco; **~nstift** *m* lápis-tinta
tippen bater (à máquina); (*berühren*) tocar; (*wetten*) apostar (**auf** em)
Tisch *m* mesa *f* (***decken*** pôr); **~decke** *f* toalha de mesa; **~ler** *m* carpinteiro; **~platte** *f* tampo *m* (da mesa); **~rede** *f* brinde *m*; **~tennis** *n* ténis *m* de mesa; **~tuch** *n* toalha *f* de mesa; **~wein** *m* vinho de mesa
Titel *m* título; **~gestalt** *f* personagem-título; **~seite** *f* frontispício *m*
Toast *m* brinde; (*Brot*) torrada *f*; **~er** *m* torradeira
tob|en estar enfurecido; **2sucht** *f* raiva, fúria

Tochter *f* filha; **~gesellschaft** *f* sucursal
Tod *m* morte *f*; **~esanzeige** *f* participação de morte; **~esstrafe** *f* pena de morte; **Ƨkrank:** ~ ***sein*** estar à morte
tödlich mortal
Todsünde *f* pecado *m* mortal
Toilette *f* casa de banho; (*Abort*) retrete; (*im Restaurant*) lavabo *m*; **~nbecken** *n* sanita *f*; **~npapier** *n* papel *m* higiénico
Toleranz *f* tolerância
toll louco; F porreiro, bestial; *bras* F legal, bacana; **~kühn** arrajado; **Ƨwut** *f* raiva
Tölpel *m* pateta
Tomate *f* tomate *m*; **~nmark** *n* puré *m* de tomate
Ton *m* som; (*Klang*) tom; (*Erde*) barro; argila *f*; **~band** *n* fita *f* magnética; **~bandgerät** *n* gravador *m*; **~film** *m* filme sonoro; **~leiter** *f* escala
Tonne *f* tonel *m*; barril *m*; (*Gewicht*) tonelada
Topf *m* pote; (*Koch*Ƨ) panela *f*; (*groß u. flach*) tacho
Töpfer *m* oleiro; **~ei** *f* olaria
Topflappen *m* pega
Tor 1. *n* portão *m*; (*Stadt*) porta *f*; (*Sport*) baliza *f*; (*Schuß*) golo *m*; **2.** *m* doido
Torf *m* turfa *f*
töricht tolo; insensato
torkeln cambalear
Tor|schuß *m* remate; **~te** *f* bolo *m*; torta; **~wart** *m* (*Sport*) guarda-redes, *bras* goleiro
tot morto; **~al** total
töten matar
Toten|kopf *m* caveira *f*; **~wache** *f* velório *m*
tot|fahren atropelar mortalmente; **Ƨschlag** *m* homicídio
Tour *f* excursão; passeio *m*; **~ismus** *m* turismo; **~ist** *m* turista; **~istenklasse** *f* classe turística; **~nee** *f* digressão artística; *bras* turnê
Trab *m* trote; **Ƨen** trotar; **~rennen** *n* corridas *f*/*pl* a trote
Tracht *f* traje *m*
Trag|bahre *f* maca; padiola; **Ƨbar** portátil
träge indolente
tragen trazer, levar; (*Kleid*) vestir; (*Kosten*) pagar
Träger *m* portador; *Arch* viga *f*, trave *f*
Trag|fähigkeit *f* capacidade de carga; **~fläche** *f* asa
Trägheit *f* indolência; inércia (*a Phys*)
tragisch trágico
Tragödie *f* tragédia
Train|er *m* instrutor; treinador; **Ƨieren** treinar(-se); **~ingsanzug** *m* fato de treino; *bras* macacão
Traktor *m* tra(c)tor
trampeln pisar
trampen viajar à boleia
Träne *f* lágrima
Trank *m* bebida *f*

Tränke *f* bebedouro *m*; **≈n** dar de beber a; *Tech* embeber, impregnar
Trans|fer *m* transferência *f*; **~fusion** *f* transfusão; **~it** *m* trânsito; **~plantation** *f* transplante *m*; **~port** *m* transporte; **~porter** *m* camioneta *f*; furgoneta *f*; *bras* perua *f*; **≈portieren** transportar; **~portunternehmen** *n* empresa *f* de transporte rodoviário; **~vestit** *m* travesti
Trapez *n* trapézio *m*
Trasse *f* traçado *m*
tratschen F mexericar
Traube *f* cacho *m* (de uvas); **~nlese** *f* vindima; **~nzucker** *m* glucose *f*
trauen *v/i* fiar-se (***j-m*** em alg.); ***sich ~*** atrever-se (***zu*** a); *v/t* (*vermählen*) casar
Trauer *f* luto *m*; **~fall** *m* morte *f*; **≈n** estar de luto (***um*** por)
Traum *m* sonho
träum|en sonhar (***von*** com); **≈er** *m*, **~erisch** sonhador
traurig triste; **≈keit** *f* tristeza
Trau|ring *m* aliança *f*; **~schein** *m* certidão *f* de casamento; **~ung** *f* casamento *m*; **~zeuge** *m* (**~zeugin** *f*) padrinho (madrinha) do casamento
treff|en (*et*) acertar; (*j-n*) encontrar; (*berühren*) tocar; ***sich gut ~*** vir a propósito; **≈en** *n* encontro *m*; reunião *f*; **≈punkt** *m* ponto de reunião; **~sicher** certeiro
treib|en *v/t* mover; accionar; fazer andar; *v/i* boiar; (*Schiff*) ir à deriva; *Bot* germinar; **≈gas** *n* gás *m* propulsor; **≈haus** *n* estufa *f*; **≈hauseffekt** *m* efeito estufa; **≈jagd** *f* batida; **≈stoff** *m* combustível; carburante
trenn|en separar; dividir; **≈schleifer** *m* cortador por abrasão; **≈ung** *f* separação; divisão
Treppe *f* escada; **~nabsatz** *m* patamar; **~ngeländer** *n* corrimão *m*; **~nhaus** *n* escadaria *f*
Tresor *m* cofre; casa-forte *f*
tret|en *v/t* pisar; *v/i* andar, ir; (*Fahrrad*) pedalar; **≈roller** *m* trotinete
treu fiel; **≈e** *f* fidelidade; **≈händer** *m* fiel depositário; **≈handgesellschaft** *f* sociedade fiduciária; **~los** desleal
Tribüne *f* tribuna
Trichter *m* funil
Trick *m* truque; **~film** *m* (filme *m* de) desenhos *m/pl* animados
Trieb *m* *Bot* rebento; *fig* impulso; **≈haft** impulsivo; **~wagen** *m* automotora *f*; *bras* automotriz *f*; **~werk** *n* rea(c)tor *m*
triefen pingar
trink|bar potável; **≈becher** *m* copo; **~en** beber; (*Kaffee, Tee*) tomar; **≈er** *m* alcoólico; **≈gelage** *n* orgia *f*; *bras* farra *f*; **≈geld** *n* gorjeta *f*; **≈spruch**

m brinde; **2wasser** *n* água *f* potável
Tripper *m* gonorreia *f*
Tritt *m* passo; (*Fuß2*) pontapé; **~brett** *n* estribo *m*; **~leiter** *f* escadote *m*
Triumph *m* triunfo; **2ieren** triunfar (***über*** de)
trocken seco; árido; **2dock** *n* doca *f* seca; *bras* dique *m* seco; **2haube** *f* capacete *m* secador; **2heit** *f* sec(ur)a; aridez; **2löscher** *m* extintor a seco; **2milch** *f* leite *m* em pó; **2rasierer** *m* aparelho eléctrico de barbear
trocknen secar; (*ab~*) enxugar
Trödelmarkt *m* feira *f* da ladra
Trommel *f* tambor *m*; **~fell** *n* *Anat* tímpano *m*
Trompete *f* trombeta
Tropen *pl* trópicos *m/pl*
Tropfen *m* gota *f*; ***guter ~*** F pinga; **2** pingar
Tropfstein *m* (*Decke*) estalactite *f*; (*Boden*) estalagmite *f*
Trost *m* consolação *f*
tröst|en consolar; **~lich** consolador
trostlos desconsolado; desolado
Trottel *m* F pateta
trotz apesar de; **2** *m* teimosia *f*; **~dem** apesar disso; **~en** fazer frente a; **~ig** teimoso
trübe turvo; (*Himmel*) (en)coberto; (*matt*) embaciado; *fig* sombrio
trügerisch ilusório; enganador
Truhe *f* arca
Trümmer *pl* ruínas *f/pl*, escombros *m/pl*
Trumpf *m* trunfo
Trunk *m* bebida *f*; **~enheit** *f* embriaguez; **~sucht** *f* alcoolismo *m*
Truppen *f/pl* tropas; **~übungsplatz** *m* campo de treino
Tschech|e *m*, **2isch** checo, *bras* tcheco
T-Shirt *n engl* camisete *f*
Tube *f* bisnaga, tubo *m*
Tuberkulose *f* tuberculose
Tuch *n* pano *m*; fazenda *f*
tüchtig hábil; a(c)tivo; **2keit** *f* habilidade; a(c)tividade
Tück|e maldade; perfídia; **2isch** traiçoeiro; pérfido
Tugend *f* virtude; **2haft** virtuoso
Tulpe *f* tulipa
tun fazer; ***nicht mehr ~*** deixar de fazer
tünchen caiar
Tuner *m engl* sintonizador
Tunke *f* molho *m*
Tunnel *m* túnel
Tür *f* porta; ***hinter verschlossener ~*** à porta fechada
Turbine *f* turbina
Turbolader *m Kfz* turbocarregador
Türk|e *m*, **2isch** turco
Türkei *f* Turquia
Türknauf *m* maçaneta

Turm *m* torre *f*; **~falke** *m* milhafre
turn|en fazer ginástica; **≈er** *m* ginasta; **≈halle** *f* ginásio *m*; *bras* sala de ginástica; **≈schuh** *m* sapatilha *f*; **≈verein** *m* clube (d)esportivo
Türöffner *m* abre-portas
Tusche *f* tinta-da-china
Tüte *f* cartucho *m*; saco *m*
Typ *m* tipo; F gajo; *bras* cara; ***toller*** **~** F magano; **~enraddrucker** *m Inform* impressora *f* tipo margarida
Typhus *m* tifo
typisch típico
Tyrann *m* tirano; **≈isch** tirânico; **≈isieren** tiranizar

U

U-Bahn *f* metro *m*, *bras* metrô *m*
übel *adj* mau, má; ruim; *adv* mal; **≈** *n* mal *m*; **≈keit** *f* náusea, enjoo *m*; **~launig** maldisposto, carrancudo; **~nehmen** levar a mal; **≈täter** *m* malfeitor
üben exercitar, praticar; treinar
über sobre, acima de; **~all** por toda a parte; **≈angebot** *n* oferta *f* excessiva; **~anstrengen** extenuar; **~arbeiten** retocar; corrigir; **~belasten** *Tech* sobrecarregar; **~bewerten** exagerar o valor de; **~bieten** oferecer mais; *fig* sobrepujar
Überblick *m* vista *f* geral; (visão *f*) panorâmica *f*; *fig* ideia *f* geral; **≈en** abranger com a vista
über|bringen entregar; transmitir; **~dauern** sobreviver a; **~denken** refle(c)tir em; **≈druck** *m* pressão *f* excessiva; **≈druß** *m* fastio; **~drüssig** enfastiado; **~eilen** precipitar
überein|ander um sobre o outro; **~kommen** acordar (***in*** em); **~stimmen** estar de acordo; **~stimmend** conforme; de acordo
über|fahren (*j-n*) atropelar; **≈fahrt** *f* travessia; **≈fall** *m* assalto; **~fallen** assaltar; **~fällig** atrasado; **~flügeln** exceder; **≈fluß** *m* abundância *f* (***an*** de); **~flüssig: ~ *sein*** *fig* ser escusado; **~führen** trasladar; *jur* convencer; **~füllt** repleto; (*Bus, Bahn*) superlotado; **≈gabe** *f* entrega; ***schlüsselfertige*** **~** entrega *f* chave na mão; **≈gang** *m* passagem *f*; *fig* transição *f*; **~geben** entregar; ***sich*** **~** *Med* vomitar; **~geschnappt: ~ *sein*** F ter peneiras; **≈gewicht** *n* excesso *m* de peso; **≈griff** *m* abuso; **~handnehmen** chegar a ser excessivo
überhaupt em geral; **~ *nicht*** de modo nenhum

über|heblich arrogante; **⁓heblichkeit** *f* arrogância; **⁓holen** ultrapassar; (*warten*) arranjar; recondicionar; **⁓holspur** *f* faixa de ultrapassagem; **⁓hören** não ouvir, não reparar; **⁓laden** sobrecarregar; **⁓lassen** deixar; ceder; **⁓lasten** sobrecarregar; **⁓lastschutz** *m Tech* prote(c)ção *f* contra sobrecarga; **⁓laufen 1.** *v/i* tra(n)sbordar; **2.** *adj* muito concorrido; **⁓leben** sobreviver; **⁓lebende(r)** sobrevivente; **⁓legen 1.** *v/t* refle(c)tir (sobre); **2.** *adj* superior; **⁓legenheit** *f* superioridade; **⁓legung** *f* reflexão; **⁓liefern** transmitir; **⁓listen** iludir; **⁓macht** *f* superioridade; **⁓mächtig** prepotente; **⁓maß** *n* excesso *m*; **⁓mäßig** excessivo; **⁓menschlich** sobre-humano

übermitt|eln transmitir; **⁓(e)lung** *f* transmissão

über|morgen depois de amanhã; **⁓müdet** estafado; **⁓mut** *m* animação *f* doida; **⁓mütig** travesso

über|nachten pernoitar; **⁓nachtung** *f* pernoita; *bras* pernoite *m*; **⁓nehmen** aceitar; (*Pflicht*) assumir; (*hohes Amt*) tomar posse de; ***sich*** **⁓** exeder-se; **⁓produktion** *f* superprodução; **⁓prüfen** verificar; rever; **⁓queren** atravessar; **⁓ragen** sobressair; **⁓raschen** surpreender; **⁓raschung** *f* surpresa; **⁓reden** persuadir; **⁓reichen** entregar; **⁓schallgeschwindigkeit** *f* velocidade supersónica; **⁓schätzen** sobrestimar; enganar-se

Überschlag *m* cálculo aproximado; **⁓en** avaliar; ***sich*** **⁓** *Kfz* capotar

über|schneiden: ***sich*** **⁓** cruzar-se; **⁓schreiten** (ul-tra)passar; **⁓schrift** *f* título *m*; **⁓schuß** *m* excedente; *Hdl* saldo positivo; **⁓schütten** *fig* (a)cumular (*mit* de); **⁓schwemmen** inundar; **⁓schwemmung** *f* inundação; **⁓schwenglich** efusivo; **⁓see** ultramar *m*; **⁓sehen** não ver; não reparar; **⁓senden** remeter; enviar

übersetz|en traduzir; **⁓er** *m* tradutor; **⁓ung** *f* tradução; *Tech* transmissão

Über|sicht *f* resumo *m*; quadro *m* sinóptico; **⁓sichtlich** claro; compreensível; **⁓spannt** exagerado; (*f*) exaltado; **⁓spitzt** exagerado; **⁓steigen** exceder; **⁓stimmen** derrotar (por maioria de votos); **⁓stunde** *f* hora extra(ordinária); **⁓stürzen** precipitar; **⁓tölpeln** burlar

Übertrag *m* transporte; **⁓bar** transmissível; ***nicht*** **⁓** (*Bank*) não endossável; **⁓en** transferir; (*Amt*) confiar; (*Radio*) transmitir; (*Krankheit*) con-

tagiar; ***im* ≈*en Sinn*** em sentido figurado; **~ungswagen** *m* (*z.B. TV*) carro de reportagem
über|treffen exceder (*an* em); **~treiben** exagerar; **≈treibung** *f* exagero *m*; **~treten** *v/t jur* infringir; *v/i* trasbordar (*z.B. Fluß*); passar para (o outro lado); *Rel* converter-se (a); **~vorteilen** enganar; **~wachen** vigiar; controlar; **~wältigen** vencer; subjugar; **~weisen** transferir; **≈weisung** *f* transferência; **~wiegen** preponderar; **~wiegend** preponderante; **~winden** superar, vencer; **~wintern** hibernar; **≈zahl** *f* maioria; **~zeugen** convencer; **≈zeugung** *f* convicção; **≈zug** *m* cobertura *f*; revestimento
üblich habitual; do costume
U-Boot *n* submarino *m*
übrig restante; ***die ~en*** os/as demais; **~behalten** ficar com; **~bleiben** restar; **~ens** aliás, a propósito; **~lassen** deixar
Übung *f* exercício *m*; (*Training*) prática; ***aus der ~*** destreinado (F *a fig*)
Ufer *n* margem *f*; (*Meer*) costa *f*; litoral *m*; **≈los** ilimitado
Ufo *n* OVNI *m*
Uhr *f* relógio *m*; **~engeschäft** *n* relojoaria *f*; **~macher** *m* relojoeiro; **~zeiger** *m* ponteiro; **~zeit** *f* hora
Ultra|kurzwelle *f* (**UKW**) onda ultracurta; **~schall** *m* ultra-som
um (... *herum*) em volta de; (*zeitlich*) a; (*ungefähr*) por; cerca de; (*wegen*) por; ***~ zu*** para
um|armen abraçar; **≈armung** *f* abraço *m*; **≈bau** *m* obras *f/pl*; reconstrução *f*; **~bilden** remodelar; reorganizar; **~bringen** assassinar; **~drehen** virar; **≈drehung** *f* rotação; **~fallen** cair
Umfang *m* perímetro; (*Menge*) volume; (*Tragweite*) envergadura *f*; **≈reich** volumoso; *fig* extenso
umfassen *fig* abranger
umformen transformar
Umfrage *f* sondagem-inquérito
Umgang *m* (*Verkehr*) trato; ***schlechter ~*** má companhia; **~ssprache** *f* linguagem corrente
umgeb|en rodear (***mit*** de); **≈ung** *f* arredores *m/pl*; *bras* beirada *f*
umgeh|en lidar (***mit*** com); *v/t* (*meiden*) evitar; **≈ungsstraße** *f* desvio *m*
um|gekehrt *adj* inverso; *adv* ao contrário; **~graben** escavar; **≈hang** *m* capa *f*; **≈hängetasche** *f* sacola a tiracolo
umher em volta; **~irren** vaguear
Umhüllung *f* envoltório *m*

umjubeln ovacionar
Umkehr *f* volta, regresso *m*; **2en** regressar, voltar (para trás); **~film** *m* filme reversível
um|kippen virar(-se); **~klammern** apertar; **2kleideraum** *m* vestiário; **~kommen** morrer; **2kreis** *m* periferia *f*; ***im ~ von ...*** numa área de ...; **~laden** (*Waren*) trasbordar; **2lauf** *m* rotação *f*
umleit|en desviar; **2ung** *f* desvio *m*
Um|rechnungskurs *m* câmbio; **2ringen** rodear; **~riß** *m* contorno; **2rühren** remexer; **~satz** *m* vendas *f/pl*; **2schichten** reestruturar; alternar; **~schlag** *m* (*Waren*) trasbordo; **~schulung** *f* readaptação profissional; **2schreiben** transcrever; *fig* parafrasear; **~schuldung** *f* reescalonamento *m* (das dívidas); **~schwung** *m* mudança *f*, viragem
umsehen: *sich ~* *fig* procurar
Umsicht *f fig* cautela; **2ig** prudente
umsonst de graça; (*vergebens*) em vão
Umständ|e *pl* circunstâncias *f/pl*; ***unter ~n*** talvez; ***unter allen ~n*** a todo o custo; ***keine ~ machen*** não fazer cerimónias; **2lich** complicado
Um|steigebahnhof *m* (estação *f* de) correspondência *f*; **2steigen** mudar (de combo o, autocarro, *etc*); *bras* baldear; **2stellen: *sich ~*** adaptar-se; **~stellung** *f* adaptação; **2stimmen** *fig* demover; **2stoßen** derrubar; **~sturz** *m* revolução *f*; **~tausch** *m* troca *f*; **2tauschen** trocar; **2wälzen** revolver; **2wälzung** *f* reviravolta; **2wandeln** transformar; *jur* comutar; **2weg** *m* desvio; *fig* rodeio
Umwelt *f* (meio *m*) ambiente *m*; **~belastung** *f* sobrecarga do meio ambiente; **~schäden** *pl* danos *m/pl* ambientais; **2schädigend** nocivo ao ambiente; **~schutz** *m* prote(c)ção *f* ao meio ambiente; **~schützer** *m* ecologista; **~verschmutzung** *f* poluição; **2verträglich** não-poluente
um|werfen derrubar; **~wickeln** envolver; revestir; **~ziehen** mudar (de casa); ***sich ~*** mudar de roupa (*od* fato *etc*); **2zug** *m* mudança *f* (de casa); (*Festung*) cortejo
unabhängig independente; **2keit** *f* independência
unabsichtlich involuntário; *adv* sem querer
unachtsam distraído; descuidado; **2keit** *f* descuido *m*
unan|genehm desagradável; **2nehmlichkeit** *f* inconveniente *m*; **~ständig** indecente; **~tastbar** intocável

unappetitlich repugnante
unartig mal-educado; ~ *sein* portar-se mal
unauf|fällig discreto; **~hörlich** incessante; **~merksam** desatento
unaus|geglichen desequilibrado; **~sprechlich** indizível; **~weichlich** inevitável
unbarmherzig desumano
unbe|absichtigt despropositado; **~achtet** despercebido; **~dacht** irrefle(c)tido; **~deutend** insignificante; **~dingt** absoluto; **~fangen** franco; imparcial; **~friedigt** insatisfeito; **~fugt** não autorizado; **~greiflich** incompreensível; **~grenzt** ilimitado; **~gründet:** ~ *sein* não ter fundo (*od* base); **Ͻhagen** *n* mal-estar *m*; **~haglich** desajeitado; **~kannt** desconhecido; **~liebt** impopular; **~merkt** despercebido; **~quem** incómodo; **Ͻquemlichkeit** *f* incomodidade; **~rechenbar** imprevisível; incalculável (*a fig*); **~schreiblich** indescritível; **~siegbar** invencível; **~sonnen** irrefle(c)tido; **~ständig** instável; **~stechlich** incorru(p)tível; **~stimmt** indeterminado; incerto; **~weglich** imóvel; **~wußt** inconsciente; **~zahlbar** impagável
unbrauchbar inútil
und e; ~ *so weiter* et cétera (etc)
undankbar ingrato; **Ͻkeit** *f* ingratidão
undeutlich indistinto; (*akustisch*) ininteligível; (*Schrift*) ilegível
un|dicht: ~ *sein* fechar mal; vazar; **~diszipliniert** indisciplinado; **~durchführbar** irrealizável; **~durchlässig** impermeável; **~durchsichtig** opaco; *fig* impenetrável; **~echt** falso; (*Gebiß*) postiço; (*künstlich*) artificial; **~ehelich** ilegítimo; **~ehrlich** desonesto; **~eigennützig** desinteressado; **~eingeschränkt** ilimitado; **~einig** em desacordo; **Ͻeinigkeit** *f* discórdia, desunião; **~empfindlich** insensível (*gegen* a); **~endlich** infinito
unent|behrlich indispensável; **~geltlich** gratuito; *adv* de graça; grátis; **~schieden** indeciso; (*Spiel*) empatado; **~schlossen** indeciso
uner|bittlich inexorável; **~fahren** inexperiente; **~freulich** desagradável; **~hört** *fig* incrível; **~läßlich** indispensável; **~laubt** proibido; **~müdlich** infatigável; **~reicht** sem igual; **~sättlich** insaciável; **~schöpflich** inesgotável; **~schrocken** intrépido; **~schwinglich** inacessível; **~träglich** insuportável; **~wartet** inesperado
unfähig incapaz (*zu* de); **Ͻkeit** *f* incapacidade

Unfall *m* acidente, desastre; **~versicherung** *f* seguro *m* contra acidentes
unfaßbar inconcebível
unfreiwillig involuntário
unfreundlich (*Person*) mal-humorado; *allg* desagradável
unfruchtbar estéril
Unfug *m* abuso
Ungar *m*, **2isch** húngaro
Ungarn *n* Hungria *f*
unge|achtet (*gen*) não obstante; **~bildet** inculto; **2duld** *f* impaciência; **~duldig** impaciente; **~eignet** impróprio; (*f*) incapaz; **~fähr** cerca de; aproximadamente; **~fährlich** não perigoso; (*harmlos*) inofensivo; **~heuer** enorme; **2heuer** *n* monstro *m*
ungehorsam desobediente; **2** *m* desobediência *f*
unge|lernt não qualificado; **~mütlich** desagradável; **~nau** impreciso; **2nauigkeit** *f* inexa(c)tidão; **~niert** à vontade; **~nießbar** intragável; *fig* insuportável; **~nügend** insuficiente; **~ordnet** desordenado; **~pflegt** desleixado; **~recht** injusto; **2rechtigkeit** *f* injustiça
ungern de má vontade
unge|schickt desajeitado; **~setzlich** ilegal; **~straft** impune; **~stüm** impetuoso; **~sund** insalubre; **~wiß** incerto; **2wißheit** *f* incerteza; **~wöhnlich** estranho; **~wohnt** desacostumado; **2ziefer** *n* bicharia *f*, *bras* bicharedo *m*; **~zogen** malcriado; **~zwungen** natural; à vontade
unglaublich incrível
un|gleich desigual; **2gleichheit** *f* desigualdade; **~gleichmäßig** irregular; **2glück** *n* desgraça *f*; **~glücklich** infeliz
ungültig nulo; inválido; *für ~ erklären* anular
un|günstig desfavorável; **2heil** *n* desgraça *f*; **~heilbar** incurável; **~höflich** descortês
Universität *f* universidade
un|kenntlich irreconhecível; **2kenntnis** *f* ignorância; desconhecimento *m*; **~klug** imprudente; **~kontrollierbar** incontrolável; **2kosten** *pl* despesas *f*|*pl*; **2kraut** *n* erva *f* daninha; **~leserlich** ilegível; **2menge** *f* F sem-número *m*
un|menschlich desumano; **~mißverständlich** inequívoco; **~mittelbar** imediato; **~möglich** impossível; **~mündig** menor; **~nachahmlich** inimitável; **~nachgiebig** intransigente; **~natürlich** afe(c)tado; pouco natural; **~nötig** inútil; (*überflüssig*) escusado; **~ordentlich** desarrumado; desordenado; **2ordnung** *f* desordem; **~parteiisch** imparcial;

~passend inconveniente; **~persönlich** impessoal; **~populär** impopular; **~praktisch** pouco prático
unpünktlich não pontual; **≈keit** *f* falta de pontualidade
Un|rat *m* imundície *f*; **≈recht** injusto; **~recht** *n* injustiça *f*; **≈rechtmäßig** ilegítimo; **≈regelmäßig** irregular; **≈rentabel** não lucrativo
Unruhe *f* inquietação, agitação; **~n** *pl* distúrbios *m/pl*; **~stifter** *m* amotinador; **≈ig** inquieto
uns nos
un|schädlich inofensivo; **~scharf** *Fot* desfocado; **~schicklich** inconveniente; **~schlagbar** invencível; *fig* inimitável; **≈schuld** *f* inocência; **~schuldig** inocente; **~selbständig** dependente; *fig* sem iniciativa
unser (o) nosso, (a) nossa
unsicher inseguro; incerto; **≈heit** *f* incerteza
unsichtbar invisível
Unsinn *m* disparate; **≈ig** absurdo
Unsitte *f* mau hábito *m*
unsterblich imortal; **≈keit** *f* imortalidade
Un|stimmigkeit *f* desacordo *m*; **~summe** *f* (*Geld*) dinheirão *m*
un|sympathisch antipático; **~tätig** ina(c)tivo; **~tauglich** incapaz; **~teilbar** indivisível
unten em baixo, por baixo
unter 1. *prp* debaixo de, sob; (*zwischen*) entre; *fig* em; **2.** *adj* inferior
Unter|arm *m* antebraço; **~bau** *m* infra-estrutura *f*; **~belichtung** *f Fot* exposição insuficiente; **~bewußtsein** *n* subconsciente *m*
unterbrech|en interromper; **≈er** *m Kfz* platinado; **≈ung** *f* interrupção
unterbringen (*Ware*) colocar; (*Gast*) hospedar
unter|dessen entretanto; **≈druck** *m* depressão *f*; **~drücken** (*Volk*) oprimir; (*Wunsch*) reprimir; **≈drükkung** *f* repressão; opressão; **~einander** uns com os outros; entre eles (*u. a.*); **~entwickelt** subdesenvolvido; **~ernährt** subalimentado
Unterführung *f* túnel *m*; passagem subterrânea
Unter|gang *m* (*Schiff*) naufrágio; *fig* queda *f*; **≈geben** subordinado; **≈gehen** pôr-se; (*Schiff*) afundar-se; **≈geordnet** subordinado; secundário
Untergrund *m* subsolo; *Pol* clandestinidade *f*; **~bahn** *f* metropolitano *m*
unterhalb por baixo de
Unterhalt *m* sustento; manutenção *f*; **≈en** manter; ***sich ~*** conversar; (*vergnügen*) divertir-se; **≈end** divertido; **~ung** *f* conversa (***anknüpfen***

meter); (*Vergnügen*) divertimento *m*; *Tech* manutenção
unterhand|eln negociar; **2lung** *f* negociação
Unter|hemd *n* camisola *f*; *bras* camiseta *f*; **~hose(n** *pl*) *f* cuecas *f*/*pl*; **2irdisch** subterrâneo; **2jochen** subjugar; **~kiefer** *m* maxila *f* inferior
Unterkunft *f* alojamento *m*
Unter|lage *f* base; fundo *m*; **~n** *pl* documentos *m*/*pl*; **2lassen** deixar; **~lassung** *f* omissão; **2legen 1.** pôr debaixo; **2.** *adj* inferior; vencido; **~leib** *m* abdómen; **2liegen** sucumbir; **~mieter** *m* sublocatário, subarrendatário
unternehm|en empreender; **2en** *n* empresa *f*; **2er** *m* industrial; patrão; **2ungsgeist** *m* iniciativa *f*
Unter|offizier *m* sargento; **2ordnen** subordinar; **~redung** *f* conversa; entrevista; **~richt** *m* ensino; **2richten** ensinar; (*mitteilen*) informar; **2sagen** proibir; **2schätzen** subestimar; **2scheiden** distinguir; **~scheidung** *f* distinção; **~schicht** *f* classe baixa
Unterschied *m* diferença *f*; **2lich** diferente; **2slos** indiscriminadamente
unter|schlagen defraudar; desfalcar; **2schlagung** *f* fraude *m*; **2schlupf** *m* refúgio; **~schreiben** assinar; **2schrift** *f* assinatura; **2seeboot** *n* submarino *m*
unterst inferior
unter|stellen subordinar; (*Absicht*) atribuir; **~streichen** sublinhar; **~stützen** apoiar; auxiliar; **2stützung** *f* apoio *m*; *fig* prote(c)ção; **~suchen** examinar; **2suchung** *f* exame *m*, investigação; **2suchungshaft** *f* prisão preventiva; **~tänig** submisso; **2tasse** *f* pires *m*; **~tauchen** mergulhar; **2teil** *m od n* parte *f* de baixo; **~teilen** subdividir; **~vermieten** sublocar; **2wäsche** *f* roupa interior; **~wegs** no (*od* a) caminho; **~weisen** instruir; **2weisung** *f* instrução; **~werfen** submeter **2werfung** *f* submissão; **~würfig** servil; **~zeichnen** assinar
unterziehen: *sich* **~** sujeitar-se a
Un|tiefe *f* baixo *m*; **2tragbar** insuportável; **2trennbar** inseparável; **2treu** infiel; **~treue** *f* infidelidade; **2tröstlich** inconsolável
unüber|legt irrefle(c)tido; **~sichtlich** confuso; **~trefflich** insuperável; **~windlich** invencível
un|umgänglich indispensável; **~unterbrochen** ininterrupto; contínuo
unver|änderlich invariável; **~antwortlich** irresponsável; **~besserlich** incorrigível;

~bindlich sem compromisso; **~einbar** incompatível; **~geßlich** inesquecível; **~gleichlich** incomparável; **~hältnismäßig** excessivamente; **~heiratet** solteiro; **~hofft** inesperado; **~meidlich** inevitável; **~mutet** inesperado; **~nünftig** imprudente; **~schämt** descarado; **~söhnlich** irreconciliável; **~ständlich** incompreensível; **~zeihlich** imperdoável
unvoll|endet, ~kommen, ~ständig incompleto
unvor|bereitet não preparado; desprevenido; **~hergesehen** imprevisto
unvorsichtig imprudente; **žkeit** *f* imprudência
Unwahr|heit *f* falsidade; **žscheinlich** improvável
un|wegsam intransitável; **~wesentlich** insignificante; **žwetter** *n* temporal *m*; **~widerstehlich** irresistível; **~willkürlich** involuntário; **~wirksam** ineficaz; **~wirtschaftlich** não rendível
Unwissenheit *f* ignorância
Unwohlsein *n* indisposição *f*
unwürdig indigno
Unzeit *f*: *zur* ~ a desoras
unzer|brechlich inquebrável; **~trennlich** inseparável
unzufrieden descontente; **žheit** *f* descontentamento *m*
unzu|gänglich inacessível; **~lässig** inadmissível; **~verlässig** de pouca confiança
unzweckmäßig inoportuno
unzweifelhaft indubitável
üppig opulento; **žkeit** *f* opulência
ur|alt antiquíssimo; velhíssimo; **žaufführung** *f* estreia, *bras* estréia; **ženkel** *m* bisneto; **žgroßvater** *m* bisavô; **žheberrecht** *n* direito *m* de autor; **žkunde** *f* documento *m*; **žlaub** *m* licença *f*; férias *f/pl*; **~ haben** ter férias; ***den ~ verbringen*** passar as férias
Urne *f* urna (*a Pol*); **~ngang** *m Pol* ida *f* às urnas
Ursache *f* causa; ***keine ~!*** de nada!
Ur|sprung *m* origem *f*; **~sprungsland** *n* país *m* de origem
Ur|teil *n* juízo *m*; *jur* sentença *f*; **žteilen** julgar; **~wald** *m* floresta *f* virgem; **žwüchsig** original

V

Vagina *f* vagina
vakant vacante, vago
Vakuum *n* vácuo *m*; **žverpackt** envasilhado sob vácuo
Valuta *f* moeda estrangeira
Vanille *f* baunilha
Vase *f* jarra; vaso *m*; **~line** *f* vaselina
Vater *m* pai; **~land** *n* pátria *f*

väterlich paterno
Vaterschaft *f* paternidade
Vegetarier *m* vegetariano
Vegetation *f* vegetação
Veilchen *n* violeta *f*
Vene *f* veia
Ventil *n* válvula *f*; **~ator** *m* ventoinha *f*
verab|reden combinar; **2redung** *f* compromisso *m*; (*Treff*) entrevista; **~scheuen** detestar; **~schieden** despedir
ver|achten desprezar; **~ächtlich** desprezível; desdenhoso; **2achtung** *f* desprezo *m*
verallgemeiner|n generalizar; **2ung** *f* generalização
veraltet antiquado
veränder|lich variável; **~n** alterar, mudar; **2ung** *f* alteração, modificação
verankern *fig* cimentar
Veran|lagung *f* dom *m*; (*Med* pre)disposição; (*zur Steuer*) taxação, tributação; **2lassen** causar; **2schlagen** orçar; **2stalten** organizar; **~staltung** *f* sessão; (*feierlich*) a(c)to *m*
verantwort|en responder (por); **~lich, 2liche(r)** *m* responsável; **2ung** *f* responsabilidade; **~ungslos** irresponsável
verarbeit|en (*Material*) transformar; processar (*a Inform*); **2ung** *f* transformação; processamento *m*; *bras* usinagem
verärgern aborrecer; irritar
verarmen empobrecer
verausgaben: *sich* **~** ficar sem recursos; esgotar-se (*a fig*)
Verb *n* verbo *m*
Verband *m* associação *f*; federação *f*; *Med* ligadura *f*, penso; *bras* atadura *f*; **~zeug** *n* ligaduras *f/pl*
verbann|en desterrar; **2ung** *f* desterro *m*
verbergen esconder
verbesser|n melhorar; aperfeiçoar; **2ung** *f* melhora(mento *m*); aperfeiçoamento *m*
verbeug|en: *sich* **~** inclinar-se; **2ung** *f* reverência
verbiegen torcer
verbieten proibir
verbind|en ligar; unir; *Med* pensar; **~lich** obrigatório; (*zuvorkommend*) amável; **2lichkeiten** *pl* compromissos *m/pl*
Verbindung *f* união; relação; (*Verkehr*, *Tel*) ligação
Verbitterung *f* amargura
ver|blöden F emparvecer; **~blüffen** espantar; **~blüfft** perplexo; **~blühen** murchar; **~bluten** esvair-se em sangue; **~bogen** deformado
verborgen *adj* clandestino; oculto
Verbot *n* proibição *f*; interdição *f*; **~szeichen** *n* sinal *m* de proibição
Verbrauch *m* consumo; ***zum***

sofortigen **~** de consumo imediato; **2en** consumir; gastar; **~er** *m* consumidor; **~erschutz** *m* protecção *f* ao consumidor; **2t** gasto; esgotado

Verbrech|en *n* crime *m*; **~er** *m*, **2erisch** criminoso

verbreit|en divulgar; (*Radio*) difundir; **~ern** alargar; **2ung** *f* divulgação

verbrenn|en queimar; (*Haut*) escaldar; (*Leiche*) cremar; **2ung** *f* combustão; cremação; ***schadstofffreie*** **~** queima limpa; **2ungsmotor** *m* motor de explosão

ver|bringen passar; **~brühen** escaldar; **~buchen** registar; **~bünden:** ***sich*** **~** aliar-se; **2bundenheit** *f* solidariedade; **2bündete(r)** *m* aliado; **2bundglas** *n* vidro *m* de segurança

verbürgen: ***sich*** **~** ***für*** responsabilizar-se por

Ver|dacht *m* suspeita *f*; **2dächtig** suspeito; **2dächtigen** suspeitar de; **2dammen** condenar; **2dampfen** evaporar; **2danken** dever

verdau|en digerir; **2ung** *f* digestão; **2ungsstörung** *f* indigestão

Verdeck *n* coberta *f*; *Kfz* capota *f*; **2en** cobrir; *fig* encobrir

verderb|en estragar(-se); corromper(-se); **2en** *n* ruína *f*, perdição *f*; **~lich** perecível; ***leicht*** **~** ***sein*** estragar-se facilmente

verdeutlichen evidenciar

Verdichtung *f* compressão

verdien|en merecer; (*Geld*) ganhar; **2st 1.** *m* ganho; **2.** *n* mérito *m*

ver|doppeln (re)dobrar; **~dorben** estragado; **~dorren** secar; ressequir; **~drängen** desalojar; *Psych* reprimir; **~dreifachen** triplicar; **~drießlich** aborrecido; **2druß** *m* dissabor; **~dummen** embrutecer; **~dunkeln** escurecer; *fig* encobrir; **~dünnen** diluir; **~dunsten** evaporar(-se); **2dunstung** *f* evaporação; **~dursten** morrer de sede; **~dutzt** perplexo; **~edeln** enobrecer; melhorar; *Tech* beneficiar; (*Obstbau*) enxertar

verehr|en venerar; respeitar; **2er** *m* venerador; **2ung** *f* veneração

vereidig|en ajuramentar; **2ung** *f* juramento *m*

Verein *m* associação *f*; **2bar** compatível; **2baren** combinar; **2fachen** simplificar; **2(ig)en** (re)unir; **~igung** *f* unificação

ver|elenden empobrecer; **~erben** legar

verfahren agir; proceder; ***sich*** **~** perder-se; enganar-se (no caminho); **2** *n* procedimento *m*; *jur* processo *m*

Verfall *m* decadência *f*; ruína

f; **≗en** decair; (*Frist*) vencer(-se); *jur* caducar; **~stag** *m* dia de vencimento
verfass|en compor; **≗er** *m* autor; **≗ung** *f* estado *m*; *Pol* constituição; **~unggebende Versammlung** *f* (Assembleia) Constituinte; **≗ungsgericht** *n* tribunal *m* constitucional; **~ungswidrig** anticonstitucional
ver|faulen apodrecer; **~fehlen** falhar; (*j-n*) desencontrar-se; **~feinern** requintar; **≗flechtung** *f fig* interdependência; **~fluchen** amaldiçoar; **~flucht!** V porra!
verfolg|en perseguir; (*beobachten*) prosseguir; **≗er** *m* perseguidor; **≗ung** *f* perseguição
verfrüht prematuro
verfüg|bar disponível; **~en** dispor (***über*** de); **≗ung** *f* disposição
verführ|en seduzir; **≗er** *m*, **~erisch** sedutor
Vergangenheit *f* passado *m*
vergänglich transitório
Vergaser *m* carburador
vergeb|en dar; (*verzeihen*) perdoar; (*Amt*) conferir; **~ens** em vão; **~lich** inútil; **≗ung** *f* perdão *m*
vergehen passar; **≗** *n* falta *f*; *jur* delito *m*
vergelt|en pagar; **≗ung** *f* desforra
vergessen esquecer(-se de); **≗heit** *f* esquecimento *m*
vergeßlich esquecido
ver|geuden dissipar, desperdiçar; **~gewaltigen** violar; **≗gewaltigung** *f* violação
vergewissern: *sich* ~ certificar-se de
vergießen derramar
vergift|en intoxicar; envenenar; **≗ung** *f* intoxicação; envenenamento *m*
Vergleich *m* comparação *f*; **≗bar** comparável; **≗en** comparar
Ver|gnügen *n* prazer *m*; (*Unterhaltung*) divertimento *m*; **~gnügungsschiff** *n* barco *m* de recreio; **≗graben** enterrar; **≗griffen** esgotado
vergrößer|n aumentar; *Fot* ampliar; **≗ung** *f* aumento *m*; *Fot* ampliação
Ver|günstigung *f* regalia, facilidade(s *pl*); **≗güten** remunerar; **~gütung** *f* remuneração; **≗haften** prender; **~haftung** *f* prisão
verhalten: *sich* ~ comportar-se; **≗** *n* comportamento *m*
Verhältnis *n* relação *f*; **~se** *pl* condições *f*/*pl*; circunstâncias *f*/*pl*; **≗mäßig** relativo; **~wahl** *f* sufrágio *m* proporcional
verhand|eln negociar; tratar (de); **≗lung** *f* negociação
Verhängnis *n* fatalidade *f*
verhärt|en endurecer; **≗ung** *f* endurecimento *m*
verhaßt odioso
verheimlichen dissimular

verheiraten: *sich* ~ casar-se
verhelfen arranjar (***j-m zu et.*** a.c. para alg.)
verhinder|n impedir; **2ung** *f* impedimento *m*
Verhör *n* interrogatório *m*; **2en** interrogar
verhüllen (en)cobrir
verhungern morrer de fome
verhüt|en impedir, evitar; **2ung** *f* prevenção; *Med* profilaxia; **2ungsmittel** *n* contraceptivo *m*, anticonceptivo *m*
verirren: *sich* ~ perder-se
ver|jagen afugentar; **~jüngen** rejuvenescer
Verkabelung *f* cablagem
Verkalkung *f* calcificação; *Med* esclerose
Verkauf *m* venda *f*; **2en** vender
Verkäuf|er *m* vendedor; *bras a* balconista; **~erin** *f* vendedeira; **2lich** vendável
Verkaufsstand *m* posto de venda
Verkehr *m* circulação *f*; trânsito; tráfego; *Mar*, *Flgw* carreiras *f/pl*; **2en** circular; *bras* trafegar; **~ *mit*** dar-se com
Verkehrs|ampel *f* semáforo *m*; *bras* sinaleira; **~mittel** *n* meio *m* de transporte; ***öffentliche* ~** *pl* transportes *m/pl* públicos; **~polizei** *f* polícia de trânsito; *bras* polícia rodoviária; **~polizist** *m* polícia de trânsito; sinaleiro; **~stockung** *f* congestionamento *m* do trânsito; **~unfall** *m* acidente de viação (*bras* de tráfego); **~verbindung** *f* comunicação; **~zeichen** *n* sinal *m* de trânsito (*bras* de tráfego)
ver|kehrt *fig* errado; **~kennen** não compreender; **~klagen** *jur* denunciar
verkleid|en disfarçar; *Tech* blindar, revestir (***mit*** de); **2ung** *f* disfarce *m*; *Tech* revestimento *m*
ver|kleinern reduzir, diminuir; **2kleinerung** *f* redução, diminuição; **~kommen 1.** degenerar; **2.** *adj* arruinado; decadente; **~körpern** personificar; **~krachen: *sich* ~** F zangar-se; **~krampft** tenso; **~kriechen: *sich* ~** esconder-se; **~krüppelt** aleijado
verkünd|(ig)en anunciar; proclamar; **2ung** *f* proclamação; publicação
ver|kürzen reduzir; abreviar; **2kürzung** *f* redução; **~laden** carregar; embarcar; **2lag** *m* editora *f*; **~lagern** deslocar; **~langen** exigir; **2langen** *n* desejo *m*, ânsia *f*
verlänger|n prolongar; (*Frist*) prorrogar; **2ung** *f* prorrogação; prolongamento *m*; **2ungsschnur** *f* extensão
verlassen 1. deixar, abandonar; ***sich* ~** fiar-se (***auf*** em);

contar (***auf*** com); **2.** *adj* abandonado
verläßlich de confiança
Verlauf *m* decurso; **Ձen** decorrer; passar(-se)
verlegen 1. (*zeitlich*) adiar; (*Leitung, Rohr*) montar; (*legen*) colocar; (*veröffentlichen*) editar; **2.** *adj* embaraçado; **Ձheit** *f* embaraço *m*
Ver|leger *m* editor; **~leih** *m* aluguer; **Ձleihen** emprestar; (*Auto*) alugar; (*Titel u.a.*) conferir; **Ձleiten** induzir; **Ձlernen** desaprender; esquecer
verletz|bar vulnerável; melindroso; **~en** ferir; **Ձung** *f* ferida; ofensa
verleumd|en caluniar, difamar; **Ձung** *f* calúnia, difamação
verlieben: ***sich*** **~** apaixonar-se (***in*** por)
verlieren perder
ver|locken atrair; **~logen** mentiroso; **~lorengehen** perder-se; **~löschen** extinguir-se; **~losen** sortear; **Ձlosung** *f* sorteio *m*
Verlust *m* perda *f*; prejuízo
Vermarktung *f* comercialização
vermehr|en aumentar; ***sich*** **~** multiplicar-se; **Ձung** *f* aumento *m*; *Zo* reprodução
vermeid|bar evitável; **~en** evitar
vermeintlich pretenso
vermengen misturar
vermessen 1. medir; (*Land*) agrimensar; **2.** *adj* atrevido
vermiet|en alugar; arrendar; **Ձer** *m* senhorio; arrendador; **Ձung** *f* aluguer *m*, *bras* aluguel *m*
verminder|n diminuir, reduzir; **Ձung** *f* diminuição, redução
vermisch|en misturar; **~t** misto
ver|missen dar pela falta de; **~mißt** desaparecido
vermitt|eln *v/t* arranjar; *v/i* intervir; intermediar; **Ձler** *m* agente; intermediário
Vermögen *n* fortuna *f*, bens *m/pl*; (*Macht*) poder *m*
Vermummte(r) *m* encapuzado
vermut|en supor; **~lich** provável; suspeito; **Ձung** *f* suposição; (*Verdacht*) suspeita
ver|nachlässigen desleixar; descurar; **~neinen** negar; **Ձnetzung** *f* (*z.B. Inform*) reticulação; **~nichten** aniquilar; **Ձnichtung** *f* aniquilamento *m*; **Ձnunft** *f* razão; **~nünftig** razoável; sensato; **~öffentlichen** publicar; **Ձöffentlichung** *f* publicação; **~ordnen** decretar; *Med* receitar; **Ձordnung** *f* decreto *m*; **~pachten** arrendar; **Ձpachtung** *f* arrendamento *m*; **~packen** empacotar; *Hdl* embalar; **Ձpackung** *f* embalagem; **~passen** perder; **~pesten** impestar; **~pfänden** penhorar

verpflanz|en transplantar; **2ung** *f* transplante *m*
Verpflegung *f* alimentação, *Mar*, *Mil* aprovisionamento *m*
verpflicht|en obrigar; ***sich*** ~ comprometer-se (***zu*** a); **2ung** *f* obrigação
ver|pfuschen estragar; aldrabar; **~prügeln** desancar; **~putzen** *Arch* rebocar; **~ramschen** F vender ao desbarato
Ver|rat *m* traição *f*; **2raten** atraiçoar; **~räter** *m* traidor; **2räterisch** traiçoeiro
verrechnen: ***sich*** ~ enganar-se (na conta)
ver|reisen (ir) viajar; **~reist sein** estar em viagem; **~renken** torcer; **~riegeln** trancar; **~ringern** diminuir; reduzir; **~rosten** enferrujar; **~rotten** apodrecer; **~rückt** louco; **2rücktheit** *f* loucura
Vers *m* verso
versag|en falhar; **2er** *m* falhado; F azelha
versalzen salgar em excesso; *fig* estragar
versamm|eln reunir; **2lung** *f* reunião; assembleia
Versand *m* expedição *f*; **~haus** *n* casa *f* de venda por correspondência
versäumen (*Arbeit*) faltar a; (*Zeit*) perder; ***nicht*** ~ não deixar de
ver|schaffen arranjar; **~schalen** *Arch* encofrar; **~schämt** envergonhado; **~schärfen** agravar; **2schärfung** *f* agravamento *m*; **~schenken** dar de presente; **~scheuchen** afugentar; **~schicken** expedir; **~schieben** (*zeitlich*) adiar; (*örtlich*) deslocar
verschieden diverso; diferente; **~artig** diverso, vário
ver|schimmeln criar bolor; **~schlafen** não acordar a horas; **~schlechtern** (**sich**) piorar; **~schleiern** encobrir; **2schleiß** *m* desgaste; *bras* usura *f*; **2schleißteil** *n* peça *f* de desgaste; **~schleppen** sequestrar; arrastar; (*zeitlich*) demorar; (*Angelegenheit*) descuidar; **~schleudern** desperdiçar; (*Geld*) dissipar; **~schließen** fechar à chave
verschlimmern: ***sich*** ~ agravar-se
verschlingen devorar, engolir; ***viel Geld*** ~ custar um dinheirão
verschlucken engolir; ***sich*** ~ engasgar-se
Ver|schluß *m* fecho, fechadura *f*; **2schlüsseln** cifrar; **2schmähen** desdenhar; **~schmelzung** *f* fusão; **~schmutzung** *f* poluição; **2schonen** poupar; **2schönern** embelezar; **2schrauben** aparafusar; **2schreiben** *Med* receitar; **2schrotten** transformar em sucata
verschuld|en *v/t* causar; *v/i*

endividar-se; ≈ *n* culpa *f*; **≈ung** *f* dívidas *f/pl*; endividamento *m*
verschütten (*Flüssigkeit*) verter
verschwägert aparentado
verschweigen calar; (*verheimlichen*) ocultar
verschwend|en esbanjar; **~erisch** esbanjador; **≈ung** *f* esbanjamento *m*; **≈ungssucht** *f* prodigalidade
verschwiegen discreto; **≈heit** *f* discrição
verschwinden desaparecer
verschwommen vago; confuso; indistinto
verschwör|en: ***sich*** **~** conspirar; **≈ung** *f* conspiração
versehen (*Amt*) exercer; ***sich*** **~** enganar-se; ≈ *n* engano *m*; ***aus*** **~** por engano
ver|senken afundar; **≈senkung** *f* afundamento *m*; **~setzen** (*örtlich*) deslocar; (*Beamte*) transferir; (*Schüler*) passar de classe; **~seuchen** contaminar; infe(c)tar; **≈sicherer** *m* segurador; **~sichern** (as)segurar; **≈sicherung** *f* seguro *m*; (*Zusicherung*) afirmação
Versicherungs|gesellschaft *f* companhia de seguros; *bras* seguradora; **~nehmer** *m* segurado; **~police** *f* apólice; **~summe** *f* valor *m* segurado
ver|siegeln selar; (*Parkett*) envernizar; **~silbert** prateado; **~sinken** afundar-se
versöhn|en reconciliar; **~lich** conciliante; **≈ung** *f* reconciliação
versorg|en prover; abastecer; (*Kranke*) cuidar de; **≈ung** *f* abastecimento *m*
verspät|en: ***sich*** **~** atrasar-se; **≈ung** *f* atraso *m*
versperren obstruir
verspotten escarnecer
versprechen prometer; ***sich*** **~** enganar-se; ≈ *n* promessa *f*
verspüren sentir
verstaatlichen nacionalizar; *bras* estatizar
Ver|stand *m* inteligência *f*; razão *f*; ***bei*** **~** ***sein*** ter juízo; **≈ständig** razoável; **≈ständigen** informar; ***sich*** **~** entender-se; **~ständigung** *f* entendimento *m*; **≈ständlich** inteligível; compreensível; **~ständnis** *n* compreensão *f*
verstärk|en reforçar; (*Radio*) amplificar; **≈er** *m* amplificador; **≈ung** *f* reforço *m*; amplificação
verstauchen torcer
Versteck *n* esconderijo *m*; **≈en** esconder; **~spiel** *n* escondidas *f/pl*
ver|stehen compreender; entender; **~steigern** leiloar; **≈steigerung** *f* leilão *m*; (*öffentlich*) hasta pública; **~stellbar** móvel
ver|stellen: ***sich*** **~** fingir, dissimular; **~steuern** tributar; **~stimmt** *Mus* desafinado;

fig aborrecido; **~stopfen** obstruir; (*Rohr*) entupir; **2stopfung** *f* obstrução; *Med* prisão de ventre; **~storben** falecido; **2stoß** *m* infra(c)ção *f*; **~stoßen** (*gegen et*) infringir (a.c.); **~streuen** espalhar; **~stümmeln** mutilar; **~stummen** emudecer
Versuch *m* ensaio; teste; *Phys* experiência *f*; **2en** tentar; **2sweise** a título de experiência; **~ung** *f* tentação
vertagen adiar
vertauschen trocar
verteidig|en defender; **2er** *m* defensor; **2ung** *f* defesa
verteil|en distribuir; **2erkasten** *m* caixa *f* de distribuição; **2ung** *f* distribuição (*a El*)
ver|teuern encarecer; **2teuerung** *f* encarecimento *m*; **~tiefen** aprofundar; **~tilgen** exterminar
Vertrag *m* contrato; *Pol* tratado; **2en** suportar; ***sich ~*** dar-se bem; (*versöhnen*) fazer as pazes; **2lich** por contrato; **2sbruch** *m* violação *f* do contrato; **~shändler** *m* concessionário; **~swerkstatt** *f* oficina autorizada
vertrauen confiar em; **2** *n* confiança *f*; ***im* 2** confidencialmente; **~svoll** confiado; **~swürdig** digno de confiança
ver|traulich confidencial; **~traut** íntimo; familiarizado; **~treiben** expulsar; **2treibung** *f* expulsão
vertret|en substituir; representar; (*Meinung*) defender; **2er** *m* substituto; representante; *Hdl* agente; **2ung** *f* representação
Vertrieb *m* venda *f*
ver|trocknen secar; **~trösten** fazer esperar; **~tuschen** encobrir; **~übeln** levar a mal; **~üben** cometer, praticar
verun|glücken ser vítima de um acidente; **~reinigen** sujar; contaminar; **2reinigung** *f* impureza; **~stalten** deformar; desfigurar; **~treuen** desfalcar; **2treuung** *f* desfalque *m*
verur|sachen causar; **2sacher** *m* causador; **~teilen** condenar; **2teilung** *f* condenação
vervielfältigen multiplicar; (*Bild*) reproduzir; tirar cópias (de)
vervoll|kommnen aperfeiçoar; **~ständigen** completar
ver|wackelt tremido; **~wahren** guardar; **~wahrlost** desleixado
verwalt|en administrar; *a Inform* gerenciar; **2er** *m* administrador; **2ung** *f* administração; gerência
verwandeln transformar
verwandt parente; **2e(r)** *m* parente; **2schaft** *f* parentesco *m*

ver|warnen advertir; **≈warnung** *f* repreensão; aviso *m*; **~wechseln** confundir; **≈wechslung** *f* confusão; **~weigern** recusar; **≈weigerung** *f* recusa; **≈weis** *m* repreensão *f*; **~welken** murchar; **~wendbar** utilizável; **~wenden** usar, empregar; **≈wendung** *f* uso *m*, emprego *m*; **~werfen** rejeitar; **~werflich** condenável; **~werten** aproveitar; **≈wertung** *f* aproveitamento *m*; **~wesen** apodrecer; **~wickeln** implicar (*in* em); **≈wicklung** *f* complicação; (*Konsequenz*) implicação; **~wirklichen** realizar; **≈wirklichung** *f* realização; **~wirren** confundir; **≈wirrung** *f* confusão; **~wittern** decompor-se; **~wöhnen** amimar; **~wunden** ferir; **~wundern** admirar; **≈wunderung** *f* admiração; **≈wundete(r)** *m* ferido; **~wüsten** devastar; **≈wüstung** *f* devastação; **~zaubern** encantar; **~zehren** consumir; **≈zeichnis** *n* lista *f*; índice *m*; **~zeihen** perdoar; **≈zeihung** *f* perdão *m*; **~zerren** deformar; deturpar

Verzicht *m* renúncia *f*; **≈en** renunciar (**auf** a)

verziehen (*Wohnungswechsel*) mudar-se; *v/t* (*Kind*) amimalhar; (*Gesicht*) torcer; **sich ~** deformar-se

verzier|en (ad)ornar; **≈ung** *f* adorno *m*, ornamento *m*

Verzinsung *f* juros *m/pl*

verzöger|n retardar; **sich ~** demorar-se; **≈ung** *f* demora; *Tech* retardo *m*, retardamento *m*

verzollen pagar direitos

verzweif|eln desesperar; **≈lung** *f* desespero *m*

Veto *n* veto *m*

Vetter *m* primo; **~nwirtschaft** *f* amiguismo *m*

Video *n*, **~film** *m* vídeo *m*; **~kamera** *f* videocâmara; **~kassette** *f* videocassete (*bras m*); **~recorder** *m* videogravador; *bras* videocassete; **~text** *m* videotexto

Vieh *n* gado *m*; **~futter** *n* forragem *f*; **~zucht** *f* pecuária

viel muito; ***ziemlich ~*** bastante; **≈eck** *n* polígono *m*; **~fach** múltiplo; *adv* muitas vezes; **≈falt** *f* variedade; **~leicht** talvez (*subj*); **~mehr** antes; **~seitig** *fig* vasto; universal; *Tech* versátil

Vier|beiner quadrúpede; **~eck** *n* quadrângulo *m*

Vier|ganggetriebe *n* *Kfz* caixa *f* de quatro velocidades; **~taktmotor** *m* motor a quatro tempos

Viertel *n* quarto *m*; (*Stadt*) bairro *m*; **~jahr** *n* trimestre *m*; **≈jährlich** trimestral

Vignette *f* vinheta

Villa *f* vivenda

violett roxo

Virus *n* vírus *m*

Visier *n* (*Sturzhelm*) viseira *f*
Visitenkarte *f* cartão *m* de visitas
Visum *n* visto *m*
Vitamin *n* vitamina *f*
Vize... vice-...
Vogel *m* ave *f*; (*klein*) pássaro; **2frei** fora da lei; **~futter** *n* alpista *f*; **~scheuche** *f* espantalho *m*
Volk *n* povo *m*; nação *f*
Völkerrecht *n* direito *m* internacional
Volks|abstimmung *f* plebiscito *m*; **~befragung** *f* referendo *m*; **~bildung** *f* ensino *m* público; **~lied** *n* canção *f* popular; **~tanz** *m* dança *f* folclórica; **~wirtschaft** *f* economia nacional; **~wirtschaftslehre** *f* economia política
voll cheio; completo; **2bart** *m* barba *f* cerrada; **2beschäftigung** *f* pleno emprego *m*; **2bremsung** *f* travagem brusca; **~bringen** realizar; **~enden** concluir
Volleyball *m* voleibol
Vollgas *n*: ***mit ~*** a toda a velocidade
völlig completo
volljährig maior; **2keit** *f* maioridade
Voll|kaskoversicherung *f* seguro *m* contra todos os riscos; **2kommen** perfeito; **~kommenheit** *f* perfeição; **~kornbrot** *n* pão *m* integral; **~macht** *f* plenos poderes *m/pl*; *jur* procuração; **~mond** *m* lua *f* cheia; **~pension** *f* pensão completa; **2ständig** completo; **2strekken** executar; **~versammlung** *f* assembleia; sessão plenária; **2zählig** completo; **2ziehen** executar; (*Ehe*) consumar
Voltzahl *f* voltagem
Volum|en *n* volume *m*; **2inös** volumoso
von de; (*Passiv*) por; ***~ ... an*** desde; **~einander** um do outro
vor (*örtlich*) diante de; (*zeitlich*) antes de, há
Vorabend *m* véspera *f*
voran|gehen ir à frente; *fig* preceder; **2schlag** *m* orçamento
voraus adiante; ***im ~*** de antemão; **~sagen** predizer; **~sehen** prever; **~setzen** pressupor; **2setzung** *f* pressuposto *m*; condição (prévia); **~sichtlich** provável; **2zahlung** *f* pré-pagamento *m*
Vorbehalt *m* reserva *f*; **2en** reservar; **2lich** salvo
vorbei por diante (***an*** de); (*zeitlich*) acabou; passou; **~gehen** passar (***an*** por); (*besuchen*) passar por casa (***bei*** de); **~lassen** deixar passar
vorbereit|en preparar; **2ung** *f* preparativos *m/pl*; preparação
vorbe|stellen marcar; reservar; **~straft** cadastrado

vorbeug|en *fig* prevenir; **~end** preventivo; profilá(c)tico; **Ձung** *f* prevenção; *Med* profilaxia
Vorbild *n* exemplo *m*; modelo *m*; **Ձlich** exemplar; modelar
Vorder... *in Zssgn oft* dianteiro, da frente
Vorder|grund *m* primeiro plano; **~radantrieb** *m* tra(c)ção *f* às rodas dianteiras; **~seite** *f* frente; *Arch* frontaria
vor|drängen: ***sich ~*** pôr-se à frente; **~eilig** precipitado; **~eingenommen** parcial; **Ձeingenommenheit** *f* preconceito *m*; **~erst** por agora; **Ձfahr(e)** *m* antepassado; **Ձfahrt** *f* prioridade; **Ձfall** *m* acontecimento; caso; **~fallen** acontecer; **Ձfreude** *f* alegria antecipada; **~fristig** antes do prazo; **~führen** apresentar; (*Film*) exibir; *Thea* representar; **Ձführung** *f* apresentação; exibição; **Ձgang** *m* processo; **Ձgänger** *m* antecessor; **~gefaßt** preconcebido; **~gefertigt** pré-fabricado; *bras* pré-moldado; **Ձgehen** *n* procedimento *m*; **~gehen** ir à frente; (*gegen*) proceder; (*Uhr*) adiantar; **Ձgeschichte** *f* antecedentes *m/pl*; **Ձgesetzte(r)** *m* superior; **~gestern** anteontem; **~haben** *n* tencionar (fazer); **Ձhaben** *n* propósito *m*; **~handen** existente; **Ձhandensein** *n* existência *f*; **Ձhang** *m* cortina *f*; *Thea* pano; **Ձhängeschloß** *n* cadeado *m*
vorher antes; **~gehend** precedente, anterior
Vorherrsch|aft *f* predomínio *m*; **Ձen** predominar
Vorher|sage *f* previsão; **Ձsehen** prever
vor|hin há pouco; **Ձkaufsrecht** *n* prioridade *f* de compra; opção *f*; **Ձkehrung** *f* precaução; **~kommen** acontecer; **Ձkommen** *n* existência *f*; (*Rohstoffe*) jazigo *m*; *bras* jazida *f*; **Ձkommnis** *n* acontecimento *m*; **~laden** *jur* citar; **Ձladung** *f* citação; **Ձlage** *f* modelo *m*; **Ձläufer** *m* precursor; **~läufig** provisório; *adv* por enquanto; **~legen** apresentar; **Ձleger** *m* tapete; (*Tür*) capacho; **~lesen** ler; **Ձlesung** *f* curso *m*; **~letzt** penúltimo; **Ձliebe** *f* predile(c)ção; **~liegen** haver; **~machen** demonstrar; F (*lügen*) fazer fitas; **Ձmarsch** *m* avanço
Vormittag *m* manhã *f*; **Ձs** de manhã
Vormund *m* tutor; **~schaft** *f* tutela
vorn em frente; à frente; ***von ~*** de frente
Vorname *m* nome (próprio)
vornehm distinto; **~en:** ***sich ~*** pretender
vornherein: ***von ~*** de antemão; desde o princípio

Vor|ort *m* subúrbio; **~pommern** *n* Pomerânia *f* citerior; **~rang** *m* primazia *f*; **~rat** *m* reserva *f*, estoque; **≗rätig** em reserva; **~recht** *n* privilégio *m*; **~richtung** *f* mecanismo *m*, dispositivo *m*; **~runde** *f* (*Sport*) eliminatória; **~satz** *m* propósito; **≗sätzlich** de propósito; **~schlag** *m* proposta *f*; **≗schlagen** propor; **≗schreiben** prescrever

Vorschrift *f* regulamento *m*; **≗smäßig** regular

Vorschuß *m* adiantamento

vorsehen prever; proje(c)tar; *sich* ~ ter cuidado

Vorsicht *f* cuidado *m*, cautela; **~!** cuidado!; **≗ig** cauteloso; **≗shalber** por precaução

Vorsitz *m* presidência *f*; **~ende(r)** *m* presidente

Vorsorg|e *f* precaução; **≗en** providenciar; **≗lich** por precaução

Vorspann *m TV* prefixo

Vor|speise *f* entrada; acepipes *m/pl*; **~spiel** *n* prelúdio *m*; **~sprung** *m* vantagem *f*; dianteira *f*; **~stand** *m* dire(c)ção *f*; **≗stellen** apresentar; (*Uhr*) adiantar; *sich et* ~ imaginar a.c.; **~stellung** *f* (*j-s*) apresentação; *Thea* representação; *fig* ideia; **~stoß** *m* avanço; **~strafe** *f* antecedentes *m/pl* (judiciais); **≗täuschen** fingir; **~teil** *m* vantagem *f*; **≗teilhaft** vantajoso; **~trag** *m* conferência *f*; (*Bericht*) relato; **≗über** passado

vorübergehen passar (*an* por); **~d** temporário

Vor|urteil *n* preconceito *m*; **~verkauf** *m* venda *f* antecipada; **~wahl** *f Tel* indicativo *m*; **~wand** *m* pretexto; **~warnung** *f* pré-aviso *m*; **≗wärts** avante; **≗wärtskommen** avançar; **≗wegnehmen** antecipar; **≗werfen** *fig* repreender; **≗wiegend** principalmente; **~wort** *n* prefácio *m*; **~wurf** *m* censura *f*; repreensão *f*; **≗wurfsvoll** repreensivo; **~zeichen** *n* sinal *m*; **≗zeigen** mostrar; **≗zeitig** prematuro; *adv* antes do tempo; **≗ziehen** *fig* preferir; **~zimmer** *n* sala *f* de espera; **~zug** *m* vantagem *f*; (*Verdienst*) mérito; qualidade *f*; **≗züglich** primoroso; **≗zugsweise** de preferência

Vulkan *m* vulcão; **≗isch** vulcânico

W

Waag|e *f* balança; **2erecht** horizontal; **~schale** *f* prato *m*

Wabe *f* favo *m*

wach acordado; **2e** *f* guarda; **~en über** vigiar; **~hund** *m* cão de guarda

Wacholder *m* zimbro; **~schnaps** *m* genebra *f*

Wachposten *m* sentinela *f*

Wachs *n* cera *f*

wachsam vigilante; **2keit** *f* vigilância

• **wachsen** (*Pflanzen, Haare usw*) crescer; (*zunehmen*) aumentar

Wachs|figurenkabinett *n* museu *m* de cera; **~stift** *m* giz de cera; **~tuch** *n* oleado *m*; **~tum** *n* crescimento *m*; **~tumsrate** *f* taxa de crescimento

Wachtel *f* cordorniz, *bras* codorna

Wächter *m* guarda

wack|(e)lig sein, ~eln (estar a) abanar; **2elkontakt** *m* conta(c)to frouxo (*od* com folga)

Wade *f* barriga da perna

Waffe *f* arma

Waffen|gewalt *f*: ***mit*** **~** à mão armada; **~schein** *m* licença *f* de porte de armas; **~stillstand** *m* armistício

wage|halsig arrojado; **~n** ousar

Wagen *m* carro; *Esb* carruagem *f*, *bras* carro; (*Hand2, Leiter2 usw*) carroça *f*

Wagen|heber *m* macaco (hidráulico); **~ladung** *f* carrada

Waggon *m* vagão

Wagnis *n* risco *m*

Wahl *f* escolha; *Pol* eleição; *Tel* discagem; **2berechtigt** com direito a voto; **~beteiligung** *f* afluência às urnas; **~bezirk** *m* círculo eleitoral

wählen escolher; *Pol* eleger; votar; *Tel* marcar (o número); discar

Wähler *m* eleitor; **2isch** esquisito

Wahl|kampf *m* campanha *f* eleitoral; **~recht** *n* direito *m* de sufrágio; ***allgemeines*** **~** sufrágio *m* universal

Wahn *m*, **~sinn** *m* loucura *f*; **2sinnig** louco

wahr verdadeiro; ***nicht*** **~?** não é (verdade)?

während *prp* durante; *cj* enquanto (que)

wahrhaft verdadeiro; **2igkeit** *f* sinceridade; veracidade

Wahrheit *f* verdade

wahr|nehmen perceber; (*Gelegenheit*) aproveitar; (*Interessen*) defender; **2nehmung** *f* percepção; **~sagen** adivinhar; **~scheinlich** provável; **2scheinlichkeit** *f* probabilidade

Währung *f* moeda; **~sreform** *f* reforma monetária
Wahrzeichen *n* símbolo *m*
Waise *f* órfão *m*; órfã; **~nhaus** *n* orfanato *m*
Wal *m* baleia *f*
Wald *m* floresta *f*; bosque; **~sterben** *n* degradação *f* de florestas
Wall *m* aterro; (*Schutz*) dique; **~fahrt** *f* peregrinação
Walnuß *f* noz; **~baum** *m* nogueira *f*
Walze *f* rolo *m*; *Tech* cilindro *m*; **~n** cilindrar; (*Boden*) aplanar
Walzer *m* valsa *f*
Wand *f* parede; muro *m*
Wandel *m* mudança *f*; **~n** mudar
Wander|er *m* caminheiro, viandante; **~n** andar a pé; caminhar; **~ung** *f* excursão (a pé)
Wand|leuchte *f* aplique *m*; **~lung** *f* mudança; **~tafel** *f* quadro *m* de parede; **~zeitung** *f* jornal *m* de parede
Wange *f* face
wankelmütig vacilante
wanken vacilar
wann quando
Wanne *f* cuba; (*Bad*) banheira; **~nbad** *n* banho *m* de imersão
Wanze *f* percevejo *m*
Wappen *n* brasão *m*; armas *f/pl*
Ware *f* mercadoria; **~nhaus** *n* armazém *m*; **~nkorb** *m* (*Statistik*) cabaz de preços; **~nlager** *n* armazém *m*; estoque *m*; **~nprobe** *f* amostra; **~zeichen** *n* marca *f* registada
warm quente; *fig* coloroso
Wärm|e *f* calor *m*; **~edämmung** *f* isolamento *m* térmico; **~kraftwerk** *n* central *f* (*bras* usina *f*) term(o)-elé(c)trica; **~en** aquecer; **~flasche** *f* botija
warmherzig caloroso
Warn|blinkanlage *f* luzes *f/pl* de prevenção; **~dreieck** *n* triângulo *m* de pré-sinalização; **~en** advertir; prevenir; **~ung** *f* advertência; **~zeichen** *n* sinal *m* de perigo
warten esperar (***auf*** por)
Wärter *m* guarda
Warte|saal *m*, **~zimmer** *n* sala *f* de espera
Wartung *f* *Tech* manutenção
warum por que; **~?** *n* porquê *m*
Warze *f* verruga
was (o) que; **~?** (o) quê?
Waschbecken *n* lavabo *m*; lavatório *m*
Wäsche *f* roupa (branca) (***aufhängen*** estender)
waschecht de cor fixa (*od* garantida)
Wäsche|klammer *f* mola; **~korb** *m* roupeiro
waschen lavar
Wäsche|rei *f* lavandaria, *bras* lavanderia; **~schleuder** *f* centrifugadora (de roupa); **~schrank** *m* roupeiro

Wasch|lappen *m* esfregão; F *fig* poltrão; **~maschine** *f* máquina de lavar; **~mittel** *n* detergente *m*; **~paste** *f* pasta detergente; **~pulver** *n* detergente *m* em pó; **~schüssel** *f* bacia

Wasser *n* água *f*; **~bad** *n* *Kochk* banho-maria *m*; **~dampf** *m* vapor; **2dicht** impermeável; **~fall** *m* cascata *f*; queda *f* de água; *bras* cachoeira *f*; **~flugzeug** *n* hidr(o)avião *m*; **~hahn** *m* torneira *f*

Wasser|kraftwerk *n* central *f* hidroeléctrica; *bras* usina *f* hidrelétrica; **~leitung** *f* canalização; **~mann** *m* Aquário; **~mühle** *f* azenha; **~rohr** *n* tubo *m* de água

wasser|scheu: ~ *sein* ter horror à água; **2scheide** *f* linha divisória das águas; **2ski** *m* esqui aquático; **2spiegel** *m* nível da água; **2sport** *m* desporto náutico, *bras* esporte aquático; **2stand** *m* altura *f* da água; **2stoff** *m* hidrogénio; **2straße** *f* via fluvial; **2verschmutzung** *f* poluição aquática; **2waage** *f* nível *m*; **2werk** *n* central *f* hidráulica; serviço *m* das águas

wäßrig aquoso, aguado

Watte *f* algodão *m* (em rama)

web|en tecer; **2er** *m* tecelão; **2stuhl** *m* tear

Wechsel *m* mudança *f*; (*Tausch*) troca *f*; *Fin* letra *f*; **~geld** *n* trocos *m*|*pl*; **~kurs** *m* câmbio; **2n** trocar; mudar de; (*Geld*) cambiar; **2nd** alternante; **~plattenspeicher** *m Inform* memória *f* de disco intermutável; **2seitig** recíproco; **~sprechanlage** *f* interfone *m*; **~strom** *m* corrente *f* alternada

weck|en acordar; **2er** *m* despertador

weder: ~ ... *noch* nem ... nem

weg: ~ *sein* estar ausente; *weit* ~ longe

Weg *m* caminho; (*Route*) derrota *f*; *fig* (*Aus2*) remédio; (*Mittel2*) meio; **~bereiter** *m* pioneiro; precursor

weg|bleiben não vir; não comparecer; **~bringen** levar

wegen por (causa de); devido a

weg|fahren sair, partir; **~fallen** ser suprimido; não se realizar; **~gehen** ir-se embora; ausentar-se; **~lassen** suprimir; omitir; **~laufen** fugir (a correr); **~nehmen** tirar; levar; **~räumen** arrumar; remover

Wegweiser *m* sinal itinerário

Wegwerf... descartável

wegwerfen deitar fora

Wegzehrung *f* provisões *f*|*pl*

weh: ~ *tun* doer; *sich* ~ *tun* magoar-se; *bras* machucar-se

wehen soprar

Wehen *f*|*pl* dores do parto

Weh|mut *f* melancolia; **2mütig** melancólico
Wehr *n* açude *m*, barragem *f*; **2en:** ***sich*** **~** defender-se; **2los** indefeso; **~pflicht** *f* serviço *m* militar obrigatório
Wehweh *n* (*Kindersprache*) dói-dói *m*
Weib *n* mulher *f*; F gaja *f*; **~chen** *n Zo* fêmea *f*; **2isch** efeminado; **2lich** feminino
weich mole; (*Ei*) quente; (*Haut*) macio
Weich|e *f Esb* agulha; **~spüler** *m* amaciador
Weide *f* pastagem; (*Baum*) salgueiro *m*; **2n** pastar; **~nkorb** *m* cabaz
weiger|n: ***sich*** **~** recusar-se (***zu*** a); **2ung** *f* recusa
weih|en consagrar; benzer; **2nachten** *n od pl* Natal *m/sg*
Weihnachts|abend *m* véspera *f* de Natal; consoada *f*; **~baum** *m* árvore *f* de Natal; **~mann** *m* Pai Natal
Weih|rauch *m* incenso; **~wasser** *n* água *f* benta
weil porque, como; **2e** *f* momento *m*; instante *m*; ***vor einer*** **~** há pouco (tempo); **~en** demorar-se
Wein *m* vinho; (*Traube*) uva *f*; **~bau** *m* viticultura *f*; **~berg** *m* vinha *f*; **~bergschnecke** *f* caracol *m* comum; **~brand** *m* conhaque
weinen chorar; **2** *n* choro *m*
Wein|karte *f* lista dos vinhos; **~keller** *m* adega *f*; **~lese** *f* vindima; **~rebe** *f* vide; **~traube** *f* cacho *m* de uvas
weise sábio; **2** *f* maneira; **~(r)** *m* sábio
Weisheit *f* sabedoria; **~szahn** *m* dente do siso
weiß branco; **2blech** *n* folha-de-Flandres *f*; lata *f*; **2brot** *n* pão *m* de trigo; (*klein*) carcaça *f*; **2kohl** *m* repolho; **2wein** *m* vinho branco
Weisung *f* dire(c)tiva
weit extenso, vasto; (*Entfernung*) distante, longe; (*Kleid*) largo, folgado; *fig* amplo
Weitblick *m* perspicácia *f*
Weite *f* extensão; *Tech* largura; **2n** alargar
weiter (*dann*) depois; (*mehr*) mais; ***und so*** **~** et cétera; **~!** adiante!; **~** (+ *Verb*) continuar a (*inf*); **2bildung** *f* reciclagem; **~gehen** (*fortsetzen*) continuar, seguir; **~kommen** avançar; progredir; **~leiten** fazer seguir; **~sagen** divulgar
weit|gehend (*beträchtlich*) considerável; **~läufig** extenso; vasto; **~sichtig** *fig* previdente; *Med* presbita; **2sprung** *m* salto em comprimento; **~verbreitet** muito frequente; popular; **2winkelobjektiv** *n* grande-angular *f*
Weizen *m* trigo
welch(e, er, es) (*Frage*) que; qual (de), *pl* quais; *rel* que, o

(*od* a) qual; *pl* os (*od* as) quais
welken murchar
Well|blech *n* chapa *f* ondulada; **~e** *f* onda; *Tech* cilindro *m*; (*Achse*) eixo *m*; *fig a* vaga; **~enbrecher** *m* quebra-mar; molhe; **~enkamm** *m* crista *f*; **~enlänge** *f* comprimento *m* de onda; **~enlinie** *f* ondulação; **~ensittich** *m* periquito; **~ental** *n* côncavo *m* (das ondas); *bras* depressão *f*
wellig ondulado; (*Landschaft*) acidentado
Welt *f* mundo *m*; ***dritte*** **~** terceiro mundo; **~all** *n* universo *m*; **~anschauung** *f* concepção do mundo; *bras* cosmovisão; **2berühmt** de fama universal; **~handel** *m* comércio internacional; **~herrschaft** *f* domínio *m* do mundo; **~karte** *f* mapa-múndi *m*; **~krieg** *m* guerra *f* mundial; **2lich** profano, secular; **~macht** *f* grande potência; **~meister** *m* campeão do mundo; **~raum** *m* espaço; **~reise** *f* volta ao mundo; **~rekord** *m* recorde mundial; **~wirtschaft** *f* economia mundial
wem a quem
wen quem
Wende *f* viragem; *Pol* reviralho *m*; reviravolta; **~hals** *m* *Zo* torcicolo; *Pol* vira-casaca; **~kreis** *m* *Kfz* raio de viragem; (*Geographie*) trópico; **~ltreppe** *f* escada de caracol; **2n** virar; ***sich*** **~** dirigir-se (***an*** a); **~punkt** *m* momento crítico; reviravolta *f*
wendig *Kfz* maneável; (*Person*) hábil
Wendung *f* volta; viragem
wenig pouco; **~er** menos; **~st:** ***das*** **~e** o menos; o mínimo; **~stens** pelo menos
wenn se; (*zeitlich*) quando; **~ ...** ***auch*** ainda que
wer quem
Werbe|agentur *f* agência de publicidade; **2n** fazer propaganda (***für*** de)
Werbung *f* publicidade, reclamo *m*
werden tornar-se; *bras* virar; ser, ficar
werfen atirar, lançar
Werft *f* estaleiro *m*
Werk *n* obra *f*; fábrica *f*; *bras* usina *f*; **~bank** *f* banco *m*; **~meister** *m* capataz; mestre de obras; **~statt** *f* oficina; **~stattwagen** *m* *Kfz* camião-oficina; **~stoff** *m* material; **~stück** *n* peça *f*; **~tag** *m* dia útil; **2tätig** trabalhador; **~zeug** *n* ferramenta(s *pl*) *f*; **~zeugtasche** *f* *Kfz* saco de ferramentas
wert: **~** ***sein*** valer
Wert *m* valor; **2beständig** estável; **2en** avaliar; **2los** sem valor; **~papier** *n* título *m*; **~sachen** *f/pl* obje(c)tos *m/pl* de valor; **~ung** *f* avaliação; **~urteil** *n* apreciação

f; juízo *m* valorativo; **＊voll** valioso, precioso
Wesen *n* ser *m*; natureza *f*; cará(c)ter *m*; essência *f*; **~s-art** *f* índole; **＊tlich** essencial
weshalb por que; *rel* pelo que, pelo qual
Wespe *f* vespa
wessen de quem
West... *in Zssgn* ocidental
Weste *f* colete *m*
West|en *m* oeste, ocidente; **＊lich** ocidental
weswegen = ***weshalb***
Wett|bewerb *m* concurso; *Hdl* concorrência *f*; (*Sport*) competição *f*; **~e** *f* aposta; ***um die ~*** ao desafio; **＊eifern** competir, rivalizar; **＊en** apostar
Wetter *n* tempo *m*; **~bericht** *m* boletim meteorológico; **~dienst** *m* serviço meteorológico; **~fahne** *f* catavento *m*; **~leuchten** *n* corrisco *m*; **~satellit** *m* satélite meteorológico; **~seite** *f* lado *m* do vento; **~vorhersage** *f* previsão do tempo; **~warte** *f* observatório *m* meteorológico; **＊wendisch** volúvel; caprichoso
Wett|kampf *m* desafio, luta *f*; (*Sport*) competição *f*; **~lauf** *m* corrida *f*; **~streit** *m* rivalidade *f*
Whisky *m* uísque
wichtig importante; **＊keit** *f* importância; **＊tuer** *m* presumido
wick|eln enrolar; **＊lung** *f* enrolamento *m*, bobinagem
Widder *m* carneiro; (*Sternbild a*) Áries
wider contra; **~fahren** acontecer; **＊haken** *m* farpa *f*; **＊hall** *m* eco; *fig* ressonância *f*; **~hallen** ecoar; **~legen** refutar; **~lich** repugnante; **~rechtlich** ilegal; **＊rede** *f* réplica; **~rufen** desmentir; revogar; **＊sacher** *m* rival; **~setzen: *sich ~*** opor-se (a); **~spenstig** renitente; **~spiegeln** refle(c)tir; **~sprechen** contradizer; **＊spruch** *m* contradição *f*; **~sprüchlich** contraditório; **＊stand** *m* resistência *f*; oposição *f*; **~standsfähig** resistente; **~stehen** resistir; **~wärtig** repugnante; **＊wille** *m* repugnância *f*; **~willig** contrariado
widm|en dedicar; **＊ung** *f* dedicação; (*Buch etc*) dedicatória
widrig contrário; adverso
wie como
wieder de novo; outra vez; **＊aufbau** *m* reconstrução *f*; **~aufbauen** reconstruir; **＊aufbereitung** *f* reprocessamento *m*; **~aufladbar** recarregável; **~bekommen** reaver; recuperar; **~beleben** reanimar; **~bringen** devolver; **~erkennen** reconhecer; **＊eröffnung** *f* reabertura; **＊gabe** *f* reprodução; **~geben** restituir; reproduzir;

ᴥgutmachung *f* reparação; (*Entschädigung*) inde(m)nização; **~herstellen** restaurar; **ᴥherstellung** *f* restauração; **~holen** repetir; **ᴥholung** *f* repetição; **~kommen** regressar; **~sehen** tornar a ver; ***auf*** *ᴥ!* até à vista!, adeus!; **~vereinigen** reunificar; **ᴥvereinigung** *f* reunificação; **ᴥverwendung** *f* reutilização
Wiege *f* berço *m*; **ᴥn** pesar; *v/t* (*Baby*) embalar
wiehern relinchar
Wiese *f* prado *m*; *bras* gramado *m*
Wiesel *n* doninha *f*
wieso por que, como
wieviel quanto
wild selvagem; bravo; feroz
Wild *n* caça *f*; **~e(r)** *m* selvagem; **~leder** *n* camurça *f*; **~nis** *f* deserto *m*; selva; sertão *m*; **~schwein** *n* javali *m*
Wille *m* vontade *f*; ***böser ~*** má fé *f*; ***aus freiem ~n*** de boa vontade; ***mit ~n*** de propósito; **~nskraft** *f* força de vontade
willkommen bem-vindo; ***~ heißen*** dar as boas-vindas a; *ᴥ n* boas-vindas *f/pl*
Willkür *f* arbitrariedade; **ᴥlich** arbitrário
wimmern choramingar
Wimper *f* pestana; **~ntusche** *f* rímel *m*
Wind *m* vento; **~e** *f* guincho *m*; sarilho *m*; **~el** *f* fralda, cueiro *m*; **~elhöschen** *n* cueiro *m* descartável; **~hund** *m* galgo
windig ventoso; ***~ sein*** estar vento
Wind|kraft *f* energia eólica; **~mühle** *f* moinho *m* de vento; **~pocken** *f/pl* varicela *f*; *bras* cataporas; **~schutzscheibe** *f* pára-brisas *m*; **~stärke** *f* intensidade do vento; **~stille** *f* calmaria; **~stoß** *m* rajada *f*; **~surfing** *n* windsurf *m engl*; prancha *f* à vela
Windung *f* volta; (*Weg*) curva; (*Schraube*) rosca
Wink *m* aceno; sinal
Wink|el *m* ângulo; ***toter ~*** *Kfz* zona *f* de sombra; **ᴥen** acenar
winseln gemer; ganir
Winter *m* inverno; **~garten** *m* estufa *f*; **ᴥlich** de inverno; invernal; **~schlaf** *m* hibernação *f*; **~schlußverkauf** *m* saldos *m/pl* de inverno; **~sport** *m* desportos (*bras* esportes) *m/pl* de inverno
Winzer *m* vinhateiro
winzig minúsculo, diminuto
wir nós; F a gente
Wirbel *m* vértebra *f*; (*Wasser usw*) remoinho; **~säule** *f* coluna vertebral; **~sturm** *m* ciclone; **~tier** *n* vertebrado *m*; **~wind** *m* remoinho; turbilhão
wirk|en a(c)tuar; (*a Med*) fazer efeito (***auf*** sobre); **~lich**

real; *adv* de fa(c)to; **2lichkeit** *f* realidade; **~sam** eficaz; **2samkeit** *f* eficácia; **2ung** *f* efeito *m*; (*heftig*) impacte *m*; **~ungslos** ineficaz; **~ungsvoll** eficaz
Wirr|en *f/pl* distúrbios *m/pl*; **~warr** *m* trapalhada *f*; balbúrdia *f*
Wirsingkohl *m* couve *f* lombarda
Wirt *m* dono (da casa), patrão
Wirtschaft *f* economia; (*Haushalt*) governo *m* da casa; **2en** governar; administrar; **2lich** económico; **~lichkeit** *f* rentabilidade; **~sgeld** *n* dinheiro *m* para o governo da casa; **~spolitik** *f* política económica; **~sprüfer** *m* técnico verificador; *bras* perito-contador; **~swissenschaft** *f* ciências *f/pl* económicas e financeiras
wisch|en limpar; esfregar; **2lappen** *m* esfregão
Wißbegier *f* curiosidade
wissen saber; ***nicht ~*** ignorar; **2** *n* saber *m*; conhecimentos *f/pl*
Wissenschaft *f* ciência; **~ler** *m* cientista; **2lich** científico
wissenswert interessante
wissentlich consciente
wittern farejar
Witwe *f* viúva; **~r** *m* viúvo
Witz *m* graça *f*; piada *f*; **~bold** *m* brincalhão; **2los: *~ sein*** não ter graça (nenhuma)
wo onde; **~bei** em que, no (*od* na) qual; *häufig a Gerundium*
Woche *f* semana; **~nende** *n* fim-de-semana *m*; **2nlang** durante semanas; **~ntag** *m* dia da semana; dia útil
wöchentlich semanal; *adv* todas as semanas
Wöchnerin *f* parturiente
wo|durch de que modo; (*relativ*) pelo que; **~für** para que; (*relativ*) para o que
Woge *f* vaga, onda
wogegen contra que; (*relativ*) contra o que (*od* o qual, *od* a qual)
wo|her donde; **~hin** para onde, aonde
wohl bem; **2** *n* bem *m*; ***auf Ihr 2!*** (à sua) saúde!; **~auf** rijo; ***~ sein*** passar bem; **2befinden** *n* bem-estar *m*; **2behagen** *n* prazer *m*, agrado *m*; **2fahrt** *f* bem(-estar) *m*; **~habend** abastado; **~schmeckend** gostoso; **2sein** *n* saúde *f*; **2stand** *m* prosperidade *f*; bem-estar; **2tat** *f* benefício *m*; **2täter** *m* benfeitor; **~tätig** caritativo; **2tätigkeit** *f* caridade; **2wollen** *n* simpatia *f*; benevolência *f*; **~wollend** benévolo
Wohn|bezirk *n* bairro *m* residencial; **2en** morar; viver; **2haft** residente; **~haus** *n* casa *f* de habitação; **2lich** confortável; **~mobil** *n* auto-caravana *f*, carro-casa *m*; **~ort** *m* residência *f*; morada *f*; **2raum** *m* assoalhada *f*

Wohnung *f* casa; **~samt** *n* serviços *m/pl* de alojamento; **~sbau** *m* construção *f* de habitações; **~snot** *f* crise habitacional
Wohn|wagen *m* rulote *f*; *bras* carro de moradia; **~zimmer** *n* sala *f* (de estar)
Wölbung *f* abóbada; curva
Wolf *m* lobo
Wolfram *n* volfrâmio *m*
Wolk|e *f* nuvem; **~enbruch** *m* aguaceiro; **~enkratzer** *m* arranha-céus; **2enlos** desnublado, limpo; **2ig** nublado
Woll|decke *f* cobertor *m*; **~e** *f* lã
wollen querer; (*beabsichtigen*) pretender; (*wünschen*) desejar
Woll|spinnerei *f* fiação de lãs; **~stoff** *m* (tecido de) lã *f*
Wol|lust *f* voluptuosidade; **2lüstig** lascivo; voluptuoso
Wonn|e *f* delícia; **2ig** delicioso
Wort *n* palavra *f*; ***beim ~ nehmen*** pegar na palavra de; ***das ~ ergreifen*** tomar a palavra; **2brüchig: *~ sein*** faltar à palavra
Wörterbuch *n* dicionário *m*
wort|karg de poucas palavras; **2laut** *m* íntegra *f*; teor
wörtlich literal; à letra
wort|los sem dizer nada; **2schatz** *m* vocabulário; **2spiel** *n* jogo *m* de palavras
wo|rüber sobre que, em que; *rel* sobre o que (*od* o qual, *od* a qual); **~von** de que; **~zu** para que
Wrack *n* destroços *m/pl*
Wucher *m* usura *f*; **~er** *m* usurário; **2n** usurar; *Bot* pulular
Wucht *f* ímpeto *m*; **2ig** impetuoso
wühlen in (*dat*) revolver; remexer
wund ferido; esfolado; **2e** *f* ferida
Wunder *n* milagre *m*; maravilha *f*; **2bar** maravilhoso; **2hübsch** muito lindo; **~kind** *n* menino-prodígio *m*; **2lich** estranho; esquisito; **2n, *sich*** admirar-se (***über*** de); **2voll** maravilhoso, magnífico
Wunsch *m* desejo; ***auf ~*** a pedido
wünschen desejar; **~swert** desejável
Wunschtraum *m* ideal
Würde *f* dignidade; (*Ernst*) gravidade; **2los** indigno; **2voll** grave; solene
würdig digno; **~en** apreciar; **2ung** *f* apreciação; (*Ehrung*) homenagem
Wurf *m* lançamento; (*Spiel*) lance; jogada *f*
Würfel *m* cubo; (*Spiel*) dado; **2n** jogar (a)os dados
Wurfsendung *f* remessa por avença
würgen estrangular
Wurm *m* verme; (*Holz2*) caruncho; (*Regen2*) minhoca *f*; *Med* lombriga *f*; **2stichig** carunchoso

Wurst *f allg* enchido *m*; (*geräuchert*) chouriço *m*; *bras* lingüiça
Würstchen *n* salsicha *f*; **~bude** *f* F locanda de salsichas
Würze *f* tempero *m*, condimento *m*; (*Geschmack*) aroma *m*
Wurzel *f* raiz
würz|en temperar, condimentar; **~ig** aromático; saboroso
wuschelig crespo
wüst deserto; (*ohne Ordnung*) desordenado; **2e** *f* deserto *m*; **2ling** *m* devasso
Wut *f* raiva, fúria
wüten enfurecer; desencadear-se; **~d** furioso; **~ werden** enraivecer

X

X-Beine *n/pl*: **~ haben** ser cambaio; *bras* ser um perna-de-xis
x-beliebig qualquer
x-mal imensas (*od* mil) vezes

Z

Zacke *f* ponta; dente *m*
zaghaft tímido; medroso
zäh tenaz; resistente; (*Fleisch*) duro; **~flüssig** viscoso; (*Verkehr*) congestionado; **2igkeit** *f* tenacidade
Zahl *f* número *m*; **2bar** pagável; **2en** pagar; *Hdl* saldar; **~!** a conta!
zähl|en contar; **2er** *m* contador
Zahl|grenze *f* zona; **~karte** *f* vale *m* (postal); **2los** inumerável; **2reich** numeroso; **~tag** *m* dia de pagamento; **~ung** *f* pagamento *m*
Zählung *f* contagem
Zahlungs|anweisung *f* ordem de pagamento; cheque *m*; **~befehl** *m* mandado de pagamento; **~einstellung** *f* suspensão de pagamentos; **2fähig** solvente; **~mittel** *n* moeda *f*; **2unfähig** insolvente
Zählwerk *n* contador *m*
Zahlwort *n* numeral *m*
zahm manso; domesticado
zähmen amansar
Zahn *m* dente (**putzen** lavar); **~arzt** *m* dentista; **~belag** *m* sarro; **~bürste** *f* escova de dentes; **~ersatz** *m* dentadura *f* postiça; **~fleisch** *n* gengiva *f*; **2los** desdentado; **~pasta** *f* pasta dentífrica (*bras* dental); **~rad** *n* roda *f* dentada; **~radbahn** *f* elevador *m*; *Tech* funicular *m* de cremalheira; **~schmelz** *m* esmalte dos dentes; **~-**

schmerz *m* dor *f* de dentes; **~stocher** *m* palito
Zange *f* alicate *m*; (*groß*) tenaz; *Med* pinça
Zank *m* briga *f*; **2en:** (*sich*) ~ brigar; zangar(-se) (*mit* com)
zänkisch quezilento
Zäpfchen *n* úvula *f*; *Med* supositório *m*
Zapf|en *m* (*Faß*) batoque; *Tech* pino; cavilha *f*; **~säule** *f* bomba de gasolina
zapp|eln estrebuchar; **~(e)lig** inquieto; irrequieto
zart tenro; terno; (*Gesundheit*) delicado
zärtlich carinhoso, afe(c)tuoso; **2keit** *f* carinho *m*
Zauber *m* encanto; **~ei** *f* magia; **~künstler** *m* ilusionista; **~stab** *m* varinha *f* mágica
zaudern hesitar
Zaun *m* cerca *f*, vedação *f*; (*Draht*) rede *f*
Zebra *n* zebra *m*; **~streifen** *m* passadeira *f*
Zech|e *f* despesa; *bras* consumação; *Bgb* mina; **~preller** *m* F caloteiro
Zecke *f* carraça
Zeder *f* cedro *m*
Zehe *f* dedo *m* do pé; (*Knoblauch*) dente *m*
Zehntel *n* décimo *m*
Zeich|en *n* sinal *m*; (*Merk2*, *Hdl*) marca *f*; *fig* símbolo *m*; **~enbrett** *n* prancheta *f* de desenho; **~ensatz** *m* *Inform* caracteres *m/pl*; **~ensetzung** *f* pontuação; **~entrickfilm** *m* (filme de) desenhos *m/pl* animados; **2nen** desenhar; marcar; **~nung** *f* desenho *m*; *Tech* traçado *m*
Zeige|finger *m* indicador; **2n** mostrar; indicar; **~r** *m* ponteiro
Zeile *f* linha; **~nabstand** *m* entrelinha *f*
Zeit *f* tempo *m*; **~alter** *n* idade *f*; era *f*; **~bombe** *f* bomba-relógio; **~geist** *m* espírito da época; **2gemäß** a(c)tual; **~genosse** *m*; **2genössisch** contemporâneo; **2ig** *adv* a tempo; **2lebens** durante toda a vida; **2lich** temporal; **~lupe** *f* câmara lenta; **~punkt** *m* altura *f*; momento; **~raffer** *m* acelerador; **2raubend** moroso; demorado; **~raum** *m* período; **~schaltuhr** *f* comutador *m* de relógio; **~schrift** *f* revista; **~takt** *m* *Tel* impulso
Zeitung *f* jornal *m*
Zeit|verlust *m* perda *f* de tempo; **~vertrag** *m* contrato a tempo; **~vertreib** *m* passatempo; **2weise** de vez em quando; por momentos; **~zeichen** *n* sinal *m* horário; **~zone** *f* fuso *m* horário
Zell|e *f* célula; *Arch* cela; **~stoff** *m* celulose *f*; **~stofftaschentuch** *n* lenço-papel *m*
Zelt *n* tenda *f*; **2en** acampar; fazer campismo; **~lager** *n*

acampamento *m*; **~platz** *m* parque de campismo
Zement *m* cimento
zens|ieren censurar; (*Schule*) classificar; **2ur** *f* censura; (*Schule*) nota
Zentimeter *m od n* centímetro *m*
Zentner *m* quintal
Zentral|e *f* central; **~einheit** *f Inform* unidade central; **~heizung** *f* aquecimento *m* (*bras* calefação) central; **~verriegelung** *f Kfz* tranca (*od* fecho *m*) central das portas
zentrieren (*z.B. Inform*) centralizar
Zentrum *n* centro *m*
zer|brechen quebrar; partir(-se); **~brechlich** frágil; **~bröckeln** desmoronar-se; **2fall** *m* ruína *f*; *fig* decadência *f*; *Phys* desintegração *f*; *Chem* decomposição *f*; **~fallen** cair em ruínas; desmoronar-se; **~fetzen** esfarrapar; **~kleinern** esmiuçar; partir; **~knüllen, ~knittern** amarrotar; **~legen** decompor; *Tech* desmontar; (*Braten*) trinchar; **~mürben** *fig* cansar; desmoralizar; **~quetschen** esmagar; **~reißen** rasgar(-se)
zerr|en puxar; *Med* distender; **2ung** *f* distensão
zer|schlagen destroçar; *sich* **~** (*scheitern*) falhar; **~setzen** decompor; desagregar; **~splittern** estilhaçar; **2stäuber** *m* pulverizador; **~stören** destruir; **2störer** *m* contratorpedeiro; **2störung** *f* destruição; **~streuen** dispersar; *sich* **~** distrair-se; **~streut** *fig* distraído; **~trampeln** espezinhar; **~trümmern** destroçar; (*Atom*) desintegrar
Zettel *m* papel; (*Aushang*) cartaz; **~kasten** *m* ficheiro
Zeug *n* utensílios *m/pl*, coisas *f/pl*
Zeug|e *m* testemunha *f*; **2en** testemunhar; *v/t* gerar; **~enaussage** *f* depoimento *m*; **~nis** *n* certificado *m*; diploma *m*
Zickzack *m* zigue-zague
Ziege *f* cabra; *Kochk* cabrito *m*
Ziegel *m* tijolo; (*Dach*) telha *f*
Ziegenbock *m* bode
ziehen *v/t* puxar; tirar; (*Zahn*) arrancar; (*Zigarette*) chupar; *v/i* haver corrente de ar; (*Tee*) abrir; (*dahin~*) passar
Ziehharmonika *f* acordeão *m*
Ziehung *f* sorteio *m*
Ziel *n* alvo *m*; *fig a* fim *m*; (*Sport*) meta *f*; **2en** apontar; **~linie** *f* linha de chegada; **2los** desnorteado; **~scheibe** *f* alvo *m*; **2strebig** consequente; enérgico
ziemlich bastante
Zier|de *f* ornamento *m*; ador-

no *m*; ≈**en** ornar; ≈**lich** gracioso
Ziffer *f* algarismo *m*; ~**blatt** *n* mostrador *m*
Zigarette *f* cigarro *m*; ~**npapier** *n* mortalha *f*
Zigarillo *n od m* cigarrilha *f*
Zigarre *f* charuto *m*
Zigeuner *m* cigano
Zimmer *n* divisão *f*; quarto *m*; *bras* peça *f*; ~**antenne** *f* antena interior; ~**mädchen** *n* criada *f* do quarto; *bras* arrumadeira *f*; ~**mann** *m* carpinteiro
zimperlich melindroso
Zimt *m* canela *f*
Zink *n* zinco *m*
Zinn *n* estanho *m*
Zins|en *m/pl* juros; ~**eszins** *m* juro composto; ~**fuß** *m* taxa *f* de juro; ≈**los** isento de juros; ~**satz** *m* = **Zinsfuß**
Zipfel *m* ponta *f*
Zirk|el *m* compasso; (*Kreis*) círculo; ≈**ulieren** circular; ~**us** *m* circo
zischen sibilar
Zit|at *n* citação *f*; ≈**ieren** citar
Zitrone *f* limão *m*; ~**nbaum** *m* limoeiro
Zitrusfrüchte *pl* citrinos *m/pl*
zittern tremer
Zitze *f* teta
zivil civil; ~**isieren** civilizar; ≈**ist** *m* civil; ≈**luftfahrt** *f* aviação civil
Zoff *m* F bronca *f*
zögern hesitar; ~**d** hesitante
Zoll *m* (*Maß*) polegada *f*; (*Abgabe*) direitos *m/pl* de alfândega; ~**abfertigung** *f* despacho *m* aduaneiro; ~**amt** *n* alfândega *f*; ~**beamte(r)** *m* empregado da alfândega; ~**erklärung** *f* declaração para a alfândega; ≈**frei** isento de direitos; ≈**pflichtig** sujeito a direitos
Zone *f* zona
Zoo *m* jardim zoológico
Zoom *n Fot* zum *m*
Zopf *m* trança *f* (de cabelo)
Zorn *m* cólera *f*, ira *f*; ~**ausbruch** *m* ataque de cólera; ≈**ig** irado
zu (par)a; ~ ***Hause*** em casa; ~ ***j-m*** (par)a casa de alg.; (*Zweck*) para; *adv* (*übermäßig*) demasiado; de mais
zuallererst em primeiro lugar
Zu|behör *n* acessórios *m/pl*; ≈**bereiten** preparar; ~**bereitung** *f* preparação; ≈**billigen** conceder; ~**bringerstraße** *f* (via de) acesso *m*
Zucchini *pl* cabaças *f/pl*
Zucht *f* criação; *Agr* cultura
züchten criar; cultivar
Zuchthaus *n* penitenciária *f*
züchtigen castigar
zucken palpitar; estremecer
Zucker *m* açúcar; ~**dose** *f* açucareiro *m*; ~**hut** *m* pão-de-açúcar; ≈**krank**, ~**kranke(r)** *m* diabético; ~**krankheit** *f* diabetes; ~**rohr** *n* cana *f* de açúcar; ~**rübe** *f* beterraba

Zuckung *f* convulsão; contra(c)ção
zu|decken cobrir; tapar; **~dringlich** importuno; **~drücken** fechar; **~erst** primeiro; **⁀fahrtsstraße** *f* rua de acesso; **⁀fall** *m* acaso; **~fällig** casual; *adv* por acaso; **⁀flucht** *f* refúgio *m*; **⁀fluß** *m* afluente
zufrieden contente; **⁀heit** *f* contentamento *m*; **~stellend** satisfatório
Zufuhr *f* abastecimento *m*; *Tech* alimentação
Zug *m* (*Spiel*) lance; (*Trinken*) trago; *Esb* comboio, *bras* trem; (*Fest*) cortejo; (*Gesicht*) traço; (*Luft*) corrente *f* de ar
Zu|gabe *f* suplemento *m*; **~gang** *m* acesso; **⁀gänglich** acessível; **⁀geben** *fig* admitir; **~gehörigkeit** *f* filiação
Zügel *m* rédea(s *pl*) *f*; **⁀los** desenfreado; **⁀n** refrear
Zuge|ständnis *n* concessão *f*; **⁀stehen** conceder
Zugführer *m* maquinista
zügig rápido
zugleich ao mesmo tempo
Zugmaschine *f* tra(c)tor *m*
zu|greifen *fig* aproveitar (a oportunidade); **⁀griff** *m* *Inform* acesso; **⁀griffsgeschwindigkeit** *f* *Inform* rapidez de acesso; **~grunde:** *~ gehen* arruinar-se; perecer; **~gunsten** a favor de; **~gute:** *~ kommen* reverter em favor de
Zugvogel *m* ave *f* de arribação
zu|halten tapar; manter fechado; **⁀hälter** *m* chulo; **~hören** escutar; **⁀hörer** *m* ouvinte; **⁀hörerschaft** *f* auditório *m*; **~jubeln** ovacionar (*j-m* alg.); **~kleben** colar; **⁀kunft** *f* futuro *m*; **~künftig** futuro; **⁀lage** *f* suplemento *m*; **~lassen** admitir; **~lässig** admissível; (*erlaubt*) permitido; **⁀lassung** *f* admissão; autorização; **⁀lauf** *m* afluência *f*; *~ haben* ser concorrido; **~letzt** por fim; **~liebe** (*dat*) por (amor de); **⁀lieferer** *m* fornecedor
zu|meist em geral; **~mindest** ao menos; **⁀mutung** *f* descaramento *m*; **~nächst** primeiro; **⁀nahme** *f* aumento *m*; **⁀name** *m* apelido
zünd|en acender; (*Motor*) pegar; **⁀holz** *n* fósforo *m*; **⁀kerze** *f* vela (de ignição); **⁀schlüssel** *m* chave *f* de ignição; **⁀schnur** *f* mecha; **⁀ung** *f* ignição
zunehmen aumentar; crescer; (*Mensch*) engordar
Zuneigung *f* inclinação; simpatia
Zunge *f* língua; *Tech* lingueta
zu|nichte: *~ machen* aniquilar; *fig* frustrar; **~nutze:** *sich ~ machen* aproveitar-se de; **~paß:** *~ kommen* vir a

propósito; **~rechnungsfähig** responsável
zurecht em ordem; **~finden, sich** (conseguir) orientar-se; F (*im Leben*) arranjar-se; **~machen** preparar; arranjar; **~weisen** repreender
zurück atrás, para trás; (*~geblieben*) atrasado; **~ *sein*** estar de volta; **~behalten** guardar; ficar com; **~bekommen** recuperar; **~bilden, sich** retroceder; **~bringen** trazer; levar; **~drängen** repelir; fazer recuar; **~erstatten** restituir; **~fahren** voltar; **~fordern** reclamar; **~führen** *fig* atribuir (***auf*** a); **~geben** devolver; **~gehen** voltar atrás; (*Fieber, Preis*) descer; **~gewinnen** recuperar; **~gezogen** retirado; **~greifen** recorrer (***auf*** a); **~halten, sich** conter-se; **~haltend** reservado; **≈haltung** *f* reserva; discrição; **~kehren, ~kommen** regressar; **~lassen** deixar; **~legen** pôr de parte; (*Weg*) percorrer; **~nehmen** retirar; **~schicken** devolver; **~schrecken** recuar (***vor*** perante); **~spulen** rebobinar; **~stellen** (*Uhr*) atrasar; **~treten** (*Amt*) demitir-se; **~weisen** recusar; **~zahlen** reembolsar; **~ziehen** retirar
Zusage *f* promessa; resposta afirmativa; **≈n** prometer; (*gefallen*) agradar
zusammen junto; (*insgesamt*) ao todo; **≈arbeit** *f* cooperação; colaboração; **~ballen** acumular(-se); **~bauen** montar; **~binden** atar; **~brechen** ir(-se) abaixo; **≈bruch** *m fig* colapso; **~falten** dobrar; **~fassen** resumir; **≈fassung** *f* resumo *m*; **~fügen** juntar, ligar; **~gehören** estar relacionado (um com o outro); **≈gehörigkeit** *f* solidariedade; **~halten** *fig* ser solidário; **≈hang** *m fig* contexto; **~heften** (*Papier*) agrafar; **~klappbar** dobradiço; **~kommen** encontrar-se; **≈kunft** *f* encontro *m*; **~leben** conviver; **≈leben** *n* convívio *m*; vida *f* em comum; **~nehmen: *sich* ~** controlar-se; **≈prall** *m* embate; **~pressen** apertar; comprimir; **~rollen** enrolar; **~schließen: *sich* ~** unir-se; **~schrauben** aparafusar; **~setzen** compor; (*Teile*) montar; **≈setzung** *f* composição; **~stellen** combinar; arranjar; (*z. B. Daten*) compilar; **≈stoß** *m* choque; **~stoßen** chocar; **~stürzen** cair; desmoronar-se
Zu|satz *m* aditamento; *Chem* aditivo; **≈sätzlich** adicional, suplementar; **≈schauen** ver; olhar; **~schauer** *m* espe(c)tador; **~schlag** *m* suplemento, sobretaxa *f*; **≈schlagspflichtig** sujeito à sobretaxa;

≈schließen fechar à chave; **~schrift** *f* carta; **~schuß** *m* subsídio; **≈spitzen:** *fig* ***sich ~*** agravar-se; **~stand** *m* estado; **~stände** *m/pl* condições *f/pl*; **≈stande:** ***~ bringen*** realizar; ***~ kommen*** realizar-se; **≈ständig** competente; **≈stehen** competir a; **≈stellen** entregar; (*Post*) distribuir; **≈stimmen** concordar (com), consentir; **~stimmung** *f* consentimento *m*; **≈stopfen** tapar; **≈stoßen** (*Unglück*) acontecer; **~tat** *f* ingrediente *m*; **≈teilen** repartir; **~teilung** *f* partilha; distribuição; **≈trauen** julgar capaz (***j-m et*** alg. de a.c.); **~trauen** *n* confiança *f*; **≈traulich:** ***~ sein*** ter confiança; **≈treffend** certo; justo; **~tritt** *m* entrada *f*; *fig* acesso; **≈verlässig** de confiança; (*Nachricht*) fidedigno; *Tech* fiável; **~versicht** *f* certeza; **≈versichtlich** confiado; **≈viel** de mais

zuvorkommen antecipar-se a; **~d** atencioso; **≈heit** *f* atenção

Zu|wachs *m* incremento; aumento; **~wachsrate** *f* taxa de crescimento; **≈wider** repugnante; **≈widerhandeln** transgredir; **≈ziehen** fechar; (*Vorhang*) correr; **~zug** *m* afluxo; **≈züglich** inclusive

Zwang *m* obrigação *f*; (*Gewalt*) violência *f*; **≈los** (com) à vontade, sem cerimónia

Zwangs|arbeit *f* trabalho *m* forçado; **~lage** *f* apuros *m/pl*; **≈läufig** forçoso; **~versteigerung** *f* leilão *m* judicial

zwar: ***und ~*** a saber

Zweck *m* fim; objectivo; (*Absicht*) intenção *f*; **~e** *f* tacha; **≈los** inútil; **≈mäßig** conveniente

zwei|deutig ambíguo; **~fach** duplo

Zweifel *m* dúvida *f*; **≈haft** duvidoso; **≈los** sem dúvida; **≈n** duvidar (***an*** de); **~sfall** *m*: ***im ~*** na (*od* em caso de) dúvida *f*

Zweig *m* ramo; **~geschäft** *n*, **~niederlassung** *f* sucursal; **~stelle** *f* delegação

zwei|mal duas vezes; **~schneidig** *fig* ambíguo; **~seitig** bilateral

Zwerchfell *n* diafragma *m*

Zwerg *m* anão

Zwickel *m* entrepernas

Zwieback *m* tosta *f*

Zwiebel *f* cebola

Zwie|gespräch *n* conversa *f*; **~licht** *n* lusco-fusco *m*; **~spalt** *m* dilema; **≈spältig** discordante; **~tracht** *f* discórdia

Zwilling *m* gémeo

Zwinge *f* sargento *m*; **≈n** obrigar, forçar

zwinkern: ***mit den Augen ~*** piscar os olhos

Zwirn *m* linha *f*

zwischen entre

Zwischen|ding *n* coisa *f* intermédia; **2durch** entretanto; **~ergebnis** *n* resultado *m* provisório; **~fall** *m* incidente; **~geschoß** *n Arch* sobreloja *f*; **~handel** *m* comércio intermediário; **~lager** *n* (*Atommüll*) depósito *m* intermediário; **~landung** *f* escala; **~raum** *m* intervalo; espaço; **~ruf** *m* voz *f*; interrupção *f*; **2schalten** intercalar; **~wand** *f* tabique *m*; **~zeit** *f* intervalo *m*; **2zeitlich** entretanto, entrementes
Zwist *m* desavença *f*
zwitschern gorjear
Zwitter *m* hermafrodita
Zwölffingerdarm *m* duodeno
zykl|isch cíclico; **2us** *m* ciclo
Zylinder *m* cilindro; (*Hut*) chapéu alto; **~kopf** *m Kfz* culatra *f*; **~schloß** *n* fechadura *f* cilíndrica
Zyni|ker *m*; **2sch** cínico
Zypern *n* Chipre *m*
Zypresse *f* cipreste *m*

Portugiesische Abkürzungen
Abreviaturas portuguesas

(a)	assinado *gezeichnet* (*gez.*)
a/c.	ao cuidado de *bei* (*b.*), *per Adresse* (*p. A.*)
adv.o	advogado *Rechtsanwalt*
A.M.E.	Acordo monetário Europeu *Europäisches Währungsabkommen* (*EWA*)
apart., Ap.to	apartamento *Appartement*
Av.	avenida *Allee*
B., B.o	beco *Gasse*
B.el	bacharel *Bakkaleureus*
B.F.	boas-festas *Frohes Fest*
bras.	brasileiro *brasilianisch*
C., Calç.	calçada *Straße* (*Str.*)
C.a	companhia *Gesellschaft* (*Ges.*)
card.	cardeal *Kardinal*
cart.	cartonado *kartoniert*
c/c	conta corrente (*Giro-*)*Konto*
C.E.E.	Comunidade Económica Europeia *Europäische Wirtschaftsgemeinschaft* (*EWG*)
cent.	centavo *Centavo*
C.ia, Cia.	Companhia *Gesellschaft*
cl.	classe *Klasse* (*Kl.*)
cm.	centímetro(s) *Zentimeter* (*cm*)
C.P.	Companhia Portuguesa de Caminhos de Ferro *Portugiesische Eisenbahngesellschaft*
Cr.	Cruzeiro (*bras. Währung*)
c.te	corrente *laufend*
C.V.	cavalo-vapor *Pferdestärke* (*PS*)
D.C.A.	defesa contra ataques aéreos *Luftschutz*
desc.	desconto *Skonto*, *Rabatt*
Dr.(a)	Doutor(a) *Doktor*
d.to	direito *rechts* (*r.*)
dz.	dúzia(s) *Dutzend* (*Dtzd.*)
E.	este *Osten*
ed.	edição *Auflage* (*Aufl.*)
enc.	encadernado *gebunden* (*geb.*)

End.Tel.	endereço telegráfico *Telegrammadresse*
eng.o	engenheiro *Diplomingenieur* (*Dipl.-Ing.*)
E.R.	espera resposta *um Antwort wird gebeten* (*u. A. w. g.*)
esc.	escudo(s) *Escudo*
esq.	esquerdo *links*
E.U.A.	Estados Unidos da América *Vereinigte Staaten von Amerika* (*USA*)
E.U.B.	Estados Unidos do Brasil *Vereinigte Staaten von Brasilien*
ex.	exemplo *Beispiel*
Ex.a	Excelência *Exzellenz* (*Exz.*)
Ex.ma(s)	Excelentíssima(s) *Sehr geehrte*
Ex.mo(s)	Excelentissimo(s) *Sehr geehrte(r)*
FMI	Fundo Monetário Internacional *Internationaler Währungsfonds* (*IWF*)
fol.,fols.	folha, folhas *Blatt* (*Bl.*)
g.	a) grama(s) *Gramm* (*g*); b) grau *Grad*
G.N.R.	Guarda Nacional Republicana (*port. Landpolizei*)
Gov.	governo *Regierung*
h.	hora(s) *Uhr* (*h*); *Stunde(n)* (*Std.*)
Il.mo	Ilustríssimo *erlaucht*
incl.	a) incluso *beiliegend* (*beil.*); b) inclusive *inklusive* (*inkl.*), *einschließlich* (*einschl.*)
kg.	quilograma(s) *Kilogramm* (*kg*)
km.	quilómetro(s) *Kilometer* (*km*)
L.	Largo *Platz*
lb.	libra *englisches Pfund*
L.da	Sociedade de Responsabilidade Limitada *Gesellschaft mit beschränkter Haftung* (*GmbH*)
L.do	Licenciado *Akademiker*
Lx.a	Lisboa *Lissabon*
m.	metro *Meter* (*m*)
min.	minuto(s) *Minute(n)*
mm.	milímetro(s) *Millimeter* (*mm*)
n.	a) nascido *geboren* (*geb.*); b) nome *Name*
N.	norte *Norden*
N. da R. (do A., E., T.)	nota de redacção (do autor, editor, tradutor) *Anmerkung der Redaktion* (*des Verfassers, Herausgebers, Übersetzers*)

N.E.	nordeste *Nordosten*
n.o	número *Nummer* (*Nr.*)
n/o	nossa ordem *unser Auftrag*
N.O.	noroeste *Nordwesten*
O.	oeste *Westen*
obg.do, obg.o	obrigado *verbunden, danke*
P.	Praça *Platz*
pág.	página *Seite* (*S.*)
Part.	particular *privat*
P.B.	peso bruto *Bruttogewicht*
p.ex.	por exemplo *zum Beispiel* (*z. B.*)
P.F.	por favor *bitte*
p.f.v.	por favor, volte *bitte wenden*
P.I.C.	Polícia de Investigação Criminal *Kriminalpolizei* (*Kripo*)
P.I.D.E.	Polícia Internacional e de Defesa do Estado (*ehemals*) *Staats- und Fremdenpolizei*
P.L.	peso líquido *Nettogewicht*
P.N.B.	Produto Nacional Bruto *Bruttosozialprodukt* (*BSP*)
p.o.	por ordem *im Auftrag* (*i. A.*)
p.p.	a) por poder *im Auftrag* (*i. A.*); b) próximo passado *letzt* (*vergangen*)
ps.	peso *Peso* (*Portugiesische Münze*)
q.	quintal *60 kg*
r/c	rés-do-chão *Erdgeschoß* (*part.*)
ref.	a) referência *Betreff* (*Betr.*); b) reformado *außer Dienst* (*a. D.*)
reg.o	a) registado *Einschreiben*; *eingetragen*; b) regulamento *Vorschrift*
Rem.	remetente *Absender* (*Abs.*)
Rep.	Repartição *Amt, Dienststelle, Abteilung*
RFA	Républica Federal da Alemanha *Bundesrepublik Deutschland* (*BRD*)
R.P.	República Portuguesa *Republik Portugal*
r.s.f.f.	responda se faz favor *um Antwort wird gebeten* (*u. A. w. g.*)
S.	a) São *heilige*(*r*) (*hl.*); b) sul *Süden*
S.A.	Sociedade Anónima *Aktiengesellschaft* (*AG*)

S.A.R.L.	Sociedade Anónima de Responsabilidade Limitada *Gesellschaft mit beschränkter Haftung* (*GmbH*)
s/c	a) sua carta *Ihr Schreiben*; b) sua conta *Ihre Rechnung*
S.E.	Sueste, Sudeste *Südosten*
seg.	seguinte *folgende* (*Seite*) (*f.*)
s.f.f.	se faz favor *bitte*
S.O.	Sudoeste *Südwesten*
Sr.	Senhor *Herr*(*n*)
Sr.a	Senhora *Frau*, *Fräulein* (*Fr.*, *Frl.*)
ss.	seguintes (*Seiten*) (*ff.*)
S.ta, S.to	Santa, Santo *heilige*(*r*) (*hl.*)
supl.	suplemento *Nachtrag*
TMG	Tempo Médio de Greenwich *Mittlere Greenwichzeit* (*GMT*)
T.S.F.	telegrafia sem fios *drahtlose Telegrafie*
V.a	viúva *Witwe* (*Wwe.*)
V.Ex.a	Vossa Excelência *Exzellenz*, *Sie*
vol., vols.	volume(s) *Band*, *Bände* (*Bd.*, *Bde.*)
V.S.a, VV.S.	a(s) Vossa(s) Senhoria(s) *Sie*
v.s.f.f.	volte, se faz favor *bitte wenden*
W. = O.	oeste *Westen*
w.	vátio(s) *Watt* (*W*)

Speisen und Getränke

Comidas e bebidas

abacaxi *m bras* Ananas *f*
abóbora *f* Kürbis *m*
abrunhos *m/pl* **amarelos** Mirabellen *f/pl*
açorda *f* Brot- und Knoblauchsuppe
agrião *m* Brunnenkresse *f*
água *f* **mineral** Mineralwasser *n*
aguardente *f* Branntwein *m*
aipo *m* Sellerie *m od f*
alcachofras *f/pl* Artischokken
aletria *f* Fadennudeln *f/pl*
alface *f* (Kopf-)Salat *m*
alfarroba *f* Johannisbrot *n*
almôndega *f* Fleischklößchen *n*, Klops *m*
amêijoas *f/pl*: ~ ***com arroz*** Muscheln mit Reis; ~ ***com limão*** Muscheln mit Zitrone
ameixas *f/pl* Pflaumen
amendoada *f* Mandelkuchen *m*, Mandelpudding *m*
amêndoas *f/pl* Mandeln
amendoim *m* Erdnuß *f*
amoras *f/pl* Brombeeren
ananás *m* Ananas *f*
anchovas *f/pl* Anchovis, Sardellen
aperitivo *m* Aperitif
arandos *m/pl* Heidelbeeren *f/pl*
arroz *m* Reis; ~ ***doce*** Milchreis; ~ ***de bacalhau*** Reis mit Stockfisch; ~ ***de tomates*** Reis mit Tomaten
assado *m* Braten
atum *m* Thunfisch ; ~ ***em azeite e cebola*** Thunfisch in Olivenöl und Zwiebeln
avelãs *f/pl* Haselnüsse
aves *f/pl* Geflügel *n*
azeda *f* Sauerampfer *m*
azeitonas *f/pl* Oliven

bacalhau *m* Stockfisch
bagaceira *f* Treberschnaps *m*
bagas *f/pl* Beeren
banana *f* Banane
barbo *m* Barbe *f*
batatas *f/pl* Kartoffeln; ~ ***cozidas*** Salzkartoffeln; ~ ***cozidas com a casca*** Pellkartoffeln; ~ ***fritas*** Bratkartoffeln; ~ ***inglesas*** in Fett gebackene Kartoffelscheiben
beringelas *f/pl* **fritas** gebratene Auberginen
beterraba *f* rote Rübe
bica *f* Espresso *m* (*Kaffee*)
bifana *f* Schnitzel *n* in Brot
bife *m* Beefsteak *n*; ~ ***de cebolada*** Zwiebelsteak
biscoito *m* Biskuit, Keks
bofes *m/pl* **picados** Lungenhaschee *n*
boi *m* Ochse
bola *f* **de Berlim** Berliner Pfannkuchen *m*

bolinhos *m/pl* Buletten *f/pl*; Klößchen *n/pl*; Gebäck *n*
bolo *m* Kuchen; Kloß
broa *f* **de mel** Lebkuchen *m*
brócolos *m/pl* Brokkoli *m(/pl)*

cabeça *f*: ~ ***de porco*** Schweinskopf *m*; ~ ***de vitela*** Kalbskopf *m*
cabidela *f* Ragout *n* mit Geflügelklein und Fleisch
cabrito *m* **assado** Zickleinbraten
cacau *m* Kakao
café *m* Kaffee; ~ ***com leite*** Milchkaffee; ~ ***gelado*** Eiskaffee; ~ ***simples*** schwarzer Kaffee
caldeirada *f* Fischragout *n*
caldo *m* Brühe *f*; ~ ***com arroz*** Brühe mit Reiseinlage; ~ ***com massa*** Brühe mit Nudeleinlage; ~ ***com ovo*** Brühe mit Ei; ~ ***verde*** Kohlsuppe *f*
camarões *m/pl* Krabben *f/pl*
canja *f* Hühnersuppe mit Reis
capão *m* Kapaun
caracóis *m/pl* Schnecken *f/pl*
caranguejo *m* Krebs
carapaus *m/pl* **de escabeche** gebratene Stichlinge in Marinade
carcaça *f* kleines Weißbrot *n*
carne *f* Fleisch *n*; ~ ***assada na grelha*** Rostbraten *m*; ~ ***de carneiro*** Hammelfleisch; ~ ***de conserva*** Büchsenfleisch; ~ ***defumada*** Rauchfleisch; ~ ***de porco*** Schweinefleisch; ~ ***de vaca*** Rindfleisch; ~ ***estufada*** Schmorbraten *m*; ~ ***picada*** Hackfleisch; ~ ***salgada*** Pökelfleisch; ~ ***seca*** *bras* Dörrfleisch; ~***s*** *f/pl* ***frias*** Aufschnitt *m*
carneiro *m* Hammel; ~ ***assado*** Hammelbraten
carpa *f* Karpfen *m*
castanhas *f/pl* Kastanien
cavala *f* Makrele
caviar *m* Kaviar; ~ ***com torradas*** Kaviar mit Toast
cebolas *f/pl* Zwiebeln
cenouras *f/pl* Mohrrüben
cerejas *f/pl* (Süß-)Kirschen
cerveja *f* Bier *n*; ~ ***branca*** helles Bier; ~ ***de Munique*** Münchner Bier; ~ ***de Pilsen*** Pilsner Bier; ~ ***preta*** dunkles Bier; ~ ***de malte*** Malzbier
chá *m* Tee; ~ ***com limão*** Tee mit Zitrone; ~ ***com rum*** Tee mit Rum
champanhe *m* Sekt
chocolate *m* Schokolade *f*; ~ ***gelado*** Eisschokolade
chouriço *m* Wurst *f*
chucrute *f* Sauerkraut *n*
churrasco *m bras* Fleisch *n* am Spieß
codorniz *f* Wachtel
coelho *m* Kaninchen *n*
cogumelos *m/pl* Pilze
compota *f* Kompott *n*; Marmelade *f*
conhaque *m* Kognak, Weinbrand

cordeiro *m* Lamm *n*
costeleta *f* Kotelett *n*; **~s** *f/pl* Rippchen
couve *f* Kohl *m*; **~ *de Bruxelas*** Rosenkohl; **~*-flor*** *f* Blumenkohl; **~*-galega*** *f* Grünkohl; **~*-lombarda*** *f* Weißkohl; **~*-marroquina*** *f* Rotkohl; **~*-rábano*** *f* Kohlrabi; **~*-sabóia*** *f* Wirsingkohl
cozido *m* gekochtes Rindfleisch *n* mit Beilagen von Schinken und Wurst, dazu Reis und Gemüse (*portugiesisches Nationalgericht*)
creme *m* Krem *f*; **~ *chantilly*** Schlagsahne *f*
crepes *f/pl* dünne Eierkuchen *m/pl*
croquetes *m/pl*: **~ *de arroz*** Reisbuletten *f/pl*; **~ *de bacalhau*** Stockfischbuletten *f/pl*

damasco *m* Aprikose *f*
doce *m* Süßspeise *f*; Konfekt

empada *f* Pastete; **~ *de camarões*** Krabben-, Garnelenpastete
empadão *m* Auflauf; **~ *de massa com carne*** Nudeln *f/pl* mit Fleischragout
enguia *f* Aal *m*
entrecosto *m* **assado** Rippenbraten
ervilhas *f/pl* Erbsen
escalope *m* Schnitzel *n*; **~ *de vitela*** Kalbsschnitzel; **~ *à milanesa*** Wiener Schnitzel
espargo *m* Spargel
espinafre *m* Spinat
estufado *m* Schmorbraten
esturjão *m* Stör

faisão *m* Fasan
fatia *f* **de lombo** Lendenstück *n*
favas *f/pl* Saubohnen
feijão *m* grüne Bohnen *f/pl*; Bohnengericht *n*
feijoada *f bras* Eintopf *m* mit schwarzen Bohnen, Speck und Dörrfleisch (*brasilianisches Nationalgericht*)
fiambre *m* gekochter Schinken
fígado *m* Leber *f*; **~ *de vitela*** Kalbsleber
figos *m/pl* Feigen *f/pl*
filete *m* Filet *n*; Lendenstück *n*; **~ *de vitela*** Kalbsschnitzel
filhós *m/pl* (*Art*) Pfannkuchen (in Öl gebacken)
flan *m* Karamelpudding
framboesas *f/pl* Himbeeren
franga *f* junges Huhn *n*
frango *m* Hähnchen *n*
fricassé *m* Frikassee *n*
fruta *f* Obst *n*
fungões *m/pl* Morcheln *f/pl*
fungos *m/pl* Pfifferlinge

galão *m* Milchkaffee
galinha *f* Huhn *n*; **~ *assada*** Backhuhn
galinhola *f* Schnepfe
gamba *f* Riesengarnele
ganso *m* Gans *f*; **~ *assado*** Gänsebraten
gasosa *f* Brause

gelado *m* Eis *n*; **~ *com fruta*** Eisfrüchte *f/pl*
geleia *f* **de carne** Fleischsülze
ginjas *f/pl* Sauerkirschen
grão-de-bico *m* Kichererbse *f*
groselhas *f/pl* Johannisbeeren
guisado *m* Ragout *n*; Gulasch

iscas *f/pl* gebratene Leber *f* mit Zwiebeln

lagosta *f* Languste
lagostim *m* kleine Languste *f*
lagostins *m/pl* Kaisergranate
lampreia *f* Meeresneunauge *n*, Lamprete *f*
laranja *f* Apfelsine
laranjada *f* **natural** Orangensaft *m*
lavagante *m* Hummer
lebre *f* Hase *m*; **~ *assada*** Hasenbraten *m*
leitão *m* **assado** Spanferkelbraten
leite *m* Milch *f*; **~ *batido*** Milchmixgetränk *n*; ***~-creme*** *m* Süßspeise *f* mit Eiern, Zimt und Zitrone
lentilhas *f/pl* Linsen
licor *m* Likör; **~ *digestivo*** Magenbitter
limão *m* Zitrone *f*
limonada *f* **natural** Zitronensaft *m*
língua *f* Zunge; **~ *de vaca*** Ochsenzunge
linguado *m* Seezunge *f*
lombo *m* Lende *f*; **~ *de carneiro*** Hammelrücken
lúcio *m* Hecht
lula *f* Tintenfisch *m*; ***~s*** *f/pl* ***de caldeirada*** Tintenfischragout *n*
maçã *f* Apfel *m*; **~ *assada*** Bratapfel
macarrão *m* Makkaroni *pl*
maionese *f* Mayonnaise
manjar-branco *m bras* Flammeri
manteiga *f* Butter; **~ *de porco*** Schweineschmalz *n*
mãos *f/pl* **de porco** Schweinshaxen
mariscos *m/pl* Muscheln *f/pl*, Schalentiere *n/pl*
marmelada *f* (Quitten-)Marmelade
marmelo *m* Quitte *f*
massa *f* Nudeln *f/pl*; **~ *com molho de tomate*** Nudeln mit Tomatensoße
medronhos *m/pl* Baumerdbeeren *f/pl*
mel *m* Honig
melancia *f* Wassermelone
melão *m* Melone *f*
miolos *m/pl* Hirn *n*; **~ *de vitela*** Kalbshirn
molete *m* (Milch-)Brötchen *n*
molho *m* Soße *f*
morangos *m/pl* Erdbeeren *f/pl*
morcela *f* Blutwurst
murtinhos *m/pl* Preiselbeeren *f/pl*

nabo *m* weiße Rübe *f*
nêsperas *f/pl* Mispeln
nozes *f/pl* (Wal-)Nüsse

omeleta *f* Omelett *n*
ostras *f/pl* Austern
ovo *m* Ei *n*; **~s** *m/pl* ***escalfados*** verlorene Eier; **~s *estrelados*** Spiegeleier; **~s *moles*** Süßspeise mit Reis und Eigelb

paio *m* (*Art*) Rollschinken
panquecas *f/pl bras* süße oder salzige Eierkuchen *m/pl*
pão *m* Brot *n*; **~ *alvo*** Weißbrot; **~ *de espécie*** Pfefferkuchen *m*; **~ *de ló*** Biskuitkuchen *m*; **~ *preto*** Schwarzbrot
pãozinho *m* Brötchen *n*
parmesão *m* Parmesankäse
passas *f/pl* Rosinen
pasta *f* **de fígado** Leberwurst
pastel *m* Pastete *f*; **~ *de fígado*** Leberpastete; **~ *de massa folhada*** Blätterteigpastete
pato *m* Ente *f*
peito *m*: **~ *de carneiro*** Hammelbrust *f*; **~ *de galinha*** Hühnerbrust *f*; **~ *de vitela*** Kalbsbrust *f*
peixe *m* Fisch; **~ *frito*** Bratfisch
pepino *m* Gurke *f*
pera *f* Birne
perca *f* Barsch *m*
perdiz *f* Rebhuhn *n*
perna *f*: **~ *de carneiro*** Hammelkeule; **~ *de vitela*** Kalbskeule
peru *m* Truthahn, Puter
pescada *f* Schellfisch *m*; **~ *marlonga*** Merlan *m*
pescadinha *f* Weißling *m*
pêssego *m* Pfisich
picado *m* Hackfleisch *n*; Haschee *n*
pimentões *m/pl* **recheados** (mit Fleisch) gefüllte Paprikaschoten *f/pl*
pimentos *m/pl* Paprikaschoten *f/pl*
polvo *m* Tintenfisch
pomba *f* Taube
porco *m* Schwein *n*; **~ *assado*** Schweinebraten
porto *m* Portwein
presunto *m* Schinken; **~ *fumado*** roher Schinken; **~ *recheado*** Schinkenrolle *f*
pudim *m* Pudding; **~ *de amêndoa*** Mandelpudding
puré *m* Püree *n*, Brei; **~ *de batatas*** Kartoffelbrei; **~ *de ervilhas*** Erbspüree; **~ *de maçã*** Apfelmus *n od m*

queijo *m* Käse; **~ *da Suíça*** Schweizer Käse; **~ *de cabra*** Ziegenkäse; **~ *flamengo*** (*bras* ***do reino***) Holländer Käse; **~ *fundido*** Schmelzkäse; **~ *ralado*** geriebener Käse; **~ *verde*** Kräuterkäse
quirche *m* Kirschgeist

rabanetes *m/pl* Radieschen *n/pl*

rábano *m* Rettich
rainha-cláudia *f* Reneklode
repolho *m* Weißkohl
requeijão *m* Quark, Weichkäse
rins *m/pl* Nieren *f/pl*
rissóis *m/pl* Teig mit Fleisch- oder Fischfüllung, in Öl gebacken
rodovalho *m* Steinbutt
romã *f* Granatapfel *m*
rosbife *m* Roastbeef *n*
ruibarbo *m* Rhabarber

salada *f* Salat *m*; ~ ***de batatas*** Kartoffelsalat; ~ ***de endívia*** Chicoréesalat; ~ ***de pepinos*** Gurkensalat
salmão *m* Lachs
salsicha *f* Würstchen *n*; ~ ***fresca*** Bratwurst
salsichão *m* Grobwurst *f*
sanduiche *f* belegtes Brot *n*
santola *f* Seespinne
sardinhas *f/pl* Sardinen; ~ ***de conserva*** Ölsardinen; ~ ***em azeite*** Sardinen in Olivenöl
sauté *m* **de rins** Kalbsnierenbraten
sidra *f* Apfelwein *m*
solha *f* Flunder
solho *m* Scholle *f*
sonho *m* (*Art*) Pfannkuchen mit Zuckersirup
sopa *f* Suppe; ~ ***de aletria*** Nudelsuppe; ~ ***de arroz*** Reissuppe; ~ ***de ervilhas*** Erbsensuppe; ~ ***de espargos*** Spargelsuppe; ~ ***de feijão*** Bohnensuppe; ~ ***de hortaliça*** (*od* ***de legumes***) Gemüsesuppe; ~ ***de lentilhas*** Linsensuppe; ~ ***de peixe*** Fischsuppe; ~ ***de rabo de boi*** Ochsenschwanzsuppe; ~ ***de tartaruga*** Schildkrötensuppe; ~ ***de tomate*** Tomatensuppe
sorvete *m* (Frucht-)Eis *n*; ~ ***de baunilha*** Vanilleeis
sumo *m* Fruchtsaft; ~ ***de maçã*** Apfelsaft; ~ ***de tomate*** Tomatensaft
suspiro *m* Baiser *n*, Meringe *f*

tâmaras *f/pl* Datteln
tangerina *f* Mandarine
tenca *f* Schleie
tomate *m* Tomate *f*
tordo *m* Krammetsvogel
toronja *f* Pampelmuse
torta *f* Torte
truta *f* Forelle

uvas *f/pl* Weintrauben

vaca *f* **assada** Rinderbraten *m*
vagens *f/pl* Schoten
vinho *m* Wein; ~ ***branco*** Weißwein; ~ ***espumante*** Schaumwein; ~ ***moscatel*** Muskatellerwein; ~ ***tinto*** Rotwein
vitela *f* Kalb(fleisch) *n*

xarope *m* Sirup
xerez *m* Sherry
xiró *m bras* Reissuppe *f*

Geographische und administrative Gliederung Portugals

Estrutura geográfica e administrativa do Portugal

Historische Provinzen (11)

Minho
Trás-os-Montes e Alto Douro
Douro Litoral
Beira Litoral
Beira Alta
Beira Baixa
Estremadura
Ribatejo
Alto Alentejo
Baixo Alentejo
Algarve

Verwaltungsdistrikte (18 auf dem Festland), benannt nach den Distrikthauptstädten

Viana do Castelo
Braga
Vila Real
Bragança
Porto
Aveiro
Viseu
Guarda
Coimbra
Castelo Branco
Leiria
Santarém
Portalegre
Lisboa
Setúbal
Évora
Beja
Faro

und die Inselgruppen
Madeira
Azoren

Administrative Gliederung Brasiliens

Estrutura administrativa do Brasil

Staaten (23)		Hauptstädte
AC	– Acre	Rio Branco
AL	– Alagoas	Maceió
AM	– Amazonas	Manaus
BA	– Bahia	Salvador
CE	– Ceará	Fortaleza
ES	– Espírito Santo	Vitória
GO	– Goiás	Goiânia
MA	– Maranhão	São Luís
MG	– Minas Gerais	Belo Horizonte
MT	– Mato Grosso	Cuiabá
MS	– Mato Grosso do Sul	Campo Grande
PA	– Pará	Belém
PB	– Paraíba	João Pessoa
PR	– Paraná	Curitiba
PE	– Pernambuco	Recife
PI	– Piauí	Teresina
RJ	– Rio de Janeiro	Rio de Janeiro
RN	– Rio Grande do Norte	Natal
RO	– Rondônia	Porto Velho
RS	– Rio Grande do Sul	Porto Alegre
SC	– Santa Catarina	Florianópolis
SP	– São Paulo	São Paulo
SE	– Sergipe	Aracaju

Territorien		
AP	– Amapá	Macapá
RR	– Roraima	Boa Vista
FN	– Fernando de Noronha	Vila dos Remédios

Die Konjugation portugiesischer Verben

Hier werden nur die wichtigsten Zeitformen angegeben.

Verben auf **-ar**

louvar

Ind Präs	louv*o*, louv*as*, luov*a*, louv*amos*, louv*ais*, louv*am*
Imperfekt	louv*ava*, louv*avas*, louv*ava*, louv*ávamos*, lou-*váveis*, louv*avam*
einf Perf	louv*ei*, louv*aste*, louv*ou*, louv*ámos*, louv*astes*, louv*aram*
Futur	louv*arei*, louv*arás*, louv*ará*, louv*aremos*, louva-*reis*, louv*arão*
Konj Präs	louv*e*, louv*es*, louv*e*, louv*emos*, louv*eis*, louv*em*
Partizip	louv*ado*

Verben auf **-er**

vender

Ind Präs	vend*o*, vend*es*, vend*e*, vend*emos*, vend*eis*, vend*em*
Imperfekt	vend*ia*, vend*ias*, vend*ia*, vend*íamos*, vend*íeis*, vend*iam*
einf Perf	vend*i*, vend*este*, vend*eu*, vend*emos*, vend*estes*, vend*eram*
Futur	vend*erei*, vend*erás*, vend*erá*, vend*eremos*, ven-*dereis*, vend*erão*
Konj Präs	vend*a*, vend*as*, vend*a*, vend*amos*, vend*ais*, vend*am*
Partizip	vend*ido*

Verben auf **-ir**

partir

Ind Präs	part*o*, part*es*, part*e*, part*imos*, part*is*, part*em*
Imperfekt	part*ia*, part*ias*, part*ia*, part*íamos*, part*íeis*, part*iam*
einf Perf	part*i*, part*iste*, part*iu*, part*imos*, part*istes*, parti-*ram*
Futur	part*irei*, part*irás*, part*irá*, part*iremos*, part*ireis*, part*irão*
Konj Präs	part*a*, part*as*, part*a*, part*amos*, part*ais*, part*am*
Partizip	part*ido*

Verben mit Besonderheiten in der Konjugation

Alle nicht aufgeführten Formen sind regelmäßig.

Verben auf **-ear**

passear

Ind Präs **passeio, passeias, passeia,** passeamos, passeais, **passeiam**

Konj Präs **passeie, passeies, passeie,** passeemos, passeeis, **passeiem**

Verben auf **-iar**

odiar (*ebenso*: remediar, incendiar, mediar u. a.)

Ind Präs **odeio, odeias, odeia,** odiamos, odiais, **odeiam**

Konj Präs **odeie, odeies, odeie, od(e)iemos, od(e)ieis, odeiem**

aber: Regelmäßige Konjugation bei copiar, criar, adiar, apreciar, anunciar, ampliar, enviar, guiar u. a.

Verben auf **-uar**

averiguar

Ind Präs averigu**o**, averigu**a**s, averig**u**a, averiguamos, averiguais, averigu**a**m
(das fettgedruckte u bedeutet, daß es betont wird)

Konj Präs **averigúe, averigúes, averigúe,** averiguemos, averigueis, **averigúem**

Verben auf **-oer**

moer

Ind Präs moo, **móis, mói,** moemos, moeis, moem

Konj Präs moa, moas, moa, moamos, moais, moam

einf Perf **moí,** moeste, moeu, moemos, moestes, moeram

Partizip **moído**

Verben auf **-uir**

incluir (*ebenso*: obstruir)

Ind Präs incluo, **incluis, inclui, incluímos, incluís,** incluem

Konj Präs inclua, incluas, inclua, incluamos, incluais, incluam

einf Perf **incluí, incluíste, incluíu, incluímos, incluístes, incluíram**
Partizip **incluído**

construir (*ebenso*: destruir, reconstruir)

Ind Präs construo, **constróis** (*od* **-uis**), **constrói** (*od* **-ui**), **construímos, construís, constroem** (*od* **-uem**)

alle anderen Formen wie incluir

Verben auf **-uzir**

traduzir

Ind Präs traduzo, traduzes, **traduz**, traduzimos, traduzis, traduzem

Wichtige unregelmäßige Verben

aderir (*ebenso*: advertir, competir, conferir, despir, divergir, inserir, preferir, reflectir, repetir, vestir u. a.)

Ind Präs **adiro**, aderes, adere, aderimos, aderis, aderem
Konj Präs **adira, adiras, adira, adiramos, adirais, adiram**

agredir (*ebenso*: prevenir, progredir, regredir, transgredir)

Ind Präs **agrido, agrides, agride**, agredimos, agredis, **agridem**
Konj Präs **agrida, agridas, agrida, agridamos, agridais, agridam**

caber

Ind Präs **caibo**, cabes, cabe, cabemos, cabeis, cabem
einf Perf **coube, coubeste, coube, coubemos, coubestes, couberam**

cair

Ind Präs **caio, cais, cai, caímos, caís**, caem
Konj Präs **caia, caias, caia, caiamos, caiais, caiam**
einf Perf **caí, caíste, caíu, caímos, caístes, caíram**
Partizip **caído**

cobrir

Ind Präs **cubro**, cobres, cobre, cobrimos, cobris, cobrem
Partizip **coberto**

crer

Ind Präs **creio, crês, crê**, cremos, credes, **crêem**

dar

Ind Präs **dou, dás, dá**, damos, dais, **dão**
Konj Präs **dê, dês, dê**, demos, deis, **dêem**
einf Perf **dei, deste, deu, demos, destes, deram**

dizer

Ind Präs **digo**, dizes, **diz**, dizemos, dizeis, dizem
einf Perf **disse, disseste, disse, dissemos, dissestes, disseram**
Fut **direi, dirás, dirá, diremos, direis, dirão**
einf Kond **diria, dirias, diria, diríamos, diríeis, diriam**
Partizip **dito**

dormir (*ebenso*: engolir, tossir)

Ind Präs **durmo**, dormes, dorme, dormimos, dormis, dormem
Konj Präs **durma, durmas, durma, durmamos, durmais, durmam**

estar

Ind Präs **estou, estás, está**, estamos, estais, **estão**
Konj Präs **esteja, estejas, esteja, estejamos, estejais, estejam**
einf Perf **estive, estiveste, esteve, estivemos, estivestes, estiveram**

fazer

Ind Präs **faço**, fazes, **faz**, fazemos, fazeis, **fazem**
einf Perf **fiz, fizeste, fez, fizemos, fizestes, fizeram**
Futur **farei, farás, fará, faremos, fareis, farão**
einf Kond **faria, farias, faria, faríamos, faríeis, fariam**
Partizip **feito**

haver

Ind Präs **hei, hás, há,** havemos, haveis, **hão**
Konj Präs **haja, hajas, haja, hajamos, hajais, hajam**
einf Perf **houve, houveste, houve, houvemos, houvestes, houveram**

ir

Ind Präs **vou, vais, vai, vamos, ides, vão**
Konj Präs **vá, vás, vá, vamos, vades, vão**
einf Perf **fui, foste, foi, fomos, fostes, foram**

ler

Ind Präs **leio, lês, lê,** lemos, ledes, **lêem**
Konj Präs **leia, leias, leia, leiamos, leiais, leiam**

ouvir

Ind Präs **ouço** (*od* **oiço**), ouves, ouve, ouvimos, ouvis, ouvem
Konj Präs **ouça, ouças, ouça, ouçamos, ouçais, ouçam** *od*: **oiça, oiças, oiça** *usw*

pedir (*ebenso*: medir)

Ind Präs **peço,** pedes, pede, pedimos, pedis, pedem
Konj Präs **peça, peças, peça, peçamos, peçais, peçam**

perder

Ind Präs **perco,** perdes, perde, perdemos, perdeis, perdem
Konj Präs **perca, percas, perca, percamos, percais, percam**

poder

Ind Präs **posso,** podes, pode, podemos, podeis, podem
einf Perf **pude, pudeste, pôde, pudemos, pudestes, puderam**

pôr

Ind Präs **ponho, pões, põe, pomos, pondes, põem**
Imperfekt **punha, punhas, punha, púnhamos, púnheis, punham**

einf Perf **pus, puseste, pôs, pusemos, pusestes, puseram**
Partizip **posto**

preferir *s* **aderir**

proibir
Ind Präs **proíbo, proíbes, proíbe,** proibimos, proibis, **proíbem**
Konj Präs **proíba, proíbas, proíba,** proibamos, proibais, **proíbam**

querer
Ind Präs quero, queres, **quer,** queremos, quereis, querem
Konj Präs **queira, queiras, queira, queiramos, queirais, queiram**
einf Perf **quis, quiseste, quisemos, quisestes, quiseram**

reunir
Ind Präs **reúno, reúnes, reúne,** reunimos, reunis, **reúnem**
Konj Präs **reúna, reúnas, reúna,** reunamos, reunais, **reúnam**

rir (*ebenso*: sorrir)
Ind Präs rio, **ris, ri,** rimos, **rides,** riem

saber
Ind Präs **sei,** sabes, sabe, sabemos, sabeis, sabem
Konj Präs **saiba, saibas, saiba, saibamos, saibais, saibam**
einf Perf **soube, soubeste, soube, soubemos, soubestes, souberam**

sair
Ind Präs **saio, sais, sai, saímos, saís,** saem

seguir
Ind Präs **sigo,** segues, segue, seguimos, seguis, seguem
Konj Präs **siga, sigas, siga, sigamos, sigais, sigam**

sentir (*ebenso*: mentir)
Ind Präs **sinto,** sentes, sente, sentimos, sentis, sentem
Konj Präs **sinta, sintas, sinta, sintamos, sintais, sintam**

ser
Ind Präs **sou, és, é, somos, sois, são**
Konj Präs **seja, sejas, seja, sejamos, sejais, sejam**
Imperfekt **era, eras, era, éramos, éreis, eram**
einf Perf **fui, foste, foi, fomos, fostes, foram**
Imperativ **sê, sede**

subir (*ebenso*: acudir, consumir, fugir, sacudir, sumir u. a.)
Ind Präs subo, **sobes, sobe,** subimos, subis, **sobem**

ter
Ind Präs **tenho, tens, tem,** temos, **tendes, têm**
Imperfekt **tinha, tinhas, tinha, tínhamos, tínheis, tinham**
einf Perf **tive, tiveste, teve, tivemos, tivestes, tiveram**

trazer
Ind Präs **trago,** trazes, **traz,** trazemos, trazeis, trazem
einf Perf **trouxe, trouxeste, trouxe, trouxemos, trouxestes, trouxeram**
Futur **trarei, trarás, trará, traremos, trareis, trarão**
einf Kond **traria, trarias, traria, traríamos, traríeis, trariam**

valer
Ind Präs **valho,** vales, vale, valemos, valeis, valem
Konj Präs **valha, valhas, valha, valhamos, valhais, valham**

ver
Ind Präs **vejo, vês, vê,** vemos, **vedes, vêem**
einf Perf **vi, viste, viu, vimos, vistes, viram**
Partizip **visto**

vir (*ebenso*: convir, intervir, provir)
Ind Präs **venho, vens, vem,** vimos, **vindes, vêm**
Imperfekt **vinha, vinhas, vinha, vínhamos, vínheis, vinham**
einf Perf **vim, vieste, veio, viemos, viestes, vieram**
Imperativ **vem**
Partizip **vindo**

Die Silbentrennung im Portugiesischen

Im Portugiesischen wird im allgemeinen nach Sprechsilben getrennt: Por-tu-gal, Bra-sil, de-sa-pa-re-cer, fe-liz

Folgen zwei Konsonanten aufeinander, gehört der erste zur vorhergehenden, der zweite zur nachfolgenden Silbe. Dabei werden – im Gegensatz zum Deutschen – auch **st** und **sp** getrennt: des-cer, nor-ma, es-tu-dan-te, cons-pi-ra-ção, ab-sol-ver

Doppelkonsonanten wie **rr, ss, cc, cç** usw. werden getrennt: car-ro, pês-se-go, ac-ção

Nicht getrennt werden hingegen folgende Konsonantengruppen:

bl, br, cl, cr, fl, fr, gl, gr, pl, pr, tl, tr, vr sowie
ch, lh, nh: bi-bli-o-te-ca, a-brir, a-tlân-ti-co, a-fli-gir, de-gra-da-ção, po-dre, a-char, mu-lher, a-ma-nhã

Bei Gruppen mit mehr als zwei Konsonanten wird vor dem letzten Konsonanten getrennt, wobei auch hier die o. g. Konsonantengruppen untrennbar bleiben:
abs-ter, ins-ta-la-ção, cons-ci-en-te, subs-tan-ti-vo
aber: en-tron-ca-men-to, ma-nus-cri-to, con-tem-pla-ção, man-cha

Diphthonge wie **ai, au, ei, éi, eu, éu, iu, oi, ói, ou, ui, ãe, ão, õe** sind nicht trennbar, ebensowenig die Gruppen **gu** und **qu:** coi-sa, meu, es-tói-co, grão-zi-nho, rou-pa, mui-to, dis-tin-guir, á-gua, re-quei-ra, pra-gue-jar

Zwei Vokale, die keinen Diphthong bilden, können getrennt werden, ebenso zwei Diphthonge: des-to-an-te, des-vi-a-do, co-or-de-nar, com-pre-en-der, en-sai-ou

Bei Doppelwörtern mit Bindestrich wird der Bindestrich am Anfang der nächsten Zeile wiederholt: couve-/-flor, ar-ra-nha-/-céus

Zahlwörter
Numerais

Grundzahlen – *Numerais cardinais*

0 zero *null*
1 um, uma *eins*
2 dois, duas *zwei*
3 três *drei*
4 quatro *vier*
5 cinco *fünf*
6 seis *sechs*
7 sete *sieben*
8 oito *acht*
9 nove *neun*
10 dez *zehn*
11 onze *elf*
12 doze *zwölf*
13 treze *dreizehn*
14 catorze *vierzehn*
15 quinze *fünfzehn*
16 dezasseis *sechzehn*
17 dezassete *siebzehn*
18 dezoito *achtzehn*
19 dezanove *neunzehn*
20 vinte *zwanzig*
21 vinte e um, vinte e uma *einundzwanzig*
22 vinte e dois, vinte e duas *zweiundzwanzig*
23 vinte e três *dreiundzwanzig*
24 vinte e quatro *vierundzwanzig*
25 vinte e cinco *fünfundzwanzig*
26 vinte e seis *sechsundzwanzig*
27 vinte e sete *siebenundzwanzig*
28 vinte e oito *achtundzwanzig*
29 vinte e nove *neunundzwanzig*
30 trinta *dreißig*
31 trinta e um, trinta e uma *einunddreißig*
39 trinta e nove *neununddreißig*
40 quarenta *vierzig*
50 cinquenta *fünfzig*
60 sessenta *sechzig*
70 setenta *siebzig*
80 oitenta *achtzig*
90 noventa *neunzig*
100 cem *hundert*; *in zusammengesetzten Zahlwörtern*: cento
101 cento e um, cento e uma *hunderteins*
136 cento e trinta e seis *hundert(und)sechsunddreißig*
200 duzentos, duzentas *zweihundert*
300 trezentos, trezentas *dreihundert*
400 quatrocentos, -as *vierhundert*
500 quinhentos, -as *fünfhundert*

600 seiscentos, -as *sechshundert*
700 setecentos, -as *siebenhundert*
800 oitocentos, -as *achthundert*
900 novecentos, -as *neunhundert*
1000 mil *tausend*
1457 mil quatrocentos e cinquenta e sete *tausendvierhundertsiebenundfünfzig*
1875 mil oitocentos e setenta e cinco *tausendachthundertfünfundsiebzig* oder (Jahr): *achtzehnhundertfünfundsiebzig*
2000 dois mil, duas mil *zweitausend*
3000 três mil *dreitausend*
4000 quatro mil *viertausend*
10 000 dez mil *zehntausend*
34 657 trinta e quatro mil seiscentos e cinquenta e sete *vierunddreißigtausendsechshundertsiebenundfünfzig*
100 000 cem mil *hunderttausend*
500 000 quinhentos mil *fünfhunderttausend*
1 000 000 um milhão (de) *eine Million*
2 000 000 dois milhões (de) *zwei Millionen*
3 000 000 três milhões (de) *drei Millionen*

Ordnungszahlen* – *Numerais ordinais*

1.°, 1.ª primeiro, primeira *erste*
2.° segundo *zweite*
3.° terceiro *dritte*
4.° quarto *vierte*
5.° quinto *fünfte*
6.° sexto *sechste*
7.° sétimo *siebte*, *siebente*
8.° oitavo *achte*
9.° nono *neunte*
10.° décimo *zehnte*
11.° undécimo *od* décimo primeiro *elfte*
12.° duodécimo *od* décimo segundo *zwölfte*
13.° décimo terceiro *dreizehnte*
14.° décimo quarto *vierzehnte*
15.° décimo quinto *fünfzehnte*
16.° décimo sexto *sechzehnte*
17.° décimo sétimo *siebzehnte*
18.° décimo oitavo *achtzehnte*

* Alle Ordnungszahlen richten sich mit ihren Endungen nach Geschlecht und Zahl des jeweiligen Substantivs,
z.B. a 25ª folha = a vigésima quinta folha
os 10 000os visitantes = os décimos milésimos visitantes

19.° décimo nono *neunzehnte*
20° vigésimo *zwanzigste*
21° vigésimo primeiro *einundzwanzigste*
22° vigésimo segundo *zweiundzwanzigste*
23° vigésimo terceiro *dreiundzwanzigste*
24.° vigésimo quarto *vierundzwanzigste*
25.° vigésimo quinto *fünfundzwanzigste*
30.° trigésimo *dreißigste*
40.° quadragésimo *vierzigste*
50.° quinquagésimo *fünfzigste*
60.° sexagésimo *sechzigste*
70.° septuagésimo *siebzigste*
80.° octogésimo *achtzigste*
90.° nonagésimo *neunzigste*
100.° centésimo *hundertste*
101.° centésimo primeiro *hunert(und)erste*
200.° ducentésimo *zweihundertste*
300.° tricentésimo *dreihundertste*
400.° quadringentésimo *vierhundertste*
500.° quingentésimo *fünfhundertste*
600.° seiscentésimo *sechshundertste*
700.° se(p)tingentésimo *siebenhundertste*
800.° octingentésimo *achthundertste*
900.° non(in)gentésimo *neunhundertste*
1000.° milésimo *tausendste*
1875.° milésimo octingentésimo septuagésimo quinto *tausendachthundertfünfundsiebzigste*
10 000.° décimo milésimo *zehntausendste*
100 000.° centésimo milésimo *hunderttausendste*
500 000.° quingentésimo milésimo *fünfhunderttausendste*
1 000 000.° milionésimo *millionste*

Bruchzahlen – *Números fraccionários*

$\frac{1}{2}$ meio, meia *ein halb*
$1\frac{1}{2}$ um e meio, uma e meia *eineinhalb, anderthalb*
$\frac{1}{3}$ um terço *ein drittel*
$\frac{2}{3}$ dois terços *zwei drittel*
$\frac{1}{4}$ um quarto *ein viertel*
$\frac{3}{4}$ três quartos *drei viertel*
$\frac{1}{5}$ um quinto *ein fünftel*
$3\frac{4}{5}$ três e quatro quintos *dreivierfünftel*

Vervielfältigungszahlen – *Multiplicadores*

simples *einfach*
duplo *zweifach, doppelt*
triplo *dreifach*
quádruplo *vierfach*
quíntuplo *fünffach*
séxtuplo *sechsfach*
séptuplo *siebenfach*
óctuplo *achtfach*
nónuplo *neunfach*
décuplo *zehnfach*
cêntuplo *hundertfach*
mílimo *tausendfach*

Wiederholung:
uma vez *einmal*
duas vezes *zweimal*
três vezes *dreimal*
quatro vezes *viermal*
dez vezes *zehnmal*
duas vezes tanto *zweimal soviel*
outra vez *noch einmal*

Aufzählung:
primeiro (1.°), em primeiro lugar, primeiramente *erstens*
segundo (2.°), em segundo lugar, segundamente *zweitens*
terceiro (3.°), em terceiro lugar, terceiramente *drittens*
quarto (4.°), em quarto lugar *viertens*

Die vier Rechnungsarten:
7 + 8 = 15 sete e oito são quinze *sieben und acht ist fünfzehn*
10 — 3 = 7 dez menos três são sete *zehn weniger drei ist sieben*
4 × 3 = 12 quatro vezes três são doze *vier mal drei ist zwölf*
20 : 4 = 5 vinte por quatro são cinco *zwanzig (geteilt) durch vier ist fünf*

Maße und Gewichte – *Medidas e pesos*

a) Längenmaße

1 mm. milímetro *Millimeter (mm)*
1 cm. centímetro *Zentimeter (cm)*
1 dm. decímetro *Dezimeter (dm)*
1 m. metro *Meter (m)*
1 km. quilómetro *Kilometer (km)*
1 polegada *Zoll (= 25,5 mm)*
1 palmo *Spanne (= 22 cm)*
1 pé *Fuß (= 30,5 cm)*